Außergerichtliche Streitbeilegung durch die Schiedsstellen für das Kfz-Handwerk

Europäische Hochschulschriften
Publications Universitaires Européennes
European University Studies

Reihe II
Rechtswissenschaft

Série II Series II
Droit
Law

Bd./Vol. 4706

PETER LANG
Frankfurt am Main · Berlin · Bern · Bruxelles · New York · Oxford · Wien

Hermann Kierse

Außergerichtliche Streitbeilegung durch die Schiedsstellen für das Kfz-Handwerk

PETER LANG
Internationaler Verlag der Wissenschaften

Bibliografische Information der Deutschen Nationalbibliothek
Die Deutsche Nationalbibliothek verzeichnet diese Publikation in der Deutschen Nationalbibliografie; detaillierte bibliografische Daten sind im Internet über <http://www.d-nb.de> abrufbar.

Zugl.: Erlangen-Nürnberg, Univ., Diss., 2007

D 29(n2)
ISSN 0531-7312
ISBN 978-3-631-58053-0

www.peterlang.de

Vorwort

Die vorliegende Arbeit wurde im September 2007 von der Rechtswissenschaftlichen Fakultät der Friedrich-Alexander-Universität Erlangen-Nürnberg als Dissertation angenommen. Rechtsprechung und Literatur sind bis November 2007 berücksichtigt.

Die Materie der außergerichtlichen Streitbeilegung interessierte mich schon zu Zeiten des Studiums. Die in diesem Rahmen betonte Art, Konflikte auf andere Weise als über Rechtsnormen und die Inanspruchnahme staatlicher Gerichte zu lösen, kam und kommt sowohl meinen Vorstellungen einer „sachorientierten Konfliktlösung" als auch meiner Überzeugung, dadurch effektivere Lösungen zu erzielen, sehr entgegen. Sicherlich spielte auch das berufliche Umfeld eine entscheidende Rolle für das Interesse an dieser Materie. Im Laufe der Arbeit war es mir stets ein elementares Anliegen, die außergerichtliche Streitbeilegung nicht zu ideologisieren, sondern praktische Probleme bei der Etablierung der außergerichtlichen Streitbeilegung (insbesondere des Schiedsstellenwesens) sowie Verbesserungsvorschläge aufzuzeigen. Ich hoffe, dass die Arbeit diesem verfolgten Ziel weitgehend gerecht wird.

Mein besonderer Dank gilt Herrn Prof. Dr. Micklitz, der mich stets durch seine konstruktive Kritik und viel Zuspruch motiviert hat, diese Arbeit zu Ende zu führen. Stets war auch – so kann ich dies zumindest für meine Seite behaupten – eine persönliche Sympathie für seine Art, „die Dinge anzugehen" und eine starke Übereinstimmung in der Bewertung des großen Bereichs der außergerichtlichen Streitbeilegung zu bemerken. Hierdurch blieb die Freude an der Arbeit fortwährend erhalten.

Herrn Prof. Dr. Greger danke ich sehr herzlich für die Erstellung des Zweitgutachtens.

Schließlich danke ich meinen Eltern. Ihnen habe ich es zu verdanken, jemals ein solches Vorwort verfassen zu können. Daher widme ich auch ihnen diese Arbeit.

München, im Dezember 2007

Hermann Kierse

Inhaltsübersicht

Inhaltsverzeichnis

Literaturverzeichnis

Aberle, Hans-Jürgen: Kommentar zur Deutschen Handwerksordnung, Erich Schmidt Verlag, Berlin 2007

Ahlt, Michael: Europarecht (Examenskurs für Referendare), 2. Auflage, München 1996

Alpmann-Pieper, Annegerd/ Becker, Peter: Reform des Schuldrechts, Das neue BGB, Alpmann und Schmidt Juristische Lehrgänge Verlagsgesellschaft, Münster, 2002

Alternativkommentar zur ZPO: Gesamtherausgeber: Wassermann, Rudolf, Luchterhand-Verlag, Neuwied 1987

Arens, Peter/ Lüke, Wolfgang: Zivilprozessrecht. Erkenntnisverfahren. Zwangsvollstreckung, 8. Auflage, Verlag C.H. Beck, 2003

Asbrock, Bernd: Entlastung der Justiz zu Lasten des Rechtsstaats? Zum Entwurf eines Rechtspflege-Entlastungsgesetzes, ZRP 1992, 11

Aubert, Vilhelm: Competition and Dissensus: Two Types of Conflict and Conflict Resolution, Journal of Conflict Resolution 7 (1963), 26

Austen-Smith, David/ Banks, Jeffrey: Information Aggregation, Rationality and the Condorcet Jury Theorem, in: American Political Science Review, 90/1, 34

Bamberger, Heinz Georg/ Roth, Herbert: Kommentar zum Bürgerlichen Gesetzbuch, Verlag C.H. Beck, München, 2007

Bange, Jörg/ Maas, Stefan/ Wasert, Julia/ Basedow, Jürgen: Recht im E-Business, Internetprojekte juristisch absichern, Galileo Business Verlag, 2001

Vertragsstatut und Arbitrage nach neuem IPR, Jahrbuch für die Praxis der Schiedsgerichtsbarkeit, 1987

Baumbach, Adolf/ Lauterbach, Wolfgang/ Albers, Jan/Hartmann, Peter: Kommentar zur Zivilprozessordnung, 63. Auflage, Verlag C.H.Beck, München, 2005

Baumfalk, Walter: ZPO-Erkenntnisverfahren, Vollstreckungsverfahren, Grundzüge des Insolvenzverfahrens, 12. Auflage, Alpmann und Schmidt Juristische Lehrgänge Verlagsgesellschaft, Münster, 2002

Baur, Fritz: Der Anspruch auf rechtliches Gehör. AcP 153, 393

Bechtold, Rainer/ Gleiss, Alfred: Schätzorganisationen – „Organisationen nichtstaatlicher Gerichtsbarkeit?“, BB 1973, 869

Behrens, Fritz: Die außergerichtliche Streitschlichtung nach dem Modell Nordrhein-Westfalen, DRiZ 1997, 236

Benda, Ernst: Richter im Rechtsstaat, Vortrag, gehalten auf dem Deutschen Richtertag 1979, DRiZ 1979, 357

Bender, Rolf: Das staatliche Schiedsgericht – ein Ausweg aus der Krise des Zivilprozesses?, DRiZ 1976, 193

Berges, August Maria: Recht und Billigkeit im Schiedsspruch, KTS 1959, 88
Berkel, Karl: Konflikttraining – Arbeitshefte Führungspsychologie, 6. Auflage, Sauer-Verlag, Heidelberg, 1997
Bernhardt, Wolfgang: Grundriss des Zivilprozessrechts, Mohr-Verlag, 3. Auflage, Tübingen, Berlin, 1968
Bernhardt, Wolfgang: Wahrheitspflicht und Geständnis im Zivilprozess, JZ 1963, 245
Bilu, Yuri/ Liebendörfer, Christine: Demokratie mathematisch beleuchtet, http://www.zuv.unibas.ch
Blankenburg, Erhard: Alternative Dispute Resolution in the Netherlands, in: Röhl, Wilhelm/ Scheer, Matthias, Außergerichtliche Streitbeilegung, Effektive Konfliktlösung im Zivil-, Wirtschafts- und Strafrecht; Symposium der DJJV und der DAJV, 31.1.-1.2.1992; Veröffentlichung der Deutsch-Japanischen Juristenvereinigung, Bd. 3, 60
Blankenburg, Erhard: Schlichtung und Vermittlung-Alternativen zur Ziviljustiz?, ZRP 1982, 6
Blankenburg, Erhard/ Stock, Johannes: Endbericht Sekundäranalyse der Literatur zur außergerichtlichen Streitbeilegung; Studie im Auftrag des Bundesministeriums der Justiz, Basel, 1999
Bleckmann, Albert: Europarecht, 6. Auflage, Carl Heymanns Verlag, Köln/Berlin/Bonn/München
Blomeyer, Arwed: Zivilprozessrecht, Erkenntnisverfahren, Verlag Duncker & Humblot, 2. Auflage, Berlin, 1985
Böckstiegel, Karl-Heinz: Schlichten statt Richten, DRiZ 1996, 267
Boller, Harvey/ Petersen, Donald: Mandatory Arbitration Clauses – An analysis of supreme court decision in wright case, Dispute Resolution Journal 02/1999, 56
Braun, Anton: Strukturanalyse der Rechtspflege, BRAK-Mitteilungen 1994, 6
Braun, Johann: Die Stellung des AGB-Gesetzes im System des Privatrechts, BB 1979, 689
Bredow, Jens: Das neue 10. Buch der ZPO – ein Überblick, BB 1998, Beilage 2, 2
Breidenbach, Stephan: Mediation: Struktur, Chancen und Risiken von Vermittlung im Konflikt, Otto Schmidt Verlag, Köln, 1995
Breidenbach,Stephan/ Hensseler, Martin: Mediation für Juristen, Köln 1997
Brockhaus: Brockhaus Enzyklopädie, 20. Auflage, Mannheim 1996
Brönneke, Tobias: Diskussionsbeitrag im Sitzungsbericht über die Verhandlungen des Aktuellen Forums Verfahrensrecht während des 62. Deutschen Juristentags in Bremen, DJT 1998, Teil O 73
Brönneke, Tobias: Musterschlichtungsordnung für Verbraucherschlichtungsstellen, VuR 2000, 456
Brox, Hans: Allgemeiner Teil des BGB, 26. Auflage, Carl Heymanns Verlag, Köln/Berlin/Bonn/München 2002
Brox,Hans/ Walker, Wolf-Dietrich: Allgemeines Schuldrecht, 28. Auflage, Verlag C.H. Beck, München, 2002

Bühl, Walter: Konflikt und Konfliktstrategie. Ansätze zu einer soziologischen Konflikttheorie, München, 1972

Bulla, Werner: Neufestsetzung des Mietzinses durch Schiedsgutachter, JuS 1976, 18

Bulla, Werner: Gerichtliche Nachprüfbarkeit von Schiedsgutachten, NJW 1978, 397

Büllesbach, Alfred: Konvergenz durch Standardisierung und Selbstregulierung, in: Büllesbach/Dreier, 213

Büllesbach,Alfred/ Dreier, Thomas:Konvergenz in Medien und Recht – Konfliktpotential und Konfliktlösung, Verlag Otto Schmidt, Köln, 2002

Bunte, Hermann-Josef: Handbuch der Allgemeinen Geschäftsbedingungen, Verlag C.H.Beck, München 1982

Bunte, Hermann-Josef: Zur Kontrolle Allgemeiner Geschäftsbedingungen und Konditionenempfehlungen, BB 1980, 325

Bunte, Hermann-Josef: Inhaltskontrolle notariell beurkundeter Verträge, ZIP 1984, 1313

Busse, Felix: Die obligatorische Streitschlichtung – Eine Herausforderung für die Anwaltschaft, AnwBl 10/1997, 522

Bydlinski, Franz: Zu den dogmatischen Grundfragen des Kontrahierungszwanges, AcP 180 (1980), 1

Calliess, Christian: Anmerkungen zum Urteil der EuGH vom 12.11.1996 (Rs. C-84/94), EuZW 1996, 757

Cappelletti, Mauro/ Garth, Bryant/ Trocker, Nicole: Access to Justice. Variations and Continuity of a World-Wide Movement, RabelsZ 46, 664 (1982)

Creifelds, Carl: Rechtswörterbuch, Verlag C.H.Beck, München, 1996

Davis, Benjamin

Special Section: The First International Competition for Online Dispute Resolution: Is this big, different and new? *http://www.ombuds.org/center/JIA_ICODIR_draft.html*

Delgado, Richard: Fairness and Formality: Minimizing the Risk of Prejudice in Alternative Dispute Resolution, Wis. L. Rev. 1359 (1985)

Demant, Bernd/ Dotterweich, Jörg/ Morasch, Hellmut/ Reichelt, Peter: Ergebnisse aus einer Umfrage über die Praxis der Schieds- und Schlichtungsstellen, in: Morasch, Hellmut (Hg.), Schieds- und Schlichtungsstellen in der Bundesrepublik, Köln 1984

Dendorfer, Renate: Kooperation statt Konfrontation, Mediation als Betätigungsfeld für Anwälte, Anwaltsreport 07/2002, 8

Detterbeck, Steffen: Streitgegenstand, Justizgewährungsanspruch und Rechtsschutzanspruch, AcP 192 (1992), 325

Deutscher Richterbund: Stellungnahme zum Referentenentwurf eines Gesetzes zur Reform des Zivilprozesses, zu finden unter www.drb.de

Deutscher Richterbund: Außergerichtliche Streitschlichtung fördern, DRB-Modell für ein obligatorisches vorgerichtliches Schlichtungsverfahren-Beschluss des Bundesvorstands vom 22.4.1998, DRiZ 1998, 226

Deutsches Kraftfahrzeuggewerbe: Zentralverband des Deutschen Kraftfahrzeuggewerbes, Zeitschrift ProMotor, *http://www.kfzgewerbe.de/presse/promotor/index.html*

Dieckmann, Jochen: Neue gesetzgeberische Wege zur außergerichtlichen Streitschlichtung, *www.streitschlichtung.nrw.de/1.2.2.1(Aufsatz-ZG).html*

Dieckmann, Jochen: Das nordrhein-westfälische Ausführungsgesetz zu § 15a EGZPO, NJW 2000, 2802

Diedrich, Frank: Grundlagen der Schiedsgerichtsbarkeit, JuS 1998, 158

Döbereiner, Walter: Anfechtung und Geltendmachung der Unwirksamkeit eines Schiedsgutachtens durch den/die Schiedsrichter, VersR 1983, 712

Dreher, Meinrad: Der Verbraucher – Das Phantom in den opera des europäischen und deutschen Rechts?, JZ 1997, 167

Dütz, Wilhelm: Rechtsstaatlicher Gerichtsschutz im Privatrecht, Bad Homburg v.d.H., Berlin, Zürich, 1970

Duve, Christian: Was ist eigentlich Alternative Dispute Resolution (ADR)? Überblick über die außergerichtliche Streitbeilegung in den USA, BB 1998, Beilage 9, 15

Eberhardt, Lothar: Selbstverständnis, Anspruch und Verfahrenspraxis der ärztlichen Gutachterkommissionen und Schlichtungsstellen – Eine Untersuchung zur Rechtsstellung des Patienten, Peter Lang Verlag, Frankfurt/Bern/New York/Paris, Dissertation 1988

Eichele, Karl: Obligatorische vorgerichtliche Schlichtung?, ZRP 1997, 393

Eidenmüller, Horst: Zur Effizienz der Verjährungsregeln im geplanten Schuldrechtsmodernisierungsgesetz, JZ 2001, 283

Eidenmüller, Horst: Vertrags- und verfahrensrechtliche Grundfragen der Mediation: Möglichkeiten und Grenzen privatautonomen Konfliktmanagements, in: Gottwald, Konsensuale Streitbeilegung, 45

Eidmann, Dorothee: Schlichtung: Zur Logik außergerichtlicher Konfliktregelung, Nomos Verlag, Baden-Baden 1994

Elliott, Kay Elkins: A Coach's Perspective: Coaching Negotiation Competitors, *http://www.ombuds.org/center/*JIA_ICODIR_draft.html (First International Competition for Online Dispute Resolution)

Emmert, Frank: Horizontale Drittwirkung von Richtlinien? Lieber ein Ende mit Schrecken als ein Schrecken ohne Ende!, EWS 1992, 56

Engisch, Karl: Einführung in das juristische Denken, 9. Aufl., Kohlhammer-Verlag, Stuttgart, 1997

Erman, Walter: Handkommentar zum Bürgerlichen Gesetzbuch, 1. Band, 10. Auflage, Münster, 2000

Esser, Josef/ Schmidt, Eike: Schuldrecht Allgemeiner Teil, Band 1, Verlag C.F.Müller, 8. Auflage, Heidelberg 1995

Europäische Kommission, Generaldirektion XXIV: „Cyberspace and Consumer Confidence" to the Annual Conference of the Kangaroo Group of MEP's on 18th September, http://europa.eu.int/comm/dgs/health_consumer/library/ speeches/speech55_en.html

Europäische Kommission, Generaldirektion XXIV: Benutzerhinweise zum europäischen Formblatt für Verbraucherbeschwerden, *http://europa.eu.int/comm/dg24/po.nts/acce_just/acce_just03_de.html*

European Consumer Law Group: Consumer Transactions on the Internet, ECLG/194/2000

European Consumer Law Group: Soft Law and the Consumer Interest, ECLG/071/2001 – March 2001

Fabricius, Fritz/ Kraft, Alfons/ Wiese, Günther/ Kreutz, Peter/ Oetker, Hartmut: Betriebsverfassungsgesetz, Band II: §§ 74-132 mit Kommentierung des BetrVG 1952, Gemeinschaftskommentar, 6. Auflage, Neuwied, Kriftel, 1998

Falke, Josef/ Gessner, Volkmar: Konfliktnähe als Maßstab für die gerichtliche und außergerichtliche Streitbehandlung, in: Blankenburg, Erhard/Gottwald, Walter/Strempel, Dieter (Hg.), Alternativen in der Ziviljustiz, Köln 1982, 289

Fasching, Hans W.: Schiedsgericht und Schiedsverfahren im österreichischen und internationalen Recht, 1973

Felstiner, William: Social Organisation and dispute processing, LSR 9, 1975, 63

Fikentscher, Wolfgang: Schuldrecht, 9. Auflage, Walter de Gruyter Verlag, Berlin/ New York 1997

Fischer-Winkelmann, Wolf F./ Rock, Reinhard: Markt und Konsument I. Zur Kritik der Markt- und Marketing- Theorie, Goldmann-Verlag, München 1985

Fisher, Roger/Ury, William/ Patton, Bruce M.: Das Harvard-Konzept: Sachgerecht verhandeln – erfolgreich verhandeln, 20. Aufl., Campus Fachbuch Verlag, Frankfurt 2001

Foerste, Ulrich: Die Güteverhandlung im künftigen Zivilprozess, NJW 2001, 3103

Franzki, Harald: Über den Umgang mit Sachverständigen, DRiZ 1974, 305

Friedrich, Fabian: Schlichtungs- und Mediationsklauseln in Allgemeinen Geschäftsbedingungen, SchiedsVZ 2007 (Heft 1), 31

Friesenhahn, Ernst: Über Begriff und Arten der Rechtsprechung unter besonderer Berücksichtigung der Staatsgerichtsbarkeit nach dem Grundgesetz und den westdeutschen Landesverfassungen, in: Festschrift für Richard Thoma, 21 ff., Tübingen, 1950

Frommel, Monika: Entlastung der Gerichte durch Alternativen zum zivilen Justizverfahren?, ZRP 1983, 31

Fugmann, Bernd: Internes Schreiben des ADAC vom 16.12.1980 betr. „ADAC-Schiedsstellenvertreter-Tagung 1980" in Kirchheim/Hessen

Gaitenby, Alan: The Evaluator's Perspective, *http://www.ombuds.org/center/*JIA_ICODIR_draft.html (First International Competition for Online Dispute Resolution)

Gangoly, Jürgen H.: Außergerichtliche Streitschlichtung in B2C-Konflikten im E-Commerce, *http://www.rechtsprobleme.at/doks/*streitschlichtung-gangoly.html

Gaul, Hans Friedhelm: Zur Frage nach dem Zweck des Zivilprozesses, AcP 168 (1968), 27

Gehrlein, Markus: Wirksamkeitsmängel von Schiedsgutachten, VersR 1994, 1009

Gerner, Erich: Rechtseinheit im Verfahrensrecht, NJW 1950, 722

Giesen, Dieter: Anmerkung zur Entscheidung des LG Dortmund vom 3.2.1987 (17 O 23/86), JZ 1988, 255

Glasl, Friedrich: Konfliktfähigkeit statt Streitlust, Geisteswissenschaftliche Vorträge, Verlag am Goetheanum

Goll, Ulrich: Obligatorische Streitschlichtung im Zivilprozess, ZRP 1998, 314

Gottwald, Peter (Hg. Breidenbach, Stephan; Coester-Waltjen, Dagmar,Heß, Burkhard; Nelle, Andreas; Wolf, Christian): Konsensuale Streitbeilegung, in: Veröffentlichungen der Wissenschaftlichen Vereinigung für Internationales Verfahrensrecht; Akademisches Symposium zu Ehren von Peter F. Schlosser aus Anlass seines 65. Geburtstages, Gieseking-Verlag, Bielefeld, 2001

Gottwald, Peter/ Reichenberger, Klaus/ Wagner, Petra: Die Bindungswirkung der Entscheidungen von Kfz-Schiedsstellen, NZV 2000, 6

Gottwald, Walther: Alternative Streitbehandlungsformen: Erprobungsspielräume für gerichtsverbundene Modellversuche, AnwBl. 5/2000, 265

Gottwald, Walther: Alternativen in der Rechtspflege, BRAK-Mitteilungen 1998, 60

Gottwald, Walther: Streitbeilegung ohne Urteil, Tübingen, 1981

Gottwald, Walther/ Strempel, Dieter: Streitschlichtung – Rechtsvergleichende Beiträge zur außergerichtlichen Streitbeilegung, Bundesanzeiger G 1990 A, ausgegeben am 22.3.1995

Graf-Schlicker, Marie Luise/ Schmidt, Uwe: Die Zivilprozessreform – eine Reform für die Praxis?, DAR 2000, 388

Granat, Richard S.: Creating an Environment for Mediating Disputes on the Internet, A Working Paper for the NCAIR Conference on On-Line Dispute Resolution, Washington 1996, *http://mantle.sbs.umass.edu/vmag/granat.htm*

Greger, Reinhard: Überlegungen zur Zivilprozessreform aus verkehrsrechtlicher Sicht, NZV 2001, 1

Greger, Reinhard: Vom „Kampf ums Recht" zum Zivilprozess der Zukunft, JZ 1997, 1077

Greger, Reinhard: Justizreform? Ja, aber., JZ 2000, 842

Greger, Reinhard: Diversion statt Flaschenhals, Ein Alternativkonzept zur Etablierung des Gütegedankens im Zivilprozess, ZRP 1998, 183

Greger, Reinhard: Obligatorische Schlichtung-Erfahrungen und Zukunftsperspektiven, SchiedsVZ 2005 (Heft 2), 76

Greger, Reinhard: Justiz und Mediation – Entwicklungslinien nach Abschluss der Modellprojekte, NJW 2007, 3258

Greger, Reinhard/Stubbe, Christian: Schiedsgutachten, Verlag C.H. Beck, München, 2007

Grisebach, Klaus: Das DAV-Modell zur obligatorischen Schlichtung-weitergedacht, AnwBl 10/1997, 528

Groth, Klaus-Martin/ von Bubnoff Daniela: Gibt es „gerichtsfeste" Vertraulichkeit bei der Mediation?, NJW 2001, 338

Grunsky, Wolfgang: Arbeitsgerichtsgesetz, Kommentar, 7. Auflage, München 1995

Haas, Lothar/ Medicus, Dieter/ Rolland, Walter/ Schäfer, Carsten/ Wendtland, Holger: Das neue Schuldrecht, Verlag C.H. Beck, München 2002

Habscheid, Walter: Aus der höchstrichterlichen Rechtsprechung zur Schiedsgerichtsbarkeit, KTS 1970, 4

Habscheid, Walter: Das Schiedsgutachten, Festschrift für Lehmann, 803, Berlin, 1956

Habscheid, Walter: Schiedsvertrag und Schiedsgutachtenvereinbarung, KTS 1957, 129

Habscheid, Walter: Zur Frage der rechtsstaatlichen Ausgestaltung des Schiedsgutachteverfahrens, Festschrift für Laufke, Würzburg 1971, 303

Habscheid, Walter: Das Problem der Unabhängigkeit der Schiedsgerichte, NJW 1962, 5

Haft, Fritjof: Intuitives und rationales Verhandeln, BB 1998, Beilage 10, 15

Haft, Fritjof: Mediation – ein Weg zur außergerichtlichen Konfliktbeilegung in Europa, in: Europas universale rechtsordnungspolitische Aufgabe im Recht des dritten Jahrtausends, Festschrift für Alfred Söllner zum 70. Geburtstag, C.H.Beck Verlag, München, 2000

Hager, Günter: Zur Notwendigkeit einverständlicher Streitschlichtung bei interpersonellen Konflikten, JZ 1998, 1158

Hager, Günter: Konflikt und Konsens, Mohr Siebeck Verlag, Tübingen, 2001

Hanel, Erich: Rechtsfragen der Kfz-Werkstatt, 6. Auflage, Autohaus Verlag, Ottobrunn, 1994

Hardenberg, Rüdiger Graf von: Das Privatgutachten im Zivilprozess unter Berücksichtigung der Rechtslage im Strafprozess, Dissertation Erlangen-Nürnberg, 1975

Hartmann, Peter: Das neue Gesetz zur Förderung der außergerichtlichen Streitbeilegung, NJW 1999, 3745

Hassold, Gerhard: Die Lehre vom Organisationsverschulden, JuS 1982, 583

Hausmann, Rainer: in: Reitmann/Martiny, Internationales Vertragsrecht, 5. Auflage, 1996

Hay, Peter: Zur konsensualen Streitbeendigung in Zivil- und Handelssachen in den USA, in: Gottwald, Konsensuale Streitbeilegung, 101

Heckmann, Dirk: Online-Vertrieb und Wirtschaftsverwaltungsrecht; Konvergenz der Vertriebsräume – Divergenz der Gewerbeaufsicht? in Büllesbach/Dreier, 105

Hegenbarth, Rainer: Privatisierte Konfliktregelung: Entrechtung oder Entrechtlichung?, in: Blankenburg, Erhard/Gottwald, Walter/Strempel, Dieter (Hg.), Alternativen in der Ziviljustiz, Köln 1982, 257

Hegler, A. : Das Gemeindegerichtsverfahren in Baden und Württemberg, AcP 106 (1910), 52

Heinrichs, Helmut: Die EG-Richtlinie über mißbräuchliche Klauseln in Verbraucherverträgen, NJW 1993, 1818

Heinrichs, Helmut: Umsetzung der EG-Richtlinie über mißbräuchliche Klauseln in Verbraucherverträgen durch Auslegung, NJW 1995, 153

Heinrichs, Helmut: Entwurf eines Schuldrechtsmodernisierungsgesetzes, BB 2001, 342
Heinrichs, Helmut: Der Rechtsbegriff der Allgemeinen Geschäftsbedingungen, NJW 1977, 1505
Heinrichs, Helmut: Das Gesetz zur Änderung des AGB-Gesetzes, NJW 1996, 2190
Heinz, Karl Eckhart: Grundrechtsschutz und Gemeinschaftsrecht – Zur Entscheidung des BVerfG: „Solange II" – ; DÖV 1987, 851
Heiss, Helmut: Verbraucherschutz im Binnenmarkt – Art. 129a EGV und die wirtschaftlichen Verbraucherinteressen, ZEuP 1996, 625
Hendel, Dieter: Ressourcenknappheit und Rechtsgewährung, Überlegungen zu einer Ökonomie des Zivilprozesses, DRiZ 1980, 376
Hensen, Horst-Dieter: Das AGB-Gesetz, JA 1981, 133
Henssler, Martin: Mediation und Rechtsberatung, NJW 2003, 241
Heß, Burkhard: Anmerkung zur Entscheidung des EuGH vom 14.7.1994 (Rs. C-91/92 Paola Faccini Dori ./. Recreb Srl.), JZ 1995, 150
Heßler, Hans-Joachim: Diskussionsbeitrag im Sitzungsbericht über die Verhandlungen des Aktuellen Forums Verfahrensrecht während des 62. Deutschen Juristentags in Bremen, DJT 1998, Teil O 82
Hill, Richard: Online Arbitration: Issues and Solutions, www.umass.edu/dispute/hill.htm
Hippel, Eike von: Verbraucherschutz, 3. Auflage, Mohr-Verlag, Tübingen 1986
Hippel, Walter: Alternative Streiterledigung Online – Eine Einführung; URL: *http://www .justfair.de/download/justfair-seminar-020416-vortrag-hippel.doc*
Hodenberg, von: Die Verordnung über das Verfahren in bürgerlichen Rechtsstreitigkeiten vom 13. Februar 1924 – B., JW 1924, 364
Hoeren, Thomas: Das neue Verfahren für die Schlichtung von Kundenbeschwerden im deutschen Bankgewerbe, NJW 1992, 2727
Hoffmann-Riem, Wolfgang: Konfliktbewältigung in einer angebotsorientierten Rechtsschutzordnung, ZRP 1997, 190
Hommelhoff, Peter/ Wiedemann, Kai-Udo: Allgemeine Geschäftsbedingungen gegenüber Kaufleuten und unausgehandelte Klauseln in Verbraucherverträgen, ZIP 1993, 562
Hommerich, Christoph/ Prütting, Hanns/ Ebers, Thomas/ Lang, Sonja/ Traut, Ludger: Rechtstatsächliche Untersuchung zu den Auswirkungen der Reform des Zivilprozesses auf die gerichtliche Praxis-Evaluation ZPO-Reform, 2006, URL: *http://www.bmj. bund.de/media/archive/1216.pdf*
Honig, Gerhart: Kommentar zur Handwerksordnung, 2. Auflage, Verlag C.H. Beck, München 1999
Honig, Gerhart: Die Wirkung der Kfz-Schiedsstellen, DAR 1994, 148
Honig, Gerhart: Probleme um die Vergütung beim Werkvertrag, BB 1975, 447
Honig, Gerhart: Die Realisierung von Entscheidungen der Kfz-Schiedsstellen, Krafthand, Heft 18/19 (1995), 1281
Honsell, Heinrich: Probleme der Haftung für Auskunft und Gutachten, JuS 1976, 621

Honsell, Heinrich: Die EU-Richtlinie über den Verbrauchsgüterkauf und ihre Umsetzung ins BGB, JZ 2001, 278

Hörnle, Julia: Online Dispute Resolution in Business to Consumer E-commerce Transactions, in: ADR Online Monthly, *www.ombuds.org/center/adr2003-1-hornle.html*

Hoyningen-Huene, Dagmar von: Außergerichtliche Konfliktbehandlung in den Niederlanden und Deutschland, Verlag Otto Schmidt, Köln, 2000

Hoyningen-Huene, Dagmar von: Mediation – eine Alternative zum gerichtlichen Verfahren, JuS 1997, 352

Huber, Michael: Verfahren und Urteile erster Instanz nach dem Zivilprozessreformgesetz, JuS 2002, 483

Hüßtege, Rainer: Internationales Privatrecht, 2. Auflage, C.H. Beck Verlag, München, 1995

Industrie- und Handelskammer Frankfurt am Main: Online Schlichtung, *http://www.frankfurt-main.ihk.de/recht/streitbeilegung/*

Jacobs, Wolfgang: Haftung des gerichtlichen Sachverständigen, ZRP 2001, 489

Jansen, Nicola: Die außergerichtliche obligatorische Streitschlichtung nach § 15a EGZPO, Gardez-Verlag, St. Augustin, 2001

Jarass, Hans: Richtlinienkonforme bzw. EG-rechtskonforme Auslegung nationalen Rechts, EuR 1991, 211

Jauernig, Othmar: Kommentar zum Bürgerlichen Gesetzbuch, 10. Auflage, Verlag C.H.Beck, München, 2003

Jung, Eckhart: Stellungnahme des ADAC zum Gesetz zur Reform des Zivilprozesses vom 31.3.2000, Schreiben an das Bundesministerium der Justiz

Justizministerium des Landes Nordrhein-Westfalen: „Erster Erfahrungsbericht" über die Auswirkungen der Einführung der außergerichtlichen Streitbeilegung (September 2002), *www.justiz.nrw.de*

Kamanabrou, Sudabeh: Vorgaben der E-Commerce-Richtlinie für die Einbeziehung von AGB bei Online-Rechtsgeschäften, CR 2001, 421

Katsh, Ethan/ Rifkin, Janet: Online Dispute Resolution: Resolving Conflicts in Cyberspace, Jossey-Bass, 2001

Kenntner, Markus: Das Subsidiaritätsprotokoll des Amsterdamer Vertrages, NJW 1998, 2871

Kessler, Joachim: Schiedsgerichtsvertrag und Schiedsverfahren, Goldmann-Verlag, München 1970

Kisch, Wilhelm: Der Schiedsmann im Versicherungsrecht, Bensheimer Verlag, Mannheim, Berlin, Leipzig, 1924

Kleinewevers, Herbert/ Sparwasser, Herbert: Gutachter- und Schlichtungsstellen, VersR 1988, 764

Kliesch, Götz-Rüdiger: Diskussionsbeitrag im Sitzungsbericht über die Verhandlungen des Aktuellen Forums Verfahrensrecht während des 62. Deutschen Juristentags in Bremen, DJT 1998, Teil O 95

Kniffka, Rolf: Der amtsgerichtliche Zivilprozess – ein bürgernahes Verfahren?, DRiZ 1982, 13

Knütel, Rolf: Zur Schuldrechtsreform, NJW 2001, 2519

Koch, Eckart/ Stübing, Jürgen: Allgemeine Geschäftsbedingungen. Kommentar für Studium und Praxis, Luchterhand-Verlag, Neuwied, 1987

Koch, Harald: Anmerkung zur Entscheidung des EuGH vom 20.2.1997 (Rs. C-106/95 MSG ./. Les Gravières Rhénanes), JZ 1997, 839

Koch,Horst Heinrich/ Steinmetz, Hans-Peter: Möglichkeiten und Grenzen des Freibeweises im Zivilprozeß, MDR 1980, 901

Koenig, Christian/ Lorz, Ralph Alexander: Stärkung des Subsidiaritätsprinzips, JZ 2003, 167

Köndgen, Johannes: Selbstbindung ohne Vertrag – Zur Haftung aus geschäftsbezogenem Handeln, Mohr-Verlag, Tübingen 1981

Köndgen, Johannes: Grund und Grenzen des Transparenzgebots im AGB-Recht, NJW 1989, 943

Kornblum, Udo

Probleme der schiedsrichterlichen Unabhängigkeit, Verlag C.H.Beck, München, 1968

Kotsch, Josef: Knappe Ressourcen in Zivilrecht – Sicherung der Rechtsschutzgewährung durch den Zivilrichter, DRiZ 1983, 170

Krapp, Thea: Modelle zur alternativen Konfliktlösung an amerikanischen Zivilgerichten, ZRP 1994, 115

Kretschmer, Reinhard: Nichtanwaltliche Mediation und Rechtsberatungsgesetz, NJW 2003, 1500

Kurth, Jürgen: Zur Kompetenz von Schiedsrichtern und Schiedsgutachtern, NJW 1990, 2038

Larenz, Karl: Lehrbuch des Schuldrechts, Erster Band, Allgemeiner Teil, 14. Auflage, Verlag C.H.Beck, München 1987

Larson, David Allen: An Organizer's Perspective, *http://www.ombuds.org/center/* JIA_ICODIR_draft.html (First International Competition for Oniine Dispute Resolution)

Laufs, Adolf: Fortschritte und Scheidewege im Arztrecht, NJW 1976, 1121

Leeb, Hermann: Entlastung der Justiz – Notwendigkeit, Gefahren, Chancen, BB 1998, Beilage 10, 3

Leenen, Detlef: Die Neuregelung der Verjährung, JZ 2001, 552

Lehmann, Michael: Electronic Commerce und Verbraucherschutz in Europa, EuZW 2000, 517

Lieb, Manfred: Sonderprivatrecht für Ungleichgewichtslagen? Überlegungen zum Anwendungsbereich der sog. Inhaltskontrolle privatrechtlicher Verträge, AcP 178 (1978), 196

Lindacher, Walter F. : Schiedsgutachten und rechtliches Gehör, KTS 1964, 35

Locher, Horst: Das AGB-Gesetz und die Verdingungsordnung für Bauleistungen, NJW 1977, 1802
Lorenz, Dieter: Der Rechtsschutz des Bürgers und die Rechtsweggarantie, Verlag C.H.Beck, München, 1973
Lorenz, Konrad: Das sogenannte Böse, Zur Naturgeschichte der Aggression, dtv-Verlag, München, 1974
Lorenz, Werner: Die Einbeziehung Dritter in vertragliche Schuldverhältnisse – Grenzen zwischen vertraglicher und deliktischer Haftung, JZ 1960, 108
Löwe, Walter/ Westphalen, Friedrichvon/ Trinkner, Reinhold: Großkommentar zum Gesetz zur Regelung des Rechts der Allgemeinen Geschäftsbedingungen, 2. Auflage, Verlagsgesellschaft Recht und Wirtschaft mbH, Heidelberg, 1985
Lutter, Marcus: Die Auslegung angeglichenen Rechts, JZ 1992, 603
Mähler, Hans-Georg/ Mähler, Gisela: Streitschlichtung – Anwaltssache, hier: Mediation, NJW 1997, 1262
Maidowski, Ulrich: Identität der Verfassung und Europäische Integration – BVerfGE 73, 339; JuS 1988, 114
Mankowski, Peter: Wie problematisch ist die Identität des Erklärenden bei E-mails wirklich?, NJW 2002, 2822
Mankowski, Peter: Anmerkung zur Entscheidung des OLG Rostock vom 20.6.2001, MDR 2001, 1197
Manzo, Peter B.: A Participant's Perspective on the First International Interscholastic Online Negotiation Competition, *http://www.ombuds.org/center/*JIA_ICODIR_draft.html (First International Competition for Online Dispute Resolution)
Marsilius, Georg: Schiedsgerichtsvertrag oder Schiedsgutachtervertrag?, BB 1959, 1015
Matthies, Karl-Heinz: Anmerkung zum Urteil des LG Aurich vom 16.3.1984, NJW 1986, 792
Matzat, Martin: Europarecht, Alpmann und Schmidt Juristische Lehrgänge Verlagsgesellschaft, Münster, 2000
Maunz, Theodor/ Dürig, Günther: Grundgesetz für die Bundesrepublik Deutschland, Verlag C.H.Beck, München, 2001
Medicus, Dieter: Vertragsauslegung und Geschäftsgrundlage, Festschrift für Flume, Köln 1978
Medicus, Dieter: Schuldrecht 1, Allgemeiner Teil, 13. Auflage, Verlag C.H.Beck, München 2002
Meyer: Meyers Enzyklopädisches Lexikon, 10. Auflage, Mannheim 1985
Meyer, Bettina: Der Schiedsgutachtervertrag – Eine Untersuchung des rechtlichen Verhältnisses zwischen Schiedsgutachtern und Parteien mit vergleichenden Ausführungen zum Schiedsrichtervertrag, Verlag V. Florentz GmbH, München, Diss. 1995
Micklitz, Hans-W.: Der Reparaturvertrag, J. Schweitzer Verlag, München 1984
Micklitz, Hans-W.: Haftungsbeschränkung in Allgemeinen Geschäftsbedingungen des Chemisch-Reinigungsgewerbes, BB 1980, 1821

Micklitz, Hans-W.: Berechnungsmethode im Reparaturhandwerk und AGB-Gesetz, BB 1988, 639

Micklitz, Hans-W.: Preisabreden in Reparaturverträgen, VuR 1988, 17

Micklitz, Hans-W.: Die Rechte des Verbrauchers bei fehlender oder unvollständiger Reparaturrechnung

Micklitz, Hans-W.: Privatisation of Access to Justice and Soft Law – Lesson from the European Community? in: Wilhelmsson/Hurri, 505

Micklitz, Hans-W.: Das Recht der Europäischen Union, Richtlinie 97/7/EG des Europäischen Parlaments und des Rates über den Verbraucherschutz bei Vertragsabschlüssen im Fernabsatz (Fernabsatzrichtlinie) in: Grabitz/Hilf, Das Recht der Europäischen Union, Verlag C.H.Beck, Januar 2000

Micklitz, Hans-W.: Schieds- und Schlichtungsstellen für Verbraucher – Eine kritische Bestandsaufnahme –, DRiZ 1983, 119

Micklitz, Hans-W./ Reich, Norbert: Verbraucherschutz im Vertrag über die Europäische Union – Perspektiven für 1993, EuZW 1992, 593

Micklitz, Hans-W./ Rott, Peter: Vergemeinschaftung des EuGVÜ in der Verordnung (EG) Nr. 4472001, EuZW 2002, 15

Mikullu-Liegert, Roswitha: Diskussionsbeitrag im Sitzungsbericht über die Verhandlungen des Aktuellen Forums Verfahrensrecht während des 62. Deutschen Juristentags in Bremen, DJT 1998, Teil O 87

Miletzki, Rainer: Formen der Konfliktregelung im Verbraucherrecht, Der Beitrag der Schlichtungsstellen zur Rechtsverwirklichung, Bielefeld 1982

Mittermaier, Carl Joseph Anton: Die neueste Prozeßgesetzgebung mit beurtheilender Darstellung der neuen Entwürfe für Baiern und die Niederlande und der Prozeßordnung für die Untergerichte des Königreichs Hannover, AcP 11 (1828), 144

Morasch, Hellmut: Schieds- und Schlichtungsstellen in der Bundesrepublik – Praxisanalyse und Perspektiven aus einem Kolloquium der GMD, Köln, 1984

Morasch, Hellmut/ Blankenburg, Erhard: Schieds- und Schlichtungsstellen – ein noch entwicklungsfähiger Teil der Rechtspflege, ZRP 1985, 217

Mosiek-Urbahn, Marlies: Rechtsvereinheitlichung durch europäisches Privatrecht – eine Herausforderung für die Mitgliedstaaten der Europäischen Union, ZRP 2000, 297

Münchener Kommentar zum Bürgerlichen Gesetzbuch: Münchener Kommentar, Band 1, Allgemeiner Teil (§§ 1-240 und ProstG), 5. Auflage, Verlag C.H.Beck, München, 2006

Münchener Kommentar zum Bürgerlichen Gesetzbuch: Münchener Kommentar, Band 5, Schuldrecht Besonderer Teil III (§§ 705-853), 4. Auflage, Verlag C.H. Beck, München, 2004

Münchener Kommentar zur Zivilprozessordnung: Kommentar zur Zivilprozessordnung, Band 3, 2. Auflage, Verlag C.H. Beck, München, 2001

Murray, John S./ Rau, Alan Scott/ Sherman, Edward F.: Society of Professionals in Dispute Resolution (SPIDR); Processes of Dispute Resolution: The role of lawyers, 2nd ed. 1996, 833

Musielak, Hans-Joachim: Zum Entwurf eines Gesetzes zur Reform des Zivilprozesses, NJW 2000, 2769

Musielak, Hans-Joachim/ Detterbeck, Steffen: Das Recht des Handwerks, 3. Auflage, Verlag Franz Vahlen, München 1995

Neumann, John von/ Morgenstern, Oskar: Spieltheorie und wirtschaftliches Verhalten, Heidelberg, 1984

Neumann, Manfred: Zur außergerichtlichen Schlichtung, ZRP 1986, 286

Nickels, Sven: Neues Bundesrecht für den E-Commerce, CR 2002, 302

Nicklisch, Fritz: Schätzorganisationen, Beiträge zum Schiedsvertrag- und Schiedsgutachtenrecht, ZHR 136, 1

Nicklisch, Fritz: Sachkunde, Neutralität und Unabhängigkeit technischer Sachverständiger und Sachverständigenorganisationen – am Beispiel des Kraftfahrzeugwesens –, BB 1981, 1653

Nicklisch, Fritz: Alternative Formen der Streitbeilegung und internationale Handelsschiedsgerichtsbarkeit, Festschrift für Karl Heinz Schwab, C.H. Beck Verlag, München, 1990

Nicklisch, Fritz: Gutachter-, Schieds- und Schlichtungsstellen – rechtliche Einordnung und erforderliche Verfahrensgarantien, in: Festschrift für Arthur Bülow zum 80. Geburtstag, Carl Heymanns Verlag, Köln/Berlin/Bonn/München, 1981

Nicklisch, Fritz: Rechtsschutz durch private Organisationen – Hilfe oder Gefahr für den Bürger?, BB 1971, 1205

Niebling, Jürgen: Ärztliche Formularaufklärung und AGB-Gesetz, MDR 1982, 193

Oppermann, Thomas: Europarecht, 2. Auflage, Verlag C.H. Beck, München, 1999

Palandt, Otto: Kommentar zum Bürgerlichen Gesetzbuch, 65. Auflage, Verlag C.H. Beck, München 2006

Pfeiffer, Thomas/ Wolf, Manfred: Der richtige Standort des AGB-Rechts innerhalb des BGB, ZRP 2001, 303

Pick, Eckhart: Europäischer Rechtsrahmen für den E-Commerce, WM 2000, 468

Pipkorn, Jörn: Das Subsidiaritätsprinzip im Vertrag über die Europäische Union – rechtliche Bedeutung und gerichtliche Überprüfbarkeit, EuZW 1992, 697

Plett, Konstanze: Die BGH-Entscheidung zu den Kfz-Reparaturbedingungen: Pfandrechtsklausel und Schiedsgutachtenproblematik, VuR 1988, 4

Pohle, Rudolf: Das neue einheitliche Zivilprozessrecht, MDR 1950, 842

Ponschab, Reiner: Streitschlichtung – Anwaltssache, AnwBl. 1997, 520

Ponschab, Reiner/ Schweizer, Adrian: Kooperation statt Konfrontation, Neue Wege anwaltlichen Verhandelns, Verlag Otto Schmidt, Köln, 1997

Preibisch, Wolfgang: Außergerichtliche Vorverfahren in Streitigkeiten der Zivilgerichtsbarkeit, Dissertation, Berlin, 1982

Prölss, Erich/ Martin, Anton: Versicherungsvertragsgesetz, Kommentar, 26. Auflage, München 1998

Proppe, Helmut/ Krapp, Thea: Außergerichtliches Verfahren – Alternative zur Ziviljustiz, JA 1990, 65

Prütting, Hanns: Richterliche Gestaltungsspielräume für alternative Streitbehandlung, AnwBl. 2000, 273

Prütting, Hanns: Schlichten statt Richten?, JZ 1985, 261

Prütting,Hans/ Wegen, Gerhard/ Weinreich, Gerd: Prütting/Wegen/Weinreich, Kommentar zum BGB, 2. Auflage, Luchterhand Verlag, 2007

Puchta, Wolfgang Heinrich: Ist der Vergleichsversuch in Rechtsstreitigkeiten zweckmäßig in die Hände der Gerichte gelegt? – Und was lässt sich von der Anordnung eigener Vermittlungsämter erwarten?, AcP 19 (1836), 214 ff. und 414

Rauscher, Bert: DAT-Schätzungen; Schiedsgutachten auf unzureichender Grundlage, BB 1974, 630

Rauscher, Bert: Das Schiedsgutachtenrecht unter besonderer Berücksichtigung der Regelung der Praxis des Massenverkehrs, Dissertation, Frankfurt a.M., 1969

Reich, Norbert: Schiedsklauseln in grenzüberschreitenden Verbraucherverträgen in der EU: autonome oder international-rechtliche Qualifikation?, ZeuP 1999, 982

Reich, Norbert: Verbraucherpolitik und Verbraucherschutz im Vertrag von Amsterdam, VuR 1999, 3

Reich, Norbert: Alternativen zur Ziviljustiz im Verbraucherschutz – Amerikanische Erfahrungen aus der Regulierungsdiskussion, DRiZ 1983, 112

Reich, Norbert: Die neue Richtlinie 97/7/EG über den Verbraucherschutz bei Vertragsabschlüssen im Fernabsatz, EuZW 1997, 581

Reichert, Bernhard: Handbuch Vereins- und Verbandsrecht, 10. Auflage, Luchterhand Verlag, 2005

Reinicke, Michael: Der Satz von der „falsa demonstratio" im Vertragsrecht, JA 1980, 455

Reinking, Kurt/ Schmidt, Friedrich/ Woyte, Bernd: Die Autoreparatur, Rechtsfragen bei der Reparatur von Kraftfahrzeugen, Werner-Verlag, Neuwied, München, 2003

Rennen, Günter/ Caliebe, Gabriele: Kommentar zum Rechtsberatungsgesetz, Verlag C.H. Beck, 3. Auflage, München, 2001

Resnik, Judith: Many Doors? Closing Doors? Alternative dispute resolution and adjucation, 10 Ohio St. J. on Dispute Resolution 211 (1995)

Roberts, Simon: Ordnung und Konflikt. Eine Einführung in die Rechtsethnologie, Klett-Cotta Verlag, 1. Auflage, Stuttgart, 1981

Röhl, Klaus: Rechtssoziologie; Carl Heymanns Verlag, Köln, Berlin, Bonn, München, 1987

Röhl, Klaus: Erfahrungen mit dem Güteverfahren, DRiZ 1983, 90

Röhl, Sabine/ Röhl, Klaus: Alternativen zur Justiz, DRiZ 1979, 33

Römer, Wolfgang: Offene und beantwortete Fragen zum Verfahren vor dem Ombudsmann, NVersZ 2002, 289

Rosenberg, Leo/ Schwab, Karl-Heinz/ Gottwald, Peter: Kommentar zur Zivilprozessordnung, 16. Auflage, Verlag C.H.Beck, München, 2004
Roßnagel,Alexander/ Pfitzmann, Andreas: Der Beweiswert von E-mail, NJW 2003, 1209
Roth, Herbert: Die Inhaltskontrolle nichtausgehandelter Individualverträge im Privatrechtssystem, BB 1987, 977
Roth, Herbert: Die Reform des Werkvertragsrechts, JZ 2001, 543
Roth, Herbert: EG-Richtlinien und Bürgerliches Recht, JZ 1999, 529
Roth, Wulf-Henning: Europäischer Verbraucherschutz und BGB, JZ 2001, 475
Rothweiler,Winfried/ Sauer, Gotthard: Schlichtungsstellen – eine Alternative?, NJW 1978, 797
Ruehl, Wilhelm: Streitschlichtung im Cyberspace, http://home.t-online.de/home/Wilhelm.Ruehl/cyberspa.htm
Rüssel, Ulrike: Das Gesetz zur Förderung der außergerichtlichen Streitbeilegung – der Weg zu einer neuen Streitkultur?, NJW 2000, 2800
Samtleben, Jürgen: Zur Wirksamkeit von Schiedsklauseln bei grenzüberschreitenden Börsentermingeschäften, ZeuP 1999, 974
Sander, Frank E.A.: Gerichtliche und außergerichtliche Streitbeilegung – Überblick über die Erfahrungen in den USA, in: Gottwald/Strempel, Streitschlichtung – Rechtsvergleichende Beiträge zur außergerichtlichen Streitbeilegung, 31
Schäfer, Hans-Bernd: Kein Geld für die Justiz – Was ist uns der Rechtsfrieden wert?, DRiZ 1995, 461
Scherpe, Jens M.: Außergerichtliche Streitbeilegung in Verbrauchersachen; Ein deutsch-dänischer Rechtsvergleich, Mohr Siebeck Verlag, Tübingen, Dissertation, 2002
Schilken, Eberhard: Zur Bedeutung der „Anhängigkeit" im Zivilprozeß, JR 1984, 446
Schlosser, Peter: Einverständliches Parteihandeln im Zivilprozeß, Tübingen 1968
Schlosser, Peter: Die Unparteilichkeit des Schiedsrichteramtes, ZZP 1993 (1980), 121
Schlosser, Peter: Entwicklungstendenzen im Recht der Allgemeinen Geschäftsbedingungen, ZIP 1985, 449
Schmid, Matthias: Die fehlgeschlagene Reparatur, Probleme des BGB-Werkvertrages am Beispiel der Kfz-Reparatur, NJW 1994, 1824
Schmidl, Michael: Die elektronische Signatur, CR 2002, 508
Schmidt, Eike: Grundlagen und Grundzüge der Inzidentkontrolle allgemeiner Geschäftsbedingungen nach dem AGB-Gesetz, JuS 1987, 929
Schmidt-Bleibtreu,Bruno/ Klein, Franz: Kommentar zum Grundgesetz, 9. Auflage, Luchterhand Verlag, Neuwied, 1999
Schmidt-von Rhein, Georg: Erfahrungen mit der Gründung einer Bauschlichtungsstelle in Frankfurt/Main, in: Strempel, Mediation für die Praxis
Schmidt-von Rhein, Georg: Neue Ansätze in der außergerichtlichen Konfliktregelung, ZRP 1984, 119

Schmitz, Klaus: Diskussionsbeitrag im Sitzungsbericht über die Verhandlungen des Aktuellen Forums Verfahrensrecht während des 62. Deutschen Juristentags in Bremen, DJT 1998, Teil O 93

Schneider, Egon: Die missglückte ZPO-Reform, NJW 2001, 3756

Schneider, Gerald: Condorcets konstitutionelle Knacknuss, Festschrift für Ulrich Klöti, 2003, Beitrag für Uwe Serdült/Thomas Widmer, Vortrag einer Antrittsvorlesung an der Universität Konstanz, abrufbar unter der Adresse *gerald.schneider@uni-konstanz.de*

Schulte-Nölke, Hans: Vertragsfreiheit und Informationszwang nach der Schuldrechtsreform, in: Büllesbach, Dreier, 165

Schultzky, Hendrik: Videokonferenzen im Zivilprozess, NJW 2003, 313

Schulz von Thun, Friedemann: Miteinander Reden – Störungen und Erklärungen, Rowohlt, Reinbek bei Hamburg, 1981

Schulz, Ingolf: Der Rechtsanwalt als Mediator, AnwBl 1994, 273

Schulze, Reiner/ Schulte-Nölke, Hans: Die Schuldrechtsreform vor dem Hintergrund des Gemeinschaftsrechts, Verlag Mohr-Siebeck, Tübingen 2001

Schütze, Rolf: Schiedsgericht und Schiedsverfahren, 2. Auflage, Verlag C.H.Beck, München, 1998

Schütze, Rolf/ Tscherning, Dieter/ Wais, Walter: Handbuch des Schiedsverfahrens, Walter de Gruyter Verlag, Berlin/New York, 1985

Schwab, Karl Heinz: Die Entscheidung des Schiedsgerichts über seine eigene Zuständigkeit; Eine Stellungnahme zum Verhältnis von Hauptvertrag und Schiedsvertrag und zur sog. Kompetenz – Kompetenz des Schiedsgerichts, KTS 1961, 17

Schwab, Karl Heinz/ Walter, Gerhard: Schiedsgerichtsbarkeit, Kommentar zu den Vorschriften der Zivilprozessordnung, Verlag C.H. Beck, München, 1995

Scharzmann ,Johannes/ Walz, Robert: Das Bayerische Schlichtungsgesetz, Kommentar und Leitfaden zur Verhandlungsführung für den Schlichter, Richard Boorberg Verlag, Stuttgart, 2000

Seetzen, Uwe: Streitschlichtung durch den Schiedsmann in Zivilsachen, ZRP 1982, 99

Seetzen, Uwe: Entlastung der Ziviljustiz durch Vorschaltung des Schiedsmanns?, DRiZ 1980, 177

Sieg, Karl: Zum Rechtsschutz auf Staatskosten, NJW 1992, 2992

Sieg, Karl: Die feststellenden Schiedsgutachter im Privatversicherungsrecht, VersR 1965, 629

Snyder, Franklin G. : A Problem Drafter's Perspective, *http://www.ombuds.org/center/* JIA_ICODIR_draft.html (First International Competition for Online Dispute Resolution)

Sodan, Helge: Qualitätsmaßstäbe für die Justiz?, NJW 2003, 1494

Soergel: Kommentar zum BGB, Allgemeiner Teil 3, 13. Auflage, Verlag W. Kohlhammer, Stuttgart 2002

Spieker, Oliver: Schiedsvereinbarungen in Allgemeinen Geschäftsbedingungen des nicht kaufmännischen Verkehrs, ZIP 99, 2138

Stadler, Astrid: Außergerichtliche Konfliktlösung (Mediation), ZRP 1998, 319

Staudinger, Julius von: Kommentar zum Bürgerlichen Gesetzbuch mit Einführungsgesetz und Nebengesetzen, Sellier – de Gruyter Verlag, Berlin, Neubearbeitung 2001

Stein, Friedrich/ Jonas, Martin: Kommentar zur Zivilprozessordnung, 22. Auflage, Mohr Siebeck Verlag, Tübingen, 2002

Stiefel, Ernst/ Hofmann, Edgar: Kommentar zu den Allgemeinen Bedingungen für die Kraftfahrtversicherung – AKB, 16. Auflage, Verlag C.H. Beck, München, 1995

Stillner, Walter: Die Preisnebenabrede im Recht der Allgemeinen Geschäftsbedingungen, VuR 1998, 19

Stober, Rolf: Staatsgerichtsbarkeit und Schiedsgerichtsbarkeit, NJW 1979, 2001

Stomper, Bettina: Das Domain-Schlichtungsverfahren der WIPO, http://www.rechtsprobleme.at

Streinz, Rudolf: Europarecht, 5. Auflage, C.F. Müller Verlag, Heidelberg, 2001

Strempel, Dieter: Alternativen in der Ziviljustiz, JZ 1983, 596

Strempel, Dieter: Mediation für die Praxis, 1. Auflage, Rudolf Haufe Verlag, Freiburg, Berlin, 1998

Strempel, Dieter: Außergerichtliche Konfliktlösung (Mediation), ZRP 1998, 319

Strieder, Joachim: Rechtliche Einordnung und Behandlung des Schiedsrichtervertrages, Carl Heymanns Verlag, Köln/Berlin/Bonn/München, Diss. 1984

Stroebe, R.W.: Kommunikation II, Verhalten und Technik in Besprechungen, 7. Auflage, Heidelberg, 1998

Stubbe, Christian: Schiedsgutachten als modernes ADR-Instrument, SchiedsVZ 2006 (Heft 3), 150

Stürner, Rolf: Eckpunkte einer Justizreform, NJW 2000, Beilage zu Heft 25, 31

Stürner, Rolf: Die Aufklärungspflicht der Parteien des Zivilprozesses, 49 ff., Tübingen 1976

Stürner, Rolf: Formen der konsensualen Prozessbeendigung in den europäischen Zivilprozessrechten, in: Gottwald, Konsensuale Streitbeilegung, 5

Taupitz, Jochen: Medizinrecht vor den Gerichten – Ein Blick in die ferne Zukunft, ZPR 1997, 161

Taupitz, Jochen/ Kritter, Thomas: Electronic Commerce – Probleme bei Rechtsgeschäften im Internet, JuS 1999, 839

Teubner, Ernst: Prozessverträge – Zulässigkeit, Abschluss und Wirkungen, MDR 1988, 720

Theilacker, Gerhard: Friedensgerichtsbarkeit und Rechtspfleger. Die Entwicklung der niederen Gerichtsbarkeit in Deutschland unter besonderer Berücksichtigung der im Lande Baden-Württemberg gemachten Erfahrungen, Dissertation, Tübingen, 1963

Thoma, Richard: Handbuch des deutschen Staatsrechts, Mohr-Verlag, Tübingen, 1930

Thomas, Heinz/ Putzo, Hans: Kommentar zur Zivilprozessordnung, 26. Auflage, Verlag C.H.Beck, München, 2004

Tiffe, Achim: Consumer Claims Tribunals in Australien – Beispielhafte Konfliktbewältigung für Verbraucher – Anliegen, VuR 1997, 29

Tilman, Vincent: OnlineConfidence: A New Tool for Resolving Disputes Online, *http://www.onlineconfidence.org*

Tonner, Klaus: ADR in the European Union: Tension Between Regulation at the Level of Union and the Traditions of Member States, New Zealand Business Law Quarterly, Sptember 2002, 414

Ulmer, Peter/ Brandner, Erich/ Hensen,Horst-Diether/ Schmidt, Harry: Kommentar zum Gesetz zur Regelung des Rechts der Allgemeinen Geschäftsbedingungen, 9. Auflage, Otto Schmidt Verlag, Köln, 2001

Valley, Kathleen: The Electronic Negotiator, Harvard Business Review, January-February 2000, 15

Viefhues, Wolfram: Elektronischer Rechtsverkehr – rechtliche Aspekte und organisatorische Auswirkungen, CR 2001, 556

Viitanen, Klaus: The Crisis of the Welfare State, Privatisation and Consumers' Access to Justice in: Wilhelmsson/Hurri, 549

Volkmar: Die Verordnung zur Beschleunigung des Verfahrens in bürgerlichen Rechtsstreitigkeiten, JW 1924, 17

Volmer, Bernhard/ Gaul, Dieter: Arbeitnehmererfindungsgesetz, Kommentar, 2. Auflage, München, 1983

Volmer, Dirk: Das Schiedsgutachtenrecht – Bestandsaufnahme und Fragen der Praxis, BB 1984, 1010

Wagner, Gerhard: Diskussionsbeitrag im Sitzungsbericht über die Verhandlungen des Aktuellen Forums Verfahrensrecht während des 62. Deutschen Juristentags in Bremen, DJT 1998, Teil O 79

Wagner, Gerhard: Obligatorische Streitschlichtung im Zivilprozess: Kosten, Nutzen, Alternativen, JZ 1998, 836

Wagner, Klaus-R.: Alternative Streitvermeidung: Notarielle Beurkundung, Betreuung und Schlichtung, BB 1997, 53

Walter, Hans/ Küper, Maria: Die Einholung medizinischer Gutachten und Obergutachten im Zivilprozeß, NJW 1968, 182

Wasmuht, Ulrike: Friedensforschung als Konfliktforschung, in: Peter Imbusch/ Ralf Zoll (Hrsg.): Friedens- und Konfliktforschung. Eine Einführung mit Quellen. Opladen, 1996, S. 180 ff.

Wassermann, Rudolf: Der Teufel steckt im Detail – Neuer Anlauf zur Justizreform, NJW 1999, 2646

Watzlawick, Paul/ Beavin Janet/ Jackson, Don D.: Menschliche Kommunikation, 10. Auflage, Huber Verlag, Bern, 2000

Wegmann, Bernd: Außergerichtliche Streitbeilegung, insbesondere Mediation, und Vertragsgestaltung, in: Strempel, Mediation für die Praxis

Weigand, Frank-Bernd: Alternative Streiterledigung – „Alternative Dispute Resolution" auch in Deutschland?, BB 1996, 2106

Weismann: Das Schiedsgutachten, AcP 72 (1888), 269

Wesel, Uwe: Streitschlichtung im Schatten des Leviathan, NJW 2002, 415

Westermann, Harm Peter: Die Verbandsstrafgewalt und das allgemeine Recht, Gieseking Verlag, Bielefeld 1972

Wilhelm, Jan: Schuldrechtsreform 2001, JZ 2001, 861

Wilhelmsson, Thomas/ Hurri, Amuli: From Dissonance to Sense, Welfare State Expectations, Privatisation and Private Law, Ashgate Dartmouth, 1999

Wittmann, Arno: Struktur und Grundprobleme des Schiedsgutachtenvertrages, Dissertation, Köln, Berlin, Bonn, München, 1978

Wolf, Christian/ Weber, Matthias/ Knauer, Christoph: Gefährdung der Privatautonomie durch therapeutische Mediation?, NJW 2003, 1488

Wolf, Manfred: Wertsicheurngs-, Kostenelemts- und Schiedsgutachtenklauseln in der neueren Rechtsprechung des BGH, ZIP 1981, 235

Wolf, Manfred/ Horn, Norbert/ Lindacher, Walter: Kommentar zum Gesetz zur Regelung des Rechts der Allgemeinen Geschäftsbedingungen, 4. Auflage, Verlag C.H.Beck, München, 1999

Wolf, Manfred/Pfeiffer, Thomas: Der richtige Standort des AGB-Rechts innerhalb des BGB, ZRP 2001, 303

Wolfram-Korn, Margit/ Schmarsli, Peter: Außergerichtliche Streitschlichtung in Deutschland, Verlag C.H. Beck, München, 2001

Yunis, Bettina: Neue Konfliktlösungsmechanismen: Computersystemunterstützte Streitbeilegung, in: Büllesbach/Dreier, 183

Zentralverband des Deutschen Kraftfahrzeuggewerbes: Protokoll des Schiedsstellengesprächs zwischen ADAC und ZDK vom 22.7.1996

Zimmermann, Reinhard: Konturen eines Europäischen Vertragsrechts, JZ 1995, 477

Zimmermann, Reinhard/ Leenen, Detlef/ Mansel, Heinz-Peter/Ernst, Wolfgang: Finis Litium? Zum Verjährungsrecht nach dem Regierungsentwurf eines Schuldrechtsmodernisierungsgesetzes, JZ 2001, 684

Zöller, Richard: Kommentar zur Zivilprozessordnung, 25. Auflage, Verlag Otto Schmidt, Köln, 2005

Abkürzungsverzeichnis

a.A.	anderer Ansicht
a.a.O.	am angegebenen Ort
a.F.	alte Fassung
a.M.	anderer Meinung
abl.	ablehnend
ABl.	Amtsblatt
Abs.	Absatz
AcP	Archiv für die civilistische Praxis
ADAC	Allgemeiner Deutscher Automobilclub
AG	Amtsgericht
AGB	Allgemeine Geschäftsbedingungen
AGBG	Gesetz zur Regelung des Rechts der allgemeinen Geschäftsbedingungen
AKB	Allgemeine Bedingungen für die Kraftfahrtversicherung
allg.	allgemein
Alt.	Alternative
amtl.	amtlich
Anl.	Anlage
Anm.	Anmerkung
AnwBl.	Anwaltsblatt
ArbnErfG	Gesetz über Arbeitnehmererfindungen
Art.	Artikel
AT	Allgemeiner Teil
Aufl.	Auflage
Az.	Aktenzeichen
BAG	Bundesarbeitsgericht
BauR	Baurecht
BayObLG	Bayerisches Oberstes Landesgericht
BaySchlG	Bayerisches Schlichtungsgesetz
BB	Der Betriebsberater
Bd.	Band
Beschl.	Beschluss
bestr.	bestritten
betr.	betreffend
BetrVerfG	Betriebsverfassungsgesetz

BGB	Bürgerliches Gesetzbuch
BGBl.	Bundesgesetzblatt
BGH	Bundesgerichtshof
BGHZ	Entscheidungen des Bundesgerichtshofs in Zivilsachen
BMJ	Bundesminister der Justiz
BR	Bundesrat
BRAGO	Bundesgebührenordnung für Rechtsanwälte
BRAK-Mitt.	Mitteilungen der Bundesrechtsanwaltskammer
BRAO	Bundesrechtsanwaltsordnung
BReg.	Bundesregierung
BT	Besonderer Teil; Bundestag
BTDrucks.	Bundestagsdrucksache
BVerfG	Bundesverfassungsgericht
BverfGE	Bundesverfassungsgerichtsentscheidung
BVerwG	Bundesverwaltungsgericht
bzgl.	bezüglich
bzw.	beziehungsweise
c.i.c.	culpa in contrahendo
ca.	circa
CR	Computer und Recht
d.h.	das heißt
DAR	Deutsches Auto-Recht
DAT	Deutsche Automobil-Treuhand GmbH
DB	Der Betrieb
ders.	derselbe
Diss.	Dissertation
DJ	Deutsche Justiz
DJT	Deutscher Juristentag
DÖV	Die Öffentliche Verwaltung
DRiG	Deutsches Richtergesetz
DRiZ	Deutsche Richterzeitung
EG	Europäische Gemeinschaft; Vertrag zur Gründung der Europäischen Gemeinschaft i.d.F. nach dem 1.5.1999
EGBGB	Einführungsgesetz zum BGB
EGKS	Europäische Gemeinschaft für Kohle und Stahl
EGV	Vertrag zur Gründung einer Europäischen Gemeinschaft i.d.F. vor dem 1.5.1999
EGV	Vertrag zur Gründung der Europäischen Gemeinschaft
EGZPO	Einführungsgesetz zur ZPO
Einf.	Einführung

etc.	etcetera
EU	Europäische Union; Vertrag über die Europäische Union i.d.F. nach dem 1.5.1999
EuGH	Gerichtshof der Europäischen Gemeinschaften
EuGHE	Entscheidungen des Gerichtshofs der Europäischen Gemeinschaften, amtliche Sammlung
EuGVÜ	Europäisches Gerichtsstand- und Vollstreckungsübereinkommen
EuR	Europarecht
EUV	Vertrag über die Europäische Union i.d.F. vor dem 1.5.1999
EuZW	Europäische Zeitschrift für Wirtschaftsrecht
EWG	Europäische Wirtschaftsgemeinschaft
EWS	Europäisches Wirtschafts- und Steuerrecht
f., ff.	folgend (e)
FGG	Gesetz über die Angelegenheiten der freiwilligen Gerichtsbarkeit
Fn.	Fußnote
FS	Festschrift
gem.	gemäß
GewO	Gewerbeordnung
GG	Grundgesetz
ggfls.	gegebenenfalls
GKG	Gerichtskostengesetz
GmbH	Gesellschaft mit beschränkter Haftung
grds.	grundsätzlich
GRUR	Gewerblicher Rechtsschutz und Urheberrecht
GVBl.	Gesetz- und Verordnungsblatt
GVG	Gerichtsverfassungsgesetz
h.M.	herrschende Meinung
Halbs.	Halbsatz
HandwO	Handwerksordnung
HGB	Handelsgesetzbuch
Hrsg.	Herausgeber
Hs.	Halbsatz
HWiG	Gesetz über den Widerruf von Haustürgeschäften und ähnlichen Geschäften
i.d.F.	in der Fassung
i.d.R.	in der Regel
i.e.S.	im engeren Sinne
i.S.v.	im Sinne von
i.Vbdg.m.	in Verbindung mit
i.w.S.	im weiteren Sinne

IHK	Industrie- und Handelskammer
IPRax	Praxis des Internationalen Privat- und Verfahrensrechts
JA	Juristische Arbeitsblätter
JR	Juristische Rundschau
JuS	Juristische Schulung
JVBl	Justizverwaltungsblatt
JW	Juristische Wochenschrift
JZ	Juristenzeitung
KG	Kammergericht
Komm.	Kommentar
KTS	Zeitschrift für Konkurs-, Treuhand- und Schiedsgerichtswesen
LG	Landgericht
Lit.	Literatur
lit.	Buchstabe
LM	Lindenmaier/Möhring, Nachschlagswerk des Bundesgerichtshofes in Zivilsachen
m.a.W.	mit anderen Worten
m.E.	meines Erachtens
m.w.N.	mit weiteren Nachweisen
MDR	Monatsschrift für Deutsches Recht
MuGVO	Muster Geschäfts- und Verfahrensordnung
n.F.	neue Fassung
NJW	Neue Juristische Wochenschrift
NJW-RR	NJW-Rechtsprechungsreport
Nr.	Nummer
NVersZ	Neue Zeitschrift für Versicherung und Recht
NVwZ	Neue Zeitschrift für Verwaltungsrecht
o.a.	oben angeführt
OLG	Oberlandesgericht
ProdHaftG	Produkthaftungsgesetz
pVV	positive Vertragsverletzung
r+s	Recht und Schaden
RabelsZ	Rabels Zeitschrift für ausländisches und internationales Privatrecht
Rdn.	Randnummer
RG	Reichsgericht
RGZ	Entscheidungen des Reichsgerichts in Zivilsachen
RiLi	Richtlinie
Rn.	Randnummer
Rs.	Rechtssache
Rspr.	Rechtsprechung

Rz.	Randziffer
S.	Seite
s.o.	siehe oben
s.u.	siehe unten
Slg.	Sammlung von Entscheidungen, Gesetzen etc.
sog.	sogenannt (e)
str.	streitig
StVZO	Straßenverkehrszulassungsordnung
TÜV	Technischer Überwachungsverein
u.a.	unter anderem
u.U.	unter Umständen
unstr.	unstreitig
URL	Uniform Resource Locator; Adresse im Internet
Urt.	Urteil
usw.	und so weiter
UWG	Gesetz gegen den unlauteren Wettbewerb
VerbrKrG	Verbraucherkreditgesetz
Verf.	Verfasser
VerfO	Verfahrensordnung
VersR	Zeitschrift für Versicherungsrecht
vgl.	vergleiche
VO	Verordnung
VuR	Verbraucher und Recht
VVG	Gesetz über den Versicherungsvertrag
WM	Zeitschrift für Wirtschafts- und Bankrecht
z.T.	zum Teil
z.Zt.	zur Zeit
ZdK	Zentralverband des Kraftfahrzeuggewerbes
ZeuP	Zeitschrift für Europäisches Privatrecht
ZfS	Zeitschrift für Schadensrecht
ZHR	Zeitschrift für das gesamte Handels- und Wirtschaftsrecht
Ziff.	Ziffer
ZIP	Zeitschrift für Wirtschaftsrecht und Insolvenzpraxis
ZPO	Zivilprozessordnung
ZRP	Zeitschrift für Rechtspolitik
ZversWiss	Zeitschrift für die gesamte Versicherungswissenschaft
ZZP	Zeitschrift für Zivilprozess

Glossar

ADR	Abkürzung für „Alternative Dispute Resolution". Akronym, welches sich für alle Arten alternativer Konfliktbeilegung in Deutschland durchgesetzt hat, also z.B. Mediation, Schlichtung, Vermittlung usw.
ADR-Klausel	Klausel in den Allgemeinen Geschäftsbedingungen, woraus sich die Zuständigkeit einer bestimmten ADR-Stelle (z.B. Mediator, Schlichter, Schiedsgericht, Schiedsstelle) bei Konflikten zwischen den Parteien des Hauptvertrages ergibt.
ADR-Vereinbarung	Im konkreten Fall: Vereinbarung zwischen dem Verbraucher und der Innung, welche rechtlich als Auftrag zu qualifizieren ist, der zwei Vertragsinhalte hat: Zum einen die Schlichtung, zum anderen die Erstellung eines Schiedsgutachtens bzw. eines Gutachtens mit empfehlendem Charakter.
ADR-Vereinbarung mit empfehlendem Charakter	Vereinbarung zwischen dem Verbraucher und der Innung, welche die Erstellung eines (technischen) Sachverständigengutachtens zum Gegenstand hat. Dieses Gutachten entfaltet keine Bindungswirkung. Die ADR-Vereinbarung mit empfehlendem Charakter kann einen Teil der gesamten ADR-Vereinbarung zwischen dem Verbraucher und der Innung darstellen (außer es liegt eine Schiedsgutachtervereinbarung auf dieser Ebene vor).
Anrufung	Darunter versteht man die Einleitung des Schiedsstellenverfahrens durch den Unternehmer oder den Verbraucher. Die Anrufung erfolgt durch Einreichung eines Schriftsatzes bei der Schiedsstelle.
Anrufungsschrift	Der Schriftsatz, der bei der Schiedsstelle eingereicht wird, um das Schiedsstellenverfahren zu initiieren.

Die Anrufungsschrift soll bestimmte Angaben enthalten (Name und Anschriften der Parteien, Bezeichnung des Fahrzeugs, Schilderung des Sachverhalts usw.).

Bindungswirkung

Grundsätzlich muss unterschieden werden zwischen „externer“ und „interner“ Bindungswirkung. Die externe Bindungswirkung bezeichnet im Schiedsgutachtenverfahren die Bindung des Richters an die von der Schiedsstelle getroffenen Feststellungen (daher auch „Feststellungswirkung“ genannt) bis zur Grenze der offenbaren Unrichtigkeit, bei ADR-Verfahren mit empfehlendem Charakter die sog. „faktische Bindung“. Die interne Bindung betrifft die Abhängigkeit der Kfz-Werkstatt von der Innung über einen Innungsbeschluss, die Innungssatzung oder den sog. Gestattungsvertrag.

Branchenlösung

Bezeichnung für eine einheitliche Gebrauchtwagenvermarktung, teilweise auch zur besseren Abgrenzung gegenüber dem Privatmarkt. Zur Branchenlösung gehört als wesentliches Element die Unterzeichnung des Gestattungsvertrages sowie die Erfüllung eines vorgegebenen Pflichtenkatalogs durch die Betriebe (in dessen Rahmen auch die Anerkennung der Schiedssprüche durch die Schiedsstellen genannt wird), aber auch z.B. die Weiterqualifizierung der Gebrauchtwagenhandelsbetriebe, wenn auch auf freiwilliger Basis.

Ernennung

Im ADR-Umfeld bezeichnet man damit die (vertraglichen oder nichtvertraglichen) rechtlichen Beziehungen zwischen den ernennenden Organisationen (z.B. bei den Schiedsstellen: TÜV, ADAC, Innung) und den (zu ernennenden) (Schieds-) Gutachtern.

Faktische Bindungswirkung

Bezeichnung für das Phänomen, dass ein Gutachten mit empfehlendem Charakter zwar rechtlich keine andere Wirkung als ein sog. Parteigutachten hat. Da jedoch beide Seiten gemeinsam eine sachverständige Stelle mit der Erstattung eines Gutachtens beauftragt haben, kommt dem Gutachten rein faktisch doch eine gewisse Bindungswirkung zu.

Geschäftsstelle	Die Geschäftsstelle ist Teil der Schiedsstelle. Bei der Geschäftsstelle gehen die Anrufungen der Verbraucher ein. Sie führt das Vorverfahren durch. Die Geschäftsstelle ist meist räumlich und personell mit der zuständigen Innung verknüpft.
Gestattungsvertrag	Vertrag zwischen der Kfz-Innung oder dem Landesinnungsverband mit einem Mitgliedsbetrieb der Verbandsorganisation Deutsches Kraftfahrzeuggewerbe, der die Befugnis zum Führen des Zeichens „Meisterbetrieb der Kfz-Innung" sowie evtl. weiterer Zusatzzeichen zum Gegenstand hat, welche einen gewissen Qualitätsstandard belegen sollen. Als Ausgleich dafür muss der Betrieb bestimmte Pflichten erfüllen, u.a. den Spruch der für ihn zuständigen Schiedsstelle anerkennen (vgl. hierzu auch „Branchenlösung").
Mediation	Mediation ist die Behandlung eines Konfliktes durch die Einschaltung eines streng neutralen Dritten ohne Entscheidungsbefugnis, der den Parteien bei ihrer Suche nach Konfliktlösungen hilft. Der Mediator ist also vor allem für die Strukturierung des Verfahrens verantwortlich. Er soll keinerlei Druck auf die Parteien ausüben. Vielmehr sollen diese in Eigenverantwortung den Konflikt lösen. Insofern unterscheidet sich die Mediation von der Schlichtung.
ODR	Abkürzung für „Online (out-of-court) Dispute Resolution". Akronym, welches sich für alle Arten computersystemunterstützter Streitbeilegung durchgesetzt hat. ODR baut auf ADR auf, erweitert diese jedoch um das Merkmal der Unterstützung durch Computersysteme.
ODR-Vereinbarung	Die ODR-Vereinbarung entspricht inhaltlich weitgehend der ADR-Vereinbarung (siehe dort). Darüber hinaus sind jedoch noch weitere Inhalte zu beachten

	wie die Überlassung von Software zur zeitweisen Nutzung, die Bereitstellung von Speicherplatz und Rechnerleistung, die Führung elektronischer Akten, die Auswahl geeigneter Software usw.
Sachverständigengutachten mit empfehlendem Charakter	Leistungsgegenstand der ADR-Vereinbarung mit empfehlendem Charakter. Die im Sachverständigengutachten mit empfehlendem Charakter festgestellten Tatsachen entfalten keine Bindungswirkung bei einem nachfolgenden Gerichtsprozess, abgesehen von einer „faktischen Bindung“.
Sachverständigenvereinbarung mit empfehlendem Charakter	Im Bereich des Kfz-Handwerks Vereinbarung zwischen dem Werkstattbetreiber und dem Kunden, die zum Inhalt hat, dass im Falle eines Konflikts von der Schiedsstelle ein Sachverständigengutachten erstellt werden soll. Dieses Sachverständigengutachten soll lediglich den technischen Hintergrund darstellen, jedoch keinerlei Bindungswirkung entfalten.
Schiedsgericht	Das Schiedsgericht ist ein privates Gericht, das echte Streit entscheidende Funktionen hat. Durch das Schiedsgericht wird ein Rechtsstreit endgültig entschieden. Die Schiedsstelle ist kein Schiedsgericht in diesem Sinne.
Schiedsgutachten	Leistungsgegenstand des Schiedsgutachter-vertrages. Die im Schiedsgutachten von der Schiedskommission festgestellten Tatsachen entfalten Bindungswirkung bei einem nachfolgenden Gerichtsverfahren. Der Richter darf diese Tatsachen demnach nur noch auf ihre offenbare Unrichtigkeit (bzw. Unbilligkeit) hin überprüfen. In der Literatur findet eine Unterteilung in rechtsgestaltende, vertragsergänzende und feststellende Schiedsgutachten statt.
Schiedsgutachtenvereinbarung	Im Bereich des Kfz-Handwerks Vereinbarung zwischen dem Werkstattbetreiber und dem Kunden, die zum Inhalt hat, dass im Falle eines Konflikts von einer Schiedsgutachtenstelle (=Schiedsstelle) ein Schiedsgutachten erstellt werden soll.

Schiedsgutachtervereinbarung	Vereinbarung zwischen dem Verbraucher und der Innung, welche die Erstellung eines Schiedsgutachtens zum Gegenstand hat.
Schiedsgutachterverfahren	In der Literatur und der Rechtsprechung eine andere Bezeichnung für Schiedsstellenverfahren. Letztlich ist die Bezeichnung als „Schiedsgutachterverfahren“ jedoch oftmals nicht korrekt, da die meisten Schiedsstellenverfahren nicht die Erstellung eines Schiedsgutachtens, sondern eines Sachverständigengutachtens mit (lediglich) empfehlendem Charakter zum Gegenstand haben.
Schiedskommission	Auch Hauptkommission genannt. Die Schiedskommission setzt sich aus fünf Mitgliedern unterschiedlicher Organisationen zusammen. Vor diesem Gremium finden die Schiedskommissionsverfahren statt.
Schiedskommissionsverfahren	Auch Hauptverfahren genannt. Der Beginn des Schiedskommissionsverfahrens wird durch die Vorlage der Unterlagen durch die Geschäftsstelle an den Vorsitzenden der Schiedskommission definiert. Das Schiedskommissionsverfahren endet in aller Regel durch Schiedsspruch oder Schiedsvergleich.
Schiedsspruch	Autoritative Entscheidung der Schiedskommission, welche den Konflikt zwischen dem Werkstattbetreiber und dem Kunden zu einem Ende bringt.
Schiedsstelle	Einrichtung, die in einem fakultativen vorgerichtlichen nichtöffentlichen Verfahren auf unformelle Weise eine gütliche Einigung von Verbraucherstreitigkeiten anstrebt, jedoch auch autoritativ den Streit entscheiden kann. Im Bereich des Kfz-Handwerks existieren derzeit bundesweit 113 Schiedsstellen.
Schiedsstellenklausel	Klausel in den Allgemeinen Geschäfts-bedingungen (Kfz-Reparaturbedingungen), aus der sich die Zuständigkeit der Schiedsstelle bei Konflikten zwischen Werkstattbetreiber und Kunde ergibt

Schiedsstellenvereinbarung

Bezeichnung für den (aus Schiedsgutachten- oder Sachverständigenvereinbarung mit empfehlendem Charakter und Schlichtungsvereinbarung zusammengesetzten) Vertrag, welcher zwischen Werkstattbetreiber und Kunden abgeschlossen wird. Dieser Vertrag hat zum Inhalt, dass im Falle eines Konflikts zwischen diesen Parteien die Schiedsstelle eingeschaltet werden soll.

Schiedsstellenverfahren

Das gesamte Verfahren vor der Schiedsstelle von der Anrufung bis zur Beendigung durch Schiedsspruch oder Schiedsvergleich (in aller Regel).

Schiedsvereinbarung

Vereinbarung der Parteien (des Hauptvertrages), die zum Inhalt hat, alle oder einzelne Streitigkeiten, die zwischen ihnen in Bezug auf ein bestimmtes Rechtsverhältnis vertraglicher oder nichtvertraglicher Art entstanden sind oder künftig entstehen, der Entscheidung durch ein Schiedsgericht zu unterwerfen, § 1029 Abs. 1 ZPO. Eine derartige Vereinbarung kommt im Zusammenhang mit dem Schiedsstellenverfahren im Bereich des Kfz-Handwerks zwischen Kunde und Werkstattbetreiber nicht zustande.

Schiedsvergleich

Vergleichsweise Regelung zwischen den Konfliktparteien, welche von der Schiedsstelle vermittelt wird.

Schlichtervereinbarung

Vereinbarung zwischen dem Verbraucher und der Innung, welche zum Inhalt hat, dass die Innung den Konflikt zwischen den Parteien entweder einer gütlichen Einigung zuführen (Schiedsvergleich) oder – bei Scheitern dieses Versuchs – den Streit autoritativ entscheiden soll (Schiedsspruch). Die Innung bedient sich hierzu der Mitglieder der Schiedskommission als „Hilfspersonen".

Schlichtung

Bei der Schlichtung erfährt die Freiwilligkeit der Streitenden gewisse Einschränkungen. Diese können von ihnen selbst begründet oder von außen auferlegt sein. Zur Schlichtung zählen demnach z.B. alle Fälle, in denen sich die Parteien für den Konfliktfall ex ante oder ex post einem Streitbeilegungsverfahren unterworfen haben (vgl. aber auch den Unterschied zwischen Schlichtungs- und Schiedsstelle!). Teilweise wird zwischen Schlichtung im engen und im weiten Sinne unterschieden. Die Schlichtung i.e.S. beinhalte nur die konsensuale Streitbeilegung, während die Schlichtung i.w.S. dem Schlichter zusätzlich die Möglichkeit gebe, den Streit autoritativ zu entscheiden. Insofern betreiben also die Schiedsstellen für das Kfz-Handwerk Schlichtung i.w.S.

Schlichtungsstelle	Im Gegensatz zur Schiedsstelle ist die Schlichtungsstelle eine Institution, die den Konflikt nur auf konsensualer Ebene zu lösen versucht, also im Gegensatz zur Schiedsstelle nicht die Möglichkeit besitzt, den Konflikt autoritativ zu entscheiden.
Schlichtungsvereinbarung	Vereinbarung zwischen dem Werkstattbetreiber und dem Kunden, welche zum Inhalt hat, dass die Schiedsstelle im Falle eines Konflikts zwischen diesen Parteien eine gütliche Einigung herbeiführen (Schiedsvergleich) oder eine autoritative Entscheidung in der Sache treffen soll (Schiedsspruch).
Vermittlung	Die wesentliche Aufgabe des Vermittlers liegt in der Stimulation von Kommunikationsprozessen zwischen den Konfliktparteien. Wichtig ist zudem die Klärung der Selbstinteressen der Beteiligten. Der Vermittler übt keinerlei Druck auf die Konfliktparteien aus. Vermittlung und Mediation werden oftmals synonym verwendet.
Vorkommission	Einige Schiedsstellen bilden Vorkommissionen, die sich zumeist aus einem Verbraucher- und einem Innungsvertreter sowie dem Vorsitzenden der Schiedskommission zusammensetzen. Die Vorkommission wird im Zwischenverfahren tätig.

Vorprüfungsverfahren

Als Vorprüfungsverfahren wird der Verfahrensabschnitt von der Anrufung bis zum Beginn des Zwischenverfahrens bezeichnet. Das Vorprüfungsverfahren kann – u.U. zusammen mit dem Zwischenverfahren – unter Verbraucher-schutzgesichtspunkten als der kritischste Verfahrensabschnitt bezeichnet werden.

Zwischenverfahren

Das Zwischenverfahren beginnt mit der Übersendung der Anrufungsschrift an den Beschwerdegegner und endet, wenn entweder innerhalb von vier Wochen eine Einigung zwischen den Konfliktparteien zustande kommt oder wenn die Geschäftsstelle nach Ablauf von vier Wochen mangels Einigung den Vorgang mit sämtlichen Unterlagen dem Vorsitzenden der Schiedskommission zur weiteren Behandlung durch die Schiedskommission vorlegt. Es dauert also nach der MuGVO maximal vier Wochen.

Erster Hauptteil: Historische Entwicklung und soziologische Analyse sowie Darstellung von Möglichkeiten der Konfliktbewältigung im Kontext außergerichtlicher Streitbeilegung, insbesondere im Hinblick auf die Tätigkeit der Schiedsstellen für das Kfz-Handwerk

Erster Teil: Gegenstand der Untersuchung

I. Einführung in die Problemstellung

Allenthalben hat im Umfeld von Justiz und Verbraucherschutz die Suche nach neuen Wegen zur „Selbstregulierung" und Konfliktlösung begonnen. Gesucht werden Instrumente und Institutionen, die einerseits dem Verbraucher wirksam zu seinen Rechten verhelfen, andererseits eine weitere Überlastung der staatlichen Gerichte vermeiden. In dieser Richtung wird die aktuelle Diskussion über „Alternativen zur Ziviljustiz" zunehmend auf die Schieds-, Schlichtungs-, Vermittlungs- oder Gütestellen aufmerksam, die für die Streitigkeiten aus Alltagsgeschäften in verschiedenen Bereichen von Handwerk, Handel und Dienstleistungsgewerbe entstanden sind. Dieses in der Öffentlichkeit noch wenig bekannte Angebot verspricht eine unbürokratische, schnelle, kostengünstige und befriedende Beilegung von Konflikten und könnte damit zu einer ergänzenden Komponente unseres Rechtspflegesystems im weiteren Sinne ausgebaut werden.

Sowohl auf nationaler als auch auf supranationaler Ebene (EU) gibt es Bestrebungen, die außergerichtliche Streitschlichtung zu fördern. Diese Bestrebungen werden weitgehend unter dem Begriff der „alternative dispute resolution" (ADR) zusammengefasst. Die auf europäischer Ebene ergriffenen Maßnahmen sind bisher zwar noch von relativ geringer Bedeutung. Aufgrund des größer werdenden Einflusses des europäischen Rechts ist jedoch davon auszugehen, dass es möglicherweise bereits in nächster Zukunft zu Spannungen zwischen dem nationalen und dem europäischen Ansatz kommen wird[1].

Die vorliegende Untersuchung verfolgt zum einen das Ziel, einen Beitrag zur Erfassung der rechtlichen Struktur des Schiedsstellenverfahrens zu leisten. Dabei soll das gesamte Verfahren im weiteren Sinne, so wie es sich aus der Sicht des Verbrauchers darstellt, behandelt werden. Die Darstellung erörtert also die Organisationsform bzw. Struktur der Schiedsstelle für das Kfz-Handwerk und schildert den Aufgabenbereich der Schiedsstelle. Die im Zusammenhang mit dem Schiedsstellenwesen bedeutsamen Vertragsverhältnisse werden näher erörtert. Das Schiedsgutachten und das Sachverständigengutachten mit empfehlendem Charakter stellt als Leistungsgegenstand einen wesentlichen Punkt dar, der separat diskutiert wird. Einen breiten Raum nimmt die Diskussion um die sog. Schiedsstellenvereinbarung ein. Auch auf das rechtliche Verhältnis zwischen den

1 Micklitz, Privatisation of access to justice and soft law, 533, spricht von einem „binding legal framework for all sorts of alternative dispute settlement", das seitens der entscheidenden Institutionen der EU geschaffen werden müsste.

Konfliktparteien und der Schiedsstelle wird eingegangen werden. Den (chronologischen) Abschluss bildet das Schiedsstellenverfahren im eigentlichen Sinn.

Durch diese Art der Darbietung soll eine umfassende Gesamtschau über das Procedere geleistet werden, so wie es sich für den Verbraucher, also den Auftraggeber einer Reparatur eines Kfz in der Werkstatt, darstellt. Zum anderen stellt sich im Rahmen dieser Untersuchung u.a. die Frage, welchen Beitrag außergerichtliche Einrichtungen wie die Schieds- bzw. Schlichtungsstellen für das Kfz-Gewerbe zur Rechtsverwirklichung leisten, d.h. inwieweit sie ein angemessenes Verfahren zur Beendigung von Streitigkeiten zur Verfügung stellen. Im Rahmen dieser Thematik soll auch die soziologische Komponente, also die Analyse von Konflikten berücksichtigt und etwaige Lösungsvorschläge aufgezeigt werden. Auch nationale und supranationale Initiativen, Ansätze und Perspektiven im Kontext der außergerichtlichen Streitschlichtung und ihre gegenseitige Verzahnung werden Gegenstand dieser Untersuchung sein.

Schließlich sind im Rahmen der Arbeit die Vorteile des Schiedsstellenverfahrens für den Verbraucher ins Feld zu führen. Auf der anderen Seite bestehen für derartige alternative Angebote zur Beendigung von Rechtskonflikten noch zahlreiche Rechts- und auch praktische Probleme bei der Durchführung der Verfahren. Gegenstand dieser Arbeit wird es daher auch sein, diese Probleme im Bereich der Schieds- bzw. Schlichtungsstellen für das Kfz-Handwerk darzulegen und zumindest im praktischen Bereich Verbesserungsvorschläge aufzuzeigen. Hierbei soll unter anderem auf das Spannungsverhältnis einer möglichen „Überregulierung“ der außergerichtlichen Streitbeilegungsverfahren und einer mehr oder weniger „offenen“, dem soziologischen Prinzip zuzuordnenden Konfliktlösung diskutiert werden[2].

II. Gang der Untersuchung

Der Erste Hauptteil kann grob als der soziologisch-empirische Kern der Arbeit bezeichnet werden. Dabei werden die Grundmotive und Diskussionsschwerpunkte außergerichtlicher Streitbeilegung im Generellen mit den konkreten Gegebenheiten des Schiedsstellenverfahrens im Besonderen in Einklang gebracht.

Dieser Hauptteil der Arbeit beginnt mit einem historischen Rekurs. Es wird die Entstehungsgeschichte der Schiedsstellen für das Kfz-Handwerk kurz geschildert sowie der Bedarf für eine außergerichtliche Streitbeilegung im Bereich des Kfz-Handwerks erörtert. Auf die Bedeutung der öffentlich-rechtlichen Grundlagen für das Schiedsstellenwesen wird eingegangen (Zweiter Teil).

Der Begriff des Konflikts bildet den Beginn des Dritten Teils. Dieser Teil beschäftigt sich zunächst primär mit den soziologischen und rechtspolitischen Hintergründen der

2 Micklitz, Privatisation of access to justice and soft law, 534 f. greift dieses Thema auf, wobei er offenbar die seiner Ansicht nach zunehmende Tendenz, alternative Streitbeilegung „überzuregulieren“, bemängelt.

Konfliktbewältigung. Daran anschließend werden empirische Daten der Schiedsstellenarbeit ausgewertet.

Der Zweite Hauptteil bildet den Schwerpunkt der Arbeit. Er befasst sich mit der rechtlichen Einordnung des Schiedsstellenverfahrens im weiten Sinne mitsamt seiner Peripherie, also insbesondere den unter (materiellrechtlichen) Gesichtspunkten bedeutsamen Vertragsgeflechten im Umfeld dieses Verfahrens.

Zunächst (nach einer kurzen Einleitung) wird der Aufgabenbereich und die Organisation der Schiedsstelle sowie wesentliche Aspekte des Verbraucherschutzes im Zusammenhang mit der Besetzung der einzelnen Teile der Schiedsstelle (Geschäftsstelle, Vor- und Schiedskommission) diskutiert (Zweiter Teil).

Im weiteren Verlauf beschäftigt sich die Arbeit mit dem Kern des Schiedsstellenwesens, also dem Leistungsinhalt. Die Unterschiede von Schiedsgutachten und Sachverständigengutachten mit empfehlendem Charakter sollen dem Leser näher gebracht werden. Eine Bezugnahme auf die Praxis erleichtert das Verständnis (Dritter Teil).

Anschließend wird dem Leser die Schiedsstellenvereinbarung näher gebracht, wobei in diesem Kontext u.a. sowohl die Rechtsnatur der Schiedsstellenvereinbarung erörtert als auch auf die Problematik sog. Schiedsstellenklauseln näher eingegangen wird. Es bestehen nach wie vor Probleme beim Versuch, die juristische Natur der unterschiedlichen vertraglichen Konstellationen zu deuten. Daher wird es Aufgabe dieser Arbeit sein, die neuralgischen Punkte zu beleuchten und dogmatische Lösungsversuche in die Diskussion einzubringen (Vierter Teil).

Der Fünfte Teil befasst sich mit dem rechtlichen Verhältnis des Verbrauchers und des Unternehmers zu den Kommissionsmitgliedern sowie zu den in § 2 Abs. 2 lit. b Muster GVO erwähnten Organisationen. Insbesondere dem Verhältnis zur Innung als „die das Schiedsstellenwesen verwaltende Organisation" kommt dabei eine überragende Bedeutung zu. Dabei wird berücksichtigt, dass der Unternehmer aufgrund seiner Mitgliedschaft der Schiedsgewalt der Innung unterliegt, der Verbraucher jedoch nicht. Unter anderem wird in diesem Zusammenhang die haftungsrechtliche Frage erörtert.

Der Sechste Teil beschäftigt sich mit dem Schiedsstellenverfahren. Zunächst wird das Vorprüfungsverfahren erörtert. Auf das in der Praxis bedeutsame „Zwischenverfahren", welches nicht eindeutig in der Muster GVO geregelt ist und auf das Schiedskommissionsverfahren soll im Anschluss daran eingegangen werden. Die Beendigungsmöglichkeiten im Rahmen des Schiedsstellenverfahrens werden gleichfalls im Sechsten Teil vorgestellt. Auch die Kostenregelung findet Erwähnung. Schließlich wird die materiellrechtliche und prozessuale Bedeutung sowohl des Schiedsstellenverfahrens als solchem als auch des Schiedsspruchs und des Schiedsvergleichs diskutiert werden.

Der Dritte Hauptteil betrifft die aktuellen Diskussionen über die außergerichtliche Streitbeilegung im nationalen und europäischen Kontext. Die Auswirkungen dieser Maßnahmen und Tendenzen auf das Schiedsstellenverfahren werden dabei erörtert.

Zunächst erfolgt eine Einleitung (Erster Teil). Der Zweite Teil behandelt die nationalen Ansätze im Bereich außergerichtlicher Streitbeilegung sowie deren Auswirkungen auf das Schiedsstellenwesen. Es folgt eine Beschreibung der supranationalen Ansätze im Bereich der außergerichtlichen Streitschlichtung. Stets werden die Verbindungen zwischen dem europäischen Ansatz und dem Schiedsstellenverfahren sowie die Auswirkungen der Umsetzung der europäischen Maßnahmen auf die momentane Form des Schiedsstellenverfahrens thematisiert werden (Dritter Teil).

Danach werden bestehende Disparitäten nationaler und europäischer Ansätze sowie die Konsequenzen hieraus für das Schiedsstellenwesen aufgezeigt (Vierter Teil).

Der Vierte Hauptteil bildet das Substrat dieser Arbeit, indem er die gewonnenen Erkenntnisse zusammenfasst und Schlussfolgerungen zieht.

Der Erste Teil fasst die gewonnenen Erkenntnisse unter rechtlichen und pragmatischen Aspekten zusammen. Dabei werden die Vor- und Nachteile des Schiedsstellenwesens in seiner momentanen Form dargestellt sowie Lösungsansätze, die sich aus der Analyse ergeben haben, aufgezeigt. Dieser Teil zeigt auch ein Ergebnis in Bezug auf eine angebotsorientierte Struktur der Konfliktbewältigung auf, das sich aus den Erkenntnissen dieser Arbeit aufdrängt.

Im Zweiten Teil wird ein Ausblick auf die Zukunft der außergerichtlichen Konfliktbewältigung und des Schiedsstellenwesens im Besonderen vorgenommen.

Der Anhang beinhaltet die Muster-Geschäfts- und Verfahrensordnung der Schiedsstellen für das Kfz-Gewerbe und die Kfz-Reparaturbedingungen (Anlagen 1 und 3). In diesem Zusammenhang sei erwähnt, dass manche Schiedsstellen von der Muster-Verfahrensordnung divergierende Verfahrensordnungen verwenden. Oft sind die Divergenzen jedoch marginal. Die unterschiedliche Ausgestaltung der Verfahren ergibt sich zum Teil aus der ausgeübten Praxis der Schiedsstellen. Aus diesem Grund und auch deswegen, weil ein Abstellen selbst auf lediglich geringe Unterschiede in den Verfahrensordnungen der unterschiedlichen Schiedsstellen die Lesbarkeit erheblich erschweren würde, soll im Rahmen dieser Arbeit lediglich die Muster- Geschäfts- und Verfahrensordnung als Prüfungsmaßstab herangezogen werden. Dabei wird nachfolgend die Abkürzung „MuGVO“ verwendet. Der sog. „Leitfaden“ der MuGVO ist gleichfalls im Anhang enthalten (Anlage 2).

Um allerdings in den Prüfungsschwerpunkten (z.B. Bindungswirkung hinsichtlich der von der Schiedskommission getroffenen Feststellungen) eine Sensibilisierung beim Leser zu erzielen, werden eben dort auch die Abweichungen in den einzelnen Verfahrensordnungen dargestellt. Deshalb beinhaltet der Anhang auch zwei von der MuGVO abweichende Verfahrensordnungen (der Schiedsstellenbezirke Niederbayern und Schwaben, Anlagen 4 und 5).

Außerdem enthält der Anhang noch typische Schiedsstellenfälle aus der Praxis, auf die im Verlauf der Arbeit Bezug genommen wird (Anlagen 12 bis 18) sowie Gerichtsentscheidungen, die sich konkret mit dieser Thematik befassen (Anlagen 19 und 20). Auch einige Jahresberichte von vereinzelten Schiedsstellenbezirken zur Verdeutlichung der Schiedsstellenarbeit, also für den „empirischen Teil“ dieser Arbeit, sind im Anhang enthalten (Anlagen 6 bis 11).

Zweiter Teil: Entstehung der Schiedsstellen für das Kfz-Handwerk

I. Gründe

Als im Mai 1970 die ersten Kfz-Schiedsstellen für das Handwerk vom Zentralverband des Kfz-Handwerks in Zusammenarbeit mit den Automobilclubs (ADAC) in Hamburg und München eingerichtet wurden[3], waren mehrere Gesichtspunkte hierfür von ausschlaggebender Bedeutung.

Zum einen sorgte der sprunghafte Anstieg der Zulassungszahlen von Kraftfahrzeugen für einen zunehmenden Bedarf daran, dass Reklamationen von Kunden bei mangelhaft durchgeführten Reparaturen auf möglichst einfache, schnelle und billige Weise abgeholfen werden sollten. Zudem bildete sich in dieser Zeit aufgrund einer breiteren Information – u.a. hervorgerufen durch die zunehmende Bedeutung der Medien – eine gestiegene Erwartung der Verbraucher an qualitativ anspruchsvolle Arbeit heraus[4]. Das Reklamationsverhalten wurde nicht zuletzt durch Untersuchungen zur Qualität von Kfz-Reparaturen mit beeinflusst[5]. Daraus wurde gefolgert, dass durch die Einrichtung eines unabhängigen sachverständigen Gremiums wie der Schiedsstelle eine hohe Qualität von handwerklicher Arbeit sichergestellt werden könnte. Gleichzeitig sollte das Vertrauensverhältnis zwischen den Geschäftspartnern verbessert und damit Ansehen und Ruf des Kfz-Handwerks (durch die Einrichtung der Schiedsstellen) gefördert werden[6].

Allgemein gesprochen entspricht es außerdem einem unleugbaren praktischen Bedürfnis des Wirtschaftslebens, dass in gewissen Grenzen das staatliche Monopol des Privatrechtsschutzes durch Schaffung einer auf dem Willen der Beteiligten beruhenden außerstaatlichen Gerichtsbarkeit durchbrochen wird[7]. Als Gründe hierfür werden angegeben: Die kürzere Verfahrensdauer, die Kostenfreiheit des Verfahrens, der Ausschluss der Öffentlichkeit, Sach- und Branchenkundigkeit der Schiedsrichter bzw. Schiedsgutachter/Sachverständigen und die Möglichkeit, Schwerfälligkeiten des materiellen Rechts zu überbrücken[8].

---

3 Die erste „Schlichtungsstelle zur außergerichtlichen Erledigung von Streitigkeiten zwischen Kunden und Kfz-Werkstätte über Werkstattleistungen" wurde am 29.Mai 1970 in Hamburg gegründet.

4 Miletzki, 26; zu den Zulassungszahlen gibt das Kraftfahrt – Bundesamt (*www.kba.de*) Auskunft. So stiegen die Zulassungszahlen allein in der Zeit von 1966 bis 1973 von 9.267.429 Pkw auf 17.023.085 Pkw.

5 vgl. hierzu beispielsweise den vom ADAC im Jahr 1970 durchgeführten umfangreichen Werkstatt-Test, der teilweise starke qualitative Mängel bei Werkstattleistungen feststellte.

6 Hanel, 205

7 vgl. hierzu Schlosser in Stein/Jonas/Schlosser, vor § 1025, Rz.1, der sich zwar auf das schiedsrichterliche Verfahren bezieht; letztendlich gilt für das Schiedsgutachtenverfahren bzw. das Sachverständigenverfahren mit empfehlendem Charakter jedoch nichts anderes.

8 Stein/Jonas/Schlosser a.a.O.; zum Bedarf noch näher weiter unten bei III.

Eine weitere Ursache für die Gründung der Schiedsstellen mag in den zur damaligen Zeit stark gestiegenen Erwartungen der Verbraucher an die Qualität von Dienstleistungen und Produkten zu sehen sein. Dieses Phänomen griff die Bundesregierung u.a. dadurch auf, dass bei den Industrie- und Handelskammern Schlichtungsstellen für Verbraucherbeschwerden geschaffen wurden[9]. Auch dadurch könnte sich das Kfz-Handwerk im Zugzwang gefühlt haben.

II. Initiativen

Der bereits vorher genannte starke Anstieg der Zulassungszahlen von Kraftfahrzeugen Ende der 60er Jahre, der dadurch zunehmende Bedarf an entsprechenden Werkstattleistungen und die dabei auftretenden gehäuften Klagen unzufriedener Kunden über nachlässige Arbeit, hohe Preise und lange Wartezeiten der Werkstätten führten zur Gründung einer „Schutzgemeinschaft der Kraftfahrer e.V.", eine Art Versicherung gegen schlechte Autoreparaturen und Preisübervorteilung durch Julius Szekely[10]. Die Schutzgemeinschaft bietet Beistand im Streit mit Werkstätten, schaltet gegebenenfalls Sachverständige ein, bietet Rechtsberatung; sie bezieht eine offene Frontstellung gegen das Kfz-Handwerk[11]. Diesem droht eine zunehmende Imageverschlechterung. Auslösender Faktor für die Gründung der Schiedsstellen war schließlich ein vom ADAC durchgeführter Werkstatttest, der im Jahr 1970 stattfand und in dem bei der Arbeit von Kfz-Werkstätten erhebliche Qualitätsmängel festgestellt wurden[12].

Das Kfz-Handwerk reagierte auf die vorgenannten Erscheinungen (auch auf den Werkstatttest) mit einer Maßnahme, die längerfristig das Vertrauen der Werkstattkunden vergrößern sollte: Mit der Gründung von Schiedsstellen zur außergerichtlichen Beilegung von Streitigkeiten mit der Werkstatt[13]. Der ZDK (Zentralverband des Deutschen Kfz-Handwerks, früher ZVK) stützte seine Initiative auf § 54 Abs. 3 Nr. 3 HandwO, wonach Handwerksinnungen bei Streitigkeiten zwischen den Innungsmitgliedern und ihren Auf-

---

9 vgl. von Falkenstein, 170, der sich hierbei auf einen Bericht einer Arbeitsgruppe des Deutschen Industrie- und Handelstages (DIHT), der Dachorganisation der Industrie- und Handelskammern, bezieht.

10 Bundesanzeiger, 1984, 38

11 Titel eines Reports über Auto-Reparaturwerkstätten: „Freiwillige Selbstkontrolle gegen Nepp und Pfusch", Test, Heft 6/70, 259 ff.

12 Das Ergebnis des Werkstattests ist abgedruckt in der ADAC-Motorwelt 5/1970, 28ff.; bei dem damaligen Test wurden vorab zehn Mängel in jeden Wagen eingebaut, wobei der Behebung der einzelnen Mängel jeweils ein bestimmter Wertfaktor zugeordnet wurde, der von der Sicherheitsrelevanz des einzelnen Mangels abhing. Im Ergebnis wurden bei der Inspektion durchschnittlich 59% der Fehler behoben. Die Tests wurden in zwanzig Städten in ganz Deutschland durchgeführt.

13 Auf die Bedeutung der öffentlich-rechtlichen Grundlagen für das Schiedsstellenwesen, also die Verwurzelung der Kfz-Schiedsstellen im Handwerksrecht, wird in einem separaten Punkt noch eingegangen werden.

traggebern vermitteln können. Die Einrichtung der ersten Schiedsstellen Mitte des Jahres 1970 in Hamburg und München geht von daher auf eine entsprechende Initiative des ZVK (Zentralverband des Kfz-Gewerbes) und des ADAC zurück.

Auch vor der Einrichtung der Schiedsstellen sind die Innungen, die Handwerkskammern und auch die Automobilverbände bei Beanstandungen beratend und vermittelnd tätig geworden. Das wesentlich Neue bei den Schiedsstellen ist der Versuch, die Vermittlungstätigkeit aus dem Odium der Parteilichkeit herauszuheben, indem sie mit einem unabhängigen Vorsitzenden, neutralen Sachverständigen und mit einem Verbrauchervertreter besetzt wird. Dadurch soll von vornherein ein größeres Vertrauen in diese Einrichtungen erzeugt werden, noch unterstützt durch eine verstärkte Öffentlichkeitsarbeit. Tatsächlich finden diese Schiedsstellen bei den Kunden und in der Branche selbst sehr guten Anklang, so dass in der Folgezeit eine beträchtliche Zahl weiterer Schiedsstellen in der Bundesrepublik entsteht.

In den neuen Bundesländern ging die Einrichtung der Schiedsstellen für das Kfz-Handwerk nur schleppend voran. Diese Schiedsstellen wurden auf Initiative der Landesverbände des Kfz-Gewerbes – dessen Dachverband der ZDK ist – und unter Mitwirkung des ADAC nach und nach in den Jahren 1991 und 1992 eingerichtet. Dabei mussten zahlreiche Anlaufschwierigkeiten bewältigt werden. Dies hatte zum einen seinen Grund darin, dass die Landesorganisationen des ZDK selbst noch im Aufbau begriffen waren und zum anderen zum damaligen Zeitpunkt ein dringender Bedarf seitens der Verbraucher noch nicht erkennbar war. Hinzu kommt, dass seitens des ZDK beabsichtigt war, von vornherein gemeinsame Schiedsstellen, die sich sowohl mit Reparatur- als auch mit Gebrauchtwagenkauffragen befassen sollten, einzurichten. Als Vorbild wurden dabei entsprechende Zusammenschlüsse in den alten Bundesländern angesehen. Da die Durchsetzung dieses Gedankens auch organisatorisch schwieriger zu bewältigen ist als die Gründung separater Schiedsstellen, wurde die Einrichtung der Schiedsstellen hierdurch noch einmal verzögert. Nach wie vor bestehen größere Schwierigkeiten bei der alltäglichen Bewältigung der Schiedsstellenarbeit in den neuen Bundesländern.

Im gesamten Bundesgebiet existieren zurzeit 113 Schiedsstellen, die sich (allein) der Problematik des Kfz – Handwerks annehmen. Hiervon zu unterscheiden sind die Schiedsstellen für den Gebrauchtwagenhandel, die lediglich für die Lösung von Konflikten zwischen Verbrauchern und bestimmten, der Verbandssignalisation unterliegenden Gebrauchtwagenhändlern zuständig sind. Von diesen Schiedsstellen gibt es mittlerweile 90 in ganz Deutschland. Teilweise sind die Schiedsstellen für den Gebrauchtwagenhandel und die für das Kfz – Handwerk sowohl räumlich als auch organisatorisch zusammengefasst. Sie unterliegen jedoch unterschiedlichen rechtlichen Vorgaben[14]. Insgesamt gibt es z.Zt. 150 Schiedsstellen.

Zur Erleichterung der Schiedsstellenarbeit haben der ZDK (Zentralverband Deutsches Kraftfahrzeuggewerbe) und der ADAC 1997 einen Leitfaden verfasst, eine Art Kommen-

---

14 Eine bundesweite aktuelle Übersicht der Kfz-Schiedsstellen findet sich auf dem Internet-Portal des ZDK unter *www.kfzgewerbe.de*.

tar zur MuGVO. Dieser Leitfaden wurde mittlerweile den aktuellen Gegebenheiten angepasst. Insbesondere berücksichtigt der neue Leitfaden den Beschluss der Verbandsorganisation Deutsches Kraftfahrzeuggewerbe, ab dem Jahr 1999 eine neue Verbandssignalisation zu verwenden. Damit verbunden war auch die Einführung eines neuen Meisterschildes mit Zusatzzeichen. Von dieser Änderung sind jedoch hauptsächlich die Schiedsstellen für den Gebrauchtwagenhandel, nicht die für das Kfz – Handwerk betroffen.

III. Bedarf für eine außergerichtliche Streitbeilegung für den Bereich des Kfz-Handwerks

Bereits im Rahmen der Erörterung der Gründe für die Errichtung der Schiedsstellen wurde deutlich, dass ein Bedarf außergerichtlicher Streitbeilegung für den Bereich des Kfz-Handwerks durchaus gegeben ist[15]. Die dort genannten Aspekte beziehen sich jedoch primär auf den konkreten Anlass für die Gründung derartiger Institutionen, ohne den Istzustand zu beschreiben und zu diskutieren, also u.a. die Frage, ob eine Ausweitung bzw. Optimierung derartiger Streitbeilegungsstellen gewollt ist oder möglicherweise die Erfahrung gezeigt hat, dass die Arbeit dieser Stellen mangels Bewährung nicht förderungswürdig erscheint. Dieser Frage soll anschließend nachgegangen werden[16].

1. Interesse des Verbrauchers an einer außergerichtlichen Streitbeilegung bei Konflikten mit Kfz-Reparaturwerkstätten

Streitigkeiten mit Kfz-Reparaturwerkstätten sind häufig durch ihren geringen Streitwert gekennzeichnet. Daraus kann jedoch nicht zwangsläufig geschlossen werden, dass der Verbraucher grundsätzlich kein Interesse an der möglichen Konfliktlösung hat. Möglicherweise geht es dem Verbraucher „nur um das Prinzip“, möglicherweise ist die Sache für den Verbraucher im Einzelfall finanziell wesentlich bedeutsamer, als es für den „objektiven Betrachter von außen“ aussieht.

Um diesen Konflikt zu lösen, gibt es verschiedene Alternativen, die im Verlauf noch dargestellt werden sollen[17]. Regelmäßig dürfte dem Verbraucher eine Gerichtsverhandlung zu aufwändig sein, um den Konflikt in einem angemessenen Verhältnis zum Streitwert zu lösen[18]. Zwar stellt eine Gerichtsverhandlung nur eine der zahlreichen Alternati-

---

15 vgl. Zweiter Teil, I.

16 Hierbei orientiert sich der Verfasser an Scherpe, Diss., 5 ff., der den Bedarf für eine außergerichtliche Streitbeilegung in Verbrauchersachen isoliert anhand der unterschiedlichen Interessen von Verbrauchern, Gewerbetreibenden und der Allgemeinheit ermittelt.

17 vgl. hierzu Dritter Teil, II und III.

18 Scherpe, Diss., 7; in diese Richtung ging offenbar auch Reich auf dem Workshop des BMJ vom 7.9. bis zum 9.9.1981 in Stolberg-Zweifall und Bonn, den Gottwald in ZRP 1982, 28 wiedergibt. Danach handle der Konsument, der homo oeconomicus sein soll, wegen des häufigen Missverhältnisses von Streitwert und Verfahrensaufwand durchaus zweckrational, wenn er trotz

ven dar, Konflikte zu beenden. Stellt man jedoch darauf ab, dass die Konfliktlösungsmethoden, die ohne Zuhilfenahme eines Dritten in Betracht kommen, scheitern, dann verbleiben als Alternativen nur noch mehr oder weniger institutionalisierte Konfliktlösungsverfahren, wobei für den Bereich des Konflikts mit einer Kfz-Werkstätte ernsthaft nur das Gerichtsverfahren und das selbständige Beweisverfahren in Betracht kommen, das jedoch aufgrund seiner „sachlichen und räumlichen Nähe" dem Gerichtsverfahren weitgehend gleichzustellen sein dürfte[19]. Aus diesem Grund soll es genügen, nachfolgend das Gerichtsverfahren in Hinblick auf die Interessen des Verbrauchers zu untersuchen[20]. Anhand des Untersuchungsergebnisses soll dann festgestellt werden, ob für den Verbraucher tatsächlich ein Bedarf zu Alternativen gerichtlicher Konfliktlösung im Bereich des Kfz-Handwerks besteht.

a) Soziale Zugangshindernisse zu gerichtlicher Konfliktlösung

Als derartige soziale Zugangshindernisse können gelten die mangelnde Rechtskenntnis des Verbrauchers, etwaige Darstellungs- und Verhaltensdefizite, eine gewisse „Schwellenangst" vor der Justiz sowie mangelnde Zeit und Frustrationstoleranz[21].

Was die mangelnden Rechtskenntnisse anbelangt, so könnte dieses Defizit in jedem Fall durch Rechtsberatungsstellen wenn schon nicht beseitigt, so doch wenigstens relativiert werden. Die Bedeutung von Rechtsberatungsstellen für die Konfliktbewältigung hat Blankenburg in einer rechtsvergleichenden Studie eindrucksvoll dargestellt, indem er diesem „Rechtsberatungsmodell", welches insbesondere in den Niederlanden praktiziert wird, durchaus eine prozessvorbeugende und konfliktbereinigende Wirkung attestiert[22]. In Betracht käme für den Bereich des Kfz-Handwerks z.B. die Rechtsberatungsstelle des ADAC, welche von ADAC-Mitgliedern als „Mitgliedschaftsleistung" in Anspruch genommen werden kann. Durch derartige Stellen könnte dieses „soziale Zugangshindernis" weitgehend beseitigt werden.

---

berechtigter Beschwerden gerade nicht die Gerichte angeht, sondern einen Verlust in Kauf nimmt.

19 Als „Zwitterwesen" einer dualistischen Streitbeilegung durch Verhandlung und einer solchen unter Einschaltung eines möglichst neutralen Dritten kann die computersystemunterstützte Streitbeilegung (Online Dispute Resolution, abgekürzt ODR) angesehen werden. Aufgrund der Tatsache, dass diese Art der Streitbeilegung gleichfalls für den Bereich des Kfz-Handwerks als Alternative angesehen werden kann, soll hierauf noch näher eingegangen werden.

20 Dabei wird das von Scherpe bevorzugte Modell der Einteilung der Zugangshindernisse in solche sozialer, formaljuristischer und ökonomischer Natur als Maßstab genommen, da es sich zur Veranschaulichung der in Rede stehenden Problematik durchaus eignet. Selbstverständlich erfolgt dabei ein Zuschnitt auf die spezifische Problematik der Schiedsstellen für das Kfz-Handwerk.

21 so Scherpe, Diss., 10 ff.

22 Blankenburg in „Gottwald/Strempel, Streitschlichtung – Rechtsvergleichende Beiträge zur außergerichtlichen Streitbeilegung", 139 ff.; Bundesanzeiger 1995, Nummer 57a, ausgegeben am 22.3.1995.

Scherpe bezeichnet die „Sprachbarriere“ als Verhaltensdefizit[23]. Tatsächlich dürfte die juristische Fachterminologie für einen Nichtjuristen nur schwer verständlich sein. Solche Darstellungsdefizite können durchaus als Zugangshindernis bezeichnet werden, auch wenn Fachterminologie zur Verständigung unter „Fachleuten“ sicherlich nützlich und sinnvoll sein mag. In diesem Zusammenhang müsste jedoch bezogen auf das Schiedsstellenwesen diese Thematik auf den technischen Bereich übertragen werden.

Da Schiedsstellen den Konflikt vor allem durch Offenlegung der technischen Gegebenheiten lösen sollen, müssen die „ADR-Verantwortlichen“ (also bei den Schiedsstellen die Vertreter der genannten Organisationen in der Schiedskommission) dahingehend sensibilisiert werden, im Rahmen der Verhandlung nicht ausschließlich auf ihre Fachterminologie zurückzugreifen, da anderenfalls dieses Zugangshindernis – lediglich im Gewand der technischen statt juristischen Sprachbarriere – auch im Rahmen von Schiedsstellenverhandlungen bestünde. Insofern wäre kein Vorteil gegenüber traditionellen gerichtlichen Verfahren mehr zu bemerken.

Die „Scheu vor der Justiz“[24] ist eine weitere Zugangsbarriere. In der Tat kann nicht geleugnet werden, dass bei Verbrauchern oft eine gewisse Zurückhaltung besteht, was das Einschalten von Rechtsanwälten oder den Gang vor Gericht betrifft. Schiedsstellen sollten sich von daher um eine weitgehend „offene Atmosphäre“ bemühen, um diesen Vorteil gegenüber Gerichtsverfahren auch zum Ausdruck zu bringen.

Schließlich sind noch die typischen „sozialen Kosten“ zu nennen, also „Zeit und Nerven“. Dem Verbraucher geht es bei derartigen Bagatellstreitigkeiten tatsächlich primär um eine schnelle Beseitigung des Problems[25]. Ein langwieriger, zeitaufwändiger Gerichtsprozess, bei dem der Verbraucher möglicherweise auch noch einen Rechtsanwalt zur angemessenen Interessenvertretung benötigt, kommt seinen Interessen nicht entgegen. Insofern sollten die Schiedsstellen diesen „Zeitvorteil“ in jedem Fall ausnutzen, um einen „Standortvorteil“ gegenüber Gerichtsverfahren zu besitzen[26].

b) Zugangshindernisse der Rechtspflege

Hierzu gehören die Dauer und Formalisierung des Gerichtsverfahrens sowie das fehlende Interesse bzw. Engagement des Rechtsanwalts. Gerade im Bereich der Formalisierung scheint ein Vorteil des Schiedsstellenverfahrens zu liegen. Diese vor Gericht zu beobachtende „Überformalisierung“ führt zu verzögerten Bearbeitungen der Fälle und erhöhter Frustration beim Verbraucher. Aus dem Grund muss dem Verbraucher der Zugang zu den

---

23 Scherpe, Diss., 12

24 die oft einschüchternde Atmosphäre bei Gericht wird auch als „Kafka-Syndrom“ bezeichnet, vgl. Scherpe, Diss., 13 m.w.N.

25 Nicklisch, 159 f. Scherpe scheint diese Kosten – er bezeichnet dies als „rationales Desinteresse“ – den ökonomischen Kosten zuzurechnen.

26 Gemäß § 5 Abs. 5 MuGVO soll das Verfahren vor der Schiedsstelle längstens nach drei Monaten seit Anrufung der Schiedsstelle abgeschlossen sein.

Schiedsstellen so einfach wie möglich gemacht werden, damit dieser Vorteil auch klar zum Ausdruck kommen kann[27].

Aufgrund des diese Konflikte kennzeichnenden Bagatellcharakters ist der Streitwert entsprechend gering. Dies führt dazu, dass der einzelne Rechtsanwalt, der die Interessen des Verbrauchers vertreten soll, kaum Engagement zeigen dürfte, da sich seine Vergütung am RVG orientiert, welche den Streitwert als alleinigen Maßstab für die Höhe der Vergütung des Rechtsanwalts apostrophiert und die Komplexität des Falles demgegenüber (zu) weitgehend unberücksichtigt lässt[28]. Dies soll der Anwaltschaft nicht vorgehalten werden, da sich der einzelne Rechtsanwalt selbstverständlich an der Wirtschaftlichkeit seines Handelns orientieren muss.

c) Ökonomische Zugangshindernisse

Hierzu gehören die Kosten der Rechtsberatung und der Prozessvertretung sowie die Gerichtskosten, die gerade im Bagatellbereich aufgrund der „reziprok-progressiven" Struktur der Kosten – und Gebührenordnungen in keinem angemessenen Verhältnis zum Streitwert stehen[29]. Von daher ist der Verzicht auf eine Klage sogar vernünftig. Kostenfreie Schiedsstellenverfahren bieten also bei derartigen Bagatellstreitigkeiten eine attraktive Alternative gegenüber herkömmlichen Gerichtsverfahren.

2. Interesse der Kfz-Werkstätte an einer außergerichtlichen Streitbeilegung bei Konflikten mit Verbrauchern

Auch die Kfz-Werkstätte kann ein Interesse an der Austragung von Konflikten außerhalb des forensischen Bereichs besitzen. Die Motive, welche auf ein derartiges Interesse schließen lassen könnten, werden nachfolgend dargestellt.

---

27 Blankenburg erwähnt in ZRP 1982, 8, dass nur in einem Viertel aller Fälle der „Sozialschwache" (Verbraucher) als Kläger zu finden ist, demgegenüber seien die Kläger zu drei Vierteln Firmen und Organisationen, die Geld von ihren Kunden einklagen; selten nur würden Ansprüche gegen sie vorgebracht. Dieses Ungleichgewicht sei primär dadurch bedingt, dass der einzelne Verbraucher wesentlich eher bereit sei, die sozialen Kosten eines Gerichtsprozesses zu vermeiden als eine Firma bzw. Organisation. Dies wiederum habe verschiedene Ursachen. In jedem Fall bedeute das Angebot von Schlichtung und Vermittlung hier, Möglichkeiten zur Durchsetzung von Rechten zu schaffen, die ansonsten wegen der Rechtsstreitskosten nicht in Anspruch genommen werden könnten.

28 Die Sach- und Rechtsprobleme sind bei geringen Streitwerten grundsätzlich nicht weniger kompliziert, wie Scherpe, Diss., 15 zutreffend ausführt.

29 So beträgt das Kostenrisiko bei einem Streitwert von 10 € 2510 %, bei einem Streitwert von 25 € 1004% und bei einem Streitwert von 250 € immerhin noch 100%.

a) Erhalt der Kundenbeziehung

Markentreue sowie eine stabile Beziehung zu einem zufriedenen Kunden sind Ertragsfaktoren, die ein Unternehmen zur Verwirklichung seiner Ziele benötigt[30]. Derartige Ziele sind über Gerichtsverfahren im Fall der Konfliktaustragung nur schwer zu erreichen. Primär wären derartige Ziele durch ein konziliantes Verhalten seitens der (Vertrags-) Werkstatt am Erfolg versprechensten zu erfüllen. Ist dies jedoch einmal aus bestimmten Gründen nicht möglich, beispielsweise weil der „Kulanzspielraum" ausgeschöpft ist, dann eignen sich Schiedsstellenverfahren, welche den zukunftsorientierten, kooperativen Ansatz im Vergleich zum vergangenheitsbezogenen, kompetitiven Ansatz, der in Gerichtsverfahren primär zum Tragen kommt, bevorzugen, besser für eine „sachgerechte" Konfliktlösung, welche den Erhalt der Kundenbeziehung im Auge hat.

b) Nichtöffentlichkeit des Verfahrens

Die Nichtöffentlichkeit des Verfahrens ist ein wesentlicher Gesichtspunkt, welcher der Werkstatt gegenüber einem öffentlichen (Gerichts-) Verfahren Vorteile bietet. Diese Vorteile liegen u.a. in der Abwehr eines etwaigen Imageschadens, der durch ein öffentliches Gerichtsverfahren durchaus vorstellbar wäre. Zudem können bei der Schiedsstelle gewisse „Geschäftspraktiken" offenbart werden, welche vor Gericht zu Nachteilen im Rahmen des Prozesses führen könnten[31].

c) Größere Sachkompetenz und daraus resultierende Kosten- und Zeitvorteile

Schiedsstellen führen eine Konfliktlösung auf der Grundlage der von ihnen selbst erarbeiteten technischen Feststellungen herbei. Das „beziehungslose" Nebeneinander von Richter und Sachverständigen entfällt daher. Gerade technisch geprägte Bereiche wie das Reparaturwesen bieten sich für derartige (kooperative) Konfliktlösungsmodelle an, da die technische Feststellung die Konfliktlösung weitgehend determiniert[32]. Durch die für die

---

30 Scherpe, Diss., 24. Etwas anderes könne nur für Gewerbetreibende gelten, deren Geschäft auf „Laufkundschaft" bzw. „Einmal-Geschäfte" ausgelegt sei.

31 Micklitz in „Schieds- und Schlichtungsstellen für Verbraucher", DRiZ 1983, 127 führt aus, dass dies sogar der sensibelste Punkt bei Schiedsstellenverfahren sei. Das beschwerte Unternehmen könne im nichtöffentlichen Verfahren Fehler eingestehen oder sich kulant zeigen, was in einem öffentlichen Verfahren angesichts der „negativen Publizität" nicht o.w. möglich sei. Die Chancen des Verbrauchers, eine individuell optimale Lösung zu erreichen, dürften im nichtöffentlichen Schlichtungsverfahren größer sein. Umgekehrt ermögliche allein die Öffentlichkeit, die vermeintliche Individualisierung des Problems aufzudecken und Strategien zu entwickeln, die nicht nur einem, sondern allen Verbrauchern nützen.

32 vgl. auch Schmidt-v.Rhein, „Neue Ansätze in der außergerichtlichen Konfliktregelung", ZRP 1984, 120, der allerdings als Beispiele nur das Baurecht, das Verkehrsunfallrecht und das Mietrecht nennt.

Konfliktlösung erforderliche und bereits vorhandene Sachkompetenz lassen sich außerdem Kosten einsparen und führen zu einer Verfahrensbeschleunigung, was letztlich auch der Kfz-Werkstatt zugute kommt.

d) Selbstkontrolle

Schließlich sei als Vorteil für den Unternehmer zu werten, dass derartige Konfliktfälle von „ihrer Interessenvertretung", dem Zentralverband des Deutschen Kraftfahrzeuggewerbes (ZDK) empirisch ausgewertet werden, der aus den ausgewerteten Daten Rückschlüsse für Verbesserungen im Bereich der Organisationsstruktur des Kfz-Handwerks und für die Hersteller ziehen kann. Die Branche verwendet die Schiedsstellentätigkeit zudem als Marketing-Instrument, um den „Verbraucher schützenden Aspekt" in der Öffentlichkeit herausstellen zu können.

3. Zusammenfassung

Zusammenfassend kann festgehalten werden, dass sowohl Verbraucher als auch Gewerbetreibende ein Interesse daran haben, dass Konflikte zwischen Kfz-Werkstätten und Verbrauchern vor Schiedsstellen statt vor Gerichten gelöst werden. Die Beweggründe hierfür sind zwar unterschiedlich. Es scheint jedoch nicht ausgeschlossen, die Motive „zu bündeln" und somit beiden Parteien die Vorteile des Schiedsstellenverfahrens zukommen zu lassen, auch wenn dies sicherlich nicht in jedem Fall möglich sein dürfte. Jedenfalls kann als Quintessenz festgehalten werden, dass nicht nur seitens der Verbraucher ein Bedarf an derart „sachnahen Streitbeilegungsstellen" besteht, sondern auch seitens des Kfz-Handwerks.

Zu bemerken ist in diesem Zusammenhang noch, dass die o.g. Vorteile des Schiedsstellenverfahrens nur im Optimalfall bestehen. In der Praxis gibt es jedoch noch zahlreiche Probleme, die dazu führen, dass die Vorteile gar nicht oder nur ansatzweise zu bemerken sind. Diese Probleme aufzuzeigen, wird ein Schwerpunkt der Arbeit sein. Eine „Vorwegnahme" des Ergebnisses wird also durch das bloße Aufzeigen des Bedarfs von Verbraucher und Unternehmer an einer alternativen Streitbeilegung nicht durchgeführt.

IV. Bedeutung der öffentlich-rechtlichen Grundlagen für das Schiedsstellenwesen

Eine wesentliche Bedeutung für das Schiedsstellenwesen hat dessen Verwurzelung im öffentlich-rechtlichen Bereich. Schließlich ist es § 54 Abs. 3 Nr. 3 HandwO, welcher der Handwerksinnung die Möglichkeit zur Hand gibt, „bei Streitigkeiten zwischen Innungsmitgliedern und ihren Auftraggebern auf Antrag zu vermitteln". Die sachkundige Beratung durch die Innung soll zu einer gütlichen Beilegung von geschäftlichen Streitigkeiten zwischen den Innungsmitgliedern und ihren Auftraggebern beitragen[33]. Letztlich rekrutiert sich hieraus das Schiedsstellenwesen, auch wenn sich die Schiedskommission aus Vertretern unterschiedlicher Bereiche (nämlich dem öffentlich-rechtlichen und dem privaten) zusammensetzt und sich somit auch das Verhältnis des Auftraggebers (=Verbrauchers) zur Schiedskommission und zur Innung bzw. den anderen Organisationen mannigfaltig darstellt[34].

Demgegenüber wird die Beziehung des Auftragnehmers (=Unternehmers) zur Schiedsstelle vor allem durch dessen besonderes Verhältnis zur Innung geprägt. Dieses Verhältnis beinhaltet eine starke öffentlich-rechtliche Komponente, die sich insbesondere aus den §§ 52 ff. HandwO ablesen lässt.

Vor allem § 55 HandwO ist dabei von entscheidender Bedeutung. Dieser gibt den Innungen als Körperschaften des öffentlichen Rechts (§ 53 HandwO) die Möglichkeit, die Rechtsverhältnisse ihrer Mitglieder (bzw. zu ihren Mitgliedern) durch Satzung zu regeln. Dabei muss die Satzung gemäß § 55 Abs. 2 HandwO Bestimmungen enthalten über „den Eintritt, den Austritt und den Ausschluss der Mitglieder" (Nr. 3) sowie „die Rechte und Pflichten ihrer Mitglieder ..." (Nr. 4). Erst mit der Genehmigung der Satzung wird die Innung rechtsfähig, § 53 Satz 2 HandwO. Die Genehmigung erteilt die Handwerkskammer des Bezirks, in dem die Handwerksinnung ihren Sitz nimmt, § 56 Abs. 1 HandwO.

Die Satzung kann wesentliche Bestimmungen auch für das Schiedsstellenverfahren enthalten, insbesondere die Unterwerfung der Mitglieder unter die Schiedsgewalt der Innung. Die Satzung kann z.B. auch Ordnungsstrafen für den Fall vorsehen, dass Innungsmitglieder gegen die Satzung verstoßen[35]. Außer durch Satzung kann die Innung auch durch Innungsbeschluss sowohl die Unterwerfung des Handwerksbetriebs unter den Schiedsspruch als auch Ordnungsstrafen bzw. weitere Sanktionen vorsehen bzw. bestimmen[36].

Dritter Teil: Strukturelle Analyse von Konflikten und Möglichkeiten der Konfliktbeendigung unter dem besonderen Aspekt der Konfliktregelung mit Kfz-Werkstätten

I. Der Begriff des Konflikts

Es ist unabdingbar, zunächst zu versuchen, den Begriff des Konflikts zu beschreiben, um mögliche Ursachen von Konflikten und – wichtiger im Zusammenhang mit der Thematik

33 Musielak/Detterbeck, Kommentar zur HandwO, § 54, Rz. 27

34 Honig, Kommentar zur HandwO, § 54, Rz. 50. Honig betont, dass es sich bei den Schiedsstellen zwar um keine reine Innungsinstitutionen handle, diese aber doch auf der Basis des § 54 Abs. 3 Nr. 3 HandwO errichtet seien.

35 Honig, § 56, Rz. 33. Im Streitfall haben die Verwaltungsgerichte zu entscheiden, nicht die bürgerlichen Gerichte, da es sich um ein öffentlich-rechtliches Verhältnis handelt.

36 vgl. hierzu Honig in GewArchiv 1977, 260; vgl. auch zum Innungsbeschluss bzw. zur Innungsversammlung, in welcher derartige Beschlüsse ergehen §§ 61 ff. HandwO.

dieser Arbeit – wirkungsvolle Konfliktbewältigungs- bzw. Konfliktlösungsmethoden zu finden. Nur wenn eine klare Vorstellung über den Begriff des Konflikts vorliegt, können effektive Konfliktlösungsmethoden ermittelt werden.

Fraglich ist, ob es überhaupt eine allgemein gültige Definition des Begriffs „Konflikt“ gibt. Dies scheint eher zweifelhaft aufgrund der zahlreichen Erscheinungsformen, in denen ein Konflikt auftreten kann. Dennoch soll nachfolgend der Versuch einer Definition unternommen werden.

Etymologisch lässt sich das Wort „Konflikt“ von „Streit, Zusammenprall, Gegensatz“ herleiten[37]. Zwar lässt sich jeder Streit und jeder Zusammenprall auf einen Konflikt zurückführen, doch nicht jeder Konflikt führt auch zwangsläufig zu diesen Austragungsformen. Abgesehen von der mangelnden logischen Schlüssigkeit dieser Definition birgt diese Deutung auch die Gefahr in sich, den Konflikt an sich schon zu bewerten. Definiere ich nach dieser Logik den Konflikt als Streit o.ä., so liegt es zumindest nahe, dies insgesamt als negativen Vorgang zu deuten.

Meyer bezeichnet den (sozialen) Konflikt als Interessengegensatz und daraus folgende Auseinandersetzungen verschiedener Intensität und Gewaltsamkeit zwischen einzelnen Personen, Gruppen, Organisationen, Gesellschaften, Staaten oder Staatengruppen. Inhalt von Konflikten seien Differenzen über Werte, Lebensziele, Status-, Macht- oder Verteilungsverhältnisse knapper Güter[38]. Er verbindet somit für den Begriff des Konflikts das subjektive Element (Interessengegensatz) mit den Austragungsformen (Auseinandersetzung). Das subjektive Element (Interessengegensatz) wird in die Definition mit eingebunden, während die anderen abstrakten Begriffe (Werte, Status usw.) dem Inhalt zugeordnet werden. Zudem muss nicht jeder Konflikt auf einem Interessengegensatz beruhen. Dieser „kumulative Ansatz“ scheint daher gleichfalls unzureichend, um den Begriff des Konflikts zufrieden stellend zu definieren.

Eidmann stellt fest, dass Konflikte in Gestalt divergierender Interessen-, Wert- und Ordnungsvorstellungen auftreten, mithin in der Form von Deutungskonflikten über bislang mehr oder weniger selbstverständlich geltende und geteilte Deutungs- und Regelschemata[39]. Weiter behandelt Eidmann die Konstitutionsbedingungen derartiger Konflikte[40]. Den Ausführungen von Eidmann ist beizupflichten. Allerdings geben diese Ausführungen nichts für die Frage her, wie ein Konflikt zu definieren ist.

Nach Berkel kann tatsächlich nur dann von einem Konflikt gesprochen werden, wenn zwei Elemente gleichzeitig gegensätzlich oder unvereinbar sind[41]. Berkel benutzt bewusst

37 von lateinisch „confligere = zusammenschlagen, zusammenprallen“

38 Meyers Enzyklopädisches Lexikon, München/Zürich 1985

39 Eidmann, Schlichtung: Zur Logik außergerichtlicher Konfliktregelung, 19

40 Diese Konstitutionsbedingungen sind nach Eidmann ihrerseits regelhaft strukturiert, d.h. sie stellen Interpretationen von Lebensumständen und -entwürfen, Sachverhalten und wahrgenommenen Vor- und Nachteilen dar und sie treten in Gestalt unterschiedlich begründbarer und rechtfertigbarer Handlungsoptionen auf. Dabei könne nicht von vornherein ausgemacht werden, welche der Interpretationen „richtig“ ist oder gelten soll (S. 19).

41 Berkel, Konflikttraining, 10

das Wort „Elemente“, um dadurch zu verdeutlichen, dass es sich hierbei nicht zwangsläufig um Personen handeln muss, sondern hiermit auch Wertvorstellungen, Gedanken, Ideen, Ziele usw. gemeint sein können[42]. Außerdem ergibt sich aus dieser Terminologie, dass Konflikte sowohl intrapersonell (seelisch) als auch interpersonell (zwischenmenschlich, nach außen getragen) gelagert sein können.

Der Definition von Berkel ist grundsätzlich zuzustimmen. Allerdings ist die Konsequenz, die Berkel aus dem Begriff „Elemente“ zieht, nämlich dass hiermit außer Personen auch abstrakte Begriffe wie Werte usw. gemeint sein können, nicht haltbar. Schließlich sind es wohl immer nur diese „inneren Vorstellungen“, die den Konflikt definieren. Nur wenn eine Person mit zwei gegensätzlichen bzw. unvereinbaren Elementen gleichzeitig konfrontiert wird, gerät sie in einen Konflikt. Dieser Konflikt kann dann entweder „intrapersonell“, also nur in der Person selbst oder zwischen Personen, Gruppen usw., also „interpersonell“ ausgetragen werden.

Da sich diese Untersuchung mit dem Schiedsstellenverfahren für das Kfz – Handwerk befasst, ist in diesem Kontext lediglich auf den interpersonellen Konflikt näher einzugehen, da ein derartiges Verfahren stets die Existenz von zwei (Vertrags-)Parteien voraussetzt und nur dann zustande kommt, wenn eine der Parteien den Konflikt „nach außen trägt“. Insofern wird auch vom „sozialen Konflikt“ gesprochen[43].

In der Konfliktforschung findet eine weiter gehende Kategorisierung in Interessen-, Wert-, Beziehungs- und traditionale Konflikte statt[44]. Oftmals gibt es dabei Überschneidungen, d.h. ein Interessenkonflikt ist selten allein ein Interessenkonflikt, sondern gleichzeitig auch Beziehungskonflikt o.ä.[45]. Diese Kategorisierung gibt in der Praxis jedoch wenig her; von daher wird nicht tiefer auf diese Systematisierungsversuche eingegangen.

---

42 Berkel a.a.O.

43 Glasl, Konfliktfähigkeit statt Streitlust, 13, definiert den sozialen Konflikt als eine Interaktion zwischen Aktoren (Individuen, Gruppen, Organisationen usw.), wobei wenigstens ein Aktor Unvereinbarkeiten im Denken/Vorstellen/Wahrnehmen und/oder Fühlen und/oder Wollen mit dem anderen Aktor (anderen Aktoren) in der Art erlebt, dass im Realisieren eine Beeinträchtigung durch einen anderen Aktor (die anderen Aktoren) erfolge.

44 vgl. hierzu Röhl, Rechtssoziologie, 459 ff.

45 Diese soziologische Erkenntnis führt dazu, dass der Verlauf von Konflikten und der Einfluss intervenierender Dritter – wie z.B. der Schiedsstelle – relativ gut beschrieben werden kann. Rechtliche Verfahren können (in aller Regel) nur das Sachproblem erfassen, was nach Meinung von Hegenbarth im Falle von Gerichtsprozessen immer dann zu unbefriedigenden Ergebnissen führen muss, wenn der Streit von einer oder beiden Parteien als Beziehungskonflikt erlebt wird (Rainer Hegenbarth, Kommunikation vor Gericht in Röhl, Der Vergleich im Zivilprozeß, 121 bis 170). Gerade in diesem Bereich treten die Stärken der außergerichtlichen Streitschlichtung zutage, die nicht in das enge Korsett des Zivilprozesses eingebunden ist. Zudem erfasst der Zivilprozess nur das „rechtlich Bewertbare“, also in aller Regel z.B. nicht die Höhe des Werklohns (vgl. hierzu Micklitz, Der Reparaturvertrag, 206 ff.). Hier kann das Schiedsstellenverfahren mit seinem Bezug auf die „Billigkeit“ gemäß § 317 BGB zu einer verbraucherorientierten Lösung führen, ohne dabei rechtliche Normen in die Entscheidung „einbeziehen zu müssen“. Schiedsstellen haben mehr Variationsmöglichkeiten als staatliche Gerichte, um flexibel und angemessen auf die verschiedenen Situationen reagieren zu können.

II. Methoden der Konfliktbewältigung

Die Anwendung der unterschiedlichen Methoden der Konfliktbewältigung ist oftmals abhängig von dem Konfliktbewältigungsverfahren, welches im konkreten Fall praktiziert wird. Je freier ein derartiges Verfahren ausgestaltet ist, umso mehr Alternativen ergeben sich für die Parteien und den Schlichter / Vermittler / Moderator, den Konflikt zu einem zufrieden stellenden Ende zu führen. Gerichtliche Verfahren bewegen sich wegen der strengen Bindung an die prozessualen Prinzipien sowie die Fokussierung auf das materielle Recht primär im kompetitiven Bereich.

Für Schiedsstellenverfahren kommt aufgrund der gering ausgeprägten formalen Regelungsdichte des Verfahrens sowie der mangelnden Bindung an das Anspruchsdenken des materiellen Rechts ein relativ weiter Spielraum hinsichtlich der Auswahl der Methoden zur Anwendung. Aus diesem Grund sollen anschließend mehrere Methoden bzw. Theorien zur Konfliktbewältigung vorgestellt werden, die durchaus in einem Schiedsstellenverfahren anwendbar sind und dadurch zu einer größeren Akzeptanz der Entscheidungen der Schiedsstellen führen können.

Bevor diese Methoden, welche sich vor allem für die Konfliktlösung im Rahmen der zu behandelnden Schiedsstellenverfahren eignen, näher dargestellt werden, soll jedoch gleichsam „eine Stufe höher" eine Differenzierung im Rahmen der Alternativendiskussion erörtert werden, welche grundlegend insbesondere für den Bereich des Verbraucherschutzes sein dürfte, nämlich die zwischen dem konflikttheoretischen und dem Regulierungsansatz.

1. Konflikttheoretischer Ansatz versus Regulierungsansatz

Vor allem Reich ist es zu verdanken, die Alternativendiskussion über den konflikttheoretischen auf den Regulierungsansatz hinaus ausgedehnt zu haben[46]. Er betont dabei ausdrücklich, dass nur eine sinnvolle Zusammenführung dieser beiden Ansätze zu einem wirklich zufrieden stellenden Ergebnis führen könne[47].

a) Der konflikttheoretische Ansatz

Der konflikttheoretische Ansatz geht von der Fragestellung aus, wie Konflikte im privaten Bereich oder auf dem Gebiet vermögensmäßiger Beziehungen abgearbeitet werden kön-

46 vgl. hierzu u.a. Reich, „Alternativen zur Ziviljustiz im Verbraucherschutz" in DRiZ 1983, 112 ff.; ders. in Alternativen zur Ziviljustiz im Verbraucherschutz-Überlegungen zur Bedeutung von Schieds- und Schlichtungsverfahren; ders. in Europäisches Verbraucherrecht, 505

47 Reich, DRiZ 1983, 118. „....Daraus wird deutlich, dass der Regulierungsansatz nicht etwa zur Zurückdrängung einer konflikttheoretischen Behandlung von Beschwerden führen, sondern sie ergänzen sollte."

nen[48]. Er verbindet dabei insbesondere rechtliche und soziologische Erkenntnisse. Zentrales rechtspolitisches Problem ist dabei der „Zugang zum Recht". Hiervon ausgehend sind verschiedene Lösungsstrategien entwickelt worden, etwa Beratungs- und Prozesskostenhilfe, kollektive Interessenvertretung, Einrichtung besonderer Verfahren usw.[49].

Dieser Ansatz steht im Mittelpunkt der vorliegenden Arbeit. Er fokussiert den Blick auf den „status quo im Kleinen" und versucht, Lösungen zur Optimierung der bestehenden Situation zu entwickeln. Ein Rekurs auf den Regulierungsansatz ist dabei teilweise jedoch unabdingbar.

b) Der Regulierungsansatz

Reich betont in seinem Aufsatz die Vernachlässigung des Regulierungsansatzes in der Alternativen-Diskussion. Dieser Ansatz geht von einer Asymmetrie kollektiv angelegter Sozialbeziehungen aus, die eine Regulierung i.S. von Machtausgleich erfordere[50].

Reich versucht diesen Ansatz durch Darstellung der US-amerikanischen Beschwerdesysteme transparent zu machen[51]. Er (der Ansatz) basiert auf einer Übertragung von Be-

48 Reich, DRiZ 1983, 113

49 Reich, a.a.O. Da Reich in dem Aufsatz seine amerikanischen Erfahrungen aus der Regulierungsdiskussion mit einbringt, verweist er dabei auf die diesbezüglich noch brisantere Situation in den Vereinigten Staaten.

50 Reich, a.a.O. Selbstverständlich sind hiervon bestimmte Teilbereiche des allgemeinen Lebens, wie z.B. die familiären Beziehungen, ausgeklammert. In dieselbe Richtung geht Micklitz, „Der Reparaturvertrag", 63. Er stellt dabei heraus, dass beispielsweise die Wirtschaftsverbände im Reparaturhandwerk mit ihren AGB nicht nur eigenes Recht schaffen, sondern über die Schiedsstellen auch dessen Rechtsdurchsetzung kontrollieren würden. Insofern betrachtet er die Schiedsstellen als „verlängerten Arm" der Wirtschaftsverbände im Bereich des „Verbraucherschutzes". Diese Situation sei auf ein grundsätzliches Machtungleichgewicht zurückzuführen, das gegebenenfalls durch regulatorische Ansätze „eingeebnet" werden könnte. Auch hier wird das dringend erforderliche Zusammenspiel zwischen konflikttheoretischem und Regulierungsansatz transparent. Denn was hilft ein isolierter konflikttheoretischer Ansatz, der das grundsätzlich bestehende Machtungleichgewicht zwischen Konsumenten und Wirtschaftsverbänden einfach aus der Realität ausblendet?

51 Er schildert dabei den Regulierungsansatz der amerikanischen Federal Trade Commission (FTC), die Einrichtung von informellen Schlichtungsverfahren auf Initiative und unter Kontrolle der FTC, den Regulierungsansatz in den Einzelstaaten sowie Selbstregulierungsansätze in den USA wie z.B. die „Direct Selling Association" oder die „Better Business Bureaus" (BBB). Gerade letztere haben in den USA offenbar einen wahren „Siegeszug" angetreten. Dabei ist (auch für die weitere Arbeit) interessant zu erkennen, dass diese Beschwerdestellen zwischen Konsumenten und Unternehmern zunächst zu vermitteln versuchen, wobei der Streit bewusst nicht verrechtlicht wird. Erst dann, wenn die Vermittlungsversuche scheitern, bietet das BBB noch ein freiwilliges Schiedsverfahren an (arbitration), in dem ein bindender und vollstreckbarer Schiedsspruch erlassen werden kann. Insofern widerspricht diese auch in der Praxis offenbar erfolgreiche Methode des „gestuften Verfahrens" der Auffassung von Scherpe, Diss., 199, der meint, dass vor allem Verbrauchern in Konflikten mit Unternehmern mit einer Entscheidung in der Sache mehr gedient sei als mit einer gütlichen Einigung.

fugnissen auf (staatliche) Behörden, denen vom Gesetzgeber ein weiter Ermessensspielraum zur Durchsetzung geeigneter Abhilfemaßnahmen hinsichtlich bestimmter branchenspezifischer Marktversagensformen zugestanden wird. Diese Abhilfemaßnahmen können offenbar unterschiedlicher Natur sein, so z.B. direkte regulatorische Maßnahmen, sofern unlautere Handelspraktiken aufgedeckt werden (z.B. Geldbußen oder Zivilstrafen), aber auch die Einrichtung bestimmter Schlichtungsstellen. In diesem Bereich herrscht kein zwangsweises, sondern ein Anreizsystem vor, das die Kriterien des Marktes in den Mittelpunkt stellt[52].

Dieser Ansatz ist erkennbar in Deutschland bisher noch nicht maßgeblich in Erscheinung getreten. Die Ursachen hierfür mögen mannigfaltig sein und reichen von unterschiedlichen rechtlichen, wirtschaftlichen und technischen bis zu differenten soziologischen Ausgangspunkten. Eine unreflektierte Übertragung des amerikanischen Ansatzes auf deutsche Verhältnisse dürfte von daher eher kontraproduktiv wirken, sofern die Extensivierung und Optimierung von alternativen Streitbeilegungsverfahren angestrebt wird.

Dennoch scheint gerade mit Hilfe dieses Ansatzes eine Hebelwirkung bezüglich alternativer Streitbeilegung erzielbar. Hoffnung ruht dabei auf der europäischen Ebene. Die jüngsten Maßnahmen der EU-Kommission betonen gerade diesen Regulierungsansatz[53]. Aus Art. 153 Abs. 3 lit.a EG wird diese Sichtweise auch auf Normenbasis deutlich. Danach leistet die Gemeinschaft dann einen Beitrag zur Verbesserung der Verbraucherinteressen, wenn sie harmonisierende Maßnahmen, welche die Errichtung und das Funktionieren des Binnenmarktes zum Gegenstand haben, erlässt. Die Optimierung des Binnenmarktes steht also im Vordergrund, wenn eine Verbesserung des Verbraucherschutzes angestrebt wird.

Hier scheint also das von Reich angeschnittene „Ineinandergreifen“ von wirtschaftlichen Marketing- und Verbraucherinteressen sichtbar zu werden. Ob und inwieweit dieser Ansatz sich aktuell und künftig auch auf das Schiedsstellenwesen auswirkt, wird Gegenstand der Prüfung im Dritten Hauptteil sein. Insofern wird der von Reich erwähnte Regulierungsansatz also noch im Zuge dieser Arbeit Erwähnung finden. Im Vordergrund steht jedoch der „status quo im Kleinen“. Die folgenden Ausführungen sind daher dem konflikttheoretischen Ansatz zuzuordnen.

---

52 z.B. der sog. „mechanism“, der nicht auf einem rechtlichen Zwang zur Gewährung von Garantien und zur Errichtung eines Beschwerdeverfahrens beruht, sondern darauf, dass in der Werbung bestimmte Anforderungen erfüllt werden müssen, die im einzelnen staatlicherseits festgelegt und kontrolliert werden. Marketing-Interessen werden hier also mit Konsumenteninteressen verbunden.

53 vgl. hierzu das Grünbuch der Kommission über alternative Verfahren zur Streitbeilegung im Zivil- und Handelsrecht, KOM 2002, 196 endg., wobei dieser Ansatz als „Globaler Ansatz“ bezeichnet wird.

Im Zusammenhang mit den Erscheinungsformen von Konflikten und den Möglichkeiten von Dritten, „möglichst schonend" in einen Konflikt einzugreifen, hat sich der sog. spieltheoretische Ansatz herausgebildet, der versucht, einen Konflikt als Spiel zu begreifen und darauf aufbauend ein erfolgreiches Verhalten der Parteien oder von intervenierenden Dritten zu beschreiben[54]. Die nachfolgenden Ausführungen gelten also sowohl für Verhandlungen zwischen den Konfliktparteien unmittelbar als auch für eine Streitschlichtung durch intervenierende Dritte. Es werden dabei drei Spieltypen unterschieden, nämlich das Nullsummenspiel, das Verhandlungsspiel und der destruktive Konflikt.

Das Nullsummenspiel ist dadurch gekennzeichnet, dass das, was der eine gewinnt, der andere hergeben muss. Erst durch Drohmöglichkeiten kann eine Partei dazu bewegt werden, etwas herzugeben, was sie in Besitz hat oder sich auf Verhandlungen einzulassen[55].

Beim destruktiven Spiel können die Parteien durch Kooperation zwar keinen Gewinn erzielen, jedoch einen Verlust abwenden. Ein abgewendeter Verlust kann jedoch auch als Gewinn betrachtet werden. Insofern liegt hier ein Sonderfall des Verhandlungsspiels vor, welches hier allein von Interesse ist.

Beim Verhandlungsspiel können die Parteien durch eine Einigung neue Werte schaffen, also einen Kooperationsgewinn erzielen (bzw. einen Verlust abwenden). Dieses Verhandlungsspiel ist auch im Zusammenhang mit der hier zu beschreibenden Problematik der Streitigkeit zwischen Kunde und Werkstatt von großer Bedeutung. Dies soll durch nachfolgendes Beispiel verdeutlicht werden:

Eine Werkstatt führt Arbeiten am Fahrzeug des Kunden durch, die von diesem nicht in Auftrag gegeben wurden. Es kommt zum Streit darüber, ob und wenn ja wie viel der Kunde für die durchgeführten Arbeiten zu bezahlen hat. Zwei Extrempositionen kennzeichnen die unterschiedlichen Interessen der Parteien: Die Werkstatt beansprucht den vollen Werklohn für die durchgeführten Arbeiten, der Kunde will hierfür nichts bezahlen.

Als „symmetrische Lösung" bietet es sich an, die Mitte zu wählen, also die Hälfte von dem, was der Handwerker fordert. Problematischer sind sog. dynamische Lösungen, die das Resultat eines Verhandlungsprozesses bilden. Hierfür wäre wichtig, dass beide Parteien über Drohmöglichkeiten verfügen. Jeder kann damit drohen, den Rechtsweg einzuschlagen und die Frage des „rechtlich Zutreffenden" über ein Gericht entscheiden zu lassen[56]. Letztlich handelt es sich im vorliegenden Beispielsfall um einen Sonderfall des

---

54 Neumann/Morgenstern, Spieltheorie und wirtschaftliches Verhalten; Röhl, 455 m.w.N. Der spieltheoretische Ansatz kann als Unterpunkt des konflikttheoretischen Ansatzes betrachtet werden, der schließlich für diese Arbeit prägend sein sollte (s.o.).

55 Haft, Festschrift für Söllner, 397, weist Gerichtsprozessen die Natur von Nullsummenspielen zu.

56 Im vorliegenden Fall wäre juristisch die komplizierte Materie der aufgedrängten Bereicherung zu bewerten. Danach wäre zunächst zu prüfen, ob eine Wegnahme der eingebauten Teile möglich ist. Dieser Beseitigungsanspruch aus §§ 823, 249 BGB oder § 1004 BGB kann gegen die Werkstatt geltend gemacht und damit der Vergütungsanspruch abgewehrt werden. Ist allerdings die Beseitigung bzw. Wegnahme tatsächlich unmöglich (z.B. im Falle durchgeführter Lackie-

Verhandlungsspiels, nämlich des destruktiven Spiels, bei dem keine Partei ihren Maximalgewinn erzielen kann, vielmehr von ihren Positionen abrücken muss.

Eine Schiedsstelle hätte im gegebenen Fall mehrere Alternativen, um den Konflikt „optimal" entscheiden zu können bzw. im Rahmen ihrer Vermittlerrolle die Parteien zu einem befriedigenden Ergebnis zu führen. Die Zwänge des Zivilprozesses (und des damit i.d.R. einhergehenden „prägenden" materiellen Rechts!) kommen hier nicht zum Tragen. So könnte sie z.B. vorschlagen, dass der Kunde noch ein Viertel, die Hälfte oder drei Viertel des Werklohns an die Werkstatt zu zahlen hat oder eventuell sogar den vollen Werklohn, die Werkstatt aber dafür noch weitere, andere Arbeiten am Fahrzeug vornehmen oder der Kunde nichts zahlen muss, sich aber dazu verpflichtet, die nächste Inspektion bei dieser Werkstatt machen zu lassen usw. Darauf aufbauend könnten die Parteien gebeten werden, die zur Diskussion stehenden Lösungsvorschläge auf einer Skala anzuordnen, auf der 100 die beste und 0 die schlechteste Lösung anzeigen soll. Das Ergebnis könnte dann z.B. so aussehen:

Lösungsvorschlag der Schiedsstelle	Werkstatt	Kunde
¾ des Werklohns	80	10
½ des Werklohns	30	30
¼ des Werklohns	10	50
voller Werklohn, aber noch zusätzliche Arbeiten	70	40
kein Werklohn, aber nächste Inspektion bei der Werkstatt	30	90

Die Tabelle zeigt, dass bestimmte Lösungen ausscheiden, weil sie für beide Parteien keinen sehr hohen Kooperationsgewinn versprechen (Lösungen 2 und 3). Im Vergleich zu Lösung 2 (also der sog. „symmetrischen Lösung") ist z.B. in jedem Fall Lösung 5 vorzuziehen, da zwar in beiden Fällen die Werkstatt gleich gestellt, im Fall 5 der Kunde jedoch besser gestellt ist[57].

rungsarbeiten), dann besteht ein derartiger Beseitigungsanspruch gegenüber der Werkstatt nicht. In diesem Fall ist der Vergütungsanspruch entsprechend § 818 Abs. 2 BGB nach dem Interesse zu bemessen, den der Zuwachs für den Erwerbenden hat (Bassenge in Palandt, § 951 BGB, Rz. 21). Dass diese rechtliche Wertung zumindest in der Praxis nicht zu absolut befriedigenden Lösungen führt, muss nicht weiter ausgeführt werden.

57 Röhl, 458 bezeichnet derartige Lösungen, die, ohne den einen Teil schlechter zu stellen, den Gewinn des anderen Teils verbessern, als pareto-optimal.

Letztlich kann im Beispielsfall nur Lösung 4 oder Lösung 5 in Betracht zu ziehen sein, da sich hier bei jeder Partei der Verlust noch in Grenzen hält im Vergleich zu den Lösungen 1 bis 3. Da die Summe bei Lösung 5 höher ist als bei Lösung 4, dürfte Lösung 5 schließlich vorzuziehen sein.

In eine ähnliche Richtung, wenn nicht sogar in dieselbe, nur mit einer anderen Titulierung und leicht veränderten „Lösungsmustern" geht der sog. kooperative Ansatz der Konfliktbewältigung, der auch im Rahmen eines Schiedsstellenverfahrens Bedeutung erlangen kann. Deshalb soll nachfolgend kurz darauf eingegangen werden.

3. Der kooperative Ansatz

Verhandlungen sind in der modernen Welt eine akzeptierte Methode, einen Konflikt zu lösen. Verhandlungen können sowohl zwischen den Konfliktparteien direkt als auch mit Hilfe eines Moderators (Mediators, Schiedsrichters, Schlichters, Richters usw.) geführt und zu einem (erfolgreichen) Ende gebracht werden. Überall dort, wo bestimmte Normen oder Regelungen bestehen, können diese für eine erfolgreiche Beendigung von Verhandlungen Hindernisse darstellen, die zum Teil als unüberwindlich erscheinen oder auch tatsächlich sind. Ein typisches Beispiel hierfür sind Gerichtsverhandlungen, bei denen sowohl die Regelungen des materiellen als auch die des Prozessrechts derartige Hürden darstellen, welche die Konfliktparteien in Ihren autonomen Konfliktlösungsversuchen beschränken.

Je weniger rechtliche Aspekte in einen bestimmten Verhandlungsweg einfließen, desto mehr „Freiheiten" besitzen die Parteien bei ihren Versuchen, eine Einigung herbeizuführen. Insofern sind (weitgehend) regelungsfreie Verfahren auch vorwiegend geeignet, kooperative Lösungsansätze zu entwickeln. Auch Schiedsstellenverfahren können trotz Bestehen einer Verfahrensordnung als derartige weitgehend regelungsfreie Verfahren betrachtet werden.

Der kooperative Verhandlungsstil ist primär zielorientiert[58]. In seiner optimalen Ausprägung gestattet er sogar Synergieeffekte, die über das im kompetitiven Verhandlungsstil maximal (für den „Sieger") zu Erreichende hinausgehen (z.B. weiter gehende Geschäftsverbindungen mit konkreten Absichten). Ziel eines Moderators, also z.B. einer Schiedsstelle müsste es daher sein, zu eruieren, welche Ziele bzw. Interessen beide Parteien eigentlich verfolgen und gemeinsam mit den Konfliktparteien nach Lösungen zu suchen, welche die (unterschiedlichen) Interessen der Parteien optimal berücksichtigen.

58 Ponschab/Schweizer führen als weitere Verhandlungsmethoden noch den kompetitiven Verhandlungsstil, das „weiche" und das „Kamikaze-Verhandeln" auf. Beim kompetitiven Verhandlungsstil gibt es nur die Alternative Gewinn oder Verlust (typisch für Gerichtsverfahren), beim weichen Verhandeln die umgekehrte Konstellation (Verlust/Gewinn) und beim Kamikaze-Verhandeln existieren nur Verlierer. Diese Verhandlungsmethode kann als extreme Weiterführung des Rachegedankens angesehen werden.

Der kooperative Verhandler konzentriert sich deshalb nicht darauf, Ansprüche zu suchen und zu begründen, sondern darauf, Ressourcen zu erschließen, um Lösungen zu finden, die beide Parteien zufrieden stellen[59]. Insofern können Vergleiche zum o.g. „spieltheoretischen Ansatz“ gezogen werden.

In der Praxis ist die kooperative Verhandlungsführung durch die Schiedsstelle nicht unüblich. Oft werden Lösungsvorschläge unterbreitet, die von den Parteien gebilligt und dann in einem Schiedsvergleich festgehalten werden (z.B. verpflichtet sich der Vertreter der Werkstatt, nachträglich kostenlos noch eine Kompressionsprüfung am Fahrzeug des Kunden vorzunehmen oder der Kunde verpflichtet sich, die nächste große Inspektion bei dieser Werkstatt durchführen zu lassen, wofür die Werkstatt einen weiteren kostenfreien Nachbesserungsversuch vornimmt o.ä.).

Der kooperative Verhandlungsstil wird also insbesondere durch das interessen- statt positionsbezogene Denken gekennzeichnet. Juristische Ansprüche und die für die juristische Denkweise typische Subsumtion stehen im Hintergrund. Hierdurch können auch „außerrechtliche“, also nicht vom Recht erfassbare Tatsachen mit einbezogen werden, die für eine wirklich zufrieden stellende Konfliktlösung erforderlich sind.

Aufgrund der weit gehenden Verhandlungsfreiheit der Schiedsstellen, die letztlich nur ihrer Verfahrensordnung unterworfen sind und ansonsten nach „Billigkeit“ bzw. „technischer Richtigkeit“ entscheiden, ist insbesondere der kooperative Verhandlungsstil eine in Betracht zu ziehende Methode, zu einer befriedigenden Konfliktlösung zu gelangen. Dies ergibt sich im Übrigen auch aus der Tatsache, dass die Schiedsstelle allenfalls rechtliche Vorfragen behandelt bzw. behandeln darf. Ein tieferes Eingehen auf die Rechtslage und die Übernahme der Rechtsmeinung der Schiedsstelle in ihre Entscheidung würde sogar zur Unwirksamkeit und damit Unverbindlichkeit des Schiedsgutachtens führen[60]. Diese rechtliche Gegebenheit prädestiniert das Schiedsstellenverfahren nahezu für eine interessenbezogene Verhandlungsmethode.

Weiter ist für den kooperativen Verhandlungsstil der Versuch der Deeskalation durch den Verhandlungsleiter kennzeichnend. Nur wenn der Konflikt möglichst sachnah ausgetragen wird, kann es zu allgemein akzeptierten Ergebnissen kommen (s.o.). Schließlich ist eine gewisse Kreativität des Moderators erforderlich, der gegebenenfalls Lösungsvorschläge erarbeitet und den Parteien zur Disposition stellt. Die Merkmale, welche eine konfliktfähige Person auszeichnet, muss also auch der Moderator in sich vereinen.

---

59 Ponschab/Schweizer, 97. Sie führen noch zwei weitere „Verhandlungsmethoden“ auf, nämlich das „Gewinnen um jeden Preis“ und „keine Verhandlung“. Dies sind aber jeweils situationsbedingte Reaktionen, die für sich gesehen durchaus sinnvoll sein können, jedoch keinen eigenständigen Verhandlungsstil darstellen.

60 LG Bielefeld vom 06.06.1984, Az. 2 S 558/83 (Anlage 19); nach LG Bielefeld ergab sich die Unwirksamkeit der Entscheidung der Schiedsstelle bzw. die Unverbindlichkeit des Schiedsgutachtens allein aus der Tatsache, dass sich die Schiedsstelle in ihrer Entscheidung hauptsächlich auf Rechtserwägungen und nicht auf Tatsachenfeststellungen gestützt hat. Schiedsgutachter hätten lediglich die Aufgabe, Tatsachen festzustellen, von denen die Entscheidung einer Streitigkeit abhänge.

Der Jurist neigt dazu, bei den Möglichkeiten der Konfliktbeendigung primär an die Alternativen zu denken, die stark im juristischen Bereich verwurzelt sind. Dazu gehören v.a. das schiedsgerichtliche und das gerichtliche Verfahren. Dabei wird oft übersehen, dass das moderne Recht nur ein Handlungssystem neben anderen ist. Anthropologen beispielsweise lieferten mit ihren Berichten über die Konfliktregelung in „primitiven Gesellschaften“ den Beweis dafür, dass die zunehmende Verrechtlichung in den westlichen Gesellschaftsformen keine „natürliche Grundlage“ hat und stellten dadurch andere Möglichkeiten der Konfliktregelung zur Disposition[61].

Auch die Rechtssoziologie hat einen starken Anteil daran genommen, dass zunehmend über Alternativen zur herkömmlichen Justiz nachgedacht wird[62]. Diese Alternativen sollen nicht nur dem Interesse des Staates an der Entlastung der Justiz dienen (sog. quantitativ – orientierte Zielsetzung); vielmehr besteht die Vorstellung, dass alternative Verfahren eine qualitativ bessere Konfliktregelung ermöglichen könnten[63].

Nachfolgend sollen nun die einzelnen Möglichkeiten der Konfliktbewältigung dargestellt werden.

Wenn die Konfliktsituation vom Verbraucher erkannt wird, sind grundsätzlich drei Reaktionen denkbar[64]:

- Der Verbraucher unternimmt nichts.
- Er führt (zweiseitige) Verhandlungen mit dem Anbieter
- Er schaltet „Dritte“ ein: Verbraucherverband, Schiedsstelle, Gericht, Mediator usw.

Jede dieser Reaktionen kann zur Konfliktbeendigung führen. Im Fokus dieser Arbeit steht selbstverständlich die Bedeutung von Schiedsstellen für eine (erfolgreiche) Konfliktlösung. Um die Bedeutung der Schiedsstellen in diesem Kontext richtig einschätzen

---

61 Bekanntheit erlangte dabei das von James Gibbs 1963 beschriebene „Palaver – Verfahren“ des Volks der Kbelle in Liberia.

62 vgl. stellvertretend für viele Veröffentlichungen Röhl/Röhl in DRiZ 1979, 33 ff. m.w.N. Dieser Aufsatz war einer der ersten in der deutschen rechtswissenschaftlichen „Nachkriegs-Literatur“, der sich mit alternativen Streitbeilegungsformen befasste.

63 Dies bestreitet offenbar Kniffka (DRiZ 1982, 13, 18). Er meint, dass sich neue Institutionen zur Konfliktlösung mit einiger Wahrscheinlichkeit auch nicht gegen die Bürokratisierung wehren könnten und über kurz oder lang die gleichen Zugangs- und Erfolgsbarrieren aufbauen würden wie die staatlichen Gerichte.

64 Miletzki, Formen der Konfliktregelung im Verbraucherrecht. Röhl, 482 ff. spricht von der sog. „Konfliktpyramide“. Teilweise wird auch vom „Berliner Trichter“ gesprochen. Danach findet eine gewisse Filterung aller in der Gesellschaft auftretenden Konflikte statt. Am Anfang, d.h. an der Seite des Trichters mit dem größten Durchmesser stehen alle rechtlich artikulierbaren Konflikte. Hier fallen z.B. bereits alle nicht justiziablen Vorgänge wie z.B. die Preisbildung am Markt heraus. Der Trichter wird schmäler hin zu den rechtlich tatsächlich artikulierten Konflikten über die ohne Hilfe eines Dritten geregelten Konflikte zu den mit Dritthilfe geregelten Konflikten. Am Ende des Trichters, also an seiner schmalsten Stelle stehen dann die mit Gerichtshilfe geregelten Konflikte.

zu können, ist eine Untersuchung anderer Möglichkeiten der Konfliktbeendigung jedoch sinnvoll. Möglicherweise kann auch ein Zusammenhang der Konfliktlösungsmethoden erkannt und daraus eine sinnvolle Ergänzung bzw. Chronologie abgeleitet werden.

1. Keine Reaktion des Verbrauchers

Eine Möglichkeit der „Konfliktbeendigung" ist die der „Nicht-Reaktion" des Verbrauchers. Dabei ist zu beachten, dass von einer Konfliktbeendigung logisch nur dann gesprochen werden kann, wenn bereits ein Konflikt vorlag. Es kommen hier also nur die Verhaltensweisen des Verbrauchers in Betracht, bei denen dieser auch einen Konflikt bewusst wahrgenommen und gleichfalls bewusst auf eine bestimmte Reaktion verzichtet hat.

Selbstverständlich gilt dies auch für die Anbieterseite, d.h. wenn der Unternehmer seine Rechte und/oder die Tatsachenlage nicht erkennt oder falsch einordnet und deshalb nichts unternimmt, nicht von Konfliktbeendigung gesprochen werden kann. Erkennt demgegenüber die andere Partei den Konflikt (intrapersonelle Konfliktlage) und unterlässt eine Reaktion bewusst, um ihre materiell günstige Situation nicht zu verlieren, dann könnte insofern doch wieder von einer (intrapersonellen) Konfliktbeendigung gesprochen werden.

Mindestens genauso bedeutsam wie die Nicht-Reaktion einer Partei wegen unzutreffender Einordnung der Rechts- und/oder Sachlage ist die Nicht-Reaktion einer Partei trotz Bestehens eines (intrapersonellen) Konflikts. Auch in derartigen Fällen ist der Konflikt (nach außen hin!) beendet[65]. Die Ursachen der „Nicht-Reaktion" trotz bewusster Wahrnehmung des (intrapersonellen) Konflikts können vielfältig sein. So dürfte hierbei z.B. die Art des Konflikts eine Rolle spielen. Je geringer beispielsweise der Streitwert einer Auseinandersetzung und je komplexer die Sach- und Rechtslage ist, desto eher wird nach Abwägung eines möglichen Erfolgs gegen den Aufwand (Zeit, psychische Belastung, Kosten) auf eine Rechtsverfolgung mit u.U. ungünstigem Ausgang verzichtet[66].

Auch die Persönlichkeitsstruktur sprich die Konfliktfähigkeit einer Person ist in diesem Zusammenhang von Bedeutung. Unter Konfliktfähigkeit kann die Fähigkeit verstanden werden, trotz einer gewissen Anspannung variabel handeln und reagieren zu kön-

65 In diesen Zusammenhang gehört das Schlagwort der „avoidance". Den Begriff „avoidance" hat Felstiner geprägt (Social Organization and dispute processing, LSR 9, 1975, 63 ff.). Avoidance wird als Mittel zur Lösung individueller Konflikte angesehen. Sie geht aus von dem Unterschied zwischen der modernen arbeitsteiligen Industriegesellschaft und anderen Gesellschaften. In erstgenannten Gesellschaftsformen habe der einzelne seine Beziehung zur Gruppe gelockert. Er kann konfliktträchtige Beziehungen meiden oder abbrechen und sie durch andere ersetzen. Er kann also beispielsweise die Werkstatt wechseln, in der er schlecht bedient worden ist. Felstiner sieht daher in avoidance ein geeignetes Mittel zur Regelung von Konflikten in einer modernen, hochdifferenzierten Gesellschaft und meint, damit erübrige sich die vielfach erhobene Forderung, die teure, langsame, Frustrationen setzende Justiz durch die Einrichtung von Schlichtungsstellen zu ergänzen.

66 Miletzki, a.a.O.

nen[67]. Fehlt einer Person die Gabe der Konfliktfähigkeit, so wird ein Konflikt nicht nach außen getragen und ist insofern nach außen hin auch nicht existent[68].

Es ist müßig zu erwähnen, dass diese Ausführungen allgemeiner Art auch auf das Verhältnis Kunde zu Werkstatt(betreiber) gelten. In diesem Zusammenhang wäre eine Erforschung des Reklamationsverhaltens des Verbrauchers und die tatsächlichen Bedingungen einer Rechtsdurchsetzung durch den Verbraucher von Interesse. Es kann zwar als unbestrittene Tatsache gelten, dass Verbraucher ihre Ansprüche nicht oder nur in begrenztem Umfang artikulieren geschweige denn durchsetzen. Konkrete Angaben über die tatsächlichen Verhältnisse liegen aber nicht vor[69].

Es kann letztlich nicht Thema dieser Arbeit sein, wie das Verbraucherbewusstsein und/oder die Konfliktfähigkeit der Bevölkerung gestärkt werden kann; dies dürfte vielmehr zum Aufgabenbereich der allgemeinen Bildungspolitik gehören und reicht daher weit über die vorliegende Problematik hinaus. Es muss jedoch für die Diskussion um die Schiedsstellen beachtet werden, dass diese Verfahren meist nur von selbstbewussten Verbrauchern angestrengt werden, die in der Lage sind, ihre Positionen zu artikulieren.

2. Verhandlungen mit der anderen Partei

Wenn der Verbraucher „die erste Hürde überwunden hat", d.h. sich dazu entschlossen hat, seine Position zu artikulieren, dann sollte der zweite Schritt das offene, klärende Gespräch mit einem Vertreter der Werkstätte sein. Der Erfolg eines derartigen „Vergleichsgesprächs" hängt von der Offenheit, der Kommunikationsfähigkeit und dem Wunsch der Parteien ab, zu einem Vergleich zu gelangen bzw. den Konflikt zu beenden (Kooperationsbereitschaft, s.o.)[70].

Ziel eines Gesprächs sollte stets sein, die wahren Hintergründe aufzuklären. Allein die sachliche Aufklärung eines Werkstattvertreters, dass die Arbeit nicht mangelhaft war, kann bereits zur Beendigung des Konflikts führen. Dabei besteht jedoch die Gefahr der „einseitigen Schilderung", da der Werkstattvertreter sicherlich nicht als neutrale Person eingestuft werden kann. Eine gewisse Skepsis beim Kunden ist also durchaus angebracht. Sinnvoll wäre es hier, wenn sich der Verbraucher vor einem solchen Gespräch bei einer sachkundigen Person erkundigt, ob im konkreten Fall von einer mangelhaften Reparatur gesprochen werden kann und wenn ja, wo die Fehler der Werkstatt liegen. Diese sollten dann im Gespräch mit der Werkstatt genannt werden. Möglicherweise führt ein derartiges

---

67 Berkel, Konflikttraining, 63

68 Voraussetzung für die Konfliktfähigkeit ist nach Glasl, Konfliktfähigkeit statt Streitlust, 29, zum einen die Wahrnehmung eines Konflikts, die „hierzu passende Gefühlslage", d.h. Emotionen, Stimmungen, Einstellungen, Haltungen und Neigungen sowie der Wille zur Konfliktlösung.

69 Miletzki führt diesbezüglich Forschungsergebnisse aus amerikanischen Untersuchungen auf, wobei er meint, dass diese Ergebnisse auch zum Vergleich mit Deutschland herangezogen werden können, da in den USA zumindest ähnliche Verhältnisse vorzufinden seien (26 ff.).

70 In der amerikanischen ADR-Debatte hat die „negotiation" neben arbitration und mediation ihren festen Platz und entwickelt sogar zunehmend Bedeutung.

Gespräch zu einem für beide Parteien tragbaren Ergebnis[71]. Auf dieser „zweiten Ebene", also dem Dialog mit dem Anbieter, ist die Grundvoraussetzung für den Erfolg die Konfliktfähigkeit der Parteien und ein kooperativer Verhandlungsstil.

Zweiseitige Verhandlungen ohne Beteiligung eines Dritten zur Konfliktlösung bilden zwar ein durchaus bedeutsames Themengebiet im Bereich alternativer Konfliktlösung, sind jedoch prinzipiell nicht Gegenstand dieser Arbeit. Allerdings sind Methoden denkbar, den „Dialog" zur Konfliktlösung in die „dritte Ebene", also dem Einschalten eines Dritten, einzubinden. Dabei bildet z.B. die Mediation einen fließenden Übergang von privatautonomer, dialogistischer Konfliktlösung und der Konfliktlösung mit Hilfe eines Dritten. Noch diffuser wird die Abgrenzung zwischen zweiseitiger Konfliktlösung und Konfliktlösung mit Hilfe eines Dritten bei Einsatz moderner Technologien. Computersystemunterstützte Streitbeilegungssysteme bilden beispielsweise durchaus vernünftige Alternativen insbesondere für Konflikte mit geringer Komplexität. Da sich diese Systeme prinzipiell auch für den Bereich des Kfz-Handwerks eignen, soll anschließend hierauf eingegangen werden.

3. Sonderfall: Computersystemunterstützte Streitbeilegung (Online-Dispute-Resolution)

a) Beschreibung der Funktionsweise

Unter softwareunterstützter Streitbeilegung (ODR als Abkürzung für Online-Dispute-Resolution) sind Verfahren zur Lösung von Konflikten zu verstehen, bei denen die in herkömmlichen Streitbeilegungsverfahren typischerweise von einer neutralen dritten Person wahrgenommenen Funktionen ganz oder zumindest zu einem wesentlichen Teil auf die Streitparteien (rück-) übertragen werden, wobei zur Ausführung dieser Funktionen auf entsprechende Verhandlungsunterstützungssoftware bzw. -softwaretools zurückgegriffen wird. Die Rolle des Vermittlers zwischen den Streitparteien wird hier also ganz oder teilweise durch ein Computersystem übernommen[72]. Zudem ist es möglich, unterschiedliche Software zu entwickeln und dadurch dem Ziel, das Streitbeilegungsverfahren auf die jeweilige Konfliktmaterie „zuzuschneiden", sehr nahe zu kommen[73].

---

71 Allerdings sind auch Konfliktlösungen im Verhandlungsweg ohne eine derartige tiefergründige Kommunikation denkbar. Insbesondere bei Streitigkeiten mit geringer Komplexität eignen sich z.B. sog. „blind-bidding-Systeme", die in der Versicherungswirtschaft auch bereits angewandt werden.

72 Yunis, 194

73 So wäre es z.B. möglich, einfache Verfahren, die sich weitgehend durch den bloßen Austausch von E-Mails (und gegebenenfalls einfach gestalteter Software, s.u.) auszeichnen bis hin zu Verfahren mit multimedialen Anwendungen durchzuführen, wobei allerdings die vollständige Substitution von menschlichen Vermittlern durch ein Computerprogramm bislang allenfalls eine Vision darstellt, deren Realisierung noch erhebliche Anstrengungen seitens der Informatik, der Verhandlungs- bzw. Streitbeilegungsforschung und -praxis erfordern würde und deren Sinn und

Nahezu alle bisher bekannten Verfahren der auf dem Markt tätigen ODR-Provider verlaufen zweiphasig. Einer Verhandlungsphase folgt eine Vermittlungsphase[74]. Manche Provider lassen einer Vermittlungsphase noch eine Empfehlungs- oder sogar Entscheidungsphase folgen[75].

b) Vorteile und Nachteile von ODR

Insbesondere die Tatsache, dass Konfliktlösungsverfahren durch den Austausch von (binären) Informationen bzw. in virtuellen Räumen stattfinden können und von daher (weitgehend) ortsungebunden sind, zudem eine mit Hilfe von Computersystemen strukturierte Informationssammlung, -darstellung und -aufbereitung möglich ist sowie für die Konfliktparteien bzw. den ODR-Anbieter eine Wahlmöglichkeit zwischen synchronen und asynchronen Kommunikationsstrukturen besteht, sorgen für die zunehmende Beliebtheit derartiger Verfahren in einer Zeit, in der Zeit als solches in der Bevölkerung ein hoher Stellenwert zukommt[76].

Hinzu kommt, dass die weitgehende Entpersonalisierung des Konflikts zu einer Deeskalierung beiträgt. Diese Wirkung beschreiben Gaitenby und Larson, welche Untersuchungen zum Konfliktverhalten im ODR-Umfeld durchgeführt haben[77]. Insbesondere ist

---

Zweck in dieser Absolutheit sicherlich kritisch zu hinterfragen sein dürfte (so treffend Yunis, a.a.O.; siehe hierzu auch oben).

74 vgl. hierzu die unterschiedlichen Internet-Portale der o.g. ODR-Provider, auf denen entsprechende Informationen zur genauen Verfahrensausgestaltung abgerufen werden können.

75 wie z.B. Ecodir (*www.ecodir.org*) (Empfehlungsphase) oder Cybercourt (*www.cybercourt.org*). Cybercourt führt Schiedsverfahren i.S.v. §§ 1025 ff. ZPO durch. Dies erfordert zum einen einen deutlich erhöhten technischen Aufwand, da gewisse rechtsstaatliche Erfordernisse zwingend beachtet werden müssen. Zum anderen ergibt sich hier die „Dreistufigkeit" des Verfahrens daraus, dass statt einer Empfehlung (wie z.B. bei Ecodir) sogar ein Schiedsspruch mit allen Konsequenzen erlassen werden kann.

76 Insofern ist Ethan Katsh (S. 26) Recht zu geben, der meint, dass ADR die Konfliktlösung „aus dem Gerichtsgebäude" hinaus verlagert hat. ODR (Online dispute resolution) verlagert die Konfliktlösung noch weiter hinaus in den virtuellen Raum: „....ADR moved dispute resolution out of court. ODR moves it even further away from court." Weiter schreibt Katsh:"...Looked at in a different way, the growth of ADR represented a move away from a fixed place and also away from a fixed and formal process. As this has occurred, we have become increasingly comfortable with dispute resolution taking place anywhere, whether in a school, factory, store or office. ODR, by designating cyberspace as a location for dispute resolution, is, we believe, simply extending this trend further, moving the process not only from some mutually agreed-upon physical place but to a virtual place. As we discuss the nature of virtual places below, we shall see how feasible it is to acclomplish this." Schließlich schreibt Katsh auf derselben Seite: „....Frequently, getting something resolved quickly is important because taking too much time will cost more than the value of whatever is involved in the dispute. In the Internet environment and in information-related industries, these factors are likely to be even more important."

77 Gaitenby ist Assistant Director des Center for Information Technology and Dispute Resolution der University of Massachusetts, Larson ist Professor of Law and Senior Fellow Dispute Resolution Institute der Hamline School of Law. Das Ergebnis ihrer Evaluation ist aus dem Internet

aus diesen Untersuchungen deutlich geworden, dass ODR die Fähigkeit zum „aktiven Zuhören" stärkt. Die Teilnehmer einer ODR-Verhandlung müssen die zugegangenen Nachrichten lesen und sind viel eher dazu gezwungen, den wahren Gehalt der Nachricht zu verstehen als dies bei einer „normalen Kommunikation" der Fall ist. Die Hauptursache für die Entstehung von Konflikten (und damit wohl auch für die mangelnde Fähigkeit der Beseitigung bestehender Konflikte!) ist mangelnde Kommunikation bzw. Missverständnisse zwischen Sender und Empfänger, die vielfach auch auf nonverbalen Kommunikationsmustern beruhen[78]. Derartige Missverständnisse sind bei ODR-Verfahren auf Grund des Wegfalls nonverbaler Kommunikation prinzipiell ausgeschlossen. Gerade diese Versachlichung bzw. Technisierung des Konflikts sorgt für eine „entspanntere Verhandlungsatmosphäre" als dies in persönlicher Gegenwart der Konfliktparteien denkbar wäre.

Die Vorteile dieser Art der Konfliktlösung sind weiterhin zum einen der (im Vergleich zu herkömmlichen Methoden) geringere Kosten- und Zeitaufwand, die stärkere (gewollte) Betonung des Elements der Selbstbestimmung und Selbstverantwortung der Parteien für die Lösung ihres Konflikts, die Neutralität des Vermittlers (der Computer „behandelt" alle Parteien absolut gleich, natürlich nur, soweit die Programmierung dies so vorsieht) sowie die enorme Kapazität von Computern zur Verarbeitung großer Datenmengen in kürzester Zeit[79]. Schließlich ist ein computersystemunterstütztes Streitbeilegungsverfahren besser geeignet, den Konflikt zu technisieren bzw. zu versachlichen als dies ein menschlicher Moderator könnte. Gerade diese Reduktion auf die ausschließlich technisch-sachliche Seite des Konfliktstoffs führt zur angestrebten Synthese der differenten Positionen[80].

Sicherlich haben auch ODR-Verfahren Nachteile, die v.a. in der mangelnden staatlichen Kontrolle und der geringen Gewähr der Beachtung rechtsstaatlicher Grundsätze wurzeln[81]. Die gegen diese Verfahren bestehenden Bedenken sind auch in jedem Fall sehr

---

unter *www.ombuds.org/center/JIA_ICODR_draft.html* abrufbar. An den Versuchen mit ODR waren als „Moderatoren" bzw. „Mediatoren" geschulte ADR-Verantwortliche und als Konfliktparteien sowohl erfahrene als auch unerfahrene Internet-Nutzer beteiligt. Es wurden mehrere Versuchsreihen durchgeführt.

78 vgl. Schulz von Thun, Miteinander reden – Störungen und Klärungen. Schulz von Thun unterscheidet vier Ebenen, nämlich die Sach-, die Beziehungs-, die Selbstoffenbarungs- und die Appell-Ebene. Wenn nun eine Partei eine Nachricht z.B. auf der Sachebene sendet, die andere Partei aber die selbe Nachricht auf der Beziehungsebene versteht, kann es bereits zu einem Konflikt kommen. Auch kann seiner Ansicht nach eine objektiv neutrale Nachricht beim Empfänger „psycho-chemische Reaktionen" auslösen, welche die Entstehung eines Konflikts begünstigen mögen.

79 Yunis, 196. Aus diesem Grund kann auch die Verhandlung in ihrem vollen Umfang ohne weiteres konserviert und jederzeit abgerufen werden. Auch für die Parteien bildet diese Tatsache einen Vorteil, da sich jede Partei vor einer „neuen Reaktion" noch einmal über ihren bisherigen Standpunkt vergewissern kann.

80 Eidmann, 49 ff.

81 Yunis, 210 f. Yunis verweist dabei zu Recht darauf, dass die Maßnahmen, die über derartige Systeme angeordnet werden können, teilweise gravierende wirtschaftliche Auswirkungen für die

ernst zu nehmen. Diese sind jedoch identisch mit denen, welche bei ADR-Verfahren gegen die Durchsetzung der Ergebnisse auf nichtstaatlichem Weg in die Diskussion eingebracht werden.

Zudem muss betont werden, dass gerade nonverbale Kommunikationsstrukturen den wahren Sachverhalt mit allen (auch rechtlich und unter Billigkeitsaspekten!) bedeutsamen Hintergründen teilweise besser erfassen als dies ein bloßer Austausch von Daten jemals könnte[82]. Auf diese Diskussion werden sich wohl in Zukunft die beiden Lager der „Technik-Befürworter" und der „Technik-Gegner" fokussieren. Dabei scheint es momentan noch schwer abschätzbar, welche Ansicht unter konflikttheoretischen Aspekten die „zutreffendere" ist. Zu prognostizieren scheint aber bereits jetzt zu sein, dass sich ODR-Verfahren als anerkannte Konfliktlösungsmethode durchsetzen werden. Dafür sprechen alle bisherigen Erfahrungen.

4. Hinzuziehung von Dritten zur Konfliktlösung

Erst wenn auf der zweiten Ebene (=„Verhandlungsebene) keine Einigung erzielt werden kann, aus welchen Gründen auch immer, sollte auf „dritter Ebene" eine Streit schlichtende Stelle eingebunden werden[83]. Hierbei könnte an die Inanspruchnahme sozialer Beziehungen (Bekannte, Freunde usw.) oder professioneller Dienstleister wie z.B. Rechtsanwälten, Mediatoren, Ombudsmännern, Verbraucherverbänden, Schieds- und Schlichtungsstellen, Schiedsgerichten oder staatlichen Gerichten gedacht werden. Anschließend sollen diese Möglichkeiten im Einzelnen kurz dargestellt werden. Die Bedeutung der Schiedsstellen für das Kfz-Handwerk bei der Konfliktregelung wird in einem separaten Punkt erörtert.

Dritte können im Rahmen eines Konfliktes verschiedene Rollen einnehmen. So können Dritte beispielsweise Verbündete oder Vertreter einer Partei sein und in dieser Funktion auf die Gegenseite Druck ausüben (z.B. Rechtsanwalt) oder der Auskunft suchenden Partei lediglich (rechtlich) beratend zur Verfügung stehen (vgl. hierzu die bereits jetzt existierenden Rechtsberatungsstellen wie die ÖRA in Hamburg oder zahlreiche Verbraucherverbände wie z.B. auch der ADAC im Bereich des Kfz-Wesens). Dritte können auch als besondere Einrichtung oder Organisation Beschwerden entgegennehmen und bearbeiten (z.B. Verbraucherverbände, Behörden). Schließlich können Dritte möglichst neutral in eine Auseinandersetzung eingreifen. Im Rahmen dieser Untersuchung interessiert nur die

---

betroffene Partei haben können. Der Mangel an Rechtsstaatlichkeit und staatlicher Kontrolle zeige, dass es nicht unproblematisch sei, das Thema „Qualitätssicherung" in der gegenwärtigen Situation allein der Privatwirtschaft zu überlassen.

82 Yunis, 193

83 Auf die Möglichkeit der Beschwerde z.B. beim Betriebsinhaber oder der Handwerkskammer bzw. der Innung wird hier nicht weiter eingegangen, auch wenn sie eigentlich in diesem Kontext als Instrument der Konfliktbewältigung erwähnt werden müsste. Röhl in Alternativkommentar zur ZPO, vor § 1025, Rz. 26 zeigt auf, dass die Beschwerde sich als überraschend wirksames „Konfliktlösungswerkzeug" darstelle.

letzte Alternative, zu welcher auch die Arbeit der Schlichtungs- bzw. Schiedsstellen und Gerichte zu rechnen ist. Aus diesem Grund sollen im Folgenden die verschiedenen Möglichkeiten der Streitschlichtung durch bestimmte neutrale Dritte dargestellt werden[84].

a) Inanspruchnahme sozialer Beziehungen

Zunächst kommt in Betracht, als dritte, Streit schlichtende Partei eine Privatperson heranzuziehen. Diese Alternative ist insbesondere bei privaten Streitigkeiten im familiären Umfeld oder im Bekanntenkreis zu bedenken. Für die Materie des Kfz-Handwerks scheidet diese Alternative jedoch in aller Regel aus, da es für die Akzeptanz einer Konfliktlösung hier vor allem auf das technische know-how ankommt, welches eine Privatperson in aller Regel nicht mitbringt. Dennoch sollte diese Alternative als unbürokratische Lösung eines Konflikts auch für diesen Bereich nicht vollständig missachtet werden, insbesondere wenn die Streitigkeiten auf der Beziehungsebene ausgetragen werden[85].

b) Konfliktlösung durch Rechtsanwälte

Ein zweiter Weg ist eine Streitbewältigung mit professioneller, insbesondere anwaltlicher Hilfe, die möglichst nicht auch nur die Nähe eines Gerichtsstreits erreicht. Diese Art der Streitschlichtung über einen Rechtsanwalt hat durch die ZPO – Reform (§ 15a EGZPO) noch an Bedeutung gewonnen.

Die Besonderheit der anwaltlichen Schlichtung besteht zum einen darin, dass beide Parteien durch Anwälte vertreten sind und der Schlichter selbst ein Anwalt ist. Der Erfolg der Schlichtung steht und fällt mit der Kompetenz des anwaltlichen Schlichters zur Er-

---

84 Röhl, 474 ff. unterscheidet unter Bezugnahme auf Eckhoff zwischen Anordnungen, Vermittlungen und Schlichtungen. Der Anordnende habe die Macht, ohne die Zustimmung der Streitenden eine Regelung zu treffen. Der Vermittler sei demgegenüber darauf angewiesen, eine Einigung zwischen den Parteien dadurch herbeizuführen, dass er die Verhandlungen der Konfliktparteien katalysiert, lenkt und fördert. Der Übergang von Vermittlung zu Schlichtung sei fließend. Die Schlichtung beginne, sobald der Druck der sozialen Umwelt auf die Streitenden einsetze. Dazu genüge es schon, dass der Dritte selbst eine bestimmte Lösung empfiehlt oder gar Druck auf die Parteien ausübt, um seinen Vorschlag durchzusetzen. Von Schlichtung solle auch dann die Rede sein, wenn sich die Parteien freiwillig dem Spruch eines Dritten unterwerfen, wenn der Dritte also die Rolle eines Schiedsrichters erhält (in diesem Sinne auch Blankenburg/Stock, 6 ff.). In diesem Sinne wäre der Aufgabenbereich der Schiedsstellen für das Kfz-Handwerk wohl am ehesten der Schlichtung zuzurechnen.

85 Nach Berkel, Konflikttraining, 106, sollte eine dritte Person als Vermittler (in diesem Fall beschreibt er den arbeitsrechtlichen Bereich, was jedoch hier nicht von Relevanz ist) zunächst die Konfliktlage diagnostizieren, dann Rahmenbedingungen für die Aussprache festlegen, in der Aussprache als Konfliktregler fungieren und schließlich die Vereinbarung verbindlich machen. Um die Ernsthaftigkeit zu dokumentieren, schlägt Berkel vor, diese Abmachung als schriftlichen Vertrag abzufassen und von allen drei Seiten unterschreiben zu lassen. Diese Vorgehensweise dürfte für den Bereich des Kfz-Handwerks jedoch in aller Regel zu aufwändig sein, so dass hier eine unformelle Konfliktlösung vorzuziehen sein dürfte.

haltung der Beziehung zwischen den Parteien und der mit der Schlichtung verbundenen Sachfrage. Das persönliche Anforderungsprofil des schlichtenden Anwalts muss dabei so beschaffen sein, dass er zum einen die Fähigkeit zur Konfliktlösung im Allgemeinen aufweist und zum anderen solide Kenntnisse in dem Rechtsgebiet aufweist, das im Mittelpunkt steht. Soweit zur Schlichtung noch zusätzliche Kenntnisse erforderlich sind, kann er sich mit Zustimmung der Parteien der Hilfe eines Sachverständigen bedienen[86].

Fälle im Bereich des Kfz-Handwerks sind, so wie sie momentan zu den Schiedsstellen kommen, für den Bereich der anwaltlichen Schlichtung jedoch eher ungeeignet. Es dürfte nämlich kaum davon auszugehen sein, dass ein Rechtsanwalt über die in diesem Bereich unabdingbaren technischen Kenntnisse verfügt, um den Fall zutreffend einordnen zu können.

c) Konfliktlösung durch die obligatorische Streitschlichtung

§ 15a EGZPO schafft eine Öffnungsklausel, die den Landesgesetzgebern die Einführung eines obligatorischen Streitschlichtungsverfahrens eröffnet. Da die obligatorische Streitschlichtung primär durch Rechtsanwälte bzw. Notare als „Schlichter" durchgeführt wird, bestehen keine erheblichen Unterschiede zur Streitschlichtung durch Rechtsanwälte, wie sie vor der Verabschiedung des § 15a EGZPO bereits durchgeführt wurde. Daher kann als eines der Hauptargumente gegen diese Art der Konfliktlösung auch hier die mangelnde technische Kompetenz der Schlichter hervorgehoben werden[87].

d) Konfliktlösung durch Mediation

Als weiteres Modell alternativer Streitschlichtung kommt die in den letzten Jahren so populär gewordene Mediation in Betracht. Die Definition von Mediation ist nicht ganz einheitlich[88]. Vielmehr verschieben sich die Akzente der Definitionsmerkmale je nachdem,

---

86 vgl. Ponschab, Anwaltliche Schlichtung in AnwBl 1993, 431

87 vgl. hierzu den Abschlussbericht zum Forschungsprojekt „Außergerichtliche Streitbeilegung in Bayern" der Friedrich-Alexander-Universität Erlangen-Nürnberg, Juristische Fakultät, Lehrstuhl Prof. Greger (2004), in dem u.a. ermittelt wurde, dass v.a. Schlichtungsstellen des Handwerks „aufgrund ihres überlegenen Sachverstands (vielmehr der Vermittler) häufig konstruktive Lösungen des aufgetretenen Problems, etwa im Wege der Nachbesserung, bewirken würden" (S.80; zu finden im Internet unter *http://www.jura.uni-erlangen.de/aber/abschlussbericht.pdf*). Zudem weise das Angebot der bestehenden kammer- bzw. innungszugehörigen Schlichtungsstellen große Stärken auf, v.a. die fachliche Kompetenz und Autorität bei den Sachverständigen (S. 102).

88 Nach Strempel, Mediation für die Praxis, 12 ist Mediation die Vermittlung in einem Konflikt verschiedener Parteien mit dem Ziel einer Einigung, deren Besonderheit darin besteht, dass die Parteien freiwillig eine faire und rechtsverbindliche Lösung mit Unterstützung des Mediators auf der Grundlage der rechtlichen, wirtschaftlichen, persönlichen und sozialen Gegebenheiten und Interessen selbstverantwortlich erarbeiten. In eine ähnliche Richtung geht von Hoyningen-Huene in JuS 1997, 352. Nach ihr ist Mediation die Behandlung eines Konfliktes durch die Einschaltung eines streng neutralen Dritten ohne Entscheidungsbefugnis, der den Parteien bei ihrer Su-

auf welchem Gebiet Mediation Anwendung findet[89]. Maßgeblich ist jedoch einheitlich, dass es sich bei der Mediation um ein freiwilliges, außergerichtliches Konfliktbearbeitungsverfahren handelt. Der Mediator fungiert dabei als Vermittler, dem jedoch keinerlei Entscheidungsbefugnis zusteht[90]. Er muss unparteiisch sein und darf die Parteien in keiner Weise beeinflussen. Wichtig ist das Merkmal der Freiwilligkeit. Das bedeutet, dass die Teilnehmer an der Mediation, also auch der Mediator selbst, jederzeit den Verhandlungstisch verlassen und die Mediation abbrechen können. Auch die Vereinbarung am Ende der Mediation ist freiwillig. Der Mediator übt keinerlei Druck aus, eine Vereinbarung zu treffen[91].

e) Konfliktlösung durch Schieds- oder Schlichtungsstellen

Auch Schieds- oder Schlichtungsstellen können zur Konfliktlösung durch Intervention beitragen. Eine allgemein gültige Definition für Schiedsstellen zu finden, erweist sich nach Durchsicht bestehender Literatur als äußerst schwierig, wenn nicht sogar als unmöglich. Die meisten Aufsätze, welche sich mit dieser in der Praxis so bedeutsamen Problematik beschäftigen, gehen direkt in medias res und beschreiben die historische Entwicklung, die Frage, ob es sich bei den Schiedsstellen um eine ernst zu nehmende Konkurrenz zu anderen Konfliktlösungsinstitutionen (z.B. staatliche Gerichte) handelt oder

---

che nach Konfliktlösungen hilft. Von Hoyningen-Huene liegt allerdings nicht richtig bei der Gleichsetzung von Mediation und Schlichtung. Nach Mähler, NJW 1997, 1263 ist Mediation ein freiwilliges, außergerichtliches Konfliktbearbeitungsverfahren, das komplementär neben die installierten Formen der Konfliktaustragung, namentlich das gerichtliche Verfahren, tritt. Die Konfliktpartner werden durch den Mediator unterstützt. Dieser hat inhaltlich keine Entscheidungsbefugnis. Der Mediator ist also vor allem für die Strukturierung des Verfahrens verantwortlich. Letztlich unterscheiden sich die einzelnen Definitionen nur marginal. Als entscheidende Kriterien können herausgegriffen werden: Keine Entscheidungsbefugnis des Mediators, der lediglich „moderierende" Funktion hat, Freiwilligkeit, Selbstverantwortlichkeit der Parteien für das Verfahren, Neutralität des Mediators.

89 Mähler in NJW 1997, 1263

90 Mähler, a.a.O. Zur Gefährdung der Privatautonomie durch (therapeutische) Mediation vgl. Wolf/ Weber/ Knauer in NJW 2003, 1488. Sie betonen in dem Artikel, dass die Parteien bei der Konfliktlösung eines besonderen Schutzes (z.B. durch Einbau bestimmter Sicherungsmechanismen wie Verfahrensgarantien o.ä.) bedürfen, da in dieser Situation die rechtlichen Schutzmechanismen privatautonomen Handelns nur eingeschränkt gegeben seien. Dem ist zwar grundsätzlich zuzustimmen. Es muss jedoch dabei darauf geachtet werden, dass der Schutz nicht in eine „Bevormundung" mündet. Die Autoren verkennen in ihrem Artikel, dass auch im Vorfeld von Konflikten, also z.B. bei Vertragsverhandlungen, strukturelle Machtungleichgewichte bestehen.

91 Materiellrechtlich handelt es sich beim Zustandekommen einer Vereinbarung um einen Vergleich im Sinne von § 779 BGB.

sie kennzeichnen sogleich den organisatorischen Aufbau der Schiedsstellen und sprechen Vor- und Nachteile derartiger Institutionen unmittelbar an[92].

Aus den Zuständigkeiten der unterschiedlichen Aufgabenbereiche der Schiedsstellen kann geschlossen werden, dass es sich hierbei einheitlich um Institutionen handelt, die in einem fakultativen, vorgerichtlichen nichtöffentlichen Verfahren auf unformelle Weise eine gütliche Einigung von Verbraucherstreitigkeiten anstreben[93]. Rein rechtlich handelt es sich dabei um „Dritte" im Sinne von § 317 Abs. 1 und 2 BGB[94], sofern ein Schiedsgutachten erstellt werden soll.

Um eine echte Alternative zur „konventionellen Streitschlichtung" zu bieten, müssen Schiedsstellen gewissen Anforderungen entsprechen. Denn nur bei Beachtung bestimmter Kriterien kann das Vertrauen der Verbraucher in solche Streitschlichtungsorganisationen wachsen und damit zu einer spürbaren Entlastung der Justiz beitragen bzw. eine ernst zu nehmende Alternative zur traditionellen Justiz bieten. Die Bedeutung der Schiedsstellen für den Verbraucherschutz und damit auch diese Kriterien sind der zentrale Gegenstand der vorliegenden Arbeit.

f) Konfliktlösung durch Schiedsgerichte

Schiedsgerichte sind private Gerichte, die echte streitentscheidende Funktionen haben[95]. Das Schiedsverfahren ist im 10. Buch der ZPO geregelt (§§ 1025 – 1066 ZPO). Streitigkeiten, zu deren Beurteilung eine besondere Sachkunde erforderlich ist, eignen sich insbesondere für eine Entscheidung durch ein Schiedsgericht. Aus diesem Grund sind Schiedsgerichte vor allem in Bereichen von Bedeutung, die sehr „sachorientiert" und weniger „personenorientiert" sind, also z.B. die Bereiche der Bau-, Handels- oder Versicherungsangelegenheiten.

g) Konfliktlösung durch staatliche Gerichte

Am Ende der Konfliktpyramide steht die Konfliktlösung durch staatliche Gerichte. Sie sollte die ultima ratio der Konfliktlösungsmöglichkeiten darstellen. Gerichte sind „naturgemäß" Institutionen, welche den rechtlichen Aspekt eines Konflikts in das Zentrum ihrer Entscheidung stellen. Sie sind in ihrer Entscheidungsmacht an die prozessualen Vor-

---

92 vgl. hierzu als Beispiele aus der Fülle der Veröffentlichungen Micklitz, Schieds- und Schlichtungsstellen für Verbraucher, DRiZ 1983, 119 ff.; Morasch, Schieds- und Schlichtungsstellen – ein noch entwicklungsfähiger Teil der Rechtspflege; Miletzki, Formen der Konfliktregelung im Verbraucherrecht, 1982; Goll, Obligatorische Streitschlichtung im Zivilprozeß, ZRP 1998, 314 ff.; Prütting, Schlichten statt Richten, JZ 1985, 261 ff. und viele mehr.

93 Miletzki, Formen der Konfliktregelung im Verbraucherrecht, 53

94 vgl. hierzu Heinrichs in Palandt, § 317, Rz. 8, der als Abgrenzungskriterium zum Schiedsgericht auf den Willen der Parteien abstellt.

95 Schütze, Schiedsgericht und Schiedsverfahren, 1

schriften gebunden. Eine „billige" oder „gerechte" Entscheidung wird es daher nur selten geben[96].

Das „Recht", welches vom Gericht angewendet wird, kann als offensichtlich eigenständiges, besonderes, vom Rest der Gesellschaft abgetrenntes Subsystem betrachtet werden. Die Leute, welche um die Dienste des Gerichts nachsuchen, trennt eine Kluft von denen, welche sich als Spezialisten gerieren, also den Rechtsanwälten, welche die „versteckten Normen des Prozessrechts aufspüren" und denen, die Entscheider in der Sache selbst sind, also den Richtern. Dies alles verursacht bei vielen Recht Suchenden auch eine gewisse Schwellenangst[97].

Die Zugangsbarrieren vor staatlichen Gerichten wurden bereits diskutiert[98]. Wegen dieser genannten „Nachteile" und einer damit einher gehenden Tendenz, sich vermehrt den alternativen Institutionen bei der Streitschlichtung zuzuwenden nun sogar von einem „Funktionsverlust" der Justiz zu reden, erscheint jedoch überzogen[99]. Es ist nämlich zu beachten, dass staatliche Gerichte außer der Konfliktbereinigung noch andere Funktionen erfüllen[100]. Außerdem setzen alle Alternativverfahren mehr oder weniger eine Kooperation mit der Justiz mindestens in der Art voraus, dass die Justiz einen erfolgreichen Abschluss des Alternativverfahrens möglichst als Vollstreckungstitel, mindestens aber als Vertrag anerkennt[101]. Schließlich ist auch die Option der „Drohung mit dem (komplizierten) Recht" eine für die Alternativen wichtige Voraussetzung, um die Parteien zu einer Einigung zu bewegen.

h) Andere traditionelle Möglichkeiten nicht streitiger Konfliktlösung in der ZPO

Als andere traditionelle Möglichkeiten nicht streitiger Konfliktlösung kommen insbesondere der Prozessvergleich (§ 794 Abs. 1 Nr. 1 ZPO), der Anwaltsvergleich (§ 796a – § 796c ZPO) sowie das selbständige Beweisverfahren (§ 485 Abs. 2, §§ 486 ff. ZPO) in Betracht. Dem Schiedsstellenverfahren am nächsten kommt dabei das selbständige Beweisverfahren. Hierbei handelt es sich um ein „gerichtsannexes" Verfahren wie auch beim Prozessvergleich. Die Unterschiede zu den außergerichtlichen Verfahren sind dem Gesetzestext selbst zu entnehmen.

---

96 z.B. nach § 319 Abs. 1 Satz 2 BGB

97 vgl. Roberts, Ordnung und Konflikt, 22. Roberts befasst sich weiter mit der alles überragenden Autorität des Rechts in seinem eigenen Funktionsbereich und dem damit einhergehenden Anspruch der Gerichte auf das weitgehende Monopol im Bereich der Streitschlichtung.

98 vgl. Zweiter Teil, III.

99 vgl. hierzu Röhl, 520 ff., der für diese Meinung Beispiele aus der Literatur zitiert.

100 nach Röhl, a.a.O. gehören hierzu die soziale Kontrolle (v.a. im Strafrecht), die Rechtsschöpfung, die Tatsache, dass Gerichte auch routinemäßige Verwaltungsarbeit betreiben und die politische Funktion der Gerichte.

101 Röhl, a.a.O.

i) Sonstige Möglichkeiten der Konfliktlösung durch Dritte

Außer den bisher genannten Institutionen zur Konfliktbereinigung gibt es in Deutschland noch eine Vielzahl anderer Organisationen oder Methoden, Konflikte zu beenden. Dabei sind die Möglichkeiten, bei denen Dritte als Verbündete oder Berater einer Partei fungieren und damit mindestens zur Konfliktbeendigung mit beitragen, noch gar nicht mit einbezogen. Deren Gewicht sollte nicht als zu gering betrachtet werden.

Als Verfahren, bei denen die Streit schlichtenden Institutionen nicht als Verbündete einer Partei agieren, sondern vielmehr versuchen, möglichst unabhängig einen Konflikt zu lösen, kommen zum Beispiel in Betracht:

- Die richterlichen Vorverfahren wie z.B. das Mahnverfahren und das Beweissicherungsverfahren; auch das obligatorische arbeitsrechtliche Güteverfahren nach § 54 ArbGG gehört hierher;
- Das Verfahren vor der Einigungsstelle gemäß § 76 BetrVG;
- Das sog. „Schiedsmann-Verfahren";
- Der strafrechtlich vorgesehene Sühneversuch nach § 380 StPO vor einer Vergleichsbehörde;
- Das Schlichtungsverfahren vor den Mietschlichtungsstellen;
- Das Verfahren nach § 14 PflVG für Ersatzansprüche gegen den Entschädigungsfonds bei Kfz – Unfällen;
- Die Verfahren der internen Verbands- und Vereinsgerichte;
- Das Ombudsmann-Verfahren im Banken- und Versicherungsbereich.

Die Aufzählung der bisher bestehenden „Alternativ-Verfahren" in Deutschland ist lediglich beispielhaft[102]. Hieraus wird ersichtlich, dass schon jetzt eine ganz erhebliche Zahl an alternativen Streitschlichtungsinstitutionen neben den konventionellen Institutionen wie den staatlichen Gerichten besteht. Erstaunlich ist von daher umso mehr, dass alternative Modelle der Konfliktbewältigung von den Bürgern nicht so angenommen werden wie dies eigentlich wünschenswert wäre[103]. Die Ursachen hierfür sind vielschichtig[104]. Unter anderem wird die mangelnde Einheitlichkeit bzw. Transparenz dieser Verfahren hierfür verantwortlich sein. Oft fehlt es den Verbrauchern an der Kenntnis, derartige Verfahren betreiben zu können.

Manche Verfahren kommen für die hier zu behandelnde Materie (Kfz-Reparatur) bereits aufgrund ihrer unterschiedlichen Natur nicht in Betracht (z.B. die Verfahren nach

102 vgl. näher hierzu m.w.N. Prütting, Schlichten statt Richten, JZ 1985, 266 und Hoffmann – Riem, Konfliktbewältigung in einer angebotsorientierten Rechtsschutzordnung, ZRP 1997, 190 ff.

103 Eine Ausnahme bilden die Verfahren vor den Schiedsstellen für das Kfz-Handwerk, die doch ganz beträchtliche Zahlen vorweisen können, s.u.

104 Nach Greger, ZRP 1998, 184, liegt die Ursache vor allem darin, dass die alternativen Konfliktbereinigungsverfahren nicht ausreichend institutionalisiert sind. Dies kann sicherlich einer der Gründe sein. Es dürften jedoch wohl auch historische, rechtliche, sozio- und infrastrukturelle Gründe ausschlaggebend sein.

§ 380 StPO oder das Verfahren nach § 76 BetrVG). Allenfalls das selbständige Beweisverfahren, das Schiedsgerichtsverfahren, die obligatorische Streitschlichtung nach § 15a EGZPO sowie das „normale" Gerichtsverfahren sind denkbare Alternativen zum Schiedsstellenverfahren für die typischen Fälle geringwertiger Streitigkeiten im Bereich des Kfz-Handwerks. Im Laufe der Arbeit wird – soweit es sinnvoll erscheint – noch auf dieses Konkurrenzverhältnis eingegangen werden. Da Thema der vorliegenden Arbeit jedoch ausschließlich das Schiedsstellenverfahren ist, steht dieses auch im Fokus der nachfolgenden Erörterungen.

IV. Kriterien für eine verbraucherschutzorientierte Schiedsstellenarbeit

Um eine echte Alternative zur „konventionellen Streitschlichtung" zu bieten und zugleich dem Gedanken des Verbraucherschutzes zu entsprechen, müssen Schiedsstellen gewissen Anforderungen entsprechen. Nur bei Beachtung bestimmter Kriterien kann das Vertrauen der Verbraucher in solche Streitschlichtungsorganisationen wachsen. Als wesentliches Merkmal ist zunächst die Neutralität der Schiedsstellen zu nennen.

1. Neutralität

Um die Neutralität der Schiedsstellen sicherzustellen, ist eine paritätische Besetzung dieser Institutionen unabdingbar. Zwar kann pauschal nicht behauptet werden, dass z.B. ein Vertreter der Innung oder der Handwerkskammer oder ähnlicher „berufsspezifischer Verbände" per se „verbraucherfeindlich" eingestellt ist. Allerdings haftet einer unausgewogen besetzten Schiedsstelle das Odium der Parteilichkeit an, was das Vertrauen des Verbrauchers in derartige Stellen nicht stärken dürfte[105].

Bereits die Struktur der Träger der Schiedsstellen als (halb-) staatliche Institutionen, nämlich in Form von Handwerkskammern oder Innungen, welche für die Belange der Anbieter einzutreten haben, kann den Anschein entstehen lassen, dass eine für die schlichtende Tätigkeit erforderliche Unabhängigkeit und Unvoreingenommenheit nicht gewährleistet ist[106]. Auf der anderen Seite ist es systemimmanent, dass fachliche Kompetenz in diesem Bereich oftmals einher geht mit dem Vorwurf der Parteilichkeit. Es ist nämlich kaum vorstellbar, dass beispielsweise ein Rechtsanwalt oder ein Richter die für

---

105 Interessant ist in diesem Zusammenhang der sehr pragmatische Ansatz der ADR-Stellen in den USA. Hier scheinen nämlich kaum Regelungen zur Neutralität des ADR-Anbieters zu existieren, vgl. Hay, Zur konsensualen Streitbeendigung in Zivil- und Handelssachen in den USA in „Konsensuale Streitbeilegung", Symposion zu Ehren von Peter Schlosser, 113. In der Tat ist es schon erstaunlich, dass trotz der langen Bewährungsphase von ADR in den USA bis heute noch keine Regelungen zur Neutralität entworfen wurden.

106 Miletzki, Formen der Konfliktregelung im Verbraucherrecht. Miletzki führt diese „Entdeckung" anhand einer Untersuchung der unterschiedlichen Bereiche, in denen Schiedsstellen tätig sind, dem Leser eindrucksvoll vor Augen.

eine effektive Streitbeilegung erforderliche Fachkompetenz hat. Die Verwurzelung des Schiedsstellenwesens im öffentlich-rechtlichen Bereich hat schließlich unter anderem ihren Grund in der hervorragenden Fachkompetenz der Vertreter der Innung bzw. der Handwerkskammer. Zudem stellt sich das Problem der Finanzierung dieser Stellen. Im weiteren Verlauf der Arbeit wird auf diese Problematik noch einzugehen sein.

2. Sachkunde

Neben der Objektivität und Neutralität hängt die Autorität einer Schieds- oder Schlichtungsstelle von der besonderen technischen Sachkunde ihrer Mitarbeiter ab. Nur wenn die Parteien den Eindruck haben, dass die zur Beurteilung ihres Anliegens erforderlichen Kenntnisse vorhanden sind, werden sie bereit sein, der vorgesehenen Regelung zu folgen, auch wenn sie für einen Beteiligten mit Nachteilen verbunden ist. Daneben scheint es unbedingt erforderlich zu sein, dass zumindest einer der Schiedsstellenmitarbeiter die zur Beurteilung der in Betracht kommenden Ansprüche erforderlichen Rechtskenntnisse besitzt. Gerade die Verbindung von rechtlicher und sachlicher (technischer) Kompetenz zeichnet ein wirklich verbraucherorientiertes Verfahren gegenüber dem „normalen" Gerichtsverfahren aus, bei dem Sachverständige und Richter oft beziehungslos zueinander stehen und der Richter manchmal unkritisch Schlussfolgerungen des Gutachters übernimmt. Zudem wird durch diese Verbindung oftmals eine Verfahrensbeschleunigung erzielt, was für den Verbraucher von Nutzen ist.

3. Schnelle Erledigung

Die Führung von Zivilprozessen ist oft sehr zeitaufwändig, insbesondere wenn auf Grund eines entsprechenden Beweisantrags ein Sachverständigengutachten eingeholt werden muss. Die Schieds- oder Schlichtungsstelle kann demgegenüber eine schnelle Erledigung herbeiführen, wenn ihre Mitarbeiter aufgrund ihrer Sachkunde zu einer zuverlässigen Beurteilung des Sachverhalts in der Lage sind.

Goll meint, dass die lange Verfahrensdauer vor Gericht eines der Hauptärgernisse für den „normalen Bürger" darstellt. Aus diesem Grund seien in der Vergangenheit auch auf der Ebene des Zivilprozessrechts bereits zahlreiche Versuche zur Verfahrensbeschleunigung unternommen worden[107].

Gerade ein „zweistufig ausgestaltetes Verfahren" bietet sich zu einer schnellen Konfliktlösung an. Denn hier werden konsensuale und autoritative Elemente im selben Verfahren integriert. Eine derartige Kombination von Streit schlichtenden und Streit entscheidenden Elementen und der damit einher gehende „Einigungsdruck" sorgen in aller Regel für eine Beschleunigung des Verfahrens[108].

---

107 ZRP 1998, 318

108 Hier ist zum Teil Scherpe Recht zu geben, der meint, gerade in Verbraucherstreitigkeiten, die sich im Bagatellbereich bewegen, sei dem Verbraucher mit einer schnellen (autoritativen) Ent-

4. Einfaches Verfahren

Die Sorge, sich auf ein kompliziertes Verfahren mit eventuell nicht erfüllbaren Formalitäten einzulassen, ist einer der Gründe, warum eine Reihe von Verbrauchern von vornherein auf die Geltendmachung von Ansprüchen verzichten, insbesondere dann, wenn relativ geringe Streitwerte in Rede stehen. In der Einfachheit der Schlichtung liegt daher ihre größte Chance, sich zu einer echten Alternative bzw. Konkurrenz zu einem gerichtlich ausgetragenen Rechtsstreit zu entwickeln[109].

Schließlich soll es nicht in erster Linie darum gehen, Rechtsansprüche zu prüfen. Vielmehr soll, wie der Name „Schieds- bzw. Schlichtungsstelle" bereits aussagt, die Angemessenheit der Lösung und die Akzeptanz durch die Parteien im Vordergrund stehen. Das sachliche Gespräch zwischen den unmittelbar Betroffenen muss dabei ins Blickfeld rücken. Der Schlichter darf allenfalls erklärend als sachkundige Person eingreifen; weder Druck noch Zwang dürfen dabei ausgeübt werden. Allerdings müssen Bedenken des Schlichters auch offen ausgesprochen werden, damit die Parteien zu einer fairen Lösung auf weitgehend gleichem Informationsstand kommen können. Um diese Voraussetzungen für eine derart freie Verhandlungsatmosphäre zu schaffen, ist eine weitgehende „Entschlackung" von formalen bzw. prozeduralen Regelungen zwingend notwendig.

5. Geringe Kosten bzw. Kostenfreiheit des Verfahrens

Wenn das Kostenrisiko im Vergleich zu den bei einer Beschreitung des Rechtsweges anfallenden Kosten nicht erheblich geringer ist, werden viele Verbraucher von vorneherein den ordentlichen Rechtsweg beschreiten, der ihnen auf jeden Fall zu einer vollstreckbaren Entscheidung verhilft. Dass bei Inanspruchnahme einer Schieds- oder Schlichtungsstelle

---

scheidung oftmals mehr gedient als mit einer konsensualen Lösung (Diss., 7). Der Verbraucher wolle lediglich so schnell als möglich Gewissheit, um baldmöglichst weiter disponieren zu können. Dieses Argument trifft zwar durchaus grundsätzlich zu. Scherpe vernachlässigt dabei aber den Einigungsgedanken. Auch in Bagatellstreitigkeiten drängt es die Konfliktparteien gelegentlich zu konsensualen Lösungen. Zumindest sollte die Option einer derartigen Konfliktlösung im Verfahren eröffnet werden. Eine wesentliche Verzögerung des Verfahrens tritt hierdurch nicht ein, denn auch ein zweistufiges Verfahren kann in ein und derselben Verhandlung abgeschlossen werden. Allerdings kann die Akzeptanz der Konfliktlösung bei einer privatautonom gefundenen, konsensualen Lösung verstärkt werden, was im Sinne alternativer Streitbeilegung ist, vgl. hierzu auch Stadler NJW 1998, 2479, 2482; Prütting, JZ 1985, 261, 267. Zudem hat auch die Allgemeinheit ein verstärktes Interesse an konsensualen Lösungen, da diese auf Grund der zumindest materiellrechtlichen Bindung (=Vergleich im Sinne von § 779 BGB) „gerichtsfester" erscheinen als unverbindliche Schiedssprüche, die keinerlei Rechtswirkungen entfalten (nicht jedoch die teilweise im Schiedsspruch integrierten technischen Schiedsgutachten!).

109 Goll, ZRP 1998, 317

gar keine oder nur geringe Kosten anfallen, gehört gerade zu den wesentlichen Vorteilen dieser Verfahrensart für den Verbraucher[110].

6. Keine Streitwertbegrenzungen

Vereinzelt haben Schiedsstellen über die in der MuGVO vorgesehenen Zulässigkeitsschranken hinaus sog. Streitwertklauseln aufgenommen. Nach diesen Klauseln muss die Summe des vom Beschwerdeführer geltend gemachten Anspruchs einen bestimmten Betrag überschreiten[111]. Ist dies nicht der Fall, so kann die Schiedsstelle nicht angerufen werden.

Unabhängig von der rechtlichen Bewertung der Frage, ob derartige Streitwertbegrenzungen zulässig sind, sind diese unter Gesichtspunkten des Verbraucherschutzes abzulehnen. Denn einer derartigen Klausel würde der Zweck der Schaffung eines kostenlosen und für alle Beteiligten einfach durchzuführenden Verfahrens im Wege stehen. Das Schiedsstellenverfahren soll nämlich ungeachtet einer gewissen Wertgrenze möglichst problemlos zur Schaffung von Rechtsfrieden beitragen. Dies ist nur dann möglich, wenn im Rahmen des Aufgabenbereichs der Schiedsstelle alle Verfahren vor der Schiedskommission behandelt werden können.

7. Einfache Anrufung

Dem Verbraucherschutz dienlich ist eine möglichst einfache Anrufung der Schiedsstelle durch den Verbraucher. Hierzu gehört zum einen die leichte Auffindbarkeit der Adressen der Schiedsstellen und zum anderen die Möglichkeit einer weitgehend formlosen Anrufung durch den Verbraucher. Der leichteren Auffindbarkeit dienlich sein können sowohl die Nutzung moderner Medien (z.B. Internet) als auch die Errichtung sog. multidimensionaler Streitbeilegungsstellen, welche die Adressen der Schiedsstellen verfügbar haben müssten. Zudem müssen die Adressen den Trägern der Schiedsstellen zur Verfügung stehen, welche diese dann den Verbrauchern nennen können.

8. Transparentes Vorverfahren

Das sog. Vorverfahren soll so transparent wie möglich unter Hinzuziehung eines Verbrauchervertreters stattfinden. Die momentane Praxis zeigt hier noch erhebliche Defizite. So sieht die MuGVO keine Regelung über die Zusammensetzung der Geschäftsstelle vor,

---

110 vgl. hierzu Hoffmann-Riem , Konfliktbewältigung in einer angebotsorientierten Rechtsschutzordnung, ZRP 1997, 196, der unter Bezugnahme auf Stock/Thünte/Wolff darauf hinweist, dass einiges dafür spreche, dass die Kosten bei den Rechtssuchenden eine wesentliche Rolle spielen.

111 In den meisten Geschäfts- und Verfahrensbedingungen, die derartige Klauseln beinhalten, wird dabei eine Grenze von 50.-DM (jetzt 25 Euro) angenommen.

welche die Zulässigkeit der Anrufung prüft, § 4 Abs. 1 Satz 1 MuGVO[112]. Aus den nachfolgenden Statistiken wird ersichtlich, welche Bedeutung das Vorverfahren hat. In diesem Zusammenhang sollen auch weitergehende, den Verbraucherschutz tangierende Problemkreise diskutiert werden.

Zwar kann dem 1997 vom ZDK in Zusammenarbeit mit dem ADAC entwickelten Leitfaden für die Schiedsstellen des Kfz-Gewerbes entnommen werden, dass die Anrufungsschrift durch den Kunden auch bei einer Geschäftsstelle des ADAC oder eines anderen Automobilclubs übergeben werden kann. Ein derartiges Vorgehen soll jedoch offenbar nur im Zusammenhang mit der Fristwahrung von Bedeutung sein. Aus den Ausführungen im Leitfaden geht nicht hervor, dass die „Fremdgeschäftsstelle" selbständige Prüfungsrechte hinsichtlich der Zulässigkeit der Anrufungsschrift hat wie die Geschäftsstelle der Schiedsstelle. Vielmehr soll lediglich die Frist auch dann noch als gewahrt gelten, wenn der Verbraucher beispielsweise eine Geschäftsstelle des ADAC anruft und diese dann spätestens innerhalb von drei Werktagen die Unterlagen an die zuständige Schiedsstelle übermittelt.

Dennoch kann dem Verbraucher grundsätzlich dazu geraten werden, die Anrufungsschrift bei einer Geschäftsstelle des ADAC einzureichen, da bei einer Weiterleitung durch den ADAC die Geschäftsstelle der Schiedsstelle bei einer Ablehnung der Anrufung einem stärkeren Rechtfertigungsdruck unterliegt. Letztlich bleibt als Forderung festzuhalten, dass die Geschäftsstelle als „Drehscheibe" der Schiedsstellenanträge aus dem alleinigen Einflussbereich des Handels und Handwerks herausgenommen werden muss[113].

9. Öffnung der Schiedsstellen für Nicht-Innungsbetriebe

Die Schiedsstellen sind, von einigen Ausnahmen abgesehen, von den Innungen eingerichtet und werden von diesen auch mit getragen. Eine seit langem diskutierte Forderung geht dahin, die Schiedsstellen auch für Nicht-Innungsbetriebe zu öffnen, also insbesondere für die freien Werkstätten. Diese Forderung kann jedoch unter dem Lichte des Verbraucherschutzes nicht uneingeschränkt befürwortet werden. Solange das bisherige Verfahren noch nicht optimiert ist, sollte diese Forderung zurückgestellt werden.

Es ist jedoch zu erwägen, in den Bundesländern, die das obligatorische Schlichtungsverfahren eingeführt haben, das Schiedsstellenverfahren auch für Nicht-Innungsbetriebe zu öffnen. Um dies zu erreichen, muss lediglich eine (marginale) Änderung der MuGVO erfolgen. Als Kompensation für das Tätigwerden der Schiedsstelle könnte an die Erhebung einer Gebühr, die sich an den Kostenvorschriften der Landesschlichtungsgesetze orientiert, gedacht werden. Der Verbraucher wird die Schiedsstelle wegen ihrer Sachkompetenz gegenüber anderen Gütestellen, welche diese Kompetenz und Professionalität

112 Micklitz, DRiZ 1983, S. 123 bemängelte diesen Umstand bereits in diesem Aufsatz im Jahre 1983. Bis heute ist jedoch in der MuGVO keine Regelung zur Besetzung der Geschäftsstelle zu finden.

113 So Micklitz in DRiZ 1983, 126.

im technischen Bereich nicht aufweisen (können), vermutlich bevorzugen. Voraussetzung für einen Erfolg dieses Versuchs ist jedoch ein striktes Ausrichten an den Kriterien des Verbraucherschutzes.

10. Einhaltung rechtsstaatlicher Grundsätze

Die Einhaltung rechtsstaatlicher Prinzipien im Rahmen des Verfahrens ist auch dem Verbraucherschutz dienlich, da diese Prinzipien entwickelt wurden, den einzelnen Bürger vor rechtswidrigen Eingriffen des Staates zu schützen, insofern eine dem Verbraucherschutzgedanken vergleichbare Zielrichtung beinhalten.

Unabhängig von der Frage, ob Schiedsstellen als judikatives Organ einzustufen sind und damit juristisch den rechtsstaatlichen Prinzipien des Art. 20 Abs. 2, 3 GG unmittelbar unterliegen, ist zu beachten, dass durch die Bindungswirkung der Entscheidungen der Schiedsstellen für die staatlichen Gerichte bis zur Grenze der offenbaren Unrichtigkeit auch der Verfahrensgang der Schiedsstellen in den Fokus der Prüfung, ob Schiedsstellen rechtsstaatlichen Grundsätzen verpflichtet sind, gerät (z.B. Rechtsweggarantie, rechtliches Gehör, Unabhängigkeit)[114].

Zwar kann das staatliche Gericht ein Schiedsgutachten dann als offenbar unrichtig betrachten, wenn wesentliche rechtsstaatliche Grundsätze im Verfahren der Schiedsstellen nicht beachtet wurden; dann findet keine Bindung des Gerichts an die im Schiedsgutachten festgestellten Tatsachen statt[115].

Dies darf jedoch nicht dazu führen, dass beispielsweise in Verfahren, die nicht durch ein staatliches Gericht überprüft werden (also in der absoluten Mehrheit aller Verfahren) diese Prinzipien grundsätzlich nicht beachtet werden müssen. Vielmehr ist es gerade wegen der mangelnden Überprüfungsmöglichkeit durch ein Gericht und auch der Bindungswirkung von Schiedsgutachten unabdingbar, dass Schiedsstellen rechtsstaatlichen Grundprinzipien im Rahmen des Verfahrens Beachtung schenken. Die wegen dieser „Privatisie-

---

114 Allerdings ist z.B. die Geltung des zentralen rechtsstaatlichen Grundsatzes des rechtlichen Gehörs im Schiedsgutachtenverfahren äußerst umstritten. So ist z.B. die Rechtsprechung und ein gewichtiger Teil in der Literatur der Meinung, dass der Schiedsgutachter ohne eine dahin gehende vertragliche Vereinbarung nicht verpflichtet sei, den Vertragsparteien rechtliches Gehör zu gewähren, vgl. hierzu BGHZ 6, 335; BGH NJW 55, 665; BGH LM Nr. 8 zu § 1025 ZPO; BGH KTS 1963, 47; BGH WM 1968, 617; OLG Nürnberg, MDR 1963, 498; Marsilius, BB 1959, 1015; Thorens, KTS 1968, 201; Stiefel/Wussow/Hofmann, AKB – Kommentar, § 14, Rz. 13

115 Gerade hier haben es die Vertreter der sog. prozessualen Theorien leichter, welche über die entsprechende Anwendung der §§ 1025 ff. ZPO auf Schiedsgutachtenverfahren in diesem Bereich oft zu zufriedenstellenderen Ergebnissen gelangen als die Vertreter der materiellrechtlichen Theorien (vgl. z.B. § 1042 Abs. 1 Satz 1 ZPO analog (rechtliches Gehör) oder §§ 1036 f. ZPO analog (Ablehnung eines Schiedsgutachters). Die Vertreter der materiellrechtlichen Theorien können die verfahrensrechtliche Problematik letztlich nur über die (materielle) Norm des § 319 Abs. 1 Satz 1 BGB analog erfassen.

rung des Rechts" insbesondere in Hinblick auf die Beachtung rechtsstaatlicher Garantien auftretenden Probleme werden im Rahmen dieser Arbeit noch intensiv diskutiert werden.

11. Nichtöffentlichkeit

Ein wesentlicher Vorteil vieler alternativer Streitbeilegungsverfahren ist die Nichtöffentlichkeit der Verfahren[116]. Das beschwerte Unternehmen kann im nichtöffentlichen Verfahren Fehler eingestehen oder in einem Umfang Kulanz praktizieren, die in einem öffentlichen Verfahren angesichts der „negativen Publizität" nicht möglich wäre.

Die Chancen des Verbrauchers, eine individuell optimale Lösung zu finden, sind im nichtöffentlichen Schlichtungsverfahren größer[117]. Die Nichtöffentlichkeit des Verfahrens erhöht zudem die Vergleichsbereitschaft der Parteien[118] und dient der Wahrung von Geschäftsgeheimnissen[119].

Vertraulichkeit wird in der „Mediations-Literatur" als wesentlicher Faktor für den Erfolg dieser Verfahrensart angesehen[120]. Da sich, was die Konsensfindung anbelangt,

---

116 so für die Schiedsstellenverfahren auch Micklitz, DRiZ 1983, 127; Prütting, JZ 85, 268; für insoweit vergleichbare Schiedsgerichtsverfahren Diedrich, JuS 1998, 158; a.A. Vogt in ACE-Lenkrad 8/87, 51, der grundsätzliche Zweifel an der Objektivität von Schiedsstellen äußert. Durch die Nichtöffentlichkeit der Verfahren werde eine Art „Geheim-Politik" betrieben, die Manipulationen fördern würde.
Im Grünbuch der EU-Kommission über alternative Verfahren zur Streitbeilegung im Zivil- und Handelsrecht (KOM (2002) 196 endg.) wird dem Punkt „Vertraulichkeit" für sog. ADR-Verfahren große Bedeutung beigemessen (S. 32 f.). Nach Auffassung der Kommission sind dabei sowohl die Parteien als auch die ADR-Verantwortlichen zur Vertraulichkeit verpflichtet.

117 Micklitz, a.a.O.; vgl. auch oben Erster Hauptteil, Dritter Teil Teil, III. Allerdings erwähnt Micklitz auch, dass allein die Öffentlichkeit ermöglichen würde, die vermeintliche Individualisierung des Problems aufzudecken und Strategien zu entwickeln, die nicht nur einem, sondern allen Verbrauchern nützen. Dies ist auch grundsätzlich richtig. Es ist jedoch Aufgabe der Verbraucherverbände und der Organisationen der „Verbrauchervertreter" in den Schiedskommissionen (also z.B. des ADAC), die Missstände aufzudecken und publik zu machen. Dabei muss berücksichtigt werden, dass ein zu negatives Bild in der Öffentlichkeit rasch zu einem Verlust der Akzeptanz der Schlichtungsstellen beim Verbraucher führen kann. Dies gilt umso mehr, wenn man sich vor Augen hält, dass z.B. die Clubzeitschrift des ADAC (motorwelt) mit einer Auflage von über 14 Millionen eine enorme Breitenwirkung hat. Da das Vertrauen der Verbraucher in alternative Streitbeilegungsstellen in Deutschland (momentan noch) nicht sehr stark ausgeprägt ist, könnte eine zu negative Darstellung möglicherweise sogar das Ende der Ära von Schiedsstellen einleiten. Es ist hier also der „goldene Mittelweg" zu finden. Dieser kann darin liegen, Mängel im Verfahren durch ständige Kontrolle (z.B. über die sog. Statistikbögen der Arbeit der Schiedsstellen) aufzudecken und intern (entweder „bilateral" durch Gespräche mit dem Schiedsstellenvertreter oder „multilateral" z.B. auf Tagungen mit Schiedsstellenvertretern) zu versuchen zu bereinigen. Auch an die Einbindung anderer Organisationen, wie z.B. der Verbraucherzentralen, ist zu denken.

118 Prütting, a.a.O. und für Schiedsgerichte Diedrich, a.a.O.

119 Prütting, a.a.O.

120 Hager, 83; von Hoyningen-Huene, JuS 1997, 353

Mediation und Schlichtungsverfahren nicht wesentlich unterscheiden, dürften Parallelen in der Argumentation für die Nichtöffentlichkeit der Verfahren zulässig sein.

Es entspricht der menschlichen Natur, in der Nichtöffentlichkeit offener zu agieren und sich kompromissbereiter zu zeigen als in der Öffentlichkeit[121]. Schließlich entfällt die Möglichkeit des „Gesichtsverlustes"; der Konflikt öffnet sich lediglich einem kleinen Personenkreis, sorgt damit auch für eine weitgehend offene Kommunikation.

Es erscheint allerdings nutzbringender, die Geltung des Prinzips der Vertraulichkeit vom Parteiwillen abhängig zu machen. Wenn nur eine Partei das Verfahren vertraulich durchführen will, dann muss diesem Wunsch auch nachgekommen werden. Ansonsten, wenn beide Parteien darauf verzichten, erscheint Vertraulichkeit nicht als erforderliches Wesensmerkmal von ADR/ODR-Verfahren. Zudem stellt sich das Problem einer etwaigen Kollision des Prinzips der (zu berücksichtigenden) Vertraulichkeit mit dem Prinzip der Transparenz, welches gleichfalls Beachtung in ADR/ODR-Verfahren findet.

Dieses Problem kann nur so gelöst werden, dass bestimmte Vorgänge – trotz erforderlicher Vertraulichkeit – transparent gemacht werden, die für ein effizientes und faires Verfahren unabdingbar sind, also z.B. Offenlegung bzw. Zurverfügungstellung etwaiger Verfahrensregelungen, Informations- und Aufklärungspflichten durch die ADR-Verantwortlichen, Zurverfügungstellung des für evaluative Zwecke erforderlichen Datenmaterials u.ä.

12. Flexibilität

Ein wesentlicher Vorteil von ADR-Verfahren besteht darin, dass diese flexibel durchgeführt werden können, ohne dabei an zu starre Vorgaben durch Normen gebunden zu werden. Durch diese Flexibilität können sowohl im Verfahren selbst als auch bei der Entscheidungsfindung Praktiken durchgeführt werden, welche bei starren regulatorischen Vorgaben nicht denkbar wären.

Durch eine größere Flexibilität wird das Verfahren zudem vereinfacht; ein Effekt, welcher der Attraktivität von ADR-Verfahren zugute kommt. Gerichtliche Verfahren werden durch das positionenbezogene Denken geprägt. Sie ordnen sich diesem unter.

Daraus resultiert oftmals eine gewisse Schwerfälligkeit und Komplexität, welche dazu führen kann, dass die Sache selbst in den Hintergrund tritt und formelle Vorgaben darüber entscheiden, wer „Recht hat"[122]. Diese Tatsache führt nicht unbedingt zu einer verstärkten

---

121 Berkel, 107, hält die Nichtöffentlichkeit für eine Grundvoraussetzung einer erfolgreichen Konfliktbewältigung durch Eingreifen einer dritten Partei. Seiner Ansicht nach dürfen dabei neben dem „Moderator" (hier also der Schiedskommission) nur die unmittelbar Beteiligten teilnehmen.

122 Micklitz in Wilhelmsson/Hurri, 517 schreibt zu dem in diesem Bereich stattfindenden Konflikt zwischen Soziologen und Juristen zutreffend: „...In contrast, lawyers advocate the need for minimum legal organisational and procedural guarantees in non-judicial settlement procedures. Thus there is a contradiction between sociologists and lawyers which cannot be overcome. Sociologists desire autonomy for non-judicial settlement procedures, whilst lawyers tend to favour

Akzeptanz der Entscheidungen. Die Parteien wollen vielmehr über „die Sache reden" als Zeuge komplizierter formaljuristischer Auseinandersetzungen zu sein.

Diese gewünschte Sachbetonung ist gerade ein Vorteil von Schiedsstellenverfahren, der auch so weit wie möglich genutzt werden muss, um sich als echte Alternative bzw. als „ernsthafter Konkurrent im Bereich der Konfliktlösungsinstitutionen" besser zu positionieren. Die Konfliktparteien können sich in sachorientierten Verfahren auch besser „einbringen" als in von formellen Aspekten geprägten Verfahren. Diese verstärkte „Privatautonomie" sorgt in aller Regel auch für eine erhöhte Akzeptanz der gefundenen Lösung. In gerichtlichen Verfahren fühlt sich die Konfliktpartei passiv, in ADR-Verfahren wird die aktive Rolle der Konfliktparteien betont.

V. Tatsachenforschung zur Untersuchung des Reklamationsverhaltens der Verbraucher

Um die tatsächliche Bedeutung der Schiedsstellen für das Kfz-Handwerk als „alternative Streitbeilegungsinstanz" (ADR-Stelle) zutreffend erfassen zu können, ist eine empirische Auswertung der über die vom ZDK und ADAC gemeinsam entworfenen Erhebungsbögen (Statistikbögen) von großem Nutzen[123]. Außerdem können durch die Auswertung der Statistiken wertvolle Erkenntnisse in Bezug auf die Effizienz und die Schwachstellen der Schiedsstellenarbeit gezogen werden.

1. Statistik für das Jahr 2005

Von den insgesamt 11713 bei den Schiedsstellen für das Kfz-Handwerk eingegangenen Beanstandungen wurden 1140 von der Schiedskommission entschieden. Durch Vergleich wurden 587 Verfahren erledigt, in 206 Fällen bekam der Kunde in vollem Umfang Recht. Abgewiesen wurden 429 Beanstandungen.

---

non-judicial dispute settlement procedures as minimum courts. The more that alternative dispute settlement mechanisms are bound by formal legal rules, the more that bargaining and decision-making takes place in the shadow of the law."

123 Aufgrund einer inhaltlichen Abweichung der Statistikbögen (Jahresberichte oder Jahresstatistiken; über die Bezeichnung herrschte zwischen ZDK und ADAC Uneinigkeit; dieser Disput dürfte jedoch mehr rhetorischer Art sein) des ADAC von denjenigen des ZDK kamen beide Organisationen 1996 überein, den Bogen zu überarbeiten und zu vereinheitlichen. Die erste Auswertung der Schiedsstellenstatistik auf „der selben empirischen Basis" erfolgte für das Jahr 1997. Als Vorgabe für die (gemeinsam entworfenen) Fragebögen wurde folgendes vereinbart: Der Fragebogen sollte unterteilt sein in Werkstatt- und Gebrauchtwagenfragen, wobei jedes Segment wiederum unterteilt werden sollte in Anfragen, Vorfragen und Kommissionstätigkeit. Die angeforderten Zahlen/Daten sollten eindeutig ermittelbar sein. Dem neuen Fragebogen sollten entsprechende Erläuterungen beigefügt werden.

Anlass zur Diskussion muss die (wie auch in den vergangenen Jahren) hohe Zahl der Erledigungen im Vorverfahren geben[124]. So wurden 10291 Anrufungen im Jahr 2005 im Vorverfahren erledigt. Dies entspricht 87,9 % aller Anrufungen. Die übrigen Anträge wurden im Berichtszeitraum nicht abgeschlossen.

Am häufigsten verbreitet ist bei den Beschwerdegründen der (vermeintlich zu hohe) Rechnungsbetrag der Werkstatt (4162 Fälle). Weitere Beschwerdegründe waren „nicht in Auftrag gegebene Arbeiten“ (1953 Fälle) sowie „unsachgemäße Arbeit“ (2842 Fälle).

2. Vergleich mit Statistiken aus früheren Jahren

Folgende Zahlen wurden in den vergangenen acht Jahren für den Schiedsstellenbereich (Kfz-Handwerk) ermittelt[125]:

	Gesamteingang Anträge	im Vorverfahren erledigt	von der Schiedskommission entschieden
1997	12694	8235	1336
1998	11334	9588	1371
1999	14074	9485	1000
2000	13758	9664	1100
2001	14590	10276	1196
2002	14849	11293	1177
2003	12361	10127	1411
2004	11172	9854	1044
2005	11713	10291	1140

124 Gerade hier wird die unterschiedliche Sicht von Verbraucherschutzverbänden und Kfz-Gewerbe transparent. Während Verbraucherschutzverbände an diesem Punkt Anlass zur Kritik des Verfahrens sehen, zeige nach Darstellung des ZDK die hohe Zahl der Erledigungen im Vorverfahren, wie „unbürokratisch“ die „neutralen Kommissionen für den Verbraucherschutz“ arbeiten (ProMotor 5/2005). Die Darstellung des ZDK ist insofern nicht korrekt, als dass (auch heute noch) die überwiegende Zahl der Anrufungen von den Geschäftsstellen der Schiedsstelle, welche zumeist der Innung zugehörig sind, behandelt wird. Von einer „neutralen Kommission für den Verbraucherschutz“ kann somit nicht die Rede sein. Der ADAC konnte in diesem Kontext allenfalls einen Minimalerfolg erzielen, indem 1997 § 4 Abs. 2 MuGVO dahin gehend geändert wurde, als dass die Geschäftsstelle nunmehr den Vorgang mit sämtlichen Unterlagen dem Vorsitzenden der Schiedskommission zur weiteren Behandlung durch die Schiedskommission vorlegen muss, sofern innerhalb von vier Wochen keine Einigung erfolgt. Zudem wurde § 4 Abs. 3 MuGVO eingeführt, wonach die Geschäftsstelle die Mitglieder der Schiedskommission über alle eingehenden Anrufungen unterrichtet, sofern diese es wünschen.

125 Zur besseren Übersichtlichkeit werden die Zahlen in tabellarischer Form gegenüber gestellt.

in der Kommission erledigte Fälle

	Vergleiche	Kunde bekam 100% recht	Abgewiesene Anträge
1997	535	133	332
1998	713	96	302
1999	403	86	264
2000	465	72	311
2001	524	84	273
2002	435	93	278
2003	670	260	481
2004	490	210	344
2005	587	206	429

Beschwerdegründe

	Rechnungshöhe	nicht in Auftrag gegebene Arbeiten	unsachgemäße Arbeit.
1997	5034	2346	2976
1998	4125	2278	3070
1999	3983	2074	2543
2000	3922	2043	2408
2001	3984	2105	2659
2002	4477	2195	2857
2003	2785	1688	2890
2004	3817	1573	2550
2005	4162	1953	2842

Eine gewisse Signifikanz zeichnet sich in Form einer Zunahme von Schiedssprüchen im Rahmen der Kommissionsverhandlung ab (also „Kunde bekam 100% recht“ und „Abgewiesene Anträge“). Hieraus lässt sich jedoch noch kein dauerhafter Trend ablesen.

Die Zahl der Gesamteingänge der Anrufungen ist in den letzten Jahren nach einer Spitze in den Jahren 2001 und 2002 wieder etwas zurückgegangen, wobei allerdings von 2004 auf 2005 wieder eine leichte Zunahme zu verzeichnen ist. Auch hieraus lässt sich jedoch noch kein bleibender Trend ablesen.

Bedeutsamer für eine seriöse Evaluation dürfte die Befassung mit Statistiken der einzelnen Schiedsstellenbezirke sein. Hieraus wird ersichtlich, dass manche Schiedsstellen ihre Arbeit offenbar professioneller und seriöser betreiben als andere. Um diese Hypothese zu belegen, wird anschließend auf Details in den Statistiken eingegangen.

3. Untersuchung der Schiedsstellenarbeit an Hand der Jahresstatistiken einzelner Schiedstellenbezirke

Der Blick auf die Erhebungsbögen einzelner Schiedsstellenbezirke lässt erkennen, dass die Auffassung einer seriösen und tatsächlich verbraucherschützerischen Schiedsstellentätigkeit unter den einzelnen Schiedsstellen offensichtlich stark divergiert.

Als typisches und wohl auch seriöses Beispiel für eine wirklich zuverlässige Auswertung der Schiedsstellentätigkeit kann der Erhebungsbogen der Schiedsstelle in Essen für das Jahr 2004 angesehen werden (Anlage 11). Exemplarisch auch für andere Schiedsstellenbezirke ist die verhältnismäßig hohe Zahl der Erledigungen im Vorverfahren. Gerade dieser Punkt bietet aufgrund seiner diffusen Aussagekraft bzw. Intransparenz eine breite Angriffsfläche für Verbraucherschutzorganisationen.

Die Auswertung des Statistikbogens der Schiedsstelle in Rostock (Anlage 6) führt zu folgender Erkenntnis: Es fällt auf, dass nach diesem Erhebungsbogen offenbar sämtliche Anrufungen im Vorverfahren abgehandelt wurden. Kein einziger Fall kam vor die Schiedskommission. Dies ist jedoch kein Einzelfall. Es gab 2004 durchaus weitere Schiedsstellen, die keine einzige Kommissionsverhandlung durchgeführt haben (z.B. Hagen, Viersen, Heidenheim, Lörrach, Potsdam usw.).

Demgegenüber steht das Beispiel der Schiedsstelle in Baden-Baden (Anlage 9). Hier fällt die verhältnismäßig hohe Zahl an Verfahren auf, die vor die Schiedskommission gelangt sind. Das Verhältnis dieser „Hauptverfahren" zu den Vorverfahren beträgt bei dieser Schiedsstelle nahezu 1 zu 1.

Schließlich sollen noch zwei weitere Beispiele dargestellt werden, die verdeutlichen, wie unterschiedlich Schiedsstellenbezirke offenbar ihre Arbeit auffassen. So gingen bei der Schlichtungsstelle in Hamburg 2965 Beanstandungen im Jahr 2004 ein[126], während in demselben Zeitraum bei der Schiedsstelle Hagen lediglich sieben Beanstandungen verzeichnet wurden (Anlage 8 und Anlage 7). Alleine der größenmäßige Unterschied der beiden Schiedsstellenbezirke kann diese eklatante Divergenz nicht erklären[127].

---

126 Dies ist ein Wert, der lediglich annähernd von der Schiedsstelle in München erreicht wurde (dort 2188 Fälle). Die anderen Schiedsstellen fallen gegen diese Zahlen weit ab..

127 Zur Kreishandwerkerschaft Hagen (und damit zum Schiedsstellenbezirk Hagen) gehören die Bezirke Wetter/Ruhr, Herdecke/Ruhr, Hagen, Breckerfeld, Hagen – Dahl und Hagen – Hohen-

Es drängt sich der Verdacht auf, dass diese so erheblich voneinander abweichenden Zahlenwerte auf ein divergierendes Selbstverständnis der Schiedsstellenarbeit in den unterschiedlichen Schiedsstellenbezirken zurückzuführen sind. Vieles spricht für ein erhöhtes Engagement der Schlichtungsstelle Hamburg in Richtung einer „vertrauensvollen Zusammenarbeit" mit der in diesem Bezirk ansässigen Werkstätten. Erst dadurch wird diese hohe Zahl an Erledigungen möglich.

4. Verhältnis der Gesamtstatistik zu den einzelnen Jahresstatistiken der verschiedenen Schiedsstellenbezirke

Die Gesamtstatistik, welche vom ZDK veröffentlicht wird, spiegelt ein weitgehend homogenes Bild der Schiedsstellentätigkeit wider. Die Untersuchung der Einzelstatistiken der jeweiligen Schiedsstellenbezirke ergibt demgegenüber ein anderes Bild. Als Gemeinsamkeit kann die hohe Zahl der Erledigungen im Vorverfahren angesehen werden[128]. Die Durchführung des Vorverfahrens ist dagegen wieder sehr unterschiedlich, was nicht zuletzt auf die Nutzung unterschiedlicher Verfahrensordnungen zurückzuführen sein dürfte, aber auch auf die unterschiedliche Tradition und Praxis der jeweiligen Schiedsstellenverantwortlichen.

Diese Diskrepanz muss zu Veränderungen der Schiedsstellentätigkeit Anlass geben. Ob hierfür grundlegende, strukturelle Änderungen erforderlich sind oder einzelne „Nachbesserungen" genügen, wird im Laufe der Arbeit diskutiert werden.

Es wird ein zentrales Anliegen der Arbeit sein, einen Lösungsansatz sowohl im Sinne des Verbraucherschutzes als auch im Sinne des Handwerks zu finden, um künftig ein transparenteres Bild der Schiedsstellenarbeit abzugeben. Die Grundlagen hierfür sollen nachfolgend erarbeitet werden.

---

limburg, was einer Bevölkerungszahl von ca. 280.000 entspricht. Der Bezirk der Schlichtungsstelle des Schiedsstellenbezirks Hamburg umfasst ca. 1.800.000 Einwohner.

128 Eine Ausnahme bildet allenfalls die Schiedsstelle in Baden-Baden.

Zweiter Hauptteil: Rechtliche Einordnung des Schiedsstellenverfahrens und seiner Peripherie unter besonderer Berücksichtigung des Verbraucherschutzgedankens

Erster Teil: Einleitung

Der Zweite Hauptteil bildet den Schwerpunkt der vorliegenden Arbeit In diesem Hauptteil wird versucht werden, sowohl die praktischen Probleme in der Schiedsstellenarbeit aufzuzeigen als auch rechtsdogmatische Erörterungen anzustellen. Dabei werden die Prioritäten der Untersuchung in der Beleuchtung der alltäglichen Schiedsstellenarbeit unter rechtlichen und verbraucherschützerischen Aspekten liegen.

Diese einleitenden Erörterungen hält der Verfasser deswegen für umso bedeutsamer, als in der Tat eine nicht unerhebliche Diskrepanz zwischen den in Rechtsprechung und Literatur erkennbaren Schwerpunkten in Bezug auf die Schiedsstellen-Thematik und den in der Praxis zutage tretenden Problemen zu bemerken ist. Aus diesem Grund soll nachfolgend versucht werden, eine Konkordanz zwischen Theorie und Praxis herzustellen, so dass hierauf aufbauend Lösungsansätze gefunden werden, die beiden Seiten so weit als möglich gerecht werden.

Zweiter Teil: Die Schiedsstelle

Im Verlauf der Arbeit wurde bereits der Versuch der Definition des Begriffs „Schiedsstelle" unternommen[1]. Letztlich wird man der Definition, welche Miletzki entwickelt hat, zustimmen können. Danach handelt es sich bei den Schlichtungsstellen der Industrie- und Handelskammer um Einrichtungen, die in einem fakultativen vorgerichtlichen nichtöffentlichen Verfahren auf unformelle Weise eine gütliche Einigung von Verbraucherstreitigkeiten anstreben[2]. Diese Definition trifft grundsätzlich auch auf die Schiedsstellen des Kfz-Handwerks zu[3].

---

1 vgl. oben Erster Hauptteil, Dritter Teil, III.4.e

2 Miletzki, Formen der Konfliktregelung im Verbraucherrecht, 53

3 Dies gilt auch in Bezug auf das Merkmal „fakultativ". § 15a EGZPO hat daran nichts geändert, da es sich bei den Schiedsstellen des Kfz-Handwerks um freiwillige Institutionen handelt. Das Verfahren ist zudem nichtöffentlich. Lediglich das Merkmal „unformell" könnte im Hinblick insbesondere auf die VerfO und die tatsächliche Strukturierung des Verfahrens problematisch sein. Der Begriff „unformell" bzw. „informell" wird aber heutzutage primär als „Abgrenzungsbegriff" zu den gerichtlichen Verfahren verwendet bzw. für alle „alternativen Streitbeilegungsverfahren". Aus diesem Grund trifft die Definition, welche Miletzki verwendet, auch auf die Schiedsstellen für das Kfz-Handwerk zu.

Hinzu kommt bei den Schiedsstellen jedoch noch ein weiteres Element, nämlich die Möglichkeit der autoritativen Streitentscheidung durch Schiedsspruch[4]. Die Schiedsstelle hat also weitergehende Kompetenzen als die Schlichtungsstelle. Sie kann (und soll) auf eine gütliche Einigung hinwirken. Sollte diese jedoch nicht gelingen, kann sie selbst den Streit entscheiden. Insofern kann ein Schiedsstellenverfahren auch als „zweistufiges Verfahren" bezeichnet werden[5].

Im Rahmen der nachfolgenden Untersuchung wird zunächst der Aufgabenbereich der Schiedsstellen dargestellt, so wie er sich aus der MuGVO ergibt.

I. Der Aufgabenbereich der Schiedsstellen und die Stellung des Schiedsstellenverfahrens im Umfeld von ADR/ODR

Um den Aufgabenbereich und damit auch den Inhalt der Schiedsstellenvereinbarung zu konkretisieren, bedarf es eines Blicks sowohl auf die Kfz-Reparaturbedingungen als auch auf die MuGVO.

Nach den Kfz-Reparaturbedingungen (Ziff. IX Nr. 1) kann die Schiedsstelle bei „Streitigkeiten aus diesem Auftrag" angerufen werden (also den Reparaturvertrag zwischen Besteller und Unternehmer). In etwa gleichbedeutend ist der in § 1 Abs. 1 lit.b MuGVO umschriebene Tätigkeitsbereich der Schiedsstellen. Danach hat die Schiedsstelle die Aufgabe, Streitigkeiten zwischen Kunden und den der Innung angeschlossenen Werkstätten aus Werkstattaufträgen möglichst gütlich beizulegen oder zu entscheiden[6].

---

4 Insofern besteht eben schon ein Unterschied zwischen Schlichtungsstelle und Schiedsstelle. Während die Schlichtung (im engen Sinne) lediglich die konsensuale Streitbeilegung beinhaltet, geben die Parteien eines Schiedsstellenverfahrens der Schiedskommission ex ante die Autorität (per vertraglicher Regelung!), den Streit dann (für sie) zu entscheiden, falls keine konsensuale Lösung erzielt werden kann. Von daher kann der Schiedskommission die Übertragung eines gewissen „richterlichen Moments" nicht abgesprochen werden. Blankenburg/Stock setzen in ihrer Studie (7) Schlichtungs- und Schiedsstellenverfahren jedoch weitgehend gleich:"...Sofern dies nicht gelingt (nämlich eine einvernehmliche Lösung zwischen den Konfliktparteien herbeizuführen, Anm. des Verfassers), haben Schlichter teilweise die Möglichkeit, einen Schlichtungs- oder besser: Schiedsspruch zu fällen, mit dem den Parteien eine Lösung diktiert wird." Hieraus wird deutlich, dass der Begriff der „Schlichtung" isoliert betrachtet sowohl ein konsensuales als auch ein autoritatives Moment beinhaltet (insofern kann auch durchaus von „Schlichtungsvereinbarung" als Teil der Schiedsstellenvereinbarung geredet werden, s. hierzu noch u.). Die Institutionen „Schiedsstelle" und „Schlichtungsstelle" könnten sich jedoch zumindest im obigen Sinne definieren lassen. In jedem Fall wird aus dieser Diskussion wieder einmal deutlich, dass im Bereich ADR/ODR eine einheitliche Terminologie unbedingt angestrebt werden muss.

5 Auch wenn die zweite Stufe, also die Entscheidung qua Schiedsspruch nicht zwingend erreicht werden muss!

6 Es werden also sämtliche Streitigkeiten zwischen Kunde und Werkstatt vom Aufgabenbereich der Schiedsstelle erfasst, nicht nur Streitigkeiten über die Notwendigkeit von Reparaturen, die ordnungsgemäße Durchführung von Werkstattleistungen und die Angemessenheit der Reparaturkosten, wie dies manchmal in der Literatur dargestellt wird (vgl. z.B. Gottwald, NZV 2000, 6

Der sachliche Tätigkeitsbereich der Schiedsstellen umfasst demnach Streitigkeiten zwischen dem Kunden und dem der Innung angeschlossenen Kfz-Betrieb (Werkstatt) betreffend die Art der Auftragserteilung, die Fertigstellung, die Abnahme, die Berechnung des Auftrages, die Zahlung, das Pfand- und das Zurückbehaltungsrecht, die Haftung usw.

Auch Streitigkeiten aus Reparaturen an Krafträdern werden nach der Fassung der MuGVO vom Aufgabenbereich der Schiedsstellen erfasst. Lediglich Nutzfahrzeuge mit einem Gesamtgewicht von mehr als 3,5 t fallen aus dem Anwendungsbereich der MuGVO heraus[7].

Aus den Schiedsstellenstatistiken ergibt sich bei Beleuchtung der einzelnen Beschwerdegründe eine Signifikanz hinsichtlich der hervorragenden Bedeutung des Beschwerdegrundes des angeblich überhöhten Reparaturpreises. Nahezu 40% der Beschwerdegründe beziehen sich auf eine überhöhte Rechnung der Werkstatt[8]. Aus diesem Grund lohnt es sich, diesen Beschwerdepunkt in Bezug auf den Aufgabenbereich der Schiedsstellen näher zu untersuchen.

1. Die Justiziabilität des Reparaturpreises und die hieraus folgenden Konsequenzen für die Tätigkeit der Schiedsstellen des Kfz-Handwerks

Die Tätigkeit der Schiedsstellen bzw. weiter darüber hinaus gehend aller (privatisierter) ADR/ODR-Verantwortlichen unterscheidet sich von der Tätigkeit der Gerichte insbesondere durch die Tatsache, dass ADR /ODR-Verfahren den Grundsatz der „Billigkeit“ in den Mittelpunkt ihres Tätigkeitsfeldes stellen, während (staatliche) Gerichtsverfahren insbesondere rechtsstaatliche Prinzipien, also rechtliche Kriterien bei der Durchführung der Verfahren zu beachten haben[9]. Dem Recht prinzipiell entzogen sind jedoch alle Faktoren,

---

oder Morasch in „Schieds- und Schlichtungsstellen, Praxisanalyse und Perspektiven“, GMD, 40). Sofern eine Einschränkung des Tätigkeitsbereichs der Schiedsstellen auf diese drei Konfliktmaterien vorliegt, beruht dies wohl auf der Heranziehung einer von der MuGVO abweichenden Verfahrensordnung der jeweiligen Schiedsstelle (z.B. ist dies so bei der Schiedsstelle Augsburg-Schwaben, vgl. Anlage 20).

7 In der alten Fassung der MuGVO von 1997 war der Anwendungsbereich noch auf Nutzfahrzeuge mit einem Gesamtgewicht von mehr als 2,8 t beschränkt.

8 dies wird aus den Jahresstatistiken ersichtlich, vgl. oben Erster Hauptteil, Dritter Teil, IV.2.

9 Micklitz in Wilhelmsson/Hurri, 521, 525, will zwischen diesen beiden Verfahrenstypen kein Rang- bzw. Hierarchieverhältnis, sondern vielmehr ein Alternativ- oder Konkurrenzverhältnis erkennen, welches sich insbesondere durch die unterschiedlichen Ansätze auszeichnet. („Competition in access to justice would mean that there is no hierarchy between alternative dispute settlement procedures and court procedures but that there is a pluralistic system of legal redress. It would be for the contracting party to decide which way he wants to go, provided that he is properly informed and that he can compare the different litigation models“ (521). „If the litigants cannot get justice before the courts, they may be better off if they can obtain equity in non-court dispute settlement procedures“(525)).

welche sich betriebs- bzw. marktwirtschaftlichen Aspekten unterordnen. Der Preis als solcher ist also grundsätzlich nicht justiziabel[10].

Etwas anderes gilt für den Werklohn, für den das BGB dem Richter gleich mehrere direkte Einflussmöglichkeiten bereitstellt, nämlich insbesondere die in § 632 Abs. 2, 315, 316 BGB genannten. Diese Normen finden, so selten sie auch in der juristischen Literatur und Rechtsprechung erwähnt werden, in der Praxis des Kfz-Reparaturwesens gelegentlich Anwendung. Von dem seltenen Fall abgesehen, dass die Werkstatt im Vorfeld der Reparatur eine Preiskalkulation in Form einer Festpreisnennung bzw. eines Kostenvoranschlages vornimmt, erfährt der Kunde (Verbraucher) regelmäßig erst nach durchgeführter Reparatur, welchen Reparaturpreis er zu zahlen hat[11]. Hierbei kommt es dann oftmals zum Disput mit der Werkstatt, weil der Kunde die Rechnung für überzogen hält.

Trotz der Bereitstellung der genannten gesetzlichen Optionen der Preiskontrolle auch für eine juristische Aufarbeitung und trotz der Tatsache, dass der Reparaturpreis bei Auftragsvergabe nur von einer fachkundigen Person eruiert bzw. „entschlüsselt" werden kann, kommen die genannten Normen allerdings nur unter bestimmten Prämissen zur Anwendung. Denn nach h.M. reicht es grundsätzlich für die Anwendung des § 632 Abs. 1 BGB – und damit für die Nichtanwendung der §§ 632 Abs. 2, 315, 316 BGB – aus, wenn die vom Kunden zu unterzeichnende Auftragsbestätigung einen Hinweis auf den Berechnungsmodus der Werkstattstunde enthält[12].

Da Vertrags- und autorisierte Fachwerkstätten derartige Auftragsbestätigungen mit dem Verweis auf die Berechnung der verschiedenen (standardisierten) Arbeitswerte und ihre Verrechnungssätze in aller Regel auch verwenden, kommt eine zivilrechtliche Preiskontrolle lediglich noch bei nicht innungsgebundenen, freien Werkstätten in Frage, welche nicht den Vorgaben der Hersteller hinsichtlich der Berechnungsmodi bestimmter Reparaturarbeiten unterliegen. Für diese Werkstätten sind die Schiedsstellen nicht zuständig. Umgekehrt unterliegen die Vertrags- bzw. autorisierten Fachwerkstätten der Preiskontrolle nur im Schiedsstellenverfahren (auf individueller Ebene; die kollektive Ebene soll hier ausgeklammert werden!).

Sollte der Kunde einer Vertragswerkstatt keine Auftragsbestätigung mit einem derartigen Verweis unterzeichnet haben bzw. in sonstiger Form auf den Berechnungsmodus hingewiesen worden sein oder sollte er mit einer freien Werkstatt in einen Disput wegen der Reparaturrechnung kommen, so hätte die Beschreitung des Rechtsweges folgende Konsequenzen: Da bei Abschluss des Vertrages kein Werklohn vereinbart wurde, kommt zunächst die Auslegungsregel des § 632 Abs. 2 BGB zum Tragen. Da eine Taxe nicht besteht, wäre danach die „übliche Vergütung" als vereinbart anzusehen. Üblich ist die Vergütung, die zur Zeit des Vertragsschlusses für nach Art, Güte und Umfang gleicher

10 Durchbrechungen dieses Grundsatzes sind zu erkennen bei § 313 (Störung der Geschäftsgrundlage) oder § 138 BGB (Wucher).

11 vgl. Micklitz in VuR 1988, 17 ff., in denen er als typische Anwendungsfälle von Preisabreden in Reparaturverträgen die sog. Auftragserweiterungsklauseln und Kostenvoranschläge nennt.

12 Soergel in Muenchener Kommentar, § 632, Rz. 12, Sprau in Palandt, § 632, Rz. 13 m.w.N.

Leistungen nach allgemeiner Auffassung der beteiligten Kreise am Ort der Werkleistung gewährt zu werden pflegt; sie setzt voraus, dass derartige Leistungen in zahlreichen Einzelfällen erbracht werden. Sie braucht den konkret Beteiligten nicht bekannt zu sein[13].

Trotz zumindest stagnierender vertikaler Vermachtung des Reparaturmarktes, die sich auch in einer weit gehenden Dominierung und Standardisierung der Reparaturpreise durch die Hersteller widerspiegelt, kann aufgrund der Komplexität der modernen Kraftfahrzeugreparatur mitsamt der mechanischen und elektrischen /elektronischen Komponenten und der Überlassung der Bemessung der Höhe der einzelnen Arbeitswerte in die betriebswirtschaftliche Kalkulation des Unternehmers kaum eine „Üblichkeit" ausgemacht werden[14].

Von daher ist fraglich, ob das Gericht trotz Nichteingreifens der Voraussetzungen des § 632 Abs. 2 BGB befugt ist, rechtsgestaltend bzw. feststellend bezüglich des Reparaturpreises tätig zu werden. Um diese Frage beantworten zu können, muss zunächst die selektive Vorgehensweise weiter verfolgt werden. Manchmal wird in der Literatur und der Rechtsprechung die Meinung vertreten, dass im Falle des Nichteingreifens des § 632 Abs. 2 BGB bei der Bestimmung des Werklohns die ergänzende Vertragsauslegung zu dem Ergebnis führen kann, dass der Richter im Streitfall die angemessene Vergütung zwischen den Parteien festlegen kann[15].

Dann stellt sich aber die Frage, ob die Auslegungsregel des § 316 BGB noch einen selbständigen Bedeutungsgehalt hat. Letztlich läuft diese Problematik auf die Klärung des Verhältnisses der ergänzenden Vertragsauslegung gemäß §§ 157, 242 BGB zur Auslegungsregel des § 316 BGB hinaus. Die Klärung ist auch deswegen von fundamentaler Bedeutung, weil in dem einen Fall der Richter deklaratorisch die „angemessene Vergütung" feststellt, während in dem anderen Fall (§ 316 BGB) der Unternehmer die Gegenleistung bestimmen darf und dem Gericht dann lediglich noch eine Prüfungskompetenz hinsichtlich der Billigkeit der getroffenen Bestimmung zusteht. Der Verbraucher wird also in der Regel ein Interesse daran haben, dass die ergänzende Vertragsauslegung zum Zuge kommt, da die Grenzen der Billigkeit weiter liegen dürften als die durch Gericht festgelegte Angemessenheit.

Die ergänzende Vertragsauslegung darf das dispositive Recht und damit auch § 316 BGB als „Auslegungsregel" jedoch nicht funktionslos machen. Aus diesem Grund besteht auch prinzipiell ein Vorrang des dispositiven Rechts[16]. Dieser Vorrang gilt nur dann nicht, wenn die Heranziehung des dispositiven Rechts dem Parteiwillen widersprechen

---

13 Sprau in Palandt, § 632, Rz. 8

14 vgl. hierzu Micklitz, Der Reparaturvertrag, 117 ff. Von „stagnierender" und nicht „wachsender" vertikaler Vermachtung ist deshalb die Rede, weil manche Tendenzen für einen (allerdings wohl nur kurzfristigen) Machtschwund der Hersteller sprechen, so z.B. der Wegfall der Gruppenfreistellungsverordnung. Micklitz hält aber bereits aus den genannten Gründen (Der Reparaturvertrag, 206 ff.) den Preis prinzipiell nicht für justiziabel.

15 vgl. hierzu Sprau in Palandt, § 632, Rz.9; vgl. auch das Urteil des BGH vom 13.3.1985 (BGH 94, 98), in welchem der BGH die „selektive Vorgehensweise" klar zum Ausdruck bringt.

16 Sprau in Palandt, § 157, Rz. 4

würde oder das dispositive Recht für die zu klärende Frage keine passende Regelung bereithält[17]. Ein mutmaßlicher entgegenstehender Wille ist anzunehmen, wenn das dispositive Recht der Interessenlage offensichtlich nicht gerecht wird[18].

§§ 315, 316 BGB regeln dezidiert die angesprochenen Problemkreise. Das Gericht hat auch die Möglichkeit, die vom Unternehmer getroffene Bestimmung auf ihre Billigkeit hin zu überprüfen. Zudem entspricht es Praktikabilitätsgesichtspunkten, die Gegenleistung durch einseitige Bestimmung zunächst festlegen zu können, ohne erst ein oftmals langwieriges Streitverfahren in Gang setzen zu müssen, bei dem das Gericht dann eine deklaratorische Festsetzung der „angemessenen Vergütung" vornimmt. Dies gilt umso mehr, als es sich bei der Kfz-Reparatur um ein „alltägliches Geschäft" handelt, bei dem die Parteien wenig Interesse an einer zu starken „Verkomplizierung" haben. Der Verbraucher ist durch die Regeln der §§ 315, 316 BGB auch weitgehend „geschützt", so dass in den genannten Fällen von einem Vorrang der §§ 315, 316 BGB gegenüber der ergänzenden Vertragsauslegung auszugehen ist.

Wie bereits erwähnt, stellt die juristische Überprüfbarkeit des Reparaturpreises bei Konflikten mit Vertragswerkstätten jedoch die Ausnahme dar. Hier verbleibt es also bei der „Verleugnung ökonomischer Realitäten" durch das Gesetz (bzw. die Rechtsprechung, da das Gesetz schließlich entsprechende Regelungen zu einer justiziellen Preiskontrolle zur Verfügung stellen würde!), welches die Gleichheit der in privatautonomen Verhandlungen gegenüber stehenden Parteien (Unternehmer und Verbraucher) apostrophiert. Inwieweit die Rechtsprechung bzw. die Meinung haltbar ist, nach welcher es als für § 632 Abs. 1 BGB ausreichend angesehen wird, auf den Berechnungsmodus zu verweisen, sei dahin gestellt[19]. In jedem Fall bieten sich aus der mangelnden Justiziabilität des Reparaturpreises insbesondere unter dem Aspekt, dass diese Konflikte durchaus zahlreich sind, Möglichkeiten zur Profilierung für das Schiedsstellenwesen, welches eben nicht diese Schranken zu beachten hat, sondern vielmehr Billigkeitserwägungen folgt.

Voraussetzung für eine in der Tat „billige" und damit akzeptable Konfliktlösung im Bereich des Reparaturpreises wäre allerdings eine wirklich paritätische Besetzung der Schiedsstellen und die Festschreibung bestimmter Mindestgarantien im Verfahren. Kann

---

17 Sprau in Palandt, § 157, Rz. 5, 6

18 BGH NJW 82, 2816

19 Hierüber ließe sich durchaus diskutieren. Zwar dürften sich die gesellschaftlichen und ökonomischen Realitäten seit Inkrafttreten des BGB wesentlich verändert haben. Dennoch sind die Motive des Gesetzgebers, den Preis offenbar in bestimmten Rechtsgebieten, nämlich dem Werkvertrags- und dem Dienstvertragsrechts, justiziabel zu gestalten, nicht ganz außer Acht zu lassen. Zumindest ergibt sich hieraus, dass die Schöpfer des BGB die teilweise als apodiktisch beschriebene „Neutralität des BGB im privatautonomen Bereich" zumindest relativieren wollten. Zum anderen lassen die jüngsten gesetzgeberischen Initiativen eine Abkehr vom „Neutralitätsgrundsatz" erwarten (vgl. z.B. die Verortung der Regelungen des AGBG sowie der sonstigen Verbrauchergesetze als Sondergesetze, z.B. das HausTWG, das VerbrKrG, das AbzG u.ä. in das BGB). Auch hieraus könnte auf die Möglichkeit der prinzipiellen juristischen Überprüfbarkeit des Reparaturpreises in nächster Zeit geschlossen werden.

die Schiedsstelle dieses Anforderungsprofil erfüllen, sind die Chancen des Verbrauchers, in einem offenen Disput zu einer wirklich angemessenen Lösung des Konflikts zu kommen, ungleich größer als im Rahmen eines gerichtlichen Verfahrens.

Hat der Verbraucher im Vorfeld keine Auftragsbestätigung unterschrieben und hat auch ansonsten kein Verweis auf den Berechnungsmodus stattgefunden, liegt einer der seltenen Fälle vor, bei dem das Gericht eigenverantwortlich Billigkeitsgesichtspunkte und nicht rechtliche Gesichtspunkte in den Mittelpunkt seiner Prüfung stellt. Es kommt also im Falle der Überprüfung der Höhe einer Reparaturrechnung zu einem „verdichteten Konkurrenzverhältnis" zwischen (staatlichem) Gerichtswesen und (privatisierter) Schiedsstellentätigkeit. Der Unterschied in der Tätigkeit besteht, abgesehen von der unterschiedlichen Verfahrensausgestaltung, darin, dass in dem einen Fall dem Gericht eine Prüfungskompetenz hinsichtlich der Billigkeit der Reparaturrechnung zugestanden wird (§ 315 Abs. 3 BGB), während in dem anderen Fall die Schiedsstelle qua Sachverständigengutachten zunächst die „billige Vergütung" feststellt und diese Feststellung als Grundlage für den weiteren Verfahrensgang nimmt, der auch in einem Schiedsspruch enden kann, bei dem dann (gleichfalls) die Vergütung (deklaratorisch) festgelegt werden kann.

Diese Festlegung ist dann vom Gericht nur noch unter dem Gesichtspunkt der „offenbaren Unbilligkeit" hin überprüfbar[20], sofern es sich um ein Schiedsgutachten handelt. Liegt ein Sachverständigengutachten mit empfehlendem Charakter vor, so ist auch dieses für den Unternehmer wegen seiner Bindung an die Satzung bzw. den Innungsbeschluss grundsätzlich in demselben Umfang verbindlich wie ein Schiedsgutachten[21]. Die Schiedsstelle kann demnach eine selbständige Entscheidung auch ohne eine vorherige Überprüfung hinsichtlich der billigen Bestimmung der Gegenleistung durch den Unternehmer vornehmen. Sie ist also nicht durch den Rahmen der „billigen Bestimmung der Gegenleistung" durch den Unternehmer in demselben Umfang gebunden wie es das Gericht wegen § 315 Abs. 3 BGB ist.

Zudem ist der gerichtliche Verfahrensgang komplizierter als das Schiedsstellenverfahren. Unabhängig von dem Korsett, welches die ZPO den Konfliktparteien aufbürdet und welches sich als enger als das Korsett der MuGVO darstellt und unabhängig von der Kostenfrage ist das gerichtliche Verfahren in der Regel auch langwieriger. Schließlich ist der Richter bei der Bestimmung der Billigkeit in jedem Fall auf die Beurteilung durch einen Sachverständigen angewiesen, da eine eigenständige Fachkenntnis des Richters kaum anzunehmen sein dürfte. Diese Fachkenntnis könnte er sich aber gegebenenfalls auch durch ein im Vorfeld stattgefundenes Schiedsstellenverfahren, bei dem ein Sachverständigengutachten mit empfehlendem Charakter hinsichtlich der Billigkeit der Vergütung

20 Hier dürfte also ausnahmsweise die offenbare Unbilligkeit und nicht die offenbare Unrichtigkeit ausschlaggebend sein, da die Preisbestimmung sich grundsätzlich einer rechtlichen Bewertung entzieht und von daher auch nicht „richtig" oder „unrichtig" sein kann.

21 Hier wird deutlich, dass der Unterschied zwischen Schiedsgutachten und Sachverständigengutachten mit empfehlendem Charakter in der Praxis nicht die Bedeutung hat wie es sich bei einer differenzierten Beurteilung unter rechtsdogmatischen Aspekten andeuten könnte.

angefertigt wurde, aneignen. Auch insofern kann also das Schiedsstellenverfahren als „Wegbereiter" für ein gerichtliches Verfahren dienen.

Ansonsten herrscht im Bereich der Beschwerden wegen angeblich überhöhter Reparaturrechnung ein weit gehender Gleichklang zwischen gerichtlichen und außergerichtlichen Verfahren, sofern kein Verweis auf den Berechnungsmodus stattgefunden hat, da in diesem Bereich dem Gedanken der „equity" sowohl vor Gericht als auch im Rahmen des Schiedsstellenverfahrens eine hervorragende Bedeutung zukommt[22]. Hier treten also gerichtliche und außergerichtliche Verfahren in eine echte Konkurrenz zueinander, in der das Schiedsstellenverfahren aufgrund der sonstigen „Standortfaktoren" gewisse Vorteile haben dürfte. Die Vorteile sind jedoch noch evidenter, sofern § 632 Abs. 1 BGB aufgrund des Verweises auf den Berechnungsmodus in der Auftragsbestätigung Anwendung findet und eine justizielle Überprüfbarkeit des Preises aus diesem Grund bereits vollends ausscheidet.

Im beschriebenen Kontext ist ein weiterer Gedankengang von elementarer Bedeutung, welcher für eine gewisse Präferenz von Schiedsstellen- gegenüber Gerichtsverfahren sprechen dürfte. Um diesen Gedanken klar zu formulieren, muss der Unterschied zwischen Preis- und Rechtskontrolle anhand der Praxis transparent gemacht werden.

Bei standardisierten Reparaturarbeiten, die sich insbesondere durch präzise Auftragsbeschreibungen auszeichnen, genügt in jedem Fall ein Verweis auf den Berechnungsmodus, um § 632 Abs. 1 BGB gerecht zu werden. Die Justiziabilität ist in diesen Fallkonstellationen also prinzipiell nicht gegeben.

Etwas anderes gilt für komplexere Arbeiten, denen meistens kein präziser Auftrag vorausgeht, sondern allenfalls eine Symptombeschreibung der Missfunktion. In derartigen Konstellationen geht der eigentlichen Reparatur eine Diagnose voraus. Es liegen bei diesen Fällen mit verdeckter Fehlerursache also dogmatisch betrachtet zwei Verträge vor, nämlich zum einen ein Diagnose- und zum anderen ein Reparaturvertrag[23]. Bei diesen Konstellationen ist die Justiziabilität grundsätzlich garantiert, da die entscheidende Frage der ordnungsgemäßen Durchführung der Reparatur eine technische Frage ist und damit auch juristisch auf den ersten Blick kontrollierbar erscheint.

Eine derartige Sichtweise verdeckt jedoch den eigentlichen Problemkern. Um diesen aufzudecken, muss zunächst die rechtliche Situation erläutert werden. Der Bildung eines zweckmäßigen Beispiels hierfür ist die Leitentscheidung des OLG Köln vorauszuschicken, wonach ein Vergütungsanspruch der Werkstatt auch für nicht zum Erfolg führende Arbeiten besteht, solange diese nach den anerkannten Regeln der Kraftfahrzeugtechnik zur Eingrenzung der Schadensursache notwendig waren[24]. Die Werkstatt muss

---

22 Allerdings besteht dieser Gleichklang nur im „materiellrechtlichen Bereich", also in der Sache selbst, nicht bei der Ausgestaltung des Verfahrens!

23 vgl. hierzu Schmid, NJW 1994, 1824, wo diese dogmatischen Unterschiede detailliert herausgearbeitet werden.

24 OLG Köln, DAR 1977, 156; insofern handelt es sich also um eine Durchbrechung der grundsätzlichen Erfolgsbezogenheit im Werkvertragsrecht.

demnach zunächst die wahrscheinlichste Ursache A ausschalten und dann zu den nächst wahrscheinlichen Fehlerherden B, C usw. fortschreiten. Arbeitszeit und Materialkosten für die Ausschaltung der (mutmaßlichen) Ursachen A und B muss der Kunde aber auch dann bezahlen, wenn erst C sich als eigentliche Fehlerquelle entpuppt. Allerdings muss die Werkstatt bei der Arbeit auch die Grundsätze der Wirtschaftlichkeit beachten, darf also die Fehlersuche grundsätzlich nicht mit der absolut teuersten Möglichkeit beginnen.

Streitigkeiten bezüglich dieser Problematik sind im Kfz-Reparaturbereich häufig zu bemerken, was sich auch an den Rubriken in den Jahresstatistiken „nicht in Auftrag gegebene Arbeiten durchgeführt" und „unnötige Arbeiten durchgeführt" erkennen lässt[25]. Diese Streitigkeiten erscheinen aufgrund ihrer auf den ersten Blick starken „Technikbezogenheit" auch „rechtsbezogen" und daher justiziabel. In der Tat liegt hier kein Fall einer (nicht justiziablen) Preiskontrolle, sondern einer (justiziablen) Technik- bzw. Rechtskontrolle vor. Ein Blick auf die Rechtsfolgenseite verdeutlicht jedoch die Schwierigkeiten, die das Recht mit der Bewältigung derartiger Problemfälle hat.

Zum einen stellt sich die Frage, wie sich die Kriterien der Wirtschaftlichkeit und der Wahrscheinlichkeit der Fehlerbehebung zueinander verhalten. Diesbezüglich kommt es manchmal durchaus zu schwer und rechtlich kaum zu greifenden Grenzfragen. Relativ einfach ist noch der folgende Beispielsfall zu bewerten: In Betracht kommen drei unterschiedliche Fehlerherde A, B und C. Die Reparatur von A führt (ex ante betrachtet) zu 80% zum Erfolg und kostet 100 €, die Reparatur von B führt zu 15% zum Erfolg und kostet 500 €, die von C führt lediglich zu 5% zum Erfolg und kostet 1000 €. In diesem gebildeten Beispiel liegt das erforderliche selektive Vorgehen auf der Hand. Die Werkstatt müsste zunächst versuchen, über eine Reparatur von A zum Erfolg zu kommen, bei Misserfolg müsste sie auf B und schließlich auf C zurückgreifen. Jede andere Vorgehensweise widerspräche den anerkannten Regeln des Kraftfahrzeughandwerks.

Wesentlich schwieriger stellt sich die Situation jedoch unter folgender Prämisse dar: Die Behebung von A führt zu 50% zum Erfolg und kostet 1000 €, die Reparatur von B führt zu 40% zum Erfolg und kostet 800 € und die Reparatur von C führt zu 10% zum Erfolg und kostet 200 €. In einer derartigen Konstellation stellt sich die Frage, welches Kriterium gewichtiger sein soll. Diese Frage wurde bisher von der Rechtsprechung noch nicht beantwortet. Letztlich kann zwar die Lösung nur der Gestalt sein, dass beide Kriterien (also Wirtschaftlichkeit und Wahrscheinlichkeit der Fehlerbehebung) gleichbedeutend sind (was im letzten Beispielsfall dazu führen würde, dass die Werkstatt die Wahl hätte, mit der Reparatur von A, B oder C zu beginnen). Zufrieden stellend ist dieses Ergebnis aber deshalb nicht, da es technisch kaum möglich sein dürfte, hinsichtlich der Wahrscheinlichkeit der Fehlerbehebung derart präzise Prozentangaben abgeben zu können. Daran ändert sich auch nichts durch die aktuell relativ weit fortgeschrittenen Fehlersuch-

25 Diese Beschwerdegründe können sich durchaus mit den Beschwerden wegen angeblich überhöhter Reparaturrechnung überschneiden. Werden nämlich unnötige bzw. nicht in Auftrag gegebene Arbeiten durchgeführt, dann wird hierdurch in aller Regel auch der Reparaturpreis erhöht sein.

möglichkeiten über entsprechende Diagnosegeräte. Die Diagnose als solches muss schließlich erst einmal vorgenommen werden, indem ein potentieller Fehlerherd ausgemacht wird und dieser dann konkret geprüft wird. Allein dies stellt bereits einen nicht unerheblichen Arbeitsaufwand dar.

Selbst wenn dieses Problem noch lösbar erscheint, so entlarvt der noch tiefer gehende Blick auf die Rechtsfolgenseite die „Unfähigkeit" juristischer Konfliktlösung, die anspruchs- und nicht interessenorientiert ausgerichtet ist. Derartige Fälle, in denen die Werkstatt offenbar nicht in Auftrag gegebene bzw. (zur Fehlerbehebung!) unnötige Arbeiten durchgeführt hat, können juristisch nämlich allenfalls über die umstrittene Konstruktion der aufgedrängten Bereicherung gelöst werden. Danach besteht zunächst ein Beseitigungsanspruch des „Bereicherten" gemäß §§ 823, 249 oder 1004 BGB bzw. die Verweisung auf die Wegnahme[26].

Versagen diese Abwehrmittel (beispielsweise wegen tatsächlicher oder in praxe wirtschaftlicher Unmöglichkeit oder weil das eingebaute Teil wesentlicher Bestandteil der Sache gemäß § 93 BGB geworden ist), so ist der Vergütungsanspruch entsprechend § 818 Abs. 2 BGB nach dem Interesse zu bemessen, den der Zuwachs für den Erwerbenden hat. Dieses Interesse zu bemessen, ist jedoch äußerst diffizil. In praxe kommt hier allenfalls ein (anteiliger) Erstattungsanspruch der Werkstatt bezüglich der Materialkosten in Betracht.

Insofern kommt es also auch (ausnahmsweise) auf der juristischen Ebene zu einem interessenbezogenen Ansatz. Dieser Ansatz ist unter Verbraucherschutzgesichtspunkten durchaus mit dem „Billigkeitsansatz" von ADR-Verfahren zu vergleichen. Auch hier ist also insoweit ein „verdichtetes Konkurrenzverhältnis" von gerichtlichen und außergerichtlichen Konfliktlösungsverfahren zu bemerken. Aufgrund des informellen und kostenfreien Charakters von Schiedsstellenverfahren als „besondere Art" von ADR-Verfahren ist auch hier prinzipiell ein gewisser Vorteil dieser Verfahrensart gegenüber Gerichtsverfahren auszumachen. Die Meinung, dass juristisch alle justiziablen Sachverhalte einer exakt „zu berechnenden" Rechtsfolge zugeordnet werden können, muss von daher revidiert werden. Vielmehr unterscheidet sich in diesem Bereich in der entscheidenden Frage das materielle gesetzte Recht nicht vom „Billigkeitsrecht".

Bei standardisierten Arbeiten ist also eine Preiskontrolle über das Gericht nur dann möglich, wenn der Berechnungsmodus dem Verbraucher gegenüber nicht offen gelegt wurde. Wurde dieser Berechnungsmodus offen gelegt, scheidet eine justizielle Kontrolle grundsätzlich aus. Dasselbe gilt für komplexe Diagnosearbeiten, die zwar prinzipiell juristisch überprüfbar sind, das Ergebnis jedoch letztlich auch auf eine Interessenabwägung hinausläuft, also insofern sich dem ADR-Verfahren weitgehend nähert. Da die Ordnungsgemäßheit der Diagnose und der Reparatur jedoch oftmals im selben Zusammenhang steht und letztere manchmal nicht justiziabel erscheint, dürfte es sinnvoller sein, den Gesamtvorgang in ein ADR-Verfahren als in ein Gerichtsverfahren zu überführen.

---

26 vgl. hierzu Bassenge in Palandt, § 951 BGB, Rz. 18, 19

Daher entfaltet sich das Konkurrenzverhältnis zwischen ADR- und forensischen Verfahren in praxe primär bei komplexeren Arbeiten, die eine Diagnose des Fehlers voraussetzen. Bei standardisierten Arbeiten neigt der Verbraucher zunehmend dazu, Schnelldienste, Tankstellen o.ä. zu kontaktieren, die kostengünstiger als Vertragswerkstätten arbeiten, zumindest nach Ablauf der Garantiezeit. Für derartige Institutionen sind Schiedsstellen jedoch mangels Innungszugehörigkeit oftmals nicht zuständig[27]. Schließlich sei noch bemerkt, dass die Gerichte teilweise fehlerhaft §§ 632 Abs. 2, 315, 316 BGB zur Lösung heranziehen. Oftmals handelt es sich nämlich um das beschriebene Problem der unzulässig durchgeführten Arbeiten, welches juristisch über die Konstruktion der aufgedrängten Bereicherung gelöst werden müsste. Da jedoch diese Konstruktion in der Praxis auch nicht wesentlich weiter hilft, scheint die rechtsfehlerhafte Anwendung der genannten Normen verzeihlich.

2. Die Notwendigkeit der Beschränkung des Aufgabenbereichs der Schiedsstellen unter verbraucherschützerischen Aspekten

Die MuGVO fasst den Aufgabenbereich der Schiedsstellen sehr weit, wie sich aus § 1 Abs. 1 lit.b MuGVO ergibt. Von der sachlichen Seite sind danach auch Streitigkeiten hinsichtlich des Pfand- und Zurückbehaltungsrechts, der Haftung, der Kündigung, des Verzugs, der Rechnungshöhe usw. erfasst. Auch Streitigkeiten, die außerhalb der Justiziabilität liegen, fallen in den Aufgabenbereich der Schiedsstellen, z.B. schlechter Service, gestörte „Geschäftsbeziehungen" usw. Es stellt sich demnach die Frage, ob aus gesetzlichen, vertraglichen (worunter auch die MuGVO zu verstehen wäre) oder sonstigen Gründen Einschränkungen dieses doch sehr weiten Aufgabenfeldes vorzunehmen sind.

Um dies zu klären, ist zunächst der Parteiwille zu untersuchen, da dieser den Aufgabenbereich der Schiedsstellen maßgeblich mitbestimmt. Denn schließlich treffen die Konfliktparteien eine Vereinbarung in Form eines (zusammengesetzten Schiedsstellen-) Vertrages, aus der sich ergibt, dass die Schiedsstelle auf der Basis ihrer Fachkunde zwischen den Parteien vermitteln und gegebenenfalls den Streit (durch Schiedsspruch) entscheiden soll. Da die Fachkunde für die Parteien demnach ein wesentliches Kriterium darstellt, scheiden aus dem „von den Parteien definierten Aufgabenbereich" der Schiedsstellen alle Streitigkeiten aus, für welche die Fachkunde nicht von Bedeutung ist, also insbesondere alle nicht justiziablen Konflikte wie schlechtes Kundendienstverhalten o.ä.

---

27 Dem Ergebnis entspricht wohl auch eine Aussage von Micklitz in „Der Reparaturvertrag", 267, die besagt, dass je stärker die Reparaturleistung selbst nicht in ihren arbeitsmäßigen Dimensionen, sondern in ihrem qualitativen Gehalt einer rechtlichen Kontrolle unterzogen werden soll, desto schwächer ausgeprägt seien die gesicherten Zugriffsmöglichkeiten des Zivilrechts. Micklitz, 237, verweist außerdem zu Recht darauf, dass eine Verpflichtung zur Preisauszeichnung durch den Handwerker wünschenswert wäre und wohl einige der angesprochenen Probleme lösen könnte. Allerdings muss fairerweise auch betont werden, dass der Unternehmer dazu beispielsweise aufgrund unpräziser Symptombeschreibung durch den Verbraucher gar nicht in der Lage sein wird.

Ansonsten aber sind keine Einschränkungen des weiten Zuständigkeitsbereiches der Schiedsstellen erkennbar. Weder aus der MuGVO noch aus den Kfz-Reparaturbedingungen ist zu entnehmen, dass sich die Schiedsstelle in ihrem sachlichen Zuständigkeitsbereich auf bestimmte rechtliche Materien beschränkt. Es sind also durchaus auch „Streitigkeiten aus Werkstattaufträgen" bezüglich Materien vor Schiedsstellen verhandelbar, die von erheblicher (wirtschaftlicher) Bedeutung sind. Der (ungeschriebene) Grundsatz, dass Schiedsstellen lediglich Bagatellstreitigkeiten verhandeln, trifft in dieser pauschalen Form nicht zu.

Es ist also denkbar, auch Fälle vor Schiedsstellen zu behandeln, die erhebliche Schadensersatz- und Schmerzensgeldforderungen wegen einer mangelhaft durchgeführten Reparatur nach sich ziehen, z.B. Unfälle mit erheblichen Personen- und Sachschäden, die auf eine nicht ordnungsgemäß durchgeführte Reparatur (z.B. der Bremsanlage) zurückzuführen sind. Zu beachten ist dabei aber, dass das Gericht nur an die Feststellungen in einem (möglichen) Schiedsgutachten, niemals an den Schiedsspruch direkt gebunden ist.

Wagner geht in einem Diskussionsbeitrag auf dem 62. Deutschen Juristentag sogar so weit, die Geeignetheit außergerichtlicher Streitbeilegung bei geringen Streitwerten zu negieren[28]. Er geht dabei allerdings wohl von kostenpflichtigen ADR-Verfahren aus. Da Schiedsstellenverfahren (noch) kostenfrei sind, muss diesem Vorwurf Wagners hier nicht weiter nachgegangen werden. Allerdings ist sein Gedanke, Gerichtsverfahren im Bagatellbereich zu vereinfachen und dabei Kostenanreize zu schaffen („Small Claims Procedure"), durchaus zu begrüßen. Hierdurch würde auch der Wettbewerb zwischen gerichtlicher und nichtgerichtlicher Streitbeilegung belebt[29]. In der Praxis wird der Geschädigte bei derart bedeutsamen Fällen jedoch wohl eher den Rechtsweg einschlagen. Die Schiedsstelle selbst kann die Konfliktparteien zudem auf den Rechtsweg verweisen.

Es stellt sich die Frage, ob eine auch durch die MuGVO nach außen sichtbare Beschränkung des Aufgabenbereichs der Schiedsstellen auf Bagatellstreitigkeiten aus Verbraucherschutzgründen gewünscht ist. Im Falle eines Schiedsgutachtenvertrages, der unter gewissen Voraussetzungen zwischen den Parteien zustande kommen kann, ist das Gericht an die festgestellten Tatsachen bis zur Grenze der offenbaren Unrichtigkeit gebunden[30]. Dies in Kombination kann sich insbesondere bei existentiellen Streitigkeiten in sichtbarer Weise zu Ungunsten des Verbrauchers auswirken.

Wenn man die große Imagegefährdung der betroffenen Werkstatt bei Verlust eines möglicherweise medienwirksamen Gerichtsprozesses mit bedenkt, verstärken sich die Bedenken zunehmend. Eine Beschränkung des Aufgabenbereiches der Schiedsstellen auf Bagatellstreitigkeiten erscheint allerdings dann nicht unbedingt erforderlich, wenn die von der Schiedsstelle festgestellten Tatsachen vollumfänglich vom Gericht überprüft wer-

---

28 DJT 1998, Teil O 80

29 vgl. hierzu v.a. den Vorschlag der EU-Kommission vom 15.3.2005 (KOM (2005) 87) zur Einführung eines Europäischen Bagatellverfahrens. Dadurch wird dem Wunsch Wagners, Gerichtsverfahren im Bagatellbereich zu vereinfachen, weit gehend entsprochen.

30 vgl. hierzu noch weiter unten insbesondere im Dritten Teil.

den können, es sich mithin um ein sog. Sachverständigenverfahren mit lediglich empfehlendem Charakter handelt[31]. Ist zudem die paritätische Besetzung der Schiedsstelle ausreichend gesichert und werden bestimmte Mindestgarantien im Rahmen des Verfahrens eingehalten[32], können keine ernsthaften Bedenken gegen eine weite Zuständigkeitsregelung der Schiedsstellen mehr vorgebracht werden. Die Problematik verliert an Brisanz, wenn man sich vor Augen hält, dass in der Praxis offenbar bisher noch keine erheblichen Personen- und/oder Sachschäden, die auf mangelhafte Reparaturarbeiten zurückzuführen sind, vor den Schiedsstellen verhandelt wurden[33].

3. *Die Abgrenzung des Zuständigkeitsbereichs der Schiedsstellen für das Kfz-Handwerk und denen für den Gebrauchtwagenhandel*

Der unterschiedliche Aufgabenbereich dieser Schiedsstellen wird insbesondere aus § 1 MuGVO ersichtlich. In § 1 Abs. 1 lit.a MuGVO ist der Aufgabenbereich der Schiedsstellen für den Gebrauchtwagenhandel und in § 1 Abs. 1 lit.b MuGVO der für das Kfz-Handwerk definiert. Der Versuch einer weit reichenden Zusammenführung des Handels mit dem Handwerk wird durch die zunehmende Anzahl von Fusionen einzelner Schiedsstellenbezirke zu „Schiedsstellen für das Kfz-Gewerbe" deutlich[34].

Seit Einführung der sog. Branchenlösung in der Gebrauchtwagen-Vermarktung kann die Abgrenzung der Zuständigkeitsbereiche dieser Schiedsstellen nur noch materiell, nicht mehr formell erfolgen, da seither die Schiedsstellen nicht mehr nur für die „Siegel führenden Betriebe" zuständig sind, sondern auch im Gebrauchtwagenbereich für einen Großteil der Innungsbetriebe.

Die sog. Branchenregelung gilt im Gebrauchtwagenbereich für solche Betriebe, die die materiellen Voraussetzungen erfüllen (Innungsmitgliedschaft, ständiges Handeln mit Gebrauchtwagen in nicht unerheblichem Umfang)[35].

---

31 vgl. unten Dritter Teil, II und III.

32 wobei die in der Empfehlung der Kommission 98/257/EG genannten Garantien als Vorbild dienen könnten!

33 Dies mag mehrere Ursachen haben. Zum einen dürfte es wahrscheinlich sein, dass der Betroffene insbesondere bei gravierenden Fällen dem (staatlichen) Gericht nach wie vor mehr Vertrauen entgegen bringt als der Schiedsstelle. Zum anderen verneinen einige Schiedsstellen bei derartigen Sachverhalten von vorne herein ihre Zuständigkeit, auch wenn sich hierfür aus der MuGVO und aus den sonstigen Verfahrensordnungen keine Grundlage herleiten lässt.

34 vgl. Erster Hauptteil, Zweiter Teil, II.

35 Gerade was die letztere Voraussetzung anbelangt, nämlich das „Handeln mit Gebrauchtfahrzeugen in nicht unerheblichem Umfang", wäre es wünschenswert, dass diese noch wegfällt, da sich gerade die „Kleinbetriebe" für das „Schiedsstellenwesen eignen". Der ZDK gab zwar noch vor Einführung der sog. Branchenlösung zu erkennen, dass eine Erweiterung der Konzeption auf alle Innungsbetriebe spätestens nach der Verabschiedung des Gesetzes zur außergerichtlichen obligatorischer Schlichtung zu diskutieren sein werde. In diesem Fall würde der ZDK voraussichtlich für eine vollständige Öffnung der Schiedsstellen plädieren (vgl. Schreiben des ZDK an den ADAC vom 10.8.1999). Dies ist jedoch bisher (noch) nicht geschehen.

Ansonsten ist das prägende Kennzeichen der Branchenlösung der sog. Gestattungsvertrag, in dem sich der Kfz-Betrieb gegenüber der Kfz-Innung/dem Landesverband oder Landesinnungsverband verpflichtet, sich an einen vorgegebenen Pflichtenkatalog zu halten. Dieser Pflichtenkatalog beinhaltet auch die Einbindung des Kfz-Betriebs in die Schiedsstellenkonzeption. Unterzeichnet der Betrieb also diesen Gestattungsvertrag, ist er allein schon deswegen in die Schiedsstellenkonzeption eingebunden, muss also den Weisungen der Schiedsstelle nachkommen usw. Ein besonderer Passus in der Innungssatzung oder ein besonderer Innungsbeschluss ist hierfür nicht mehr notwendig.

Als Ausgleich für die Übernahme des Pflichtenkatalogs bietet die Innung dem Betrieb an, das Zeichen „Meisterbetrieb der Kfz-Innung“ führen zu dürfen, was als eine Art „Qualitätssiegel“ gewertet wird. Unterzeichnet der Betrieb den Gestattungsvertrag nicht, kommt eine Einbindung in die Schiedsstellenkonzeption nur über die Innungssatzung bzw. einen etwaigen Innungsbeschluss in Frage. Insofern ist die Darstellung des ZDK, die Betriebe seien bereits bei Vorliegen der materiellen Voraussetzungen in die Schiedsstellenkonzeption eingebunden, so nicht korrekt; vielmehr ist dies nur dann der Fall, wenn die Innungssatzung einen entsprechenden Passus enthält oder ein entsprechender Innungsbeschluss vorliegt. Letztlich kann vom Gestattungsvertrag auch die Schiedsstelle für das Kfz-Handwerk betroffen sein. § 3 Abs. 2 des Gestattungsvertrages sieht nämlich vor, dass der Betrieb, der diesen Vertrag unterzeichnet, sich verpflichtet, den Spruch vor einer Schiedsstelle des Kfz-Gewerbes (Gebrauchtwagenhandel und Kraftfahrzeughandwerk) anzuerkennen. Der Betrieb kann sich also auch für den Kfz-Handwerksbereich dem Spruch der Schiedsstelle durch Unterzeichnung des Gestattungsvertrages unterwerfen. Ein besonderer Passus in der Satzung oder ein besonderer Innungsbeschluss ist hierfür nicht mehr notwendig.

An der Schnittstelle Kauf-/Werkvertragsrecht ist daher exakt dahin gehend zu differenzieren, ob es sich um eine Gewährleistungs-/ Garantieangelegenheit aus Kaufrecht oder aus Werkvertragsrecht handelt. Im Rahmen langfristiger Kundendienstverträge, also Inspektionsarbeiten, die für die Erhaltung einer möglichen Garantie unabdingbar sind, wird es sich um einen „Werkstattauftrag“ handeln, für den im Konfliktfall die Schiedsstelle für das Kfz-Handwerk zuständig ist. Demgegenüber sind alle Streitigkeiten, die sich auf kaufrechtliche Ansprüche zurückführen lassen, allein der Schiedsstelle für den Gebrauchtwagenhandel zuzuordnen.

Schwieriger wird die Differenzierung bei mangelhaft durchgeführten Garantiearbeiten aus einer (z.B. beim Kauf erworbenen) Gebrauchtwagengarantie, aber auch bei (vom Händler bestrittenen) Ansprüchen aus kaufvertraglicher Sachmängelhaftung. § 1 Abs. 1 lit.a MuGVO ordnet Streitigkeiten aus derartigen Sachverhalten der Schiedsstelle für den Gebrauchtwagenhandel zu. Sofern die Arbeit eindeutig der Garantie bzw. der kaufrechtlichen Sachmängelhaftung zuordenbar ist, bestehen keine Zweifel hinsichtlich der Zuständigkeit nach § 1 Abs. 1 lit.a MuGVO. Gewährt die Werkstatt (welche das Kfz auch verkauft hat!) bzw. der Garantiegeber[36] dem Kunden jedoch „aus Kulanz“ einen bestimmten (preislichen) Nachlass bei der Reparatur, handelt es sich formell um einen Reparaturvertrag[37]. In diesem Fall ist also die Schiedsstelle für das Kfz-Handwerk nach § 1 Abs. 1 lit.b MuGVO zuständig.

Da sich der Leistungsumfang der Garantie ausschließlich aus den Garantiebedingungen ergibt, muss für die Frage der Zuständigkeit der Schiedsstelle nach § 1 Abs. 1 lit.a oder b MuGVO zunächst geklärt werden, ob es sich bei den durchzuführenden Arbeiten um solche handelt, die von der Garantie umfasst werden oder nicht[38], der Kunde hierauf also einen Anspruch hat oder nicht. Im ersten Fall wäre die Schiedsstelle für den Gebrauchtwagenhandel, im zweiten die für das Kfz-Handwerk zuständig. Zwar ist die Abgrenzung im Bereich der (kaufrechtlichen) Sachmängelhaftung nicht so diffizil wie im Bereich der Garantie; dennoch können auch hier aufgrund der unterschiedlichen Definition des Sachmangelbegriffs Abgrenzungsschwierigkeiten entstehen.

Es entspricht weder den Bedürfnissen der Praxis noch dem Sinn und Zweck des Schiedsstellenverfahrens, möglichst unformell einen Konflikt zu lösen, wenn im Vorfeld eines Schiedsstellenverfahrens derartige komplizierte (materiellrechtliche) Prüfungen vorgenommen werden müssten. Die Schiedsstellen, welche bereits „fusioniert sind“ zu einheitlichen Schiedsstellen für das Kfz-Gewerbe, haben hier keine Probleme, da diese Differenzierung noch im Verfahren vorgenommen werden kann. Die anderen Schiedsstellen müssen im Zuge des Vorverfahrens diese Frage abklären. Es liegt also an der Geschäftsstelle, diese Prüfung vorzunehmen[39]. Gegebenenfalls bleibt die Geschäftsstelle aufgefordert, die Anrufung im informellen Weg an die „tatsächlich zuständige“ Schiedsstelle weiterzuleiten. Der Verbraucher darf nicht durch die Einreichung bei der „falschen Schiedsstelle“ benachteiligt werden. Nach der aktuellen MuGVO handelt es sich um eine Frage der sachlichen bzw. „funktionellen“ Zuständigkeit, die explizit weder in der MuG-

---

36 Werkstatt und Garantiegeber können, müssen aber nicht identische Personen sein. Oftmals werden Gebrauchtwagen- oder sog. Anschlussgarantien (das sind solche, die nach Ablauf der Sachmängelhaftungsfrist zum Tragen kommen) von professionellen Garantieanbietern gewährt (z.B. CG-Car). Im Einzelfall muss daher bei Ansprüchen aus einer Garantie stets ermittelt werden, gegen wen sich etwaige Ansprüche richten.

37 Durch die Gewährung eines bestimmten Preisnachlasses und/oder die Bezeichnung als „Kulanz“ wird der Vertrag nicht zu einem (gemischten) Schenkungsvertrag. Vielmehr handelt es sich dann um einen „preisgünstigen“ Reparaturvertrag, der in vollem Umfang den Regelungen der Reparaturbedingungen bzw. der §§ 631 ff. BGB unterliegt. Derartige Fälle, in denen die Werkstatt „Kulanz“ gewährt, die Arbeit also nicht der Garantie zuordnet, während der Kunde meint, einen rechtlichen Anspruch aus der Garantie zu besitzen, sind in der Praxis nicht selten.

38 Diese Frage ist in der Praxis oftmals nur sehr schwierig zu beantworten. Sie ist abhängig sowohl von technischen wie von rechtlichen Bewertungen. Die „Zuständigkeitsprüfung“ wirkte in diesen Fällen als Determinante der eigentlichen Sachprüfung.

39 Hier wird deutlich, dass die Geschäftsstelle auch eine juristische Kompetenz haben sollte. Die Verlagerung der Verantwortung auf die Geschäftsstelle muss Kritikern, welche mehr Kompetenz der Geschäftsstellen fordern, zusätzlich Argumentationshilfe geben. Momentan empfiehlt es sich, derartige komplizierte Prüfungen dem Vorsitzenden der Schiedskommission vorzulegen.

VO noch im Leitfaden geregelt ist. Lediglich für die örtliche Zuständigkeit existiert eine Regelung in § 4 Abs.1 Satz 2 MuGVO. Rein formell müsste darauf abgestellt werden, welche Schiedsstelle der Verbraucher angerufen hat. Dabei besteht jedoch das Risiko des Verbrauchers, dass seine Anrufung als „unzulässig“ abgewiesen würde.

Folgende Lösung bietet sich an: Handelt es sich um die erste Reparatur und gibt es Streit darüber, ob diese Reparatur der kaufrechtlichen Sachmängelhaftung (kostenfreie Nachbesserung durch den Verkäufer, vgl. §§ 437 Nr. 1, 439 BGB) zuzuordnen ist oder nicht, dann dürfte es auf der Hand liegen, für diese Frage die Schiedsstelle für den Gebrauchtwagenhandel anzurufen, da gerade die Frage der kaufrechtlichen Sachmängelhaftung im Vordergrund steht. Schwieriger wird es bei der zweiten Reparatur (Nachbesserung?). Hier sollte zunächst abgeklärt werden, ob die erste (fehlgeschlagene) Reparatur (Nachbesserung) von der Werkstatt im Zuge der kaufrechtlichen Sachmängelhaftung bzw. einer etwaigen Garantie oder „aus Kulanz“ vorgenommen wurde. Im ersten Fall bietet es sich an, auch die zweite Reparatur dem Kaufrecht (bzw. „Garantierecht“) und damit § 1 Abs. 1 lit.a MuGVO zuzuordnen. In der Regel wird die Werkstatt jedoch bereits die erste Reparatur „aus Kulanz“ vorgenommen haben, um nicht Präjudizien zu schaffen. Hier ist es aus pragmatischen Gründen (unabhängig von der tatsächlichen materiellrechtlichen Lage) sinnvoll, den Konflikt von der Schiedsstelle für das Kfz-Handwerk lösen zu lassen. Denn rein formell ließe sich bereits die erste Reparatur als „Werkvertrag“ definieren oder besser gesagt (sofern diese Reparatur beispielsweise kostenfrei vorgenommen wurde), es handelt sich hierbei um „eine Streitigkeit aus einem Werkstattauftrag“, vgl. hierzu den Wortlaut in § 1 Abs. 1 lit.b MuGVO.

II. Die Organisation der Schiedsstelle

1. Die Geschäftsstelle der Schiedsstelle und die Vorkommission

a) Die Geschäftsstelle

aa) Tatsächlicher Aufgabenbereich/Tätigkeit der Geschäftsstelle

Die Geschäftsstelle wird zwar als ausdrücklicher Bestandteil der Schiedsstelle erwähnt, § 2 Abs. 1 MuGVO. In § 4 MuGVO wird auch das Tätigkeitsfeld der Geschäftsstelle im Rahmen des Schiedsstellenverfahrens (Vorverfahrens) beschrieben; es wird jedoch nicht beschrieben, wie sich die Geschäftsstelle zusammensetzt. Dies ist umso bemerkenswerter, als dass die Geschäftsstelle in der Praxis eine herausragende Funktion besitzt, wie sich unschwer aus den Jahresstatistiken der Schiedsstellen ablesen lässt[40]. Hinzu kommt, dass

40 vgl. Erster Hauptteil, Dritter Teil, IV..; Micklitz in DRiZ 1983, 126 beschreibt die Geschäftsstelle zutreffend als „Drehscheibe der Schiedsstellenanträge“. Erschwerend für eine seriöse Evaluation der Vorverfahren kommt die Intransparenz gerade dieses Verfahrensstadiums hinzu.

oftmals eine räumliche und personelle Verquickung von Kfz-Innung und Geschäftsstelle vorliegt[41].

In der Praxis bieten telefonische Anfragen von unzufriedenen Werkstattkunden große Möglichkeiten für die Geschäftsstelle, diese (z.B. durch „Aufklärung des Kunden“, s.o.) abzuwehren. Denn eine Kontrolle des Inhalts eines Telefonats ist in der Tat wesentlich schwerer vorzunehmen als eine Kontrolle schriftlicher Anfragen (auch z.B. via E-Mail oder Fax).

Die Auswertung der Erhebungsbögen zeigt, dass offenbar nach wie vor eine große Anzahl der Anrufungen auf fernmündlicher Basis erledigt wird[42]. Die Erledigung erfolgt dabei primär durch „Aufklärung“ des Kunden[43]. Dies führt zu der Frage, ob die Geschäftsstelle der Schiedsstelle als „Auskunftsorgan“ fungieren soll und darf.

Weder aus der VerfO noch aus gesetzlichen Vorgaben kann die Zuständigkeit von Schieds- und/oder Gütestellen zu einer Sachaufklärung der Verbraucher entnommen werden. Dies bedeutet zwar nicht zwingend, dass die (kostenlose) Beauskunftung technischer Anfragen durch bestimmte Stellen nicht zulässig wäre. Demgegenüber stellen sich jedoch in diesem Kontext insbesondere drei Probleme, die es zu lösen bzw. bewältigen gilt:

- Die (mangelnde) Kompetenz der Geschäftsstelle zur Beauskunftung technischer und/oder rechtlicher Anfragen;
- die rechtliche Zulässigkeit und Kompetenz der Beauskunftung technischer und/oder rechtlicher Anfragen durch die Geschäftsstelle;
- die grundsätzliche „leichte“ telefonische Erreichbarkeit der Geschäftsstellen.

Zu Punkt 1: In der Tat ist die Geschäftsstelle aufgrund ihrer personellen Struktur in der Regel nicht in der Lage, die technischen Zusammenhänge von Kfz-Reparaturleistungen, überdies hinaus fernmündlich, zu erfassen und zutreffend zu beauskunften. Aus diesem Grund eignet sich eine telefonische Erledigung von Verbraucherbeschwerden kaum zu einer verbraucherfreundlichen Konfliktlösung.

Zu Punkt 2: Aufgrund der großen Bedeutung dieser Frage soll die Frage der rechtlichen Zulässigkeit der Beauskunftung rechtlicher Anfragen durch die Geschäftsstelle anschließend in einem eigenen Punkt näher untersucht werden.

Oft werden Anträge nur telefonisch „behandelt“. Die Nachvollziehbarkeit der Vorgänge ist aus diesem Grund nicht gewährleistet.

41 In den meisten Fällen stellen die Innungen oder die Handwerkskammern die Räume bereit (in Hamburg z.B. allerdings der ADAC Hansa). Das Personal der Geschäftsstelle rekrutiert sich daraus folgend auch aus diesen Institutionen.

42 Dies lässt sich zwar nicht mehr den neuesten Jahresberichten der Tätigkeit der Schiedsstellen entnehmen. Aus den älteren Jahresberichts-Formularen, die immerhin bis zum Jahr 2002 noch verwendet wurden, wird dies jedoch deutlich. Hier wurde noch differenziert zwischen „telefonischen“ und „schriftlichen“ Anrufungen.

43 Auch dieser Punkt („Aufklärung des Kunden“) war bis 2002 noch den Jahresberichten zu entnehmen.

Zu Punkt 3: Die grundsätzliche „leichte" telefonische Erreichbarkeit sorgt in der Praxis dafür, dass „unliebsame Kunden" durch „Aufklärung" daran gehindert werden, ihren Antrag weiter zu verfolgen.

bb) Gestaltungsvorschlag zum Aufgabenbereich der Geschäftsstelle

Dem genannten Problem kann dadurch entgegen gewirkt werden, dass telefonische Anfragen von nicht der Innung angehörenden Personen (also den Verbrauchern) grundsätzlich von den Geschäftsstellen nicht mehr oder nur noch eingeschränkt behandelt werden.

Beispielsweise könnte an eine „elektronische Beauskunftung" gedacht werden, d.h. der Anrufende würde über eine elektronische Auskunft alle für einen förmlichen Antrag relevanten Daten erhalten (sachliche, örtliche Zuständigkeit der Schiedsstellen, Formblatt für die Anrufungsschrift, Adressat, gegebenenfalls Verweis auf Faxabruf oder Innungs-Homepage im Internet für weitere Informationen) und könnte dann seine Anrufungsschrift aufgrund der gegebenen Informationen (schriftlich) einreichen[44].

Eine derartige Konzeption würde auch dem Ruf dieser Institutionen entgegen kommen. Denn es entsteht zumindest der Eindruck der mangelnden Neutralität dieser Stellen, wenn dieselbe Stelle, die im Vorfeld zu einer „Aufklärung" des Kunden beitragen kann, später im weiteren Verfahren eine Vermittlung zwischen den Konfliktparteien vornehmen soll. Vielmehr sollte sich die Geschäftsstelle auf die rein formale Prüfung beschränken. Zudem muss der Verbraucher das Recht auf eine begründete „Verbescheidung" seiner Anrufung erhalten. Das bedeutet, dass bei Ablehnung der Anrufung wegen Unzulässigkeit der Verbraucher einen Anspruch auf Nennung des Grundes haben muss, wie dies bereits jetzt in § 4 Abs. 1 Satz 4 MuGVO geregelt ist.

Die Geschäftsstelle darf also bei telefonischen Anfragen lediglich eine „summarische formale Prüfung" vornehmen (örtliche, sachliche Zuständigkeit) und den Verbraucher auf die Möglichkeit der Einreichung einer Anrufungsschrift verweisen, § 3 Abs. 1, 2 MuG-VO. Weitere Kompetenzen dürfen der Geschäftsstelle nicht zugestanden werden. Die „formelle Anrufung" muss so einfach und unkompliziert als möglich durchgeführt werden können. Anderenfalls läuft das Schiedsstellenverfahren Gefahr, sich zu einem „mini-trial" zu entwickeln, was der Attraktivität dieses Verfahrens nicht förderlich ist. Dieser „formale Aspekt" darf lediglich aus Gründen der besseren Kontrolle der Vorgänge im Vorverfahren Eingang in das Verfahren finden und damit letztlich dem Verbraucher direkt zugute kommen.

---

44 Es sollte eine Einreichung via Fax oder E-Mail ausdrücklich über die VerfO gestattet werden. Die entsprechenden technischen Einrichtungen hierfür müssten allerdings erst noch geschaffen werden.

b) Die Vorkommission der Schiedsstelle

Die sog. Vorkommission der Schiedsstelle wird in der MuGVO nicht ausdrücklich erwähnt. Von einigen Schiedsstellen wird jedoch im laufenden Verfahrensgang eine sog. Vorkommission beteiligt, bei der zumeist ein Verbraucher- und ein Innungsvertreter in die Vorentscheidung einbezogen werden, manchmal ist die Vorkommission sogar mit der Hauptkommission identisch. Als Verbrauchervertreter fungiert dabei meistens ein Vertreter des ADAC[45]. Dies beruht entweder auf einer von der MuGVO abweichenden VerfO oder auf einer ständigen Übung der Schiedsstellen[46].

Der ADAC, welcher die MuGVO zusammen mit dem ZDK entwirft, konnte sich in seinem Bemühen, die Vorkommission auch über die MuGVO zu institutionalisieren, (bisher) nicht durchsetzen. Diesbezüglich gab es insbesondere in den 90er Jahren mehrere Versuche. Dabei wurde unter Berücksichtigung der Jahresstatistiken seitens des ADAC moniert, dass der erste Kontakt zu dem betroffenen Kunden und der Schiedsstelle oft unbefriedigend verlaufe. Zunächst wurde als „Lösung" vorgeschlagen, einen ADAC-Vertreter zusammen mit einem Innungsvertreter in die Vorkommission zu entsenden und dies so auch in der MuGVO festzuschreiben. Von diesem Vorhaben wurde jedoch, wohl primär aus „diplomatischen Gründen", Abstand genommen und stattdessen angeregt, dass der ADAC direkt den ersten Kontakt zum Anrufenden herstellen sollte. Es sei davon auszugehen, dass die Annahme von Schiedsstellenanträgen und deren Weiterleitung an die zuständige Schiedsstelle keine wesentliche Mehrbelastung für die ADAC-Mitarbeiter sein würde, da sie bereits heute in vielen Fällen diese betroffenen Mitglieder beraten. Sie (=die Annahme von Schiedsstellenanträgen) würde die Darstellung der Verbraucherschutzaktivitäten des ADAC ermöglichen und die „Verbraucherschutzaktivität des ADAC würde somit nach außen deutlich werden"[47].

Mit dieser Forderung hat sich der ADAC letztlich zwar durchgesetzt, wie sich auch aus Punkt 5 zu § 3 MuGVO des „Leitfadens für die Schiedsstellen des Kfz-Gewerbes" ergibt, vgl. Anlage. Zum einen hat die Möglichkeit, die Anrufungsschrift bei einer Geschäftsstelle des ADAC einzureichen jedoch nicht den gewünschten Effekt erzielt; zum anderen ist diese Alternative qualitativ (vom Verbraucherschutz-Gesichtspunkt aus betrachtet) nicht gleich zu setzen mit der dauerhaften Installation einer (paritätisch besetzten) Vorkommission über die MuGVO.

45 so wird dies z.B. bei der Schiedsstelle in München gehandhabt.

46 In der VerfO der Schiedsstelle des Kfz-Handwerks für Niederbayern wird die Vorkommission zwar nicht explizit beim Namen genannt. Die Zusammensetzung dieses „Gremiums" in diesem Stadium des Verfahrens ergibt sich jedoch eindeutig aus § 3 Abs. 2 VerfO (ein Vertreter der Innung und ein Vertreter des ADAC, vgl. Anlage 4).

47 Schreiben der Zentrale des ADAC an die Leiter der Technikabteilungen des ADAC in den verschiedenen „ADAC-Gauen" vom 2.11.1995.

Es sei noch auf die Konstellation eingegangen, bei der Vor- und Hauptkommission identisch besetzt sind[48]. Diese Verfahrensweise bietet sowohl Vor- als auch Nachteile: Zum einen ist hierdurch eine zumindest weiter gehende Neutralität gewährleistet als im „Normalfall", bei dem der Sachbearbeiter der Innung, bei dem die Anrufungen eingehen, diese alleine „behandelt". Außerdem ist die Kommission, die sowohl als (Schieds-) Vor- als auch als Hauptkommission fungiert, letztlich zweimal mit der Sache befasst, kann also von daher (im Falle des Zustandekommens einer Hauptverhandlung) auch als informierter als die „normale Schiedskommission" gelten.

Allerdings ist das von der Schiedsstelle Dingolfing durchgeführte Verfahren nicht makellos: Zum einen ist auch bei diesem Verfahren die Geschäftsstelle als „Drehscheibe der Schiedsstellenanträge" tätig. Zudem leidet durch ein derartiges Verfahren der für ADR so bedeutsame Grundsatz der Einfachheit, zum anderen wird der Grundsatz der Mündlichkeit des Verfahrens zumindest im Ansatz ausgehebelt und schließlich wird die Transparenz wenigstens dann eingeschränkt, wenn die Tendenz dahin geht, die Durchführung des (einheitlichen, kompakten und protokollierten) Hauptverfahrens durch einen verstärkten Ausbau des (lediglich durch die Korrespondenz nachvollziehbaren) Vorverfahrens zu erschweren[49].

---

48 Wie es bei der Schiedsstelle für Niederbayern der Fall ist, vgl. Anlage 4. Hier muss allerdings differenziert werden: Zum einen existiert eine Vorkommission, bestehend aus einem Vertreter des ADAC und einem Innungsvertreter, § 3 Abs. 2 VerfO. Zum anderen gibt es aber auch eine „Kommissionsverhandlung im Vorverfahren", wie sich aus § 4 Abs. 4 VerfO unschwer entnehmen lässt. Erst wenn im Rahmen dieses Verfahrensstadiums keine Einigung zustande kommt, holt die Schiedsstelle die sog. Unterwerfungserklärungen ein und die Sache wird der Schiedskommission zur Erledigung im mündlichen Verfahren vorgelegt, § 3 Abs. 4, 5 VerfO. Diese mündliche Verhandlung kann als die eigentliche Kommissionsverhandlung bezeichnet werden. Die Kommission wird aber nach der VerfO für die Schiedsstelle Niederbayern auch noch im Vorverfahren tätig. Insofern läuft das Verfahren vor der Schiedsstelle Niederbayern eigentlich in vier Verfahrensstadien ab: Zunächst prüft die Geschäftsstelle, ob die Anrufung zulässig ist, dann beschäftigt sich die Vorkommission, bestehend aus einem Verbraucher- und einem Handwerksvertreter mit der Sache, darauf kommt die „Schieds-Vorkommission" zum Zuge, welche von der Besetzung her identisch mit der Schiedskommission ist und schließlich kommt es eventuell noch zu einer mündlichen Verhandlung vor der Schiedskommission. In diesem Zusammenhang ist jetzt die „Schieds-Vorkommission" gemeint, also nicht die Vorkommission, welche im vorherigen Passus Gegenstand der Untersuchung war. Allerdings sind beide Kommissionen chronologisch gesehen im sog. „Zwischenverfahren" angesiedelt, so dass eine Prüfung auch in diesem Kontext sinnvoll erscheint.

49 Diese Tendenz wird auch durch den Jahresbericht der Schiedsstelle des Kfz-Handwerks Niederbayern aus dem Jahr 2004 deutlich (vgl. Anlage 10). Danach gab es im Jahr 2004 insgesamt 54 Beanstandungen, wovon lediglich 14 durch die Schiedskommission (Hauptkommission) erledigt wurden (Schiedsstelle für das Kfz-Handwerk und die für den Kfz-Handel zusammen gerechnet!). Allerdings sei zur „Ehrenrettung" der Schiedsstelle Niederbayern gesagt, dass die Statistiken in anderen Schiedsstellenbezirken, welche nicht diese Praxis ausüben, vergleichbar sind. Oft ist der Überhang an „im Vorverfahren erledigten Anträgen" sogar noch (erheblich) größer.

2. *Die Schiedskommission*

a) Zusammensetzung der Schiedskommission

Gemäß § 2 Abs. 2 lit. b MuGVO besteht die Schiedskommission bei Streitigkeiten im Bereich des Kfz-Handwerks aus fünf Mitgliedern und zwar

- einem zum Richteramt befähigten Vorsitzenden
- einem Vertreter des ADAC oder eines anderen Automobilclubs
- einem Kraftfahrzeug-Sachverständigen einer nach § 29 StVZO anerkannten Überwachungsorganisation
- einem öffentlich bestellten und vereidigten Kfz-Sachverständigen, der Vertragspartner der Deutschen Automobil Treuhand (DAT) ist
- einem Vertreter der Kraftfahrzeuginnung.

Gemäß § 2 Abs. 4 MuGVO beträgt die Amtszeit der Mitglieder drei Jahre; erneute Amtszeiten sind zulässig. Für jedes Mitglied ist mindestens ein Stellvertreter zu benennen.

b) Das Problem der unvollständigen Besetzung der Schiedskommissionen/ Lösungsvorschlag

Aus der Praxis sind unvollständige Besetzungen der Schiedskommissionen durchaus bekannt[50]. Um diesen Missstand zu beheben, muss folgendes unternommen werden:

Zum einen muss aus der MuGVO hervorgehen, dass die Schiedskommission Hauptverfahren nur bei vollständiger Besetzung durchführen darf. Zum anderen ist eine regelmäßige Tagung der Schiedskommission mitsamt den Stellvertretern sinnvoll, um etwaige organisatorische Missstände auszuräumen und auch Schiedsstellenfälle im Vorfeld bearbeiten zu können. Hierbei könnte an einen viertel- bis halbjährlichen Turnus gedacht werden. Durch eine derartige Maßnahme würde die „Teamkompetenz" gestärkt und eine stärkere Bindung unter den Kommissionsmitgliedern erreicht. Letztlich muss das Engagement der Kommissionsmitglieder stärker gefordert werden[51].

c) Untersuchung der paritätischen Besetzung der Schiedskommission

Hauptkritikpunkt in der Literatur ist die (mangelnde) Neutralität der Schiedskommission. Bevor auf diese Frage im Einzelnen eingegangen wird, muss dieser Punkt zumindest von

---

50 Dem entspricht auch Punkt 2 des Leitfadens zur MuGVO, in dem „dringend empfohlen wird, die Kommissionen stets im Sinne des § 2 Ziff. 2 lit.a oder § 2 Ziff. 2 lit.b MuGVO zu besetzen".

51 eventuell könnte als „Entgelt" für ein stärkeres Engagement auch die Forderung von 150 € für die Durchführung des Verfahrens im Sinne von § 15a Abs. 3 EGZPO an die Parteien gestellt werden. Dies gilt zumindest für Bayern, sofern es sich um ein Güteverfahren im Sinne von § 15a EGZPO handelt, vgl. Art. 13 BaySchlG.

seiner praktischen Bedeutung her insofern relativiert werden, als dass die Auswertung der Jahresstatistiken eindeutig das Vorverfahren als den bedeutsameren Verfahrensabschnitt ausweist. Im Vorverfahren ist die Schiedskommission jedoch nicht beteiligt[52], lediglich im Hauptverfahren. Diese „Relativierung" nimmt jedoch nichts von dem unter dogmatischen, rechtsstaatlichen und „reputativen" Gründen großem Gewicht dieser Frage.

Wegen der grundsätzlichen Bindung des staatlichen Gerichts an ein Schiedsgutachten dürfen aus rechtsdogmatischen Gründen nur unparteiische Dritte Schiedsgutachter sein. Bei einer Schiedskommission reicht dagegen die paritätische Besetzung aus, um diesem Kriterium gerecht zu werden[53]. Aber auch dann, wenn das Verfahren als bloßes „Sachverständigenverfahren mit empfehlendem Charakter" ausgestaltet ist, ist eine paritätische Besetzung sowohl aus Gründen des Verbraucherschutzes als auch aus Gründen der Prozessökonomie heraus notwendig[54]. Zwar hängt die Frage, ob im Zivilprozess ein Sachverständigengutachten einzuholen ist, von der Sachkunde des Richters und der Antragstellung des Beweisführers ab, nicht von der paritätischen Besetzung einer vorher mit dem Streit befassten Schiedskommission. Das von einer Partei vorgelegte Privatgutachten ist kein Sachverständigenbeweis, sondern Teil des Parteivortrags[55]. Ein Privatgutachten kann den Sachverständigenbeweis nur entbehrlich machen, wenn das Gericht es gemäß § 286 ZPO für ausreichend hält, um die Beweisfrage zuverlässig zu beantworten[56]. Wurde das Privatgutachten jedoch von einer kompetenten, paritätisch besetzten Schiedskommission erstellt, so dürfte das Gericht aufgrund der Tatsache, dass es sich wegen des Anspruchs auf rechtliches Gehör mit dem Privatgutachten auseinander setzen muss[57], diesbezüglich noch mehr in der (Begründungs-) Pflicht stehen als bei einem von einem einzelnen Sachverständigen erstellten Parteigutachten[58].

---

52 Bei der Schiedsstelle für den Bezirk Niederbayern ist diese Aussage insoweit etwas „schief", als dass hier bereits im Vorverfahren teilweise die Schiedskommission in vollständiger Besetzung aktiv wird, vgl. oben

53 Habscheid, Festschrift Laufke 1971, 303, 313 ff.; Rauscher BB 1974, 629; Scherpe, Diss., 49, der allerdings zu Recht unter Bezugnahme auf die Empfehlung der Europäischen Kommission vom 30.3.1998 (KOM 98/257/EG) darauf hinweist, dass Kollegialentscheidungen auch durch Personen denkbar sind, die die Kriterien für Individualentscheidungen erfüllen, also unabhängig sind.

54 Letzteres ergibt sich vor allem daraus, dass das im Verfahren erstellte Sachverständigengutachten Verwertung in einem folgenden Prozess als Beweismittel finden kann, s.u. Dieser prozessökonomische Zweck des Schiedsstellenverfahrens würde dann wegfallen bzw. erheblich eingeschränkt, wenn das Gutachten von einer Kommission erstellt worden wäre, welche als nicht paritätisch besetzt angesehen werden kann, da in einem solchen Fall im Prozess direkt noch ein Gutachten angefertigt werden müsste, vgl. auch Walter/Küper, NJW 1968, 182, 183.

55 Greger in Zöller, § 402, Rz. 2 mit Verweis auf BGH NJW 1993, 2382/3.

56 Greger in Zöller, § 402, Rz. 6c mit Verweis auf BGH NJW 1982, 2874.

57 Greger in Zöller, § 402, Rz. 3 mit Verweis auf BVerfG NJW 1997, 122/3; BGH NJW 1998, 2735.

58 Dieser Schluss ergibt sich aus den Erkenntnissen des sog. Condorcet-Theorems. Danach liegt die Richtigkeitsgewähr bei Kollegialentscheidungen höher als die von Individualentschei-

§ 2 Abs. 3 MuGVO besagt, dass die Mitglieder der Schiedskommission schriftlich versichern, dass sie ihre Entscheidungen objektiv und ohne Ansehen der Person und Firma treffen[59]. Hieraus allein auf die Objektivität der Schiedskommission zu schließen, dürfte jedoch nicht der geeignete Ansatzpunkt sein.

Vielmehr müssen die einzelnen Kommissionsmitglieder bzw. die Organisationen, welche sie in der Kommission vertreten, auf ihre Neutralität hin „untersucht werden". Dies wird nachfolgend versucht. Dabei soll an dieser Stelle betont werden, dass allein die Zugehörigkeit einer in der Kommission vertretenen Organisation zu einem „bestimmten Lager" (Verbraucher- oder Handwerkslager) zwar noch nichts über die tatsächliche Voreingenommenheit des jeweiligen Kommissionsmitglieds aussagt. Es ist jedoch sowohl aus Reputationsgründen als auch unter Aspekten des Verbraucherschutzes angezeigt, auf eine paritätische Besetzung der Organisationen in den Schiedskommissionen zu drängen.

aa) Untersuchung der Objektivität der in der Schiedskommission vertretenen Organisationen im einzelnen

(1) § 2 Abs. 2 b) aa) MuGVO: Ein zum Richteramt befähigter Vorsitzender

Der Vorsitzende ist in einigen Schiedsstellen ein Vertreter der Handwerkskammer, manchmal gehört er auch der Innung an, manchmal ist er (pensionierter) Richter oder Rechtsanwalt. Sofern der Vorsitzende Vertreter der Kammer oder der Innung ist, liegt der Verdacht nahe, dass er mehr den Interessen des Handwerks verpflichtet ist und von daher nicht als unabhängig angesehen werden kann[60]. Vertreter der Handwerkskammer wenden unter Verweis auf § 91 Abs. 1 Ziff. 11 HandwO, welcher den Kammern die Ermächtigung gibt, selbst Vermittlungsstellen einzurichten, ein, dass hierdurch der Gesetzgeber deutlich gemacht habe, dass die Kammern die zur Wahrnehmung unterschiedlicher Interessen der Verbraucher und der in der Handwerksrolle eingetragenen Unternehmer erforderliche Neutralität und Objektivität hätten[61].

Diesem Argument ist entgegen zu halten, dass zum einen § 91 Abs. 1 Ziff. 11 HandwO für die Schiedsstellen des Kfz-Handwerks nicht einschlägig ist. Dieser ist vielmehr

---

dungen, sofern die Kompetenz der Entscheider gleich ist. Näher hierzu Schäfer in DRiZ 1995, 468 f.

59 Natürlich könnte auch dieser Passus aus der MuGVO als rechtliche Grundlage für das Erfordernis einer „neutralen Besetzung" herangezogen werden!

60 so auch Demant/Dotterweich/Morasch/Reichelt, Untersuchung für GMD, 42; Micklitz DRiZ 1983, 126. Dabei geht es weniger um die Person als um die institutionelle Stellung der Handwerkskammer bzw. der Innung in der Selbstorganisation der Wirtschaft, wie Micklitz a.a.O. unter Verweis auf John, Handwerkskammern im Zwielicht, 2. Aufl. 1983 zutreffend feststellt.

61 Noch weiter geht Schmitz, der in einer Diskussion auf dem Deutschen Juristentag 1998 in Bremen nicht nur den Handwerkskammern, sondern auch den Innungen unter Bezug auf deren gesetzlichen Auftrag, Neutralität bescheinigt, vgl. DJT 1998, Teil O 92. Auch Kliesch (Justitiar der Handwerkskammer) sah dies auf dem Deutschen Juristentag so, DJT 1998, Teil O 95.

die „Ermächtigungsgrundlage“ zur Einrichtung von Vermittlungsstellen für alle handwerklichen Arbeiten der Handwerksberufe der Anlage A zur HandwO. Unabhängig davon sagt § 91 Abs. 1 Ziff. 11 HandwO nichts zur Frage der erforderlichen bzw. vorhandenen Neutralität der Handwerkskammern aus. Vielmehr ist § 91 Abs. 1 Nr. 1 HandwO zu beachten, wonach Aufgabe der Handwerkskammer insbesondere ist, die „Interessen des Handwerks zu fördern“. Von einer Neutralität der Handwerkskammer kann von daher nicht ausgegangen werden.

Aus der MuGVO ergibt sich kein Anhaltspunkt dafür, dass der Vorsitzende der Schiedskommission der Handwerkskammer (oder der Innung) angehören muss. Vorgeschrieben ist lediglich die Befähigung zum Richteramt. Es wäre also denkbar, dass als Vorsitzender ein Jurist fungiert, der nicht der Handwerkskammer angehört. In der Praxis wird von dieser Möglichkeit jedoch nur selten Gebrauch gemacht.

(2) § 2 Abs. 2 b) bb) MuGVO: Ein Vertreter des ADAC oder eines anderen Automobilclubs

In den meisten Kommissionen wirkt ein Vertreter des ADAC als Verbrauchervertreter mit. Andere Automobilclubs entsenden äußerst selten eigene Vertreter, so dass anschließend nur auf die Stellung des ADAC eingegangen wird.

Nach § 2 Abs. 1 Satz 4 der Satzung des ADAC nimmt der ADAC die Interessen der Verkehrsteilnehmer als Verbraucher wahr. Außerdem vertritt er aber auch gemäß § 2 Abs. 4 der Satzung die Interessen des deutschen Kraftfahrwesens. Wie sich aus den Bemühungen des ADAC z.B. zur Änderung der VerfO zu Gunsten der Verbraucher ergibt (s.o.), kann tatsächlich eher von einer mehr der Verbraucherseite zugewandten Stellung des ADAC ausgegangen werden[62]. Dies folgt zudem aus dem Werkstatttest, der als Initialzündung zur Gründung der Schiedsstellen zur verbesserten Wahrnehmung der Verbraucherinteressen angesehen werden kann und der immer noch durchgeführt wird. Dieser Test deckt die Schwachstellen bei Kfz-Reparaturen durch Werkstätten auf und wird über die auflagenstarke „motorwelt“ medienwirksam publiziert. Hinzu tritt das rein ökonomische Argument, dass der ADAC für ca. 14,5 Millionen Mitglieder in Deutschland „etwas tun muss“, um die Autofahrerlobby und damit auch das (zahlende) Mitglied zufrieden zu stellen. Dazu gehört eine wirksame Vermarktung der Verbraucherschutzaktivitäten des ADAC, z.B. durch eine Darstellung als „Verbrauchervertreter“ in den Schiedsstellen[63].

---

62 a.A. Bievert/Fischer-Winkelmann/Rock, 36

63 vgl. zur „wirksamen Vermarktung der Verbraucherschutzaktivitäten des ADAC“ auch die in jüngster Zeit in den Medien stark beachteten „Fähren-“, „Gondel-“ oder „Tunnel-Tests“. Konkreter in Bezug auf die Schiedsstellenarbeit wird diese These z.B. durch einen Auszug aus dem Protokoll einer Sitzung des ADAC-Technikausschusses vom 28.3.1994, in dem festgestellt wird, „dass die Vertretung der Interessen der Autofahrer in den Schiedskommissionen eine für das Image des ADAC wichtige Leistung auf dem Gebiet des Verbraucherschutzes ist. Dieses Betätigungsfeld darf nicht anderen Organisationen überlassen werden.“

Allerdings ist eine Tendenz, welche dem Verbraucherschutzgedanken nicht förderlich sein dürfte und die eine ADAC – interne „Umstrukturierung" betrifft, wachsam zu beobachten: Bisher werden die Interessen des Verbrauchers in den meisten Schiedsstellen durch Mitarbeiter der Technikabteilungen der „ADAC-Gaue" wahrgenommen. Diese ziehen sich jedoch sukzessive aus der Schiedsstellenarbeit zurück. Begründet wird dieser Rückzug mit Kapazitätsproblemen und unbefriedigenden Verhältnissen bei manchen Schiedsstellen.

An ihre Stelle treten vermehrt sog. ADAC-Vertragssachverständige, d.h. selbständig arbeitende Sachverständige, die mit dem ADAC insofern kooperieren, als dass der ADAC seinen Mitgliedern im Bedarfsfall diese Sachverständigen „benennt", so dass diese dann Kontakt mit den Sachverständigen (beispielsweise wegen der Schätzung eines Unfallschadens) aufnehmen. Sie werden vom ADAC regelmäßig geschult; der ADAC erweitert durch die Möglichkeit der Benennung derartiger Gutachter sein „Sachverständigen-Netz" in Deutschland.

Bei der Besetzung der Schiedskommissionen durch einen ADAC-Vertragssachverständigen kann es zu Interessenkonflikten kommen, da Sachverständige Aufträge zur Erstellung von Schadensgutachten oftmals von Werkstätten erhalten. Dieses Problem wurde vom ADAC erkannt. Der ADAC sieht die Interessenvertretung der Werkstattkunden in den Schiedskommissionen als eine für das Image wichtige Leistung auf dem Gebiet des Verbraucherschutzes. Dieses Image will er sich nicht durch eine zu starke Expansion der ADAC-Vertragssachverständigen in die Schiedskommissionen zerstören lassen. Aus dem Grund sollen die Gaue die Voraussetzungen schaffen, dass die Schiedsstellenarbeit ohne Einschränkungen fortgeführt werden kann.

Der ADAC strebt daher momentan an, dass grundsätzlich Mitarbeiter der Technikabteilungen der Gaue in die Schiedskommission entsandt werden. Falls dies aus Kapazitätsgründen nicht möglich ist, sollte ein Vertragssachverständiger beauftragt werden, bei dem sicher gestellt ist, dass er mit der betreffenden Werkstatt keine Geschäftsbeziehungen hat und auch nicht beabsichtigt.

Diese Probleme relativieren die Stellung des ADAC als „Verbrauchervertreter" in den Schiedskommissionen. Zwar dürfte der ADAC trotz allem noch als mehr dem Verbraucherlager zugehörig angesehen werden; die aufgezeigte Entwicklung gilt es jedoch weiter kritisch zu beobachten.

(3) § 2 Abs. 2 b) cc) MuGVO: Ein Kraftfahrzeug-Sachverständiger einer nach § 29 StVZO anerkannten Überwachungsorganisation

Als Vertreter einer nach § 29 StVZO anerkannten Überwachungsorganisation wird in den Kommissionen zumeist ein Sachverständiger des TÜV herangezogen. Der TÜV versteht sich selbst als „Dienstleister" in Bezug auf die Überwachung technischer Anlagen[64].

---

64 vgl. hierzu beispielsweise die homepage des TÜV Süddeutschland unter *www.tuev-sued.de*, auf welcher der TÜV Süddeutschland sein Profil beschreibt.

Darüber hinaus hat der TÜV sein Aufgabenfeld marktorientiert im Laufe der Zeit stets erweitert[65]. Er firmiert als AG, bei der Schwerpunkte hinsichtlich der Geschäftsanteile auf Seiten des Handwerkslagers nicht auszumachen sind. So argumentiert zwar der Verbraucherschutzverein Berlin in seinem Rechtsstreit gegen den ZDK. Von ihm wurde der TÜV-Vertreter als dem Handwerkslager nahe stehend betrachtet. Der BGH ging in seiner Entscheidung vom 14.7.1987 (X ZR 38/86) auf die Frage der Neutralität bzw. paritätischen Besetzung der Schiedsstelle jedoch nicht mehr ein, da diese Frage nicht entscheidungsrelevant war.

Dass der einzelne Sachverständige schon allein aufgrund seiner Ausbildung mehr dem Handwerkslager zuzuordnen sein dürfte, ist systemimmanent und wird sich bei Streitigkeiten mit hohem Sachbezug kaum vermeiden lassen. Dieses Problem würde sich z.B. auch bei einem Vertreter einer Verbraucherorganisation (z.B. ADAC) stellen, sofern er selbst die Sachprüfung mit vornimmt.

Letztlich wird der TÜV als Organisation angesehen werden können, der eine „Mittlerstellung" zwischen Wirtschaft, Staat und Verbraucher einnimmt. Er übernimmt beispielsweise im Rahmen der Hauptuntersuchung nach § 29 StVZO und der Abgasuntersuchung nach § 47a StVZO staatliche Aufgaben. Er erstellt für die Wirtschaft Gutachten und er wird durch die Aufdeckung technischer Mängel auch im Bereich „Verbraucherschutz" im weiteren Sinne tätig.

Manchmal fungiert als Sachverständiger im Sinne von § 2 Abs. 2 b) cc) MuGVO auch ein Vertreter der DEKRA. Die DEKRA ist ein europaweit tätiges Dienstleistungsunternehmen, unter dessen Dach heute 33 Tochtergesellschaften und Beteiligungen arbeiten. Sie bietet unterschiedliche Dienstleistungen an[66]. Wesentliche „bedenkliche Beteiligungen" der Wirtschaft oder des Handwerks an der DEKRA bestehen nicht[67]. Ansonsten gelten für die DEKRA dieselben Ausführungen, die für den TÜV getroffen wurden, entsprechend. Die DEKRA ist demnach als „weitgehend unabhängig" anzusehen.

---

65 vgl. im Internet unter *www.tuev-sued.de*, wo die ganze „Angebotspalette" der Dienstleistungen aufgeführt ist.

66 vgl. das Firmenporträt im Internet unter *www.dekra.de*. Als wesentliche Dienstleistungen gelten die Erstellung von Gutachten, Fahrzeugprüfungen, Schadensregulierung, Unternehmensbetreuung, technische Prüfstelle, Unfallforschung und Zertifizierungen.

67 Auch die Einbringung der zur DEKRA gehörenden Fahrzeugbörse FairCar in die AutoScout24 GmbH bzw. die dafür zustande gekommene Beteiligung von 22% an der europäischen AutoScout24-Gruppe ändert daran nichts. Nach Angaben von AutoScout24 und DEKRA sollen die beiden bestehenden Internet – Plattformen zunächst unabhängig voneinander weiter betrieben werden. Zudem sind keine Verbindungen zwischen der Internet-Autobörse AutoScout24 und dem Handwerkslager erkennbar, vgl. hierzu näher im Internet *www.faircar.autoscout24.de*.

(4) § 2 Abs. 2 b) dd) MuGVO: Ein öffentlich bestellter und vereidigter Kraftfahrzeug-Sachverständiger, der Vertragspartner der Deutschen Automobil Treuhand GmbH (DAT) ist

Die DAT GmbH ist ein gewerbliches Unternehmen, dessen Aufgabe es ist, technische Daten von Kraftfahrzeugen zu dokumentieren und den Markt zu beobachten[68]. Die Gesellschafter der DAT GmbH sind[69]:

- der Verband der Automobilindustrie (VDA)
- der Verband der Importeure von Kraftfahrzeugen (VDIK)
- der Zentralverband Deutsches Kfz-Gewerbe (ZDK).

Die ermittelten Daten stellt die DAT schließlich ihren freiberuflich tätigen Sachverständigen gegen Entgelt zur Verfügung. Von daher ist der Einfluss des Kfz-Gewerbes auf die DAT, damit auf deren Sachverständige und hiermit wiederum auf die Schiedskommission nicht zu leugnen. Der Sachverständige, der Vertragspartner der DAT ist, kann also eher dem Handwerkslager zugeordnet werden[70]. Es wäre zu wünschen, wenn die Lösung von der DAT GmbH erfolgen würde und stattdessen nur noch „freie Kfz-Sachverständige“, die öffentlich vereidigt sind, in der Schiedskommission tätig werden, die keinerlei Anbindung an die DAT haben.

(5) § 2 Abs. 2 b) ee) MuGVO: Ein Vertreter der Kraftfahrzeuginnung

Der Vertreter der Kfz-Innung ist dem Handwerkslager zuordenbar. Dies ergibt sich bereits aus dem Aufgabenkatalog der Kfz-Innung, nämlich vor allem, die gewerblichen Interessen der Innungsmitglieder zu fördern, § 54 Abs. 4 HandwO.

Dem widerspricht nur scheinbar der Umstand, dass es zu der der Innung obliegenden Förderung des Handwerks und der Berufsehre auch gehört, rechtswidrigen oder unlauteren Praktiken einzelner Mitgliedsbetriebe entgegenzutreten, wie sich aus § 54 Abs. 1 Ziff. 1 HandwO ergibt. Diese Vorgabe mag zur Zeit der Ersten Handwerksaufbauordnung vom 15.6.1934 (RGBl. I, 34, 493), in welcher u.a. die Übervorteilung des Kunden durch den Handwerksbetrieb als „Verstoß gegen die Standesehre“ angesehen wurde, dem damals vorrangigen „Zunftdenken“ entsprochen haben. Die Tatsache, dass es in Deutschland keine Pflichtmitgliedschaft in der Innung mehr gibt, zwingt die Innungen jedoch

---

68 vgl. *www.dat.de*. Wenn der link „Kfz-Sachverständige“ aktiviert wird, erscheint zunächst eine Seite, auf der die DAT-Sachverständigen als neutral, kompetent und unabhängig bezeichnet werden. Alleine diese Bezeichnung ist jedoch noch nicht ausreichend. Vielmehr müsste diese Aussage durch Untersuchung der Hintergründe (insbesondere der wirtschaftlich relevanten Kenndaten) verifiziert werden können.

69 *www.dat.de;* hier den link „DAT-Info“ und anschließend „Gesellschafter“ aktivieren.

70 so im Ergebnis auch Micklitz, Der Reparaturvertrag, 345 ff.; ders. in DRiZ 1983, 126; Preibisch, 165; vgl. hierzu auch Nicklisch, BB 1971, 1205. Hier zeigt Nicklisch vor allem auf, dass die DAT als eher dem Handwerk zugerechnet werden kann. Im Ergebnis ebenso Rauscher, BB 1974, 629

immer mehr dazu, Betriebe an sich zu binden. Diesem zunehmenden „Dienstleistungsdenken" widerspricht ein zu striktes Sanktionssystem. „Zahlende Mitglieder" sollen nicht durch rigoroses Eingreifen der Innungen zum Austritt bewegt werden.

bb) Ergebnis der Untersuchung im Einzelnen sowie praktische Lösungsansätze

Es kann festgestellt werden, dass die Kommission nach ihrer in der MuGVO vorgesehenen Konstellation nicht als „neutral bzw. paritätisch besetzt" betrachtet werden kann. Vielmehr ist das Übergewicht des Handwerkslagers in der Kommission evident.

Dem könnte durch eine zwingende Besetzung des Kommissionsvorsitzenden mit einem amtierenden oder pensionierten Richter oder einem im ADR-Bereich erfahrenen Rechtsanwalt abgeholfen werden. Dies kann z.B. durch eine Ergänzung der MuGVO in der Form geschehen, dass die Nichtzugehörigkeit zu einem bestimmten Interessenverband als kumulative Prämisse für die Position des Vorsitzenden schriftlich fixiert wird. Die Passage im Leitfaden zu § 2 Ziff. 5 MuGVO (4.b), wonach ein Vorsitzender empfohlen wird, der nicht in einem unmittelbaren Abhängigkeitsverhältnis zur Kfz-Innung steht, um so „den Eindruck zu vermeiden, dass er im Lager einer Partei steht", ist demnach nicht ausreichend. Offenbar gehen die Verfasser des Leitfadens davon aus, dass die anderen in der Schiedskommission vertretenen Organisationen überparteilich sind. Gerade im Hinblick auf die Handwerkskammer, die gleichfalls die Interessen des Handwerks vertritt (§ 91 Abs. 1 Nr. 1 HandwO), kann von einer Neutralität bzw. Überparteilichkeit jedoch kaum ausgegangen werden. Im Übrigen ist auf Schmidt-v.Rhein zu verweisen[71], der gerade von der Person des Vorsitzenden ein Höchstmaß an Unabhängigkeit fordert, da dieser das Verfahren leitet und von daher auch „steuern" könne.

Der Anbindung des Kfz-Sachverständigen an die DAT kann durch einen Wegfall des DAT-Vertreters abgeholfen werden. Dem Verbrauchervertreter des ADAC stünde dann ein Handwerksvertreter der Innung gegenüber. Die anderen Kommissionsmitglieder können als „weit gehend neutral" eingestuft werden[72]. Das Problem bei dieser gewünschten Zusammensetzung liegt dann aber in der Finanzierung der Schiedsstellen[73].

71 ZRP 1984, 119, 122

72 Preibisch, 309, schlägt zur Behebung des Problems vor, zwingende gesetzliche Vorschriften über die Besetzung von Schlichtungsstellen zu erlassen. Hierdurch kann man jedoch nicht dem Einzelfall, also der jeweiligen Branche gerecht werden. Zudem stünde ein gesetzlicher Zwang, auch wenn er ein hehres Ziel, nämlich die Neutralität derartiger Stellen sicher zu stellen, verfolgte, nicht im Einklang mit den primären Vorstellungen der ADR, also der Freiwilligkeit „auf allen Ebenen" und der weit gehenden Staatsferne.

73 Micklitz, DRiZ 1983, 127 meint, dass die Finanzierung der Schiedsstellen allein deswegen gesichert sei, weil das Gewerbe ein eigenes Marketinginteresse an der Arbeit der Schiedsstellen habe. Nicklisch in Festschrift für Bülow, 164 meint sogar, dass, soweit Schiedsstellen ausschließlich durch Verbände, Innungen oder Kammern der betreffenden Berufs-, Handwerks- oder Gewerbegruppe getragen und finanziert werden, sich dies – wohl nach dem Grundsatz „wer zahlt, bestimmt" – regelmäßig dahin auswirke, dass die Organisation, welche die Stelle trägt, auch auf deren Besetzung einen nicht unerheblichen Einfluss habe.

Die DAT bezuschusst die Schiedsstellen mit einem Betrag von 12 € pro Anrufung, also unabhängig davon, ob eine Kommissionsverhandlung stattfindet oder nicht. Dies entspricht einer jährlichen Bezuschussung von ca. 170.000 € seitens der DAT an die Schiedsstellen. Es wurde bereits festgestellt, dass die DAT als Organisation dem Handwerkslager nahe steht. Durch die Bezuschussung machen sich die Schiedsstellen abhängig von der DAT. Der Verdacht liegt daher nahe, dass die Schiedsstellen deshalb noch mehr dem Handwerkslager zugeordnet werden müssten (nach dem Motto: „Wer zahlt, bestimmt!“) als sich dies bereits durch die von diesem Aspekt losgelöste Betrachtung der paritätischen Besetzung der Schiedsstelle ausdrückt. Sollte die DAT einmal nicht mehr in der Kommission vertreten sein, wie dies bereits erwähnt wurde, stellt sich die Frage der Finanzierung der Schiedsstellen zwangsläufig[74]. Der aktuelle Zustand ist dem Verbraucherschutzgedanken kaum förderlich. Von daher stellt sich die Frage, ob das Problem der Finanzierung nicht anders gelöst werden kann, d.h. ob die Schiedsstellen auch ohne Bezuschussung seitens der DAT überlebensfähig wären. Hierzu müssen die einzelnen Kostenfaktoren offen gelegt werden.

Fest steht zum einen, dass der größte Teil der Personalkosten von den Organisationen getragen wird, die ihre Vertreter in die Kommissionen entsenden[75]. Die Kosten für die Überlassung der Räumlichkeiten übernehmen (in den meisten Fällen) die Innungen, da die Schiedsstellen in der Regel räumlich bei den Innungen angesiedelt sind. Es verbleiben sonstige Material- und Sachkosten sowie Personalkosten für die Geschäftsstellen. Zumeist fungiert die Person, welche in der Geschäftsstelle arbeitet, neben ihrer Tätigkeit als „Drehscheibe der Schiedsstellenanrufungen“ gleichzeitig als Protokollführer in den Verhandlungen. In stark frequentierten Schiedsstellenbezirken kann sich dies nahezu zu einem „full-time-job“ entwickeln, so dass hierbei tatsächlich erhebliche Kosten anfallen. Diese werden zwar auch teilweise von den Innungen übernommen, da die Geschäftsstelle gleichfalls bei der Innung angesiedelt ist; allerdings sind die Innungen offenbar nicht bereit, hierfür die Kosten in vollem Umfang zu übernehmen, nachdem sie schon zum einen die Personalkosten für die Entsendung eines Vertreters in die Kommission sowie zum anderen die sonstigen Sach- und Materialkosten tragen.

Hinzu kommen die Kosten, die bei der Erstellung und Auswertung der Jahresberichte anfallen. Die Erstellung, Versendung und Auswertung übernimmt der ADAC und der ZDK gemeinsam. Was die PR-Arbeit anbelangt, so kann diese nicht der „normalen Schiedsstellenarbeit“ zugerechnet werden, wie dies jedoch teilweise vom ZDK suggeriert

---

74 Solange die DAT noch in der Kommission vertreten ist und keine andere Regelung hinsichtlich der Finanzierung gefunden wird, dürfte auch feststehen, dass sich die (verbraucherunfreundliche) Besetzung der Schiedsstellen in nächster Zeit nicht gravierend ändern wird, da die DAT diesbezüglich ihren erheblichen Einfluss auf die Besetzung weiter geltend machen wird.

75 Die DAT bezuschusst dabei ihre „freien Sachverständigen“ mit 20 € pro Verhandlung.

wird. Hierbei verfolgen die jeweiligen Organisationen, sei es der ZDK oder der ADAC, seien es die Kammern oder Innungen, vielmehr eigene Marketinginteressen[76].

Es ist zu wünschen, dass die Träger der Schiedsstellen eine Etatplanung durchführen, um so die erforderliche Finanzierung abzuklären. Dabei muss von einheitlichen Standards hinsichtlich der Schiedsstellenarbeit ausgegangen werden. Erst wenn eine seriös erstellte Bilanzierung durchgeführt wird, kann über die mögliche Finanzierung ernsthaft diskutiert werden. Eine derartige Bilanzierung wurde jedoch bis heute offenbar nicht vorgenommen. Vielmehr beklagen die Vertreter der Schiedsstellen regelmäßig ihre defizitäre Situation, ohne sich dabei auf eine seriöse Bilanzierung zu stützen. Die Organisationen scheinen demnach das Schiedsstellenwesen nur deshalb am Leben erhalten zu wollen, weil sie selbst hiermit eigene Interessen verfolgen[77]. Dabei geben die Institutionen, welche am meisten zur Erhaltung der Schiedsstellen beitragen, auch „den Kurs vor".

Das bedeutet, dass insbesondere die Innungen und die DAT die Richtung vorgeben, da sie am meisten zur Erhaltung bzw. Finanzierung beitragen. Dies wirft zwar kein gutes Licht auf den Verbraucherschutz dieser Institutionen; diejenigen, welche diese Situation bemängeln, müssen sich jedoch die Frage entgegen halten lassen, welche Alternativen bestehen. Sieht man von der Alternative ab, das Schiedsstellenwesen vollständig abzuschaffen, so kommt vermutlich nur ein rigoroser Sparkurs und/oder die Erhebung von Kosten für die Inanspruchnahme dieser Verfahren in Betracht. Dabei gilt jedoch zu bedenken, dass gerade die Kostenfreiheit ein wesentliches Kriterium für den Verbraucher darstellt, diese Verfahren zu nutzen. Von daher muss die Kostenfreiheit so weit wie möglich beibehalten werden[78].

Um Kosten zu sparen, bieten sich folgende Maßnahmen an: Zum einen kann beispielsweise an eine Verkleinerung der Kommission etwa auf drei bzw. vier Mitglieder gedacht werden[79]. Durch eine derartige Maßnahme können in erheblichem Umfang Kosten

---

76 So hat z.B. der ADAC zum Ziel, seine Verbraucherschutzaktivitäten nach außen hin besser darzustellen, s.o. Das Kfz-Gewerbe sieht hierin eine Möglichkeit zur Darstellung in „einem besseren Licht", vgl. hierzu z.B. die Zeitschrift des ZDK, ProMotor 6/2005, in welcher der Vorsitzende des ZDK die Schiedsstellenstatistik zum Anlass nahm, die Schiedsstellen (mit ihren Vertretern aus dem Kfz-Gewerbe!) als Organe des Verbraucherschutzes zu deklarieren („... dass es den Schiedsstellen als neutraler Kommission für den Verbraucherschutz gelungen ist, die meisten Beschwerden bereits im Vorverfahren ohne gerichtliche Auseinandersetzung gütlich zu regeln ...").

77 Es ist kaum anzunehmen, dass die wirtschaftlich orientierten Unternehmen oder Berufsverbände die Schiedsstellenarbeit rein altruistisch aus Gründen des Verbraucherschutzes durchführen.

78 Ob sich die Kostenfreiheit der Verfahren auf Dauer wird halten können, ist angesichts der allgemeinen wirtschaftlich angespannten Lage zweifelhaft. Die Verantwortlichen der Träger der Schiedsstellen, welche den Gesetzen der Marktwirtschaft unterliegen, werden auch die Schiedsstellen mittelfristig nicht aus ihren kostensenkenden Maßnahmen ausnehmen (können). Spätestens dann, am besten allerdings schon vorher, sollten Überlegungen angestellt werden, wie die Funktionsfähigkeit der Schiedsstellen beibehalten werden kann.

79 Die von den Industrie- und Handelskammern eingerichteten Schlichtungsstellen werden zumeist von einem Vorsitzenden, der Jurist ist, geleitet. Zudem gehören den Schlichtungsstellen ein Bei-

gespart werden. Dabei kann z.B. der Vertreter der Innung mit einem Vertreter der Kammer oder der DAT ständig rotieren. Der ADAC-Vertreter als Verbrauchervertreter kann diese Position entweder ständig oder alternierend mit einem Vertreter z.B. eines anderen Automobilclubs oder eines Verbraucherverbandes besetzen. Als Vorsitzender kann ein ehrenamtlich tätiger Jurist fungieren, der in keinem der beiden Lager steht[80].

Außerdem kann daran gedacht werden, Schiedsstellensitzungen in öffentlichen Einrichtungen abzuhalten, die vom Staat zur Verfügung gestellt werden könnten[81]. Damit würde der Verhandlung zum einen das Odium der räumlichen und damit auch der sachlichen Nähe zum Kfz-Gewerbe genommen; zum anderen würde sich die Innung Sachkosten ersparen. Auch Synergieeffekte durch bessere Ausnutzung elektronischer Medien sind möglich, insbesondere unter Berücksichtigung dessen, dass auch ODR-Verfahren im Schiedsstellenwesen zumindest in bestimmten Nischen denkbar wären sowie die Gestaltung eines „elektronischen Eingangsportals" und die Möglichkeiten, welche beispielsweise „elektronisches Aktenmanagement" oder ähnliche Applikationen bieten.

Außer der Möglichkeit, Kosten zu sparen, bieten sich eventuell zudem Alternativen an, sich Einnahmen durch die Schiedsstellentätigkeit zu sichern, ohne dabei das Verfahren für den Verbraucher kostenpflichtig zu gestalten. So könnte überlegt werden, mit dem Argument, den Staat durch die Schiedsstellenarbeit in seinen originären Aufgaben der „Rechtsprechung" zu unterstützen, gegebenenfalls mit argumentativer empirischer Unterstützung Gelder seitens des Staates freigesetzt zu bekommen.

Zudem können andere Geldquellen eventuell durch Sponsoring erschlossen werden. Da der Begriff „Verbraucherschutz" sich auch als „Gütesiegel" eignet, haben bestimmte Institutionen eventuell durchaus Interesse daran, sich über die Schiedsstellen ein positives

---

sitzer als Vertreter der Verbraucher und ein Beisitzer als Vertreter des Handels bzw. des Dienstleistungsgewerbes des Kammerbezirks an. Diese Beisitzer werden von der Kammer ernannt. Auch die Schlichtungsstellen für Verbraucherbeschwerden bestehen meist aus drei Personen, nämlich einem Mitglied der jeweiligen Verbraucherzentrale und einem weiteren Mitglied des betreffenden Fachverbandes. Als Schiedsobmann fungiert in der Regel ein vereidigter Sachverständiger.

80 Dies entspräche auch der zweckmäßigsten Zusammensetzung einer Schiedsstelle, wonach dem Gremium gleich viele Repräsentanten der Anbieter- und der Verbraucherseite und ein neutraler Vorsitzender angehören sollten, vgl. Preibisch, 309 mit Verweis auf den „Zweiten Bericht der Bundesregierung zur Verbraucherpolitik" vom 20.10.1975, BT-Drucksache 7/4181, 8; Bender, DRiZ 1976, 193 (197) m.w.N. In diesem Zusammenhang erwähnt Preibisch auch, dass ein Gremium, welches sich aus drei Mitgliedern zusammensetze, auch am effektivsten arbeiten würde.

81 z.B. Schulen am Nachmittag, Behörden außerhalb der üblichen Geschäftszeiten, Gerichte usw. Scherpe, Diss., 219 führt aus, dass beispielsweise die dänischen Beschwerdeeinrichtungen über eine eigene, von den Verbänden faktisch und räumlich abgetrennte Verwaltung verfügen, die die Sekretariatsarbeiten und das Vorverfahren übernimmt. Durch diese institutionelle Abkoppelung sei dem Verfahren der Anschein der Einflussnahme genommen. Dem ist sowohl für das Vor- wie auch für das Hauptverfahren zuzustimmen. Nur wenn eine strikte institutionelle (u.a. auch räumliche!) Trennung vorgenommen wird, kann sich das Verfahren dem Vorwurf der Parteilichkeit weit gehend entziehen.

Image zu verschaffen. Allerdings stellt sich hier selbstverständlich wieder das bereits erörterte Problem einer möglicherweise zu starken Einflussnahme dieser Sponsoren auf die Schiedsstellenarbeit. Schließlich kann langfristig in Betracht gezogen werden, dass sich insbesondere aufgrund der in Europa ersichtlichen Bewegung im Bereich der ADR/ODR ein eigener Markt entwickelt, der zu zusätzlichen Einnahmequellen führen könnte[82].

Als „Ergebnis" kann demnach festgehalten werden, dass nur dann, wenn die Träger der Schiedsstellen selbst ein bestimmtes Ziel in ihrer Tätigkeit im Schiedsstellenwesen erkennen und verwirklichen können und sich ihre Ausgaben in irgendeiner Form amortisieren oder besser sogar noch zusätzliche Einnahmen geschaffen werden, die Funktionsfähigkeit der Schiedsstellen aufrecht erhalten werden kann.

III. Die Ernennung der Kommissionsmitglieder

1. Vorgabe durch die Geschäfts- und Verfahrensordnung

Die Kommissionsmitglieder werden gemäß § 2 Abs. 2 b) bb) bis ee) MuGVO von den jeweiligen Organisationen direkt bestimmt. Lediglich der Vorsitzende wird gemäß § 2 Abs. 5 MuGVO einvernehmlich von allen in § 2 Abs. 2 b) bb) bis ee) MuGVO genannten Organisationen bestimmt. Nach § 2 Abs. 4 MuGVO beträgt die Amtszeit der Kommissionsmitglieder drei Jahre; zudem ist für jedes Mitglied ein Stellvertreter zu benennen.

Unter dem Aspekt, dass der Vorsitzende in vielen Fällen ein Jurist der Handwerkskammer oder der Innung und von daher dem Handwerkslager zuzuordnen ist, erstaunt es umso mehr, dass dieser „einvernehmlich" bestimmt wird. Es stellt sich somit die Frage, woran es liegt, dass trotz Einvernehmlichkeit der Vorsitzende zumeist ein Vertreter des Handwerkslagers ist.

Zum einen ist die Uneinheitlichkeit der Verfahrensordnungen zu nennen. Manche Schiedsstellen verwenden ihre eigenen Verfahrensordnungen, die von der MuGVO abweichen. Die Neutralität des Vorsitzenden wird trotz seiner Zugehörigkeit zu einem handwerklichen Berufsverband oftmals nicht in Zweifel gezogen, da er beispielsweise „persönlich bekannt ist".

---

82 So könnten z.B. auch in anderen EU-Mitgliedsstaaten ansässige ADR-Stellen auf den deutschen „Markt" drängen und umgekehrt. Als Einnahmequellen sind denkbar: ADR-Schulungen (selbstverständlich nur bei nachgewiesener Qualifikation!), Angebote zur Streitschlichtung auch in anderen (technischen) Bereichen, die „lukrativer" wären (beispielsweise durch die Erhebung von Gebühren gegenüber den Konfliktparteien) und eine daraus folgende Querfinanzierung, Angebote (Kurse) für Verbraucher, was ihre Rechte und auch technische Fragen anbelangt usw. Dies würde allerdings eine weit gehende Professionalisierung und Autonomie der Schiedsstellen voraussetzen. Langfristig können aus derartigen Utopien jedoch Realitäten werden. Das traditionelle Gerichtswesen müsste in diesen Bereichen dann als echter „Konkurrent" betrachtet werden. Schiedsstellen wären echte „Dienstleister" und würden sich als „profit-center" der Trägerorganisationen eignen.

Gerade der ADAC als „Verbrauchervertreter" kann oder will sich mit seiner Forderung nach einem tatsächlich neutralen Vorsitzenden nicht durchsetzen. Dies hat mehrere Ursachen. Es wird die persönliche Integrität des Vorsitzenden nicht in Zweifel gezogen, die „guten Beziehungen" zu anderen Organisationen sollen aufrecht erhalten bleiben oder der Verbraucherschutzgedanke wird in dem jeweiligen ADAC-Gau, der für die Besetzung der Schiedskommission und die Ernennung des Vorsitzenden zuständig ist, vernachlässigt[83].

2. Gestaltungsvorschlag bzgl. des Problems der oftmals mangelnden Neutralität des Vorsitzenden der Schiedskommission

Folgende Lösungswege bieten sich an: Es muss versucht werden, eine einheitliche Verfahrensordnung in allen Schiedsstellenbezirken zur Anwendung zu bringen. Hier sind insbesondere der ZDK und der ADAC als „Gestalter der Verfahrensordnung" sowie die Innungen als Körperschaften, welche die „Hoheit" über die Schiedsstellen haben, gefordert. Es muss Überzeugungsarbeit in den jeweiligen Organisationen dahin gehend geleistet werden, dass z.B. die „persönliche Integrität" des Vorsitzenden nicht gleich zu setzen ist mit dem „Bild nach außen". Solange nämlich der Vorsitzende dem Handwerkslager allein aufgrund seiner Tätigkeit bei der Handwerkskammer oder der Innung zugeordnet werden kann, werden sich die Schiedsstellen bzw. die Träger der Schiedsstellen stets den Vorwurf der mangelnden Unparteilichkeit entgegen halten lassen müssen. Schließlich ist der ADAC gefordert, seine Gaue zu einer einheitlichen Verbraucherschutzpolitik anzuhalten. Da dies jedoch aufgrund der Machtverhältnisse eine diffizile Aufgabe sein dürfte, könnte daran gedacht werden, die Schiedsstellenarbeit in das Aufgabenfeld des ADAC e.V. zu überführen, um so eine einheitliche Verbraucherschutzpolitik zu gewährleisten.

IV. Die Vereinbarkeit der Tätigkeit der Schiedsstelle mit den Vorgaben des Rechtsberatungsgesetzes

Es wurde bereits die Problematik der Vereinbarkeit der Tätigkeit insbesondere der Geschäftsstelle der Schiedsstelle – nämlich Auskünfte rechtlicher Art an die Verbraucher zu

---

83 Nach § 8 der Satzung des ADAC gliedert sich der ADAC in Gaue. Diese sind regionale Vereine mit eigener Rechtspersönlichkeit. Sie verfügen selbständig über ihr Vermögen und können in eigenem Namen Verträge abschließen. Verpflichtungen für den ADAC können sie nicht eingehen. Sie können nur in Angelegenheiten, die sich auf das Gaugebiet beziehen, mit allen für ihr Gebiet zuständigen Behörden und Organisationen in Verhandlungen treten. Die Gaue sind direkt und über den Verwaltungsrat in der Hauptversammlung, dem obersten Organ des ADAC vertreten, §§ 11, 12 der Satzung. Sie bestimmen also maßgeblich die Politik auch des „Gesamt-ADAC". Diese weit gehenden Befugnisse nutzen die Gaue in der Praxis aus, beispielsweise durch die Gestaltung einer eigenen „ADAC-Politik", wozu auch das Schiedsstellenwesen gezählt werden kann.

geben – mit den Vorgaben des Rechtsberatungsgesetzes angesprochen[84]. Aufgrund der großen Bedeutung dieser Frage wird nachfolgend auf diese Problematik näher eingegangen.

Dabei stellt sich die Frage, ob die Tätigkeit der Schiedsstellen erlaubnispflichtig (i.S.d. Rechtsberatungsgesetzes) und ggfls. erlaubnisfähig ist. Diese Frage entwickelte gerade im Mediationsbereich eine große Brisanz, die auf die Konkurrenzsituation zwischen nichtanwaltlichen und anwaltlichen Mediatoren zurückzuführen ist[85].

Ob eine außergerichtliche Konfliktlösung durch einen „Moderator“ (Schlichter, Mediator o.ä.) Art. 1 § 1 RberG unterliegt, hängt stets von den Einzelfallumständen ab. Entscheidend hierfür ist insbesondere der Auftrag der Konfliktparteien an den „Moderator“ und die Frage, ob den Konfliktparteien an einer Konfliktlösung „im rechtlichen Rahmen“ gelegen ist[86]. Für die Tätigkeit der Schiedsstellen ist die Beachtung rechtlicher Gesichtspunkte nahezu unerlässlich. Dies gilt unabhängig davon, ob man Schiedsstellenverfahren mehr den Aspekten der Billigkeit als des Rechts zugeordnet sieht. Rechtliche Gesichtspunkte müssen bei der Entscheidungsfindung dennoch so weit als möglich beachtet werden Zudem erfordert der Abschluss eines Vergleichsvertrages bei Schiedsvergleichen die Beachtung rechtlicher Aspekte.

Die Materie, in der sich das Schiedsstellenverfahren bewegt, betrifft v.a. das Werkvertragsrecht. Somit bewegt sich die Tätigkeit der Schiedsstellen „im rechtlichen Rahmen“. Es handelt sich mithin um die Besorgung fremder Rechtsangelegenheiten, welche prinzipiell erlaubnispflichtig ist. Daran ändert auch die Tatsache nichts, dass die Schiedskommission für beide Konfliktparteien tätig wird[87]. § 54 Abs. 3 Nr. 3 HandwO, welcher eine Ermächtigungsgrundlage für die Errichtung von Schlichtungsstellen durch die Handwerksinnung beinhaltet, beseitigt nicht zugleich eine etwaige Erlaubnispflicht der Tätigkeit nach dem RberG. Vielmehr sind andere, außerhalb der HandwO liegende Normen, insbesondere wenn sie allgemeinschützenden Charakter haben, zu berücksichtigen. Die Tätigkeit der Schiedsstellen ist zwar nicht nach Art. 1 § 3 Nr. 8 RberG privilegiert, da die Schiedsstellen nicht mit öffentlich geförderten Verbraucherzentralen gleichzusetzen sind, jedoch nach Art. 1 § 2 RberG. Danach bedarf die Erstattung wissenschaftlich begründeter Gutachten und die Übernahme der Tätigkeit als Schiedsrichter der Erlaubnis gemäß Art. 1 § 1 RberG nicht. Die Schiedskommission fertigt zwar kein wissenschaftlich begründetes Gutachten i.S.v. Art. 1 § 2 RberG. Die Person des Schiedsgutachters ist jedoch der Person eines Schiedsrichters gleichzusetzen. Wenn schon die Tätigkeit als

---

84 vgl. Zweiter Hauptteil, Zweiter Teil, II. 1.

85 vgl. hierzu exemplarisch den Aufsatz von Henssler („Mediation und Rechtsberatung“) in NJW 2003, 241.

86 vgl. hierzu die Begründung des LG Rostock zu der Frage, ob die Mediation bei Rechtsstreitigkeiten erlaubnispflichtig ist, NJW-RR 2001, 1290; allgemein zur Abgrenzung auch Kretschmer in NJW 2003, 1500.

87 vgl. hierzu die Begründung des LG Rostock in NJW-RR 2001, 1291; Henssler, NJW 2003, 241; kritisch hierzu offenbar Rennen/Caliebe, Kommentar zum Rechtsberatungsgesetz, Art. 1 § 2, Rz. 8.

Schiedsrichter erlaubnisfrei sein soll, dann muss dies erst recht für die Tätigkeit als Schiedsgutachter gelten (argumentum a maiore ad minus).

Dieses Ergebnis lässt sich auch damit begründen, dass die Schiedskommission primär technische Feststellungen zu treffen hat, von daher die Tätigkeit ihren Schwerpunkt „im Technischen", nicht „im Rechtlichen" hat. Die moderne Interpretation des Schutzzwecks des RberG als Verbraucherschutzgesetz spricht zwar auf den ersten Blick für das Eingreifen der Normen des RberG. Nach der neuen Interpretation soll das RberG primär „zum Schutz der Rechtssuchenden vor unqualifiziertem Rechtsrat und im Interesse einer reibungslosen Abwicklung des Rechtsverkehrs fachlich ungeeignete und unzuverlässige Personen von der geschäftsmäßigen Besorgung fremder Rechtsangelegenheiten fernhalten"[88].

Die Erste Verordnung zur Ausführung des Rechtsberatungsgesetzes beinhaltet mehrere Instrumentarien, welche dem Sinn und Zweck auch des Schiedsstellenverfahrens entgegenkommen würden (vgl. z.B. § 6 (Prüfung der Zuverlässigkeit) oder § 8 (Nachweis der Sachkunde und Eignung)). Allerdings betreffen die dort genannten Kriterien lediglich den juristischen Bereich. Da die MuGVO in § 2 Abs. 2 lit. b aa zwingend vorsieht, dass der Vorsitzende zum Richteramt befähigt sein muss, kann grundsätzlich o.w. davon ausgegangen werden, dass die erforderliche (juristische) Qualifikation gegeben ist. Von daher ist die Prüfung am Maßstab des RberG bereits aus diesem Grund obsolet. Den Vorgaben des RberG wird also dadurch genügt, dass nach der MuGVO in der Schiedskommission zwingend ein Jurist vertreten sein muss. Derartige „Kooperationsmodelle" werden von der h.M. als ausreichend angesehen, sofern die Vorgaben des RberG als Prüfungsmaßstab in Rede stehen[89].

Dem dürfte zuzustimmen sein. Auch ein Nichtjurist kann im ADR/ODR-Bereich Lösungskonzepte mitentwickeln, wenn gleichzeitig sichergestellt ist, dass die juristische Umsetzung der Konzepte durch den Juristen erfolgt[90]. Ausreichend ist daher, dass der Vorsitzende der Schiedskommission im Bereich der rechtlichen Fixierung des Verfahrensergebnisses die führende Rolle und damit auch gegenüber den Konfliktparteien die Verantwortung für die rechtliche Wirksamkeit der Vereinbarung bzw. des Schiedsspruchs übernimmt[91].

Ein Verstoß gegen die Vorschriften des RberG kann somit in der Tätigkeit der Schiedsstellen nicht erblickt werden.

Die Tätigkeit der Geschäftsstelle, die im Vorfeld des Verfahrens „Rechtsauskünfte" erteilt, ist demgegenüber nicht durch etwaige Privilegierungstatbestände gedeckt. Dies gilt

---

88 BVerGE 41, 378 (390) = NJW 1976, 1349; BVerfGE 75, 246 = NJW 1988, 545; BVerfG, NJW 1998, 3481 (3482); KG, BRAK-Mitteilungen 1997, 132. Gemäß BT-Dr 14/3959 ist der Schutz der Rechtssuchenden sogar der primäre Schutzzweck des RberG.

89 vgl. hierzu Henssler, NJW 2003, 246 m.w.N.; a.A. offenbar Mankowski, MDR 2001, 1198

90 so zu Recht Henssler a.a.O.

91 Henssler, a.a.O. für den Bereich der Mediation. Zudem verweist Henssler zu Recht darauf, dass eine andere Interpretation des RberG verfassungsrechtlichen Bedenken insbesondere im Hinblick auf Art. 12 GG begegnen würde.

auch unter Berücksichtigung von Art. 1 § 3 Nr. 1 RberG, wonach die Rechtsberatung durch Körperschaften des öffentlichen Rechts im Rahmen ihrer Zuständigkeit nicht in den Geltungsbereich des Rechtsberatungsgesetzes fällt.

Die Innung ist eine Körperschaft des öffentlichen Rechts, vgl. § 53 Satz 1 HandwO. Da die Geschäftsstellen der Schiedsstellen zumeist bei der Innung angesiedelt sind, wäre sie (also die Innung „in Form“ der Geschäftsstelle) dem ersten Anschein nach befugt, Rechtsberatung zu erteilen.

Art. 1 § 3 Nr. 1 RberG bezieht sich jedoch ausdrücklich nur auf die Tätigkeiten der Körperschaften des öffentlichen Rechts, die „vom Rahmen ihrer Zuständigkeit“ erfasst werden. Bei den Innungen ist der Zuständigkeitsbereich durch den Katalog des § 54 HandwO weitgehend festgelegt. Danach ist lediglich die Rechtsberatung der Innungsmitglieder durch die Innung vom Ausnahmetatbestand des Art. 1 § 3 Nr. 1 RberG erfasst. In der überwiegenden Mehrheit der Schiedsstellenfälle ruft jedoch der Auftraggeber (=Verbraucher) die Schiedsstelle an, also ein Nicht-Innungsmitglied. Die Rechtsberatung von Nicht-Innungsmitgliedern wird jedoch nicht mehr vom Zuständigkeitsbereich der Innungen gedeckt[92].

Auch das „Kooperationsmodell“ kann nicht als Ausweg dienen, da im Vorfeld der Sachbearbeiter der Geschäftsstelle alleine tätig wird. Daher besteht für diesen Bereich ein dringender Handlungsbedarf dahin gehend, dass die Geschäftsstelle entweder kompetent besetzt sein muss oder eine „Beauskunftung in Rechtsfragen“ künftig strikt untersagt wird. Ein Verstoß gegen die Vorschriften des RberG ist hier evident. Zudem ist der Sinn des Schiedsstellenverfahrens, nämlich eine Vermittlung zwischen Besteller und Unternehmer durch die Schiedsstelle vorzunehmen (§ 54 Abs. 3 Nr. 3 HandwO), durch eine Rechtsbeauskunftung nicht erfüllt[93].

Dritter Teil: Das Schiedsgutachten oder das Sachverständigengutachten mit empfehlendem Charakter als Leistungsgegenstand

Ruft der Verbraucher oder der Unternehmer die Schiedsstelle an, so untersucht diese im Falle der Durchführung des Hauptverfahrens die technischen Hintergründe der Streitigkeit. Sie fertigt hierbei entweder ein Schiedsgutachten oder ein Gutachten mit empfehlendem Charakter an, je nachdem, wie der Parteiwille zu deuten ist. Dieses Gutachten bildet den „Kern“ der Schiedsstellenvereinbarung bzw. der ADR-Vereinbarung zwischen Verbraucher und Innung. Aus diesem Grund sollen die unterschiedlichen Wirkungen dieser Gutachten sowie die umfassenden rechtlichen Probleme, die insbesondere beim Schiedsgutachten sichtbar werden, nachfolgend beleuchtet werden. Daran anschließend werden

92 Der Grund hierfür mag in verbraucherschützerischen oder wirtschaftlichen Gesichtspunkten liegen. Jedenfalls ist die Vorschrift des Art. 1 § 3 Nr. 1 RberG eindeutig und lässt auch keinen Spielraum für Analogien.

93 vgl. zu diesem Thema auch Scherpe, Diss., a.a.O.

im Vierten und Fünften Teil die rechtlichen Beziehungen zwischen den Konfliktparteien („Schiedsstellenvereinbarung“) und auch zwischen Verbraucher und Unternehmer und der Innung bzw. den Kommissionsmitgliedern und den anderen in § 2 Abs. 2 lit. b MuG-VO genannten Organisationen erörtert. Die Erörterungen dieser Rechtsbeziehungen setzt die Kenntnis um den Leistungsgegenstand voraus. Daher wird dieser zunächst „isoliert“ untersucht und anschließend die darauf aufbauenden Rechtsbeziehungen näher erörtert.

I. Das Schiedsgutachten

Das Schiedsgutachten ist unter rechtlichen bzw. dogmatischen Aspekten ein wesentlicher Punkt, der in Rechtsprechung und Lehre heftig diskutiert wird. Die praktische Relevanz ist demgegenüber eher gering, wie sich nicht zuletzt aus den angeführten Statistiken ablesen lässt. Hinzu kommt, dass – wie noch gezeigt werden wird – teilweise kein Schiedsgutachten- bzw. Schiedsgutachtervertrag zustande kommt, so dass die rechtsdogmatischen Probleme im Umfeld dieses in Literatur und Rechtsprechung stark diskutierten Vertrages manchmal als rhetorische Schlachten ohne erkennbaren Nutzen (zumindest für den Bereich des Schiedsstellenwesens im Kfz-Handwerk!) bezeichnet werden können. Die Frage des Zustandekommens einer Schiedsgutachtenvereinbarung kann nur einzelfallabhängig beantwortet werden.

Auffallend ist zunächst, dass der Kern des Schiedsgutachtens in der Praxis beispielsweise bei einem Schiedsspruch oder einem Schiedsvergleich nicht einfach auszumachen ist. Dies soll nachfolgend anhand konkreter Schiedsstellenfälle dargestellt werden. Die Darstellung soll die Divergenz zwischen Theorie und Praxis aufzeigen. Außerdem werden rechtstheoretische Probleme erörtert werden, welche zum Verständnis des Schiedsstellenverfahrens in seiner Gesamtheit unabdingbar sind.

1. Gegenstand und Reichweite des Schiedsgutachtens

Als Schiedsgutachten wird die Entscheidung eines Dritten (oder mehrere Dritter wie im Falle der Schiedskommission), der nach vorgegebenen Maßstäben über das Rechtsverhältnis der Parteien entscheidet, ohne eine inhaltliche Überprüfung auf die sachliche Richtigkeit durch das Gericht völlig auszuschließen, verstanden[94]. Ein Schiedsgutachten dient folglich dem Zweck, zwischen den Parteien offene Fragen einer endgültigen Klärung zuzuführen[95]. Zahlreiche Versuche werden in der Literatur unternommen, Schiedsgutachten in Kategorien einzuordnen. Folgende Kategorisierung hat sich durchgesetzt[96]:

---

94 Wolf, § 317, Rz. 17; BGH WM 1981, 1056, 1057 = VersR 1981, 882

95 Gehrlein, VersR 1994, 1009; BGH NJW 1990, 1231 = WM 1990, 399. Die eigentliche Klärung (z.B. Schiedsvergleich oder Schiedsspruch) folgt allerdings dem Schiedsgutachten erst nach!

96 Andere Differenzierungsversuche gehen z.B. dahin, zwischen Schiedsgutachten im Weiteren und solchen im engeren Sinne zu unterscheiden, vgl. z.B. Rieble in Staudinger, § 317, Rz. 9

a) Das Schiedsgutachten zur Anpassung des Vertragsverhältnisses an veränderte Umstände (rechtsabänderndes oder rechtsgestaltendes Schiedsgutachten)

Beim rechtsabändernden oder rechtsgestaltenden Schiedsgutachten wird dem Dritten in der Regel die Aufgabe übertragen, die Geldleistung an eine seit dem Zeitpunkt des Vertragsschlusses eingetretene wesentliche Wertverschiebung zwischen Leistung und Gegenleistung auszugleichen. In diese Kategorie fällt beispielsweise auch die Ausfüllung einer Vertragslücke (z.B. offen gebliebener Preis)[97]. Für diese Fallgruppe ist die unmittelbare Anwendung der §§ 317 bis 319 BGB angebracht und berechtigt[98].

Beim Schiedsgutachten, welches von der Schiedskommission im Rahmen eines Schiedsstellenverfahrens erstellt wird, handelt es sich nicht um ein derartiges rechtsabänderndes bzw. rechtsgestaltendes Schiedsgutachten.

b) Das Schiedsgutachten zur Bestimmung einer Leistung (vertragsergänzendes Schiedsgutachten)

Dieser Typus des Schiedsgutachtens wird in Rechtsprechung und Literatur terminologisch nicht einheitlich bezeichnet[99]. Diese Art der Gutachten zielen auf die (verbindliche) Feststellung eines objektiv feststehenden, dem Unkundigen zwar verborgenen, dem Sachkundigen aber auffindbaren Leistungsinhalts[100]. Die Aufgabe des Sachverständigen entspricht der des Gerichts bei ergänzender Vertragsauslegung[101]. Das Leistungsbestimmungsrecht des Dritten erstreckt sich somit inhaltlich auf alle Fragen, die der vertraglichen Gestaltungsfreiheit der Parteien unterliegen[102].

---

m.w.N. Letztlich handelt es sich bei diesen Versuchen jedoch um reine Hermeneutik. Von der Sache her bestehen keine Differenzen. Grundlegend für die typologische Erfassung der schiedsgutachterlichen Funktionen ist ein Urteil des 2. Zivilsenats des Reichsgerichts vom 23.5.1919 geworden (RGZ 96, 57 ff.). Darin hat das Reichsgericht nach der Art der dem Schiedsgutachter übertragenen Aufgaben drei verschiedene Typen des Schiedsgutachtens unterschieden, nämlich das rechtsabändernde, das vertragsergänzende und das (Tatbestandselemente) feststellende Schiedsgutachten.

97 Vollkommer in Jauernig, § 317, Rz. 5; Battes in Erman, § 317, Rz. 5; Gehrlein in Bamberger/ Roth, § 317, Rz. 6

98 vgl. z.B. Wittmann, S. 36; Vollkommer in Jauernig a.a.O.; Rieble in Staudinger, § 317, Rz. 9, der zwar grundsätzlich eine andere Differenzierung vornimmt, diese Art der Schiedsgutachten aber in den unmittelbaren Anwendungsbereich der §§ 317 ff. BGB fallen lassen will.

99 z.B. auch „Schiedsgutachten im weiteren Sinne" nach BGH, LM Nr. 7 zu § 317 BGB; Nicklisch ZHR 136, 1 ff.; „rechtsbegründendes" oder „bestimmendes" Schiedsgutachten nach Habscheid, Festschrift für Lehmann, S. 792

100 Vollkommer in Jauernig, § 317, Rz. 6; Battes in Erman, § 317, Rz. 6; Gehrlein in Bamberger/ Roth, § 317, Rz. 7

101 Vollkommer, a.a.O.

102 Wittmann, 14

Das Schiedsgutachten der Schiedskommission ist auch kein vertragsergänzendes Schiedsgutachten. Schließlich zeichnet sich die Schiedskommission vor allem durch technische Fachkenntnis aus. Ergänzende Vertragsauslegung ist demgegenüber eine typisch juristische Methode zur Bestimmung des Leistungsinhaltes. Es wäre kaum verständlich, Schiedskommissionen mit hoher technischer Kompetenz juristisch orientierte Fragestellungen zu überantworten.

c) Das feststellende Schiedsgutachten

Als weitere Typen des Schiedsgutachtens haben sich das rechtsklärende und das Tatbestandselemente feststellende Schiedsgutachten herausgebildet[103]. Beide Arten werden auch unter dem Begriff des feststellenden Schiedsgutachtens im eigentlichen Sinne zusammengefasst[104].

Das rechtsklärende Schiedsgutachten hat seine Aufgabe darin, den vorhandenen Vertragsinhalt, der dem Unkundigen unklar ist, klarzustellen. Der Vertragsinhalt ist hier nämlich durch einen Sachkundigen objektiv bestimmbar[105]. Beim Tatbestandselemente feststellendem Schiedsgutachten hat der Schiedsgutachter demgegenüber gewisse Unterlagen und Tatsachen vermöge seiner Sachkunde zu beschaffen und festzustellen[106]. Diese Tatsachenermittlungen sollen für die Bestimmung einer Vertragsleistung erst mittelbar maßgebend sein und dafür die Grundlage bilden. Auf diese Art der Schiedsgutachten sollen nach hM die §§ 317 ff. BGB analog anwendbar sein[107].

Schiedsgutachten, welche von Schiedskommissionen im Rahmen des Verfahrens angefertigt werden, können als derartige feststellende Schiedsgutachten bezeichnet werden[108]. Die typische Funktion des Schiedsgutachtens beim Tatbestandselemente feststellenden Schiedsgutachten besteht also darin, Tatsachen festzustellen, zu deren Ermittlung besondere Sachkunde erforderlich ist[109]. Problematisch in diesem Zusammenhang ist die Frage, ob der Schiedsgutachter auch rechtliche Feststellungen treffen darf. Diese Frage ist für das Schiedsstellenwesen im Kfz-Handwerk praktisch deshalb so bedeutsam, weil die Schiedssprüche oftmals unter Zugrundelegung (auch) rechtlicher Erwägungen abgefasst

---

103 vgl. z.B. RGZ 96, 57; BGH WM 1968, 307 f.; BGH NJW 1974, 896 f.; Habscheid, Festschrift für Lehmann 798 ff.; Kornblum, Probleme, 97

104 Larenz, Schuldrecht Allgemeiner Teil, § 6 II b; Nicklisch, ZHR 136, 7

105 BGH WM 1968, 307 f.; BGH NJW 1974, 896; Kornblum, Probleme, 97

106 RGZ 96, 57 ff.

107 Vollkommer in Jauernig, § 317, Rz. 2, 7; Battes in Erman, § 317, Rz. 8, 9; Baumbach/Lauterbach/ Albers/Hartmann, Grundz. § 1025, Rz. 16; Gehrlein in Bamberger/Roth, § 317, Rz. 8.

108 LG Nürnberg-Fürth vom 30.1.1976, GewArchiv 1976, 336; AG Erlangen vom 10.6.1975, GewArchiv a.a.O.; LG Bielefeld vom 6.6.1984 (10 C 552/83); Wittmann, 43; Gottwald, NZV 2000, 6; Vollkommer in Jauernig, § 317, Rz. 7; Münch in Münchener Kommentar zur ZPO, vor § 1025, Rz. 25; Rieble in Staudinger, § 317, Rz. 10; Nicklisch, Festschrift für Bülow, 169

109 Wittmann, 42 m.w.N.; z.B. BGH NJW 1974, 396; wegweisend wohl RGZ 96, 57 (60)

werden und dies teilweise zu rechtlichen Problemen im Sinne einer Kompetenzüberschreitung führen kann[110].

Vollkommen gegen die Möglichkeit, Feststellungen auch rechtlicher Art treffen zu können wendet sich Kisch mit dem Argument, dass es im Wesen der Aufgabe des Schiedsgutachters liege, dass er niemals zu einer unmittelbaren Rechtsgestaltung gelangen kann[111].

Von der Rechtsprechung und dem überwiegenden Teil der Lehre wird jedoch dem Schiedsgutachter die Kompetenz zugesprochen, bestimmte Tatsachen unter Rechtsbegriffe zu subsumieren, rechtliche Tatbestandsvoraussetzungen festzustellen und sog. Vorfragen zu beurteilen, besonders dann, wenn die Beurteilung der Rechtsfrage gegenüber der Tatsachenfrage vorgreiflich ist[112]. Manche Autoren befürworten sogar eine Entscheidungskompetenz des Schiedsgutachters über den Anspruch selbst bzw. über das gesamte Rechtsverhältnis[113].

2. Bewertung der herrschenden Meinung in Bezug auf das Schiedsstellenverfahren

Die Diskussion um die Reichweite des Schiedsgutachtens und die für die h.M. schwierigen Abgrenzungsfragen zwischen „rechtlicher Vorfrage“ bzw. „Subsumtion bestimmter Tatsachen unter Rechtsbegriffe“ zu „überwiegend rechtliche Erwägungen“[114] erscheint dann unter einem anderen Licht, wenn man eine Differenzierung zwischen dem eigentlichen Schiedsgutachten und der (darauf folgenden) Schlichtung mit einer eventuellen autoritativen Entscheidung durch Schiedsspruch vornimmt. Denn die Erstellung des Schiedsgutachtens (das übrigens auch in einem Schiedsvergleich enthalten sein kann) und die darauf aufbauende Schlichtung unterliegen unterschiedlichen rechtlichen Anforderungen. Erkennt man von daher die hM an, aus der sich ergibt, dass der Schiedsgutachter auch rechtliche Vorfragen (mit bindender Wirkung!) beurteilen darf, dann kann unabhängig davon der Schiedskommission die Kompetenz von den Parteien zugesprochen werden, im Rahmen des Schiedsspruchs (nicht des Schiedsgutachtens!) darüber hinaus gehend rechtliche Erwägungen zu treffen und den Schiedsspruch damit (auch) zu begründen. Allerdings ist für das Gericht lediglich das Schiedsgutachten, nicht der Schiedsspruch bindend.

Hieraus ergeben sich zwar auch – wie offenbar ersichtlich wird – Abgrenzungsschwierigkeiten zwischen Schiedsgutachten und Schiedsspruch, die soweit führen können, dass eine klare Differenzierung gar nicht mehr möglich ist (wie weit reicht das

110 vgl. hierzu auch insbesondere das im Anhang befindliche Urteil des LG Bielefeld (Anlage 15)

111 Kisch, Schiedsmann, 98

112 BayObLG, NJW 1950, 909; BGH v. 18.2.1955 in NJW 1955, 665; BGHZ 48, 25 (29 f.); LG Frankfurt, NJW-RR 1988, 1132; BGHZ 9, 138; BGH v. 21.5.1975, NJW 1975, 1556; BGH NJW 1967, 1805 m.w.N.; Kurth, NJW 1990, 2038 ff.; Sieg, VersR 1965, 629 ff.

113 Habscheid, KTS 1957, 129; Wittmann, 164

114 vgl. zu dieser Diskussion beispielhaft die Entscheidungsgründe im Urteil des LG Bielefeld (Anlage 15)

Schiedsgutachten und wo beginnt der Schiedsspruch?). Aber auch die hM hat ein erhebliches Problem damit, zwischen „rechtlicher Vorfrage" und „überwiegend rechtlichen Erwägungen" zu differenzieren, wie sich aus den Entscheidungsgründen des Urteils des LG Bielefeld entnehmen lässt[115].

Folgt man jedoch Kisch, der rechtliche Erwägungen – und seien es auch nur rechtliche Vorfragen – vollkommen aus dem Anwendungsbereich des Schiedsgutachtens ausnehmen will, dann wird der Vorteil der Trennung in das Schiedsgutachten und (dem darauf aufbauenden) Schiedsvergleich oder Schiedsspruch sichtbar. Denn nun kann das Gericht klar zwischen dem eigentlichen Schiedsgutachten mit seiner Bindungswirkung und der Entscheidung der Schiedsstelle durch Schiedsspruch trennen, indem es nur die technischen, nicht die rechtlichen Erwägungen in die Bindungswirkung mit einbezieht. Eine derartige Sichtweise hätte zudem die Folge, dass sich das – in Rechtsfragen wohl kompetentere – Gericht nicht in seiner Entscheidungsfreiheit eingeschränkt sehen müsste. Es hat nämlich zumindest den Anschein, dass die Tendenz, den Schiedsstellenentscheidungen die Bindungswirkung abzusprechen auch darauf zurückzuführen ist, dass sich die Gerichte durch die Entscheidungen in ihrer Autorität eingeschränkt sehen, zumal sich die Bindungswirkung auch auf rechtliche Fragen erstrecken kann. Bezieht sich die Bindungswirkung demgegenüber lediglich auf die technischen Feststellungen, dann würde das Gericht darin keinen Eingriff in seine Kompetenz bzw. Autorität erblicken und hätte weniger Probleme, die Bindungswirkung zu akzeptieren. Von daher dürfte es vorzuziehen sein, Tatbestandselemente feststellende Schiedsgutachten (und die darauf aufbauende Feststellungswirkung!) auf die technischen Feststellungen zu beschränken.

Noch leichter würde sich die Rechtslage dann darstellen, wenn man das Schiedsstellenverfahren zu einem vorgerichtlichen Schlichtungsverfahren ohne Bindungswirkung „herabstufen" würde. Denn dann könnte das Gericht das Protokoll der Schiedsstellenverhandlung und die darin enthaltenen Feststellungen ähnlich einem Sachverständigenbeweis verwerten (Urkundenbeweis) bzw. sich hierüber eigene Sachkunde aneignen und aus diesem Grund Beweisanträge hinsichtlich desselben Beweisthemas ablehnen. Auch in diesem Fall könnten die entscheidungsrelevanten Tatsachen herausgefiltert und verwertet werden, ohne dass dabei das gesamte „Schiedsgutachten" unwirksam würde, wie dies bei einer Überschreitung des Kompetenzbereichs des Schiedsgutachtens durch „überwiegend rechtliche Erwägungen" im Schiedsgutachten der Fall ist[116].

---

115 vgl. Anlage 19

116 LG Bielefeld in Anlage 19. Möglicherweise würde in dem Fall, dass das Schiedsgutachtenverfahren auf ein normales außergerichtliches Vorverfahren ohne Bindungswirkung herabgestuft würde, die Abgrenzung zwischen technischen Feststellungen und der Schlichtung als solcher obsolet. Letztlich müsste hierzu allerdings der Parteiwille ausgelegt werden. Wünschenswert wäre in dieser Hinsicht eine klare (schriftliche) Vereinbarung. Dogmatisch betrachtet präsentieren sich die Mehrzahl der Schiedsstellenverfahren bereits jetzt als normale außergerichtliche Vorverfahren, deren Entscheidungen keine Bindungswirkung entfalten. Diese Tatsache muss in der Rechtspraxis Beachtung finden.

3. Die Bestimmung des Schiedsgutachtens in der Praxis

Entscheidend ist die präzise Bestimmung des Schiedsgutachtens in der Praxis. Die nachfolgenden Erörterungen beziehen sich also nur auf die Fallkonstellation, bei der tatsächlich eine Schiedsgutachtenvereinbarung zwischen dem Kunden und dem Werkstattbetreiber vorliegt bzw. ein Schiedsgutachten in rechtlich zulässiger Weise angefertigt wurde. Jedoch ist die Frage, ob überhaupt eine wirksame Schiedsgutachtenvereinbarung vorliegt, einzelfallabhängig zu beurteilen. Sollte keine derartige Vereinbarung zwischen den Parteien des Hauptvertrages (Reparaturvertrages) zustande gekommen sein bzw. auch sonst kein wirksames Schiedsgutachten angefertigt werden können, ist die Rechtslage einfacher zu beurteilen, da es allein im Rahmen der freien Beweiswürdigung dem Richter obliegt, sich über die sachverständigen Feststellungen im Rahmen eines Schiedsspruchs (oder Schiedsvergleichs) fachkundig zu machen. Eine echte Differenzierung „rechtliche Vorfragen" zu „überwiegend rechtliche Erwägungen" und weitere Probleme, die sich im Kontext mit Schiedsgutachten ergeben, müssen in diesen Fällen nicht weiter diskutiert werden.

Da jedoch in manchen Fällen wirksame Schiedsgutachtenvereinbarungen zustande kommen, die rechtsdogmatischen Hauptprobleme hier liegen und die Praxis den Vereinbarungen zwischen Kunde und Werkstatt auch die Bedeutung eines Schiedsgutachtenvertrages beimessen, soll der Fokus der rechtlichen Ausführungen auf diese Fallkonstellation gerichtet werden. In diesem Dritten Teil soll abschließend auch noch die Sachverständigenvereinbarung mit lediglich empfehlendem Charakter beleuchtet werden. Da die dogmatischen Hauptprobleme jedoch beim Schiedsgutachten liegen, bildet dieses auch den Schwerpunkt der Erörterungen im Dritten Teil. Dabei wird ausdrücklich betont, dass es in der Praxis eher selten vorkommen dürfte, dass im Rahmen eines Schiedsspruchs, eines Schiedsvergleichs oder eines bloßen Hinweises der Schiedsstelle ein Schiedsgutachten zu Stande kommt. Vielmehr wird davon auszugehen sein, dass das Zustandekommen eines Schiedsgutachtens die Ausnahme bildet. Aufgrund der rechtlich erheblichen Problematik soll jedoch anschließend auf diese (seltene) Konstellation näher eingegangen werden.

Um den praktischen Bezug sichtbar zu machen, wird hierfür auf konkrete Beispiele eingegangen, um so das Schiedsgutachten offen zu legen. Dabei wird eine Differenzierung in Vor- und Hauptverfahren vorgenommen. Im Hauptverfahren wird dann eine abermalige Unterscheidung zwischen der Konfliktbeendigung durch Schiedsspruch und einer solchen durch Schiedsvergleich durchgeführt.

a) Das Schiedsgutachten im Vorverfahren/Zwischenverfahren

Da das Vorverfahren wenig transparent ist und hierüber in der Regel keine schriftlichen Aufzeichnungen vorliegen, ist es schwierig, eine Aussage darüber zu treffen, ob bereits im Vorverfahren Schiedsgutachten erstellt werden und wenn ja, wo diese genau zu finden sind. Zunächst muss vorausgeschickt werden, dass die mangelnde (schriftliche) Form rechtlich keinen Hinderungsgrund darstellt, da Schiedsgutachten keinem bestimmten Formzwang unterliegen[117]. Ausgeschlossen erscheint die Erstellung eines Schiedsgutachtens im Vorverfahren nach § 4 Abs. 1 MuGVO. Hier findet lediglich eine formale Prüfung statt.

Aus § 4 Abs. 2 MuGVO kann sich jedoch ergeben, dass im Vor- bzw. Zwischenverfahren bereits ein Schiedsgutachten angefertigt wird[118]. Dies ist jedoch prinzipiell zu verneinen. Zum einen hat die Geschäftsstelle nicht die technische (und rechtliche!) Kompetenz, den Fall korrekt zu beurteilen. Die Parteien wollen zudem auch nicht, dass die Geschäftsstelle, welche eben diese Fachkompetenz erkennbar nicht besitzt, ein Schiedsgutachten „anfertigt". Diese Autorität soll nach dem Parteiwillen lediglich der (kompetenten) Schiedskommission zustehen. Außerdem besteht im Gegensatz zu den anderen Typen beim feststellenden Schiedsgutachten die Funktion des Schiedsgutachters darin, bestimmte Tatsachen zu ermitteln und sie gegebenenfalls rechtlich zu bewerten. Der Schiedsgutachter hat also die in Betracht kommenden fachwissenschaftlichen Methoden anzuwenden, um zu richtigen Feststellungen zu gelangen[119].

Zu all dem ist die Geschäftsstelle jedoch nicht in der Lage. Dies wissen die Parteien und wollen daher der Geschäftsstelle nicht die Aufgabe übertragen, ein Schiedsgutachten anzufertigen. Auf die (dennoch) große praktische Bedeutung des Vorverfahrens wird im Laufe der Arbeit noch eingegangen.

b) Das Schiedsgutachten im Hauptverfahren

Das Hauptverfahren endet entweder mit einem Schiedsspruch oder einem Schiedsvergleich, §§ 6, 7 MuGVO. Zunächst wird untersucht, wo das Schiedsgutachten im Falle eines Schiedsspruchs liegt.

aa) Die Bestimmung des Schiedsgutachtens unter der Voraussetzung der Beendigung des Verfahrens durch einen Schiedsspruch

Nach § 7 Abs. 1 MuGVO kann die Schiedskommission die Sache aufgrund eigener Sachkunde entscheiden. Gemäß § 7 Abs. 2 MuGVO ist der Schiedsspruch schriftlich abzufas-

---

117 Rieble in Staudinger, Rz. 8 ff.; Albers in Baumbach/Lauterbach/Albers/Hartmann, Grundz. § 1025, Rz. 16. Im Übrigen ergibt sich auch nichts aus dem Gesetz hinsichtlich eines etwaigen Formzwangs für Schiedsgutachten.

118 vgl. den Wortlaut in § 4 Abs. 2 MuGVO:"...Erfolgt innerhalb von vier Wochen keine Einigung, ...". Daraus kann geschlossen werden, dass die Geschäftsstelle aufgrund eigenständiger Initiative versucht, die Konfliktparteien bereits in diesem Verfahrensstadium zu einer Einigung zu bewegen. Dabei könnte an die Abgabe technischer Erklärungen seitens der Geschäftsstelle gedacht werden.

119 Wittmann, 45

sen und zu begründen. Die technischen Ausführungen der Schiedskommission müssten demnach regelmäßig schriftlich fixiert werden[120].

So finden die von der Schiedskommission festgestellten Tatsachen gegebenenfalls auch im Rahmen einer gerichtlichen Auseinandersetzung Beachtung. Aus der Begründung des Schiedsspruchs lässt sich daher das Schiedsgutachten entnehmen.

Diese Ausführungen gehen jedoch selten in die Tiefe. Aus dem Spruch der Schiedskommission der Innung des Kfz-Handwerks Oberfranken vom 7.2.2002[121] geht beispielsweise folgendes hervor:

- Der bloße Schiedsspruch enthält keinerlei technische Feststellungen. Diese ergeben sich vielmehr erst im Zusammenhang mit dem Vergleichsvorschlag, welcher gleichfalls protokolliert wurde.
- Als technische Feststellungen könnten festgehalten werden:
- Die Schweißarbeiten am Rahmen, die im Kostenvoranschlag aufgeführt sind, haben sich als nicht notwendig erwiesen.
- Die Schweißnähte wurden nicht versiegelt, wodurch nunmehr Rostansatz vorliegt.

In diesem Fall sind die technischen Feststellungen der Schiedskommission also relativ problemlos zu eruieren.

Die technische Feststellung besagt im Falle der Schiedsstelle Oberfranken[122] eindeutig, dass „der Schalldämpfer funktionstüchtig ist". Problematischer ist dabei jedoch die zweite Feststellung der Schiedskommission, nämlich dass „ein Verschulden des Antragsgegners nicht nachzuvollziehen ist". Bezüglich der Beurteilung der Verschuldensfrage handelt es sich um keine technische Feststellung mehr, vielmehr um eine Frage der juristischen Subsumtion bzw. Auslegung. Allerdings kann die Feststellungsmacht des Schiedsgutachters auch die Subsumtion und Beurteilung rechtlicher Vorfragen mit umfassen[123]. Hierunter kann auch die Beurteilung des Verschuldens fallen[124].

Letztlich wird man dem nicht zustimmen können. Zwar ist es nicht zu beanstanden, wenn die Schiedskommission auch rechtliche Vorfragen mit beurteilt, um so beispielsweise den Schiedsspruch plausibler zu machen. Dieser Konstellation dürfte auch die Beurteilung der Verschuldensfrage zuzuordnen sein. Allerdings darf die Feststellungsmacht nicht so weit gehen, dass das Gericht an die rechtlichen Beurteilungen der Schiedsstelle gebunden wird. Sofern rechtliche und technische Feststellungen so weit miteinander verschmelzen, dass sie kaum mehr voneinander trennbar sind, findet keinerlei Bindung des

---

120 Allerdings ist dies nach dem Wortlaut des § 7 Abs. 2 MuGVO nicht zwingend. Von daher wäre es, um eine entsprechende Präjudizwirkung vor Gericht zu erreichen und auch – und zwar vor allem – um eine klare Trennung vornehmen zu können, sinnvoll, § 7 Abs. 2 Satz 4 MuGVO folgendermaßen zu ergänzen: „Jede Partei erhält eine Ausfertigung des Schiedsspruchs, inklusive eventuell vorhandener Gutachten." Durch eine derartige Formulierung wären auch Sachverständigengutachten mit lediglich empfehlendem Charakter mit umfasst.

121 vgl. Anlage 15

122 vgl. Anlage 14

123 Heinrichs in Palandt, § 317, Rz. 6; BGH 9, 138/144; BGH NJW 75, 1556.

124 Vollkommer in Jauernig, § 317, Rz. 7.

Gerichts statt. Wenn allerdings die Feststellungen leicht auseinander gehalten werden können, dann müssen für die technischen Feststellungen §§ 317 ff. BGB analog gelten; die rechtlichen Ausführungen müssen vom Gericht demgegenüber nicht beachtet werden[125]. Auch die Durchsicht anderer Schiedssprüche führte zu keinem anderen Ergebnis.

So kann beispielsweise dem Schlichtungsspruch der Schlichtungsstelle Bremen[126] als eindeutige technische Feststellung die „Dichtigkeit und Funktionsfähigkeit des Kühlers" entnommen werden. Demgegenüber sind die Ausführungen der Schlichtungsstelle Bremen zur Beweiserbringung bzw. Beweislastverteilung rein rechtlicher Natur. Die Schlichtungsstelle ist zwar durchaus befugt, derartige Erwägungen bei der Abfassung des Schlichtungsspruches in die Entscheidung mit einfließen zu lassen. Das Gericht wäre hieran jedoch nicht gebunden, da es sich um rechtliche, nicht um technische Erwägungen handelt[127].

Im Rahmen von Schiedssprüchen sind daher die technischen Feststellungen offenbar relativ problemlos nachzuvollziehen. Etwas anderes gilt möglicherweise für die praktisch bedeutsameren Schiedsvergleiche.

---

125 Insoweit LG Bielefeld vom 6.6.1984 (10 C 532/83). Hier hatte die Schiedsstelle auch rechtliche Ausführungen getroffen, die sich allerdings leicht von den technischen Feststellungen trennen ließen (Werklohnanspruch und Erfüllungsgehilfe). Daraus entnahm das LG Bielefeld keinerlei Bindungswirkung hinsichtlich der rechtlichen und technischen Erwägungen der Schiedsstelle. Vielmehr folgerte das LG Bielefeld aus diesem Grund, dass das gesamte Schiedsgutachten unwirksam sei. Dieses Urteil (vgl. Anlage 19) ist in der Tat nicht leicht einzuordnen. Offenbar gesteht das LG Bielefeld der Schiedsstelle nämlich durchaus die Befugnis zu, sich zu rechtlichen Vorfragen zu äußern. Sobald jedoch die rechtlichen Erwägungen im Vordergrund stünden, sei das gesamte Schiedsgutachten unwirksam. Es dürfte in der Praxis sehr schwer sein, zwischen „rechtlichen Vorfragen" und „überwiegenden rechtlichen Erwägungen" zu trennen. Pragmatischer und auch unter rechtsstaatlichen Gesichtspunkten vorzugswürdiger erschiene es, der Schiedsstelle grundsätzlich auch die Befugnis zuzugestehen, rechtliche Ausführungen zu treffen; schließlich ist der Vorsitzende der Kommission auch Jurist und besitzt von daher entsprechende Kompetenz. Eine „Bindung" des Gerichts – sofern diese überhaupt gewollt ist! – dürfte aber nur bezüglich der getroffenen technischen Feststellungen erfolgen. Eine Differenzierung zwischen technischen und rechtlichen Fragen erscheint allemal leichter als eine Differenzierung zwischen „rechtlichen Vorfragen" und „überwiegenden rechtlichen Erwägungen".

126 vgl. Anlage 17

127 In der Praxis hätte die hM, welche dem Schiedsgutachter die Kompetenz zugesteht, auch „rechtliche Vorfragen" mit zu entscheiden, hier ein konkretes Problem. Handelt es sich bei den Ausführungen zur Beweislastverteilung um „rechtliche Vorfragen" oder sind dies bereits „hauptsächlich rechtliche Erwägungen", an die das Gericht nicht gebunden ist, die vielmehr den gesamten Schlichtungsspruch bzw. besser das gesamte Schiedsgutachten unwirksam machen (vgl. hierzu in der Anlage das erwähnte Urteil des LG Bielefeld, welches genau diese Konsequenz zieht)? Folgt man dagegen der Auffassung, dass das Schiedsgutachten nur technische Feststellungen, nicht aber rechtliche Erwägungen enthalten darf (im Gegensatz zum Schiedsspruch!), dann fällt die Differenzierung erkennbar leichter. Die Funktionsfähigkeit des Kühlers ist als technische Feststellung vom Gericht in einem etwaigen Folgeprozess zu beachten, während das Gericht an die Erwägungen der Schlichtungsstelle zur Beweislastverteilung nicht gebunden wäre, da es sich hierbei um rechtliche Erwägungen handelt.

bb) Die Bestimmung des Schiedsgutachtens unter der Voraussetzung der Beendigung des Verfahrens durch einen Schiedsvergleich

Diffiziler stellt sich die Beurteilung der Frage, wo genau das Schiedsgutachten bei einem Schiedsvergleich liegt, dar. Die größere Schwierigkeit ergibt sich aus § 6 MuGVO, wonach – im Vergleich zu 7 MuGVO – lediglich der Vergleichstext protokolliert werden muss. Ein Begründungszwang ist hier also nicht vorgesehen. Dies wirkt sich auch auf die nachprüfbaren technischen Feststellungen, also das Schiedsgutachten aus.

(1) Rechtliche Zulässigkeit der Erstellung von Schiedsgutachten bei Abschluss des Verfahrens durch Schiedsvergleich

Bevor konkrete Beispielsfälle geschildert werden, welche dieses Problem verdeutlichen, stellt sich die darüber hinaus reichende Frage, ob Schiedsgutachten im Rahmen von Schiedsvergleichen rechtlich zulässig sind. Gegen die rechtliche Zulässigkeit eines Schiedsgutachtens im Rahmen eines Schiedsvergleichs bestehen prinzipiell keine Einwendungen. Vielmehr wird das Schiedsgutachten gerade deswegen erstellt, um die Parteien zu einem Vergleich zu bewegen. Dies ergibt sich aus der MuGVO, welche eine gütliche Einigung zum primären Ziel des „Schiedsgutachterverfahrens"erklärt[128].

Gerade wegen der eher summarischen Ermittlung des Tatbestandes und damit der einzelnen Beweisfragen wird die Sachlage im Einzelfall oft nicht eindeutig sein. Ein Vergleich ist in dieser Lage für beide Parteien akzeptabel[129]. Bestimmte technische Feststellungen, die möglicherweise nur teilrelevant im Falle einer rechtlichen Auseinandersetzung sind, können dennoch im Vergleichsprotokoll festgehalten werden. Schiedsgutachten im Rahmen von Schiedsvergleichen sind daher zulässig.

(2) Nutzen eines Schiedsgutachtens bei Abschluss des Verfahrens durch Schiedsvergleich

Zu klären bliebe, ob Schiedsgutachten im Rahmen von Schiedsvergleichen auch sinnvoll sind. Durch den Vergleich wird ein Streit oder eine Ungewissheit über ein Rechtsverhältnis im Wege gegenseitigen Nachgebens beseitigt, vgl. § 779 Abs. 1 BGB. Insofern hat also der Vergleich auch (vor allem) eine „Befriedungsfunktion".

Demgegenüber besteht die typische Funktion des Schiedsgutachters darin, Tatsachen festzustellen, zu deren Ermittlung besondere Sachkunde erforderlich ist[130]. Das Schiedsgutachten selbst hat also im weiteren Sinne auch eine Befriedungsfunktion, nämlich in-

128 vgl. hierzu den Wortlaut der Überschrift von Ziff. XI der Kfz-Reparaturbedingungen oder § 1 Abs. 1 lit.b MuGVO; vgl. hierzu auch die angesprochene Differenzierung zwischen Schlichtungs- und Schiedsgutachtenvereinbarung.

129 Miletzki, 52

130 Wittmann, 44

soweit es Tatsachen feststellt und die Parteien damit über ihre Chancen in einer etwaigen rechtlichen Auseinandersetzung aufklärt.

Die Funktionen des Vergleichs und des Schiedsgutachtens sind sich also ähnlich. Man kann sagen, dass das Schiedsgutachten oftmals die Grundlage für den Einstieg in Verhandlungen bietet, die dann in einer Einigung bzw. einem Vergleich enden[131]. Der Vergleich kann jedoch unter bestimmten Umständen unwirksam sein, § 779 Abs. 1 BGB. Von daher ist es aus Beweisgründen zu befürworten, die technischen Feststellungen in den Vergleichstext mit einfließen zu lassen. Auch aus Gründen der Verfahrenstransparenz ergibt sich, dass eine Aufnahme der technischen Feststellungen zu befürworten ist. Der Mehraufwand ist – wie sich auch aus den anderen Beispielen der Schiedssprüche ergibt – gering, der Nutzen zumindest insofern groß, als dass hierdurch dem Vorwurf etwaiger Manipulationen in diesem Verfahrensstadium zumindest zum Teil entgegengewirkt werden kann.

Wie sieht es nun in der Praxis aus? Als Beispiel hierfür soll der Schiedsvergleich vor der Schiedsstelle Oberfranken vom 17.1.2002 und derjenige der Schiedsstelle in Nürnberg vom 16.1.1998 dienen[132]. Technische Feststellungen werden seitens der Schiedsstelle Oberfranken nicht getroffen, lediglich die Modalitäten der Einigung zwischen den Parteien festgehalten.

Wie sich aus dem Schiedsspruch der Kommission vom 7.2.2002 und aus dem Schiedsvergleich der Schiedsstelle in Nürnberg ergibt[133], kann ein Vergleichsvorschlag jedoch durchaus auch unter Zugrundelegung der technischen Feststellungen erfolgen. Hätte der Fall der Schiedsstelle Oberfranken als Schiedsvergleich geendet, dann wären die technischen Feststellungen möglicherweise nicht in den Vergleichstext aufgenommen worden, obwohl sie Grundlage des Vergleichsvorschlags waren. Nur weil sich die Parteien über die Zahlungsmodalitäten nicht einig wurden, hat die Kommission eine Entscheidung über einen Schiedsspruch herbeigeführt. Eben nur deshalb sind die technischen Feststellungen schließlich im Protokoll festgehalten worden, vgl. § 7 Abs. 2 Satz 1 MuGVO.

Ein anderes Bild als der Vergleich der Schiedsstelle Oberfranken bietet der Vergleich der Schiedsstelle Nürnberg vom 16.1.1998. Im Rahmen dieses Vergleichs werden durchaus auch technische Feststellungen getroffen[134]. Teilweise basiert die unterschiedliche

---

131 Hager, 107. Durch das Gutachten wird nur ein Punkt eines Konflikts geklärt, der Konflikt als ganzes dagegen nicht erledigt. Diese Erledigung folgt vielmehr der technischen Klärung des Sachverhalts.

132 vgl. hierzu Anlagen 13 und 16

133 vgl. hierzu Anlagen 15 und 16. Dieser Vergleich wurde zwar von der Schiedsstelle für das Gebrauchtwagengeschäft initiiert; dies ist jedoch im gegebenen Kontext ohne erkennbare Relevanz, da diesbezüglich die Rechtslage identisch ist.

134 vgl. den Passus:"... schaute sich die Schiedskommission das streitgegenständliche Fahrzeug im Hof der Kfz-Innung an. Dabei wurde eine noch vorhandene Beschädigung an der Marke (vorn unter der Motorhaube) und eine schlechte Passung des linken vorderen Klappscheinwerfers

Handhabung auf einer unterschiedlichen Auslegung der jeweiligen Verfahrensordnung, teilweise auch (und dies dürfte wohl die Regel sein) auf der „üblichen Praxis“ der jeweiligen Schiedsstelle[135].

(3) Gestaltungsvorschlag

Es wäre zu begrüßen, die MuGVO dahin gehend zu ergänzen, auch im Falle eines Schiedsvergleichs die technischen Feststellungen in den Vergleichstext einfließen zu lassen. Dies ist zum einen aus Beweisgründen (im Einzelfall), zum anderen aus Gründen einer „besseren Kontrolle“ des Verhaltens der Schiedskommission zweckmäßig. Letztlich dient es auch dem Ruf der Schiedsstellen, da hierdurch mehr Transparenz geschaffen und der Vorwurf der Verheimlichung von Tatsachen bzw. der Schaffung einer „Geheimjustiz“ entkräftet wird.

4. Die rechtliche Wirkung des Schiedsgutachtens

a) Die Feststellungswirkung des Schiedsgutachtens

Das Schiedsgutachten äußert primär die Wirkung, dass die Gerichte hinsichtlich der festgestellten Tatsachen gebunden sind[136]. Eine abweichende Beurteilung durch das Gericht kommt nur dann in Betracht, wenn das Gutachten offenbar unrichtig ist[137]. Die rechtsdogmatische Erfassung dieser Bindungswirkung leitet sich primär aus vertraglichen Beziehungen ab, wobei sich die materiellrechtliche und die prozessuale Sichtweise gegen-

---

festgestellt. Des Weiteren waren neben der Motorhaube und dem Frontteil auch die beiden vorderen Kotflügel nachlackiert.“

135 Zu unterstreichen bleibt, dass natürlich auch dann, wenn keine schriftliche Fixierung der technischen Feststellungen im Vergleichsprotokoll erfolgt, ein Schiedsgutachten vorliegen kann. Denn ein solches unterliegt keinem Formzwang. Im Falle einer rechtlichen Überprüfung eines vor der Schiedskommission geschlossenen Vergleichs erlangt die Formfrage jedoch insbesondere aus Beweisgründen Bedeutung. Die rechtliche Bedeutung eines Schiedsgutachtens bei der Anfechtung eines Schiedsvergleichs wird noch erörtert werden.

136 ständige Rspr., vgl. z.B. RGZ 96, 57 ff.; BGHZ 9, 195 ff.; BGHZ 12, 343 ff.; BGH LM Nr. 10, § 319 BGB; BGH WM 1964, 1239 ff.; für Schiedsstellen des Kfz-Gewerbes LG Nürnberg-Fürth, GewArchiv 1976, 336; AG Erlangen, GewArchiv 1976, 336; aus der Lit. Habscheid, Festschrift für Lehmann, 310; Nicklisch, ZHR 136, 9; Baumbach/Lauterbach/Albers/Hartmann, Grundz. § 1025, Rz. 17; Gottwald, NZV 2000, 6; Gehrlein, VersR 1994, 1009 (1011); Larenz, SchuldR AT, Erster Band, 79; Nicklisch, Festschrift für Bülow, 173

137 Da der Schiedsgutachter keine Leistungsbestimmung trifft, sondern Tatsachen festzustellen hat, kommt es für die Wirksamkeit des Gutachtens nicht auf eine offenbare Unbilligkeit, sondern auf die Unrichtigkeit an, Gottwald NZV 2000, 6; weitere Nachweise: Rieble in Staudinger, § 319, Rz. 15 ff.; Nicklisch, Festschrift für Bülow, 173; Larenz, SchuldR AT, 79; Wolf in Münchener Kommentar, § 319, Rz. 16; Gehrlein, a.a.O.;ausführlich Wittmann, S. 49 ff.; BGH NJW 1988, 506; für Schiedsgutachten im Kfz-Handwerksbereich LG Nürnberg-Fürth a.a.O.; AG Erlangen a.a.O.; LG Bielefeld vom 6.6.1994 , 10 C 552/83 (Anlage)

über stehen. Je nachdem, welcher Theorie man folgt, kommt man zu unterschiedlichen Ergebnissen insbesondere hinsichtlich der Ausgestaltung des Verfahrens bzw. der Gewährleistung bestimmter Verfahrensprinzipien.

Was die Bindung des Gerichts an die im Schiedsgutachten getroffenen Feststellungen anbelangt, gehen beide Meinungen jedoch übereinstimmend davon aus, dass eine derartige Bindung bis zur Grenze der offenbaren Unrichtigkeit stattfindet. Aus dieser Wirkung des Schiedsgutachtens ergeben sich nicht unerhebliche verfassungsrechtliche und zivilprozessuale Bedenken. Diese werden nachfolgend diskutiert.

aa) Verfassungsrechtliche Bedenken gegen die Feststellungswirkung des Schiedsgutachtens

Da Schiedsgutachten aufgrund ihrer Feststellungswirkung unter den Parteien die Wirkung haben, die richterliche Nachprüfbarkeit auf offenbare Unrichtigkeit zu beschränken (s.u.), wird teilweise eine Unvereinbarkeit mit der rechtsstaatlich fundierten Verfassungsgarantie eines umfassenden und effektiven richterlichen Privatrechtsschutzes angenommen[138]. Unabhängig von den ausdrücklich im Grundgesetz enthaltenen Richtervorbehalten wird vertreten, Art. 92 GG enthalte einen allgemeinen selbständigen Richtervorbehalt für den gesamten Bereich der rechtsprechenden Gewalt, der die Anwendung der Art. 20 Abs. 2, 97 und 98 GG auch auf privatrechtliche Streitigkeiten erzwinge[139].

Es existieren allerdings – außer Art. 92 GG! – keine ausdrücklichen Regelungen (verfassungs- oder auch nichtverfassungsrechtlicher Natur), welche das Rechtsprechungsmonopol des Staates in den Rang eines allgemein gültigen Prinzips erheben[140]. Zwar ist der Gedanke des Rechtsprechungsmonopols des Staates schon sehr alt[141]; sowohl die Rechtsetzungs- als auch die Rechtsprechungsmonopoltheorien stimmen auch insofern mit der rechtlichen Wirklichkeit überein, als sie die besondere Autorität und den besonderen Geltungsanspruch, die mit staatlichen Rechtsetzungs- bzw. Rechtsprechungsakten verbunden sind, diesen ausschließlich vorbehält. Dagegen zeigen auf der einen Seite (Rechtsetzungsmonopol!) Beispiele wie das Gewohnheitsrecht, die Tarifverträge und die Allgemeinen Geschäftsbedingungen, auf der anderen Seite (Rechtsprechungsmonopol!) Beispiele wie die Schieds- und z.B. auch die Schiedsgutachtentätigkeit, dass es minder autoritative Äußerungen privater bzw. gesellschaftlicher Funktionsträger im Anwendungsbereich beider Theorien stets gegeben hat und auch weiterhin geben wird[142].

Letztlich kann diese Diskussion eingeordnet werden in die Definition des Begriffs „anvertraut“ in Art. 92, 1. Halbsatz GG. Hierbei gibt es zwei grundsätzliche Meinungen.

---

138 Dütz, Gerichtsschutz, 250 ff.; Westermann, Die Verbandsstrafgewalt und das allgemeine Recht; Lorenz, Der Rechtsschutz des Bürgers und die Rechtsweggarantie

139 Maunz / Dürig / Herzog, Art. 92 GG, Rz. 41

140 so aber eben Dütz, der Art. 92 GG ein Rechtsprechungsmonopol des Richters entnimmt (201)

141 Maunz/Dürig/Herzog, Art. 92, Rz. 154

142 Maunz/Dürig/Herzog, a.a.O.

Die eine Meinung besagt, dass Art. 92, 1. Halbsatz GG lediglich erfordere, dass der Richter das letzte Wort haben müsse[143]. Die andere Meinung will dem Richter nicht nur das letzte, sondern auch das erste Wort zuweisen[144]. Letzteres dürfte, bezogen auf die private Gerichtsbarkeit, nicht haltbar sein. Die zitierten Entscheidungen befassen sich nämlich mit der Frage, ob Entscheidungen anderer staatlicher Institutionen als Gerichte als Rechtsprechung im Sinne von Art. 92 GG angesehen werden können[145]. Was die Beilegung von Streitigkeiten auf privatrechtlicher Ebene anbelangt, so ist es schon schwierig zu bestimmen, „wo das erste Wort beginnt"[146]. Allerdings können auch Schiedskommissionen aufgrund ihrer Zusammensetzung als „halbstaatliche" Organisationen angesehen werden, für die bei einer derartigen Sichtweise dann – auch unter dem Gesichtspunkt der Gewaltenteilung – andere Prinzipien gelten[147].

Wie sich aus der Organisation der Schiedskommission ergibt, so ist zumindest der Vertreter der Kfz-Innung als dem öffentlichen Recht zugehörig anzusehen[148]. Unabhängig davon, ob die Schiedskommission aufgrund ihrer „Teil-Staatlichkeit" gänzlich dem staatlichen Bereich oder dem privaten Bereich zugeordnet werden muss, wofür z.B. die zahlenmäßige Mehrheit privater Institutionen in der Kommission spricht, bestehen aus folgenden Gründen gegen die verfassungsmäßige Zulässigkeit im Hinblick auf Art. 92 GG und dem Gedanken des Rechtsprechungsmonopols auch in Bezug auf „das erste Wort" keine Bedenken: Nach BverwG[149] kommt es für die Frage der verfassungsmäßigen Zulässigkeit

143 BGH, Urt. vom 21.4.1959, NJW 1959, 1230; Bettermann, NJW 1957, 1497

144 BGH, Urt. vom 14.12.1966, JR 1967, 184; BverwG, Urt. vom 13.6.1959, NJW 1959, 1507, 1508

145 z.B. im BverwG-Urteil vom 13.6.1959 mit der Frage, ob die Entscheidung des Deutschen Patentamts als Rechtsprechung im Sinne von Art. 92 GG anzusehen ist.

146 Beginnt „das erste Wort" bereits bei einem divergierenden Zwiegespräch, bei dem versucht wird, den Streit zu regeln oder beim Versuch der Schlichtung durch eine dritte Person, sei es ein Bekannter, ein Mediator, Schlichter o.ä.? Es kann wohl nicht im Sinne des Grundgesetzes liegen, jeden privaten Konflikt bereits insofern zu „verstaatlichen", als dass den Konfliktparteien die Möglichkeit genommen wird, den Streit eigenverantwortlich beizulegen. Auch die jüngsten staatlichen Aktivitäten zielen mehr auf eine Konfliktlösung durch private als durch staatliche Institutionen, vgl. z.B. § 15a EGZPO. Micklitz in „Privatisation of access to justice and soft law" spricht sogar von der Erforderlichkeit eines Wettbewerbs zwischen den privaten und den staatlichen Formen der Konfliktlösung. Dabei führt er aus: „The idea is that there must be competition in access to justice. Such a concept is not realisable without breaking the monopoly of the judiciary". Diese Meinung liegt auch im Trend der zunehmenden Popularität sog. ADR-Verfahren (alternative dispute resolution). Eine derart breit angelegte Diskussion wäre ohne verfassungsrechtliche Grundlage in Deutschland gar nicht denkbar. Die These vom „ersten Wort" ist von daher zumindest auf private Konfliktlösungsinstitutionen übertragen nicht haltbar.

147 vgl. zur Struktur der Schiedskommission oben Zweiter Hauptteil, Zweiter Teil, II. 2.

148 vgl. § 53 HandwO, wonach die Handwerksinnung eine Körperschaft des öffentlichen Rechts ist. Im Übrigen sind auch die Handwerkskammern gemäß § 90 Abs. 1 HandwO Körperschaften des öffentlichen Rechts. Der Vorsitzende der Schiedskommission ist oftmals ein Jurist der Handwerkskammer.

149 NJW 1959, 1507

sigkeit rechtsprechender Tätigkeit außerhalb der „klassischen Gerichtsbarkeit" allein darauf an, „ob Aufgaben und institutionelle Gestaltung eines Organs den von den rechtsstaatlichen Anschauungen des Grundgesetzes aus an ein Gericht zu stellenden Anforderungen entsprechen"[150].

Nach § 54 Abs. 3 Nr. 3 HandwO bzw. § 91 Abs. 1 Nr. 11 HandwO können Innungen und Handwerkskammern Einrichtungen zur Vermittlung von Streitigkeiten zwischen den Innungsmitgliedern bzw. selbständigen Handwerkern und ihren Auftraggebern schaffen. Dabei steht es den Innungen frei, die Verfahren mehr oder weniger zu formalisieren[151]. Der Gesetzgeber weist hier also ausdrücklich den Körperschaften die Möglichkeit zu, „rechtsprechende Gewalt" auszuüben in Form der Verbraucherschlichtung. Verneint man die verfassungsrechtliche Zulässigkeit dieser Aufgabenzuweisungsnorm, so spricht doch gegen eine mit den Gerichten vergleichbare Tätigkeit die Tatsache, dass Schiedsstellen lediglich dem Gedanken der „Billigkeit" und nicht dem der „formellen und materiellen Gerechtigkeit" verpflichtet sind, wie sich auch aus § 319 BGB ergibt[152].

Zwar entspricht die Ausgestaltung des Schiedsstellenverfahrens nach der MuGVO einer Art „mini-trial". Das ändert jedoch nichts daran, dass die grundsätzliche Orientierung an der Billigkeit eine derart klare Unterscheidung zwischen der „klassischen Gerichtsbarkeit" und dem Schiedsstellenwesen zulässt, dass es zu einer Kollision mit Art. 92 GG nicht kommen kann, selbst wenn man die Schiedskommission dem öffentlichen Recht zuordnet und die Quelle des Prinzips des Rechtsprechungsmonopols auch in Bezug auf „das erste Wort" in Art. 92 GG erblickt[153]. Das alleine sagt jedoch noch nichts über die grundsätzliche verfassungsrechtliche Zulässigkeit von branchengebundenen Schiedsstellenverfahren aus. Letztlich kann über die Zulässigkeit derartiger Verfahren nur die Interpretation des Begriffs „rechtsprechende Gewalt" entscheiden. Definiert man nämlich auch die Tätigkeit der Schiedsstellen in diesem Sinne, dann liegt ein Verstoß gegen wesentliche rechtsstaatliche Prinzipien, welche im Schiedsstellenverfahren keine Beachtung finden, zumindest nahe. Unabhängig von den bereits diesbezüglich geäußerten Bedenken, die sich auf eine historische und eine grammatische Auslegung des Art. 92 GG stützen, wird Art. 92 GG von der hM in einem materiellen Sinne verstanden[154].

Allerdings besteht unter den Anhängern dieser materiellen Sichtweise keine einheitliche Definition des Begriffs „rechtsprechende Gewalt"[155]. Weit gehende Einigkeit besteht

150 BVerwG, NJW 1959, 1507

151 Aberle, § 54 HandwO, Rz. 31

152 Micklitz in Wilhelmsson/Hurri, 525, spricht von „equity instead of justice".

153 Noch einmal sei betont, dass es nicht die Meinung des Verfassers widerspiegelt, Art. 92 GG enthalte ein materielles Gebot des Rechtsprechungsmonopols auch in Bezug auf „das erste Wort".

154 Preibisch, 89 mit Verweis auf BverfGE 22, 49 und andere Nachweise; eine andere Meinung in der Literatur gibt Art. 92 GG den Charakter einer reinen Organisationsnorm, z.B. Bleibtreu/ Klein, Art. 92, Rz. 19

155 Preibisch, 90 nennt dabei drei „Hauptströmungen". Die eine definiere Rechtsprechung als „verselbständigten Anspruch dessen, was in Anwendung des geltenden Rechts auf einen konkreten

jedoch darüber, dass die Entscheidung von bürgerlichen Rechtsstreitigkeiten vermögensrechtlicher Art Rechtsprechung im Sinne des Art. 92 GG sei[156]. Danach könnten Schiedssprüche durchaus als rechtsprechende Gewalt angesehen werden. Damit ist zwar noch kein Verstoß gegen Art. 92 GG impliziert; die Verfahren müssen jedoch gewissen rechtsstaatlichen Anforderungen entsprechen[157].

Es liegt jedoch näher, dem Begriff der rechtsprechenden Gewalt im Sinne des Art. 92 GG keinen eigenständigen Inhalt beizumessen, sondern diesen aus den in anderen Verfassungsvorschriften und förmlichen Gesetzen enthaltenen Rechtsweggarantien und Richtervorbehalten zu gewinnen[158]. Da es sich bei diesen Rechtsweggarantien und Richtervorbehalten ausnahmslos um solche zu Gunsten öffentlicher, d.h. unmittelbar oder jedenfalls mittelbar staatlicher Gerichte handelt, ist die Schlussfolgerung, dass auch Art. 92 GG selbst nur solche Gerichte und ihre Tätigkeit im Auge hatte, nicht von der Hand zu weisen[159].

Auch im Hinblick auf die einzelnen „Hauptströmungen" hinsichtlich der Definition „rechtsprechende Gewalt" erscheint eine Subsumtion der Schiedsstellenverfahren bzw. der Entscheidungen von Schiedsstellen unter den Begriff der rechtsprechenden Gewalt im Sinne von Art. 92 GG nicht zulässig. Zum einen wird entweder auf die Anwendung des geltenden Rechts abgestellt (Meinungen 1 und 2). Die Tätigkeit der Schiedsstellen zeichnet sich demgegenüber primär durch die Feststellung von Tatsachen und die moderierende, sprich vermittelnde Tätigkeit der Kommission und nicht durch die konkrete Rechtsanwendung aus. Die dritte Meinung stellt gleichfalls die Rechtsfeststellung in das Zentrum ihrer Erwägungen, wobei zudem das Erwachsen in Rechtskraft als wesentliches Merkmal betrachtet wird. Weder das eine (Rechtsfeststellung) noch das andere Moment (Rechtskraft) ist jedoch symptomatisch bzw. kennzeichnend für das Schiedsstellenverfahren.

Somit handelt es sich bei der Tätigkeit der Schiedsstellen bzw. deren Entscheidungen nicht um rechtsprechende Gewalt im Sinne von Art. 92 GG. Ein Verstoß gegen Art. 92 GG scheidet daher aus.

Tatbestand rechtens sei" (Thoma, Handbuch, Bd. II, § 71). Für die zweite Ansicht sei darüber hinaus ein wesentliches Merkmal der Rechtsprechung, dass die Streitentscheidung durch einen unbeteiligten Dritten erfolge (Friesenhahn, Festschrift für Thoma, 21, 26 f.; BVerfGE 4, 331 (346); BVerfGE 14, 56 (59); BVerfGE 18, 241 (255); BVerfGE 21, 139 (145). Die dritte Meinung verlangt, dass die Rechtsfeststellung verbindlich ist, also auch gegen den Willen eines Verfahrensbeteiligten diesem gegenüber in Rechtskraft erwachse (Arndt, DVBl 1951, 997 m.w.N.; BGHZ 36, 379 (393); BGH DB 1967, 161; weitere Nachweise bei Preibisch, 90, Fn. 25-29)

156 BVerfGE 14, 56 (66); BGHZ 32, 1 (5); weitere Nachweise bei Preibisch, Fn. 29

157 Diese rechtsstaatlichen Anforderungen sind in der Praxis jedoch nur schwer zu erbringen und tragen oft auch nicht zur Steigerung der Attraktivität dieser Verfahren bei.

158 Maunz/Dürig/Herzog, Art. 92 GG, Rz. 147

159 Maunz/Dürig/Herzog, a.a.O.

Problematisch erscheint jedoch eine Überprüfung der Tätigkeit von Schiedsstellen am Maßstab des Rechtsstaatsprinzips des Art. 20 GG. In diesem Zusammenhang empfiehlt es sich, die verfassungsrechtliche Gerichtsschutzgarantie als Prüfungsmaßstab an den Beginn der Ausführungen zu stellen[160]. Diese Gerichtsschutzgarantie besagt letztlich, dass jede Person ein Recht darauf hat, dass über Streitigkeiten in Bezug auf ihre zivilrechtlichen Ansprüche und Verpflichtungen von einem unabhängigen und unparteiischen, auf Gesetz beruhenden Gericht in einem fairen Verfahren, öffentlich und innerhalb angemessener Frist verhandelt wird. Der Richter muss in einem Rechtsstreit das letzte Wort haben[161]. Diese Garantie schließt sog. Vorverfahren wie z.B. Schiedsstellenverfahren aber nicht aus.

Problematisch ist in diesem Zusammenhang alleine die Feststellungswirkung der Schiedsgutachten. Hierdurch wird die richterliche Nachprüfbarkeit nämlich auf die Fälle offenbarer Unrichtigkeit beschränkt. Nach Dütz verlange die rechtsstaatliche Gerichtsschutzgarantie jedoch einen unbeschränkten staatsgerichtlichen Rechtsschutz in rechtlicher und tatsächlicher Hinsicht[162]. Eine andere Auffassung sei mit dem Verfassungsauftrag des Richters, handlungsfähiger Garant der Rechtsordnung zu sein, nicht vereinbar[163].

Die Auffassung von Dütz greift zu weit. Schließlich beinhaltet der in Art. 2 Abs. 1 GG verankerte Grundsatz der Privatautonomie auch die Befugnis, Abreden über die streitweise Erledigung des Vertragsverhältnisses bei Auslegungs- und Durchführungsschwierigkeiten zu treffen und die Rechtsschutzbedingungen festzulegen. Wer nach Art. 2 Abs. 1 GG sein materielles Recht ganz aufgeben darf, der muss auch für den Fall einer möglichen Rechtsgefährdung in der Lage sein, darüber zu befinden, ob und welchen Rechtsschutz er beanspruchen will[164].

Habscheid geht in seinen Bedenken nicht ganz so weit wie Dütz. Er hält vielmehr den Schiedsgutachtenvertrag bei rechtsstaatlicher Ausgestaltung des Schiedsgutachtenverfahrens durchaus für verfassungsgemäß[165]. In eine ähnliche Richtung wie Habscheid geht

160 Diese Gerichtsschutzgarantie wird von der hM anerkannt und aus unterschiedlichen Rechtsquellen hergeleitet, so z.B. aus Art. 103 Abs. 1 GG, aus dem Rechtsstaatsprinzip oder aus Art. 6 Abs. 1 Satz 1 EMRK.

161 Preibisch, 87

162 Dütz, 255

163 Wittmann, 77 mit Bezug auf Dütz

164 Grunsky, NJW 1978, 1832; Wittmann (79) führt zutreffend aus, dass die Privatautonomie schließlich auch auf der von Dütz hauptsächlich prozessual orientierten Argumentationsebene zum Ausdruck komme. So sei die Struktur des zivilprozessualen Erkenntnisverfahrens in ihrer gegenwärtigen Ausgestaltung nicht allein durch die Stärkung der Richtermacht im Interesse eines „richtigen“ Prozessergebnisses und der Verfahrensbeschleunigung geprägt, sondern gerade auch durch Verhandlungs- und Dispositionsmaxime. Aus der Sicht des geltenden Zivilprozessrechts sei eine Verfassungswidrigkeit des Schiedsgutachtenvertrages abzulehnen, weil die durch das Schiedsgutachten bewirkte Beschränkung der richterlichen Prüfungskompetenz nicht über das Maß hinausgehe, das die Parteien auch durch einverständliches Parteihandeln im Prozess auf dem Boden der geltenden Zivilprozessordnung hätten erreichen können.

165 Habscheid, Festschrift für Laufke, 306

Maunz/Dürig/Herzog. Danach sei die Überlassung der Entscheidung von Rechtsstreitigkeiten an private Institutionen dann verfassungswidrig, wenn dem staatlichen Gericht nicht mindestens die Möglichkeit einer Missbrauchskontrolle an die Hand gegeben würde[166].

Dieser Meinung ist zuzustimmen. Dies gilt umso mehr, als dass die Neutralität der Schiedskommission in ihrer derzeitigen Konstellation nicht gewährleistet erscheint. Solange also keine paritätische Besetzung der Schiedskommission garantiert ist, muss zumindest die Möglichkeit der Missbrauchskontrolle durch ein staatliches Gericht eröffnet sein. Dieser Kontrolle kann durch die Bestimmung der „offenbaren Unrichtigkeit" bzw. „offenbaren Unbilligkeit" der Entscheidung der Schiedsstelle hinreichend Rechnung getragen werden[167]. Ein Verstoß gegen den zum Teil aus dem Rechtsstaatsprinzip hergeleiteten Justizgewährungsanspruch kann somit nicht angenommen werden.

Zum Teil wird ein anderer, auch aus dem Rechtsstaatsprinzip hergeleiteter Grundsatz, nämlich der der Wahrheitsfindung im Zivilprozess als Prüfungsmaßstab herangezogen[168]. Wie jedoch Wittmann zu Recht ausführt, zielt die Einschaltung eines Schiedsgutachters nicht darauf ab, den Individualrechtsschutz durch objektiv unrichtige Feststellungen zu beeinträchtigen. Vielmehr diene das Schiedsgutachten selbst der Wahrheitsermittlung[169].

---

166 Maunz/Dürig/Herzog, Art. 92, Rz. 167. Dieses Ergebnis leiten Maunz/Dürig/Herzog aus der konsequenten Anwendung des Rechtsstaatsprinzips ab. Der soziale Rechtsstaat könne es sich unter keinem wie auch immer gearteten Gesichtspunkt leisten, seine Bürger in einen rechtsfreien, von ihm überhaupt nicht kontrollierbaren Raum zu verstoßen. Das selbe Ergebnis leite sich zudem aus der Drittwirkung der Grundrechte ab; denn selbstverständlich werde es sich bei Übergriffen privater Gerichtsbarkeiten im allgemeinen zugleich um Eingriffe in jene Sphäre des Bürgers handeln, die in seinem Verhältnis zum Staat durch die Grundrechte gesichert sei. Aus beiden Erwägungen sei also eine Missbrauchskontrolle von Verfassungs wegen gefordert.

167 Maunz/Dürig/Herzog, a.a.O. verweisen dabei auch auf die Rechtsprechung des Reichsgerichts, nach welcher z.B. das Vereins- oder Verbandsmitglied gegen offensichtlich ungerechte Sprüche des Vereins- oder Verbandsgerichts den Rechtsweg zu den ordentlichen Gerichten beschreiten kann. Dem entspricht weitgehend die Formulierung der „offenbaren Unbilligkeit" in § 319 Abs. 1 Satz 1 BGB. Dieser Begriff ist selbstverständlich wertausfüllungsfähig und -bedürftig.

168 so z.B. Wittmann, 80 mit Verweis auf Stürner, Aufklärungspflicht, 49 ff. Stürner sieht offenbar das Erfordernis eines auf Wahrheitsfindung angelegten Gerichtsverfahrens im Rechtsstaatsprinzip und in Art. 2 Abs. 1 GG verfassungsrechtlich gewährleistet. Die erschöpfende Wahrheitsprüfung sei ein unabdingbarer Bestandteil rechtsstaatlicher Rechtsschutzgewährleistung.

169 Wittmann, 81. Zudem setze nach Wittmann auch der Verhandlungsgrundsatz der Wahrheitsermittlung im Zivilprozess Grenzen. Er bilde die prozessuale Form, in der die gegensätzlichen Interessen der Parteien zur Wahrheitsfindung im Zivilprozess mobilisiert werden können. Im Geltungsbereich der Verhandlungsmaxime bestimmen die Parteien daher darüber, welche Tatsachenbehauptungen im Prozess auf ihre Wahrheit hin überprüft werden sollen und welche als wahr zu unterstellen seien. Dahinter stehe der dem Individualrechtsschutz durchaus angemessene Gedanke, dass im Zivilprozess eine gerichtliche Wahrheitsforschung nicht angebracht sei und die Gerichte nur unnötig belasten würde, wenn die Parteien selbst eine gerichtliche Sachverhaltsaufklärung gar nicht wünschen. In diesen Rahmen füge sich das Schiedsgutachten bruchlos ein. Solange also die geltende Verfahrensordnung und die in ihr angelegten Möglichkeiten zur Einschränkung der richterlichen Prüfungskompetenzen aber nicht selbst für verfas-

Zudem kann der verfassungsrechtlichen Literatur und Rechtsprechung auch kein allgemeiner Grundsatz der Wahrheitsfindung im Zivilprozess entnommen werden[170]. Ein Verstoß gegen das Rechtsstaatsprinzip oder Art. 2 Abs. 1 GG unter dem Aspekt der Wahrheitsfindung im Zivilprozess scheidet von daher gleichfalls aus.

Auch ein Verstoß gegen Art. 101 Abs. 1 Satz 1 GG oder 101 Abs. 1 Satz 2 GG scheidet aus. Art. 101 Abs. 1 Satz 1 GG ist schon deshalb nicht einschlägig, weil es sich bei den Schiedskommissionen nicht um Ausnahmegerichte handelt. Als solche können nämlich nur Gerichte bezeichnet werden, die nicht durch generelle Vorschriften für alle Streitfälle mit gleichem Streitgegenstand, sondern durch individuelle Anordnung für einen einzelnen Streitfall oder eine bestimmte Gruppe von Streitfällen vor oder nach Verwirklichung des zu beurteilenden Sachverhalts entweder für schon anhängige oder auch für künftig entstehende Verfahren eingesetzt werden[171].

Eine Kollision mit Art. 101 Abs. 1 Satz 2 GG scheidet wegen der bereits genannten Argumente gleichfalls aus. Insbesondere deshalb, weil Art. 101 GG verlangt, dass nur Gerichte bestehen, die in jeder Hinsicht den Anforderungen des Grundgesetzes entsprechen und Schiedsstellen keine Gerichte im Sinne von Art. 101 Abs. 1 Satz 2 GG sind, kann ein Verstoß gegen Art. 101 Abs. 1 Satz 2 GG nicht in Betracht zu ziehen sein. Schließlich wird dem Betroffenen durch das Schiedsstellenverfahren nicht der gesetzliche Richter entzogen, sofern der Rechtsweg offen gelassen wird.

Zusammenfassend kann daher festgestellt werden, dass das Schiedsstellenverfahren in seiner momentan bestehenden Form (in seiner Ausgestaltung als Schiedsgutachtenverfahren) nicht dem Grundgesetz widerspricht[172].

bb) Prozessuale Bedenken gegen die Feststellungswirkung des Schiedsgutachtens

Neben verfassungsrechtlichen sind auch zivilprozessuale Bedenken gegen die Feststellungswirkung des Schiedsgutachtens zu erwähnen. Teilweise wird wegen der einem Schiedsgutachten anhaftenden Bindungswirkung ein Verstoß gegen den Grundsatz der

---

sungswidrig gehalten werden, könne auch die Verfassungsmäßigkeit der bindenden Wirkung des Schiedsgutachtens nicht angezweifelt werden.

170 vgl. z.B. Maunz/Dürig/Herzog, Art. 2 Abs. 1, Rz. 75. Vielmehr meint di Fabio in Maunz/Dürig/Herzog offenbar, dass sich Straf- und Zivilverfahren v.a. dadurch unterscheiden, dass letztere Verfahren durch den Beibringungsgrundsatz und die Dispositionsmaxime geprägt seien, also zwei Prinzipien, welche der Wahrheitsermittlung im Prozess Grenzen setzen.

171 Maunz/Dürig/Herzog, Art. 101, Rz. 3

172 Damit dürfte zugleich feststehen, dass Schiedsstellenverfahren, sofern sie als „normale" außergerichtliche Vorverfahren mit empfehlendem Charakter ausgestaltet sind, gleichfalls nicht dem Grundgesetz widersprechen. Der neuralgische Punkt im Rahmen der Verfassungsprüfung ist letztlich nur die Bindungswirkung des Schiedsgutachtens. Sofern also selbst Schiedsgutachtenverfahren (mit Bindungswirkung hinsichtlich der festgestellten Tatsachen für die Gerichte) verfassungsgemäß sind, muss dies erst recht für derartige Verfahren ohne Bindungswirkung gelten. In diesem Sinne auch Preibisch, 92 ff.

freien richterlichen Beweiswürdigung gemäß § 286 ZPO angenommen[173]. Die entscheidende Differenzierung zwischen den Befürwortern der These, die im Schiedsgutachten enthaltene Bindungswirkung kollidiere mit dem Grundsatz der freien Beweiswürdigung und deren Gegnern findet sich in der Einordnung des Schiedsgutachtens als materiellrechtliches oder als prozessuales Institut[174].

Schlosser nimmt hier eine in der Literatur seltene Differenzierung zwischen der Tätigkeit des Schiedsgutachters und der Vereinbarung unter den Konfliktparteien, also dem Schiedsgutachtenvertrag vor. Nach seiner Ansicht komme es allein darauf an, ob die Tätigkeit des Schiedsgutachters, also die Erstellung des Schiedsgutachtens, prozessual oder materiellrechtlich einzuordnen sei. Die Kategorisierung des Schiedsgutachtenvertrages als prozessuale oder materiellrechtliche Vertragsbeziehung sei demgegenüber ohne Belang[175].

Es mag dahin stehen, ob eine derartige Differenzierung zulässig ist[176]. Letztlich dürfte jedoch der Bindungswirkung des Schiedsgutachtens weder aus materiellrechtlicher noch aus prozessualer Sicht § 286 ZPO entgegenstehen. Beurteilt man das Schiedsgutachten (bzw. den Schiedsgutachtenvertrag und darauf aufbauend das Schiedsgutachten als Leistungsinhalt) nämlich materiellrechtlich, so entspricht die „Durchbrechung" des Grundsatzes der freien Beweiswürdigung der Privatautonomie der Parteien. Die richterliche Prüfungskompetenz erfährt nämlich in tatsächlicher und in rechtlicher Hinsicht dadurch Grenzen, dass die Parteien die Verbindlichkeit des Schiedsgutachtens (bis zur Grenze der offenbaren Unrichtigkeit!) für ihre Rechtsbeziehungen vereinbart haben.

Die Bindung des Gerichts an das Schiedsgutachten beruht also – aus materiellrechtlicher Sicht – darauf, dass wirksame materiellrechtliche Vereinbarungen von dem Gericht bei der Rechtsfindung beachtet werden müssen. Die damit verbundene Wirkung, dass der Richter über die von dem Schiedsgutachter festgestellten Tatsachen im Rahmen der Bindungswirkung des Schiedsgutachtens keinen Beweis erheben darf, ist lediglich die prozessuale Reflexwirkung, in der die Verbindlichkeit des Schiedsgutachtens für das materielle Rechtsverhältnis zum Ausdruck kommt[177].

---

173 Preibisch, 316 f.; Sieg, VersR 1965, 629, 630; Dütz, Rechtsstaatlicher Gerichtsschutz, 254; Habscheid, KTS 1964, 79, 87

174 vgl. hierzu Schlosser in Stein/Jonas/Schlosser vor § 1025 ZPO, Rz. 26 und Preibisch, 317 jeweils m.w.N.

175 Schlosser in Stein/Jonas/Schlosser, vor § 1025, Rz. 26; a.A. z.B. Wittmann, 81

176 Zunächst spricht nichts dagegen, z.B. einer materiellrechtlichen Vereinbarung einen Leistungsinhalt zu geben, dessen Wirkung sich insbesondere auf prozessualem Gebiet entfaltet oder umgekehrt. Allerdings dürfte in aller Regel anzunehmen sein, dass z.B. ein materiellrechtlicher Vertrag auch primär einen dem materiellen Recht zugehörigen Leistungsinhalt hat, der allenfalls prozessuale „Folgewirkungen" auslösen kann wie umgekehrt.

177 so zutreffend Wittmann, 65; Schlosser in Stein/Jonas/Schlosser, vor § 1025, Rz. 26 erkennt diese Argumentation offenbar nicht an, nennt aber für seine Ablehnung keine dogmatische Grundlage.

Aber auch in dem Fall, dass man das Schiedsgutachten dem Prozessrecht zuordnet, bestehen keine Abweichungen von dem unter materiellrechtlichen Aspekten gefundenen Ergebnis. Denn unabhängig davon, ob man den Schiedsgutachtenvertrag als Beweismittelvertrag betrachtet[178], oder als Kombination von Beweiserhebungs- und Beweiswürdigungsvertrag[179], findet in jedem Fall eine Einschränkung des § 286 ZPO statt, entweder eben über die in Rechtsprechung und Literatur unzweifelhaft zulässigen prozessualen Vertragsgestaltungen oder direkt über den Verhandlungsgrundsatz im Zivilprozess[180].

Ein Verstoß gegen § 286 ZPO kann von daher der Bindungswirkung der im Schiedsgutachten getroffenen Feststellungen gleichfalls nicht entnommen werden.

b) Der Begriff der offenbaren Unrichtigkeit in Theorie und Praxis

Sowohl in der Literatur als auch in der Rechtsprechung spielt die Frage, wie weit die Bindungswirkung des Schiedsgutachtens reicht, eine hervorragende Rolle. Insbesondere ist die breit angelegte Diskussion auf die unterschiedliche Sichtweise der Vertreter der materiellrechtlichen und der prozessualen Theorie zurückzuführen.

In Kürze zusammengefasst kann voraus geschickt werden, dass die Vertreter der materiellrechtlichen Einordnung des Schiedsgutachtenvertrages die Wirksamkeit des Schiedsgutachtens auf eine materielle Sicht beschränken wollen. Ob das Schiedsgutachten unter Beachtung prozessualer Prinzipien wie z.B. der Unabhängigkeit der Schiedsgutachter oder des rechtlichen Gehörs zustande gekommen ist, ist für die Befürworter der materiellen Sichtweise grundsätzlich unerheblich[181]. Demgegenüber erkennt die überwiegende Mehrheit der Vertreter der prozessualen Sichtweise außer der verfahrensmäßigen Überprüfbarkeit[182] auch eine sachlich-rechtliche Kontrolle an[183]. Somit erkennen beide

---

178 so Rauscher, Diss., 114 ff.; Schlosser in Stein/Jonas/Schlosser vor § 1025 ZPO, Rz. 26

179 Schlosser, vor § 1025, Rz. 26 mit Verweis auf Baumgärtel, Wesen und Begriff der Prozesshandlung einer Partei in Zivilprozess (1957), 257

180 vgl. hierzu schon die Ausführungen von Wittmann in Fn. 169

181 vgl. zur Unabhängigkeit RGZ 152, 206, 207; BGHZ 6, 335, 340; BGH, LM Nr. 2 zu § 64 VVG; OLG Schleswig, VersR 1954, 506; so wohl auch BGH NJW 96, 454 m.w.N.; Kisch, Der Schiedsmann, 132; Stiefel/Wussow/Hofmann, § 14 AKB, Anm. 12 m.w.N.; a.A. Habscheid, Festschrift für Lehmann, 806; ders. Festschrift für Laufke, 316 f.; Nicklisch ZHR 136, 27; Sieg, VersR 1965, 633; zum rechtlichen Gehör vgl. BGH, KTS 1963, 47, 49; Söllner, § 317, Rz. 12; Volmer, BB 84, 1010 (1012); näher hierzu noch unten Zweiter Hauptteil, Siebter Teil, III. 1.

182 welche die meisten Vertreter der prozessualen Theorie über § 1041 ZPO a.F. (jetzt § 1059 ZPO) durchführen wollen, vgl. hierzu z.B. Schlosser in Stein/Jonas/Schlosser, vor § 1025 ZPO, Rz. 39 m.w.N.

183 Freilich unterscheidet sich hierbei die rechtsdogmatische Herleitung, wobei zum einen diesbezüglich hauptsächlich auf § 319 Abs. 1 Satz 1 BGB oder §§ 64 Abs. 1 Satz 1, 184 Abs. 1 Satz 1 VVG abgestellt wird, so z.B. Habscheid, Festschrift für Lehmann, 807 f. oder Nicklisch, ZHR 136, 104; zum anderen wird die sachlich-rechtliche Kontrolle aus § 1059 ZPO hergeleitet, so z.B. Schlosser in Stein/Jonas/Schlosser, vor § 1025, Rz. 34.; a.A. allgemein Rauscher, Diss., 146, der eine sachlich-rechtliche Kontrolle grundsätzlich ablehnt.

Lager, wenn auch unter verschiedenen rechtsdogmatischen Herleitungen eine sachlich-rechtliche Kontrolle des Schiedsgutachtens (bis zur Grenze der offenbaren Unrichtigkeit) als rechtlich notwendig an. Anschließend soll lediglich die sachlich-rechtliche Richtigkeitskontrolle v.a. unter Bezugnahme auf die bisherige Kasuistik sowie auf einen Rekurs zum Schiedsstellenverfahren im Kfz-Handwerk im Besonderen untersucht werden.

aa) Präzisierung des Begriffs der offenbaren Unrichtigkeit in sachlich-rechtlicher Sicht

Der Begriff der offenbaren Unrichtigkeit wird in Literatur und Praxis weit gehend identisch verstanden. Zwar besteht eine gewisse Uneinigkeit, sofern es um die Definition des Begriffsmerkmals „offenbar" geht[184]. Letztlich entfernt sich die Literatur in ihren Definitionsversuchen lediglich in Nuancen von der Definition des BGH, so dass sich auch unter praktischen Aspekten eine tiefere Diskussion über den Begriff „offenbar" erübrigt. Der BGH bejaht die Offenbarkeit dann, wenn sich einem sachkundigen und unbefangenen Beobachter – sei es auch erst nach eingehender Prüfung – offensichtliche Fehler der Leistungsbestimmung aufdrängen, die das Gesamtergebnis verfälschen[185]. Offenbar ist dann eine Form von Evidenz, die hinter „offenkundig" zurückbleibt[186]. Zum Teil wird außer der Offenbarkeit als zusätzliches Element die Erheblichkeit der Unrichtigkeit des Schiedsgutachtens gefordert[187]. Letztlich gibt es für diese Ansicht insbesondere für den Bereich des feststellenden Schiedsgutachtens – wie es im Schiedsstellenverfahren der Fall ist – keine rechtsdogmatische Grundlage. Die BGH-Entscheidungen beziehen sich auf vertragsergänzende Schiedsgutachten, sind von daher nicht mit feststellenden Schiedsgutachten vergleichbar. Bei feststellenden Schiedsgutachten handelt es sich nicht um (voluntative) Festsetzungen, sondern um (kognitive) Feststellungen. Das Gutachten ist eben entweder unrichtig oder richtig. Die „Erheblichkeit" kann allenfalls aus einer Analogie zu den Vorschriften der §§ 64 Abs. 1 Satz 1, 184 Abs. 1 Satz 1 VVG hergeleitet werden. Diese Vorschriften sind jedoch als versicherungsrechtliche Spezialgesetze anzusehen, die sich schon rechtsmethodisch einer analogen Anwendung entziehen. Von daher ist auf das zusätzliche Merkmal der Erheblichkeit zu verzichten. Es reicht demnach aus, dass das Gutachten offenbar unrichtig ist[188].

---

184 vgl. hierzu Staudinger, § 319, Rz. 10.; Wolf in Wolf/Mertens, § 319, Rz. 10, 11; Nicklisch in Festschrift für Bülöw, 172; Larenz, Schuldrecht AT, § 6 II; Albers in Baumbach/Lauterbach/Albers/Hartmann, Grundz. § 1025, Rz. 21; Heinrichs in Palandt, § 319, Rz. 3; alle m.w.N.

185 BGH LM Nr. 27 zu § 319 = NJW-RR 1988, 506

186 so etwa Staudinger in § 319, Rz. 10

187 BGH, WM 1968, 307, 308; BGH NJW 1958, 2067, 2068 unter Verweis auf §§ 64 Abs. 1 Satz 1, 184 Abs. 1 Satz 1 VVG

188 Zu der Frage, warum einheitlich (also egal, ob materiellrechtliche oder prozessuale Sichtweise) auf die Unrichtigkeit und nicht etwa auf eine Unbilligkeit abgestellt wird, wie es etwa § 319 Abs. 1 Satz 1 BGB vorsieht, vgl. hierzu noch die Ausführungen zur Schiedsstellenvereinbarung.

bb) Fallgruppen offenbarer Unrichtigkeit

Als typische Fallgruppen offenbarer Unrichtigkeit sind zu nennen:

- Die Anwendung sachwidriger Bewertungsmaßstäbe[189];
- Die Tatsache, dass das Schiedsgutachten keinen prüfbaren Berechnungsmaßstab enthält, also unklar bleibt, wie der Schiedsgutachter zu dem ermittelten Ergebnis gelangt ist[190];
- Die Verkennung des Vertragsinhalts durch den Schiedsgutachter[191];
- Das Ausgehen von falschen tatsächlichen Voraussetzungen und das Beruhen des Schiedsgutachtens hierauf[192];
- Das Außerachtlassen wesentlicher Bewertungsfaktoren[193];
- Die „Lückenhaftigkeit" der Ausführungen des Schiedsgutachtens, so dass selbst der Fachmann das Ergebnis aus dem Zusammenhang des Gutachtens nicht überprüfen kann[194];
- Schwerwiegende Begründungsmängel, auch wenn das Schiedsgutachten im Ergebnis richtig ist[195].

Letztlich kann den Fallgruppen und auch der allgemeinen Definition des BGH entnommen werden, dass zur Feststellung sowohl der Offensichtlichkeit als auch der Unrichtigkeit des Schiedsgutachtens gegebenenfalls eine Beweisaufnahme erforderlich sein kann[196]. Hier wird ersichtlich, dass sich der „Vorteil" der Bindungswirkung des Schiedsgutachtens gegenüber den Feststellungen in einem „normalen vorgerichtlichen Verfahren" relativiert. Auch bei Schiedsgutachtenverfahren kann eine Beweisaufnahme erforderlich werden. Die prozessvorbeugende Wirkung eines Schiedsgutachtenverfahrens kann demnach nicht uneingeschränkt bejaht werden (im Vergleich zu sonstigen außer- bzw. vorgerichtlichen Verfahren).

---

189 BGHZ 9, 195; OLG Celle MDR 1962, 900; Nicklisch ZHR 136, 105; zur Sachwidrigkeit kann auch gehören, dass der Schiedsgutachter anerkannte fachwissenschaftliche Bewertungsmethoden missachtet hat, vgl. hierzu z.B. Weismann, AcP 72, 300

190 BGH LM Nr. 18 zu § 319; BGH NJW 1977, 801; OLG Celle MDR 1962, 900; BGH NJW-RR 1988, 506=ZIP 1988, 162

191 BGH WM 1969, 768; Habscheid, Festschrift für Laufke, 307

192 OLG Celle, MDR 1962, 900; Nicklisch ZHR 136, 105; Weismann, AcP 72, 306

193 BGH WM 1976, 253

194 BGH NJW 91, 2698; NJW-RR 91, 228 und 88, 506; OLG Düsseldorf NJW-RR 2000, 281 m.w.N.

195 OLG Köln NJW-RR 97, 1413

196 so Wittmann, 93, der weiter zu Recht ausführt, dass das Gericht die dem Schiedsgutachter zugewiesenen Feststellungen erst dann selbst treffen könne, wenn die offenbare Unrichtigkeit des Schiedsgutachtens (durch einen Sachverständigen!) nachgewiesen sei. Offenbar bedeute daher offenkundig für Sachverständige.

cc) Die offenbare Unrichtigkeit des Schiedsgutachtens einer Schiedsstelle in der Praxis

Um die in der Praxis relevanten Probleme im Zusammenhang mit der offenbaren Unrichtigkeit eines Schiedsgutachtens näher darzustellen, erscheint es sinnvoll, die Gerichtsentscheidungen zu beleuchten, die sich mit dieser Thematik konkret befassen. Da es kaum vorstellbar ist, dass sich alle Streitfälle aus Kfz-Reparaturen nach der Entscheidung der Schiedsstelle „von selbst erledigen", müsste es in dieser Richtung durchaus mehrere Gerichtsurteile geben. Dies dürfte insbesondere im Hinblick auf die besprochenen Jahresstatistiken und die dadurch offensichtlich werdenden hohen „Erledigungszahlen" zu erwarten sein. Umso überraschender erscheint es, dass dies nicht der Fall ist. Selbst nach eingehender Recherche konnte der Verfasser lediglich vier Gerichtsentscheidungen ausfindig machen, die sich konkret mit den Entscheidungen von Kfz-Schiedsstellen auseinandersetzen.

Auf den ersten Blick spricht einiges dafür, dass diese geringe Zahl für den prozessvorbeugenden Charakter des Schiedsgutachtens spricht. Folgende Punkte müssen jedoch berücksichtigt werden, um eine realitätsbezogene Sichtweise zu gewährleisten: Zum einen sind wohl den meisten Verbrauchern die Unterschiede zwischen einem vorgerichtlichen Schiedsgutachtenverfahren und einem sonstigen vorgerichtlichen Verfahren gar nicht oder nur diffus bewusst. Von daher ist nicht anzunehmen, dass nur deshalb so wenige Personen eine gerichtliche Entscheidung herbeigesucht haben, weil aufgrund der Bindungswirkung der Entscheidungen der Schiedsstellen kaum eine hiervon divergierende Gerichtsentscheidung zu erwarten war.

Weiter spielt die Tatsache, dass es sich bei Schiedsstellenverfahren in der Regel um Verfahren im Bagatellbereich handelt, eine bedeutsame Rolle. Ein schnelles, einfaches und (relativ!) unbürokratisches Verfahren nimmt man bei einem Streitwert von ca. 100 € noch in Kauf, nicht jedoch ein zeitaufwändiges, kostspieliges Gerichtsverfahren, welches außer materiellen auch sozialen Aufwand erfordert[197]. Möglicherweise ist auch die Frage des Verlaufs des Schiedsstellenverfahrens bedeutsam. Sieht der Verbraucher ein, dass er im Unrecht ist, z.B. weil die Schiedskommission ihm dies „verständlich macht", dann wird er wohl von weiteren rechtlichen Schritten absehen. In diesem Zusammenhang käme den Schiedsstellen eine gewisse Bedeutung im Hinblick auf die vom Gesetzgeber intendierte Justizentlastung zu. Allerdings besteht dabei auch eine nicht zu unterschätzende Manipulationsgefahr. Dieser kann nur durch eine wirklich paritätische Besetzung der Schiedskommission zumindest für den Fall, dass es zum Kommissionsverfahren kommt, begegnet werden.

Es sind zwar Zweifel angebracht, dass diese vier Gerichtsentscheidungen tatsächlich die einzigen sein sollen, die in den letzten ca. 30 Jahren auf Schiedsstellenverfahren noch

197 vgl. zu den unterschiedlichen Zugangshindernissen oben Erster Hauptteil, Zweiter Teil, III.

nachgefolgt wären[198]. Allerdings dürfte die Anzahl der tatsächlich auf Schiedsstellenentscheidungen basierenden Gerichtsentscheidungen unabhängig von diesen Bedenken verhältnismäßig gering sein[199]. Aus all diesen Erwägungen heraus relativiert sich die „prozessvorbeugende Wirkung" insbesondere von Schiedsgutachtenverfahren im Verhältnis zu sonstigen außergerichtlichen Streitbeilegungsverfahren (mit empfehlendem Charakter). Anschließend werden nun die Entscheidungen im Einzelnen dargestellt.

(1) LG Verden vom 24.4.1998 (6 S 350/97)

Dieser Entscheidung[200] lag ein Vergleich der Schiedsstelle Bremen vom 19.3.1996 zugrunde. Das LG Verden sah den Vergleich als unwirksam an, da der zugrunde gelegte Sachverhalt nicht der Wirklichkeit entsprochen habe. Vergleichsgrundlage war seinerzeit, dass der Kläger davon ausgegangen war, dass der Beklagte den Schaden an der Kupplung nicht verursacht habe. Nach einem Gutachten der DEKRA vom 14.11.1996 stünde jedoch fest, dass der Schaden an der Kupplungsanlage durch den vom Beklagten fehlerhaft eingebauten Kupplungszug verursacht worden sei (sog. „Weiterfresserschaden").

Zwei Aspekte sind in diesem Zusammenhang besonders beachtenswert: Zum einen schenkte das LG Verden den Aussagen des (einen) DEKRA-Gutachters mehr Glauben als den Schlussfolgerungen der (gesamten) Schiedsstelle Bremen. Zum anderen erwähnt das LG Verden offensichtlich nicht das schwierige Verhältnis von § 779 BGB zur Feststellungswirkung von Schiedsgutachten. Schließlich kann auch einem Schiedsvergleich ein Schiedsgutachten zugrunde liegen. In einem solchen Fall muss dann aber auch auf die Auswirkungen der Bindungswirkung der Tatsachenfeststellungen des Schiedsgutachtens eingegangen werden. Zumindest muss auf das Verhältnis der „Bindungswirkung" des § 779 BGB zur Bindungswirkung des Schiedsgutachtens eingegangen werden. Dies tat das LG Verden jedoch offensichtlich nicht.

(2) LG Bielefeld vom 6.6.1984 (2 S 350/83)

Diese Entscheidung besagt ihrem Inhalt nach, dass die Schiedsstelle dann ihre Zuständigkeiten (erheblich) überschreite, wenn sie hauptsächlich rechtliche Schlussfolgerungen aus den von ihr gewonnenen Tatsachenfeststellungen ziehe[201]. Aus diesem Grund sei das Schiedsgutachten offenbar unrichtig im Sinne von § 319 Abs. 1 Satz 1 BGB analog. Dieses Urteil differenziert offenbar nicht zwischen der Entscheidung der Schiedsstelle in Form des Schiedsspruchs und dem Schiedsgutachten als solchem. Hier gewinnt nun die

---

198 vgl. z.B. Honig, DAR 1994, 148, der dieser Frage intensiver nachgegangen ist und dabei mehrere Ursachen für diese dürftigen Ergebnisse gefunden hat. So hat es z.B. der Anwalt in einem Gerichtsverfahren versäumt, sich auf die Entscheidung der Schiedsstelle zu berufen.

199 so im Ergebnis auch Honig, a.a.O.

200 vgl. Anlage 20

201 vgl. Anlage 19

bereits angesprochene Differenzierung zwischen Schiedsgutachten- und Schlichtungsvereinbarung an Bedeutung: Der Schiedsspruch als solcher ist letztlich von der „Schlichtungsvereinbarung“ gedeckt. Nach dem Parteiwillen soll die Schiedsstelle eine Entscheidung treffen, sofern eine gütliche Einigung nicht möglich erscheint. Demgegenüber steht die Schiedsgutachtenvereinbarung. Danach soll die Schiedskommission Tatsachen feststellen und dadurch die Grundlage für einen Konsens oder eine autoritative Entscheidung schaffen. Nur das Schiedsgutachten entfaltet von daher eine Bindungswirkung für nachfolgende Gerichtsverfahren, nicht der Schiedsspruch.

Eine andere Überlegung ist diesbezüglich von Bedeutung: Nach hM darf dem Schiedsgutachter auch die Beurteilung rechtlicher Vorfragen übertragen werden bzw. die Aufgabe, die festgestellten Tatsachen rechtlich zu bewerten und einzuordnen[202]. Würde man eine Unverbindlichkeit des Schiedsgutachtens annehmen, sofern dieses „überwiegend“ auf Rechtserwägungen beruht, so käme man in erhebliche Abgrenzungsschwierigkeiten: Wann handelt es sich lediglich um „rechtliche Vorfragen“ und wann beinhaltet das Schiedsgutachten „überwiegend“ Rechtserwägungen? Im vom LG Bielefeld entschiedenen Fall genügte es dem Gericht, die Unwirksamkeit des Schiedsgutachtens deshalb anzunehmen, weil die Schiedsstelle eine Person als „Erfüllungsgehilfe“ qualifiziert und damit „überwiegend“ Rechtserwägungen ihrer Entscheidung zugrunde gelegt hat. Der Begriff „Erfüllungsgehilfe“ entstammt der juristischen Terminologie. Die erforderliche Subsumtion ist auch ein typisch rechtlicher Vorgang. Es stellt sich allerdings die Frage, ob durch eine derartige Subsumtion bereits überwiegend Rechtserwägungen vorgenommen wurden, die zur Unwirksamkeit des Schiedsgutachtens führen.

Das Ergebnis ist unbefriedigend, da erhebliche Abgrenzungsschwierigkeiten auftreten. Die offenbare Unrichtigkeit darf nur in Bezug auf technische Feststellungen hin untersucht werden, also auf das eigentliche Schiedsgutachten hin. Die Entscheidung der Schiedsstelle als solche kann demgegenüber auch durchaus rechtliche Aspekte beinhalten. Zum einen ist die Schiedskommission ausreichend kompetent, derartige Aspekte in ihre Entscheidung mit einzubeziehen, da der Vorsitzende Jurist ist. Zum anderen ist das Gericht an diese rechtlichen Erwägungen nicht gebunden, lediglich an die technischen Feststellungen. Eine derartige Sichtweise hilft die argumentativen Schwierigkeiten zu vermeiden, die das LG Bielefeld bei seiner Entscheidung ganz offensichtlich hatte. Auch rechtsdogmatisch ist aufgrund der (leicht vorzunehmenden) materiellrechtlichen Differenzierung in einen Schiedsgutachten- und einen Schlichtungsvertrag eine derartige Lösung unproblematisch.

---

202 RGZ 152, 201, 204; BGH NJW 1955, 665; BGHZ 48, 25, 30, 31; BGH NJW 1975, 1556 ff.; WM 1969, 1209, 1210; dagegen ist allenfalls zweifelhaft, ob dem Schiedsgutachter auch reine Rechtsfragen zur verbindlichen Entscheidung übertragen werden können, vgl. Habscheid, Festschrift für Lehmann, 800

(3) LG Nürnberg-Fürth vom 30.1.1976 (GewArchiv 1976/10, 336)

Dieses Urteil beinhaltet keine wesentlichen Probleme. Das Gericht sah das Schiedsgutachten nicht als offenbar unrichtig an und fühlte sich daher an die dort getroffenen Feststellungen („Lackmängel“, „Arbeiten beim Richten und Montieren der Vorderpartie“) gebunden.

(4) AG Herford vom 27.1.1976 (GewArchiv 1976/10, 338)

Auch diese Entscheidung entspricht der geltenden Rechtslage zur Wirkung von Schiedsgutachten in anderen Fachbereichen. Das Gericht prüft hier das Vorliegen einer offenbaren Unrichtigkeit des Schiedsgutachtens hinsichtlich der dort getroffenen (technischen) Feststellungen und verneint dies.

Allerdings soll ein Punkt in dieser Entscheidung hervorgehoben werden. Das Gericht macht sich nämlich eine Aussage des Beklagten, welche dieser in der Schiedsstellenverhandlung getroffen hat, zu Eigen[203]. Diese Aussage kann nicht der „Bindungswirkung“ des Schiedsgutachtens zugerechnet werden; vielmehr kann sie allenfalls in Form des Urkundenbeweises (Protokoll der Schiedsstellenverhandlung) Eingang in die freie Beweiswürdigung des Richters finden.

Hieraus ergibt sich aber der nicht zu unterschätzende Effekt, dass das Protokoll der Schiedsstellenverhandlung dem Gericht nicht nur dazu dienen kann, die im Schiedsgutachten getroffenen Feststellungen der eigenen Entscheidung zugrunde zu legen, sondern auch außerhalb des Schiedsgutachtens getroffene Erwähnungen in Form des Urkundenbeweises in den Prozess einfließen zu lassen[204].

Als Ergebnis kann bzgl. der Rechtsprechung zu Schiedsstellenentscheidungen festgehalten werden, dass mehrere Problemkreise im Kontext mit Schiedsstellenentscheidungen von den Gerichten nur oberflächlich oder gar nicht untersucht wurden. Zudem scheint ei-

---

203 „.....der Beklagte in der Sitzung der Schiedsstelle eingeräumt hat, dass in ihrer Werkstatt zwei verschiedene Bremsflüssigkeiten Verwendung finden, von denen eine Bremsflüssigkeit für das Fahrzeug des Klägers ungeeignet ist.“.

204 Fraglich ist, ob das AG Herford dies so auch erkannt hat, da es nach der Erwähnung der protokollierten Aussage des Beklagten ausführt:“... Bei dieser Sachlage kann daher nach alledem nicht davon gesprochen werden, dass der Schiedsspruch (!) offenbar unrichtig ist“. Unabhängig davon, dass die Aussage des Beklagten unter keinen Umständen dem Schiedsgutachten zugerechnet werden kann, da nur die Schiedskommission die Kompetenz hat, technische Feststellungen bis zur Grenze der offenbaren Unrichtigkeit mit verbindlicher Wirkung für das Gericht zu treffen, kommt es nicht auf die offenbare Unrichtigkeit des Schiedsspruchs, sondern auf die des Schiedsgutachtens an. Allerdings ist die Schlussfolgerung des AG Herford, nämlich die Verneinung der offenbaren Unrichtigkeit mit der Hilfsargumentation der protokollierten Aussage des Beklagten, nicht zu beanstanden. Es wäre jedoch wünschenswert gewesen, die Differenzierung transparenter darzustellen.

ne Tendenz zu bestehen, Entscheidungen von Schiedsstellen die Bindungswirkung zu nehmen[205].

5. Das Problem der Mehrheitsregel des § 7 Abs. 1 Satz 3 MuGVO beim Schiedsgutachtenverfahren

§ 7 Abs. 1 Satz 3 MuGVO betrifft unmittelbar zwar nur den Schiedsspruch. Mittelbar wird hiervon aber auch das Schiedsgutachten betroffen, da die festgestellten Tatsachen den Schiedsspruch determinieren.

Gemäß § 317 Abs. 2 BGB ist bei der Erstellung eines Schiedsgutachtens durch mehrere Schiedsgutachter im Zweifel Übereinstimmung aller erforderlich. Wird keine Einstimmigkeit erzielt, ist ein Fall des § 319 Abs. 1 Satz 2, 2. Halbsatz BGB gegeben, die Leistungsbestimmung müsste durch Urteil erfolgen[206]. Soll dies durch Mehrheitsbeschluss abgewendet werden können, müssen die Vertragsschließenden eine von § 317 Abs. 2 BGB abweichende Regelung treffen[207].

§ 7 Abs. 1 Satz 3 MuGVO stellt eine derartige abweichende Regelung dar. Zwar betrifft diese Vorschrift auf den ersten Blick nur den Schiedsspruch, nicht unmittelbar auch das Schiedsgutachten. Bei genauerer Betrachtungsweise muss man jedoch zu dem Schluss kommen, dass § 7 Abs. 1 Satz 3 MuGVO auch das Schiedsgutachten betreffen kann bzw. nach der Intention der Verfasser der MuGVO betreffen soll. Dieser Schluss ergibt sich zum einen daraus, dass § 7 Abs. 1 Satz 3 MuGVO ausdrücklich von „Beschlüssen" spricht, nicht davon, dass allein der Schiedsspruch durch Mehrheitsentscheidung gefällt werden kann. Diese Beschlüsse können auch das Schiedsgutachten betreffen, insbesondere wenn dieses determinierend hinsichtlich des Schiedsspruchs wirkt.

Nach verständiger Auslegung muss also davon ausgegangen werden, dass von dieser Regelung auch das Schiedsgutachten betroffen sein soll, also die festgestellten Tatsachen. Denn diese liegen dem Schiedsspruch zugrunde. Eine andere Betrachtungsweise würde die Wechselwirkungen zwischen Schiedsspruch und Schiedsgutachten verkennen. Zudem würden die Interessen der Parteien, eine möglichst „gerichtsfeste" Entscheidung zu bekommen, nicht angemessen berücksichtigt.

§ 7 Abs. 1 Satz 3 MuGVO ist daher als abweichende Regelung von § 317 Abs. 2 BGB zu betrachten. Ein mit Mehrheit „beschlossenes" Schiedsgutachten (welches den Schiedsspruch determiniert) wäre von daher vom Gericht zu beachten.

Etwas anderes könnte allenfalls für den Vergleich angenommen werden. Denn im Rahmen des Schiedsvergleichs (also bei § 6 MuGVO) gibt es keine dem § 7 Abs. 1 Satz 3 MuGVO vergleichbare Regelung. Hier käme in der Tat § 319 Abs. 1 Satz 2, 2. Halbsatz

---

205 vgl. hierzu die jüngsten Entscheidungen des LG Verden und des LG Bielefeld; ein „Ergebnis" ist jedoch aufgrund der sehr geringen Anzahl von Gerichtsentscheidungen nur eingeschränkt möglich.

206 BGH NJW 1982, 1878

207 Gottwald in Münchener Kommentar, § 317, Rz. 28; Heinrichs in Palandt, § 317, Rz. 10

BGB zur Anwendung. Die Leistungsbestimmung müsste also durch Urteil erfolgen. Da der Vergleich aufgrund seiner Wirkungen, die sich aus § 779 BGB ergeben, jedoch bereits weitgehend „gerichtsfest" ist, kommt dieser Tatsache keine überragende praktische Bedeutung zu.

II. Das Sachverständigengutachten mit empfehlendem Charakter

Ist das Schiedsstellenverfahren mangels übereinstimmenden Parteiwillens oder mangels „Aufklärung" durch die Schiedsstelle nicht als Schiedsgutachtenverfahren, sondern als sonstiges außergerichtliches Vorverfahren ausgestaltet, dann hat dies allenfalls Konsequenzen für einen nachfolgenden Gerichtsprozess. Für das Schiedsstellenverfahren ergeben sich in der Praxis keine Unterschiede, d.h. die Schiedskommission orientiert sich an der MuGVO, unabhängig von der Verfahrensart. Sie kann also sowohl einen Schiedsvergleich anregen als auch einen Schiedsspruch fällen. Hier wird wieder deutlich, dass Schiedsgutachten bzw. Sachverständigengutachten mit empfehlendem Charakter und Schiedsspruch nicht identisch sind. Es kann durchaus ein Schiedsspruch in der Sache erlassen werden, an den die Kfz-Werkstatt über Innungssatzung, Beschluss oder Gestattungsvertrag gebunden ist. Erst in einem etwaigen nachfolgenden Gerichtsprozess werden die Unterschiede zwischen den beiden Verfahrensarten sichtbar. Aus diesem Grund soll nachfolgend lediglich noch auf die Wirkungen eines derartigen sonstigen außergerichtlichen Vorverfahrens in einem Gerichtsprozess eingegangen werden.

1. Beurteilung der von der Schiedsstelle getroffenen Feststellungen als Sachverständigengutachten

Trotz aller Skepsis hinsichtlich der Neutralität der Schiedsstellen für das Kfz-Handwerk (s.o.) kann diesen die Fachkunde nicht abgesprochen werden. Dies ergibt sich bereits aus der Konstellation der Schiedskommission, die ausschließlich aus Praktikern besteht, welchen die Beschwerdefälle auch aus ihrem Beruf nur allzu bekannt sind. Von daher können die im Protokoll über die Schiedsstellenverhandlung fixierten technischen Feststellungen o.w. als Sachverständigengutachten qualifiziert werden[208]. Fraglich ist aber, ob und wenn ja in welcher Art und Weise die von der Schiedskommission festgestellten technischen Tatsachen verwertet werden können.

---

208 so auch Preibisch, 213; Lukes, Festschrift für Nipperdey, Bd. II, 383; die Tatsache, dass es sich hierbei um Stellungnahmen handelt, die durch ein Kollegium erarbeitet wurden, hindert nicht die Verwertung als Sachverständigengutachten, vgl. Preibisch, 214 m.w.N.

Für Gutachten, welche von der Schiedskommission im Rahmen eines Schiedsstellenverfahrens angefertigt wurden, kann nichts anderes gelten als für sonstige außerhalb des Prozesses angefertigte Gutachten. Diese wie jene sind nicht als Sachverständigenbeweis im Sinne von § 412 ZPO zu bewerten[209]. Derartige vorprozessuale Gutachten sind jedoch sowohl substantiiertes Parteivorbringen[210] als auch Urkundenbeweis[211]. Aus der Tatsache, dass das Sachverständigengutachten (auch) Parteivorbringen ist, folgt, dass das Gericht dieses Vorbringen zu beachten und sich damit auseinanderzusetzen hat[212]. Das Gericht darf also das von der Schiedskommission erstellte Gutachten zu seiner Unterrichtung und als Hilfsmittel zur freien Beweiswürdigung benutzen.

Preibisch ist zuzustimmen, wenn er ausführt, dass ein derartiges vorprozessuales Gutachten dem Gehalt nach eben doch ein Sachverständigenbeweis ist. Dem Antrag auf Vernehmung eines Sachverständigen im Prozess sei also nur stattzugeben, wenn Gründe vorliegen, bei denen nach § 412 ZPO eine neue Begutachtung anzuordnen wäre[213]. Der Antrag, trotz des im Vorverfahren erstellten Gutachtens ein prozessuales Sachverständigengutachten einzuholen, wird also letzten Endes ebenso behandelt wie das Gesuch, trotz eines bereits vorhandenen Prozessgutachtens ein weiteres (Ober-)Gutachten einzuholen[214].

Dieses Ergebnis lässt sich dadurch rechtfertigen, dass ein Antrag auf Ergänzung des vorprozessual angefertigten Gutachtens oder auf Einholung weiterer Gutachten dann zurückgewiesen werden darf, wenn das Gericht aufgrund des vorgelegten außerprozessualen Gutachtens meint, es sei bereits hinreichend sachkundig[215]. Nicht verwertet werden dürfte allerdings ein vorprozessual angefertigtes Sachverständigengutachten, wenn Gründe für eine Ablehnung des Sachverständigen nach § 406 ZPO vorliegen sollten[216]. Über § 406

---

209 BGH vom 8.11.1955, LM Nr. 7 zu § 286 ZPO; BGH VersR 1962, 450; Preibisch, 213

210 BGH NJW 1992, 1459 m.w.N.; BGH VersR 87, 1008 m.w.N.; OLG Karlsruhe VersR 84, 1194 und NJW 90, 192; OLG Saarbrücken VersR 92, 757; Hardenberg, Diss. Erlangen 1975; Eberhardt (für die insoweit vergleichbaren ärztlichen Schlichtungsstellen), 107

211 str.; für Verwertung als Urkundenbeweis BGH LM Nr. 7 zu § 286 ZPO; NJW 82, 2875; NJW 87, 2300 (für eine ärztliche Gutachter- oder Schlichtungsstelle); OLG Köln VersR 90, 311; LG Aurich VersR 91, 214; LG Regensburg, VersR 77, 1119; einschränkend Greger in Zöller, § 402, Rz. 3, wonach das von einer Partei angefertigte Privatgutachten nicht die Richtigkeit des Inhalts beurkunde, sondern Urkundenbeweis nur dafür sei, dass der betreffende Sachverständige sich in dieser Weise geäußert habe ; a.A. BAG DB 61, 1104

212 Preibisch, 213 m.w.N.; Eberhardt, 108

213 Preibisch, 215

214 Preibisch, 215

215 Preibisch, 214

216 Preibisch a.a.O. Preibisch führt einen Katalog auf, aus dem sich die Nichtverwertbarkeit vorprozessual angefertigter Sachverständigengutachten ergibt, so wenn das Gutachten unvollständig, widersprüchlich oder nicht überzeugend ist; wenn es von falschen tatsächlichen Voraussetzungen ausgeht; wenn die Sachkunde fehlt; wenn weiteres Material vorgelegt wird, welches im Vorverfahren nicht berücksichtigt werden konnte oder wenn ein anderer Sachverständiger über

ZPO besteht also die Möglichkeit, die Neutralität der Schiedsstelle überprüfen zu lassen. Unabhängig von der rechtsdogmatischen Einordnung des von der Schiedsstelle angefertigten Sachverständigengutachtens ist der Gedanke von Nicklisch von grundsätzlicher Bedeutung, der auch dem vorprozessual angefertigten Sachverständigengutachten mit lediglich empfehlendem Charakter eine faktische Bindungswirkung zuspricht[217]. Diese faktische Bindungswirkung relativiert also die Unterschiede zwischen Schiedsgutachten und Gutachten mit empfehlendem Charakter.

Als Zwischenergebnis kann somit festgehalten werden, dass ein Sachverständigengutachten mit empfehlendem Charakter durchaus auch in einem etwaigen nachfolgenden Gerichtsprozess dem Richter dienlich sein kann, z.B. indem er sich hierüber sachkundig macht[218]. Ein Eingriff in die richterliche freie Beweiswürdigung kommt unter keinem denkbaren Gesichtspunkt in Betracht, so wie dies beim Schiedsgutachten durchaus in Erwägung gezogen wird. Auch verfassungsrechtliche Bedenken sind mangels Bindungswirkung nicht zu bemerken. Das Sachverständigengutachten mit empfehlendem Charakter steht demnach auf einem wesentlich tragfähigerem rechtlichen Fundament als das Schiedsgutachten.

3. Das Problem der Mehrheitsregel des § 7 Abs. 1 Satz 3 MuGVO beim Sachverständigenverfahren mit empfehlendem Charakter

Da die §§ 317 ff. BGB beim Sachverständigenverfahren mit empfehlenden Charakter keine Anwendung finden, kommt der Regel des § 7 Abs. 1 Satz 3 MuGVO auch keine besondere Bedeutung zu. Die Beweiswürdigung obliegt dem Richter, unabhängig davon, ob eine Einstimmigkeits- oder eine Mehrheitsregelung vereinbart wurde. Insofern ist auf die vorherigen Ausführungen zu verweisen.

III. Abwägung bestehender Vor- und Nachteile von Sachverständigengutachten mit empfehlendem Charakter und Schiedsgutachten

Aus den bisher getätigten Erwägungen wird deutlich, dass sich das Schiedsstellenverfahren in seiner Ausgestaltung als Schiedsgutachtenverfahren gerade aufgrund der bestehen-

---

überlegene Forschungsmittel oder Erfahrungen verfügt. Insoweit kritisch Baumbach/Lauterbach/Albers/Hartmann, Übers. § 402, Rz. 24

217 Auch hieraus leitet sich die Bedeutsamkeit eines derartigen Sachverständigengutachtens mit empfehlendem Charakter ab.

218 vgl. hierzu auch Scherpe, Diss., 265, der zu dem Ergebnis kommt, dass wenig gegen eine Verwendung der Erkenntnisse aus dem außergerichtlichen Verfahren spreche, wenn es auf eine Entscheidung gerichtet sei. Allerdings dürfte auch bei einer vergleichsweisen Regelung wenig gegen eine Verwertung der von der Schiedsstellen festgestellten Tatsachen sprechen.

den Bindungswirkung „an der Grenze“ der rechtlichen Zulässigkeit befindet[219]. Dieser schmale Grat, auf dem das Schiedsstellenverfahren wandert, könnte durch den Wegfall der Bindungswirkung verbreitert werden (auch wenn ein Gutachten mit empfehlendem Charakter wegen der faktischen Bindungswirkung nicht alle Bedenken zerstreuen kann). Aus diesem Grund stellt sich die Frage, ob es erstrebenswert sein kann, die Bindungswirkung der Entscheidungen bei allen Schiedsstellenverfahren entfallen zu lassen und wenn dies bejaht würde, auf welche Weise der Wegfall rechtlich und praktisch bewerkstelligt werden kann.

Die Nachteile der Bindungswirkung wurden bereits weit gehend genannt. Da ist zum einen die diffizile und durchaus umstrittene Rechtslage zu nennen. Zum anderen ist auch die Tatsache zu erwähnen, dass den Parteien, insbesondere dem Verbraucher in der Regel das Ausmaß bzw. die Bedeutung der Bindungswirkung gar nicht bewusst ist[220]. Aufgrund der weit reichenden Konsequenzen und der doch relativ komplexen Materie ist es zu überdenken, den durch die Schiedsstelle festgestellten Tatsachen die Bedeutung eines Schiedsgutachtens und damit die Bindungswirkung zu nehmen und ihnen lediglich die Bedeutung eines außergerichtlichen Sachverständigengutachtens zukommen zu lassen.

Was sind demgegenüber die Vorteile der Bindungswirkung? Da ist zunächst die prozessvorbeugende Wirkung des Schiedsgutachtens zu nennen[221]. Es dürfte allerdings zweifelhaft sein, dieser Wirkung große Bedeutung beizumessen. Würde das Schiedsstellenverfahren einheitlich in ein Vorverfahren ohne Bindungswirkung umgewandelt, so stünde wohl in Zukunft auch keine Prozessflut zu erwarten. Da es dem Gericht freigestellt ist, auf welche Weise es sich die Sachkunde erwirbt, relativieren sich die geäußerten Bedenken einer „Boykottierung“ der in der Schiedsstelle festgestellten technischen Tatsachen durch den Antrag einer Partei auf Sachverständigenbeweis weit gehend.

Ein derartiger Antrag kann nämlich dann abgelehnt werden, wenn er missbräuchlich ist oder wenn das Gericht für sich selbst bereits eine hinreichende Sachkunde beansprucht. Dies führt nach Ansicht von Preibisch dazu, dass das Gutachten des Vorverfahrens dem Gehalt nach ein Sachverständigenbeweis ist. Dies bewirke, dass dem Antrag auf

---

219 Als Stichworte seien hier genannt: das Problem der paritätischen Besetzung der Schiedsstellen; das noch zu erörternde Problem der Gewährung rechtlichen Gehörs; die diffizile Bewertung der sog. Missbrauchskontrolle; die Beachtung sonstiger rechtsstaatlicher Grundsätze und die nicht von der Hand zu weisenden Bedenken verfassungsrechtlicher und zivilprozessrechtlicher Art; die AGB-Problematik usw. Davon losgelöst sei noch einmal betont, dass bereits jetzt kaum tatsächlich wirksame Schiedsgutachtenvereinbarungen zustande kommen, da dies über das Instrument der Allgemeinen Geschäftsbedingungen wohl ausgeschlossen ist.

220 Micklitz in DRiZ 1983, 126 fordert deshalb, dass der Verbraucher über die Bindungswirkung der Entscheidung der Schiedsstellen an herausragender Stelle im Antragsformular unterrichtet werden muss. Dem ist zwar grundsätzlich zuzustimmen. Unabhängig davon dürfte es jedoch zweifelhaft sein, ob der Verbraucher die tatsächlichen Konsequenzen der Bindungswirkung aufgrund dieser Unterrichtung auch nachvollziehen kann.

221 so Preibisch, 320, der sich i.Ü. für eine Herabstufung des Schiedsgutachtenverfahrens zu einem sonstigen außergerichtlichen Vorverfahren ausspricht.

Vernehmung eines Sachverständigen im Prozess nur stattzugeben sei, wenn Gründe vorliegen, bei denen nach § 412 ZPO eine neue Begutachtung anzuordnen wäre[222].

Hinzu kommt, dass auch bei einem Schiedsgutachtenverfahren eine Partei nicht gehindert werden kann, einen Antrag auf Sachverständigenbeweis zu stellen. Auch hier kann das Gericht diesen Antrag unter denselben Voraussetzungen zurückweisen wie bereits geschildert. Zwar ist die Überprüfung durch das Sachverständigengutachten auf Fälle offenbarer Unrichtigkeit beschränkt bzw. der Richter diesbezüglich gebunden. Eine Beweiserhebung über die Unrichtigkeit eines Schiedsgutachtens soll jedoch zumindest dann auch grundsätzlich zulässig sein, wenn sie dieses „Offenliegen" bzw. „Aufdrängen" mindestens für den Sachkundigen dartun will[223].

Dies ändert jedoch nichts an der Tatsache, dass der Richter mit der Begründung, eigene Sachkunde zu besitzen, den Antrag auf Sachverständigenbeweis ablehnen kann. Die Rechtslage im Falle des Vorliegens eines Schiedsgutachtens unterscheidet sich von daher in dieser Beziehung nur marginal von der Rechtslage in dem Falle, dass das Schiedsstellenverfahren als normales außergerichtliches Verfahren mit empfehlendem Charakter ausgestaltet ist.

Gegenüber vorprozessual gefertigten Privatgutachten bieten Sachverständigengutachten mit empfehlendem Charakter, die von einer Schiedskommission angefertigt werden würden, auch eine zumindest weitergehende Gewähr für eine (relativ) neutrale und unabhängige Bewertung[224]. Das im Schiedsstellenverfahren angefertigte Gutachten bietet dem Richter die weit gehende Gewähr der Richtigkeit, ohne ihn dabei bis zur Grenze der offenbaren Unrichtigkeit zu binden. Es ist zumindest zweifelhaft, die für eine Entscheidung der Schiedsstelle erforderliche Autorität in einen Zusammenhang mit der Bindungswirkung zu bringen. Die Parteien erkennen die Entscheidung der Schiedsstelle nämlich nicht wegen der Bindungswirkung des Schiedsgutachtens an, sondern wegen der im Kollegium vorhandenen Fachkompetenz.

Um die Vorteile des Schiedsgutachtens zu erkennen, ist ein Blick auf die ratio dieses Instituts von Nutzen. Der Sinngehalt des Schiedsgutachtens äußert sich primär in dessen Wirkungen, nämlich ein zwischen den Parteien bestehendes Rechtsverhältnis mit verbindlicher Wirkung klarzustellen. Verkürzt könnte man sagen, wesentlicher Zweck des Schiedsgutachtenverfahrens ist die Schaffung von Rechtssicherheit bzw. Rechtsfrieden. Tatsachen, die von der Schiedskommission festgestellt werden, sollen für beide Parteien verbindlich sein, um so „ein für allemal" den Konflikt zu beenden. Dieser Zweck spiegelt sich auch in der MuGVO wieder. Nach § 1 Abs. 1 lit.b MuGVO soll die Schiedsstelle Streitigkeiten möglichst gütlich beilegen oder entscheiden.

---

222 vgl. BGH VersR 1958, 340; VersR 1963, 195; LM Nr. 3 zu § 286 (E) ZPO, vgl. oben II.2.

223 RGZ 96, 62. Dieses Ergebnis wird in der Praxis u.a. auch belegt durch das o.g. Urteil des LG Verden, welches ein DEKRA-Gutachten im Prozess anstellen ließ, obwohl ein Schiedsgutachten vorprozessual angefertigt wurde.

224 so Preibisch, 214

Der Zweck der Streiterledigung wird jedoch sogar primär durch das Verfahren als solches erreicht, nicht durch die Bindungswirkung des Schiedsgutachtens. Aus anderen außergerichtlichen Verfahren, welche gleichfalls die Konfliktbeendigung zum Ziel haben, deren „Entscheidungen" jedoch keine Bindungswirkung anhaftet, ergibt sich, dass der Zweck der Schaffung von Rechtssicherheit auch ohne derartige Bindungswirkung erreicht werden kann[225].

Auch die Historie spricht nicht unbedingt dafür, die Bindungswirkung des Schiedsgutachtens auf das Schiedsstellenverfahren auszudehnen. Schiedsgutachten mit feststellendem Charakter sind erst durch die Literatur im Laufe der Zeit zu solchen „erhoben" worden. Dem ist die Rechtsprechung gefolgt. Der Gesetzgeber sah jedoch weder über §§ 317 ff. BGB noch über §§ 1025 ff. ZPO eine derartige Bindungswirkung für „Tatbestandselemente feststellende Schiedsgutachten" vor. Der ursprüngliche Zweck der Schaffung von Rechtssicherheit durch die Bindungswirkung erscheint auch durch die aktuelle Entwicklung im Bereich der ADR-Verfahren kaum mehr zeitgemäß. Mittlerweile besteht eine große Vielfalt an außergerichtlichen Streitbeilegungsverfahren, welche zwar unterschiedliche Prioritäten in ihren Zielrichtungen haben, jedoch die Konflikterledigung als integraler Bestandteil all dieser Verfahren angesehen werden kann. Diese Verfahren sind auch mehr oder weniger erfolgreich. Die gütliche Einigung steht dabei meistens im Vordergrund, wobei soziologische mehr und mehr den juristischen Aspekten im Verfahren „den Rang ablaufen", da sie sich offenbar als zumindest nicht weniger erfolgreich erweisen.

Dass das Schiedsstellenverfahren aufgrund der Möglichkeit des Schiedsspruchs ein mehr autoritatives Verfahren darstellt, steht dem nicht entgegen. Zum einen werden nach wie vor die meisten Fälle über den Schiedsvergleich erledigt. Zum anderen sorgt der Schiedsspruch gerade durch seine Autorität für die Streiterledigung[226]. Gerade in sachorientierten Verfahren ist gegen eine autoritäre Struktur kaum etwas einzuwenden. Dies gilt umso mehr, als dass die Feststellungen in einem Gerichtsurteil noch vollumfänglich geprüft werden können. Es sind keine empirischen Untersuchungen in der Richtung geführt worden, ob und wenn ja inwieweit der Bindungscharakter der Entscheidungen der Schiedsstellen signifikant prozessvorbeugend gewirkt hat.

Mehrere Gründe sprechen jedoch dagegen, dass die Bindungswirkung signifikant prozessvorbeugend wirkt. Zum einen sind die Schiedsvergleiche zu nennen, die bereits auf Grund ihres privatautonomen Charakters prozessvorbeugend wirken, ohne dass es hierbei auf die Bindungswirkung ankäme. Was die Schiedssprüche anbelangt, so gilt folgendes:

---

225 vgl. hierzu z.B. die Möglichkeiten, über einen (schriftlich fixierten) Vergleich Rechtssicherheit zu erzielen oder über andere außergerichtliche Verfahren, welche diese Bindungswirkung nicht als wesentliches Charaktermerkmal in sich tragen, seien es nun Verfahren kontradiktorischer oder nichtkontradiktorischer Natur. Zu den zahlreichen außergerichtlichen Vorverfahren vgl. Preibisch, 51 ff.

226 Scherpe, Diss., 7, meint sogar, dass den Konfliktparteien gerade in Verbraucherangelegenheiten mit einer autoritativen Entscheidung mehr gedient sei als mit einer (vermittelten) gütlichen Streitbeilegung.

Erstens sei angemerkt, dass eine Konfliktbeendigung ohne die Möglichkeit des Schiedsspruchs nicht erreicht werden kann, sollten sich die Parteien nicht vergleichsbereit zeigen. Zum anderen scheinen viele Parteien den aufwändigen Gerichtsweg insbesondere bei Bagatellstreitigkeiten, welche für Schiedsstellenverfahren typisch sind, zu meiden. Die Bindungswirkung dürfte diesbezüglich kaum Auswirkungen auf das Verhalten der Parteien haben.

Schließlich kommt hinzu, dass sich die Werkstätten über den Innungsbeschluss bzw. die Innungssatzung dem Spruch der Schiedsstelle von vorne herein unterwerfen, ohne dass hierbei die Bindungswirkung des Schiedsgutachtens eine Bedeutung hätte. Von daher erscheint die Beibehaltung der Bindungswirkung unter dem Aspekt der „Gewährung der Rechtssicherheit" heutzutage kaum mehr geeignet, diesem Zweck zu dienen.

Auch die Tatsache, dass Schiedsvergleiche, welche zahlenmäßig häufiger vorkommen als Schiedssprüche, bereits wegen § 779 Abs. 1 BGB eine weitgehende „Bestandskraft" entfalten, vor Gericht also nur unter den in § 779 Abs. 1 BGB genannten Voraussetzungen außer Kraft gesetzt werden können, spricht eher für als gegen einen Wegfall der Bindungswirkung.

Schließlich erwähnt Eberhardt einen weiteren wertvollen Gedanken. Die mangelnde (rechtliche und tatsächliche) Bindungswirkung der Entscheidungen der Schiedskommissionen ist für den Verbraucher nur dann von Nachteil, wenn das Verfahren einem Zivilprozess deutlich überlegen wäre, so dass er ein besonderes Interesse an einem verbindlichen Gutachten haben müsste[227]. Außerdem äußert Eberhardt zu Recht, dass auch im Gerichtsverfahren die Sachverhaltsbeurteilung durch einen gerichtlich bestellten Sachverständigen keineswegs verbindlich, sondern durch Anhörung des Gutachters (§ 411 Abs. 3 ZPO) oder neue Begutachtung (§ 412 ZPO) oft gravierenden Veränderungen unterworfen sei[228].

Unabhängig von der rechtlichen Problematik bleibt es der Schiedsstelle unbenommen, auch bei Verfahren mit lediglich empfehlendem Charakter Entscheidungen in Form von Schiedssprüchen zu fällen. Die im Rahmen dessen getroffenen technischen Feststellungen können vom Gericht auch zur Beurteilung der technischen Sachlage herangezogen werden. Auf die Entscheidung der Schiedsstelle muss der Richter demgegenüber nicht eingehen, da diese möglicherweise rechtliche Aspekte o.ä. unberücksichtigt gelassen hat. Letztlich werden die in der Entscheidung der Schiedsstelle erkennbaren technischen Feststellungen denselben Beweiswert besitzen wie ein gerichtliches Sachverständigengutachten[229].

---

227 Eberhardt, 106, spricht zwar vom „Patienten", da seine Arbeit die ärztlichen Schlichtungsstellen zum Inhalt hat; von der Sache her ist die Problematik jedoch identisch.

228 Eberhardt, a.a.O. Er kommt dabei zu dem Ergebnis, dass eine Bindungswirkung der Kommissionsentscheidungen den Patienten entschieden schlechter stellen würde als bei einem vergleichbaren Gerichtsverfahren. Sie würde ferner a priori jeden Einwand gegen Entscheidungen der Kommission ausschließen.

229 so Preibisch, 215. Er führt hierzu aus, dass dem Antrag auf Vernehmung eines Sachverständigen im Prozess nur stattzugeben sei, wenn Gründe vorlägen, bei denen nach § 412 ZPO eine

Bestimmte andere Vorteile der Bindungswirkung von angefertigten Gutachten sind nicht erkennbar. Vielmehr müssen auf Grund dieser Wirkung zahlreiche rechtsstaatliche Kriterien mit berücksichtigt werden, welche der Attraktivität dieser Verfahren nicht förderlich erscheinen. Es erschiene sinnvoller, das Schiedsstellenverfahren lediglich bestimmten Mindestkriterien zu unterwerfen[230] und den Entscheidungen der Schiedsstellen die Bindungswirkung zu nehmen. Insbesondere im Hinblick auf die Praxis, aus der sich ergibt, dass die Schiedsstellen nicht paritätisch besetzt sind, obwohl sie dies im Hinblick auf die Bindungswirkung sein müssten, ergibt sich kein weiterer Vorteil der verbindlichen Schiedsgutachtenerstellung im Vergleich zur (weniger verbindlichen) Entscheidung einer Schiedsstelle, welche Gutachten mit empfehlendem Charakter anfertigt[231].

Die Praxis verhält sich demnach anders als das, was rechtlich erforderlich und faktisch wünschenswert wäre. Durch eine Herabstufung sämtlicher Schiedsstellenverfahren zu vorgerichtlichen Schlichtungsverfahren ohne Bindungswirkung würden lediglich „Anpassungen an die Realität“ stattfinden, auch wenn hierdurch weitere Optimierungen des Verfahrens nicht obsolet würden. Ein Attraktivitätsverlust dürfte hiermit auch nicht verbunden sein, eher das Gegenteil wird der Fall sein, da durch eine derartige Maßnahme die Schiedsstellen sich eines wesentlichen Kritikpunktes entledigen würden.

Um eine derartige Situation herbeizuführen, bei denen alle Schiedsstellenverfahren als Verfahren mit empfehlendem Charakter ausgestaltet werden, müssen folgende Schritte unternommen werden: In jedem Fall wird es ausreichend sein, wenn sowohl in der Schiedsstellenklausel der Kfz-Reparaturbedingungen als auch in der MuGVO klargestellt wird, dass die von der Schiedskommission festgestellten Tatsachen das Gericht nicht binden. Eine „Herabstufung“ ist also unter rechtlichen Aspekten wesentlich unkomplizierter als eine „Heraufstufung“ (z.B. zum Schiedsgerichtsverfahren, wie dies insbesondere z.B. vom ZDK auch tatsächlich angedacht wird). Ob nun eine derartige Regelung konstitutiven oder nur deklaratorischen Charakter hätte, ist für die Zweckerreichung sekundär.

Ansonsten muss sich das Verfahren in seiner jetzigen Ausgestaltung nicht ändern. Es wird schließlich bereits jetzt oftmals als vorgerichtliches Sachverständigenverfahren mit empfehlendem Charakter durchgeführt. Eine Optimierung im Sinne des Verbraucher-

---

neue Begutachtung anzuordnen wäre (BGH VersR 1958, 340, 341; BGH VersR 1963, 195, 196; BGH LM Nr. 3 zu § 286 ZPO). Der Antrag, trotz des im Vorverfahren erstellten Gutachtens ein prozessuales Sachverständigengutachten einzuholen, wird also letzten Endes ebenso behandelt wie das Gesuch, trotz eines bereits vorhandenen Prozessgutachtens ein weiteres (Ober-) Gutachten einzuholen; weitgehend derselben Meinung ist Nicklisch, Festschrift für Bülow,176 („faktische Bindungswirkung“).

230 so wie sie z.B. in der Empfehlung der EU-Kommission betreffend die Grundsätze für Einrichtungen, die für die außergerichtliche Beilegung von Verbraucherstreitigkeiten zuständig sind (KOM 98/257/EG) genannt sind, also Unparteilichkeit, Effizienz, Transparenz, „Zustellung“ der Entscheidung, Rechtsweggarantie, „zwingender Mindestverbraucherschutz“, vgl. hierzu noch weiter unten.

231 vgl. hierzu auch Nicklisch, Schlichtungsstellen-Untersuchung der Tätigkeit, 62, der zwar der Tatsachenbindung der Schiedsgutachten auch Vorteile zugestehen will, diese „Vorteile“ aber nicht nennt.

schutzes wird hierdurch allerdings nicht obsolet. Schließlich müsste der Gesetzgeber keine legislativen Schritte unternehmen, um diesem Ziel zur Geltung zu verhelfen, wie sich bereits aus den obigen Erwägungen ergibt.

Somit kann zusammenfassend festgestellt werden, dass es sowohl aus rechtsdogmatischen als auch aus Gründen der Attraktivität des Verfahrens wünschenswert wäre, alle Schiedsstellenverfahren zum außergerichtlichen Streitbeilegungsverfahren mit lediglich empfehlendem Charakter herabzustufen, dem Verfahren also grundsätzlich die Bindungswirkung zu nehmen. Allerdings müssen die Grundsätze des Verbraucherschutzes durch die Gewährleistung bestimmter Mindestgarantien berücksichtigt werden. Zu denken ist hierbei an die in der Empfehlung 98/257/EG genannten Kriterien.

Vierter Teil: Die Schiedsstellenvereinbarung

I. Inhalt und rechtliche Struktur der Schiedsstellenvereinbarung

Die Schiedsstellenvereinbarung bezeichnet die Vereinbarung zwischen Verbraucher und Unternehmer, aus der hervorgeht, dass im Falle einer Streitigkeit zwischen diesen Parteien die Schiedsstelle den Konflikt lösen soll. Gegebenenfalls soll sie dabei ein (Schieds-)Gutachten anfertigen, das Streit beendende Wirkung haben soll.

1. Inhalt der Schiedsstellenvereinbarung

a) Dualer Inhalt der Schiedsstellenvereinbarung

Es stellt sich die Frage, ob sich der Inhalt der Schiedsstellenvereinbarung auf die Schiedsgutachten-/Sachverständigenabrede beschränkt.

Ein Schiedsgutachtenvertrag hat zum Inhalt, dass ein Dritter (Schiedsgutachter) entweder einen bestehenden Vertrag ergänzen, eine Rechtsabänderung vornehmen oder Tatbestandselemente feststellen soll[232]. Wäre dies allein die Aufgabe der Schiedsstellen, dann stellt sich die Frage, warum sich sowohl aus den Statistiken als auch aus den Rechtsquellen entnehmen lässt, dass die Einigung bzw. der Vergleich der Streitparteien primäres Ziel des Schiedsstellenverfahrens ist.

Bei den Statistiken ist die hohe Vergleichsquote sowohl im Vor- als auch im Hauptverfahren als Indiz hierfür anzuführen. Was die Rechtsquellen anbelangt, so sind hier zum einen § 54 Abs. 3 Nr. 3 HandwO zu nennen, wonach die Handwerksinnung bei Streitig-

---

232 Wittmann, Struktur und Grundprobleme des Schiedsgutachtenvertrages; Gottwald a.a.O.; Prütting, a.a.O.; Erman, § 317 BGB, Münch in Münchener Kommentar zur ZPO, vor § 1025, Rz. 22 ff.; Vollkommer in Jauernig, § 317, Rz. 3 ff.; Gehrlein, VersR 1994, 1009; Döbereiner, VersR 1983, 712 ff. u.v.m.

keiten zwischen den Innungsmitgliedern und ihren Auftraggebern auf Antrag vermitteln kann, zum anderen auch § 4 Abs. 2 Satz 2 und § 6 MuGVO, welche beide eine „Einigung“ (§ 4) bzw. einen „Vergleich“ (§ 6) als Ziel des Schiedsstellenverfahrens nennen. Zudem wird in der MuGVO der Terminus „Schiedsgutachten“ nirgends erwähnt. Lediglich in Ziff. XI Kfz-Reparaturbedingungen ist das Wort „Schiedsgutachterverfahren“ in der Überschrift genannt.

Ein zusätzliches Argument dafür, dass die Schiedsstellenvereinbarung einen über die Schiedsgutachtenabrede (Sachverständigenabrede) hinaus gehenden Inhalt hat, ergibt sich aus § 1 Abs. 1 lit.b MuGVO. Danach soll die Schiedsstelle „Streitigkeiten zwischen Kunden und....Werkstatt.....möglichst gütlich beilegen oder entscheiden“. Auch dies spricht für einen Vorrang des Vergleichs gegenüber der Entscheidung (mit dem Schiedsgutachten bzw. Sachverständigengutachten als Grundlage der Entscheidung, evtl. allerdings auch des Vergleichs!).

Hinzu kommt, dass mancherorts in der Literatur offenbar eine Differenzierung zwischen Schiedsgutachten- und Schlichtungsverfahren vorgenommen wird[233]. Hager erkennt diesen Zusammenhang bzw. Unterschied[234] zwischen Schiedsgutachtenerstellung und Konfliktbeendigung durch Einigung, Vergleich oder Schiedsspruch.

Der Verbraucher kontaktiert die Schiedsstelle also aus dem Grund, damit diese zwischen ihm und der Werkstatt auf der Grundlage ihrer Fachkunde den Konflikt löst. Die Konfliktlösung kann dabei in der Form geschehen, dass ein Vergleich zwischen den Parteien zustande kommt oder die Schiedsstelle einen Schiedsspruch erlässt. Die Schiedsstelle wird also, wie es sich auch bereits durch den Namen ausdrückt, von den Parteien primär als Schlichtungs- bzw. Streit entscheidendes Organ wahrgenommen, nicht als ein Gremium, bestehend aus einer bestimmten Anzahl von (Schieds-)Gutachtern, die über den Streitstoff ein (Schieds-)Gutachten erstellen sollen.

Die Schlichtung bzw. Streitentscheidung mit Hilfe einer fachlich kompetenten Stelle durch Offenlegung des technischen Sachverhalts ist demnach das vorrangige Ziel der Konfliktparteien, nicht die Erstellung eines (Schieds-)Gutachtens. Hierüber sind sich die Parteien einig[235].

---

233 vgl. Prütting, JZ 85, 264 f., der diesen Verfahren auch „andere Qualitäten“ beimisst. Hoffmann-Riem (ZRP 1997, 184) erwähnt demgegenüber die Schiedsgutachtenverfahren nicht gesondert neben den Schieds- und Schlichtungsstellen von berufsständischen Verbänden. Albers (Baumbach, Grundz. § 1025, Rz. 9 ff.) unterscheidet zwischen Schiedsgutachtenverfahren und Schlichtungsverfahren; Rothweiler/Sauer (NJW 1978, 798) und Preibisch, 56 ff. nehmen gleichfalls diese Differenzierung vor. Jansen, Diss., 117 differenziert zwischen (gerichtlichen) Vorverfahren und Schiedsgutachtenverfahren.

234 Hager, 107. Er führt zutreffend aus, dass durch das Gutachten nur ein Punkt des Konflikts geklärt wird, der Konflikt als ganzes aber nicht erledigt. Dies geschehe erst durch Konsens der Parteien oder durch ein richterliches oder schiedsrichterliches Urteil. Das Schiedsgutachten erleichtere somit durch seine punktuell Streit beendende Wirkung ein Schlichtungsverfahren oder den Erlass eines Urteils (Schiedsspruchs), sei aber von diesen zu trennen.

235 vgl. hierzu auch mehrere Erörterungen in der Literatur, z.B. Hanel, Rechtsfragen der Kfz-Werkstatt, 205; Prütting, JZ 85, 265, der die Vermittlung durch die Schiedsstelle als primäres Ziel

Schieds- bzw. Schlichtungsstellen und „Schiedsgutachterstellen“ stehen also nicht in einem Ausschließlichkeitsverhältnis zueinander. Vielmehr handelt es sich bei den Schiedsstellen für das Kfz-Handwerk vor allem um „Streitbeilegungsstellen“, die zudem die Kompetenz besitzen (können), Schiedsgutachten zu erstellen, welche gewisse Rechtswirkungen entfalten können.

Insoweit ist auf die Literatur zu verweisen[236]. Danach gebe es „gestufte Verfahren“, bei denen etwa nach dem Scheitern einer gütlichen Regelung die Einigungsstelle einen Schiedsspruch erlassen könne. Beim Schiedsstellenverfahren handelt es sich um ein derartiges „gestuftes Verfahren“, wie auch aus der MuGVO ersichtlich wird. Aus § 4 Abs. 2 Satz 2 MuGVO ergibt sich, dass bereits im Vorverfahren auf eine Einigung hingewirkt werden soll.

Der grundsätzlich chronologisch gehaltenen Gestaltung kann zudem entnommen werden, dass auch im Kommissionsverfahren der Schiedsvergleich dem Schiedsspruch vorgehen soll, d.h. erst wenn alle Einigungsversuche fehlgeschlagen sind, erlässt die Kommission einen Schiedsspruch.

Dieser „verfahrensrechtlichen Seite“ entspricht eine „materiellrechtliche Seite“, d.h. dieses Procedere muss sich auch im Vertragsinhalt widerspiegeln und zwar insofern, als dass das primäre Ziel des Schiedsstellenverfahrens, nämlich die Einigung zwischen den Konfliktparteien bzw. die Konfliktbeendigung durch Schiedsspruch (im Falle der Nichteinigung) durch das Organ „Schiedsstelle“ als Vermittler zum Ausdruck kommt.

Dass dabei die Schiedsstelle zusätzlich die Möglichkeit hat, Schiedsgutachten mit bindender Wirkung zu erstellen, steht dem nicht entgegen, sondern stärkt allenfalls die Kompetenz und die Autorität der Schiedsstelle.

b) Abgrenzung zwischen Schiedsgutachtenvereinbarung und Schiedsvereinbarung im Sinne von §§ 1029 ff. ZPO

Diese Abgrenzungsproblematik hat in der Literatur und der Rechtsprechung eine erhebliche Dimension erreicht. Anschließend soll auf die wesentlichen Meinungen eingegangen und eine eigene Stellungnahme hierzu abgegeben werden[237].

---

betrachtet. Micklitz in DRiZ 1983, 122, der die gütliche Beilegung des Streits ebenfalls als Ziel des Verfahrens ansieht. Hager geht in eine ähnliche Richtung, wobei er ausführt, dass die Schlichtung bereits im Grundvertrag vorgesehen werden kann. Nicklisch in Festschrift für Bülow geht einem vergleichbaren Gedanken nach. Er stellt die Entscheidung in Form eines Schiedsgutachtens in ein Alternativverhältnis zu einer gütlichen Einigung. Dass er hierbei die Schiedsstellen für den Gebrauchtwagenhandel beschreibt, ist insoweit ohne Bedeutung, da die VerfO dieselbe ist und sich die Verfahren auch ansonsten weit gehend gleichen. Auch hieraus wird ersichtlich, dass Schiedsgutachten und Konfliktbeendigung durch gütliche Einigung (oder auch autoritative Entscheidung!) zu unterscheidende „Rechtsakte“ sind.

236 Baumbach/Lauterbach/Albers/Hartmann, Grundz. § 1025, Rz. 9 mit Verweis auf Prütting (JZ 85, 264) und Walter (ZZP 103, 141)

237 Diese Abgrenzungsfrage hat nicht etwa deshalb Bedeutung, weil die Rechtsnatur der Schiedsstellenvereinbarung in Frage stehen würde. Vielmehr dürfte es mittlerweile unumstritten sein,

aa) Abgrenzung nach dem sachlichen Funktionsbereich von Schiedsrichter und Schiedsgutachter

Nach allgemeiner Meinung[238] ist Ausgangspunkt für die Abgrenzung von Schiedsgutachten- und Schiedsvertrag die dem Dritten übertragene Aufgabe. Dabei wird der Unterschied zwischen Schiedsgutachtenvertrag und Schiedsvertrag zumeist dahin umschrieben, dass der Schiedsrichter die Aufgabe habe, über ein Rechtsverhältnis im ganzen oder die Ansprüche aus einem Rechtsverhältnis abschließend zu entscheiden, der Schiedsgutachter dagegen lediglich eine Tatsache oder Elemente eines Rechtsverhältnisses feststellen solle. Für die Abgrenzung komme es daher darauf an, ob der Dritte anstelle des Gerichts abschließend und endgültig über den Streit der Parteien entscheiden oder lediglich gewisse Unterlagen für die Entscheidung bindend feststellen, gegebenenfalls subjektives Recht zwischen den Parteien setzen solle. Dem Schiedsrichter sei die Entscheidung eines Rechtsstreits anstelle des staatlichen Gerichts übertragen. Der Schiedsgutachtenvertrag sei dagegen auf die Feststellung von Tatbestandselementen gerichtet, ohne dass der Schiedsgutachter die abschließenden Folgerungen ziehe, die sich aus der Beantwortung der ihm gestellten Fragen für die endgültige Entscheidung ergäben[239]. Der Schiedsgutachter (eines feststellenden Schiedsgutachtens) entscheidet also nicht über Rechtsfolgen, sondern stellt Tatbestandsmerkmale fest.

bb) Abgrenzung nach dem Umfang der richterlichen Nachprüfbarkeit der Drittentscheidung

Der BGH hat eine Formel entwickelt, nach der sich ein (rechtsabänderndes) Schiedsgutachten von einem Schiedsspruch nach dem Grad der inhaltlichen Nachprüfbarkeit der Drittentscheidung durch das ordentliche Gericht abgrenzen lasse[240]. Sollen die Parteien an den Spruch des Dritten nur bis zur Grenze der offenbaren Unbilligkeit oder Unrichtigkeit gebunden sein, liegt ein Schiedsgutachten vor, soll dagegen eine endgültige Entscheidung unter Ausschluss jeder Möglichkeit einer inhaltlichen Nachprüfung ergehen, ist ein Schiedsspruch i.S.v. §§ 1051 ff. ZPO gewollt. Diese Abgrenzungsformel hat auch im

---

dass zwischen Verbraucher und Unternehmer keine Schiedsvereinbarung im Sinne von §§ 1029 ff. ZPO zustande kommt. Auf Grund der zunehmenden Tendenz in manchen Kreisen, diese Abrede auf eine Schiedsvereinbarung „hochzustufen", um so beispielsweise leichter an eine Vollstreckungsmöglichkeit zu kommen, sollen die nachfolgenden Erörterungen jedoch nutzbringend sein, um so besser beurteilen zu können, welche Probleme sich bei einer derartigen Hochstufung ergeben können.

238 RGZ 67, 71 f.; RG JW 1936, 820; BGHZ 6, S. 335 ff.

239 RG JW 1936, 820; BGHZ 6, 335 ff.; Goldschmidt ZPR, § 77 IV 1a, S. 270; Blomeyer, ZPR, § 124 I 1; Rosenberg / Schwab, § 173 Rz. 18; Nicklisch ZHR 136, 12; Münch in Münchener Kommentar zur ZPO, vor § 1025, Rz. 23, 24, zur Abgrenzung auch Baumbach/Lauterbach/Albers/Hartmann, Grundz. § 1025, Rz. 15.

240 BGHZ 6, 335 ff.; BGH NJW 1959, 1493 f.

Schrifttum Zustimmung gefunden[241]. Sie wird in der Regel unterschiedlich neben eine Abgrenzung nach dem sachlichen Aufgabenbereich von Schiedsgutachter und Schiedsrichter gestellt. Zu prüfen bleibt, ob dieses Kriterium geeignet ist, die beiden Rechtsinstitute sowohl dogmatisch vertretbar als auch praxisgerecht gegeneinander abzugrenzen.

cc) Stellungnahme und Anwendung des gefundenen Ergebnisses auf die Schiedsstellenvereinbarung

Der Ausschluss der ordentlichen Gerichtsbarkeit bildet eine Hauptwirkung des Schiedsvertrages. Danach hat das ordentliche Gericht eine Klage als unzulässig abzuweisen, wenn die Parteien für den Rechtsstreit einen Schiedsvertrag geschlossen haben und der Beklagte sich hierauf beruft, § 1032 ZPO. Der Schiedsgutachtenvertrag äußert demgegenüber eine selbständige prozessuale Wirkung, die darin besteht, dass eine sachliche Entscheidung des Gerichts über den dem Schiedsgutachter zugewiesenen Fragenkomplex zumindest vorläufig ausgeschlossen ist.

Diese negative prozessuale Ausschlusswirkung geht in ihrem Umfang jedoch nicht so weit wie die Wirkung der Schiedsvereinbarung. Denn die Schiedsvereinbarung steht nicht unter einem der Regelung des § 319 Abs. 1 Satz 2, 2. Halbsatz BGB vergleichbaren Vorbehalt. Die Vorschrift des § 1039 ZPO, die den Fall der Nichtausführung des Schiedsrichteramtes durch einen Schiedsrichter regelt, sieht nämlich in einer dem § 319 Abs. 1 Satz 2, 2. Halbsatz BGB ähnlichen Lage nicht das Außerkrafttreten der Schiedsvereinbarung, sondern die Ernennung eines anderen Schiedsrichters vor. Dieser Unterschied betrifft aber nicht den Inhalt, sondern den Grad der negativen Ausschlusswirkung.

Auch die Funktion der prozessualen Wirkungen der beiden Vertragstypen ist identisch. Sie besteht darin, die Entscheidung über die Streitigkeit aus einem bestimmten Rechtsverhältnis der sachlichen Kompetenz des ordentlichen Richters zu entziehen und einem von den Parteien ausgewählten Dritten zu übertragen. Hieraus kann also gleichfalls kein Abgrenzungskriterium gewonnen werden.

Schiedsvereinbarung und Schiedsgutachtenvertrag sind jedoch durch die Stärke ihrer Bindungswirkung zu unterscheiden. Der Umfang der richterlichen Nachprüfbarkeit ist bei Schiedsgutachten und Schiedsspruch nicht gleich. Während das Schiedsgutachten nur bis zur Grenze der offenbaren Unbilligkeit oder Unrichtigkeit verbindlich ist, gilt eine entsprechende Einschränkung für den Schiedsspruch (im Rahmen eines schiedsrichterlichen Verfahrens nach §§ 1025 ff. ZPO!) nicht. Der Schiedsspruch unterliegt nur nach Maßgabe der in § 1059 Abs. 2 ZPO genannten Aufhebungsgründe einer gerichtlichen Kontrolle. Art und Umfang der Staatsaufsicht über die private Schiedsgerichtsbarkeit sind dabei der Disposition der Parteien entzogen.

---

241 Goldschmidt, ZPR, § 77 IV 1a, S. 270; Kessler, Schiedsgerichtsvertrag und Schiedsverfahren, 18; Nikisch, ZPR, § 143 VI, 1, S. 595; Bernhardt, ZPR, § 64 III; Blomeyer, ZPR, § 124 I 1; Fasching, Schiedsgericht, 10; Rosenberg / Schwab, § 173 Rz. 18; Münch in Münchener Kommentar zur ZPO, vor § 1025, Rz. 23, 24.

Die Abgrenzung nach dem sachlichen Funktionsbereich hat allerdings den Vorteil der größeren Transparenz. Beschränkt man nämlich den Kompetenzbereich des Schiedsgutachters auf die Feststellung technischer Gegebenheiten, dann wird der Unterschied zur Schiedsvereinbarung, bei der über das gesamte Rechtsverhältnis entschieden werden soll, klar. In diesem Kontext wird auch die Differenzierung zwischen Schiedsgutachtenvereinbarung und Schlichtungsvereinbarung relevant. Nur im Rahmen der Schlichtungs- bzw. besser Schlichtervereinbarung erhält die Schiedsstelle nämlich die Kompetenz, über den Anspruch zu entscheiden.

Hier wird offensichtlich, dass die ansonsten sinnvolle Trennung zwischen Schiedsgutachten- und Schlichtungsvereinbarung zu Schwierigkeiten bei der Abgrenzung zur Schiedsvereinbarung führen kann, da die Zusammenführung von Schiedsgutachten- und Schlichtungsvereinbarung eben doch wieder dazu führt, dass auch der Schiedsgutachter (und Schlichter!) über die sachliche Feststellung hinaus über das Rechtsverhältnis entscheiden kann.

Aus diesem Grund kann für diese weiter gehende Differenzierung der zusammengesetzten Schiedsstellenvereinbarung zur Schiedsvereinbarung nach §§ 1025 ff. ZPO der Umfang der richterlichen Nachprüfbarkeit sicherlich ein wertvolles Abgrenzungskriterium darstellen.

Insofern können also beide Differenzierungstheorien zusammengeführt werden, so dass auf der ersten Stufe hinsichtlich der Frage der Abgrenzung der bloßen Schiedsgutachtenvereinbarung zur Schiedsvereinbarung nach dem sachlichen Funktionsbereich und auf der zweiten Stufe (Abgrenzung zwischen gesamter Schiedsstellenvereinbarung und Schiedsvereinbarung) nach dem Umfang der richterlichen Nachprüfbarkeit differenziert wird[242].

Nach alldem ist nicht nur davon auszugehen, dass nach dem Parteiwillen das Schiedsstellenverfahren als Schiedsgutachtenverfahren ausgestaltet sein soll und nicht als Schiedsverfahren im Sinne von §§ 1025 ff. ZPO. Vielmehr ist sogar davon auszugehen, dass die Parteien sich nicht einmal bis zur Grenze der offenbaren Unrichtigkeit binden lassen wollen, so dass im Zweifel sogar noch „eine Stufe darunter“ das Schiedsstellenverfahren als außergerichtliches Vorverfahren, bei dem Sachverständigengutachten mit empfehlendem Charakter angefertigt werden, ausgestaltet sein soll. Was hiervon vorliegt, ist allerdings nur im jeweiligen Einzelfall beurteilbar[243].

2. Rechtliche Struktur der Schiedsstellenvereinbarung

Die materiellrechtliche Seite müsste wegen obiger Erwägungen separat untersucht werden, also die Prüfung eines (Schieds-)Gutachten- und eines Schlichtungsvertrages. Dog-

242 Nach OLG Düsseldorf, EwiR 1998, 1019 soll im Zweifel von der Vereinbarung eines Schiedsgutachtenvertrages ausgegangen werden, da dieser die Rechte der Parteien weniger einschneidend verändere.

243 Dieser Frage soll im weiteren Verlauf der Arbeit noch nachgegangen werden.

matisch handelt es sich um zwei getrennt zu betrachtende Verträge, auch bzgl. ihrer Wirksamkeitsvoraussetzungen und der Rechtsfolgen. Es sind aber auch Konstruktionen wie „gemischter oder zusammengesetzter Vertrag“ denkbar.

a) Die Schiedsstellenvereinbarung als gemischter Vertrag

aa) Typischer Vertrag mit andersartiger Nebenleistung

Dieser Vertragstypus setzt einen bestimmten Hauptvertrag voraus. Zusätzlich wird eine andersartige Nebenleistung geschuldet[244]. Bei der Schiedsstellenvereinbarung stehen zwei Verträge nebeneinander, nämlich der Schiedsgutachten- bzw. Sachverständigenvertrag auf der einen und die „Schlichtungsvereinbarung“ auf der anderen Seite. Eine andersartige Nebenleistung wird nicht geschuldet. Dieser Vertragstypus scheidet daher aus.

bb) Kombinationsvertrag

Beim Kombinationsvertrag schuldet eine Partei mehreren verschiedenen Vertragstypen entsprechende Hauptleistungen[245]. Eine Schiedsstellenvereinbarung stellt keinen derartigen Kombinationsvertrag dar, da eine solche Vereinbarung nicht mehreren Vertragstypen entsprechende Hauptleistungen beinhaltet.

cc) Gekoppelter Vertrag

Hier tauschen die Parteien Leistungen aus, die verschiedenen Vertragstypen entsprechen[246]. Ein gekoppelter Vertrag liegt bei der Schiedsstellenvereinbarung gleichfalls nicht vor.

dd) Typenverschmelzungsvertrag

Hier sind Elemente verschiedener Vertragstypen in der von einer Partei geschuldeten Leistung untrennbar miteinander verbunden[247]. Ein Schiedsgutachten- oder Sachverständigenvertrag lässt sich o.w. von einem „Schlichtungsvertrag“ trennen. Beides hätte auch

---

244 Heinrichs in Palandt, Überbl. vor § 311, Rz. 20; Gehrlein in Bamberger/Roth, § 311, Rz. 21. Beispiele sind: Miete eines Zimmers mit Bedienung oder Kauf mit Montageverpflichtung.

245 Heinrichs in Palandt, Überbl. vor § 311, Rz. 21; Gehrlein in Bamberger/Roth, § 311, Rz. 22. Als Beispiele werden genannt der Altenheimvertrag und der Bewirtungsvertrag.

246 Heinrichs in Palandt, Überbl. vor § 311, Rz. 22; Gehrlein in Bamberger/Roth, § 311, Rz. 23. Beispiele sind hier: Bürgschaft gegen Dienstleistungen oder Warenlieferung gegen Werkleistung.

247 Heinrichs in Palandt, Überbl. vor § 311, Rz. 23; Gehrlein in Bamberger/Roth, § 311, Rz. 24. Beispiele: Abonnement eines Börsendienstes oder Konzertvertrag

isoliert gesehen einen eigenständigen Sinn. Aus diesem Grund scheidet auch ein Typenverschmelzungsvertrag aus.

b) Die Schiedsstellenvereinbarung als zusammengesetzter Vertrag

Der Parteiwille kann mehrere Verträge derart zu einem Gesamtvertrag zusammenfassen, dass sie für die rechtliche Beurteilung eine Einheit bilden[248]. Anhaltspunkte hierfür sind der gleichzeitige Abschluss, eine einheitliche Urkunde und/oder ein rechtlicher Zusammenhang zwischen den verschiedenen Vertragsbestandteilen[249].

Der Schiedsgutachten- bzw. Sachverständigenvertrag (mit empfehlendem Charakter) kommt regelmäßig entweder über die sog. Schiedsstellenklausel in den Kfz-Reparaturbedingungen oder aber konkludent im weiteren Verfahren zustande[250]. Der Abschluss des „Sachverständigenvertrages" und des „Schlichtungsvertrages" erfolgt somit gleichzeitig und oftmals in der derselben Urkunde. Der rechtliche Zusammenhang wird durch den Verfahrensgleichklang unterstrichen. Zudem geht der Parteiwille dahin, diese Verträge nicht isoliert zu betrachten, sondern aufgrund des primären Ziels „Konfliktlösung" als Einheit zu betrachten. Dem „durchschnittlichen Werkstattkunden" wird diese Aufteilung zudem gar nicht bewusst sein. Die Schiedsstellenvereinbarung kann von daher als zusammengesetzter Vertrag betrachtet werden, bei dem Schiedsgutachten- bzw. Sachverständigenvertrag (mit empfehlendem Charakter) und Schlichtungsvereinbarung eine Einheit bilden.

Da die materiellrechtlichen Hauptprobleme beim Schiedsgutachtenvertrag (und evtl. auch beim „Sachverständigenvertrag mit empfehlendem Charakter") liegen, soll dieser in den nachfolgenden Erörterungen intensiver diskutiert werden. Dabei wird der Frage, ob im „Normalfall" überhaupt eine Schiedsgutachtenvereinbarung zustande kommt, elementare Bedeutung zukommen. Eine tiefer gehende Diskussion, um welche Art von Vertrag es sich bei der Schlichtungsvereinbarung handelt, sollte sich erübrigen, da dies weder praktische Relevanz hat noch rechtsdogmatisch von großer Bedeutung ist[251].

---

248 Heinrichs in Palandt, Überbl. vor § 311, Rz. 16; Gehrlein in Bamberger/Roth, § 311, Rz. 25.

249 Heinrichs in Palandt, a.a.O.; Gehrlein in Bamberger/Roth a.a.O.

250 siehe hierzu noch unten. Dabei wird zwar auch noch festgestellt werden, dass das Zustandekommen eines Schiedsgutachtenvertrages über die Schiedsstellenklausel regelmäßig nicht gegeben ist; allerdings verdeutlicht alleine die Existenz dieser Klausel und das Verständnis der Parteien, dass es sich um ein „einheitliches Verfahren" handelt, den „einheitlichen Charakter" der Vereinbarung. Auch geht das Verständnis der Parteien dahin, einen „einheitlichen (Schiedsstellen-) Vertrag" abzuschließen.

251 Von daher bestehen manche Parallelen zur Mediationsvereinbarung. Allerdings besitzt der Schlichter eine weiter gehende Autorität insofern, als dass er in der Sache selbst entscheiden kann. Die Schlichtung kann also in der Mitte zwischen dem Schiedsgerichtswesen und der Mediation angesiedelt werden, vgl. insoweit auch Miletzki, der zwischen „Vermittlung" und „Schlichtung" differenziert. Danach könne Vermittlung umschrieben werden als ein freiwilliges Verfahren, bei welchem durch einen Dritten die Kommunikation zwischen den Beteiligten eröffnet und gefördert werde, mit dem Ziel eines Interessenausgleichs, der meist in Form eines

Selbstverständlich werden auch der „Sachverständigenvertrag mit empfehlendem Charakter", der alternativ statt der Schiedsgutachtenvereinbarung in Betracht kommt sowie die Schlichtungsvereinbarung zumindest in ihren Grundzügen erörtert. Zunächst soll jedoch die Herleitung des Vertragsinhalts der Schiedsstellenvereinbarung sowie der Vertragsschluss diskutiert werden.

II. Herleitung des Vertragsinhalts und Vertragsschluss

1. Herleitung des Vertragsinhalts

Der Inhalt der Schiedsstellenvereinbarung wurde bereits diskutiert. Letztlich kann der Inhalt auf die einfache Aussage reduziert werden, dass sich die (potentiellen) Konfliktparteien einig sind, dass im Falle eines Disputs, der sich aus dem Reparaturvertrag ergeben kann, die Schiedsstelle angerufen werden kann[252]. Diese soll dann aufgrund Ihrer Fachkunde die (verborgenen) technischen Feststellungen treffen und die Parteien zu einer einvernehmlichen Lösung führen bzw. den Streit entscheiden.

Fraglich ist, woraus der Parteiwille hergeleitet werden kann, aus dem sich eine Bindungswirkung hinsichtlich festgestellter Tatsachen für das Gericht ergibt. Die Annahme einer Schiedsgutachtenabrede erfordert, dass sich die Parteien darauf geeinigt haben, dass der Schiedsgutachter aufgrund seiner Fachkunde mit bindender Wirkung für die Parteien Feststellungen gewinnen und auf diese Weise Rechtsstreitigkeiten vorbeugen soll[253]. Ein Schiedsgutachten diene folglich dem Zweck, zwischen den Parteien offene Fragen einer endgültigen Klärung zuzuführen[254]. Dieser Zweck wäre jedoch auch dann erfüllt, wenn

---

Kompromisses erfolgt. Schlichtung ziele ebenfalls auf eine Konfliktbeendigung durch Interessenausgleich ab. Im Gegensatz zur Vermittlung trete aber das Element der Verbindlichkeit hinzu. In eine ähnliche Richtung geht Röhl, Alternativkommentar zur ZPO, vor § 1025, Rz. 22.

252 und nicht nur, wie Gottwald in NZV 2000, 6 ausführt, bei Streitigkeiten zwischen Kunden und Reparaturwerkstätten über das Vorliegen gewährleistungspflichtiger Mängel und die Höhe des Wiederbeschaffungswerts bzw. über die Notwendigkeit von Reparaturen, die ordnungsgemäße Durchführung von Werkstattleistungen und die Angemessenheit und Wirtschaftlichkeit der Reparaturkosten. Insofern bezieht sich Gottwald nicht auf die MuGVO, sondern auf eine davon abweichende VerfO (z.B. die der Schiedsstelle für das Kfz-Handwerk Augsburg-Schwaben, vgl. Anlage!). Allerdings wird der Inhalt der Schiedsstellenvereinbarung auch aus der MuGVO nicht deutlich. Hier heißt es lapidar in § 1 Abs. 1 lit.b MuGVO:"Streitigkeiten zwischen Kunden und den der Innung angeschlossenen Werkstätten aus Werkstattaufträgen......möglichst gütlich beizulegen oder zu entscheiden." Insofern beinhaltet § 1 Abs. 1 lit.b MuGVO primär eine Schlichtungsvereinbarung.

253 Gehrlein, VersR 1994, 1009 m.w.N. Dabei kann eine Schiedsgutachtenabrede nach BGH NJW-RR 1994, 1551 auch stillschweigend vereinbart worden sein, sofern der Parteiwille eindeutig den Begleitumständen entnommen werden kann. Hierzu führt der BGH sinngemäß aus, müssten sich aus den Erklärungen oder Handlungen der Parteien eindeutige Indizien finden lassen, die auf einen derartigen Willen hindeuten.

254 Gehrlein, a.a.O.; Wolf, § 317, Rz. 22

die von der Schiedsstelle getroffenen technischen Feststellungen nicht die Wirkung eines (bindenden) Schiedsgutachtens, sondern (lediglich) die Wirkung eines (einfachen) Sachverständigengutachtens hätten[255]. Auch die Tatsache, dass Gütestellen in anderen Branchen, die gleichfalls fachkundig besetzt sind, nicht mit Bindungswirkung für die Gerichte entscheiden, spräche eher gegen als für die Annahme einer Schiedsgutachtenabrede[256].

Letztlich kann die Bindungswirkung eines Schiedsgutachtens nur direkt aus der Vereinbarung zwischen Auftraggeber und Auftragnehmer entnommen werden. Da der (Schiedsgutachten-)Vertragsschluss in unterschiedlichen Phasen des Verfahrens erfolgen kann, müssen diese einzelnen Phasen näher beleuchtet werden, um eine derartige Vereinbarung mit diesem Inhalt zu „finden". Dabei muss jedoch weiter beachtet werden, dass die Frage, ob eine wirksame Schiedsgutachtenvereinbarung zwischen den Parteien zustande gekommen ist, selbstverständlich auch von den weiteren Einzelfallumständen abhängt[257].

Bevor die einzelnen Phasen des Verfahrens hinsichtlich eines möglichen Vertragsschlusses näher untersucht werden, soll noch einmal zur Verdeutlichung klar gestellt werden, dass der Parteiwille beim Vertrag zwischen Kunde und Werkstattbetreiber dahin geht, dass im Falle von Streitigkeiten im Zusammenhang mit dem Reparaturvertrag die Schiedsstelle mit Hilfe ihrer Sachkunde und auch primär auf der Basis der von ihr getroffenen technischen Feststellungen den Streit schlichten bzw. entscheiden soll[258]. Dabei beabsichtigen die Parteien jedoch nicht, den Rechtsweg endgültig auszuschließen. Es sind also genau genommen zwei Vertragsinhalte voneinander zu unterscheiden: Zum einen soll die Schiedsstelle aufgrund ihrer Sachkunde die technischen Hintergründe offen legen („Erster Vertrag"); zum anderen soll sie den Streit entweder durch Anregung eines Vergleichs oder durch Schiedsspruch beenden („Zweiter Vertrag").

Für eine Wirkung der getroffenen Feststellungen dahin gehend, dass diese für einen etwaigen nachfolgenden Gerichtsprozess bis zur Grenze der offenbaren Unrichtigkeit für

---

255 Dies gilt umso mehr, als dass die Werkstätten über die Innungssatzung bzw. den Innungsbeschluss an die Entscheidung der Schiedsstellen gebunden sind. Diese Bindung besteht unabhängig von der Tatsachenbindung der Gerichte aufgrund „autonomer Rechtssetzung".

256 Gottwald, NZV 2000, 6 mit Verweis auf Taupitz, „Außergerichtliche Streitbeilegung zum Schutz des Verbrauchers" in Zeitschrift der Koreanisch-Deutschen Gesellschaft für Rechtswissenschaft, 12 (1996), 453 f.; Preibisch, 56 ff., in welchen er die unterschiedlichen vorgerichtlichen Streitbeilegungsverfahren beschreibt; Rothweiler/Sauer, NJW 1978, 797.

257 so z.B. der Ausgestaltung der jeweiligen Verfahrensordnung, den Erklärungen und Handlungen der Parteien im Vorfeld des Verfahrens usw. Es ist also in jedem Fall eine Auslegung der Vertragserklärungen erforderlich, um den exakten Vertragsinhalt auch treffend zu bestimmen, also insbesondere die Frage beantworten zu können, ob ein Schiedsgutachtenvertrag oder eine „Sachverständigenvereinbarung mit empfehlendem Charakter" zustande gekommen ist.

258 Ob ein „Schiedsgericht" nach dem Parteiwillen in Wahrheit nur die Funktion einer Güte- oder Schlichtungsstelle, deren Entscheidungen gegebenenfalls auch nur die Wirkungen eines Sachverständigengutachtens nach sich ziehen, haben soll, ist durch Auslegung zu ermitteln, BGH KTS 84, 333.

das Gericht bindend sein sollen, gibt der bloße Parteiwille nichts her[259]. Schließlich kann diese Bindungswirkung also nur dem ausdrücklichen Parteiwillen, fixiert beispielsweise durch Allgemeine Geschäftsbedingungen der Werkstatt, der Verfahrensordnung der Schiedsstelle oder dem ausdrücklichen oder konkludenten Einverständnis der Parteien zu einer derartigen Bindungswirkung hinsichtlich der getroffenen Feststellungen durch die Schiedsstelle selbst entnommen werden[260].

Zu erwähnen bleibt in diesem Kontext die Historie. Anfangs war das Schiedsstellenverfahren als „normales" außergerichtliches Vorverfahren ohne Bindungswirkung ausgestaltet. Erst später gingen die Schiedsstellen dazu über, den Tatsachenfeststellungen Bindungswirkung zukommen zu lassen. Dies geschah primär über die Verfahrensordnungen, in denen „Klauseln" enthalten waren, nach denen die Tatsachenfeststellungen in einem Gerichtsprozess bindende Wirkung haben sollten. Dieser „Übergang" erfolgte Mitte der 70er Jahre. Nach der Entscheidung des BGH vom 14.7.1987[261], in welcher dieser in einem Prozess zwischen dem ZDK und dem Verbraucherschutzverein Berlin u.a. feststellte, dass § 7 Abs. 3 Satz 2 GeschVerfO, welcher besagte, dass die Tatsachenfeststellungen der Schiedsstelle bindend seien, rechtlich nicht haltbar sei, da der Eindruck erweckt werde, diese Bindung gelte auch bei offenbarer Unrichtigkeit, erfolgte ein abermaliger „Gesinnungswandel".

Zwar wäre eine Korrektur dieser Klausel in der GeschVerfO dadurch möglich gewesen, diese Einschränkung des BGH mit in die Klausel aufzunehmen; der ZDK (in Zusammenarbeit mit dem ADAC) entschied sich jedoch offensichtlich dazu, die Klausel, welche die bindende Wirkung der Tatsachenfeststellungen beinhaltete, vollkommen aus der MuGVO zu entfernen. Dies bedeutet jedoch nicht, dass in manchen Schiedsstellenbezirken (noch) Verfahrensordnungen verwendet werden, welche die Bindungswirkung der Tatsachenfeststellungen explizit erwähnen (teilweise unter Beachtung der BGH-Entscheidung, teilweise nicht).

Im Übrigen sei noch ausdrücklich erwähnt, dass es für die Feststellung des Parteiwillens ohne Bedeutung ist, dass offenbar sowohl der ZDK als auch der ADAC als „Schöpfer der MuGVO" den Tatsachenfeststellungen der Schiedsstellen Bindungswirkung zukommen lassen wollen. Denn weder der ZDK noch der ADAC sind Vertragspartner der Schiedsstellenvereinbarung, können also auch nicht den Vertragswillen der Parteien bestimmen. Nur dann, wenn die Tatsachenbindung bis zur Grenze der offenbaren Unrichtigkeit ausdrücklich in der MuGVO (bzw. in den Kfz-Reparaturbedingungen) erwähnt wäre,

---

259 Schließlich werden andere vergleichbare Gütestellen in anderen Branchen (auch mit der Kompetenz, einen Schiedsspruch zu fällen!) auch tätig, ohne dass deren Entscheidungen die Wirkungen eines Schiedsgutachtens zukommen würden, vgl. z.B. die Gütestellen der Kammern der freien Berufe, also Rechtsanwälte, Steuerberater, Ärzte, Architekten. Beispiele über die Art der Verfahren finden sich in einer pdf-Datei, die im Internet unter der URL *http://europa.eu.int/comm/consumers/policy/developments/acce_just/acce_just04_de_ccb_de.pdf* herunter geladen werden kann.

260 evtl. also durch die sog. Unterwerfungserklärung.

261 BGH NJW 1988, 2818

könnte der Wille dieser Verbände auch auf den Vertragswillen ausstrahlen, da die MuG-VO sowohl die Verfahrens- als auch die materiellen Vertragskonditionen (evtl. über einen Verweis in Ziff. XI Nr. 4 Kfz-Reparaturbedingungen) vorgibt.

2. Vertragsschluss

a) Vertragsschluss bei Abschluss des zugrunde liegenden Reparaturvertrages durch individuelle Vereinbarung

Es dürfte kaum praxisrelevant sein, die Fälle zu erwähnen, bei denen die Parteien des Reparaturvertrages ausdrücklich eine individuelle Vereinbarung hinsichtlich der Zuständigkeit der Schiedsstellen bei etwaigen Streitigkeiten aus dem Reparaturvertrag treffen. Selbstverständlich ist eine derartige Vereinbarung jedoch möglich. Für eine individuelle Vereinbarung, welche zugleich die Bindungswirkung eines Schiedsgutachtens mit einschließt, bliebe somit Raum. Allerdings sind keine Fälle bekannt, in denen in dieser Weise der Vertragsschluss zustande kommen würde.

b) Vertragsschluss über Ziff. XI der Kfz-Reparaturbedingungen

Teilweise liegen dem Reparaturvertrag die sog. Kfz-Reparaturbedingungen als (kollektivierte) AGB zugrunde[262]. In Ziff. XI dieser Bedingungen ist das sog. Schiedsgutachterverfahren beschrieben. Hier wird allerdings die Tatsachenbindung des Gerichts nicht festgeschrieben. Vielmehr wird in Ziff. XI Nr. 4 auf die Geschäfts- und Verfahrensordnung verwiesen, die den Parteien auf Verlangen von der Schiedsstelle ausgehändigt wird[263]. Alleine die Tatsache, dass Ziff. XI Kfz-Reparaturbedingungen mit „Schiedsgutachterverfahren" (in Klammern) bezeichnet wird, sagt nichts über die Bindungswirkung der Tatsachenfeststellungen aus.

Zum einen werden die Parteien in aller Regel (wenigstens der Verbraucher!) die rechtliche Bedeutung dieses Begriffs nicht einschätzen können. Zum anderen kommt es

---

262 Zur Entstehung und Entwicklung der Kfz-Reparaturbedingungen vgl. Reinking/Schmidt/Woyte, 4 ff.

263 Nach Ansicht des BGH a.a.O. werden damit gegenüber dem Auftraggeber weitere Hürden bei der Rechtsverfolgung aufgerichtet, die ihn unter Umständen von vorne herein davon abhalten können, überhaupt eine Streitentscheidung zu suchen. Er müsse sich zunächst über den Sitz der zuständigen Schiedsstelle erkundigen und dann an diese heran treten, um die Verfahrensordnung zu erhalten und von ihrem Inhalt Kenntnis nehmen zu können. Vom Grundsatz her trifft dieser Einwand des BGH durchaus zu, auch wenn es der BGH offen lässt, ob diese Hindernisse bereits als unangemessene Benachteiligung im Sinne von § 307 BGB (ex § 9 AGBG) zu werten seien. Jedenfalls sei die Klausel nach Ansicht des BGH deshalb unwirksam, weil sie den Eindruck erwecke, die Anrufung der Schiedsstelle sei zwingend, die Bindung an deren Tatsachenfeststellung gelte ohne Einschränkung und der Rechtsweg zu den ordentlichen Gerichten sei ausgeschlossen. Auf die Frage der paritätischen Besetzung der Schiedsstelle komme es daher nicht mehr an.

für die Bestimmung des Vertragsinhalts nicht auf die Bezeichnung an, sondern auf den von den Parteien gegebenenfalls durch Auslegung zu ermittelnden Willen[264]. Dieser Wille (zumindest der Wille des Verbrauchers) geht aber nicht o.w. dahin, den Tatsachenfeststellungen der Schiedsstelle Bindungswirkung zukommen zu lassen.

Die Bindungswirkung kann sich möglicherweise aus der Verfahrensordnung herleiten lassen. Somit drängt sich die Frage auf, ob über die sog. Schiedsklausel die VerfO der jeweiligen Schiedsstelle Vertragsinhalt werden kann. Dieser Frage soll in einem gesonderten Punkt zur Schiedsklausel nachgegangen werden.

Der Frage der zulässigen „Modifizierung" des Vertragsinhalts über den Verweis in den Kfz-Reparaturbedingungen auf die VerfO würde allerdings dann keine Bedeutung in Bezug auf die Bindungswirkung mehr zukommen, wenn die VerfO selbst über die Bindungswirkung keine Aussage trifft. Die MuGVO enthält sich hier in der Tat einer Äußerung. ZDK und ADAC als Entwickler der MuGVO haben nach der zitierten BGH-Entscheidung die Klausel, welche die Tatsachenbindung ansprach, ersatzlos entfallen lassen[265]. Die Tatsachenbindung kann nicht allein aus § 7 Abs. 1, 2.Alt. MuGVO hergeleitet werden, wonach „die Schiedsstelle......über die Sache aufgrund eigener Sachkunde entscheiden kann."

Zum einen beträfe die Bindungswirkung lediglich die Entscheidung der Schiedsstelle durch Schiedsspruch. Auch in einem Schiedsvergleich können jedoch Tatsachenfeststellungen enthalten sein, die Bindungswirkung entfalten. Außerdem muss zwischen der Entscheidung durch Schiedsspruch und dem Schiedsgutachten als solchem differenziert werden. Der Schiedsspruch ist als Entscheidung in der Sache zu werten, der durchaus auch rechtliche Erörterungen beinhalten kann und von der Schiedsstellenvereinbarung zwischen den Parteien gedeckt ist. Demgegenüber steht das Schiedsgutachten mit seinen (primär) technischen Feststellungen, das die Grundlage für die Entscheidung der Schiedsstelle bildet. Dieses ist vom „Schiedsgutachtenvertrag" gedeckt. Ein Vertrag mit einem vergleichbaren Inhalt dürfte jedoch regelmäßig in diesem frühen Verfahrensstadium noch nicht vorliegen[266].

---

264 Nicklisch, Festschrift für Bülow, 170; Grundsatz der „falsa demonstratio non nocet", vgl. BGHZ 20, 110; BGHZ 71, 247; BGH NJW 1978, 1058; BGH NJW 1982, 31; Reinicke JA 1980, 455 ff. Große Berühmtheit erlangte in diesem Zusammenhang der sog. Haakjöringsköt-Fall (RGZ 99, 145).

265 Dagegen hätte es möglicherweise ausgereicht, die Klausel mit dem Zusatz zu versehen, dass die Bindungswirkung nur bis zur Grenze der offenbaren Unrichtigkeit reiche. Manche Verfahrensordnungen enthalten diesen Zusatz. Ob damit die rechtliche Zulässigkeit gesichert ist, soll anschließend geprüft werden.

266 Diesen Unterschied zwischen Schiedsspruch und Schiedsgutachten erkennt auch Röhl in Alternativ-Kommentar zur ZPO, vor § 1025, Rz. 34: „Falls dieser (der Schiedsvergleich) nicht gelingt, fällt sie (die Schiedskommission) einen „Schiedsspruch", der aber rechtlich nur ein unverbindlicher Einigungsvorschlag ist. Lediglich die tatsächlichen Feststellungen binden die Parteien als Schiedsgutachten. Deshalb müssen die Parteien zuvor schriftlich dem Kommissionsverfahren zustimmen." Röhl erkennt hier zwar den Unterschied zwischen Schiedsgutachten und Schiedsspruch. Die Aussage, der Schiedsspruch sei nicht bindend, ist jedoch insoweit

Eine andere Sichtweise liefe letztlich darauf hinaus, dass das Schiedsgutachten über den gesamten Anspruch endgültig entscheiden würde. Dies entspricht jedoch nicht der hM., wonach im Rahmen eines Schiedsgutachtens lediglich Tatbestandselemente festgestellt und allenfalls rechtliche Vorfragen behandelt werden. Hinzu kommt, dass selbst diejenigen, welche den Schiedsspruch mit dem Schiedsgutachten gleich setzen, aus § 7 MuGVO keine Bindungswirkung des Schiedsspruchs bis zur Grenze der offenbaren Unrichtigkeit entnehmen können Es wäre weder vom Wortlaut des § 7 Abs. 1 MuGVO („...entscheiden") noch über eine analoge Anwendung gerechtfertigt, der MuGVO eine derart weit reichende Bedeutung beizumessen. Denn die Tatsache, dass die Schiedsstelle „aufgrund ihrer Fachkunde entscheiden kann", beschreibt allenfalls den Kompetenzbereich der Schiedskommission, gibt aber für die Frage der Bindungswirkung nichts her.

Auch ansonsten sind keine Anhaltspunkte aus der MuGVO ersichtlich, die auf eine Bindungswirkung der Tatsachenfeststellungen schließen lassen würden. Auch aus der MuGVO kann also eine Bindungswirkung nicht hergeleitet werden[267]. Demgegenüber beinhalten manche Verfahrensordnungen Klauseln, welche die Tatsachenbindung aus-

---

nicht präzise, als dass die Kfz-Werkstatt aufgrund der Innungssatzung (des Innungsbeschlusses) oder des Gestattungsvertrages an die Entscheidungen der Schiedsstelle, also auch an den Schiedsspruch, gebunden ist. Der Betrieb muss aufgrund dieser genannten Grundlagen den Weisungen der Schiedsstelle nachkommen, also auch den Inhalt der Schiedssprüche beachten. In diesem Zusammenhang ist die Bindung des Gerichts an die festgestellten Tatsachen ohne Relevanz. Insofern ist die in der gesamten Literatur verwendete Terminologie etwas unglücklich, da stets von „Bindungswirkung" gesprochen wird, aber selten exakt dargestellt wird, um welche Art der Bindung es sich handelt. Es ist demnach zwischen der Bindung des Gerichts an die von der Schiedsstelle festgestellten Tatsachen bis zur Grenze der offenbaren Unrichtigkeit und der Bindung des Kfz-Betriebs an die von der Schiedsstelle ausgesprochenen Schiedssprüche aufgrund Innungssatzung, Innungsbeschluss oder des Gestattungsvertrages zu differenzieren.

267 Enthalten verschiedene einzelne Verfahrensordnungen eine Klausel des Inhalts, dass die Tatsachenfeststellungen bis zur Grenze der offenbaren Unrichtigkeit die Gerichte binden, dann muss in diesem Zusammenhang der textliche Kontext beachtet werden, d.h. wenn eine derartige Klausel in einer systematischen Stellung zum Schiedsspruch aufgeführt wird (wie in einigen vereinzelten Verfahrensordnungen!), dann binden nur die in einem Schiedsspruch erwähnten technischen Feststellungen, nicht die aus einem Schiedsvergleich. Die MuGVO beinhaltet eine derartige Klausel jedoch nicht, so dass eine Bindungswirkung ausscheidet. In diesem Sinne auch Reinking/Schmidt/Woyte, 93. Allerdings ist die Terminologie hier etwas verwirrend. Reinking bezeichnet trotz mangelnder Bindungswirkung das Verfahren nämlich als Schiedsgutachtenverfahren. Dies ist jedoch nicht korrekt. Denn ein Schiedsgutachtenverfahren zeichnet sich eben gerade durch die Bindungswirkung aus. Vielmehr handelt es sich bei nicht bindenden Verfahren dieser Art um Sachverständigenverfahren mit empfehlendem Charakter. Die Bezugnahme auf § 7 Abs. 5 MuGVO zur argumentativen Untermauerung der mangelnden Bindung festgestellter Tatsachen ist demgegenüber nicht zu beanstanden. Da selbst der Kfz-Schiedsstelle über § 7 Abs. 5 MuGVO die Möglichkeit einer Entscheidungsänderung eingeräumt werde, müsse erst recht den Gerichten eine vollumfängliche Nachprüfung gestattet sein, ohne Beschränkungen, die sich aus § 319 BGB ergeben.

drücklich festschreiben[268]. Es wird im Laufe der weiteren Arbeit noch festgestellt werden (im Zuge der Prüfung der sog. Schiedsstellenklausel), dass der bloße Verweis auf die Verfahrensordnung nicht ausreicht, um diese zum Bestandteil des Grundvertrages zu machen[269]. Von daher kann es vorerst auch dahin gestellt bleiben, ob eine derartige Klausel, welche die Tatsachenbindung apodiktisch vorschreibt, auch zulässig ist. Zumindest wird sie in aller Regel zu diesem Zeitpunkt noch nicht Vertragsinhalt, außer sie würde dem Verbraucher bereits bei der Reparaturannahme ausgehändigt, was realitätsfremd ist. Es ist jedoch denkbar, dass manche Werkstätten Allgemeine Geschäftsbedingungen verwenden, welche die Tatsachenbindung bis zur Grenze der offenbaren Unrichtigkeit „vorschreiben"[270]. Diese Alternative soll nachfolgend weiter behandelt werden[271].

Eine sog. Schiedsgutachtenvereinbarung kommt somit zumindest dann nicht über die sog. Schiedsstellenklausel in den Kfz-Reparaturbedingungen zustande, wenn die MuGVO zur Anwendung kommt. Allerdings schließen die Parteien über die Schiedsstellenklausel einen Vertrag mit dem Inhalt, dass die Schiedsstelle den Streit zwischen den Parteien entweder durch Anregung und darauf folgenden Abschluss eines Schiedsvergleichs oder durch Schiedsspruch beenden („Schlichtungsvereinbarung") und zugleich (für ihre Entscheidung) technische Feststellungen treffen soll, die auch in einem etwaigen Prozess als Urkundenbeweis bzw. zur Erlangung von Sachkunde durch den Richter quasi als „Sachverständigenbeweis" Verwendung finden könnte, sog. „Sachverständigenvereinbarung". Nur wenn andere Reparaturbedingungen verwendet oder der Klausel die Bedeutung einer Schiedsgutachtenklausel beigemessen würde, käme in diesem Stadium eine Schiedsgutachtenvereinbarung zustande.

c) Vertragsschluss nach Anrufung der Schiedsstelle

Möglicherweise kommt eine Schiedsgutachtenvereinbarung nach Anrufung der Schiedsstelle zustande. Diese Alternative wäre nur dann von Relevanz, wenn im Vorfeld zwischen Werkstattbetrieb und Kunde kein wirksamer Schiedsgutachtenvertrag zustande gekommen ist[272]. Lag im Vorfeld noch überhaupt keine Schiedsgutachtenvereinbarung vor,

---

268 vgl. in den Anlagen 4 und 5 die Verfahrensordnungen der Schiedsstellen in Niederbayern und in Schwaben.

269 vgl. hierzu weiter unten III.2.e

270 Allerdings konnten auch nach intensiver Recherche keine Reparaturbedingungen gefunden werden, welche derartige inhaltliche Aussagen treffen würden. Es dürfte jedoch davon auszugehen sein, dass es manche Werkstätten gibt, die eben nicht die vom ZDK empfohlenen Kfz-Reparaturbedingungen verwenden, sondern solche, die derartige Klauseln beinhalten.

271 Die weitere Behandlung dieser Alternative geschieht nicht nur aus diesem Grund. Durch die weitere juristische Beschäftigung mit dieser Thematik wird zugleich auch die hM weiter verfolgt, welche bereits der Klausel Ziff. XI der vom ZDK empfohlenen Kfz-Reparaturbedingungen die Vereinbarung eines Schiedsgutachtenvertrages entnimmt. Diese Ansicht dürfte jedoch aus o.g. Gründen nicht haltbar sein.

272 also wenn entweder die Kfz-Reparaturbedingungen nicht Vertragsbestandteil geworden oder sie es zwar geworden sind, aber (aufgrund der Anwendung der MuGVO) keine Feststellungswir-

dann könnte diese nach bzw. durch die Anrufung der Schiedsstelle zustande kommen. Die Anrufung der Schiedsstelle durch den Verbraucher könnte gleichzeitig als Angebot zum Abschluss einer Schiedsgutachtenvereinbarung angesehen werden. Dies würde jedoch voraussetzen, dass der Wille des anrufenden Verbrauchers dahin gerichtet wäre, mit dem Unternehmer eine derartige Vereinbarung treffen zu wollen. Dieser Rechtsfolgewillen müsste auf die Begründung eines privaten Rechtsverhältnisses abzielen[273].

Dabei ist in Rechtsprechung und Lehre umstritten, ob der tatsächlich subjektive Wille des Erklärenden entscheidend sein soll, was dazu führen würde, dass das Fehlen eines Rechtsfolgewillens die Wirksamkeit der Willenserklärung grundsätzlich ausschließe[274] oder darauf abgestellt werden soll, wie der Erklärungsempfänger das Verhalten des anderen nach Treu und Glauben verstehen durfte[275].

Die neuere Lehre versucht die beiden Theorien in Konkordanz dadurch zu bringen, indem sie die Willenserklärung ihrem Wesen nach die Bedeutung einer Geltungserklärung beimisst[276], d.h. einer „Rechtsetzung inter partes". Hierdurch wird der Theorienstreit jedoch nicht aufgelöst. Es dürfte der Meinung der Vorzug zu geben sein, welche die Auslegung der Willenserklärung, also das Abstellen auf den (objektiven) Empfängerhorizont in den Vordergrund rückt[277]. Doch unabhängig davon, welche Theorie der einzelne bevorzugt, kann der Anrufung des Verbrauchers nicht noch (neben der formalen und materiellrechtlich bedeutsamen Erklärung gegenüber der Schiedsstelle) zusätzlich die Bedeutung einer Willenserklärung dem Unternehmer gegenüber entnommen werden. Zum einen ruft der Verbraucher die Schiedsstelle nicht deswegen an, um mit dem Unternehmer einen Vertrag zu schließen. Eine gegenteilige Auffassung wäre Fiktion. Denn dem Verbraucher geht es bei der Anrufung der Schiedsstelle allein um die Initiierung eines Schiedsstellenverfahrens, um den Konflikt mit dem Unternehmer sachgerecht zu beenden.

---

kung unterstellt werden kann (s.o.). Im ersten Fall liegt noch überhaupt kein „Schiedsstellenvertrag" vor, im zweiten zwar schon, allerdings ohne Vereinbarung der Feststellungswirkung zwischen den Parteien. Nach Wolf, Kommentar zum AGBG, § 9, Rz. S 23 reicht bei fakultativen Schiedsgutachten die Möglichkeit der Kenntnisnahme (z.B. einer entsprechenden Verfahrensordnung, welche eine derartige Bindungswirkung vorschreibt) vor Einlassung auf das Verfahren aus, da dann noch ohne Nachteil vom Verfahren Abstand genommen werden könne.

273 BGH NJW 2001, 289, 290

274 sog. Willenstheorie, vgl. Heinrichs in Palandt, Einf. vor § 116, Rz. 2 mit Verweis auf Savigny, Windscheid und Zitelmann

275 sog. Erklärungstheorie, vgl. Heinrichs in Palandt, a.a.O. mit Verweis auf Kohler und Leonhard

276 Heinrichs in Palandt, Einf. vor § 116, Rz. 3

277 so auch Heinrichs in Palandt, a.a.O. m.w.N. Dieser Meinung wird deshalb gefolgt, weil die subjektive Seite bereits weit gehend durch die Möglichkeiten der Irrtumsanfechtung gemäß §§ 119 ff. BGB „abgesichert ist". Zunächst müsste jedoch auch der Transparenz wegen der objektive Gehalt der Willenserklärung gefunden werden. Dies dürfte in aller Regel leichter sein als den subjektiven Willen des Erklärenden zu erforschen. Führt das Ergebnis dazu, dass ein objektiver Empfänger die Willenserklärung in einem bestimmten Sinne verstehen musste, dann hat der Erklärende immer noch die Möglichkeit, die Wirkungen der Willenserklärung durch Irrtumsanfechtung zu beseitigen. Es ist dann jedoch angemessen, ihm diesbezüglich die „Beweislast" aufzuerlegen.

Zum anderen fasst der Unternehmer nach Zugang der Anrufungsschrift und Aufforderung zur Stellungnahme durch die Schiedsstelle (vgl. § 4 Abs. 2 MuGVO) dieses Schreiben nicht als Angebot des Verbrauchers auf Abschluss einer Schiedsgutachtenvereinbarung auf. Auch hier würde eine gegenteilige Auffassung dem Unternehmer etwas unterstellen, von dem dieser meist nicht einmal etwas weiß[278]. Der objektive Empfänger fasst ein derartiges Schreiben vielmehr als „formale, aber möglicherweise auch materielle" Aufforderung der Schiedsstelle auf, sich zu dem Sachverhalt zu äußern.

Etwas anderes gilt für eine Anrufung durch den Unternehmer. Hier tritt nämlich der scheinbar formale Aspekt des § 3 Abs. 1 lit.b MuGVO hinzu, wonach für ein Tätigwerden der Schiedsstelle das Einverständnis des Verbrauchers erforderlich ist. Der Unternehmer begehrt hier die Zustimmung des Verbrauchers, also das Zustandekommen eines Vertrages mit dem Verbraucher. In diesem Fall kann der Anrufung durch den Unternehmer zugleich die Bedeutung einer Willenserklärung, gerichtet auf den Abschluss einer Schiedsstellenvereinbarung mit dem Verbraucher entnommen werden.

Es kann somit zusammenfassend festgestellt werden, dass der Anrufung des Unternehmers die Bedeutung einer Willenserklärung, gerichtet auf den Abschluss eines „Schiedsstellenvertrages" mit dem Verbraucher entnommen werden kann, im umgekehrten Fall eine derartige Interpretation jedoch als Fiktion angesehen werden muss. Kommt also bis zur Anrufung der Schiedsstelle keine Schiedsstellenvereinbarung zustande (z.B. über die sog. Schiedsstellenklausel), dann kann eine derartige Vereinbarung auch grundsätzlich nicht mehr angenommen werden. Fraglich ist, ob eine (wirksame) Schiedsstellenvereinbarung erforderlich ist, um ein Schiedsstellenverfahren weit gehend „gerichtsfest" durchführen zu können. Der Beantwortung dieser Frage soll anschließend nachgegangen werden.

III. Erforderlichkeit einer Schiedsstellenvereinbarung sowie Klarstellung des Verhältnisses von Schiedsstellen- und ADR-Vereinbarung

Betrachtet man die Schiedsstellenvereinbarung prinzipiell als Konstrukt, welches für eine (auch rechtlich!) erfolgreiche Durchführung eines ADR-Verfahrens nicht unbedingt erforderlich ist, dann relativiert sich die Brisanz mancher in der Literatur ausgetragenen Diskussionen[279]. Folgt man nämlich dem von Gottwald eingeschlagenen Weg weiter, der das Vorliegen einer Schiedsstellenvereinbarung im Vorfeld des eigentlichen Verfahrens

---

278 Es ist kaum anzunehmen, dass der Werkstattbetreiber von der Bedeutung einer Schiedsstellenvereinbarung weiß. Er kennt zwar das Schiedsstellenverfahren, dem er sich über die Innungssatzung bzw. den Innungsbeschluss oder den Gestattungsvertrag weit gehend unterworfen hat. Die materiellrechtlichen Grundlagen hierzu sind ihm allerdings in aller Regel nicht bekannt.

279 Allerdings muss dabei beachtet werden, dass die herrschende Meinung nach wie vor in der Schiedsstellenklausel der Kfz-Reparaturbedingungen eine Schiedsgutachtenvereinbarung erblickt, was nicht haltbar ist. Geht man jedoch hiervon aus, werden die ausgetragenen Diskussionen wieder verständlicher.

nicht als zwingende Voraussetzung betrachtet[280], dann stellt sich die berechtigte Frage, ob eine derartige Schiedsstellenvereinbarung als „Grundvereinbarung“ auf der ersten Stufe unbedingt erforderlich ist.

Der Wortlaut von § 3 Abs. 1 lit.b MuGVO deutet darauf hin, dass eine derartige Erforderlichkeit nicht besteht. Denn danach wird die Schiedsstelle auf Anrufung des Auftraggebers (= Verbrauchers) stets tätig, während bei einer Anrufung durch den Auftragnehmer (= Werkstatt) das Einverständnis des Auftraggebers erforderlich ist, damit die Schiedsstelle aktiv wird. Zwar betrifft § 3 Abs. 1 lit.b MuGVO nur die zweite Stufe (also die ADR-Vereinbarung). Das Erfordernis des Einverständnisses durch den Verbraucher wäre allerdings dann unverständlich, wenn die Entwickler der Verfahrensordnung (ZDK, ADAC) von einer wirksamen Schiedsstellenvereinbarung zwischen den Konfliktparteien im Vorfeld ausgehen würden.

Es ist also durchaus die Alternative denkbar, dass die Schiedsstellen als von den Innungen errichtete Streitschlichtungsorgane grundsätzlich im Rahmen ihres Aufgabenbereichs tätig werden, wenn ein Verbraucher diese anruft, ohne dass es hierbei auf eine Grundvereinbarung zwischen Verbraucher und Unternehmer ankäme. Die Innung handelte lediglich im Rahmen ihrer sich aus der HandwO ergebenden Kompetenzen, vgl. § 54 Abs. 3 Nr. 3 HandwO. Es ist durchaus denkbar und unter rechtlichen Gesichtspunkten nicht zu beanstanden, dass Streit schlichtende Institutionen ohne derartige „Grundvereinbarungen“ zwischen den Konfliktparteien tätig werden[281]. Derartige Institutionen stellen ihre „Leistung“ zur Verfügung, ohne ihr Tätigwerden von einem Konsens zwischen den Konfliktparteien abhängig zu machen. Die im Zusammenhang mit ADR-Stellen zu beachtenden wesentlichen rechtlichen Problemkreise bleiben von dieser Frage prinzipiell unberührt[282], da sich diese primär am „Leistungsgegenstand“ orientieren, also dem Schieds- bzw. Sachverständigengutachten[283]. Von daher erfolgen in diesem Kontext auch entsprechende Erläuterungen zu der Alternative, dass dem Schiedsstellenverfahren eben keine Schiedsstellenvereinbarung zwischen Verbraucher und Unternehmer vorausgeht.

Welche Konsequenzen auf das Verfahren hat nun die Nichtexistenz einer Schiedsstellenvereinbarung zwischen Verbraucher und Unternehmer? Zum anderen stellt sich die

280 Gottwald, NZV 2000, 6. Allerdings betont Gottwald dabei auch, dass im Hinblick auf die zweite Alternative (also keine Schiedsstellenvereinbarung zwischen den Konfliktparteien im Vorfeld!) lediglich zunächst keine Schiedsgutachtenvereinbarung zwischen den Parteien vorliege. Damit gibt er wohl inzident zu verstehen, dass eine derartige Vereinbarung in der Regel noch nachfolgen könne.

281 vgl. hierzu Gottwald, NZV 2000, 9, der als Beispiel die ärztlichen Gutachter- und Schlichtungsstellen nennt, welche regelmäßig nicht aufgrund einer Vereinbarung zwischen Arzt und Patient tätig werden, sondern allein auf Initiative des Patienten hin.

282 also v.a. die Frage nach der faktischen Bindungswirkung des Gutachtens, der Bindung der Kfz-Werkstatt, der Neutralität der Schiedskommission, der Geltung von Mindestgarantien im Verfahren usw.

283 Allerdings unterscheiden sich dadurch wohl die dogmatischen Herleitungen, siehe hierzu noch weiter unten

Frage, welche Folgerungen aus der Tatsache zu ziehen sind, dass Ziff. XI der Kfz-Reparaturbedingungen lediglich eine Sachverständigenabrede mit empfehlendem Charakter beinhaltet, keine Schiedsgutachtenvereinbarung. Könnte in diesem Fall nachträglich im Laufe des Verfahrens noch eine „Höherstufung" zum Schiedsgutachtenverfahren erfolgen?

1. Konsequenzen des Wegfalls der Schiedsstellenvereinbarung im Hinblick auf das Schiedsstellenverfahren

Liegt keine Individualvereinbarung zwischen Verbraucher und Unternehmer vor oder wurden die Kfz-Reparaturbedingungen nicht wirksam in den Vertrag einbezogen, dann kann auch im weiteren Verfahren in aller Regel keine Schiedsstellenvereinbarung zwischen Verbraucher und Unternehmer mehr zustande kommen[284]. Letztlich sind die Auswirkungen auf das gesamte Verfahren jedoch nicht so gravierend, wie man das vermuten könnte. Denn in einem solchen Fall gäben die Vereinbarungen zwischen der Schiedsstelle und den Konfliktparteien die gegenseitigen Rechte und Pflichten vor[285]. Diese unterscheiden sich jedoch nur unwesentlich von denen, welche einer etwaigen „Grundvereinbarung" zugrunde gelegen hätten.

Was allerdings die Frage der rechtlichen Bindungswirkung eines etwaigen Schiedsgutachtens anbelangt, so können sich hieraus durchaus Konsequenzen ergeben, da die Bindungswirkung, wie noch gezeigt werden wird, auf dem Parteiwillen beruht. Dieser Frage soll im gegebenen Kontext näher nachgegangen werden. Hinzu kommt, dass auch bei Vorliegen einer Schiedsstellenvereinbarung eine Präzisierung der Verfahrensausgestaltung und der materiellrechtlichen Situation durch die ADR-Vereinbarung erfolgen würde. Dieser Gedanke führt unmittelbar zur zweiten aufgeworfenen Fragestellung.

---

284 Insofern ist Gottwald in NZV 2000, 6 etwas missverständlich, wenn er davon spricht, dass „bei dieser Variante zunächst keine Schiedsgutachtenvereinbarung zwischen den Parteien vorliege". Daraus kann nämlich der Schluss gezogen werden, er geht davon aus, dass im weiteren Verfahren möglicherweise doch noch eine derartige Vereinbarung zustande kommen kann. Wie bereits festgestellt, liefe eine derartige Ansicht jedoch auf eine bloße Fiktion hinaus. Die einzige Möglichkeit, eine derartige „nachträgliche Grundvereinbarung" als gegeben anzusehen, ohne eine Fiktion zu bemühen, könnte in einer ausdrücklichen Einigung der Konfliktparteien bezüglich der (Bindungs-) Wirkung der Tatsachenfeststellungen der Schiedsstelle während des Verfahrens gesehen werden. Dies dürfte jedoch in der Praxis so gut wie ausgeschlossen sein. Eventuell geht Gottwald von einer Schiedsgutachtervereinbarung aus, die jedoch vom „Grundverhältnis", also einer etwaigen Schiedsgutachtenvereinbarung strikt zu trennen ist.

285 Erwähnt seien hierbei beispielsweise die sich aus der Geschäfts- und Verfahrensordnung ergebenden Rechte und Pflichten, das Vorliegen einer etwaigen Unterwerfungserklärung mit entsprechendem Inhalt u.ä.

2. *Möglichkeiten einer Höherstufung des Verfahrenscharakters bei Vorliegen einer Sachverständigenvereinbarung mit empfehlendem Charakter zwischen Verbraucher und Unternehmer*

Wird Ziff. XI der Kfz-Reparaturbedingungen Vertragsbestandteil zwischen Verbraucher und Unternehmer, dann kommt zwischen diesen Parteien eine Sachverständigenvereinbarung mit empfehlendem Charakter zustande. Diese Alternative vorausgesetzt, könnte im weiteren Verlauf des Verfahrens noch eine „Höherstufung" zum Schiedsgutachterverfahren erfolgen. Hierfür wären jedoch mehrere rechtliche Aspekte zu beachten, u.a. eine eindeutige und klare Aufklärung des Verbrauchers über die sich hieraus für ihn ergebenden Konsequenzen. Die für eine derartige Höherstufung zu bedenkenden Gesichtspunkte werden im Verlauf der weiteren Arbeit im gegebenen Kontext diskutiert[286].

Erfolgt durch die Innungssatzung bzw. den Innungsbeschluss oder eine Unterwerfungserklärung[287] keine derartige „Höherstufung", verbleibt es also beim „empfehlendem Charakter" des Verfahrens, dann hätte Ziff. XI der Kfz-Reparaturbedingungen allenfalls noch unter dem Gesichtspunkt der „faktischen Bindungswirkung" konkrete Auswirkungen auf das Verfahren und die hierbei erzielten Ergebnisse. Die MuGVO betont nämlich ihrem Inhalt nach gerade diesen empfehlenden Charakter, so dass – lässt man den Gedanken der „faktischen Bindung" einmal beiseite – im Verfahren dieselben Grundsätze zu gelten hätten, unabhängig von der Existenz einer derartigen Vereinbarung zwischen Verbraucher und Unternehmer.

3. *Feststellungen zum Verhältnis der Schiedsstellenvereinbarung zwischen Verbraucher und Unternehmer und der ADR-Vereinbarung*

Zusammenfassend kann also festgehalten werden, dass sich die Schiedsstellenvereinbarung zwischen Kunde und Werkstatt entweder aus einer Schiedsgutachten- und einer Schlichtungsvereinbarung oder einer Gutachtenvereinbarung mit empfehlendem Charakter und einer Schlichtungsvereinbarung – was die Regel sein dürfte – zusammensetzen kann. Was im Einzelfall vorliegt, muss durch Analyse des Vertragswillens unter Heranziehung der Kfz-Reparaturbedingungen festgestellt werden. Jedenfalls lässt sich die hM, welche pauschal das Schiedsstellenverfahren einem Schiedsgutachtenverfahren gleichsetzen will, nicht halten.

Liegt im Vorfeld keine Schiedsstellenvereinbarung vor, so determiniert die ADR-Vereinbarung die rechtlichen Wirkungen des Verfahrens. Existiert im Vorfeld eine Vereinbarung zwischen Unternehmer und Verbraucher, welcher lediglich empfehlender Charakter zugewiesen werden kann, dann kann im Laufe des weiteren Verfahrens noch eine Höher-

---

286 vgl. zu den „nachträglichen" Möglichkeiten der Höherstufung Fünfter Teil, III. 1.

287 In einer sog. „Unterwerfungserklärung" müsste die Bindungswirkung explizit erwähnt und die jeweilige Partei ausdrücklich auf die rechtlichen Konsequenzen der Bindungswirkung des Schiedsgutachtens aufgeklärt werden.

stufung zum Schiedsgutachterverfahren erfolgen. Diesbezüglich muss jedoch eine sorgsame analytische und juristische Prüfung des Sachverhalts vorgenommen werden.

Da jedoch die Schwerpunkte der rechtsdogmatischen Diskussionen im Schiedsgutachtenbereich liegen, werden hier auch die primären Ansatzpunkte im Laufe der weiteren Arbeit liegen. Überall dort, wo es entweder die rechtlichen Unterschiede oder praktische Erwägungen erfordern zu differenzieren, soll dies an den relevanten Diskussionspunkten auch geschehen. Selbstverständlich erfolgt aber auch eine Prüfung betreffend die Rechtsnatur des Sachverständigenvertrages mit empfehlendem Charakter.

Dabei darf nicht übersehen werden, dass die nachfolgenden Erörterungen für die hM, welche der Schiedsstellenklausel in den Kfz-Reparaturbedingungen die Wirkung einer Schiedsgutachtenvereinbarung zuweist, eine wesentlich größere Bedeutung entfalten als für die hier vertretene Auffassung, wonach Ziff. XI der Kfz-Reparaturbedingungen lediglich die Bedeutung einer Sachverständigenvereinbarung mit empfehlendem Charakter hat. Im Einzelfall kann es aber dennoch zu einer Schiedsgutachtenvereinbarung im Vorfeld kommen, z.B. durch Verwendung entsprechend gestalteter Reparaturbedingungen oder durch Individualabsprache[288].

IV. Wirksamkeitsmängel der Schiedsstellenvereinbarung

Da es sich bei der Schiedsstellenvereinbarung um einen zusammengesetzten Vertrag handelt, machen Mängel eines Vertragsteils nach hM im Zweifel den Gesamtvertrag nichtig[289]. Von daher strahlen insbesondere die großen dogmatischen Probleme, die sowohl Rechtsprechung als auch Forschung mit dem Schiedsgutachtenvertrag haben, auf die Schlichtungsvereinbarung aus.

Letztlich unterliegt auch die Schiedsstellenvereinbarung als zweiseitiger Vertrag den geltenden Wirksamkeitserfordernissen, die sich aus dem Allgemeinen Teil und den schuldrechtlichen Vorschriften des BGB ergeben. Die Hauptproblematik im Kontext der Prüfung der Wirksamkeit der Schiedsstellenvereinbarung liegt allerdings im Bereich der Inhaltskontrolle.

Die Schiedsstellenvereinbarung unterliegt keinem besonderen Formzwang[290]. Für eine analoge Anwendung bestimmter Formvorschriften besteht kein Anlass. Zwar dürfte im

---

288 Die Frage, ob in dem Fall, also bei Vorliegen einer wirksamen Schiedsgutachtenvereinbarung unter den Konfliktparteien, eine nachträgliche „Herabstufung" zum Verfahren mit empfehlendem Charakter erfolgen kann, dürfte kaum Praxisrelevanz entfalten. Grundsätzlich ist so etwas jedoch denkbar, wobei auch hierfür ein „gemeinsamer Wille" dahin gehend gefunden werden muss. Allein die Tatsache, dass die Schiedsstelle in ihrer Verfahrensordnung oder über individuelle Information die Wirkung der von ihr festgestellten Tatsachen nicht erwähnt, gibt für eine derartige Herabstufung nichts her. Nur dann, wenn beide Parteien sich diesbezüglich einigen, kann eine solche Herabstufung auch in Betracht zu ziehen sein.

289 Heinrichs in Palandt, § 139, Rz. 5; Gehrlein in Bamberger/Roth, § 311, Rz. 26.

290 Baumbach/Lauterbach/Albers/Hartmann, Grundz. § 1025, Rz. 16

Falle einer Schiedsgutachtenabrede ein individueller Hinweis aus Gründen der Warnfunktion bzw. Transparenz angeraten sein; dieser Hinweis kann jedoch auch mündlich erfolgen[291].

Die Parteien der Schiedsstellenvereinbarung müssen geschäftsfähig sein. Durch eine etwaige Anfechtung der Schiedsstellenvereinbarung (z.B. durch den Werkstattbetreiber wegen Erklärungsirrtums) wird die Schiedsstellenvereinbarung mit ex-tunc-Wirkung nichtig, § 142 Abs. 1 BGB. Dabei wird der gesamte (zusammengesetzte) Vertrag von der Nichtigkeit erfasst, auch wenn nur ein Teil des zusammengesetzten Vertrages (z.B. die Schiedsgutachtenabrede) angefochten wird.

Ansonsten sind bei der Prüfung der Wirksamkeit der Schiedsstellenvereinbarung noch all diejenigen Aspekte zu beachten, die bereits angesprochen wurden. Beinhaltet die Schiedsstellenvereinbarung also eine Schiedsgutachtenabrede[292], so kommt es für die Wirksamkeit des Schiedsgutachtens auf die Beurteilung der offenbaren Unrichtigkeit an, vgl. § 319 Abs. 1 Satz 2 BGB analog. Die Wirksamkeit des Schiedsgutachtens ist jedoch von der Wirksamkeit des dem Schiedsgutachten zugrunde liegenden Vertrages zu unterscheiden. Die Schiedsgutachtenabrede kann also durchaus wirksam sein, während sich das Schiedsgutachten als offenbar unrichtig darstellt.

Dieselbe Differenzierung muss im Rahmen der Frage vorgenommen werden, welche verfahrensrechtlichen Anforderungen an ein Schiedsstellenverfahren zu stellen sind und welche Konsequenzen sich aus Mängeln im Verfahrensbereich ergeben. Diese Frage berührt nicht die Wirksamkeit der Schiedsstellenvereinbarung an sich, sondern allenfalls die der Verwertbarkeit des Schiedsgutachtens bzw. der Verbindlichkeit eines Schiedsvergleichs oder Schiedsspruchs.

Schließlich bliebe noch zu erwähnen, dass die Schiedsstellenvereinbarung kein Vertrag zu Lasten Dritter ist. Dem stehen folgende Gesichtspunkte entgegen: Zum einen ist die öffentlich-rechtliche Komponente zu betonen. Die Verwurzelung im öffentlich-rechtlichen Bereich wird durch die Tatsache, dass die meisten Schiedsstellen bei der Innung angesiedelt sind, offensichtlich. Die Schiedsstelle gibt sichtbar nach außen hin bekannt, in den Fällen, die von ihrem Zuständigkeitsbereich erfasst werden, tätig zu werden. An diesem nach außen hin transportierten Bild muss sie sich festhalten lassen. Die Innung als „verwaltende Organisation" kann als Körperschaft des öffentlichen Rechts (§ 53 Satz 1

291 Insbesondere scheidet eine analoge Anwendung des § 1031 ZPO aus. Zum einen sind die Vorschriften der §§ 1025 ff. ZPO nicht (auch nicht analog) anwendbar, zum anderen würde es die Praktikabilität des Verfahrens massiv beeinträchtigen, würde man jeder Werkstatt vorschreiben, für eine wirksame Schiedsstellenvereinbarung die Formvorschrift des § 1031 ZPO beachten zu müssen. Es entspräche weder dem mutmaßlichen Willen der Parteien noch den praktischen Bedürfnissen bei derartigen Alltagsgeschäften, solch hohe Hürden für eine wirksame Schiedsstellenvereinbarung aufzurichten. Auch eine unbewusste Regelungslücke des Gesetzgebers hinsichtlich einer vergleichbaren Formvorschrift für außergerichtliche Streitbeilegungsverfahren kann nirgends erblickt werden; aus diesem Grund scheidet eine analoge Anwendung des § 1031 ZPO aus.

292 z.B. über die jeweilige Verfahrensordnung der Schiedsstelle.

HandwO) bei Streitigkeiten zwischen den Innungsmitgliedern und den Auftraggebern vermitteln, § 54 Abs. 3 Nr. 3 HandwO. Sie wird also auch unabhängig vom Bestehen einer Schiedsstellenvereinbarung zwischen Verbraucher und Unternehmer bei Anrufung tätig.

In der Schiedsstellenvereinbarung liegt vielmehr eine Kompetenzbegründung zu Gunsten der Schiedsstelle. Unmittelbare Pflichten zu Lasten der Schiedsstelle ergeben sich hieraus nicht. Vielmehr obliegt es der Schiedsstelle immer noch, eine Anrufung anzunehmen oder abzulehnen. Aus diesen Gründen ist kein Raum für die Anwendung der Institution eines Vertrages zu Lasten Dritter.

V. Der Schiedsgutachtenvertrag als (möglicher) Teil der Schiedsstellenvereinbarung

Kommt eine wirksame Schiedsgutachtenvereinbarung zustande, so ist es bedeutsam, diese Vereinbarung rechtlich einzuordnen, um sowohl die rechtlichen als auch die praktischen Konsequenzen für das Verfahren ziehen zu können. Im Wesentlichen existieren zwei verschiedene Lager, wenn die rechtliche Natur des Schiedsgutachtenvertrages zur Diskussion steht, nämlich zum einen die Vertreter der materiellrechtlichen und zum anderen diejenigen der prozessualen Sichtweise.

1. Rechtliche Einordnung des Schiedsgutachtenvertrages

a) Die materiellrechtlichen Theorien

Die heutige Auffassung der Anhänger der materiellrechtlichen Theorien behandelt den feststellenden Schiedsgutachtenvertrag nach §§ 317 ff. BGB analog[293]. Der dogmatische Gehalt der „modernen" materiellrechtlichen Auffassung liegt darin, dass die Bindungswirkung des Schiedsgutachtens im Prozess als prozessuale Reflexwirkung der materiellrechtlichen Verbindlichkeit des Schiedsgutachtens verstanden wird. Die Feststellungswirkung des Schiedsgutachtens im Prozess beruht demnach auf dem Parteiwillen, weil das Schiedsgutachten die materiellen Rechtsbeziehungen verbindlich festlegen soll. Das Gericht ist daher nach der materiellrechtlichen Theorie an das Schiedsgutachten gebunden, weil die Parteien das wollen und nicht etwa deshalb, weil der Richter von der Richtigkeit des Schiedsgutachtens überzeugt wäre[294].

---

293 RGZ 96, 57, 62; 152, 201, 204, 205; BGHZ 9, 138, 145; 22, 343, 345; 43, 374, 376 Gottwald, Münchener Kommentar zum BGB, § 317, Rz. 18; Erman, Kommentar zum BGB, § 317, Rz. 9; Jauernig, § 317, Rz. 9; die älteren materiellrechtlichen Auffassungen wollten den Schiedsgutachtenvertrag einem bestimmten materiellrechtlichen Vertragstyp zuordnen (z.B. Schuldanerkenntnis oder Vergleich). Sie werden heute jedoch nicht mehr vertreten.

294 Wittmann, Struktur und Grundprobleme des Schiedsgutachtenvertrages, 53 m.w.N.

An Stelle der offenbaren Unbilligkeit im Sinne des § 319 BGB tritt jedoch bei der gerichtlichen Überprüfung das Kriterium der offenbaren Unrichtigkeit, da der Schiedsgutachter nach vorgegebenen Maßstäben zu entscheiden hat und ihm grundsätzlich kein wählendes Ermessen nach Billigkeitsgesichtspunkten zusteht[295]. Probleme haben die Vertreter der materiellrechtlichen Konstruktion mit der dogmatischen Herleitung des Erfordernisses wesentlicher Verfahrensgarantien, sofern keine Verfahrensordnung besteht, welche diese Garantien festschreibt (rechtliches Gehör, Unabhängigkeit der Schiedsgutachter).

b) Die prozessualen Theorien

Eine starke Gruppe in der Literatur deutet die Bindungswirkung des Schiedsgutachtens in einem prozessrechtlichen Sinn. Die rechtsdogmatische Erfassung der Bindungswirkung wird unter verschiedenen prozessualen Gesichtspunkten vorgenommen. Von einem Teil der Lehre wird der Schiedsgutachtenvertrag als Beweismittelvertrag verstanden[296]. Der Schiedsgutachtenvertrag habe die Wirkung, dass im Umfang der dem Schiedsgutachten übertragenen Feststellungen eine Beweiserhebung durch andere Beweismittel als das Schiedsgutachten ausgeschlossen sei, wobei der Umfang der Ausschlusswirkung wiederum streitig ist.

Manche erkennen im Schiedsgutachtenvertrag einen Beweisvertrag im Sinne eines außergerichtlichen Geständnisvertrages[297]. Danach würde lediglich die Befugnis, die außergerichtlich zugestandenen Tatsachen im Prozess zu bestreiten, unmittelbar ausgeschlossen mit der Wirkung, dass eine im Prozess vorgetragene Behauptung, die inhaltlich dem außergerichtlichen Geständnisvertrag entspricht, im Sinne des § 138 Abs. 3 ZPO als zugestanden gilt[298]. Auch existiert eine Meinung in der Literatur, wonach die Feststellungswirkungen des Schiedsgutachtens aus der Verhandlungsmaxime hergeleitet werden[299]. Schließlich gibt es noch den Versuch, die Bindungswirkung aus einer Gleichstellung des Schiedsgutachtens mit dem Schiedsspruch im Rahmen eines schiedsrichterlichen

---

295 Wolf, § 319, Rz. 10 m.w.N. Hieraus wird wieder deutlich, dass sich das Schiedsgutachten und der Schiedsspruch auch inhaltlich unterscheiden. Das Schiedsgutachten lässt auf Grund seiner kognitiven Orientierung keinen Raum für Billigkeitserwägungen; demgegenüber folgt das Schiedsstellenverfahren mitsamt seinem Ergebnis bei der Konfliktlösung (also z.B. auch dem Schiedsspruch) als ADR-Verfahren weit gehend dem Prinzip der „equity" (Billigkeit), wie bereits mehrfach festgestellt wurde.

296 z.B. Habscheid, Festschrift für Lehmann, 807, ders. KTS 1957, 127

297 Sachse, ZZP 54, 418

298 Die positive Feststellungswirkung erhält der Geständnisvertrag daher erst im Zusammenwirken mit der Vorschrift des § 138 Abs. 3 ZPO.

299 Habscheid, Festschrift für Lehmann, 803. Hier steht die Frage eines etwaigen Eingriffs in die freie Beweiswürdigung des Richters im Vordergrund. Diese Frage wird kontrovers diskutiert.

Verfahrens nach §§ 1025 ff. ZPO herzuleiten. Der Schiedsgutachter erfülle hierbei „schiedsrichterliche Teilfunktionen“[300].

Die rechtsdogmatische Herleitung der Bindungswirkung wird also auch unter den Vertretern der prozessualen Theorie kontrovers diskutiert. Die Unterschiede zur materiellrechtlichen Auffassung liegen vor allem auf „Verfahrensebene“. Die Vertreter der prozessualen Theorien haben weniger argumentative Probleme, sofern die Einbeziehung wesentlicher rechtsstaatlicher Verfahrensgarantien in das Schiedsgutachtenverfahren gefordert wird.

c) Stellungnahme

Das Schiedsgutachten besitzt in seinem Kern keinen prozessualen Gehalt. Es bindet den Richter nämlich nicht deswegen, weil dieser von der Richtigkeit des Schiedsgutachtens überzeugt wäre, sondern weil die Parteien die Verbindlichkeit des Schiedsgutachtens für ihre Rechtsbeziehungen vereinbart haben. Die Feststellungswirkung legt demnach den Inhalt des zwischen den Parteien bestehenden materiellrechtlichen Rechtsverhältnisses fest.

Der Schiedsgutachtenvertrag ist demnach als materiellrechtlicher Vertrag sui generis einzustufen, auf den die §§ 317 ff. BGB entsprechend anwendbar sind. Bestritten wird die Gleichsetzung des Schiedsgutachtens mit dem Schiedsspruch. Eine derartige Differenzierung hat für den Richter in einem etwaigen nachfolgenden Prozess den Vorteil, eine transparentere und klarere Trennung zwischen „festgestellten (technischen) Tatsachen“ und der autoritativen, auch mit rechtlichen und/oder Billigkeitserwägungen versehenen Entscheidung durch Schiedsspruch vornehmen zu können als bei einer Differenzierung zwischen „rechtlichen Vorfragen“ und „primär rechtlichen Erwägungen“.

Außerdem können in einen Schiedsspruch auch Billigkeitserwägungen mit einfließen, welche kennzeichnend für ADR-Verfahren sind und gerade auch mit die Vorteile der ADR-Verfahren gegenüber formalisierten Verfahren bilden. Derartige Erwägungen können in einem echten Schiedsgutachten nicht berücksichtigt werden. Die festgestellten Tatsachen sind eben entweder richtig oder unrichtig. Eine Differenzierung bzw. Zusammenlegung kann also die Vorteile der ADR mit denen des Schiedsgutachtens verbinden, ohne das eine mit dem anderen gleichzusetzen und dadurch in diffizile rechtsdogmatische Problemkreise „hinein gezogen zu werden“.

2. Die Prüfung der Schiedsstellenklausel in Ziff. XI der Kfz-Reparaturbedingungen unter dem Aspekt der Schiedsgutachtenklausel

In Literatur und Rechtsprechung stark umstritten ist die Frage der rechtlichen Zulässigkeit sog. Schiedsgutachtenklauseln in Allgemeinen Geschäftsbedingungen. Insofern ist für die hier in Rede stehende Problematik Ziff. XI der Kfz-Reparaturbedingungen Prüfungsmaß-

300 Nicklisch, ZHR 136, 10

stab[301]. Dabei ist folgender Aspekt vorweg zu beachten: Kommt über Ziff. XI der Kfz-Reparaturbedingungen lediglich eine Vereinbarung mit dem Inhalt zustande, dass die Schiedsstelle unter Zugrunde- und Offenlegung der technischen Feststellungen ohne Bindungswirkung für die Gerichte durch Schiedsspruch entscheiden oder auf einen Vergleich hinwirken soll (Sachverständigenvereinbarung mit empfehlendem Charakter), weil sich aus Ziff. XI der Kfz-Reparaturbedingungen selbst keine Schiedsgutachtenabrede entnehmen lässt und auch über die Verweisung in Ziff. XI Nr. 4 der Kfz-Reparaturbedingungen auf die jeweilige Verfahrensordnung keine Schiedsgutachtenabrede zustande kommt, weil auch die VerfO hierüber nichts aussagt oder die Verweisung als solche bereits unzulässig ist, dann ist die rechtliche Zulässigkeit einer derartigen Abrede unter anderen Gesichtspunkten zu untersuchen, da die rechtsdogmatischen Schwierigkeiten im Zusammenhang mit der Untersuchung dieser Klausel primär auf die Bindungswirkung des Schiedsgutachtens zurückzuführen sind, wie noch ausgeführt werden wird.

Erweist sich die Schiedsgutachtenklausel beispielsweise als unwirksam, muss dies demnach nicht notwendig auch für die „Sachverständigenklausel“ gelten. Die Schiedsstellenklausel muss insoweit also differenziert untersucht werden. Im Übrigen sei noch erwähnt, dass die nachfolgenden Erörterungen zum einen aus dem Grund angestellt werden, weil sie der hM entsprechen, welche Ziff XI der Kfz-Reparaturbedingungen die Bedeutung einer Schiedsgutachtenklausel beimisst, eine Meinung, welche der Verfasser nicht teilt (s.o.), zum anderen aber auch aus dem Grund, weil es durchaus vorstellbar ist, dass manche Werkstätten Klauseln in ihren Geschäftsbedingungen verwenden, welchen ein derartiger Schiedsgutachtencharakter entnommen werden könnte. Insofern beziehen sich die nachfolgenden Erörterungen auch auf derartige Klauseln.

a) Die Kfz-Reparaturbedingungen als AGB im Sinne von § 305 Abs. 1 BGB

Die Kfz-Reparaturbedingungen und damit auch die Schiedsstellenklausel sind für eine Vielzahl von Verträgen vorformulierte Bedingungen. Dabei ist es ohne Bedeutung, dass die Kfz-Reparaturbedingungen vom Zentralverband des Kfz-Handwerks entwickelt wurden und empfohlen werden. Auf eine Vorformulierung durch den Verwender (= Werkstatt) selbst oder in seinem Auftrag kommt es nämlich nicht an; sie kann auch von einem beliebigen Dritten (dem Empfehler) ausgehen[302]. Dies ergibt sich u.a. auch aus § 310

301 Ob und inwieweit das gesamte Regelungswerk der Kfz-Reparaturbedingungen auf seine Ausgewogenheit hin untersucht werden kann bzw. muss oder ob auch einzelne Klauseln isoliert auf ihre Zulässigkeit hin geprüft werden können, ist umstritten (vgl. Reinking/Schmidt/Woyte, 6 ff.). Diese Frage kann hier jedoch offen bleiben, da die Schiedsstellenklausel einen selbständigen Regelungsgehalt hat, der isoliert auf seine rechtliche Zulässigkeit hin geprüft werden kann. Ob dadurch das gesamte Regelungswerk hinfällig wird, mag bezweifelt werden. Die Beantwortung dieser Frage ist jedoch für die hier in Rede stehende Problematik ohne größere Relevanz.

302 BGH WM 1983, 1408; Staudinger / Schlosser, Rz. 16; Wolf, Rz. 12; Heinrichs in Palandt, § 305, Rz. 11

Abs. 3 BGB, nach dem auch Drittklauseln ohne weiteres Vertragsinhalt werden können[303]. Eine ausdrückliche Einigung über die Geltung der Kfz-Reparaturbedingungen liegt nicht vor. Auch verwenden die Parteien kein im Handel erhältliches Vertragsmuster. Aus diesem Grund ist davon auszugehen, dass auch das Tatbestandsmerkmal des „Stellens" im Sinne von § 305 Abs. 1 Satz 1 BGB vorliegt.

Dieses Ergebnis wird unterstrichen bei näherer Beleuchtung des § 310 Abs. 3 Nr. 1 BGB (Verbraucherverträge). Nach § 310 Abs. 3 Nr. 1 BGB gelten Allgemeine Geschäftsbedingungen nämlich als vom Unternehmer gestellt, es sei denn, dass sie durch den Verbraucher in den Vertrag eingeführt wurden. Der Anwendungsbereich des § 310 Abs. 3 Nr. 1 BGB ist auch eröffnet, denn es kommt in diesem Bereich stets ein Vertrag (Werkvertrag) zwischen einer Person, die in Ausübung ihrer gewerblichen oder beruflichen Tätigkeit handelt (Unternehmer) und einer natürlichen Person (Verbraucher) zustande.

b) Die Kfz-Reparaturbedingungen als Vertragsbestandteil gemäß § 305 Abs. 2 BGB

In der Praxis spielt der Gesichtspunkt der wirksamen Einbeziehung der Kfz-Reparaturbedingungen in den Vertrag eine maßgebliche Rolle. So soll nach einer rechtstatsächlichen Untersuchung jedenfalls den Anforderungen an die Hinweispflicht (§305 Abs.2 Nr. 1 BGB) in mehr als 65 % der untersuchten Fälle nicht genügt worden sein[304]. Obwohl diese Umfrage sicherlich nur wenig repräsentativ sein dürfte, so ist doch zu bemerken, dass bislang nur eine beschränkte Zahl von Urteilen bekannt geworden ist, in denen die Einbeziehung von AGB wegen Nichteinhaltung der in § 305 Abs. 2 BGB genannten Voraussetzungen verneint wurde[305]. Ob das auf weit gehender Missachtung der Einbeziehungsvoraussetzungen oder auf mangelndem Problembewusstsein bei Beteiligten und Gerichten beruht, ist nicht bekannt[306].

§ 305 Abs. 2 BGB regelt die Voraussetzungen, unter denen AGB im Geschäftsverkehr mit Nichtkaufleuten (vgl. insoweit § 305 Abs. 2 BGB) Vertragsbestandteil werden. Vom Sonderfall der Rahmenvereinbarung (§ 305 Abs. 3 BGB) abgesehen, fordert § 305 Abs. 2 BGB einerseits einen grundsätzlichen ausdrücklichen Hinweis des Verwenders gegenüber dem Vertragspartner auf die AGB (Abs. 2 Nr. 1), andererseits die Möglichkeit zumutbarer Kenntnisnahme des anderen Teils (Abs. 2 Nr. 2). Beide Voraussetzungen müssen bei Vertragsschluss vorliegen.

Der ausdrückliche Hinweis des Verwenders gegenüber dem anderen Vertragsteil auf die AGB bildet nach § 305 Abs. 2 Nr. 1 BGB die regelmäßige und zugleich wichtigste Einbeziehungsvoraussetzung. Ein ausdrücklicher Hinweis liegt nur dann vor, wenn er vom Verwender bei Vertragsschluss unmissverständlich und für den Kunden klar erkenn-

---

303 Heinrichs, NJW 1996, S. 2192

304 Wolter, Recht und Politik 1980, 175

305 Schlosser ZIP 1985, 456 spricht in diesem Zusammenhang von einem „Funktionsverlust" der allgemeinen Regeln des AGBG, jetzt §§ 305 ff. BGB

306 zweifelnd Bunte in AcP 1981, 38

bar geäußert worden ist[307]. Der Hinweis ist in den Vertragsverhandlungen mit dem jeweiligen Kunden zu äußern. Hat der Verwender einen ausdrücklichen Hinweis während der Vertragsverhandlungen versäumt, so ist der Vertrag durch Annahmeerklärung des Kunden ohne Einbeziehung der AGB zustande gekommen.

Eine Bezugnahme auf die AGB beispielsweise auf der Reparaturrechnung ist gleichfalls unbeachtlich, da der Hinweis erst nach Vertragsschluss erfolgt[308]. In diesem Fall kann auch nicht ohne weiteres von einer konkludenten Einverständniserklärung des Kunden ausgegangen werden. Eine nachträgliche Einbeziehung der AGB in den Vertrag setzt vielmehr voraus, dass sich der Kunde mit dieser Vertragsänderung in eindeutiger Weise einverstanden erklären muss[309]. Für die Frage, welche Anforderungen im einzelnen an den Hinweis des Verwenders zu stellen sind, damit er dem Erfordernis der Ausdrücklichkeit genügt, ist auf die jeweiligen Modalitäten des Vertragsschlusses einzugehen.

Bei einem schriftlichen Angebot des Verwenders wird vorausgesetzt, dass ein ausdrücklicher schriftlicher Hinweis auf die AGB im Angebotstext erfolgt[310]. Dieser Fall ist deswegen nicht praxisrelevant, weil in aller Regel nicht der Verwender, sondern der Kunde ein Angebot auf Durchführung einer Kfz-Reparatur abgibt. Aus diesem Grund soll die Frage nach der wirksamen Einbeziehung der AGB bei einem schriftlichen Angebot des Kunden erörtert werden. Dieses enthält zwar im Normalfall keine Bezugnahme auf die AGB des Verwenders. Etwas anderes gilt jedoch im Bereich der Kfz-Reparatur. Hier gibt der Kunde in der Regel auf einem Auftragsschein gegenüber der Kfz-Reparaturwerkstatt ein Angebot auf Durchführung von Reparaturarbeiten am Kfz ab.

Auf diesem Auftragsschein ist im Normalfall der Wortlaut der Kfz-Reparaturbedingungen abgedruckt. Hier liegt eine wirksame Einbeziehung der AGB zumindest dann vor, wenn ein ausdrücklicher Hinweis auf die Geltung der AGB gegeben wurde[311]. Nicht ausreichend ist der bloße Abdruck auf der Vertragsrückseite[312]. Sind die Kfz-Reparaturbedingungen auf dem Auftragsschein nicht abgedruckt oder ist der schriftliche Auftrag anderweitig – also nicht auf einem Auftragsschein – abgedruckt und liegt außerdem keine der nachfolgend genannten Alternativen der wirksamen Einbeziehung von AGB vor, dann kann der Verwender, will er die AGB zum Vertragsbestandteil machen, seinerseits ein neues Angebot unter ausdrücklichem Hinweis auf seine AGB abgeben. Hierzu gehört die Möglichkeit der nachträglichen Einbeziehung der AGB bei einer ausdrücklichen Einverständniserklärung des Kunden.

Bei mündlichem Vertragsschluss muss der Verwender grundsätzlich durch ausdrückliche Erklärung auf die Einbeziehung der AGB hinweisen. Der Aushang der AGB im Ge-

307 BGH WM 1986, 1194; NJW 1984, 801 f.

308 Becker in Bamberger/Roth, § 305, Rz. 45

309 BGHZ 86, 135 ff.; NJW 1983, 1053f.; WM 1986, 1194 ff.; KG MDR 1981, 933; a.A. Micklitz BB 1988, 640, der grundsätzliche Bedenken zum nachträglichen Einbeziehen von AGB äußert.

310 BGH NJW 1988, 2465; OLG Frankfurt NJW 1986, 2712; Reinking/Schmidt/Woyte, 20

311 Reinking/Schmidt/Woyte, 20; BGH NJW-RR 1987, 112

312 Reinking/Schmidt/Woyte a.a.O.

schäftslokal genügt für den gesetzlichen Regelfall selbst dann nicht, wenn er unübersehbar ist. In diesem Zusammenhang ist die Ausnahmeregelung des § 305 Abs. 2 Nr. 1, 2. Alt. BGB bedeutsam. Danach genügt für die Einbeziehung der AGB ein deutlich sichtbarer Aushang am Ort des Vertragsschlusses, wenn ein ausdrücklicher Hinweis wegen der Art des Vertragsschlusses nur unter unverhältnismäßigen Schwierigkeiten möglich ist. Die Rechtsprechung betrachtet diese Regelung als einschlägig insbesondere bei konkludent geschlossenen Massenverträgen wie z.B. Beförderungsverträgen im Linienverkehr o.ä.[313]. Aber auch beim Betrieb von Autowaschanlagen anerkennt die Rechtsprechung einen Aushang der AGB als ausreichende Einbeziehungsvoraussetzung[314].

Im Falle einer Kfz-Reparatur gilt jedoch etwas anderes. Denn in diesem Bereich ist ein ausdrücklicher Hinweis der Werkstatt an den Kunden „wegen der Art des Vertragsschlusses" eben nicht „nur unter unverhältnismäßigen Schwierigkeiten möglich". Denn bei der Durchführung von Kfz-Reparaturen ist stets davon auszugehen, dass ein unmittelbarer, persönlicher Kontakt zwischen dem Vertreter der Werkstatt und dem Kunden zustande kommt. Es entspricht deshalb nicht § 305 Abs. 2 Nr. 1, 2. Alt. BGB, wenn die Reparaturbedingungen lediglich im Geschäftslokal ausgehängt werden[315]. Auch im Zusammenhang mit der Problematik der fehlenden Einbeziehung der AGB im Falle eines mündlichen Vertragsschlusses ist auf die Möglichkeit der nachträglichen Einbeziehung der AGB bei einer ausdrücklichen Einverständniserklärung des Kunden zu verweisen.

Für den fernmündlichen Vertragsschluss gelten die Ausführungen zum mündlichen Vertragsschluss entsprechend. Die Frage der wirksamen Einbeziehung der AGB bei einem fernmündlichen Vertragsschluss wird in der Praxis jedoch nur bei vorherigem persönlichem Kontakt zwischen einem Vertreter der Werkstatt und dem Kunden relevant. Beispielsweise gibt der Kunde persönlich den Auftrag, das Fahrzeug nach verkehrsgefährdenden Mängeln zu untersuchen und bei Auffinden derartiger Mängel vor der Reparatur noch einmal mit ihm telefonisch Kontakt aufzunehmen, um evtl. einen Auftrag auf Durchführung der Reparatur geben zu können. Bei dieser Fallkonstellation steht die Frage des maßgeblichen Zeitpunkts der Einbeziehung der AGB im Vordergrund[316].

Gemäß § 305 Abs. 2 Nr. 2 BGB muss außerdem der anderen Vertragspartei die Möglichkeit verschafft werden, in zumutbarer Weise vom Inhalt der AGB Kenntnis zu nehmen. Hierbei handelt es sich um eine Obliegenheit des Verwenders[317]. Die Möglichkeit des Kunden, vom Inhalt der AGB Kenntnis zu nehmen, ist unproblematisch in Fällen des

313 Beispiele hierzu bei Becker in Bamberger/Roth, § 305, Rz. 50

314 OLG Bamberg, NJW 1984, 929; OLG Düsseldorf BB 1980, 388; OLG Hamburg, DAR 1984, 260; LG Essen, NJW-RR 1987, 949; LG Bayreuth, NJW 1982, 1766

315 Hanel, 19; Reinking/Schmidt/Woyte, 20

316 Es kommt hier also darauf an, ob es sich um eine Ausweitung bzw. Ergänzung eines bereits geschlossenen Vertrages handelt oder um den Abschluss eines neuen Vertrages. Im ersten Fall ist § 305 Abs. 2 BGB grundsätzlich nicht mehr zu beachten (sofern bereits vorher eine wirksame Einbeziehung der AGB stattgefunden hat!); im zweiten Fall müssen die Voraussetzungen des § 305 Abs. 2 BGB beachtet werden.

317 Becker in Bamberger/Roth, § 305, Rz. 56

mündlichen Vertragsschlusses im Geschäftslokal oder Einzugsbereich des Verwenders, soweit dort ein deutlich sichtbarer Aushang angebracht ist, der den Wortlaut der AGB enthält[318]. Fehlt es an einem Aushang oder wird der Vertrag an einem dritten Ort geschlossen, so muss der Verwender dem Kunden entweder einen Abdruck der AGB aushändigen oder ihm Gelegenheit zur Einsichtnahme in ein mitgeführtes Exemplar geben[319].

Die neuere höchstrichterliche Rechtsprechung fordert darüber hinaus gehend, dass der Verwender über den ausdrücklichen Hinweis auf die AGB nach § 305 Abs. 2 Nr. 1 BGB hinaus den Kunden auch noch gesondert auf die Möglichkeit der Einsichtnahme verweist oder ihm den AGB-Text unaufgefordert vorlegt[320]. In der Literatur wird diese Rechtsansicht nicht geteilt, denn durch das Erfordernis des Verweises auf die Möglichkeit der Einsichtnahme oder der unaufgeforderten Vorlage der AGB würde der Geschäftsverkehr mit AGB unnötig erschwert[321].

Allerdings ergeben sich bei der Anwendung des § 305 Abs. 2 Nr. 2 BGB zusätzliche erhebliche Schwierigkeiten im Fall fernmündlichen Vertragsschlusses. Der Geschäftsverkehr wäre nämlich entgegen dem Gesetzeszweck tatsächlich erheblich beeinträchtigt, würde man strikt auf die Erfordernisse des § 305 Abs. 2 Nr. 2 BGB abstellen. Aus diesem Grund bedarf es nach Meinung der Literatur einer zurückhaltenden, dem wahren Interesse des Kunden Rechnung tragenden Auslegung des § 305 Abs. 2 Nr. 2. Es sollte daher der ausdrückliche Hinweis des Verwenders auf die Einbeziehung seiner AGB ausreichen[322]. Schließlich bleibt es dem Kunden nach wie vor überlassen, ob er sich telefonisch ihren wesentlichen Inhalt übermitteln lässt oder um Übersendung des AGB-Textes bittet. Hält der Kunde in Fällen dieser Art trotz Hinweises des Verwenders auf dessen AGB seine Auftragserteilung aufrecht, so liegt darin ein wirksamer Verzicht auf die Einräumung der Möglichkeit zumutbarer Kenntnisnahme[323].

Im Übrigen ist zu bedenken, dass im Falle eines fernmündlichen Vertragsschlusses oftmals bereits im Vorfeld ein persönlicher Kontakt zwischen einem Vertreter der Werkstatt und dem Kunden stattgefunden hat. Dabei muss schließlich den Erfordernissen des § 305 Abs. 2 Nr. 2 BGB Rechnung getragen worden sein. Auch diese Tatsache spielt im Rahmen der Auslegung des § 305 Abs. 2 Nr. 2 BGB eine nicht unbedeutende Rolle.

Nach § 305 Abs. 2 BGB bedarf es für eine wirksame Einbeziehung der AGB noch des Einverständnisses des Kunden. Dabei genügt die konkludente Annahme nach Maßgabe von § 151 BGB[324]. Ist der Kunde mit der Geltung der AGB nicht einverstanden, so muss

---

318 OLG Köln, NJW-RR 1987, 53; Becker in Bamberger/Roth, § 305, Rz. 51

319 Becker in Bamberger/Roth, § 305, Rz. 58

320 BGH NJW 1990, 715; BGH WM 1991, 1138

321 Locher NJW 1977, 1802; Koch / Stübing, § 2, Rz. 32

322 Ulmer / Brandner / Hensen, § 2, Rz. 49

323 Für Verzichtsmöglichkeit des Kunden auch OLG München bei Bunte AGBE II, § 9, Nr. 23; LG Braunschweig NJW-RR 1986, 639; Wolf, Rz. 26, 27; Heinrichs in Palandt, § 305, Rz. 37

324 vgl. BB 1983, 15

er dies im Regelfall ausdrücklich erklären[325].Lehnt der Kunde die Einbeziehung der AGB des Verwenders ab, so scheitert der Vertragsschluss, wenn die Parteien nicht erkennen lassen, dass sie gleichwohl am Vertrag festhalten wollen[326].

Die Erörterungen zur wirksamen Einbeziehung der Kfz-Reparaturbedingungen in den Reparaturvertrag zwischen Verbraucher (Besteller) und Unternehmer sind deshalb etwas ausführlicher ausgefallen, weil sich dies in der Praxis tatsächlich oftmals als erhebliches Problem darstellt, welches in der Rechtsprechung (und auch in der Literatur) jedoch keine Entsprechung findet. Insofern ist insbesondere der Gerichtsbarkeit eine stärkere Sensibilisierung zu wünschen, auch unter dem Gedanken des Verbraucherschutzes.

Handelt es sich bei den Kunden der Werkstatt hingegen um einen Unternehmer i.S.v. § 14 BGB, so gelten bei Bestehen ständiger Geschäftsbeziehungen der Vertragsparteien die AGB als ordnungsgemäß vereinbart, wenn zuvor schon mehrfach Reparaturverträge mit der Werkstatt unter ordnungsgemäßer Einbeziehung der AGB abgeschlossen wurden. Für den Fall gelten die AGB auch ohne ausdrückliche jeweilige Einbeziehung in den Vertrag als wirksam vereinbart. Es genügt insoweit jede auch stillschweigend erklärte Willensübereinstimmung. Die Erfordernisse des § 305 Abs. 2 und 3 BGB brauchen nicht erfüllt zu sein, vgl. § 310 Abs. 1 BGB[327].

c) Die Schiedsstellenklausel als überraschende Klausel im Sinne von § 305c Abs. 1 BGB

Die Vorschrift des § 305c BGB steht in systematischem und funktionalem Zusammenhang mit der Regelung der allgemeinen Einbeziehungsvoraussetzungen in § 305 Abs. 2 BGB[328]. § 305c BGB enthält demnach eine die generelle Einbeziehungsvoraussetzungen des § 305 Abs. 2 BGB ergänzende Sonderregelung zur Erschwerung der Einbeziehung ungewöhnlicher AGB-Klauseln. Die Rechtsprechung hat bisher in keinem bekannt gewordenen Fall die Schiedsstellenklausel unter dem Gesichtspunkt des § 305c Abs. 1 BGB geprüft. Vielmehr steht in der bisherigen Kasuistik die Prüfung unter dem Aspekt der unangemessenen Benachteiligung im Sinne von § 307 BGB im Vordergrund.

Die frühere Klausel VIII Ziff.3 Abs. 1 der Kfz-Reparaturbedingungen, wonach beim Streit über einen gewährleistungspflichtigen Mangel eine Schiedsstelle oder ein vereidigter Sachverständiger entscheiden soll, wobei die Anrufung der Schiedsstelle obligatorisch vorgesehen war, hätte zwar vom BGH ohne weiteres auch unter dem Aspekt des § 305c Abs. 1 BGB geprüft werden können; dies war jedoch aufgrund des eingeschränkten Prüfungsumfangs im Verbandsklageprozess nicht möglich[329].

---

325 OLG Hamm, BB 1981, 148; Erman / Hefermehl, Rz. 19; Staudinger / Schlosser, Rz. 37; zu Sonderfällen vgl. Braun BB 1978, 22, 24

326 Becker in Bamberger/Roth, § 305, Rz. 65

327 Reinking/Schmidt/Woyte, 21

328 Erman / Hefermehl, Rz. 1; Diethlein / Rehmann, Rz. 1; a.A. Koch / Stübing, Rz. 4

329 vgl. § 13 Abs. 1 AGBG (jetzt §§ 1, 3 UKlaG), der den Prüfungsmaßstab im Falle der Verbandsklage explizit auf §§ 9 bis 11 AGBG einschränkte (jetzt §§ 307 bis 309 BGB); die Entscheidung des BGH ist abgedruckt in NJW 1987, 2818.

Der Klausel müsste ein Überrumpelungs- oder Übertölpelungseffekt innewohnen[330]. Ein derartiger Überrumpelungseffekt scheidet jedoch bereits deswegen aus, weil gemäß Ziff. XI Nr. 1 der Kfz-Reparaturbedingungen bzw. § 3 Abs. 1 lit.b MuGVO der Auftraggeber (Kunde, Verbraucher) stets sein Einverständnis für die Durchführung des Schiedsstellenverfahrens auf Antrag des Auftragnehmers (Werkstatt) hin abgeben muss. Ansonsten kann er in eigener Verantwortung bestimmen, ob er das Schiedsstellenverfahren durchführen lassen will oder nicht. Zudem scheidet § 305c BGB auch deswegen aus, weil durch das Sachverständigen- bzw. Schiedsgutachten nur eine Klärung erfolgt, die bei auftretenden Streitigkeiten ohnehin notwendig werden würde[331].

d) Vorrang der Individualabrede, § 305b BGB

Gemäß § 305b BGB haben individuelle Vertragsabreden Vorrang vor Allgemeinen Geschäftsbedingungen. Es handelt sich hierbei um keine Einbeziehungsvorschrift wie etwa den § 305 Abs. 2 oder § 305c BGB[332]. Denn § 305b BGB setzt ja bereits voraus, dass die fragliche AGB-Klausel Vertragsbestandteil geworden ist.

In der Praxis spielt § 305b BGB bei der Beurteilung der Frage, ob über die Schiedsstellenklausel nach Abschnitt XI der Kfz-Reparaturbedingungen wirksam ein Schiedsgutachtenvertrag zustande kommen kann, nahezu keine Rolle. Dies liegt daran, dass die Parteien vor der Reparaturannahme in aller Regel kein Interesse daran haben, etwaige Verfahrensschritte bei möglichen Streitigkeiten aus dem Werkvertragsverhältnis abzuklären. Selbst wenn eine Individualvereinbarung in der Richtung getroffen werden würde, dass bei Streitigkeiten aus dem Reparaturvertrag das Schiedsstellenverfahren ausgeschlossen wäre, so könnte dennoch durch die Anrufung der Schiedsstelle auf andere Art und Weise ein Schiedsgutachtenvertrag zustande kommen. Denn dann läge eine von beiden Parteien gewollte Änderung der Individualabrede vor.

e) Möglichkeit der Einbeziehung der MuGVO über Ziff. XI Nr. 4 der Kfz-Reparaturbedingungen in den Vertrag zwischen Verbraucher und Unternehmer und Analyse der Justiziabilität der Regelungen der VerfO einer Schiedsstelle

Da der bloße Wortlaut der Kfz-Reparaturbedingungen bis auf die Bezeichnung „Schiedsgutachterverfahren“ keinen Schluss darauf zulässt, dass zwischen Werkstatt und Verbraucher ein Schiedsgutachtenvertrag zustande kommen soll, ist die Verweisung in Ziff. XI Nr. 4 Kfz-Reparaturbedingungen auf die VerfO der Schiedsstelle, welche eine derartige Feststellungswirkung ausdrücklich vorschreiben könnte[333], von maßgeblicher Bedeutung.

---

330 BGH 100, 85; BGH NJW 1990, 577

331 So Reinking/Schmidt/Woyte, 90

332 Becker in Bamberger/Roth, § 305 b, Rz. 1

333 vgl. z.B. § 7 Abs. 3 Satz 2 der VerfO Niederbayern (Anlage 19)

Fraglich ist zunächst, ob auf die VerfO die Regelungen der §§ 305 ff. BGB unmittelbar oder analog anwendbar sind. Dieser Thematik wurde ersichtlich weder von der Rechtsprechung noch von der Literatur ausreichend Bedeutung beigemessen. Allenfalls zur Frage der Anwendbarkeit des (ehemaligen) AGB-Gesetzes auf den Gebieten des Vereins- und Gesellschaftsrechts (z.B. Vereinssatzungen) gibt es umfangreichere Erörterungen[334]. Die dort erörterten Problemkreise sind zwar nicht vergleichbar mit der zur Diskussion stehenden Materie der „Rechtsnatur" bzw. des Prüfungsmaßstabes der VerfO einer Schiedsstelle. Es können hieraus jedoch zumindest Anregungen entnommen werden.

Es lassen sich keine zwingenden Argumente dafür finden, §§ 305 ff. BGB nicht auf die VerfO einer Schiedsstelle Anwendung finden zu lassen. Die VerfO einer Schiedsstelle beinhaltet sowohl „verfahrensrechtliche" als auch „materiellrechtliche" Elemente. Sie gestaltet also auch die Modalitäten des Vertrages zwischen Besteller und Unternehmer näher aus[335], indem sie das in Ziff. XI Kfz-Reparaturbedingungen erwähnte „Schiedsgutachterverfahren" näher beschreibt (und in manchen VerfOen auch die Bindungswirkung ausdrücklich feststellt, vgl. z.B. Anlage 19) und die Kompetenzen der Schiedsstelle festlegt. Es ist nicht von Bedeutung, ob die in der VerfO genannten Regelungen erst nachträglich in den Vertrag einbezogen werden, sofern die Beurteilung als AGB im Sinne von § 305 Abs. 1 BGB zur Disposition steht[336]. Zudem erscheint es dem Schutzzweck der §§ 305 ff. BGB angemessen, diese Regelungen als Prüfungsmaßstab der VerfO anzuerkennen, da dem Verbraucher, der die Schiedsstelle anruft, Schutz vor solchen Gefahren gewährt werden muss, die sich für ihn aus dem Sicheinlassen auf die vorformulierten Klauseln unter Verzicht auf das Aushandeln der Vertragsbedingungen ergeben[337], also im Falle der VerfO einer Schiedsstelle z.B. durch Festschreiben der Bindungswirkung.

Zwar schreibt § 305 Abs. 1 BGB ausdrücklich vor, dass die Regelungen der §§ 305 ff. BGB nur auf vertragliche Vereinbarungen Anwendung finden. Dazu zählen zunächst schuldrechtliche Verpflichtungs- und Verfügungsgeschäfte. Daher scheiden regelmäßig solche Klauseln aus dem Anwendungsbereich der §§ 305 ff. BGB aus, deren Geltung nicht auf der vertraglichen Einbeziehung beruht, sondern auf ihrem Charakter als (zwingende) Rechtsnormen[338]. Allerdings komme eine analoge Anwendung der Vorschriften der §§ 305 ff. BGB auch auf satzungsrechtlich ausgestaltete Benutzungsordnungen dann

---

334 vgl. z.B. Ulmer/Brandner/Hensen, § 23 AGBG, Rz. 18 ff. m.w.N.

335 Auch wenn sie sich primär auf das Rechtsverhältnis zwischen „der Schiedsstelle" und den Konfliktparteien auf „der zweiten Ebene" bezieht! Auch das Rechtsverhältnis zwischen der Innung und dem Unternehmer bzw. Verbraucher wird durch die MuGVO näher ausgestaltet. Also können die Regelungen auch in diesem Verhältnis in Bezug auf eine Inhaltskontrolle hin untersucht werden.

336 Ulmer/Brandner/Hensen, § 1 AGBG, Rz. 28

337 Ulmer/Brandner/Hensen, § 1 AGBG, Rz. 5; Einl. Rz. 29

338 Ulmer/Brandner/Hensen, § 1 AGBG, Rz. 9 mit Verweis auf die Rspr. zur Anwendung des AGBG auf Verordnungen, Satzungen u.a.

in Betracht, wenn das Benutzungsverhältnis als solches nicht als Subordinationsverhältnis, sondern als öffentlich-rechtlicher Vertrag ausgestaltet ist[339].

Hieraus könnte das argumentum a maiore ad minus gezogen werden, wonach eine Anwendung der §§ 305 ff. BGB erst recht bei einer Verfahrensordnung in Frage kommen muss, die materiellrechtliche Regelungen beinhaltet und damit (werkvertragliche) Regelungen ergänzt, wenn §§ 305 ff. BGB sogar bei satzungsrechtlichen Regelungen (analog) anwendbar sind. Auch aus der sonstigen Rechtsprechung und dem Schrifttum geht hervor, dass eine zunehmende Tendenz zu einer extensiven Anwendung der Regelungen des AGBG bzw. der §§ 305 ff. BGB besteht[340]. Dies ist auch gerechtfertigt. Überall dort, wo die genannten Gefahren virulent sind, ist eine Anwendung der Regelungen der §§ 305 ff. BGB aus dem Schutzzweck der §§ 305 ff. BGB heraus geboten. Von daher steht einer Anwendung der §§ 305 ff. BGB auf die Regelungen der MuGVO, zumindest soweit sie materiellrechtlichen Inhalt haben, nichts im Wege.

Jedenfalls wird die VerfO aber nur in seltenen Fällen direkt über Ziff. XI Nr. 4 Kfz-Reparaturbedingungen in diesem frühen Verfahrensstadium in den Vertrag einbezogen, § 305 Abs. 2 BGB. Schließlich bemängelte bereits der BGH in seiner „Schiedsstellen-Entscheidung“, dass dem Auftraggeber durch die Klausel, welche besagt, dass die VerfO den Parteien auf Verlangen von der Schiedsstelle ausgehändigt werde, weitere Hürden aufgerichtet würden, die ihn u.U. von vorne herein davon abhalten könnten, überhaupt eine Streitentscheidung zu suchen. Er müsse sich zunächst über den Sitz der zuständigen Schiedsstelle erkundigen und dann an diese herantreten, um die VerfO zu erhalten und von ihrem Inhalt Kenntnis nehmen zu können[341].

Für eine wirksame Einbeziehung der Regelungen der VerfO über Ziff. XI Nr. 4 Kfz-Reparaturbedingungen in diesem Stadium fehlt es in aller Regel an den Voraussetzungen des § 305 Abs. 2 Nr. 2 BGB. Bei Weiterverweisungen auf andere Klauselwerke müssen nämlich die Obliegenheiten des § 305 Abs. 2 Nr. 2 BGB auch hinsichtlich dieser erfüllt werden[342]. Bei einer pauschalen Verweisung auf die VerfO der jeweiligen Schiedsstelle fehlt es mithin an der Voraussetzung der zumutbaren Kenntnisnahme, da der Auftraggeber, wie der BGH auch ausgeführt hat, zunächst den Sitz der zuständigen Schiedsstelle eruieren und über diese dann die VerfO anfordern müsste[343].

---

339 OLG München, BB 1980, 496; LG Köln NJW-RR 1988, 430; Wolf, Einl. Rz. 20; BGH WM 1977, 557; 1980, 444; a.A. BGH WM 1981, 1176

340 z.B. hinsichtlich der Aufklärung eines Patienten über die Folgen eines ärztlichen Heileingriffs und die Einwilligung in eine Operation (Niebling MDR 1982, 193)

341 BGH NJW 1987, 2818

342 BGH 86, 135, 138; Ffm NJW 84, 1626; Heinrichs in Palandt, § 305, Rz. 36

343 Auch die Tatsache, dass die Verfahrensordnungen mancher Schiedsstellen mittlerweile über das Internet relativ einfach abrufbar sind, ändert daran nichts. Zum einen hat nicht jeder Anrufende einen eigenen Internet-Zugang, zum anderen ist auch dann, wenn ein derartiger Zugang besteht, nicht gewährleistet, dass der Anrufende die VerfO findet, da das Auffinden derartiger Informationen auch einige Übung im Internet-Gebrauch voraussetzt, die nicht von jedermann erwartet werden kann.

Über Ziff. XI Nr. 4 Kfz-Reparaturbedingungen wird die VerfO also nur dann Vertragsbestandteil, wenn dem Auftraggeber die VerfO bereits bei Abschluss des Reparaturvertrages ausgehändigt wird. Da dies in der Praxis jedoch nahezu ausgeschlossen werden kann, bleibt als Ergebnis festzuhalten, dass in diesem frühen Stadium nur in den seltensten Fällen eine wirksame Schiedsgutachtenvereinbarung zwischen Kunden und Werkstattbetreiber zustande gekommen sein dürfte, da Ziff. XI Kfz-Reparaturbedingungen isoliert betrachtet zu keinem Schiedsgutachtenvertrag führt und die Verweisung auf die jeweilige VerfO wegen § 305 Abs. 2 Nr. 2 BGB gleichfalls nicht dazu führen kann, dass eine Schiedsgutachtenvereinbarung Vertragsbestandteil wird. Allerdings kommt in diesem Verfahrensstadium über Ziff. XI Kfz-Reparaturbedingungen eine Sachverständigenabrede mit empfehlendem Charakter in Verbindung mit einer Schlichtungsvereinbarung zustande, sofern hinsichtlich Ziff. XI Kfz-Reparaturbedingungen die Voraussetzungen des § 305 Abs. 2 BGB erfüllt sind.

Da nun festgestellt wurde, dass in aller Regel in diesem frühen Verfahrensstadium (noch) keine wirksame Schiedsgutachtenvereinbarung zustande kommt, wäre eine Inhaltskontrolle in Bezug auf die Schiedsstellenklausel in den Kfz-Reparaturbedingungen allenfalls noch unter dem Gesichtspunkt der Vereinbarkeit der Sachverständigenabrede mit empfehlendem Charakter von Belang.

Auf der anderen Seite wurde festgestellt, dass die VerfO auch den Regelungen der §§ 305 ff. BGB unterliegt. Demnach wäre eine Inhaltskontrolle hinsichtlich der Passage, welche die Tatsachenbindung vorschreibt, rechtlich durchführbar. Insofern macht es durchaus Sinn, die Inhaltskontrolle hinsichtlich der Schiedsgutachtenklausel, welche die Tatsachenbindung vorschreibt, im Kontext der allgemeinen AGB-Prüfung, also unmittelbar anschließend vorzunehmen.

Enthält auch die jeweilige VerfO keinen Hinweis auf eine etwaige Bindungswirkung[344], könnte bereits aus diesem Grund kein wirksamer Schiedsgutachtenvertrag zustande kommen[345]. Sollte eine Schiedsgutachtenvereinbarung weder über Ziff. XI der Kfz-Reparaturbedingungen noch über die VerfO zustande kommen, könnte sich der Verbraucher jedoch immer noch einem etwaigen Schiedsgutachten durch besondere Erklärung unterwerfen.

---

344 wie z.B. die MuGVO

345 Um zu diesem Ergebnis zu gelangen, muss jedoch nicht das von Löwe erwähnte Transparenzgebot herangezogen werden (Löwe, Bd. III, Rz. 8). Sicherlich ist zwar Löwe vom Grundsatz her zuzustimmen, dass der Verwender ausdrücklich auf die Bindungswirkung hinweisen müsse. Diese Hinweispflicht ergibt sich jedoch bereits über die Grundsätze der Vertragsauslegung. Da die Auslegung des Erklärungswillens der Vertragsparteien dazu führt, dass in der Regel eine Sachverständigenvereinbarung mit empfehlendem Charakter vorliegen dürfte, müsste bereits aus diesem Grund eine ausdrückliche Vereinbarung im Vertrag erfolgen, um diesem einen anderen Inhalt zu geben, nämlich den eines Schiedsgutachtenvertrages. Im Übrigen kann jedoch – unter bestimmten Voraussetzungen, s.u. – die Bindungswirkung aus der sog. Unterwerfungserklärung hergeleitet werden. In diesem Fall verlöre die genannte Problematik weiter an Brisanz.

Hierdurch hätten die von der Schiedskommission getroffenen (technischen) Feststellungen den Charakter eines Schiedsgutachtens mit allen sich hieraus ergebenden Konsequenzen. Da vorliegend Prüfungsgegenstand jedoch nur eine etwaige Schiedsstellenklausel sein kann und §§ 305 ff. BGB als Prüfungsmaßstab dienen sollen, findet dieser Gedanke im vorliegenden Kontext keine weitere Verfolgung mehr. Vielmehr wird nachfolgend davon ausgegangen, dass die Reparaturbedingungen der Werkstatt eine Klausel beinhalten, welcher ein derartiger Inhalt (Schiedsgutachtenklausel) entnommen werden kann[346].

f) Durchführung der Inhaltskontrolle in Bezug auf die Schiedsgutachtenklausel

aa) Argumentationsebenen

Wegweisend in Bezug auf die Frage der rechtlichen Wirksamkeit der Schiedsgutachtenklausel in den Kfz-Reparaturbedingungen ist das Urteil des BGH vom 14.7.1987[347]. Danach wurde die Klausel des früheren Abschnitts VIII Ziff. 3 Satz 1 der Kfz-Reparaturbedingungen, die nach ihrem Wortlaut vorschrieb, dass beim Bestreiten des Vorliegens eines gewährleistungspflichtigen Mangels durch den Auftragnehmer die Schiedsstelle des Kfz-Handwerks anzurufen sei, für unwirksam erklärt. Es würde nämlich eine unangemessene Benachteiligung des Auftraggebers im Sinne von § 307 Abs. 1 und 2 Nr. 1 BGB darstellen, wenn der Eindruck erweckt würde, die Entscheidung der Schiedsstelle sei endgültig und der Rechtsweg ausgeschlossen.

Der BGH sieht in zwei Richtungen die Gefahr einer unangemessenen Benachteiligung des Auftraggebers im Sinne des damaligen § 9 AGBG, nämlich zum einen darin, dass durch die Formulierung der Klausel bei einem rechtsunkundigen Auftraggeber der Eindruck erweckt oder verstärkt werden könnte, der Rechtsweg zu den staatlichen Gerichten

---

346 In diesem Zusammenhang sei noch einmal zur besseren Verständlichkeit erwähnt, dass die hM in der Rechtsprechung und der Literatur – welcher der Verfasser nicht folgt – bereits Ziff. XI der Kfz-Reparaturbedingungen in ihrem jetzigen Wortlaut die Bedeutung einer Schiedsgutachtenklausel zukommen lassen will. Insofern können die nachfolgenden Erörterungen auch auf die hM angewendet werden. Hinzu kommt, dass diese Gedanken auch insoweit für die vorliegende Arbeit fruchtbar sein können, als dass es durchaus denkbar ist, dass eine Werkstatt Reparaturbedingungen verwendet, welchen ein derartiger Inhalt entnommen werden kann oder die VerfO einer bestimmten Schiedsstelle diese Bindungswirkung vorschreibt (vgl. Anlage 19!) und diese zudem auch Vertragsbestandteil geworden ist. Auf die VerfO sind nämlich die §§ 307 ff. BGB hinsichtlich ihrer materiellrechtlichen Regelungen ebenfalls anwendbar. Hinzu kommt, dass die im Rahmen der Schiedsstellenvereinbarung vorgenommene Inhaltskontrolle auch auf den ADR-Vertrag zwischen der Innung und dem Verbraucher (siehe hierzu noch weiter unten) übertragen werden kann, da eine Klausel, die sich auf der „ersten Stufe“ (also im Verhältnis zwischen Verbraucher und Unternehmer) als unwirksam darstellen würde, auch auf der „zweiten Stufe“ (also im Verhältnis zwischen der Innung und dem Verbraucher, evtl. auch im Verhältnis zwischen der Innung und dem Unternehmer!) unwirksam wäre.

347 BGHZ 101, 307 = NJW 1987, 2818

sei für eine Streitentscheidung verschlossen. Auf diesen Aspekt alleine stützt der BGH auch seine Entscheidung. Er betont aber ausdrücklich auch in den Entscheidungsgründen, dass die Problematik der neutralen Besetzung der Schiedsstelle bzw. (wenn auch nicht ausdrücklich) allgemein der verbraucherschützerische Aspekt eine wesentliche Bedeutung im Rahmen einer Inhaltskontrolle bzgl. der Schiedsgutachtenklausel gewinnen kann.

Auf die Beurteilung des rein verbraucherschützerischen Gesichtspunktes musste deswegen nicht mehr weiter eingegangen werden, weil die frühere Klausel VIII Nr. 3 bereits aus den oben genannten Gründen als unangemessene Benachteiligung im Sinne von § 9 Abs. 1 AGBG anzusehen war. Außer dieser Entscheidung des BGH von 1987 zur Frage der Wirksamkeit der Schiedsstellenklausel in den Kfz -Reparaturbedingungen ist nur noch eine Entscheidung des LG Frankfurt hervorzuheben, in der eine Schiedsgutachtenabrede an § 11 Nr. 15 AGBG (jetzt § 309 Nr. 12 BGB) gemessen wurde[348].

§ 309 Nr. 12 BGB als Prüfungsmaßstab heranzuziehen, scheint jedoch rechtlich nur schwer vertretbar zu sein. Denn die Schiedsgutachtenabrede als solche belastet den Kunden nicht in seiner Beweisführung, sondern beschränkt ihn auf den Einwand offenbarer Unbilligkeit im Sinne des § 319 Abs. 1 Satz 1 BGB und muss sich deshalb allenfalls der Angemessenheitsprüfung nach § 307 BGB stellen.

Da seit dem BGH-Urteil von 1987 keine anderen Entscheidungen in dieser Richtung ergangen sind, wurde die Schiedsstellenklausel unter dem Aspekt der Vereinbarkeit mit dem AGB-Gesetz seit der Streichung des früheren Abschnitts VIII Ziff. 3 Kfz-Reparaturbedingungen nicht mehr geändert. Die Kfz-Reparaturbedingungen von 1988 mit der Klausel XI (Schiedsgutachtenklausel) gelten seitdem ohne Änderung fort.

Heinrichs betont, dass Schiedsgutachtenklauseln nicht gegen § 309 Nr. 12 BGB verstoßen, sich aber aus § 307 BGB folgende Anforderungen hinsichtlich ihrer Wirksamkeit ergeben würden[349]: Zunächst müsse die Unparteilichkeit des Schiedsgutachters sicher gestellt sein, entweder durch Auswahl einer auch aus der Sicht des Verwendungsgegners vertrauenswürdigen Stelle oder durch Einräumung eines Ablehnungsrechts. Außerdem müsse dem Verwendungsgegner rechtliches Gehör gewährt werden. Weiter dürfe das Recht, das Schiedsgutachten wegen offenbarer Unrichtigkeit anzufechten, nicht eingeschränkt werden und schließlich dürfen die Nachteile, die dem Kunden aus einem möglicherweise unrichtigen Schiedsgutachten entstehen können, nicht unverhältnismäßig sein. Heinrichs vereint hiermit mehrere unterschiedliche Ansätze sowohl aus der Judikatur wie aus dem Schrifttum. Indem er diese Aspekte kumulativ zusammenträgt, legt er im Verhältnis zu anderen veröffentlichten Meinungen einen engen Maßstab an, sofern die Wirksamkeit derartiger Klauseln in Rede steht.

Brandner sieht bei vorformulierten Schiedsgutachtenklauseln v.a. folgende Gefahren und damit Ansatzpunkte für eine unangemessene Benachteiligung des Kunden im Sinne von § 307 BGB: Die Bindung der Vertragsparteien an die Bestimmung des Schiedsgutachters bis zur Grenze der offenbaren Unrichtigkeit sei nur bei einer wirklich freien Aus-

---

348 LG Frankfurt, ZIP 1988, 1260

349 Heinrichs in Palandt, § 307, Rz. 144

wahl des Schiedsgutachters gerechtfertigt[350]. Daran fehle es jedoch bei einer vorformulierten Schiedsgutachtenklausel. Denn zum einen können AGB-unterworfene Vertragsparteien bei der Auswahl der Schiedsgutachter nicht mitwirken. Zum anderen bestehe auch keine nachträgliche Ablehnungsmöglichkeit der Schiedsgutachter. Eine unangemessene Benachteiligung des Vertragspartners im Sinne von § 307 BGB müsse daher bejaht werden, wenn der in der Klausel vorgesehene Schiedsgutachter aus der Sicht eines verständigen Vertragspartners dem Interessenbereich des Verwenders in irgendeiner Weise – wirtschaftlich oder aufgrund einer sachlichen oder rechtlichen Verbindung – nahe steht oder von diesem sogar abhängig ist, so dass eine Unterwerfung unter das Bestimmungsermessen bis zur Grenze der offenbaren Unrichtigkeit nicht zugemutet werden könne. Insofern bezieht sich Brandner auch auf eine Entscheidung des BGH zur DAT-Schätzpreisklausel, die genau diese Problematik anspricht[351]. Hinnehmbar sei aus diesem Grund nur ein Schiedsgutachter, dem ein verständiger Vertragspartner aus freien Stücken zugestimmt hätte, falls die Schiedsgutachtenklausel als solche sachgemäß sei. Brandner will dem Kriterium der strikten Neutralität der Schiedsstelle offenbar auch dann eine entscheidende Bedeutung bzgl. der Frage der rechtlichen Wirksamkeit zukommen lassen, wenn die Schiedsstelle fakultativ von den Vertragsparteien als Schiedsgutachter angerufen werden kann[352].

Schlosser stellt wie Brandner bei der Frage einer möglichen Benachteiligung des Verbrauchers auf die konkrete Ausgestaltung des Verfahrens und auf die Zusammensetzung der Schiedskommission ab[353]. Er will – im Gegensatz zu Brandner – jedoch bereits „den geringsten Anschein“ einer Abhängigkeit der vorgesehenen Schiedsgutachter vom Verwender der AGB oder generell dem Gewerbezweig, dem dieser angehört, ausreichen lassen[354].

Löwe führt noch einen weiteren wesentlichen Gesichtspunkt im Zusammenhang mit dem Transparenzgebot des § 307 BGB an[355]: Er will das Transparenzgebot so weit gehen lassen, dass der AGB-Verwender verpflichtet sein soll, den Kunden über die Rechtsfolgen eines Schiedsgutachtenvertrages aufzuklären. Dafür spreche zum einen, dass die §§ 317 ff. BGB auf einen Individualvertrag, nicht auf AGB zugeschnitten seien. Zum anderen sei darauf hinzuweisen, dass der Kunde bis zur Grenze der offenbaren Unbilligkeit am Ergebnis des Schiedsgutachtens festgehalten werde. Der Kunde könne also das Ergebnis eines Schiedsgutachtens nicht gemäß § 307 Abs. 2 Nr. 1 BGB angreifen, selbst wenn es ihn entgegen den Geboten von Treu und Glauben unangemessen benachteiligt; denn damit sei die Grenze der offenbaren Unbilligkeit im Sinne von § 319 Abs. 1 Satz 1 BGB noch keineswegs erreicht. Dies sei nämlich erst dann der Fall, wenn die vom Dritten vorgenom-

350 Ulmer / Brandner / Hensen, Anh. §§ 9 – 11, Rz. 620
351 BGH NJW 1983, 1854
352 Brandner / Ulmer, a.a.O.
353 Schlosser, § 9, Rz. 153
354 Schlosser, a.a.O.
355 Löwe/Westphalen/Trinkner, § 9, Rz. 67

mene Leistungsbestimmung den Grundsätzen von Treu und Glauben in grober Weise widerstreitet und sich die Unrichtigkeit des Ergebnisses einem sachkundigen und unbefangenen Beurteiler sofort aufdrängt[356]. Aus diesen Gründen bejaht Löwe hier sogar die Verpflichtung des Verwenders zu einem individualvertraglichen Hinweis.

Auch Wolf sieht den Schwerpunkt der Prüfung der Schiedsstellenklausel in den Kfz-Reparaturbe-dingungen (bzw. der Verfahrensordnung, welche auch der Inhaltskontrolle unterliegt, s.o.) am Maßstab des § 307 BGB in der Beantwortung der Frage der neutralen Besetzung der Schiedsstelle[357]. Dabei geht er jedoch von der Neutralität der Schiedsstelle aus, da deren Überparteilichkeit aufgrund der Mitwirkung der jeweiligen Handwerkskammer gewährleistet erscheine[358]. Ebenfalls spricht Wolf kurz das Problem der Kostenregelung an, das er jedoch gleichfalls für nicht beachtlich im Sinne einer Prüfung an § 307 BGB hält.

Micklitz entnimmt die Unzulässigkeit der Schiedsgutachtenklausel aus der nicht paritätischen Zusammensetzung der Schiedskommission[359]. Er sieht durch die Möglichkeit der Prüfung dieser Klausel am Maßstab des § 307 BGB aber auch eine Chance in der Art, dass im Rahmen einer tatsächlichen Überprüfung der Neutralität der Kommission eine Umstrukturierung zugunsten der Verbraucher erreicht werden könne[360].

Die Entscheidung des BGH zur Unwirksamkeit der (alten) Schiedsgutachtenklausel wegen des Anscheins des Rechtswegausschlusses[361] wurde auf eine Klage der Verbraucherzentrale Baden-Württemberg hin getroffen. Die Verbraucherzentrale bemängelte in dem Verbandsklageverfahren die mangelnde Neutralität der Schiedsstellen[362]. Der BGH musste aufgrund der oben genannten Gründe jedoch nicht mehr auf diese Problematik eingehen. Aus diesem Verfahren wird jedoch deutlich, dass die Verbraucherverbände durchaus skeptisch der Schiedsstellenarbeit gegenüberstehen.

Der ADAC ist gleichfalls als Verbraucherschutzorganisation zu betrachten. Er ist beispielsweise auch verbandsklagebefugt im Sinne des UKlaG. Er sieht als Mitbegründer der Schiedsstellen (s.o.) deren Arbeit primär als verbraucherschützerische Tätigkeit[363]. Allerdings enthält sich der ADAC weitgehend einer konkreten Wertung bzgl. der Neutralität der Schiedsstelle. Dies begründet sich wohl aus der engen Zusammenarbeit des ADAC

356 BGH NJW 1958, 2067; DB 1970, 327

357 Wolf, § 9, Rz. 138

358 Wolf, a.a.O.

359 Micklitz, Der Reparaturvertrag, 345 f.

360 so denkt Micklitz z.B. an die Möglichkeit, dass der ADAC den Anteil der DAT übernimmt und hierdurch eine „paritätischere“ Besetzung erreicht werden könne. Seitens des ADAC bestehen jedoch keine derartigen Bestrebungen.

361 BGH NJW 1987, 2818

362 Die Verbraucherzentrale attackierte seinerzeit vor allem die DAT, die als parteilich einzustufen sei. Es bestand der Wunsch, in der Schiedskommission den Platz der DAT einzunehmen.

363 Vgl. hierzu die zahlreichen Motorwelt-Artikel, welche die Arbeit der Schiedsstellen lobend erwähnen.

mit den in der Schiedsstelle vertretenen Institutionen in anderen Bereichen. Die „guten Beziehungen“ sollen erhalten bleiben.

bb) Diskussion der verschiedenen Ansätze und Stellungnahme

Wie bereits aus den obigen Ausführungen ersichtlich ist, misst ein Großteil der juristischen Literatur die Schiedsgutachtenklausel an den Normen der §§ 307 ff. BGB. Dies ist interessengerecht.

In dieser Hinsicht ist also nicht Sieg[364] zu folgen, der als Prüfungsmaßstab alleine § 319 BGB bzw. §§ 64, 184 VVG zulässt. Sieg verkennt hierbei nämlich den Unterschied zwischen der Frage der Unwirksamkeit eines Schiedsgutachtens wegen offenbarer Unrichtigkeit und der Problematik der rechtlichen Zulässigkeit von Schiedsgutachtenklauseln, in dem dieser Arbeit zugrunde liegenden Fall in Bezug auf die Kfz-Reparaturbedingungen.

In der nachfolgenden Stellungnahme soll von der herrschenden Meinung ausgegangen werden, die §§ 307 ff. BGB als Prüfungsmaßstab zulässt. Um zu einem Ergebnis hinsichtlich der Frage der Wirksamkeit einer Schiedsgutachtenklausel zu gelangen, sind dabei insbesondere zwei Gesichtspunkte aufzugreifen und zu erörtern, die in der Rechtsprechung und in der Literatur in diesem Zusammenhang genannt werden: der Schutzzweck der §§ 307 ff. BGB und der verbraucherschützerische Aspekt, der bei einer Prüfung an § 307 BGB stets berücksichtigt werden muss.

(1) Schutzzweck der §§ 305 ff. BGB

Wie die Auseinandersetzungen über den persönlichen Anwendungsbereich des Gesetzes erkennen lassen, ging es vor allem um die Frage, ob die §§ 305 ff. BGB dem Schutz des schwächeren Vertragspartners dienen und einen Ausgleich für das wirtschaftliche Machtgefälle und die Unterlegenheit der AGB-Kunden schaffen oder ob sie die einseitige Ausnutzung der vom AGB-Verwender in Anspruch genommenen Vertragsgestaltungsfreiheit verhindern sollten.

In Übereinstimmung mit der höchstrichterlichen Rechtsprechung zum früheren Recht[365] und der herrschenden Meinung in der Literatur[366] richtet sich der Schutzzweck der §§ 305 ff. BGB darauf, den mit der Verwendung von AGB typischerweise, unabhängig von der Marktstellung des Verwenders, verbundenen Gefahren für den Kunden entgegenzutreten. Insbesondere sollen durch die Inhaltskontrolle die prägende Wirkung der

---

364 Sieg, NJW 1992, 2993

365 BGH NJW 1976, 2345 f.; BGH NJW 1977, 624 f.; OLG Frankfurt NJW 1979, 985

366 Heinrichs NJW 1977, 1505; Ulmer ZVP 1978, 248 ff.; Hensen JA 1981, 134; H. Roth BB 1987, 977

Vorformulierung und das Fehlen der vom Aushandeln zu erwartenden Richtigkeitsgewähr kompensiert werden[367].

Alleine auf diesen Aspekt abgestellt, erscheint es schwierig, Schiedsgutachtenklauseln als unangemessen im Sinne von § 307 BGB zu qualifizieren. Denn zum einen steht es dem Kunden frei, das Schiedsstellenverfahren zu beantragen. Er kann sich vor der Einleitung des Verfahrens über die Vor- und Nachteile umfassend informieren. Dem Kunden wird durch die Möglichkeit, das Schiedsstellenverfahren zu beantragen, sogar ein weiteres Instrument zur nachträglichen Prüfung der Ordnungsgemäßheit der Reparatur neben der Alternative, gerichtliche Schritte einzuleiten, an die Hand gegeben. Im – in der Praxis äußerst seltenen – umgekehrten Fall, bei dem die Werkstätte das Verfahren einleitet, wird gemäß Abschnitt XI Ziff. 1 der Kfz- Reparaturbedingungen bzw. § 3 Abs. 1 lit.b MuGVO das Einverständnis des Auftraggebers (Kunden) gefordert. Auch in diesem Fall kann sich der Kunde – bevor er das Einverständnis erteilt – über das Verfahren im einzelnen erkundigen.

Zu beachten ist bei der Berücksichtigung des Schutzzwecks der §§ 307 ff. BGB auch § 310 Abs. 3 BGB. Er will den Verbraucher in seiner rollenspezifischen Unterlegenheit schützen und soll dazu beitragen, innerhalb der EU für den Verbraucherschutz ein hohes Schutzniveau zu gewährleisten[368]. Somit sind seit der Einführung des § 24a AGBG (jetzt § 310 Abs. 3 BGB) zwei Schutzzwecke nebeneinander zu beachten: Zum einen der Schutz des Verwendungsgegners – der auch ein Unternehmer sein kann – im Verhältnis zum Verwender und zum anderen der klassische Verbraucherschutz im Falle eines Verbrauchervertrages gemäß § 310 Abs. 3 BGB, wie z.B. auch eines Reparaturvertrages mit einer Kfz-Werkstätte.

Da § 310 Abs. 3 BGB auch auf Reparaturverträge von Kraftfahrzeugen in Werkstätten, die die Kfz-Reparaturbedingungen verwenden, anwendbar ist, kommt dem Verbraucherschutz im Rahmen der Prüfung der Schiedsgutachtenklausel am Maßstab des § 307 BGB möglicherweise eine selbständige Bedeutung als Auslegungskriterium zu.

---

367 Lieb AcP 178, 1978, 200 ff.; Bunte ZIP 1984, 1313, 1315; Braun BB 1979, 690; Köndgen NJW 1989, 943, 946 f. Ob und inwieweit sich der Schutzzweck durch die Integration des AGBG in das BGB geändert hat, soll hier nicht weiter vertieft werden. Es ist prinzipiell anzunehmen, dass hierdurch der Verbraucherschutzgedanke – wegen des Wegfalls des sondergesetzlichen Charakters – noch weiter aufgewertet wurde. Zu dieser Problematik vgl. auch Micklitz, „Der Reparaturvertrag“ und Pfeiffer/Wolf, ZRP 2001, 303. Die Verfasser sprechen sich im Übrigen in diesem Beitrag gegen eine Verortung des Rechts der Allgemeinen Geschäftsbedingungen in den Allgemeinen Teil des Schuldrechts aus und plädieren demgegenüber für eine Übertragung des AGBG in den Allgemeinen Teil des BGB. Eine Implementierung in den Allgemeinen Teil des Schuldrechts führe zu einem Systembruch und zu Anwendungsproblemen. Darüber hinaus bestünden Bedenken im Hinblick auf die Vorgaben der Richtlinie EWG 13/93.

368 vgl. Hommelhoff / Wiedenmann ZIP 1993, 562, 564; beachte auch Art. 95 Abs. 3 und Art. 152 Abs. 1 EG

(2) Verbraucherschutz als Auslegungskriterium

Bei dem durch das Umsetzungsgesetz nicht geänderten Vorschriften des AGBG, insbesondere bei der Generalklausel des § 9 AGBG (jetzt § 307 BGB), ergibt sich zunächst die Frage, ob und inwieweit sich die EG-Richtlinie wegen der Verpflichtung zur richtlinienkonformen Auslegung auf die Anwendung dieser Normen auswirkt[369]. Die Probleme, die sich insoweit bei der Anwendung des § 307 BGB für die Gerichte und Rechtsanwälte ergeben, sind erheblich schwieriger als die Auslegung und Anwendung des nicht besonders komplizierten § 310 Abs. 3 BGB.

Es besteht Einverständnis darüber, dass § 307 BGB und Art. 3 der Richtlinie 93/13/EWG, die als Generalklauseln die Maßstäbe der Inhaltskontrolle festlegen, inhaltlich weitgehend deckungsgleich sind[370]. Da es nach § 307 BGB darauf ankommt, ob die Regelung den Verbraucher „unangemessen benachteiligt“ und nach Art. 3 der Richtlinie 93/13/EWG die Regelung nur unwirksam ist, wenn sie ein „erhebliches und ungerechtfertigtes Missverhältnis der vertragliche Rechte und Pflichten“ verursacht, ist § 307 BGB nach dem Wortlaut der Vorschriften vielleicht sogar die strengere Norm[371]. Auslegung und Anwendung von Generalklauseln werden aber bekanntlich nicht allein durch ihren Wortlaut und Zweck bestimmt. Ihr Inhalt wird entscheidend geprägt durch die Rechtsprechung, vor allem des letztinstanzlichen Gerichts. Hier besteht zwischen §§ 305 ff. BGB und der Richtlinie ein grundlegender Unterschied: Höchste Auslegungsinstanz für §§ 305 ff. BGB ist der BGH, für die Richtlinie dagegen der EuGH. Da die Richtlinie autonom auszulegen ist[372], sind auch die Auslegungsmethoden verschieden[373].

Der Richter, der im Anwendungsbereich des § 310 Abs. 3 BGB mit der Inhaltskontrolle einer Vertragsbedingung befasst ist, muss häufig wegen der Verpflichtung zur richtlinienkonformen Auslegung auch den Inhalt der Richtlinie in seine Prüfung einbeziehen. Kommt er zu dem Ergebnis, dass die Klausel gegen §§ 305 ff. BGB verstößt, kann er die Richtlinie vernachlässigen. Da sie lediglich einen Mindestschutz festlegt, bleibt die Klausel auch dann unwirksam, wenn sie nach der Richtlinie unbedenklich sein sollte. Wenn die Klausel der Inhaltskontrolle nach §§ 307 ff. BGB standhält, wird aber ein zweiter Prüfungsschritt fällig: Das Gericht muss prüfen, ob die Vertragsklausel bei richtlinienkonformer Auslegung des § 307 BGB unwirksam ist. Dabei geht es zugleich um die Frage, ob eine Vorabentscheidung des EuGH eingeholt werden muss, der nach Art. 234 EG für die Auslegung von Gemeinschaftsrecht zuständig ist[374].

---

369 vgl. zur Verpflichtung zur richtlinienkonformen Auslegung EuGH NJW 1994, 2473; Heinrichs NJW 1995, 153

370 Ulmer EuZW 1993, 345; Heinrichs NJW 1993, 1818

371 so Ulmer a.a.O.; Heinrichs a.a.O.

372 EuGH NJW 1983, 1257; Lutter JZ 1992, 603

373 vgl. zur Auslegung von Gemeinschaftsrecht zuletzt EuGH NJW 1996, 113

374 Nach Art. 234 EG können die Gerichte der Mitgliedstaaten eine Vorabentscheidung des EuGH einholen, wenn die Auslegung einer Richtlinie entscheidungserheblich ist. Nach Abs. 3 dieser Vorschrift ist das mitgliedstaatliche Gericht zur Vorlage verpflichtet, wenn gegen seine Ent-

Durch diese einleitenden Erörterungen soll das Verhältnis von nationaler zu supranationaler Normenanwendung und Auslegung verdeutlicht werden. Wird in der nachfolgenden Prüfung ein Verstoß gegen nationales Recht festgestellt, würde sich die Prüfung an supranationalen Grundsätzen erübrigen. Ansonsten muss in einem zweiten Schritt eine Prüfung der Schiedsgutachtenklausel an europarechtlichen Maßstäben erwogen werden.

Wie bereits oben dargestellt, hat durch § 310 Abs. 3 BGB auch der Gedanke des Verbraucherschutzes Eingang in das AGBG bzw. die §§ 305 ff. BGB gefunden. Schutzzweck der §§ 310 Abs. 3 BGB ist also nunmehr auch der Verbraucherschutz. Dieser Gedanke könnte z.B. über den Weg der historischen Auslegung Eingang in die Inhaltskontrolle finden. Dabei bietet es sich an, dieses Kriterium bei der Frage der „unangemessenen Benachteiligung" im Sinne von § 307 Abs. 1 BGB bzw. noch besser beim Regelbeispiel des § 307 Abs. 2 Nr. 1 BGB, nämlich den „wesentlichen Grundgedanken der gesetzliche Regelung" mit zu berücksichtigen. Dass die Entstehung des § 310 Abs. 3 BGB dabei letztlich auf eine EG-Richtlinie zurückzuführen ist, ist bedeutungslos. Schließlich differenziert die historische Auslegung nicht danach, ob das (nationale) Gesetz auf einem nationalen oder einem supranationalen Gesetzgebungsverfahren beruht. Der (nationale) Gesetzgeber muss sich auch an den Grundsätzen und Grundgedanken des supranationalen Verfahrens messen lassen.

Unabhängig von dieser Diskussion hat der BGH in seinem bereits mehrfach erwähnten Urteil zur Schiedsgutachtenklausel vom 14.7.1987 erörtert, dass die Frage der neutralen Besetzung der Schiedsstelle – und damit indirekt auch die Frage des Verbraucherschutzes – im Rahmen des § 307 BGB mit untersucht werden kann. Er ist nur aus anderen Gründen nicht näher auf diese Problematik eingegangen.

Aus diesen Gründen erlangt die Frage des Verbraucherschutzes bei der Prüfung der Wirksamkeit der Schiedsgutachtenklausel am Maßstab des § 307 BGB zentrale Bedeutung und soll deswegen nachfolgend erörtert werden. Eine unangemessene Benachteiligung im Sinne von § 307 BGB läge dann vor, wenn die Ausgestaltung des Schiedsstellenverfahrens die Interessen des Auftraggebers nicht in ausreichendem Maße berücksichtigen würde. Zwar besteht nach der Entscheidung des BGH von 1987 (a.a.O.) und der nachfolgenden Änderung der Kfz-Reparaturbedingungen keine Verpflichtung des Auftraggebers mehr, die Schiedsstelle anzurufen. Unabhängig davon würde § 307 BGB greifen, wenn dem Auftraggeber durch diese Klausel suggeriert würde, es handle sich um ein unabhängiges Verfahren.

Dabei ist zu beachten, dass der Kunde aufgrund der Tatsache, dass das Verfahren kostenfrei für ihn ist und auch in der Regel nicht so lange dauert wie ein gerichtliches Verfahren, eher bereit sein wird, die Schiedsstelle anzurufen, insbesondere dann, wenn er bei einem etwaigen gerichtlichen Verfahren das volle Kostenrisiko in Kauf nehmen müsste.

---

scheidung im konkreten Fall kein Rechtsmittel gegeben ist (EuGH NJW 1983, 2751); auch Land- und Amtsgerichte können daher zur Vorlage an den EuGH verpflichtet sein.

Schließlich muss berücksichtigt werden, dass die im Schiedsstellenverfahren festgestellten Tatsachen das Gericht bis zur Grenze der offenbaren Unrichtigkeit binden. Sollte also die Schiedsstelle tatsächlich nicht neutral besetzt sein, so besteht zumindest die Möglichkeit, dass Tatsachen festgestellt werden, die für den Auftraggeber in einem eventuell folgendem Gerichtsprozess nachteilig sein können. Der Einwand, dass technische Feststellungen immer auf einer sicheren und leicht nachprüfbaren Basis stehen, kann heutzutage nicht mehr ohne weiteres hingenommen werden. Denn die Reparatur von heute ist nicht mehr geprägt von rein mechanischen, relativ leicht und sicher nachprüfbaren Vorgängen. Vielmehr haben die in zunehmenden Maß festzustellende Elektrik und Elektronik an Bauteilen des Fahrzeugs zu einer erheblichen Verkomplizierung der Diagnose von auftretenden Mängeln am Fahrzeug geführt. Eine Fehlerdiagnose ist heutzutage eine komplizierte Untersuchung, die technisch teilweise nur unter sehr großem Aufwand zu bewerkstelligen ist.

Die Bindungswirkung bis zur Grenze der offenbaren Unrichtigkeit ist – wie Brandner zutreffend ausführt – nur bei einer wirklich freien Auswahl des Schiedsgutachters gerechtfertigt. Bei einer Besetzung der Kommission, die nicht als paritätisch bezeichnet werden kann, verstößt eine Klausel, welche eine derart weitgehende Bindung vorschreibt, jedoch gegen § 307 Abs. 2 Nr. 1 BGB[375]. Sollten also manche Verfahrensordnungen eine Tatsachenbindung ausdrücklich vorsehen, so ist hierin ein Verstoß gegen § 307 Abs. 2 Nr. 1 BGB zu erblicken. Enthält auch die jeweilige Verfahrensordnung keinen Hinweis auf eine etwaige Bindungswirkung (wie z.B. die MuGVO), dann scheidet bereits aus diesem Grund ein Verstoß gegen §§ 307 ff. BGB aus[376]. Sollte eine Schiedsgutachtenvereinbarung nicht zustande kommen, kann sich der Verbraucher immer noch einem etwaigen Schiedsspruch durch besondere Erklärung unterwerfen. Da vorliegend Prüfungsgegenstand aber allein die Schiedsstellenklausel ist, findet dieser Gedanke im gegebenen Kontext keine weitere Verfolgung mehr.

Es kann somit festgehalten werden, dass ein wirksames Schiedsgutachten letztlich nur noch dann vorliegen kann, wenn die Parteien diesbezüglich eine individualvertragliche Vereinbarung getroffen haben, der Verbraucher vor der Durchführung des Verfahrens al-

375 a.A. Reinking/Schmidt/Woyte, 91 mit der Begründung, dass die Schiedskommission neutral besetzt sei und im Verfahren Anspruch auf rechtliches Gehör bestehe. Dem ist aufgrund der festgestellten Tatsache, dass eben nicht von einer paritätischen Besetzung auszugehen ist, jedoch nicht zu folgen. Zudem ist die Geltung des Prinzips des rechtlichen Gehörs im Schiedsgutachtenverfahren umstritten.

376 Es kann jedoch noch anderweitig ein Schiedsgutachtenvertrag zustande kommen. Dabei wäre Löwe vom Grundsatz her zuzustimmen, sofern dieser für diesen Fall einen ausdrücklichen Hinweis verlangt. Diese Hinweispflicht ergibt sich bereits aus den Grundsätzen über die Vertragsauslegung. Da die Auslegung des Erklärungswillens der Vertragsparteien dazu führt, dass manchmal eine Sachverständigenabrede mit lediglich empfehlendem Charakter und kein Schiedsgutachtenvertrag zustande kommt, muss bereits deswegen eine ausdrückliche Vereinbarung im Vertrag erfolgen (bzw. ein ausdrücklicher Hinweis, auf den dann seitens des Verbrauchers nicht reagiert wird, s.o.), um diesem einen anderen Inhalt zu geben, nämlich den eines Schiedsgutachtenvertrages.

so eine sog. Unterwerfungserklärung unterzeichnet hat (in rechtlich einwandfreier Form, s.u.!)[377].

3. Die Prüfung der Schiedsstellenklausel in Ziff. XI der Kfz-Reparaturbedingungen unter Aspekten des Internationalen Privatrechts

Es verbleibt die Prüfung der Schiedsstellenklausel unter Gesichtspunkten des Internationalen Privatrechts. Dieser Aspekt kommt in dem Fall zum Tragen, in dem ein nichtdeutscher Verbraucher eine deutsche Werkstatt aufsucht, welche die Schiedsstellenklausel in ihren Reparaturenbedingungen verwendet.

a) Qualifikation der Schiedsstellenvereinbarung als materiellrechtliche Abrede

Welchem Recht die Schiedsstellenvereinbarung zu unterstellen ist, hängt davon ab, wie diese Vereinbarung rechtlich zu qualifizieren ist[378]. Es wurde bereits festgestellt, dass sowohl der Schiedsgutachten- wie der Sachverständigenvertrag mit empfehlendem Charakter als materiellrechtlicher Vertrag anzusehen ist. Von daher ist auf den ersten Blick eine materiellrechtliche Prüfung an den Maßstäben des Internationalen Privatrechts erforderlich.

Erkennt man hierin jedoch einen prozessualen Vorgang, wie dies offenbar zunehmend der Fall ist, dann gewinnt die Problematik der rechtlichen Wirksamkeit erkennbar an Brisanz. So sei diesbezüglich auf die Aufsätze von Samtleben[379] und von Reich[380] verwiesen. Samtleben will das UN-Schiedsübereinkommen vom 10.6.1958 anwenden, während Reich eine analoge Anwendung des EuGVÜ präferiert. Die Diskussion geht dabei sehr in die Tiefe und behandelt vor allem die Frage gerichtlicher Prüfungskompetenzen (OLG Düsseldorf ./. Court of Appeal). Reich erwähnt auch den BGH und „einen Teil der kollisionsrechtlichen Literatur“[381], wonach der Schiedsvertrag ein materiellrechtlicher Vertrag mit prozessrechtlichen Beziehungen sei, dessen Gültigkeit anhand der Regeln des inter-

377 Die Kfz-Werkstatt könnte zwar aufgrund der Innungssatzung bzw. des Innungsbeschlusses oder des sog. Gestattungsvertrages bis zur Grenze der offenbaren Unrichtigkeit des Schiedsgutachtens gebunden sein. Aus einzelnen geprüften Satzungen konnte jedoch nirgendwo eine derartige Bindungswirkung entnommen werden.

378 Zur Qualifikation Hüßtege, Internationales Privatrecht, Examenskurs für Rechtsreferendare, 47 mit Verweis auf BGHZ 40, 320,322; BGHZ 23, 198. Hinzugefügt werden kann noch die von Reich in ZEuP 1998, 991 zitierte Entscheidung des BGH vom 3.12.1986 (NJW 1987, 651).

379 ZEuP 1999, 976 (Zur Wirksamkeit von Schiedsklauseln bei grenzüberschreitenden Börsentermingeschäften)

380 ZEuP 1999, 983 (Schiedsklauseln in grenzüberschreitenden Verbraucherverträgen in der EU: autonome oder international-rechtliche Qualifikation?) und ZEuP 1998, 984 (Anm. zur Entscheidung des OLG Düsseldorf vom 8.3.1996)

381 Basedow, Vertragsstatut und Arbitrage nach neuem IPR, Jahrbuch für die Praxis der Schiedsgerichtsbarkeit, 1987, 3, 6; Hausmann in Reitmann/Martiny, Internationales Vertragsrecht, 5. Auflage, 1996, Rn. 2297, 2438

nationalen Schuldrechts, das heißt der Art. 27 ff. EGBGB gemessen werde. Er selbst schlägt dem entgegen gesetzt den Weg der analogen Anwendung der Art. 15 und 17 EuGVÜ vor, sofern eine europarechtskonforme Konfliktlösung hinsichtlich der Unwirksamkeit einer Schiedsklausel in Rede stehe.

Es gilt zu beachten, dass diese Diskussion in einer Zeit geführt wurde, als die EuGVO noch nicht in Kraft getreten war[382]. Diese Verordnung regelt nun verbindlich die Fragen der Zuständigkeit und Vollstreckung, hat also weitgehend den selben Anwendungsbereich wie das (frühere) EuGVÜ[383]. DieEuGVO hat das EuGVÜ demnach abgelöst. Nach Art. 3 Abs. 2 Satz 2 EGBGB gehen Regelungen in Rechtsakten der Europäischen Gemeinschaften den nationalen Regelungen grundsätzlich vor[384]. Dies sagt jedoch noch nichts zur Qualifikationsmethode aus. Die deutschen Kollisionsnormen gehen von Rechtsbegriffen aus, die dem deutschen materiellen Recht entstammen. Daher vertritt die hM eine Qualifikation nach der lex fori[385].

Die Qualifikation nach der lex fori führt zu einer Subsumtion der Schiedsstellenvereinbarung unter das Schuldrecht. Demgegenüber bevorzugt die autonome Qualifikation von Rechtsinstituten eine rechtsvergleichende Sichtweise. Sie ist die herrschende Qualifikationsmethode im Bereich der Staatsverträge[386]. Bei der EuGVO handelt es sich zwar nicht um einen Staatsvertrag, sondern um unmittelbar geltendes sekundäres Gemeinschaftsrecht. Dennoch ist – auch unter Berücksichtigung der Tatsache, dass die EuGVO dem EuGVÜ (einem Staatsvertrag) inhaltlich weitgehend gleicht – die EuGVO wie ein Staatsvertrag autonom auszulegen, d.h. die Entstehungsgeschichte und der Zweck der Verordnung maßgeblich zu berücksichtigen[387].

Art. 1 Abs. 2 lit. d EuGVO besagt eindeutig (wie früher bereits Art. 1 Abs. 2 Nr. 4 EuGVÜ), dass die Schiedsgerichtsbarkeit vom Anwendungsbereich der EuGVO ausgeschlossen sein soll. Der Begriff der Schiedsgerichtsbarkeit ist sowohl bei autonomer Auslegung als auch bei einer Auslegung nach der lex fori eindeutig. Der Zweck der EuGVO ist primär ein verfahrensrechtlicher, nämlich die Fragen der Zuständigkeit von Gerichten und Fragen der Vollstreckung innerhalb der EU zu vereinheitlichen. Danach

382 Am 22.12.2000 hat der Rat der Europäischen Gemeinschaft die Europäische Gerichtsstands- und Vollstreckungsverordnung (EuGVO) verabschiedet. Diese Verordnung ist seit dem 1.3.2002 in Kraft (ABl. EG 20 001 L 12/1; VO 44/2001/EG).

383 Die Verordnung gemäß § 249 Abs. 2 EG trifft eine in allen ihren Teilen verbindliche Regelung, die aufgrund ihrer allgemeinen Geltung mit einem Gesetz im materiellen Sinne verglichen werden kann, ohne dass eine Gleichsetzung erfolgen darf. Die Verordnung bedarf keiner Transformation oder Inkorporation in das Rechtssystem der Mitgliedstatten, da Art. 249 Abs. 2 EG ihre unmittelbare Geltung in jedem Mitgliedstaat bestimmt.

384 Dies gilt nicht für Richtlinien, die erst noch in nationales Recht umgesetzt werden müssen. Mit der Rechtsetzungstätigkeit der EG auf dem Gebiet des Internationalen Verfahrensrechts hat die Bedeutung von Art. 3 Abs. 2 Satz 2 EGBGB erheblich zugenommen (vgl. Heldrich in Palandt, § 3 EGBGB, Rz. 10).

385 Heldrich in Palandt, Einl. vor Art. 3 EGBGB, Rz. 27

386 Heldrich in Palandt, a.a.O.

387 Heldrich in Palandt, Einl. vor Art.3 EGBGB, Rz. 28

wäre die Anwendung der EuGVO ausgeschlossen. Die von Reich präferierte schutzzweckbezogene Auslegung der Art. 13 ff. EuGVÜ[388] beinhaltet sicherlich wertvolle Gesichtspunkte. Eine noch weiter gehende Übertragung auf rein materiellrechtliche Vorgänge wie der Vereinbarung eines Schiedsstellenverfahrens würde jedoch den Anwendungsbereich der EuGVO (bzw.früher : des EuGVÜ) endgültig überdehnen.

Hinzu kommt, dass die Kommission im Bereich der ADR/ODR, welchem auch das Schiedsstellenwesen zugerechnet werden kann, mittlerweile eine rege Aktivität entfaltet hat, wobei die Tendenz zu unverbindlichen Empfehlungen u.ä. unverkennbar ist[389]. Die EU behandelt auch die Problematik der ADR-Klauseln in ihrem letzten Grünbuch relativ intensiv, ohne dabei weder auf das EuGVÜ noch auf die EuGVO Bezug zu nehmen[390]. Aus alldem ergibt sich, dass (zumindest für den europäischen Raum) die Anwendung der EuGVO für derartige Klauseln nicht in Betracht kommen soll.

b) Anwendung der Art. 27 ff. EGBGB

Da die EuGVO als Prüfungsmaßstab nicht in Betracht kommt, muss auf die kollisionsrechtlichen Normen des EGBGB zurückgegriffen werden. Da eine Rechtswahlvereinbarung zwischen Verbraucher und Unternehmer ausscheidet[391], ist Art. 28 EGBGB zunächst die ausschlaggebende Kollisionsnorm. Danach ist das Recht des Staates maßgebend, mit dem der Vertrag die engsten Verbindungen aufweist. Die Vermutungen der Abs. 2 bis 4 des Art. 28 EGBGB sind auf die zu prüfende Materie nur indirekt anwendbar, da eine „Leistungserbringung" bezüglich der ADR-Vereinbarung durch den Verbraucher bzw. den Unternehmer nicht zur Diskussion steht.

Als „Leistungserbringung" könnte allenfalls die Durchführung der Schiedsstellenverhandlung angesehen werden, da diese den eigentlichen Kern des Vertragsgegenstandes bildet. Da die Schiedsstellen in Deutschland angesiedelt sind, würde zumindest eine erste Vermutung für die Anwendung deutschen Rechts sprechen. Hinzu kommen der Abschlussort der Schiedsstellenvereinbarung und die Vertragssprache, die gleichfalls für eine Anwendung deutschen Rechts spräche[392].

Diesem Ergebnis steht Art. 29 EGBGB als Sonderregelung für Verbraucherverträge nicht entgegen. Art. 29 Abs. 1 EGBGB erwähnt lediglich Verträge „über die Lieferung

---

388 jetzt Art. 15 ff. EuGVO

389 vgl. hierzu noch näher im Dritten Hauptteil

390 KOM 2002, 196. Auf S. 26 f. wird diese Problematik angesprochen, wobei lediglich auf die Richtlinie über missbräuchliche Klauseln in Verbraucherverträgen (93/13/EWG) Bezug genommen wird.

391 Eidenmüller (Symposion für Schlosser, 88) meint, dass unter Umständen eine (konkludente) Rechtswahl bezüglich des Hauptvertrages auch eine (konkludente) Rechtswahl bezüglich der materiellrechtlichen Abreden einer Mediationsvereinbarung enthalten könne. Dem ist zwar zuzustimmen. Für den gegebenen Kontext gibt diese Feststellung jedoch nur wenig her, da schon keine (konkludente) Rechtswahl bezüglich des Hauptvertrages vorliegt.

392 vgl. hierzu Heldrich in Palandt, Art. 28 EGBGB, Rz. 2

beweglicher Sachen oder die Erbringung von Dienstleistungen sowie Verträge zur Finanzierung solcher Geschäfte". Ausschließlich für diese Vertragstypen kann Art. 29 EGBGB als lex specialis angesehen werden. Eine Schiedsstellenvereinbarung lässt sich jedoch systemlogisch keinem der genannten Vertragstypen zuordnen. Von daher scheidet Art. 29 EGBGB aus[393].

Art. 29a EGBGB, der in Abs. 4 Nr. 1 zwar ausdrücklich die Richtlinie 93/13/EWG über missbräuchliche Klauseln in Verbraucherträgen anspricht, ist gleichfalls nicht anwendbar, da er eine Rechtswahlvereinbarung voraussetzt (Art. 29a Abs. 1 EGBGB).

Aus diesem Grund kann sich auch ein nichtdeutscher Verbraucher, der mit Ziff. XI der Kfz-Reparaturbedingungen konfrontiert ist, auf die Vorschriften der §§ 305 ff. BGB sowie auf die sich aus der Richtlinie 93/13/EWG ergebenden verbraucherschützenden Bestimmungen berufen. Es gelten insofern also dieselben Regelungen wie beim Abschluss eines derartigen Vertrages mit einem deutschen Verbraucher.

Was die Einbeziehung von AGB-Klauseln auch in Bezug auf nicht deutsch sprechende Verbraucher anbelangt, so ist anerkannt, dass eine Obliegenheit des Verwenders zur Übersetzung der Klausel nur bei Verträgen mit erheblicher wirtschaftlicher Tragweite besteht[394]. Diesem Ergebnis dürfte unter pragmatischen Gesichtspunkten zuzustimmen sein, da es nicht zumutbar ist, der Werkstatt aufzugeben, ihre Bedingungen in mehrere Sprachen übersetzen zu lassen[395].

4. Wirkungen von Schiedsstellenvereinbarungen, welche Schiedsgutachtenabreden beinhalten

Letztlich haben auch derartige Schiedsstellenvereinbarungen als solche noch keine weiter gehenden Wirkungen als die zuvor genannten. Erst die tatsächliche Anrufung der Schiedsstelle kann Rechts- und tatsächliche Wirkungen nach sich ziehen[396]. Hier unterscheiden sich institutionalisierte Verfahren (wie dem Schiedsstellenverfahren) von individuellen Schiedsgutachtenverfahren. Die Innung kann nach § 54 Abs. 3 Nr. 3 HandwO bei Streitigkeiten zwischen den Innungsmitgliedern und ihren Auftraggebern auf Antrag ver-

---

393 Eine analoge Anwendung von Art. 29 EGBGB auf Schiedsstellenklauseln verbietet sich, da das dem Art. 29 EGBGB zugrunde liegende EG-Übereinkommen vom 19.6.1980 über das auf vertragliche Schuldverhältnisse anwendbare Recht derartige ADR-Vereinbarungen in keiner Weise erfassen wollte, vgl. auch BGBl 86 II 810. Eine Rechtsanalogie setzt jedoch gerade eine planwidrige Lücke voraus.

394 BGH 87, 115; AG Langenfeld NJW-RR 98, 1524; Heinrichs in Palandt, § 305, Rz. 42; noch weiter gehend Becker in Bamberger/Roth, § 305, Rz. 61, der wohl grundsätzlich eine derartige Übersetzungsobliegenheit ablehnt.

395 Allerdings dürfte es Aufgabe insbesondere der EU-Kommission sein, zu Gunsten des Verbrauchers dafür Sorge zu tragen, dass im Geltungsbereich der EU Allgemeine Geschäftsbedingungen zumindest auf englisch übersetzt sein sollten. Dies dürfte auch für Bagatellgeschäfte zu befürworten sein.

396 vgl. hierzu noch unten zur rechtlichen Bedeutung des Schiedsstellenverfahrens

mitteln. Für diese Aufgabe bedient sich die Innung der Schiedsstellen. Die Innung stellt also diese „Vermittlungsleistung“ (kostenlos) für den Verbraucher (und auch für den Unternehmer) zur Verfügung. Die Existenz einer Schiedsstellenvereinbarung zwischen dem Verbraucher und dem Unternehmer ist nicht erforderlich[397].

Erhebt daher z.B. eine Partei Klage, ohne dass das vereinbarte Gutachten vorgelegt wird, so ist die Wirkung im Prozess auch nicht die, dass die beweispflichtige Partei beweisfällig würde, wenn sie die rechtserheblichen Tatsachen, deren Feststellung den Schiedsgutachtern übertragen ist, nicht durch Vorlegung des Schiedsgutachtens nachweisen kann. Das Prozessgericht kann also auch Beweis über diese Frage erheben, solange und soweit der Vertrag eingreift. Dieses Ergebnis widerspricht zwar auf den ersten Blick der Meinung in Rechtsprechung und Literatur zum Schiedsgutachtenvertrag[398]. Es lässt sich aber durch den Inhalt der Vereinbarung in den Kfz-Reparaturbedingungen bzw. der jeweiligen VerfO rechtfertigen. Vertraglich ist dort vereinbart, dass die Anrufung der Schiedsstelle ausgeschlossen ist, wenn bereits der Rechtsweg beschritten ist.

Ein pactum de non petendo, also eine Vereinbarung des Inhalts, dass der Gläubiger für die Dauer der Erstattung des Gutachtens trotz der Fälligkeit der Forderung gegen den Schuldner nicht vorgehen werde, wird von der Rechtsprechung für die „normale Schiedsgutachtenabrede“ angenommen[399]. Eine derartige stillschweigende Vereinbarung widerspricht zwar nicht dem Wortlaut des Ziff. XI der Kfz-Reparaturbedingungen; dies setzt jedoch voraus, dass eine Partei die Schiedsstelle auch tatsächlich anruft, da erst dann das Verfahren in Gang gesetzt wird. Die gegenteilige Auffassung hätte die nicht vertretbare Konsequenz, dass eine Partei (z.B. der Verbraucher) sich stets auf diese stillschweigende Vereinbarung berufen könnte, ohne dabei auch nur die Absicht zu haben, das Schiedsstellenverfahren zu beantragen.

Schließlich hindert Ziff. XI der Kfz-Reparaturbedingungen nicht die Durchführung eines selbständigen Beweisverfahrens nach §§ 485 ff. ZPO[400]. Dieses Ergebnis lässt sich bereits aus dem Wortlaut von Ziff. XI Nr. 2 der Kfz-Reparaturbedingungen ableiten, wonach durch die Anrufung der Schiedsstelle der Rechtsweg nicht ausgeschlossen sein soll. In einem solchen Fall dürfte der Rechtsweg erst recht nicht bei einer bloßen fakultativen Schiedsstellenvereinbarung ausgeschlossen sein. Das selbständige Beweisverfahren ist u.a. auch aufgrund der Einbindung des Prozessgerichts als „Rechtsweg“ zu charakterisieren, § 486 Abs. 1 ZPO.

---

397 vgl. hierzu Zweiter Hauptteil, Vierter Teil, III.

398 vgl. z.B. aus der Rechtsprechung OLG München v. 27.10.1999 (Az. 7 U 3147/99), wonach eine Schiedsgutachtenklausel zur Folge habe, dass die Klage als zur Zeit unbegründet abzuweisen ist, wenn der Kläger eine rechtlich erhebliche Tatsache nicht durch Vorlage eines Schiedsgutachtens nachweisen könne.

399 vgl. z.B. BGH NJW 1990, 1231 = JZ 1990, 146

400 LG Hanau, Beschl. v. 28.5.1991, MDR 1991, 989; a.A. OLG Düsseldorf v. 28.4.1998 (Az. 23 W 25/98)

5. Interdependenzen der Vereinbarung der Konfliktparteien und der Feststellungswirkung des Schiedsgutachtens

Es wurde bereits festgestellt, dass nach der materiellrechtlichen Auffassung, der hier gefolgt wird, die Bindungswirkung des Schiedsgutachtens auf den Parteiwillen zurückzuführen ist. Zudem wurde aber auch festgestellt, dass es oftmals an einer derartigen privatautonomen Vereinbarung im Vorfeld des Schiedsstellenverfahrens mangelt, sei es weil diese in rechtlich unwirksamer Form vereinbart wurde, sei es, dass überhaupt keine derartige Vereinbarung vorliegt[401].

Von daher stellt sich die Frage, ob im weiteren Verlauf des Verfahrens noch eine Feststellungswirkung erreicht werden kann, ohne dass dem Verfahren eine vertragliche Beziehung zwischen den Konfliktparteien zugrunde liegt. Um diese Frage zu beantworten, müssten die Konstrukte, aus welchen sich eine derartige Bindungswirkung ergeben können, transparent gemacht werden.

a) Herleitung der Feststellungswirkung aus einer nachträglichen Parteivereinbarung zwischen Verbraucher und Unternehmer

Es ist denkbar, dass sich die Parteien im Laufe des Verfahrens noch unmittelbar und ausdrücklich auf eine derartige Wirkung hinsichtlich der von der Schiedsstelle festgestellten Tatsachen einigen. In diesem Fall würde nachträglich eine Schiedsgutachtenvereinbarung getroffen, aus der sich die geschilderten Konsequenzen hinsichtlich eines späteren Gerichtsverfahrens ergeben.

Hierfür müssen jedoch strenge Anforderungen gelten, da jede Annahme einer konkludenten Vereinbarung diesbezüglich Gefahr liefe, als Fiktion offen gelegt zu werden. Zwar ist selbstverständlich eine derartige Vereinbarung auch auf konkludent geschlossener Basis denkbar, wie dies für alle nichtförmlichen Vertragstypen prinzipiell denkbar ist. Der übereinstimmende Parteiwille diesbezüglich wird jedoch, ohne Hinzutreten weiterer Begleitumstände, in aller Regel kaum auszumachen sein.

b) Herleitung der Feststellungswirkung aus der Geschäfts- und Verfahrensordnung der Schiedsstelle

Die MuGVO gibt nichts für eine etwaige Bindungswirkung her. Insbesondere § 7 MuGVO beinhaltet keine Formulierung, aus der sich eindeutig eine derartige Wirkung ablesen ließe. Demgegenüber beinhaltet § 7 Abs. 3 der GeschVerfO der Schiedsstelle Niederbayern oder § 7 Abs. 3 der GeschVerfO der Schiedsstelle Schwaben einen Passus, der die Bindungswirkung explizit erwähnt[402]. Es stellt sich somit die Frage, ob ein derartiger Pas-

---

401 vgl. zur gesamten Problematik Vierter Teil, II. und III.

402 vgl. hierzu Anlagen 4 und 5. Auch andere Schiedsstellen verwenden Verfahrensordnungen mit einem vergleichbaren Inhalt. Da jedoch die MuGVO als primärer Prüfungsmaßstab und Prü-

sus in der Verfahrensordnung genügt, um die Bindungswirkung zu begründen. Grundvoraussetzung hierfür ist in jedem Fall die Aushändigung der Verfahrensordnung an beide Vertragsparteien. Denn ohne eine derartige „Bekanntmachung“ kann eine Bindungswirkung für die Konfliktparteien nicht begründet werden. Eine Aushändigung „auf Verlangen der Parteien“, wie es Ziff. XI Abs. 4 der Kfz-Reparaturbedingungen vorsieht, ist aufgrund der erheblichen rechtlichen Qualität, welche die Bindungswirkung nach sich zieht, hierfür nicht ausreichend.

Bei den (materiellrechtlichen) Regelungen der GeschVerfO handelt es sich um Vorgaben, die mit Allgemeinen Geschäftsbedingungen vergleichbar sind[403], zumindest was deren materiellrechtlichen Gehalt anbelangt. Von daher ist es konsequent, auch vergleichbare Einbeziehungsvoraussetzungen heranzuziehen. Ein bloßer Hinweis auf die Möglichkeit der Aushändigung reicht in jedem Fall nicht aus[404]. Aber selbst wenn die Verfahrensordnung von der Schiedsstelle (oder der Kfz-Reparaturwerkstätte) an beide Parteien ausgehändigt wurde, so ist eine Klausel mit einem derartigen Inhalt unter (entsprechender) Heranziehung des Gedankens aus § 307 Abs. 2 Nr. 1 BGB unwirksam[405]. Eine Begründung der Bindungswirkung über die Verfahrensordnung ist demnach nicht denkbar.

c) Herleitung der Feststellungswirkung aus der Unterwerfungserklärung

Manche Schiedsstellen machen ihr Tätigwerden davon abhängig, dass die Parteien (teilweise nur der Anrufende) eine sog. Unterwerfungserklärung unterzeichnen[406]. In dieser Unterwerfungserklärung wird „vereinbart“, dass sich die Parteien dem bindenden Schiedsspruch der Schiedsstelle unterwerfen. Für die Wirksamkeit einer derartigen „Vereinbarung“ kommt es auf ihre individuelle Ausgestaltung an. Von daher ist es schwierig, die Wirksamkeit pauschal zu beurteilen.

Ist diese Vereinbarung so gefasst, dass der Verdacht erweckt wird, dem Verbraucher wird aufgrund seiner Unterzeichnung der weitere Rechtsweg versperrt, so ist dies allein

---

fungsgegenstand herangezogen werden soll und abweichende Verfahrensordnungen nur dann erwähnt werden, wenn es für die gesamte Schiedsstellenproblematik von grundsätzlicher Bedeutung ist, soll es hier genügen, auf die Abweichungen durch Beispiele aufmerksam zu machen.

403 vgl. Vierter Teil, V.2.e

404 Heinrichs in Palandt, § 305, Rz. 29 ff. Danach muss der Verwender grundsätzlich die AGB vorlegen oder die Vorlage anbieten (LG Ansbach NJW-RR 2000, 391). Die Aufforderung, die AGB im Geschäftslokal einzusehen, genügt bei einem Geschäft unter Abwesenden gleichfalls nicht, ebenso wenig wie das Angebot, die AGB kostenlos zu übersenden (BGH NJW-RR 1999, 1246).

405 vgl. Vierter Teil, V.2.

406 Die Verfahrensordnung der Schiedsstelle für das Kraftfahrzeug-Gewerbe für Niederbayern enthält in § 3 Abs. 4 sogar einen entsprechenden Passus. Danach fordert die Schiedsstelle die Parteien auf, sich für den Fall einer Entscheidung durch die Schiedskommission durch schriftliche Erklärung dieser Entscheidung zu „uterwerfen“.

genügend Anlass, diese Erklärung als unwirksam zu deklarieren[407]. Wird demgegenüber der weitere Rechtsweg ausdrücklich offen gelassen, so kann eine derartige Unterwerfungserklärung durchaus dazu führen, dass ein erstelltes Schiedsgutachten Bindungswirkung entfaltet. Auf eine derartige „Methode", die Bindungswirkung herbeizuführen und die hierbei entstehenden Bedenken soll anschließend noch eingegangen werden.

d) Herleitung der Feststellungswirkung aus dem „parallelen Willen" der Konfliktparteien oder für den Unternehmer aus der Innungssatzung oder dem Innungsbeschluss bzw. für den Verbraucher aus dem ADR-Vertrag

Aus der Anlage ergibt sich, dass manche Schiedsstellen (bzw. deren Geschäftsstellen) die Konfliktparteien im Rahmen der Ladung zur Verhandlung auf die Bindungswirkung aufmerksam machen[408]. Möglicherweise genügt dies, um die Bindungswirkung herbeizuführen. Wie bereits ausgeführt, lässt sich die Bindungswirkung aus dem Parteiwillen entnehmen.

Die Vertreter der materiellrechtlichen Theorie erkennen die Grundlage der Feststellungswirkung jedoch nicht unbedingt in einem direkten Vertrag zwischen den Konfliktparteien. Vielmehr wird die Bindungswirkung aus einem „übereinstimmenden Willen" hergeleitet. Es wird dabei nicht vorausgesetzt, dass zwei übereinstimmende Willenserklärungen vorliegen müssten, welche einen Vertrag zwischen den Konfliktparteien begründen, um die Feststellungswirkung auszulösen. Vielmehr reiche es aus, dass beide Parteien einen diesbezüglich identischen Willen haben. Der Wille kann also durchaus parallel laufen, ohne dabei in vertragliche Beziehungen münden zu müssen.

In dem Fall, in dem die Geschäftsstelle der Schiedsstelle die Konfliktparteien auf die Feststellungswirkung hinweist und beide Parteien offensichtlich hiermit einverstanden sind, liegt ein derartiger „paralleler Wille" vor. Schließlich bleibt es zumindest dem Verbraucher nach wie vor unbenommen, seinen Antrag zurückzunehmen oder das Gerichtsverfahren zu initiieren, um so die Feststellungswirkung „zu verhindern"[409]. Somit kann

---

407 Insofern entspräche eine derartige Vereinbarung den Erwägungen, die auch der BGH in seinem Urteil zur sog. Schiedsstellenklausel in den Kfz-Reparaturbedingungen angestellt hat, BGHZ 101, 307 = NJW 1987, 2818

408 vgl. Anlage 17 (Geschäftsstelle der Schiedsstelle Bremen)

409 vgl. § 1 Abs. 2 MuGVO, wonach sich die Schiedsstelle nicht mit Streitigkeiten befasst, die bei Gericht anhängig sind. Allerdings ist auch § 8 MuGVO zu beachten, der Skeptiker dazu führen kann, auch eine derartige „Information" seitens der Geschäftsstelle nicht ausreichen zu lassen. Denn reagiert der Verbraucher beispielsweise auf die Ladung nicht und erscheint er auch nicht zur mündlichen Verhandlung, so kann eine „Entscheidung nach Aktenlage" ergehen, welche die genannte Feststellungswirkung hervorrufen kann. Eine derartige Ansicht geht jedoch zu weit. Letztlich kann dann wohl niemals eine wirksame (direkte) Schiedsgutachtenvereinbarung unter den Konfliktparteien vereinbart werden, da auch im Fall individueller Vereinbarung die genannte Gefahr besteht.

die von der Schiedsstelle Bremen angewandte Praxis dazu führen, „nachträglich" die Feststellungswirkung in das Verfahren einzubringen[410].

Was den Werkstattvertreter anbelangt, so hat dieser hinsichtlich der Feststellungswirkung keinen wirklich freien Willen, den er äußern könnte, da er durch die Innungssatzung bzw. den Innungsbeschluss bereits an die Weisungen der Schiedsstelle gebunden ist[411].

Sofern Gottwald eine „einseitig bindende Schlichtung" aus der Innungssatzung bzw. einem entsprechenden Innungsbeschluss ableitet[412], so muss gesagt werden, dass auch nach intensiver Recherche keine Satzung ausfindig gemacht werden konnte, die einen entsprechenden Passus enthalten würde. Vielmehr bestehen manche Geschäfts- und Verfahrensordnungen, die eine „Tatsachenbindung der Parteien" vorsehen. Diese Verfahrensordnungen müssen sich jedoch einer Inhaltskontrolle nach §§ 307 ff. BGB unterziehen lassen, da diese Vorschriften hier auch (zumindest entsprechend) anwendbar sind[413] (was bei Satzungen in dieser Form in aller Regel nicht möglich wäre, da diese Rechtsnormcharakter haben). Etwas anderes gilt für einen möglichen Innungsbeschluss. Auch dieser kann zwar u.U. Rechtsnormcharakter heben und wäre dann juristisch nur schwer überprüfbar[414]. Aus dem Aufgabenkatalog des § 61 Abs. 2 HandwO wird jedoch ersichtlich, dass Beschlüsse zur Frage des Bindungscharakters der von der Schiedsstelle festgestellten Tatsachen in der Regel nicht Gegenstand der Innungsversammlung sind. Es wird daher nicht weiter auf diese (dann doch einseitige!) Möglichkeit der Bindung eingegangen, da es kaum praxisrelevant sein dürfte, die Bindungswirkung von Feststellungen der Schiedsstelle über einen Innungsbeschluss herbeizuführen.

Zusammenfassend kann von daher festgestellt werden, dass eine Bindungswirkung hinsichtlich der durch die Schiedsstelle festgestellten Tatsachen trotz mangelnder Schiedsgutachtenabrede im „verfahrensmäßigen Vorfeld" noch zustande kommen kann. Dies kann wirksam entweder durch eine ausdrückliche Vereinbarung unter den Konfliktparteien im Laufe des Verfahrens oder durch eine ausdrückliche Aufklärung der Schiedsstelle hinsichtlich dieses Faktums vor Verfahrensbeginn geschehen, sofern ein „paralleler Wille der Konfliktparteien" hinsichtlich der Feststellungswirkung ausgemacht werden kann. Auch die Unterzeichnung einer sog. „Unterwerfungserklärung", die über die Rechtsfolgen eines Schiedsgutachtens hinweist, kann zu einer nachträglichen Bindung an die festgestellten Tatsachen führen (diese Bindung kann auch „einseitig" sein, z.B. auch über den sog. ADR-Vertrag des Verbrauchers mit der Innung; dieser Rechtsbezie-

410 Auch wenn es aus Verbraucherschutzgründen wünschenswert wäre, wenn die Geschäftsstelle in ihrer „Information" noch einmal ausdrücklich feststellen würde, dass der Rechtsweg hiermit nicht ausgeschlossen wird.

411 vgl. hierzu auch die das Schreiben der Geschäftsstelle Bremen an den Werkstattvertreter, in dem ihm genau dieses auch noch einmal ausdrücklich vor Augen gehalten wird.

412 Gottwald, NZV 2000, 6

413 vgl. oben Zweiter Hauptteil, Vierter Teil, V.2.e

414 so z.B. für einen Beschluss der Innungsversammlung bzgl. der Festsetzung der Beiträge (Rechtsnormcharakter). In diesem Fall ist der Beschluss auch zu veröffentlichen (VG Minden, GewArch 1961, 57)

hung ist auch die sog. Unterwerfungserklärung zuzurechnen). Dies gilt sowohl für den Verbraucher wie für den Unternehmer.

Schließlich ist es auch denkbar, dass die Innungssatzung bzw. ein entsprechender Innungsbeschluss vorliegt, der die Bindungswirkung des Schiedsgutachtens vorgibt. Dies kann jedoch nur in Bezug auf den Unternehmer geschehen, da nur dieser in einem Subordinationsverhältnis zur Innung steht, welches hoheitliche Rechte der Innung dem Innungsmitglied gegenüber einschließt.

VI. Der Vertrag zwischen dem Werkstattbetreiber und dem Verbraucher, welcher ein Gutachten mit empfehlendem Charakter vorsieht (Sachverständigenvertrag mit empfehlendem Charakter) als (möglicher) Teil der Schiedsstellenvereinbarung

1. Rechtliche Einordnung des Vertrages zwischen Werkstattbetreiber und Kunden, welcher ein Gutachten mit empfehlendem Charakter vorsieht (Sachverständigenvertrag mit empfehlendem Charakter)

Wie bereits dargestellt, setzt sich die Schiedsstellenvereinbarung aus zwei Teilen zusammen: Zum einen dem sog. „Schlichtungsvertrag“, der zum Inhalt hat, dass die Schiedsstelle den Streit zwischen Werkstatt und Kunden entweder gütlich schlichten (Vergleich) oder autoritativ entscheiden soll (Schiedsspruch) und zum anderen, dass dies unter Zugrunde- und Offenlegung der technischen Sachlage durch die Schiedsstelle erfolgen soll. Im zweiten Teil müsste eine weitere Differenzierung dahin gehend erfolgen, ob die von der Schiedsstelle festgestellten Tatsachen Bindungswirkung entfalten (sog. Schiedsgutachtenvertrag) oder ob die Schiedsstelle lediglich „Gutachten mit empfehlendem Charakter“ abgeben soll (sog. Sachverständigenvereinbarung mit empfehlendem Charakter; manchmal wird auch vom „unverbindlichen Schiedsgutachten“ geredet). Weiter wurde bisher festgestellt, dass Schiedsgutachtenvereinbarungen nur dann ordnungsgemäß zustande kommen, wenn sich die Parteien eindeutig hinsichtlich der Bindungswirkung des Schiedsgutachtens einigen. Kommt diese Prämisse nicht zum Tragen, wird als Alternative eine Sachverständigenvereinbarung mit empfehlendem Charakter in Betracht zu ziehen sein. Hinsichtlich der Rechtsnatur vergleichbarer Vereinbarungen gibt es nur spärliche literarische Ausführungen[415].

Letztlich dürfte die Klärung der Rechtsnatur einer derartigen Vereinbarung primär dogmatischer Natur ohne erkennbaren Nutzen sein. Unabhängig von der geringen rechtlichen und praktischen Relevanz ist der Verfasser der Auffassung, dass es sich hierbei um einen materiellrechtlichen (atypischen) Vertrag sui generis handeln dürfte, auf den allerdings die §§ 317 ff. BGB analog nicht anwendbar sind. Die Grundsätze des Allgemeinen

415 z.B. Nicklisch, Festschrift für Bülow, 171, der sich aber auch nicht zur Rechtsnatur äußert, sondern lediglich (zu Recht) betont, dass die Frage der Verfahrensgarantien für Schiedsgutachten und Gutachten mit lediglich empfehlendem Charakter getrennt zu untersuchen ist.

Teils des BGB sowie des allgemeinen Schuldrechts gelten für diesen Vertrag selbstverständlich uneingeschränkt.

Bedeutung erlangt die Frage, ob im Einzelfall eine Schiedsgutachten- oder eine Sachverständigenvereinbarung mit empfehlendem Charakter (oder eventuell überhaupt keine Vereinbarung zwischen Verbraucher und Unternehmer!) vorliegt, vor allem bei der Untersuchung der Geltung spezifischer Verfahrensgarantien. Diese Problematik wird noch im Rahmen der Untersuchung der jeweiligen Verfahrensgrundsätze erörtert werden. Wie bereits festgestellt, kommt über Ziff. XI der Kfz-Reparaturbedingungen (auch in Verbindung mit der Verweisung auf die MuGVO) keine wirksame Schiedsgutachtenvereinbarung zustande. Entweder es fehlt an den Einbeziehungsvoraussetzungen oder die Klausel in der Verfahrensordnung, welche die Tatsachenbindung ausdrücklich vorschreibt, verstößt gegen § 307 Abs. 2 Nr. 1 BGB und ist von daher unwirksam.

Es stellt sich demnach die Frage, ob Ziff. XI der Kfz-Reparaturbedingungen auch dann unwirksam ist, wenn in ihm lediglich eine Sachverständigenvereinbarung mit empfehlendem Charakter erblickt wird. Was die Bewertung als Allgemeine Geschäftsbedingung und auch die Einbeziehungsvoraussetzungen anbelangt, so gilt das zur Schiedsgutachtenvereinbarung Erwähnte entsprechend. Bedeutsam ist in diesem Zusammenhang allenfalls eine Inhaltskontrolle nach §§ 307 bis 309 BGB, welche sich auch eine derartige Klausel unterziehen lassen muss.

Die Frage, ob eine Sachverständigenabrede mit lediglich empfehlendem Charakter wirksam über AGB vereinbart werden kann, wurde bislang von der Rechtsprechung und der Literatur nur am Rande beantwortet. Dabei wird allerdings offenbar einhellig von der rechtlichen Zulässigkeit einer derartigen AGB-Vereinbarung ausgegangen[416].

Zwei Prüfungsmaßstäbe derartiger Vereinbarungen sind voneinander zu trennen: Zum einen ist eine Prüfung am Maßstab der §§ 307 ff. BGB vorzunehmen (nationaler Prüfungsmaßstab); führt diese Prüfung dazu, dass eine Unwirksamkeit derartiger Klauseln nicht angenommen werden kann, muss sich im Rahmen richtlinienkonformer Auslegung eine derartige Klausel auch an den Grundsätzen messen lassen, die sich aus der Richtlinie 93/13/EWG ergeben (supranationaler Prüfungsmaßstab).

2. Die Prüfung der Schiedsstellenklausel in Ziff. XI der Kfz-Reparaturbedingungen unter dem Aspekt einer Sachverständigenabrede mit empfehlendem Charakter

a) Prüfung am Maßstab der §§ 307 ff. BGB (nationaler Prüfungsmaßstab)

Sofern die Tatsachenfeststellungen der Schiedskommission keine Bindungswirkung entfalten und diese Verfahren zudem fakultativ ausgestaltet sind, kann allenfalls § 307 Abs. 2 Nr. 2 BGB als Prüfungsmaßstab in Betracht kommen[417].

416 Wolf, § 9 AGBG, Rz. 15; Brandner, Anhang §§ 9-11 AGBG, Rz. 620; Nicklisch, Festschrift für Bülow, 164

417 § 309 Nr. 12a BGB scheidet aus, da durch die Erstellung eines Sachverständigengutachtens nichts über die Frage der Beweislastverteilung ausgesagt wird. Auch § 309 Nr. 12b BGB ist

Mit „wesentlichen Rechten und Pflichten, die sich aus der Natur des Reparaturvertrages ergeben", sind insbesondere etwaige Ansprüche wegen Sachmängeln seitens des Bestellers gemeint[418]. Diese Rechte, welche sich im konkreten Fall z.B. aus Ansprüchen gegen den Werkstattbetreiber herleiten lassen können, müssten zudem so stark eingeschränkt worden sein, dass der Vertragszweck hierdurch gefährdet würde[419].

Die Rechtsprechung verwendet § 307 Abs. 2 Nr. 2 BGB als Prüfungsmaßstab primär im Kontext etwaiger Freizeichnungs- oder Haftungsausschlussklauseln. Für die Frage, ob Ziff. XI der Kfz-Reparaturbedingungen (sofern man ihm dem Charakter einer Sachverständigenabrede mit empfehlendem Charakter zuweist) gegen § 307 Abs. 2 Nr. 2 BGB verstößt, lassen sich jedoch weder aus der Rechtsprechung noch aus der Literatur Indizien ableiten. Sofern derartige Verfahren auf fakultativer Basis durchgeführt werden und die in diesen Verfahren erhobenen Beweise vor Gericht ohne Bindungswirkung weiter verwertet werden können (z.B. durch die Möglichkeit, dass sich der Richter hierüber eigene Sachkunde aneignet), scheint ein Verstoß gegen § 307 Abs. 2 Nr. 2 BGB ausgeschlossen.

Was die Frage der Unabhängigkeit der Schiedskommission anbelangt, so bleibt es dem Richter überlassen, dies bei der Beweiswürdigung zu berücksichtigen. Eine Gefährdung des Vertragszwecks kann hierin nicht erblickt werden. Ein Verstoß von Ziff. XI der Kfz-Reparaturbedingungen gegen §§ 307 bis 309 BGB scheidet somit aus.

b) Prüfung am Maßstab der Richtlinie 93/13/EWG (supranationaler Prüfungsmaßstab)

Die Richtlinie 93/13/EWG[420] enthält einen Anhang von Klauseln, die für missbräuchlich erklärt werden können (Art. 3 Abs. 3 RL). Dieser Anhang beinhaltet u.a. eine Regelung, die besagt, dass Klauseln, die darauf abzielen oder zur Folge haben, dass dem Verbraucher die Möglichkeit, Rechtsbehelfe bei Gericht einzulegen oder sonstige Beschwerdemittel zu ergreifen, genommen oder erschwert wird, und zwar insbesondere dadurch, dass er ausschließlich auf ein nicht unter die rechtlichen Bestimmungen fallendes Schiedsgerichtsverfahren verwiesen wird, die ihm zur Verfügung stehenden Beweismittel ungebührlich eingeschränkt werden oder ihm die Beweislast auferlegt wird, die nach dem geltenden Recht einer anderen Vertragspartei obläge, für missbräuchlich erklärt werden können (Ziff. 1q des Anhangs).

---

nicht einschlägig. Tatsachenbestätigungen werden durch eine derartige Sachverständigenabrede nicht vorgenommen. Von § 309 Nr. 8b aa) BGB werden nur Klauseln erfasst, die hinsichtlich der Geltendmachung von Ansprüchen auf Dritte verweisen. Ein weiter gehender Ausschluss des Rechts aus § 634 BGB wird hierdurch nicht vorgenommen.

418 Heinrichs in Palandt, § 307, Rz. 31; Schmidt in Bamberger/Roth, § 307, Rz. 58. Danach fiele insbesondere die Aushöhlung von sog. Kardinalpflichten unter § 307 Abs. 2 Nr. 2 BGB. Erfasst seien aber auch Nebenpflichten, die für den Schutz des Kunden von grundlegender Bedeutung sind (BGH NJW 85, 915).

419 Eine Zweckvereitelung ist demgegenüber nicht Voraussetzung des § 307 Abs. 2 Nr. 2 BGB, vgl. Heinrichs in Palandt, § 307, Rz. 34

420 Abl. EG 1993 L 95/29

In Betracht kommt u.a. die Alternative der „ungebührlichen Einschränkung der dem Verbraucher zur Verfügung stehenden Beweismittel", sofern Prüfungsgegenstand Ziff. XI der Kfz-Reparaturbedingungen ist und diese Klausel als Sachverständigenabrede mit empfehlendem Charakter qualifiziert wird. Bevor die sachliche Prüfung diesbezüglich vorgenommen wird, stellt sich die Frage, ob der Anhang der Richtlinie 93/13/EWG als zulässiger Prüfungsmaßstab angesehen werden kann. Dem logisch vorausgestellt ist die Frage nach der Verbindlichkeit der Richtlinie 93/13/EWG.

aa) Keine Direktwirkung im Verhältnis zwischen Unternehmer und Verbraucher

Einhellig anerkannt ist mittlerweile, dass Richtlinien, sofern sie entweder nicht rechtzeitig in nationales Recht umgesetzt wurden oder sofern sie Regelungen beinhalten, die über den Anwendungsbereich des national umgesetzten Gesetzes hinaus gehen, keine horizontale Direktwirkung zwischen den einzelnen Marktbürgern (und damit auch zwischen Unternehmer und Verbraucher) entfalten[421]. Von daher kommt eine Berücksichtigung (des Anhangs) der Richtlinie 93/13/EWG allenfalls unter dem Aspekt einer richtlinienkonformen Auslegung des nationalen Rechts in Betracht.

bb) Die richtlinienkonforme Auslegung des nationalen Rechts als „Einbruchstelle" für die Prüfung der Schiedsstellenklausel

In den Fällen, in denen eine Überprüfung bestimmter Vertragsklauseln an europarechtlichen Normen mangels horizontaler Direktwirkung scheitert, bietet die richtlinienkonforme Auslegung des nationalen Rechts die Möglichkeit, eine (europäische) Richtlinie indirekt als Prüfungsmaßstab heranzuziehen[422]. Die richtlinienkonforme Auslegung tritt neben die überkommenen Auslegungsregeln nationalen Rechts und besagt, dass Auslegungsspielräume des nationalen Rechts nach dem Wortlaut und Zweck der Richtlinie auszufüllen sind[423]. Die Prüfungskompetenz liegt dabei bei den nationalen Gerichten[424].

---

421 EuGH Slg. 1986, 723 = NJW 1986, 2178; EuGHE 1990 I, 4135, 4158; 1994 I, 3325, 3347; EuGH EuZW 1996, 236; EuGH NJW 1998, 3185 (Silhouette International Schmied); Gassner, JuS 1996, 305; a.A. Emmert, EWS 1992, 56 mit Verweis u.a. auf den Grundsatz der praktischen Wirksamkeit der Gemeinschaftsrechts; demgegenüber steht die (zulässige) sog. vertikale Direktwirkung der Richtlinien, die allerdings nur im Subordinationsverhältnis zwischen Bürger und Staat zur Geltung kommt.

422 Das Gebot der richtlinienkonformen Auslegung wird aus Art. 10 EG hergeleitet (vgl. hierzu EuGHE 1984, 1891, 1909).

423 Heß, JZ 1995, 150, 151

424 Allerdings muss in jedem Fall der EuGH angerufen werden, wenn das Gericht eine zweifelhafte Auslegungsfrage zu Lasten des Verbrauchers entscheiden will, vgl. EuGH NJW 83, 2751. Zudem muss ein Gericht, das eine Klausel als wirksam ansehen will, die möglicherweise gegen ein Verbot des Richtlinienanhangs verstoßen könnte, die Vorabentscheidung des EuGH einholen. Der EuGH betont in der sog. Océano-Entscheidung (EuGH vom 27.6.2000, NJW 2000, 2571; DB 2000, 2056 m.Anm. Staudinger) auch noch einmal ausdrücklich die Möglichkeit der Prü-

Somit impliziert die richtlinienkonforme Auslegung die Möglichkeit der Klauselüberprüfung an nicht in deutsches Recht umgesetzten Regelungskomplexen. Es verbleibt die Frage nach der qualitativen Bedeutung des Anhangs der Richtlinie 93/13/EWG für die Überprüfbarkeit einer derartigen Klausel.

cc) Die rechtliche Qualifikation des Anhangs der Richtlinie 93/13/EWG

Zunächst steht fest, dass der Anhang der Richtlinie 93/13/EWG für die einzelnen Mitgliedstaaten nicht verbindlich ist insofern, als dass die dort enumerativ erwähnten materiellrechtlichen Regelungen in nationales Recht umgesetzt werden müssten. Dagegen müssen die Gerichte der Mitgliedstaaten davon ausgehen, dass der Richtlinienanhang eine bindende Konkretisierung des Art. 3 RL ist[425]. Die Gerichte haben den Anhang also auch im Rahmen der vorzunehmenden richtlinienkonformen Auslegung zu beachten[426]. Fraglich ist also, ob die Schiedsstellenklausel – bei Interpretation als Sachverständigenabrede mit empfehlendem Charakter – gegen Ziff. 1q des Anhangs der Richtlinie 93/13/EWG verstößt.

dd) Materielle Prüfung der Schiedsstellenklausel nach Ziff. XI der Kfz-Reparaturbedingungen am Maßstab der Ziff. 1q des Anhangs zur Richtlinie 93/13/EWG

Durch Ziff. XI der Kfz-Reparaturbedingungen wird dem Verbraucher nicht die Möglichkeit genommen, Rechtsbehelfe einzulegen[427]. Er wird nicht ausschließlich auf das Schiedsstellenverfahren verwiesen. Die Beweislast wird auch nicht zu seinen Ungunsten geändert, so dass zunächst die letzte Alternative der Regelbeispiele des Anhangs Nr. 1q der Richtlinie 93/13/EWG als Prüfungsmaßstab in Betracht kommt, nämlich die mögliche

---

fung einer missbräuchlichen, den Verbraucher eventuell benachteiligenden Klausel (in diesem Fall ging es um eine Prorogationsklausel) von Amts wegen durch die nationalen Gerichte am Maßstab der Richtlinie 93/13/EWG.

425 Hiervon geht offenbar auch der EuGH aus, vgl. NJW 2000, 2571. A.A. Heinrichs in NJW 1996, 2197, der dabei auf die Entstehungsgeschichte der Richtlinie 93/13/EWG verweist. Er schränkt allerdings diese strikte Haltung insofern wieder ein, als dass es auch nach seiner Meinung nicht ausgeschlossen sei, dass einzelne Regelungen oder Grundsätze des Anhangs wegen ihrer Bedeutung für den Verbraucherschutz oder wegen ihres Zusammenhangs mit anderen Normen des Gemeinschaftsrechts zur Konkretisierung des Art. 3 RL heran gezogen werden könnten.

426 EuGH vom 27.6.2000, NJW 2000, 2571; DB 2000, 2056; a.A. Eidenmüller, 60. Danach zwinge der Klauselinhalt der Nr. 1q des Anhangs der Richtlinie 93/13/EWG nicht zu einer richtlinienkonformen Auslegung, da diese ihre Grenzen zunächst in der Auslegungsfähigkeit des nationalen Rechts finde. Dies ist zwar richtig. Diese Grenze ist jedoch nur dann zu beachten, wenn durch die richtlinienkonforme Auslegung einer eindeutigen nationalen Regelung ein entgegen gesetzter Sinn verliehen würde oder der normative Gehalt der Regelung grundlegend neu bestimmt werden würde, vgl. hierzu Jarass EuR 1991, 211, 218

427 vgl. Ziff. XI Nr. 2 und 5 Kfz-Reparaturbedingungen

„ungebührliche Einschränkung der dem Verbraucher zur Verfügung stehenden Beweismittel“[428]. Da das Verfahren fakultativ ausgestaltet ist, es also auch dem Verbraucher obliegt, dieses Verfahren anzustrengen oder z.B. stattdessen gerichtliche Schritte einzuleiten, scheidet diese Alternative jedoch offensichtlich aus.

Erblickt man in Ziff. XI der Kfz-Reparaturbedingungen einen dilatorischen Klageverzicht, könnten allerdings Bedenken im Hinblick auf den Anhang Ziff. 1q der Richtlinie 93/13/EWG angebracht sein. Ziff. XI der Kfz-Reparaturbedingungen sagt jedoch eindeutig aus, dass durch die Anrufung der Schiedsstelle der Rechtsweg nicht ausgeschlossen sein soll. Nach Ziff. XI Nr. 5 Satz 2 der Kfz-Reparaturbedingungen stellt die Schiedsstelle zudem ihre Tätigkeit ein, wenn der Rechtsweg während des Schiedsstellenverfahrens beschritten wird. Ein dilatorischer Klageverzicht kann daher in Ziff. XI der Kfz-Reparaturbedingungen nicht erblickt werden.

Es verbleibt die Prüfung am Maßstab des Anhangs Ziff. 1q der Richtlinie 93/13/EWG unter dem Gesichtspunkt der „faktischen Bindungswirkung“ des Sachverständigengutachtens mit empfehlendem Charakter[429]. So könnte die faktische Bindungswirkung zu einer „Erschwerung der Möglichkeit des Verbrauchers, Rechtsbehelfe bei Gericht einzulegen oder sonstige Beschwerdemittel zu ergreifen“ (vgl. Wortlaut der Ziff. 1q des Anhangs der Richtlinie 93/13/EWG) führen. Selbst nach intensiver Recherche konnten keine gerichtlichen Entscheidungen oder Literaturmeinungen bezüglich dieser Fragestellung gefunden werden. Grundsätzlich ist für die Frage der Missbräuchlichkeit einer Klausel entscheidend festzustellen, dass das durch die Richtlinie eingeführte Schutzsystem davon ausgeht, dass der Verbraucher sich gegenüber dem Gewerbetreibenden in einer schwächeren Verhandlungsposition befindet und einen geringeren Informationsstand besitzt, was

428 Insofern ist Heinrichs in Palandt, § 310, Rz. 22 und 47, zu widersprechen. Er meint, diese Alternative sei bereits o.w. durch § 309 Nr. 12 BGB umfasst, bringe also für das AGBG nichts Neues. § 309 Nr. 12 BGB betrifft jedoch lediglich die Beweislastverteilung. Diese Frage wird durch eine gesonderte Alternative in Nr. 1q des Anhangs zur Richtlinie 93/13/EWG aufgegriffen, also bewusst von der ungebührlichen Einschränkung etwaiger Beweismittel getrennt gesehen.

429 Nicklisch, Festschrift für Bülow, 176. Diese faktische Bindungswirkung knüpft Nicklisch v.a. an die Tatsache, dass im Gegensatz zum reinen Privatgutachten bei den Kommissionen beide Seiten gemeinsam einen Sachverständigen oder genauer eine sachverständige Stelle mit der Erstattung des Gutachtens beauftragt haben. Oftmals sehen die Parteien die Entscheidung der Schiedsstelle, welche auf den festgestellten Tatsachen basiert als „endgültig“ an, sind also von der Richtigkeit der festgestellten Tatsachen überzeugt und unterlassen infolgedessen weitere rechtliche Schritte. Ob die Schiedsstelle den Sachverhalt rechtlich und/oder technisch richtig erfasst hat, wird vom Verbraucher oftmals gar nicht mehr hinterfragt. Diese drastische Erhöhung der Hemmschwelle des Verbrauchers, seinen Anspruch nachträglich einzuklagen, führt nach Ansicht von Nicklisch-richtigerweise – dazu, dass dieser Gedanke auch wegweisend bei der Beurteilung der Geltung etwaiger Verfahrensgarantien sein müsste, insbesondere was die Objektivität und Unabhängigkeit der ADR-Stelle anbelangt. Hinzu kommt der Gedanke von Eberhardt (110), der ausführt, dass bei Beantragung von Prozesskostenhilfe dem Antragsteller bei Vorliegen eines für diesen ungünstigen Sachverständigengutachtens die hinreichende Erfolgsaussicht im Sinne von § 114 ZPO abgesprochen werden kann.

dazu führt, dass er den vom Gewerbetreibenden vorformulierten Bedingungen zustimmt, ohne auf deren Inhalt Einfluss nehmen zu können[430].

Als Ansatzpunkt könnte das vom EuGH angesprochene Informationsdefizit des Verbrauchers dienen. Dieses wird im Laufe des Verfahrens und durch die Anpreisungen insbesondere des Kfz-Gewerbes, bei den Schiedsstellenverfahren handele es sich um „neutrale Konfliktlösungsverfahren", welche dem Verbraucherschutzgedanken verpflichtet seien[431], noch verstärkt. Die MuGVO suggeriert durch § 2 Abs. 3 die Objektivität der Schiedskommission. Tatsächlich handelt es sich bei den Schiedsstellenverfahren in ihren aktuellen Ausgestaltung aufgrund mangelnder paritätischer Zusammensetzung der Schiedskommission jedoch nicht um ein „objektives, neutrales Verfahren".

Durch diese Feststellung verstärkt sich die Bedeutung der angesprochenen faktischen Bindung. Der Verbraucher glaubt aufgrund der angesprochenen Tatsachen an eine fachkompetente, objektive Entscheidung. Auch wenn gewisse Anhaltspunkte tatsächlich für eine große Kompetenz der Schiedskommission sprechen, so führt die „Spur, auf die der Verbraucher durch die Träger der Schiedsstelle geführt wird" jedoch zu weit. Vielmehr wäre eine objektive Aufklärung über die Hintergründe der Zusammensetzung der Schiedskommission und auch die rechtliche Bedeutung der Entscheidung einer Schiedsstelle unabdingbar, um die Klausel vollständig vom Vorwurf der Kollision mit Ziff. 1q des Anhangs der Richtlinie 93/13/EWG zu befreien.

Ob dieses „Informationsdefizit" in Verbindung mit der faktischen Bindungswirkung nun tatsächlich so weit führt, dass ein Verstoß gegen Ziff. 1q des Anhangs der Richtlinie 93/13/EWG bejaht werden kann, erscheint allerdings fraglich. Schließlich kann sich der Verbraucher auch nach Beendigung des Verfahrens noch anderweitig erkundigen, ob er weitere (rechtliche) Schritte unternehmen soll. Allein die „psychologische Hemmnis" des Verbrauchers als Grund für die Unwirksamkeit der Schiedsstellenklausel anzuerkennen, führte zu weit. Dennoch sind die Träger der Schiedsstellen in jedem Fall aufgefordert, ihre Informationspolitik und gegebenenfalls auch den Wortlaut der VerfO (§ 2 Abs. 3 MuGVO) zu ändern, um nicht eine scheinbare Objektivität dem Verbraucher gegenüber zu suggerieren.

Somit ist eine Schiedsstellenvereinbarung unter dem Gesichtspunkt einer Sachverständigenabrede mit empfehlendem Charakter über Ziff. XI der Kfz-Reparaturbedingungen sowohl mit den (nationalen) Regelungen der §§ 305 ff. BGB als auch unter Berücksichtigung der sich aus Ziff. 1q des Anhangs zur Richtlinie 93/13/EWG ergebenden Prinzipien vereinbar. Dennoch sollte aufgrund der geschilderten Bedenken eine Änderung der Informationspolitik und selbstverständlich primär der Besetzung der Schiedskommission (hin zur paritätischen Besetzung) angestrebt werden.

---

430 wortwörtlich übernommen aus der Océano-Entscheidung des EuGH vom 27.6.2000 (DB 2000, 2056; NJW 2000, 2572), die sich mit Ziff. 1q des Anhangs der Richtlinie 93/13/EWG befasst.

431 vgl. hierzu die jährlichen Verlautbarungen des ZDK.

3. *Wirkungen von Schiedsstellenvereinbarungen, welche Sachverständigenabreden mit empfehlendem Charakter beinhalten*

Derartige Vereinbarungen binden lediglich den Betreiber der Werkstatt (= Auftragnehmer), da sich dieser bei einer Anrufung der Schiedsstelle durch den Verbraucher dem Schiedsstellenverfahren unterwirft. Demgegenüber benötigt der Auftragnehmer bei einer Anrufung durch ihn selbst das Einverständnis des Auftraggebers, Ziff. XI Nr. 1 der Kfz-Reparaturbedingungen. Hieraus kann geschlossen werden, dass das Zustandekommen der Schiedsstellenvereinbarung über Ziff. XI der Kfz-Reparaturbedingungen noch keine weiter gehenden als die beschriebenen Wirkungen entfaltet. Schließlich begründet die Vereinbarung als solche noch keine gegenseitigen Rechte und Pflichten („Bei Streitigkeiten ....kann .... anrufen"). Erst durch die Anrufung der Schiedsstelle können weitere Rechtswirkungen entstehen. Solange allerdings weder der Auftraggeber noch der Auftragnehmer die Schiedsstelle anruft, zieht der Abschluss der Schiedsstellenvereinbarung keine weiteren Konsequenzen nach sich[432]. Die Schiedsstellenvereinbarung gibt also für keine Partei eine prozesshindernde Einrede; sie begründet auch nicht die Unzulässigkeit des Rechtswegs.

Von daher hat Ziff. XI der Kfz-Reparaturbedingungen, weist man ihm lediglich empfehlenden Charakter zu, keine selbständige rechtliche Bedeutung, sofern der Verbraucher nachträglich (ohne Bezugnahme auf die Kfz-Reparaturbedingungen) noch die Schiedsstelle anruft. Dieser Fakt darf aber unter Gesichtspunkten des Verbraucherschutzes keine Bedeutung erlangen. Denn es liegt allein an den Parteien[433], der Abrede einen bestimmten Sinngehalt zu geben. Dass eine Interpretation als Sachverständigenvereinbarung mit empfehlendem Charakter insofern nur deklaratorischer Natur wäre, ist unter rechtlichen und verbraucherschützerischen Gesichtspunkten ohne Belang.

VII. Die Schlichtungsvereinbarung als Teil der Schiedsstellenvereinbarung

Letztlich wird man die Schlichtungsvereinbarung als Vertrag sui generis bezeichnen können, der den üblichen Regelungen der §§ 104 ff. BGB unterliegt[434]. Ein reiner Prozessvertrag, so wie ihn Teubner erörtert[435], ist die Schlichtungsvereinbarung zwar nicht. Allerdings können die von Teubner gewonnenen Erkenntnisse dennoch weitgehend für die Schlichtungsvereinbarung verwertbar sein. Danach unterliegen diese Verträge ausschließ-

---

432 Nach Ziff. XI Nr. 5 der Kfz-Reparaturbedingungen ist die Anrufung der Schiedsstelle allerdings ausgeschlossen, wenn bereits der Rechtsweg beschritten ist. Dies ist allerdings nicht Folge, sondern Inhalt der getroffenen Vereinbarung.

433 bzw. rein faktisch an den Gestaltern der Kfz-Reparaturbedingungen, also dem ZDK und dem ADAC!

434 vgl. insoweit für die Mediationsvereinbarung Eidenmüller, 51 ff.

435 MDR 1988, 720 ff.

lich dem materiellen Recht. Sie sind zulässig, soweit sie nicht gegen vorrangige, öffentlichen Interessen dienende Regelungen verstoßen, insbesondere nicht sitten- oder treuwidrig sind.

Die zwischen den Parteien getroffene Schlichtungsvereinbarung[436] hat wie auch die Schiedsgutachten- und die Sachverständigenvereinbarung (mit empfehlendem Charakter) also primär materiellrechtlichen Charakter. Es wäre widersprüchlich, diese eng mit den anderen Vereinbarungen zusammenhängende Abrede einen anderen Charakter zuzuweisen als eben diesen.

Aufgrund der Unentgeltlichkeit ist diese Vereinbarung auch keinem bestimmten Vertragstypus zuordenbar. Aus der Vereinbarung muss der Wille erkennbar sein, den Konflikt zwischen Verbraucher und Unternehmer mit Hilfe der in der Schiedsstelle tätigen Personen zu bewältigen (essentialia negotii). Hierbei besteht Formfreiheit[437].

Schwerwiegende Rechtsprobleme ergeben sich aus der Schlichtungsvereinbarung nicht, so dass sich ein intensiveres Eingehen auf die Rechtsnatur dieser Vereinbarung grundsätzlich erübrigt. Sollten im Verlauf der Arbeit im Zusammenhang mit dieser Vereinbarung Probleme auftreten, werden diese an der entsprechenden Stelle erörtert werden.

Fünfter Teil: Die rechtlichen Beziehungen zwischen den Konfliktparteien, den Mitgliedern der Schiedskommission und den in § 2 Abs. 2 lit. b MuGVO genannten Organisationen

I. Das rechtliche Verhältnis des Verbrauchers und des Unternehmers zur Schiedsstelle

Von der Schiedsstellenvereinbarung zwischen den Konfliktparteien auf der „ersten Stufe" zu trennen ist die rechtliche Beziehung zwischen den Konfliktparteien einerseits und den Mitgliedern der Schiedskommission sowie den in § 2 Abs. 2 lit. b MuGVO genannten Organisationen andererseits. Erstgenannte Vereinbarung war Prüfungsgegenstand des Vierten Teils, die rechtlichen Beziehungen zwischen den Konfliktparteien, den Mitglie-

436 Der Begriff „Schlichtungsvereinbarung" ist zwar insofern etwas missverständlich, als dass diese Vereinbarung zum Inhalt hat, dass die Schiedsstelle den Konflikt zunächst durch Stimulierung der Kommunikationsprozesse zwischen den Konfliktparteien und mit einem gewissen Einigungsdruck im konsensualen Sinne lösen soll (= Schlichtung im engeren Sinne, s.o.). Sollte diese „Schlichtung" fehlschlagen, wird ihr die Kompetenz zugesprochen, den Streit für die Konfliktparteien zu entscheiden (= Richten). Insofern weist also die „Schlichtungsvereinbarung" eine binäre, nämlich eine schlichtende und eine richtende Natur auf.

437 Es ist demnach auch eine derartige Vereinbarung über Allgemeine Geschäftsbedingungen zulässig. Die Schlichtungsvereinbarung kommt möglicherweise als Teil der Schiedsstellenvereinbarung über die Schiedsstellenklausel in Ziff. XI der Kfz-Reparaturbedingungen zustande. Voraussetzung hierfür ist jedoch, dass dem Kunden zugleich die Verfahrensordnung der jeweiligen Schiedsstelle zur Verfügung gestellt wird, da Ziff. XI der Kfz-Reparaturbedingungen hinsichtlich dieses Vertragsinhalts nichts aussagt (s.o.).

dern der Schiedskommission und den Organisationen i.S.v. § 2 Abs. 2 lit. b MuGVO (also gleichsam „die zweite Stufe") sind nun Prüfungsgegenstand des Fünften Teils. Da der Unternehmer aufgrund der Innungsmitgliedschaft der Satzungsgewalt der Innung unterliegt, ist es sinnvoll, das rechtliche Verhältnis des Unternehmers zu den einzelnen Institutionen bzw. Mitgliedern der Kommission von dem des Verbrauchers zu den Institutionen bzw. Kommissionsmitgliedern getrennt zu untersuchen[438]. Denn gerade die Tatsache, dass eine Konfliktpartei (nämlich der Unternehmer) der Satzungsgewalt der Innung als Körperschaft des öffentlichen Rechts unterliegt (vgl. § 53 HandwO), die andere Partei (der Verbraucher) demgegenüber nicht, bildet ein wesentliches Merkmal des Schiedsstellenwesens, welches diese differenzierte Herangehensweise rechtfertigt.

Zunächst werden die rechtlichen Beziehungen des Verbrauchers zu den Kommissionsmitgliedern und den in der Schiedskommission vertretenen Organisationen beleuchtet. Anschließend soll auf das rechtliche Verhältnis des Unternehmers zu den genannten Personen bzw. Institutionen eingegangen werden.

1. Das rechtliche Verhältnis des Verbrauchers zur Schiedsstelle

Eine einheitliche rechtliche Beziehung mit „der Schiedsstelle" erscheint ausgeschlossen, da „die Schiedsstelle" keine homogene Gruppe darstellt. Von daher bietet es sich an, die Rechtsbeziehungen zu den einzelnen Personen bzw. Institutionen getrennt zu untersuchen.

a) Das rechtliche Verhältnis des Verbrauchers zu den Mitgliedern der Schiedskommission

Um das rechtliche Verhältnis des Verbrauchers zu den Mitgliedern der Schiedskommission festzustellen, ist es hilfreich, zunächst auf die dem Schiedsstellenverfahren vergleichbaren außergerichtlichen Streitbeilegungsverfahren zu blicken, deren rechtliche Konstrukte bisher offenbar besser erforscht sind[439]. Anschließend soll geprüft werden, ob die dortigen Erkenntnisse auf das Schiedsstellenverfahren übertragbar sind.

Zwar unterscheiden sich zum Beispiel Mediations- und Schiedsgutachtenverfahren sowohl in ihren Wirkungen als auch in ihrer materiell-rechtlichen Einordnung. Was jedoch die Frage der existierenden Vertragsbeziehungen zwischen den einzelnen Parteien anbelangt, so sind kaum Unterschiede bemerkbar, sofern es sich um institutionelle Verfahren handelt. Von daher erscheint eine vergleichende Betrachtungsweise Ziel führend.

---

438 Vgl. hierzu im Ersten Hauptteil, Zweiten Teil, IV die Bedeutung der öffentlich-rechtlichen Grundlagen für das Schiedsstellenwesen.

439 Zu institutionellen ADR-Verfahren wie dem Schiedsstellenverfahren konnten keine Literaturfundstellen ausfindig gemacht werden, die sich mit der rechtlichen Problematik dieser „zweiten Ebene" auseinander setzten.

Bei nicht institutionellen Schiedsverfahren schließen die Konfliktparteien mit den Schiedsrichtern direkt den sog. „Schiedsvertrag“ ab[440]. Dasselbe gilt für den sog. „Mediatorvertrag“ zwischen den Konfliktparteien und dem Mediator[441].

Etwas anderes gilt für institutionelle Schieds- und Mediationsverfahren[442]. Hier nimmt die herrschende Meinung in Rechtsprechung und Literatur die Position ein, dass zwischen der die Schiedsgerichtsbarkeit verwaltenden Organisation, den Schiedsrichtern und den Konfliktparteien ein Dreiecksverhältnis entsteht: Zwischen der die Schiedsgerichtsbarkeit verwaltenden Organisation und dem Schiedsrichter kommt der eigentliche Schiedsrichtervertrag zustande, während zwischen den Konfliktparteien und der Schiedsgerichtsinstitution ein sog. „Schiedsorganisationsvertrag“ zustande kommen soll[443]. Dasselbe gilt bei institutionellen Mediationsverfahren: Hier soll der Mediatorvertrag zwischen der Mediationsinstitution und dem Mediator geschlossen werden, während zwischen den Konfliktparteien und der Mediationsinstitution ein Mediationsorganisationsvertrag besteht[444].

Im Regelfall bestehen nach der herrschenden Meinung also bei institutionellen Schieds- bzw. Mediationsverfahren keine direkten vertraglichen Beziehungen zwischen den Konfliktparteien und den Schiedsrichtern bzw. Mediatoren. Letztlich entscheiden die Umstände des Einzelfalls, ob bzw. mit wem vertragliche Beziehungen hergestellt werden[445].

Drei „Hauptrichtungen“ lassen sich in der Literatur zu dieser Problematik ausmachen: Die „direkte Vertragslösung“, die „Bevollmächtigungslösung“ und der differenzierte Lösungsansatz von Münch. Diese Hauptrichtungen werden anschließend dargestellt. Es wird untersucht werden, welche dieser Richtungen auf das Schiedsstellenwesen übertragbar ist und somit auch, ob sich hieraus vertragliche Beziehungen zwischen dem Verbraucher und den Kommissionsmitgliedern ableiten lassen.

---

440 Strittig ist hierbei, ob es sich um einen materiell-rechtlichen oder einen prozessrechtlichen Vertrag handelt, vgl. hierzu stellvertretend Wolf, 72 ff. m.w.N.

441 Vgl. hierzu Eidenmüller in „Vertrags- und Verfahrensrecht der Wirtschaftsmediation“, 32 ff.

442 Als „institutionelle Schiedsverfahren“ werden die Verfahren bezeichnet, bei denen ein Schiedsgericht zur Erledigung einer unbestimmten Vielzahl von Fällen dauerhaft zur Verfügung steht. Die Schiedsgerichte judizieren auf der Grundlage einer eigenen Verfahrensordnung und unterstützen die Parteien logistisch, indem sie Zustellungen vornehmen, Räume zur Verfügung stellen, Termine anberaumen usw., vgl. Münch in Münchener Kommentar zur ZPO, vor § 1025, Rz. 7.

443 Münch in Münchener Kommentar zur ZPO, § 1034, Rz. 5; Wolf, 84 ff.; Schlosser in Stein/Jonas, vor § 1025, Rz. 7

444 Eidenmüller in „Vertrags- und Verfahrensrecht der Wirtschaftsmediation“, 33.

445 Nach Meyer, Der Schiedsgutachtervertrag (82) ist ein derartiges Dreiecksverhältnis im Schiedsgutachtenwesen nicht verbreitet, so dass es grundsätzlich auch nicht in Betracht komme. Ansatzweise sei jedoch diese Konstruktion bei der Deutschen Automobil-Treuhand (DAT) als Schiedsgutachterinstitution zu beachten.

aa) Die „direkte Vertragslösung“

Volmer wählt einen klaren Weg[446]: Nach ihm wollen die Parteien einer Schiedsgutachtenabrede der Industrie- und Handelskammer im Regelfall keine Vollmacht einräumen. Sie wollen den Vertrag mit dem Schiedsgutachter vielmehr – insbesondere im Hinblick auf die genaue Festlegung des Auftragsgegenstandes und die Höhe des Honorars – selbst schließen.

Der von Volmer vorgeschlagene Weg lässt sich nicht auf das Schiedsstellenverfahren übertragen. Das Schiedsstellenverfahren soll einen „Bagatellstreit“ zwischen Kunde und Werkstatt so schnell und unbürokratisch wie möglich lösen. Diese Betrachtungsweise entspricht dem (vermuteten) Parteiwillen[447]. Eine etwaige Honorarfrage kann keine Rolle spielen, da das Schiedsstellenverfahren kostenfrei ist.

Auch dogmatisch erscheint es schwierig, einen derartigen „direkten Vertrag“ zwischen den Kommissionsmitgliedern und den Konfliktparteien abzuleiten.

Zwar wäre es denkbar, dass ein Vertrag zwischen dem Verbraucher und den ernennenden Organisationen bereits in dem Augenblick geschlossen wird, in dem die Konfliktparteien zwischen sich die Schiedsstellenvereinbarung abschließen und in dieser Vereinbarung gleichzeitig die Zuständigkeit der Schiedsstelle für eventuelle Streitigkeiten vereinbaren. In diesem Sinne äußert sich beispielsweise Wolf im Zusammenhang mit der institutionellen Handelsschiedsgerichtsbarkeit[448]. Diese Konstruktion bezieht sich jedoch nicht auf das Verhältnis der Konfliktparteien zu den Kommissionsmitgliedern direkt.

Um auch in diesem Verhältnis einen wirksamen Vertragsschluss annehmen zu können, müsste ein wesentliches Kriterium, nämlich der Rechtsbindungswillen auf beiden Seiten gegeben sein[449]. Gegen einen derartigen Willen spricht zum einen die Tatsache, dass der Verbraucher in aller Regel im Zeitpunkt des Abschlusses der Schiedsstellenvereinbarung nicht einmal die Organisationen kennt, die in der Schiedsstelle vertreten sind. Dies ergibt sich nicht zuletzt aus Ziff. XI der Kfz-Reparaturbedingungen, der sich hinsichtlich der Zusammensetzung der Schiedsstelle nicht äußert. Allenfalls diese Reparaturbedingungen hat der Verbraucher zu diesem Zeitpunkt zur Verfügung. Weitere Hintergründe zur Schiedsstelle sind ihm nicht geläufig. Wenn er aber nun nicht einmal die Organisationen kennt, welche in der Schiedsstelle vertreten sind, dann wäre es kaum vertretbar zu behaupten, der Verbraucher hätte in diesem Zeitpunkt bereits einen festen Rechtsbindungswillen hinsichtlich eines Vertrages mit den Kommissionsmitgliedern, welche diese Organisationen „vertreten“. Der Verbraucher hat (zu diesem Zeitpunkt) allenfalls einen Willen zum Vertragsschluss mit den in der Schiedsstelle vertretenen Organisationen bzw. mit der Innung. Diese Institutionen bieten die Gewähr für sachliche Kompetenz und

446 Volmer in BB 1984, 1010 (1013)

447 vgl. hierzu Erster Hauptteil, Zweiter Teil, III.1.

448 Wolf, Die institutionelle Handelsschiedsgerichtsbarkeit, 84 ff.

449 Zum Rechtsbindungswillen im Allgemeinen vgl. Larenz/Wolf, Allgemeiner Teil des BGB, § 22, Rz. 27 ff.

einen weit gehenden Schutz bei möglichen Haftungsansprüchen. Ein Rechtsbindungswille, mit einem bestimmten bzw. bestimmbaren Kommissionsmitglied einen Vertrag abzuschließen, ist demgegenüber nicht erkennbar.

Auch die Tatsache, dass das Schiedsstellenverfahren kostenfrei ist, spricht eher gegen als für einen Rechtsbindungswillen[450]. Berücksichtigt werden muss außerdem noch, dass das Schiedsstellenverfahren Materien behandelt, deren wirtschaftliche Bedeutung nicht allzu groß ist. Zwar ist die geringe rechtliche oder wirtschaftliche Bedeutung einer Angelegenheit ebenfalls nur ein Indiz, soweit es um die Feststellung des Rechtsbindungswillens geht[451]. Je geringer die Bedeutung der Angelegenheit für die Parteien ist, umso höhere Anforderungen sind jedoch an die Feststellung des Rechtsbindungswillens zu stellen. Auch diese Tatsache spricht also eher gegen als für einen derartigen Rechtsbindungswillen.

Unabhängig vom fehlenden Rechtsbindungswillen handelte der Vertreter der Innung, bei dem die Anrufung eingeht, nicht in Stellvertretung der Kommissionsmitglieder. Eine andere Sichtweise widerspräche dem geltenden Offenkundigkeitsprinzip. Das Offenkundigkeitsprinzip besagt, dass eine wirksame Stellvertretung voraussetzt, dass die Willenserklärung erkennbar im Namen des Vertretenen abgegeben wird. Es muss sich aus den Gründen der Auslegung nicht nur ermitteln lassen, dass der Vertreter für eine andere Person auftritt, sondern auch, für welche konkrete Person er handelt[452]. Die Tatsache, dass die Schiedsstelle regelmäßig bei der Innung angesiedelt ist, spricht für eine Vertretung der Innung, nicht der Kommissionsmitglieder. Für eine Bevollmächtigung durch ein Kommissionsmitglied sind keine Ansatzpunkte erkennbar.

Direkte vertragliche Beziehungen zwischen den Kommissionsmitgliedern und dem Verbraucher scheiden aus diesen Gründen aus.

bb) Die „Bevollmächtigungslösung"

Meyer meint, dass der Zusammenhang zwischen verbindlichem Ernennungsrecht und Bevollmächtigung eher den Interessen der Parteien entspreche, da auf diesem Weg schnell und unkompliziert ein Schiedsgutachtervertrag zustande komme, was ja gerade die Intention der Partei sei, wenn sie dem Dritten ein verbindliches Ernennungsrecht einräume[453].

Zwar wird dieser Lösungsansatz in der Literatur favorisiert[454]. Letztlich kann die Übertragbarkeit auf ein bestimmtes Verfahren jedoch nur durch einen Blick auf die je-

---

450 Vgl. hierzu Heinrichs in Palandt, Einf. vor § 116, Rz. 4. Dies alleine wäre zwar kein ausreichender Grund einen Rechtsbindungswillen zu leugnen. Als zusätzliches Indiz bzw. Argument gegen einen derartigen Willen dient es jedoch auf alle Fälle.

451 Vgl. hierzu Larenz/Wolf, Allgemeiner Teil des BGB, § 22, Rz. 29

452 Larenz/Wolf, a.a.O.

453 Meyer, a.a.O.

454 vgl. beispielsweise Wolf, „Die institutionelle Handelsschiedsgerichtsbarkeit", 80, der von „Kompetenzbegründung" spricht.

weilige Verfahrensordnung überprüft werden, im Falle des Schiedsstellenverfahrens also durch einen Blick auf die MuGVO.

Eine etwaige Bevollmächtigung durch den Verbraucher könnte sich darauf beziehen , dass die Innung, bei der die Anrufung eingeht, bevollmächtigt wird, die bereits „ernannten“ Kommissionsmitglieder mit der Anfertigung eines Gutachtens bzw. mit der Konfliktlösung zu betrauen und mit diesen einen Vertrag abzuschließen.

Ein derartiger Lösungsansatz würde jedoch den Willen des Verbrauchers voraussetzen, einen (evtl. Schiedsgutachter- bzw. Konfliktlösungs-) Vertrag mit dem Kommissionsmitglied bzw. den Kommissionsmitgliedern abzuschließen. Der Verbraucher will durch die Anrufung bei der Schiedsstelle zum Ausdruck bringen, dass er ein Schiedsstellenverfahren anstrebt. Einen konkreten Vertragspartner im Sinne einer natürlichen Person hat er dabei nicht im Auge. Vielmehr will er, dass die in § 2 Abs. 2 lit. b MuGVO genannten Organisationen, denen er auch ein gewisses Maß an Vertrauen entgegen bringt[455] bzw. die Innung, in seinem Sinne Streit schlichtend tätig werden. Auf die Person des ADR-Verantwortlichen (evtl. Schiedsgutachters) kommt es dem Verbraucher erkennbar nicht an.

Komplementär hierzu ist auch kein Rechtsbindungswille der Kommissionsmitglieder erkennbar, sofern ein Vertrag mit den Konfliktparteien diskutiert wird. Die Kommissionsmitglieder stehen zumeist in engen rechtlichen und/oder wirtschaftlichen Beziehungen zu den in § 2 Abs. 2 lit. b MuGVO genannten Organisationen. Allein aufgrund dieser Verflechtung sollen sich für sie mögliche Rechte und Pflichten hinsichtlich des gesamten Schiedsstellenwesens ergeben. Ein Rechtsbindungswille bezüglich eines möglichen Vertrages mit den Konfliktparteien lässt sich jedoch nicht ausmachen. Die Kommissionsmitglieder werden von den Parteien für ihre Tätigkeit nicht vergütet. Die (von Vollmer) angeführte Honorarfrage, die für einen Rechtsbindungswillen bezüglich des Verhältnisses Konfliktparteien/ Kommissionsmitglieder sprechen könnte, ist aufgrund der Kostenfreiheit des Verfahrens belanglos.

Auch ansonsten sind von Seiten der Konfliktparteien keine Leistungen erkennbar, welche ein für gegenseitige Verträge typisches Synallagma begründen[456]. Dafür, dass sich die Kommissionsmitglieder gegenüber den Konfliktparteien einseitig verpflichten wollen, sind keine Anhaltspunkte erkennbar. Dieselben Argumente, die bereits bei der „direkten Vertragslösung“ genannt wurden und die gegen einen Rechtsbindungswillen hinsichtlich des Verhältnisses Konfliktparteien/Kommissionsmitglieder sprachen, gelten auch hier. In jedem Fall ist der Mangel des Rechtsbindungswillens in dem genannten Verhältnis evident.

Die Alternative, wonach der Verbraucher der Innung direkt zwar keine Vollmacht überträgt, ihr jedoch eine Stellung einräumt, die „typischerweise mit einer Vollmacht verbunden ist“, wäre zwar prinzipiell diskutabel. Wer einem anderen eine Aufgabe überträgt,

---

455 Anderenfalls würde er die Schiedsstelle wohl auch nicht anrufen.

456 Zum synallagmatischen Verhältnis bei gegenseitigen Verträgen vgl. Heinrichs in Palandt, Einf. vor § 320, Rz. 5.

deren ordnungsgemäße Erfüllung nach der Verkehrsauffassung eine bestimmte Vollmacht voraussetzt, muss diesen als bevollmächtigt gelten lassen, auch wenn er tatsächlich keine oder eine zu geringe Vollmacht erteilt hat[457]. Die ordnungsgemäße Erfüllung der Aufgabe – hier Streitschlichtung – setzt jedoch nach der Verkehrsauffassung nicht zwingend eine bestimmte Vollmacht voraus. Vielmehr kann ein zufrieden stellendes Ergebnis auch ohne Bevollmächtigung erzielt werden, wie weiter unten noch gezeigt werden wird. Ein Rückgriff auf dieses der Anscheinsvollmacht ähnliche Konstrukt ist also nicht zwingend erforderlich. Zudem sprechen die bereits erwähnten Gründe gegen einen Rechtsbindungswillen der Kommissionsmitglieder gegenüber den Konfliktparteien.

Somit scheidet die „Bevollmächtigungslösung“ für den Bereich des Schiedsstellenwesens aus.

cc) Der differenzierte Lösungsansatz von Münch

Münch differenziert im Bereich des Schiedsgerichtswesens: Danach werde im Falle institutioneller Schiedsgerichtsverfahren die Schiedsinstitution entweder ermächtigt, namens und im Auftrag der Parteien Schiedsrichterverträge abzuschließen („Vermittlungslösung“) oder aber die Schiedsinstitution habe selbstverantwortlich für den Erfolg zu sorgen. Sie nehme daher die Schiedsrichter selbst unter Vertrag, die dann quasi ihre Hilfspersonen seien („Prästierungslösung“). Welche Konstruktion gewählt sei, entschieden die Umstände des Einzelfalles[458]. Münch enthält sich zu der Frage, welche Einzelfallumstände dies sein sollen.

Die von Münch erwähnte „Vermittlungslösung“ entspricht der bereits diskutierten „Bevollmächtigungslösung“. Diese scheidet jedoch aufgrund der bereits genannten Argumente aus.

So käme eventuell als für das Schiedsstellenverfahren plausible Lösung die von Münch genannte „Prästierungslösung“ in Betracht[459]. Danach hat die Schiedsinstitution selbst für den Erfolg zu sorgen.

Der Verbraucher will eine schnelle, unbürokratische Konfliktlösung. Er vertraut dabei der Innung, die für die Initiierung des Schiedsstellenverfahrens angerufen werden muss. Es fehlt dem Verbraucher am Rechtsbindungswillen hinsichtlich der möglichen Vertragspartner (also den Mitgliedern in der Schiedskommission) ebenso wie es umgekehrt den Kommissionsmitgliedern am Willen fehlt, mit dem Verbraucher einen selbständigen Vertrag abzuschließen. Die „vertraglichen“ Pflichten sollen bei der Organisation verbleiben, bei der die Kommissionsmitglieder in der Regel angestellt sind bzw. bei der Innung. Die Kommissionsmitglieder können aufgrund der Kostenfreiheit des Verfahrens vom Verbraucher keine Gegenleistung erwarten. Ihnen würden also einseitig Pflichten gegenüber

457 Heinrichs in Palandt, § 173, Rz. 21 mit Verweis u.a. auf BGH NJW 02, 1041. Es handelt sich um einen Parallelfall zur Anscheinsvollmacht.

458 Münch in Münchener Kommentar zur ZPO, vor § 1034, Rz. 33

459 vgl. Münch a.a.O.

dem Verbraucher aufgebürdet, ohne dass sie komplementär hierzu Rechte gegenüber dem Verbraucher hätten.

Vertragliche Beziehungen zwischen den Konfliktparteien und den Kommissionsmitgliedern scheiden daher aus. Anschließend wird geprüft, ob vertragliche Beziehungen zwischen den Konfliktparteien und den in § 2 Abs. 2 lit. b MuGVO genannten Organisationen bestehen.

b) Das rechtliche Verhältnis des Verbrauchers zu den in § 2 Abs. 2 lit. b MuGVO genannten Organisationen

Die im vorigen Abschnitt erwähnte „Prästierungslösung" von Münch würde eine bestehende Vertragsbeziehung zwischen dem Verbraucher und den in der Schiedskommission vertretenen Organisationen bzw. zumindest einer Organisation voraussetzen. Die einzelnen Kommissionsmitglieder wären in diesem Fall „Hilfspersonen" der ernennenden Organisationen, mit denen der Verbraucher keine direkten vertraglichen Beziehungen hätte. Ob diese Ansicht zutrifft, soll nachfolgend untersucht werden.

Maßgeblich hierfür ist das Vorhandensein eines Rechtsbindungswillens auf beiden Seiten. Dessen Vorliegen wird, soweit es nicht offen zutage tritt, aus Indizien gefolgert.

Ein wichtiges Indiz für das Vorliegen eines Rechtsbindungswillens ist, ob die Parteien der Schiedsstellenvereinbarung an die Ernennung der Kommissionsmitglieder gebunden sind und diese nicht lediglich einen unverbindlichen Vorschlag darstellt[460]. In diesem Fall ist die Entscheidung des Dritten zu wichtig, als dass es sich um eine reine Gefälligkeit handeln könnte. Hier ist demzufolge ein Rechtsbindungswillen zu vermuten. Auch die Tatsache, dass der Dritte (also die Organisation) eine Verfahrensordnung zur Verfügung stellt, kann auf das Vorliegen eines Rechtsbindungswillens hindeuten[461].

Beides trifft hier zu. Der Verbraucher hat auf die Ernennung der Kommissionsmitglieder keinen Einfluss. Dies ergibt sich aus der zur Verfügung gestellten Verfahrensordnung, insbesondere aus § 2 Abs. 2 lit. b MuGVO.

Die Tatsache, dass das Verfahren kostenfrei ist, spräche zwar eher gegen als für einen Rechtsbindungswillen. Die Kostenfreiheit stellt jedoch lediglich ein Indiz für ein bloßes Gefälligkeitsverhältnis dar. Im Falle des Schiedsstellenwesens haben beide Parteien, also sowohl der Verbraucher als auch die in der Kommission vertretenen Organisationen, ein Interesse am Verfahren. Der Verbraucher will seinen Konflikt mit dem Unternehmer so schnell und kostengünstig als möglich lösen lassen. Die Organisationen benutzen das Schiedsstellenverfahren als Marketinginstrument, um sich in der Öffentlichkeit besser darstellen zu können sowie als günstiges Instrument der Selbstkontrolle[462].

460 So für die Vertragsbeziehungen zwischen den Parteien und dem Ernennendem im Bereich des Schiedsgutachterwesens Meyer, 83.

461 Meyer, a.a.O.

462 Siehe Erster Hauptteil, Zweiter Teil, III.2.

Zwar spräche auch die geringe wirtschaftliche Bedeutung der Angelegenheit eher gegen als für das Vorhandensein eines Rechtsbindungswillens. Aber dies allein ist kein ausschlaggebendes Kriterium. Bei Angelegenheiten mit geringer wirtschaftlicher Bedeutung muss der Rechtsbindungswille „lediglich" intensiver geprüft werden. Es ist jedoch auch in diesen Bereichen nicht ausgeschlossen, dass ein derartiger Wille vorliegt, wie zum einen die im BGB genannten Vertragstypen belegen, die einseitige Leistungsverpflichtungen zum Inhalt haben (z.B. Schenkung, Leihe), aber auch bei gegenseitigen Leistungsverpflichtungen mit geringer wirtschaftlicher Bedeutung (z.B. Kaufvertrag über geringwertige Sachen).

Somit ließe sich auf beiden Seiten ein derartiger Rechtsbindungswille vermuten. Fraglich ist, ob dies auf alle in § 2 Abs. 2 lit. b MuGVO genannten Organisationen zutrifft oder möglicherweise nur auf die Innung, bei welcher die Schiedsstellen angesiedelt sind.

aa) Das rechtliche Verhältnis des Verbrauchers zur Innung

Die bereits genannten Indizien sprechen für einen Rechtsbindungswillen sowohl des Verbrauchers als auch der Innung. Letztlich ist es die Innung, welche die Verfahrensordnung maßgeblich entwickelt und zur Verfügung stellt. Dies gilt nicht nur für die MuGVO, sondern für alle Verfahrensordnungen der Schiedsstellen. Die Innung ernennt zumindest (verbindlich!) auch das Kommissionsmitglied, welches sie dann im Verfahren vertritt. Auch diesbezüglich ist der Rechtsbindungswille also zu vermuten. Die Tatsache, dass § 54 Abs. 3 Nr. 3 HandwO nicht zwingend die Errichtung einer Schlichtungsstelle voraussetzt, sondern ebenso gut auch ein Obermeister oder ein anderes Innungsmitglied die Vermittlungstätigkeit (alleine) übernehmen kann[463], spricht gleichfalls dafür, dass die Innung die für die Vermittlungstätigkeit maßgebende Institution und damit auch die Organisation ist, bei welcher der Rechtsbindungswille am ehesten zu vermuten ist.

Der Verbraucher wendet sich mit seinem Anliegen an die Innung als die Organisation, bei der die Schiedsstelle angesiedelt ist. Er korrespondiert mit ihr, die Verhandlungen finden in Räumen statt, welche die Innung zur Verfügung stellt und die Innung ist es auch, welche die Schiedsstellen am stärksten „bewirbt". Der Verbraucher bringt der Innung das nötige Vertrauen entgegen, da er ihr die Sachkompetenz zugesteht, den Streit mit der Werkstatt auf sachlicher Ebene zu lösen. Dem Verbraucher ist auch bewusst, dass die Tätigkeit der Innung über eine bloße Gefälligkeit hinausgeht. Er erkennt die Kosten, die mit einem derartigen Verfahren verbunden sind. Daraus kann er entnehmen, dass auch sein Verhalten nicht folgenlos sein kann. Seitens des Verbrauchers kann daher gleichfalls ein Rechtsbindungswille angenommen werden.

Die bereits genannten Argumente, die möglicherweise gegen einen Rechtsbindungswillen sprechen könnten (Kostenfreiheit, Bedeutung der Angelegenheit), sind allenfalls

463 Aberle, Kommentar zur HandwO, § 54, Rz. 31

Indizien. Wie jedoch bereits ausgeführt, sind dies keine zwingenden Gründe, den Rechtsbindungswillen prinzipiell zu negieren. Vielmehr dürfte aufgrund der bereits genannten Argumente ein Rechtsbindungswille zwischen dem Verbraucher und der Innung zu bejahen sein. Zwischen diesen kommt also der ADR-Vertrag zustande. Die Art des Zustandekommens, die Rechtsnatur, die Form sowie Rechte und Pflichten, die sich aus diesem Vertrag ergeben, werden in Punkt II des Fünften Teils („Der ADR-Vertrag zwischen Verbraucher und Innung") erörtert werden.

bb) Das rechtliche Verhältnis des Verbrauchers zu den anderen in der Schiedskommission vertretenen Institutionen

Die Anrufung der Schiedsstelle durch den Verbraucher hat eine doppelte Bedeutung: Zum einen leitet sie das Verfahren ein (insofern prozessuale Bedeutung); zum anderen ist sie materiell-rechtlich als Willenserklärung zu qualifizieren, welche auf Abschluss des ADR-Vertrages abzielt. Diese Willenserklärung richtet sich offensichtlich nur an die Innung, bei welcher die Geschäftsstelle der Schiedsstelle angesiedelt ist, nicht an die übrigen Organisationen.

Möglicherweise handelt die Geschäftsstelle der Schiedsstelle jedoch auch in Vertretung der übrigen Organisationen. Das Offenkundigkeitsprinzip fordert, dass die Geschäftsstelle der Schiedsstelle die Tatsache, dass sie in Vertretung der übrigen Organisationen handelt, dem Verbraucher gegenüber offen legen muss. Es lässt sich jedoch der MuGVO nicht entnehmen, dass sie hierzu angehalten bzw. verpflichtet wäre.

Ziff. XI Nr. 4 der Kfz-Reparaturbedingungen besagt lediglich, dass „den Parteien auf Verlangen von der Schiedsstelle deren Geschäfts- und Verfahrensordnung auszuhändigen ist". Aus dieser MuGVO sind die beteiligten Organisationen zwar zu entnehmen. Hieraus lässt sich jedoch nicht erkennen, dass diese Organisationen als Vertragspartner der Konfliktparteien fungieren (wollen). Der Verbraucher korrespondiert zudem regelmäßig lediglich mit der Innung, welche die Schiedsstelle nach außen hin „vertritt"[464]. Es dürfte schwierig sein, diese Verfahrensweise mit dem Offenkundigkeitsprinzip in Einklang zu bringen.

Weiter gilt folgendes zu beachten: Die übrigen Organisationen wirken nicht oder nur manchmal (wenn überhaupt, dann allenfalls der ADAC) bei der Ausgestaltung der Verfahrensordnung mit. Sie sind nicht oder nur ansatzweise in die Verwaltung der Schiedsstellenorganisation integriert. Sie haben auch kein erkennbares Interesse daran, direkt mit dem Verbraucher in vertragliche Beziehungen zu treten. Ihr Interesse erschöpft sich darin, das Schiedsstellenwesen als Marketinginstrument und als Instrument der Selbstkontrolle zu nutzen. Dies alles spricht eher gegen als für das Vorhandensein eines Rechtsbindungswillens auf Seiten dieser Organisationen.

---

464 Vgl. hierzu insbesondere die Anlagen 12 bis 15.

Somit bleibt zunächst als Zwischenergebnis fest zu halten, dass einzig die Innung als die Organisation, welche das Schiedsstellenwesen verwaltet, mit dem Verbraucher in vertragliche Beziehungen tritt.

2. Das rechtliche Verhältnis des Unternehmers zur Schiedsstelle

Auch im Verhältnis des Unternehmers zur Schiedsstelle bietet es sich an, die rechtlichen Beziehungen zu den Kommissionsmitgliedern von den rechtlichen Beziehungen zu den in der Kommission vertretenen Organisationen getrennt zu untersuchen.

a) Das rechtliche Verhältnis des Unternehmers zu den Mitgliedern der Schiedskommission

Letztlich kann sich für das rechtliche Verhältnis des Unternehmers zu den Mitgliedern der Schiedskommission nichts anderes ergeben als für das rechtliche Verhältnis des Verbrauchers zu den Mitgliedern der Schiedskommission. Der Unternehmer ist mit den einzelnen Mitgliedern der Schiedskommission vertraglich nicht verbunden. Die Tatsache, dass der Unternehmer der Satzungsgewalt der Innung unterliegt, rechtfertigt eine unterschiedliche Behandlung allenfalls im Verhältnis zur Innung, nicht jedoch im Verhältnis zu den einzelnen Kommissionsmitgliedern. Auch in diesem Verhältnis mangelt es auf beiden Seiten erkennbar am Rechtsbindungswillen.

b) Das rechtliche Verhältnis des Unternehmers zu den in § 2 Abs. 2 lit. b MuGVO genannten Organisationen

Auch im Verhältnis des Unternehmers zu den in § 2 Abs. 2 lit. b MuGVO genannten Organisationen bietet es sich an, eine Trennung zwischen dem Verhältnis zur Innung und dem Verhältnis zu den übrigen Organisationen vorzunehmen. Hier rechtfertigt sich diese Trennung gleich zweifach: Zum einen aufgrund der Tatsache, dass der Unternehmer im Vorfeld der Kommissionsverhandlung lediglich mit der Geschäftsstelle der Schiedsstelle, welche ein Teil der Innung ist, korrespondiert (vgl. §§ 3 und 4 MuGVO); zum anderen aufgrund der Innungsmitgliedschaft des Unternehmers und der daraus folgenden Satzungsgewalt der Innung.

aa) Das rechtliche Verhältnis des Unternehmers zur Innung

Das rechtliche Verhältnis des Unternehmers zur Innung ist maßgeblich geprägt durch die Innungssatzung. Diese sieht vor, dass das Mitglied der Innung verpflichtet ist, der Schiedsstelle die angeforderten Auskünfte zu erteilen und Unterlagen zur Verfügung zu stellen sowie Anordnungen der Schiedsstelle nachzukommen, insbesondere zu Verhandlungen zu erscheinen oder sich durch einen zum Vergleichsabschluss schriftlich bevollmächtigten Firmenangehörigen vertreten zu lassen und Beschlüsse und Empfehlungen der Schiedsstelle zu befolgen. Unterwirft sich der Unternehmer nicht dem Beschluss der Schiedskommission, so hat die Innung die Möglichkeit, ihn zu ermahnen, ihn abzumahnen oder ihn aus der Innung auszuschließen.

Das Rechtsverhältnis zwischen der Innung und dem Unternehmer wird demnach nicht durch vertragliche Beziehungen geprägt, sondern vielmehr durch die Schiedsgewalt der Innung dem Mitgliedsunternehmen gegenüber. Dieses besondere Rechtsverhältnis schließt jedoch vertragliche Beziehungen nicht zwingend aus. Eberhardt beispielsweise geht für die ärztlichen Schlichtungsstellen im Verhältnis Arzt – Kommission nicht von einem öffentlich-rechtlichen Verhältnis aus[465]. Diese Ansicht begründet er insbesondere mit der Freiwilligkeit dieser Verfahren, wodurch das das öffentliche Recht prägende typische Subordinationsverhältnis in diesem Kontext keine Anwendung finde.

In eine andere Richtung als Eberhardt geht die von Preibisch vorgeschlagene Differenzierung in Vorverfahrensregeln, welche kraft bundes- oder landesrechtlicher Norm, kraft Satzungsrechts oder kraft vertraglicher Vereinbarung gelten sollen[466]. Das bedeutet, dass im Bereich der institutionellen außergerichtlichen Streitbeilegung die Verfahrensregeln (die auch materiellrechtliche Vorgaben enthalten!) entweder durch gesetzliche Normen, durch Satzungsrecht oder durch Vertrag Geltung beanspruchen können. Es ist dabei durchaus möglich, dass derartige Verfahrensregeln für die eine Konfliktpartei über vertragliche Vereinbarung zur Anwendung kommen, während die andere Konfliktpartei über vorhandenes Satzungsrecht dazu verpflichtet wird, diese Regeln anzuerkennen.

Preibisch ordnet die Vorverfahrensregelungen der Handwerksinnungen wegen der Ermächtigungsgrundlage aus § 54 Abs. 3 Nr. 3 HandwO dem Satzungsrecht zu. Die Satzungsgewalt erstrecke sich jedoch nur auf die Mitglieder der betreffenden Körperschaft.

Auch die MuGVO enthält Indizien für den prägenden satzungsrechtlichen Charakter des Verhältnisses zwischen Innung und Unternehmer. Ruft der Unternehmer die Schiedsstelle an, ist in jedem Fall noch das (ausdrückliche) Einverständnis des Verbrauchers erforderlich. Dies ergibt sich aus § 3 Abs. 1 lit. b MuGVO. Die Erforderlichkeit dieses Einverständnisses lässt sich nur schwer mit einem möglichen privatautonomen Charakter im Verhältnis Innung – Unternehmer vereinbaren. Zwar wäre es denkbar, einen möglichen Vertragsschluss zwischen der Innung und dem Unternehmer von einem Einverständnis des Verbrauchers abhängig zu machen, vgl. § 182 Abs. 1 BGB. Würde man diese Konstruktion wählen, so ergäbe sich jedoch ein im Rahmen der Privatautonomie schwer zu rechtfertigendes Ungleichgewicht zwischen der Freiwilligkeit des Verfahrens auf Verbraucherseite und der erforderlichen Zustimmung zur Willenserklärung des Unternehmers durch den Verbraucher auf der anderen Seite.

Plausibler erscheint die Lösung von Preibisch. Danach sind die Beziehungen zwischen Unternehmer und Innung durch die Satzung geprägt, während die Beziehung des

---

465 Eberhardt, 85

466 Preibisch, 96 ff.

Verbrauchers zur Innung privatrechtlich ausgestaltet ist, indem zwischen diesen Parteien der sog. ADR-Vertrag zustande kommt.

Dieses Ergebnis wird dadurch unterstrichen, dass es schwerlich nachvollziehbar erscheint, dass das Tätigwerden der Schiedsstelle an der Verweigerung eines Vertragsabschlusses durch den Unternehmer scheitern könnte. Dieser ist aufgrund der Innungssatzung bzw. aufgrund eines entsprechenden Innungsbeschlusses zur Teilnahme am Schiedsstellenverfahren verpflichtet. Eine andere Sichtweise würde dem Unternehmer jederzeit die Möglichkeit gewähren, „unliebsame Verfahren" durch seine Verweigerung abzuwehren. Dies widerspricht dem (verbraucherschützerischen) Sinn und Zweck derartiger Verfahren, schnell und unbürokratisch eine außergerichtliche Streitbeilegung zwischen Kunde und Werkstatt durchführen zu können.

Eines Vertrages zwischen dem Unternehmer und der Innung bedarf es aufgrund der Innungsmitgliedschaft des Unternehmers daher nicht. Die Innung kann über die Satzung bzw. den Innungsbeschluss ausreichend auf den Unternehmer einwirken. Es ist nicht zwingend erforderlich, dass von beiden Konfliktparteien Verträge mit dem ADR-Verantwortlichen geschlossen werden. Vielmehr können z.B. Schiedsgutachterverträge auch von einer Partei allein geschlossen werden[467].

Zwischen der Innung und dem Unternehmer kommt also kein Vertrag zustande, wie das demgegenüber im Verhältnis des Verbrauchers zur Innung der Fall ist.

bb) Das rechtliche Verhältnis des Unternehmers zu den anderen in der Schiedskommission vertretenen Institutionen

Zwischen den anderen in der Schiedskommission vertretenen Organisationen und dem Unternehmer kann die Satzung bzw. ein vergleichbarer Innungsbeschluss keine Bedeutung erlangen, da diese Handlungsformen nur für das Verhältnis der Innung zum Mitgliedsunternehmen Anwendung finden.

Fraglich ist daher, ob sich zwischen Unternehmer und den anderen Organisationen vertragliche Beziehungen herleiten lassen.

Auf dieses Verhältnis sind die Argumente, die gegen einen Vertragsschluss zwischen dem Verbraucher und den genannten Organisationen sprechen, übertragbar[468]. Insbesondere ergeben sich keine Anhaltspunkte für einen Rechtsbindungswillen, weder auf Unternehmerseite noch auf Seite der „ernennenden Organisationen". Der Unternehmer ist bereits aufgrund der Innungssatzung bzw. des Innungsbeschlusses an die Weisungen der Schiedsstelle gebunden. Die Rechte und Pflichten des Unternehmers ergeben sich daher allein aus der HandwO und der Innungssatzung bzw. dem Innungsbeschluss. Die Handlungsoptionen, welche diese Rechtsgrundlagen ermöglichen, garantieren ausreichend den Erfolg des Verfahrens. Von daher wären mögliche Vertragsbeziehungen zwischen dem

467 In diese Richtung geht beispielsweise Preibisch, a.a.O.; Gehrlein, VersR 1994, 1009 (1011) m.w.N.

468 Vgl. zu diesen Gründen oben Zweiter Hauptteil, Fünfter Teil, I. 1. b. bb.

Unternehmer und den anderen in der Schiedskommission vertretenen Organisationen zudem auch überflüssig.

II. Der ADR-Vertrag zwischen dem Verbraucher und der Innung

Der ADR-Vertrag wirft die Frage nach seiner Rechtsnatur, der Art des Zustandekommens, der Form, den sich aus dem ADR-Vertrag ergebenden Rechten und Pflichten sowie der Vertragsbeendigung auf. Diese Fragen sollen anschließend geklärt werden.

1. Die Rechtsnatur des ADR-Vertrages zwischen dem Verbraucher und der Innung

Der ADR-Vertrag in dem hier bedeutsamen Zusammenhang ist als solcher im BGB nicht namentlich angesprochen.

Da im Schiedsstellenverfahren die Sachverständigen bzw. die Innung unentgeltlich für den Verbraucher tätig werden, scheidet eine direkte Anwendung von §§ 611, 675 Abs. 1 BGB aus. Eine analoge Anwendung von §§ 611 ff. BGB, wie sie beispielsweise Meyer für den unentgeltlichen Schiedsgutachtervertrag befürwortet, kommt unter anderem aufgrund der Besonderheiten des Dreiecksverhältnisses Innung – Kommissionsmitglieder – Verbraucher ebenfalls nicht in Betracht[469], da es hierfür an der erforderlichen planwidrigen Lücke des Gesetzgebers fehlt.

Denn für dienstvertragliche Rechtsverhältnisse, welche unentgeltlich durchgeführt werden, stellt das Gesetz in Form der §§ 662 ff. BGB ein geeignetes Instrumentarium bereit[470]. §§ 662 ff. BGB sind vor allem durch Betonung des besonderen Vertrauensverhältnisses zwischen Auftraggeber und Auftragnehmer geprägt, ein Charakteristikum, welches insbesondere auch die Schiedsstellentätigkeit kennzeichnet[471]. Auch die dieses Auftragsverhältnis prägenden Vertragspflichten des Beauftragten passen auf das Schiedsstellenverhältnis nahezu einschränkungslos[472]. Diese Pflichten ergeben sich sowohl aus dem Gesetz (§§ 663, 665 – 668) als auch aus der Natur des Auftragsverhältnisses. So kann insbesondere eine Pflicht des Beauftragten zur Prüfung, Belehrung oder Warnung des Auftraggebers bestehen, insbesondere wenn der Beauftragte sachverständig ist[473]. Ebenso ergeben sich aus der vertraulichen Natur des Auftragsverhältnisses Pflichten zur Diskretion[474] so-

469 Meyer, 41

470 zur Abgrenzung zum bloßen Gefälligkeitsverhältnis vgl. Thomas in Palandt, Einf. vor § 662, Rz. 3

471 vgl. Sprau in Palandt, Einf. vor § 662, Rz. 1

472 In diesem Sinne für den Schiedsorganisationsvertrag Schlosser in Stein/Jonas, vor § 1025 ZPO, Rz. 7; BGH NJW 1993, 203; Münch in Münchener Kommentar zur ZPO, vor § 1034 ZPO, Rz. 5; für eine Qualifizierung des unentgeltlichen Schiedsgutachtervertrags als Auftrag vgl. Albers in Baumbach/Lauterbach, Grundzüge § 1025 ZPO, Rz. 18.

473 Sprau in Palandt, § 662, Rz. 9

474 BGHZ 27, 241

wie zur Verwahrung und Obhut hinsichtlich der dem Beauftragten übergebenen Sachen[475].

Fraglich ist, welchen Inhalt der Auftrag hat. Der Inhalt des Auftrags des Verbrauchers an die Innung lässt sich nur durch den tatsächlichen oder hypothetischen Parteiwillen klären. Hierfür ist eine Bezugnahme auf das Grundverhältnis, also die Schiedsstellenvereinbarung zwischen Verbraucher und Unternehmer sinnvoll und hilfreich. Zwar unterscheiden sich die Parteien der Schiedsstellenvereinbarung von denen des ADR-Vertrages. Der Parteiwille, „wie" die Schiedsstelle den Konflikt lösen soll, ist jedoch prinzipiell identisch.

Die Schiedsstellenvereinbarung hat, wie im Vierten Teil gezeigt, einen „doppelten Vertragsinhalt": Der Parteiwille geht dahin, dass im Falle von Streitigkeiten im Zusammenhang mit dem Reparaturvertrag die Schiedsstelle mit Hilfe ihrer Sachkunde und auch primär auf der Basis der von ihr getroffenen technischen Feststellungen den Streit schlichten und gegebenenfalls entscheiden soll. Es sind also genau genommen zwei Vertragsinhalte voneinander zu unterscheiden: Zum einen soll die Schiedsstelle aufgrund ihrer Sachkunde die technischen Hintergründe offen legen („Erster Vertragsinhalt"); zum anderen soll sie den Streit entweder durch Anregung eines Vergleichs oder durch Schiedsspruch beenden („Zweiter Vertragsinhalt")[476].

Die Feststellung der Tatsachen kann dabei auf zwei Arten herbeigeführt werden, nämlich entweder durch eine Sachverständigenabrede mit empfehlendem Charakter oder durch die Erstellung eines Schiedsgutachtens. Zugleich wird beim Abschluss der Schiedsstellenvereinbarung die Kompetenz „der Schiedsstelle" begründet, im Streitfall tätig zu werden[477]. Diese Kompetenzbegründung ist nicht zwingend gleich zu setzen mit dem ADR-Vertrag, wie noch gezeigt werden wird.

Diesen Inhalt will der Verbraucher seiner Willenserklärung zu Grunde legen, wenn er die Schiedsstelle bzw. die Innung anruft. Das hierin (neben der formalen Voraussetzung) zugleich enthaltene materiell-rechtliche Angebot auf Abschluss eines ADR-Vertrages mit der Innung hat also den Inhalt, dass die Schiedsstelle zunächst aufgrund der Sachverhaltseinlassungen dafür sorgen soll, dass die Streitigkeit gütlich beigelegt wird. Sollte dies in der „Vorphase" (noch) nicht möglich sein, so soll sie Sachverständige „zur Verfügung stellen", die aufgrund ihrer Sachkunde geeignet sind, die erforderlichen technischen Hintergründe des Streits zu eruieren und hierdurch zu einer Einigung beizutragen. Sollte dies auch nicht möglich sein, so soll die Schiedsstelle nach dem Willen des Verbrauchers einen Schiedsspruch fällen können, der die Streitigkeit beendet. Ob neben der vom Verbraucher gewollten Schlichtung noch ein Gutachten erstellt werden soll und insbesondere welcher Art dieses Gutachten sein soll (Gutachten mit empfehlendem Charakter oder

---

475 Palandt, a.a.O.

476 Vgl. Zweiter Hauptteil, Vierter Teil, I. und II.1.

477 Es handelt sich hierbei um keinen Vertrag zu Lasten Dritter, wie in dieser Arbeit bereits festgestellt.

Schiedsgutachten), bestimmt sich nach dem Parteiwillen, der sich insbesondere aus der Grundvereinbarung ablesen lässt[478].

Fehlt es an einer derartigen Grundvereinbarung, so ist der Anrufung des Verbrauchers, die zugleich ein Angebot auf Abschluss eines ADR-Vertrages mit der Innung darstellt, dahin gehend zu interpretieren, dass dieser gegebenenfalls nur ein Sachverständigengutachten mit empfehlendem Charakter erstellt haben will[479]. Die Innung kann durch die sog. „Unterwerfungserklärung", die der Verbraucher akzeptiert, dem Gutachten die Wirkung eines Schiedsgutachtens zukommen lassen. In dem Fall, in dem der Verbraucher diese Erklärung akzeptiert, gibt er sich explizit damit einverstanden, dass das Gutachten diese Wirkung haben soll[480].

Da die Bindungswirkung des Schiedsgutachtens jedoch nur auf dem übereinstimmenden Willen der Konfliktparteien beruht und eine autoritative Vorgabe der Bindungswirkung durch die Satzung rechtlich nicht haltbar wäre[481], ist für eine derartige „Höherstufung" jedoch in jedem Fall das explizite Einverständnis des Unternehmers erforderlich[482].

2. Der Zeitpunkt des Zustandekommens des ADR-Vertrages zwischen Verbraucher und Innung

Den erforderlichen Rechtsbindungswillen könnte der Verbraucher bereits zum Zeitpunkt des Abschlusses der Schiedsstellenvereinbarung äußern, da die Konfliktparteien zu diesem Zeitpunkt die Möglichkeit der Streitschlichtung durch die Schiedsstelle vereinbaren. Hierin ist jedoch noch keine Willenserklärung auf Abschluss eines Vertrages mit der Innung zu erblicken. Vielmehr handelt es sich hierbei um eine Kompetenzbegründung zugunsten der Schiedsstelle. Dieser „Kompetenzbegründungsakt" legt fest, dass etwaige Streitigkeiten zwischen den Parteien nach den Regeln der Geschäfts- und Verfahrensordnung der jeweiligen Schiedsstelle ausgetragen werden können[483].

Unmittelbare Pflichten zu Lasten „der Schiedsstelle" sind hiermit nicht verbunden. Insbesondere ist die Schiedsstelle aufgrund der Kompetenzbegründung alleine nicht verpflichtet, für die Parteien tätig zu werden. Erst wenn die Schiedsstelle von der ihr einge-

---

478 Siehe hierzu die Einzelheiten im Dritten und Vierten Teil des Zweiten Hauptteils

479 Dieser Parteiwille ergibt sich bereits aus den im Zweiten Hauptteil, Vierter Teil, II. 1. genannten Argumenten.

480 Vgl. zur Unterwerfungserklärung Zweiter Hauptteil, Vierter Teil, V. 5. c.

481 Vgl. oben Zweiter Hauptteil, Vierter Teil, V. 5. d

482 Zweiter Hauptteil, Vierter Teil, V. 5. d

483 So für den Fall des Schiedsorganisationsvertrages Wolf, „Die institutionelle Handelsschiedsgerichtsbarkeit", 82. Diese Kompetenzbegründung ist nicht gleich zu setzen mit der Benennung der Kommissionsmitglieder durch die jeweiligen Institutionen. Auch diese Benennung beinhaltet zwar eine Kompetenzbegründung, jedoch in der Form, dass eine konkrete (natürliche) Person seitens der Institution bereits im Vorfeld für eine unbestimmte Anzahl von Schiedsfällen für die Zeit von drei Jahren benannt wird, § 2 Abs. 4 MuGVO.

räumten Kompetenz Gebrauch macht, also ein Schiedsstellenverfahren annimmt, wird man diese Verpflichtung bejahen können[484].

Zwar wäre es denkbar, dass die Innung ein (Dauer-) Angebot ad incertas personas mit Zugangsverzicht für die Annahmeerklärung (§ 150 Satz 1, 2. Alt. BGB) dadurch abgibt, dass sie nach außen durch die Publizierung ihrer Tätigkeit auftritt. In diesem Fall wäre aber jede anfängliche parteiautonome Modifikation als Ablehnung mit Neuantrag zu qualifizieren. Die Institution müsste sich die nachträgliche Änderung umgekehrt vorbehalten[485]. Dies alles wirkt konstruiert. Zudem fehlt es dem Verbraucher in aller Regel zu diesem Zeitpunkt noch am Rechtsbindungswillen.

Maßgeblicher Zeitpunkt für einen möglichen Vertragsschluss ist also die Anrufung der Schiedsstelle. Der Verbraucher ruft die Geschäftsstelle der Schiedsstelle an und initiiert hierdurch das Schiedsstellenverfahren bzw. gibt – aus materiell-rechtlicher Sicht – ein Angebot auf Abschluss eines Vertrages bei der Innung ab. Die Geschäftsstelle der Schiedsstelle ist nämlich bei der Innung angesiedelt.

3. Möglicher Kontrahierungszwang der Innung bei Anrufung durch den Verbraucher

Anschließend soll auf das praktisch bedeutsame Problem des Zugangs des Verbrauchers zum Schiedsstellenverfahren eingegangen werden. Dieses Problem drückt sich materiellrechtlich in der Form aus, dass die Innung möglicherweise verpflichtet ist, ein Angebot des Verbrauchers auf Durchführung eines Schiedsstellenverfahrens anzunehmen und damit den ADR-Vertrag zustande kommen zu lassen. Zwar dürfte es nicht realistisch sein anzunehmen, dass bei Vorliegen eines Kontrahierungszwanges der Verbraucher seinen Anspruch auf Behandlung seines Falles durch die Schiedsstelle bzw. die Innung gerichtlich einfordert. Durch die Annahme eines Kontrahierungszwanges hätte der Verbraucher jedoch zumindest eine bessere Verhandlungsposition, die er gegenüber der Innung (in concreto: der Geschäftsstelle der Schiedsstelle) für sich nutzen könnte.

a) Beleuchtung der Problematik des Zugangs des Verbrauchers zum Schiedsstellenverfahren unter rechtsstaatlichen Aspekten

Bei prozessualer Beleuchtung dieser Thematik kommt der Übertragung des Gedankens des Justizgewährungsanspruchs auf das ADR-Wesen eine erhebliche Bedeutung zu, unter rein materiellrechtlicher Sicht, ob es sich dabei um eine Art des von der Rechtsprechung für bestimmte Bereiche entwickelten Gedankens eines Kontrahierungszwangs handeln könnte.

Der Justizgewährungsanspruch besagt, dass jede Person ein Recht darauf hat, dass über Streitigkeiten in Bezug auf ihre zivilrechtlichen Ansprüche und Verpflichtungen von

---

484 So für den Fall des Schiedsorganisationsvertrages Wolf, a.a.O.

485 So für den Fall des Schiedsorganisationsvertrages Münch in Münchener Kommentar, vor § 1034, Rz. 34.

einem unabhängigen und unparteiischen, auf Gesetz beruhendem Gericht in einem fairen Verfahren, öffentlich und innerhalb angemessener Frist verhandelt wird[486]. Auf die Innung ist der Justizgewährungsanspruch schon deshalb nicht übertragbar, weil es sich bei der Innung nicht um ein „auf Gesetz beruhendes Gericht" handelt, sondern die Innung dem Verbraucher vielmehr ein fakultatives, alternatives Konfliktbeilegungsorgan in Form der Schiedsstelle zur Verfügung steht. Dies wird auch deutlich im europäischen Rahmen bei der Entscheidung des EuGH vom 27.1.2005[487], in welcher dieser den Schiedsstellen bzw. vertraglichen Schiedsgerichten nicht die Befugnis zuerkennt, die Entscheidung dem EuGH vorzulegen, weil derartige Institutionen keine Gerichte eines Mitgliedsstaats im Sinne von Art. 234 EG seien[488].

Von daher verbleibt zunächst eine Prüfung unter dem materiellrechtlichen Aspekt eines Kontrahierungszwangs.

b) Gesetzlicher Kontrahierungszwang

In bestimmten Fällen besteht die Pflicht, mit einem anderen den von diesem gewünschten Vertrag abzuschließen, sofern nicht wichtige Gründe eine Ablehnung rechtfertigen[489]. Ein derartiger Abschlusszwang wird jedoch von der Rechtsprechung und dem Schrifttum übereinstimmend nur für den wichtigen Bereich der Daseinsvorsorge angenommen, wo er auch zumeist gesetzlich geregelt ist[490] sowie in den Bereichen, in denen Unternehmen eine marktbeherrschende oder marktstarke Stellung einnehmen, soweit die Ablehnung des Vertragsschlusses gegen das Diskriminierungsverbot des § 20 Abs. 2 GWB verstößt[491].

Gerade aus Verbraucherschutzkreisen ist in den letzten Jahren eine zunehmende Tendenz zur Extensivierung des Anwendungsbereichs auch nicht explizit gesetzlich geregel-

---

486 Die Ableitung dieses Anspruchs ist umstritten. Manche meinen, der Justizgewährungsanspruch ergebe sich aus dem unserer Verfassung immanenten Rechtsstaatsprinzip (z.B. unter vielen Stein/Jonas/Schumann, ZPO, Einl., Rz. 207), andere schlagen die Vorschriften der Art. 19 Abs. 4, 92, 95, 101 Abs. 1 Satz 2 und 103 Abs. 1 GG zur Ableitung des Anspruchs vor (z.B. unter vielen Detterbeck, AcP 192 (1992) 325, 329). Auch das Bundesverfassungsgericht geht einen vergleichbaren Weg (BVerfGE 3, 359, 364). Schließlich existieren noch zahlreiche weitere Versuche, den Justizgewährungsanspruch dogmatisch abzuleiten. Manche lehnen diesen Anspruch vollends ab (z.B. Lerche, ZZP 78 (1965), 1 ff.

487 Denuit/Cordenier gegen Transorient-Mosaique Voyages et Cultures SA, Rechtssache C-125/04

488 Der EuGH verweist hierbei auf die Rechtssachen „Nordsee" (Slg. 1982, 1095, Randnrn. 10 bis 12) und „Eco Swiss" (Slg. 1999, I-3055, Randnr. 34). Näheres hierzu in einem Aufsatz von Micklitz in EWS Heft 1/2006, 15.

489 Heinrichs in Palandt, Einf. vor § 145, Rz. 8

490 z.B. § 22 PersBefG, § 10 EnWG, § 8 PostG, § 23 Abs. 6 SGB XI, § 5 Abs. 4 PflVG, §§ 48, 49 BRAO, § 5 SchwbG

491 BGH 36, 91; 49, 98; 129, 60; ständige Rspr. Es bleibt abzuwarten, ob und in wie weit die genannten gesetzlichen und durch die nationale Rechtsprechung geforderten Ausnahmen der Vertragsfreiheit unter dem Einfluss der zunehmenden Liberalisierungstendenzen der Politik und der Rechtsprechung der EU noch haltbar sein werden.[0]

ter Kontrahierungsverpflichtungen zu bemerken[492]. Diese Tendenz wurde allerdings von der Rechtsprechung in jüngster Zeit nicht wieder aufgegriffen[493].

Für den ADR-Bereich konnten weder Entscheidungen noch literarische Veröffentlichungen in Bezug auf einen etwaigen Kontrahierungszwang ausfindig gemacht werden. Als Ansatzpunkt könnte allenfalls die Rechtsprechung dienen, nach der ein Kontrahierungszwang dann bejaht wird, wenn das anbietende Unternehmen eine Monopolstellung innehat[494]. Heutzutage wird überwiegend die Meinung vertreten, dass es ausreicht, wenn seitens eines „marktstarken" Unternehmens Güter oder Dienstleistungen vorenthalten werden, bei denen das Interesse der Gesamtheit es verlangt, dass der einzelne an den betreffenden Gütern teilhat[495].

Auf den Bereich der Schiedsstellen übertragen kann nicht davon ausgegangen werden, dass ein vergleichbarer Fall vorliegt. Dem Verbraucher ist es durchaus zumutbar, den Rechtsweg zu beschreiten, sollte sich die Innung weigern, einen ADR-Vertrag abzuschließen. Von daher bleibt zu prüfen, ob ein vertraglicher Kontrahierungszwang bejaht werden kann.

c) Vertraglicher Kontrahierungszwang

Ein Kontrahierungszwang kann sich auch aus vertraglichen Vereinbarungen ergeben. So kann ein Vorvertrag die Verpflichtung zum späteren Abschluss eines Hauptvertrages begründen[496]. Durch den Vorvertrag wird also ein Kontrahierungszwang begründet. Der Abschluss des Hauptvertrages kann auch vom Eintreten einer Bedingung abhängig gemacht werden[497].

Das Gesetz enthält jedoch bereits eine klare Regelung, welche der Annahme eines Kontrahierungszwanges entgegensteht, nämlich § 663 BGB. Wie bereits festgestellt wurde, ist der Vertrag zwischen dem Verbraucher und der Innung als Auftrag zu qualifizieren. Daraus folgt die prinzipielle Anwendbarkeit von § 663 BGB. § 663 BGB geht nicht so weit wie § 362 HGB, begründet aber für die durch ihn geregelten Sonderfälle die Pflicht zur unverzüglichen Erklärung der Ablehnung[498]. § 663 BGB ist auch auf die in

492 vgl. z.B. Tilmann, ZHR 141, 32, 74 ff., der zugunsten der Konsumenten u.U. einen Abschlusszwang auch ohne die Voraussetzung der Lebenswichtigkeit der Güter und der Monopolstellung des Anbieters befürwortet, so etwa bei Selbstbedienungsläden oder Bydlinski, AcP 180, 37 ff., der einen Kontrahierungszwang dann bejaht, wenn zumutbare Ausweichmöglichkeiten fehlen und die Güter oder Dienstleistungen zum Normal- bzw. Notbedarf gehören.

493 so offenbar letztmalig für den kulturellen Bereich z.B. LG Münster NJW 1978, 1329

494 RGZ 132, 273; BGH LM GWB § 26 Nr. 27 = NJW 1976, 801 ff. (wobei diese Entscheidung allerdings eher das Diskriminierungsverbot betrifft); Raiser, ZHR 111, 86 ff.

495 Kramer in Münchener Kommentar zum BGB, vor § 145, Rz. 13 m.w.N.

496 Heinrichs in Palandt, Einf. vor § 145, Rz. 19; BGH 102, 384, 388

497 z.B. wenn sich der Verpflichtete zur Durchführung eines bestimmten Projekts entschließt (BGH 102, 384).

498 vgl. Sprau in Palandt, § 663, Rz. 1

Rede stehende Problematik anwendbar. Ein öffentliches Sicherbieten, wie es § 663 BGB fordert, kann für die Schiedsstellen bejaht werden. Diese Voraussetzung ergibt sich nämlich bereits aus dem Wortlaut der MuGVO[499] sowie der Kfz-Reparaturbedingungen[500]. An diesem nach außen transportierten Rechtsschein muss sich die Innung festhalten lassen[501]. Ein vertraglicher Kontrahierungszwang kann daher (gleichfalls) ausgeschlossen werden.

4. Die Form des ADR-Vertrages zwischen Verbraucher und Innung

Gemäß § 3 Abs. 1 lit. b MuGVO erfolgt die Anrufung der Schiedsstelle durch Einreichung eines Schriftsatzes bei der Schiedsstelle (Anrufungsschrift). Hieraus könnte sich möglicherweise ein Schriftformerfordernis des ADR-Vertrages ableiten lassen, da die Anrufung des Verbrauchers gleich zu setzen ist mit einem Angebot an die Innung auf Abschluss eines ADR-Vertrages.

Allerdings kann der Transfer verfahrensrechtlicher Vorschriften auf die materiellrechtliche Ebene nicht so weit führen, § 3 Abs. 1 bzw. 2 MuGVO den Sinngehalt zu geben, dass für den Abschluss des ADR-Vertrages Schriftform erforderlich wäre. Dagegen spricht die enumerative Benennung bestimmter zwingender Inhalte der Anrufungsschrift in § 3 Abs. 2 MuGVO, die mehr dem Prozessrecht als dem materiellen Recht zuzuordnen sind. § 3 Abs. 2 MuGVO hat demnach alleine Bedeutung im Rahmen des Verfahrens und kann nicht als Schriftformklausel interpretiert werden. Der Abschluss des ADR-Vertrages bedarf daher keiner bestimmten Form.

5. Vertragspflichten der Parteien des ADR-Vertrages

Die Pflichten aus dem ADR-Vertrag ergeben sich aus der Rechtsnatur des Auftragsverhältnisses sowie aus der spezifischen Interessenlage der Vertragsparteien.

a) Hauptleistungspflichten

Die Hauptleistungspflichten folgen aus dem Charakter des ADR-Vertrages, welcher als Auftrag zu qualifizieren ist, § 662 BGB. Hieraus folgt die Verpflichtung der Innung, dafür zu sorgen, dass sie fachkundige Kommissionsmitglieder ernennt bzw. ernennen lässt, diese dann den Konflikt möglichst gütlich beilegen oder entscheiden sollen, § 1 Abs. 1 lit.b MuGVO. Die Innung bleibt aufgefordert, die Mitglieder der Schiedskommission dahin

499 § 1 MuGVO: „Die Schiedsstelle....hat die Aufgabe,....“; § 3 Abs. 1 lit. b MuGVO: „wird die Schiedsstelle auf Anrufung durch den Auftraggeber.....tätig.......“.

500 Ziff. XI Nr. 1: „Bei Streitigkeiten......kann der Auftraggeber.......die Schiedsstelle des Kfz-Handwerks anrufen.“

501 Beispiele zum öffentlichen Sicherbieten ergeben sich aus Thomas in Palandt, § 663, Rz. 3. Hier wird auch erwähnt, dass das öffentliche Sicherbieten „Aufforderung“ zur Auftragserteilung, nicht schon Vertragsantrag ist.

gehend zu instruieren, dass diese als Moderator fungieren sollen, um den Kommunikationsprozess zwischen den Konfliktparteien zu stimulieren.

Ihr (der Schiedskommission) soll zudem das Recht zugestanden werden, den Streit (notfalls) autoritativ durch Schiedsspruch zu entscheiden, § 7 MuGVO. Die Frage, ob ein Gutachten Bindungswirkung haben soll, ist zwar grundsätzlich dem Willen der Konfliktparteien zu entnehmen. Trotzdem kann diese Frage auch Gegenstand des ADR-Vertrages zwischen Verbraucher und Innung werden[502]. Letztlich hat also die Innung nach dem gemeinsamen Parteiwillen „für den Erfolg zu sorgen“[503].

Die Vorgaben der MuGVO sind nicht nur verfahrensrechtlicher Natur. Die dort enthaltenen Verpflichtungen sind vielmehr Vertragsinhalt des ADR-Vertrages und prägen damit das Vertragsverhältnis zwischen Verbraucher und Innung[504]. Dies gilt insbesondere für den Passus in der MuGVO, wonach die Mitglieder der Schiedskommission unabhängig sein sollen, § 2 Abs. 3 MuGVO. Sonstige Nebenpflichten ergeben sich aus den Regelungen des BGB zum Auftrag sowie aus der MuGVO. Hierzu gehören vor allem nachfolgende Pflichten:

b) Nebenpflichten

aa) Überprüfungspflicht

Die Innung ist gegenüber den Parteien verpflichtet, alle Umstände zu offenbaren, die eine Besorgnis der Befangenheit begründen können sowie stets die Eignung der Kommissionsmitglieder zu überprüfen[505].

bb) Mitwirkungspflicht

Unbestritten besteht eine Verpflichtung der Parteien, den Kommissionsmitgliedern eventuell benötigte Unterlagen zur Verfügung zu stellen, das Streitobjekt begutachten zu lassen sowie alle erforderlichen Angaben zu machen, die das Kommissionsmitglied zur Gutachtenerstellung benötigt[506]. Diese Verpflichtung gegenüber der Innung ergibt sich für den Unternehmer bereits aus der Innungssatzung oder einem möglichen Innungsbeschluss, für den Verbraucher aus dem ADR-Vertrag mit der Innung.

Die Mitwirkungspflicht erstreckt sich auch auf logistische Äußerlichkeiten, so z.B. die Bereitstellung von geeigneten Verhandlungsräumen, Durchführung der Korrespondenz,

---

502 Z.B. durch eine mögliche Verfahrensordnung, welche diese Wirkung vorsieht oder durch nachträgliches Einbringen dieser Problematik z.B. durch die sog. „Unterwerfungserklärung“.

503 Vgl. oben zur sog. „Prästierungslösung“.

504 Zur Frage, ob die Regelungen der MuGVO materiell-rechtlicher Natur sind, vgl. oben Zweiter Hauptteil, Vierter Teil, V. 2.

505 Meyer, Diss., 105 mit Verweis auf Kauffer, Diss., 22 f., Larenz, Allgemeines Schuldrecht § 9 I, S. 110 für den Bereich des Schiedsgutachtervertrages.

506 Meyer, 106

Bereitstellung von ausreichendem Personal zur Entgegennahme auch telefonischer Anfragen usw.[507].

cc) Auskunfts- und Rechenschaftspflicht

Diese Pflicht ergibt sich in jedem Fall direkt aus § 666 BGB. Hieraus kann z.B. die Pflicht der Innung abgeleitet werden, dem Verbraucher bestimmte Informationen hinsichtlich der voraussichtlichen Dauer des Verfahrens zu geben.

dd) Herausgabepflicht

Diese Pflicht kann aus § 667 BGB abgeleitet werden. Dem Verbraucher sind nach Abschluss des Verfahrens alle anvertrauten Gegenstände wie Gerätschaften, Ersatzteile, Akten o.ä. wieder herauszugeben.

ee) Anzeigepflicht bei Ablehnung

Die Innung ist gemäß § 663 BGB verpflichtet, die Ablehnung des Auftrags unverzüglich gegenüber dem Verbraucher anzuzeigen.

ff) Aufbewahrungspflicht

Schließlich trifft die Innung auch eine Aufbewahrungspflicht sowohl hinsichtlich aller Unterlagen, die zur Erstellung eines Gutachtens verwendet wurden als auch bezüglich des Gutachtens selbst[508].

gg) Geheimhaltungspflicht

Die Innung als die das Schiedsstellenwesen verwaltende Organisation hat dafür Sorge zu tragen, dass die Mitglieder der Kommission die diesen zur Kenntnis gelangten persönlichen und wirtschaftlichen Verhältnisse der Parteien auch nach dem Ausscheiden aus der Schiedskommission geheim halten werden. Dies ergibt sich aus § 2 Abs. 3 MuGVO.

---

507 So für den Schiedsorganisationsvertrag Münch in Münchener Kommentar zur ZPO, vor § 1034, Rz. 34

508 vgl. hierzu Meyer, 107 ff., welche als Begründung hierfür darauf verweist, dass bei allen Vertragstypen, welche durch ein bestimmtes Vertraulichkeitsverhältnis geprägt sind, eine derartige Aufbewahrungspflicht angenommen wird. Als konkretes Beispiel erwähnt Meyer die sich aus § 50 Abs. 2 BRAO ergebende Pflicht des Rechtsanwalts, Handakten bis zu fünf Jahre nach Beendigung des Mandats aufzubewahren.

hh) Pflicht zum Ersatz von Aufwendungen?

Aus § 9 MuGVO folgt zwar die grundsätzliche Kostenfreiheit des Verfahrens. Etwas anderes könnte sich jedoch aus § 670 BGB ergeben, wonach der Auftraggeber zum Ersatz von Aufwendungen verpflichtet ist, die der Beauftragte zum Zwecke der Ausführung des Auftrags gemacht hat, sofern er sie den Umständen nach für erforderlich halten durfte.

Da § 670 BGB jedoch dispositiver Natur ist, kann § 9 MuGVO als vertragliche Regelung mit materiellrechtlichem Gehalt betrachtet werden, welche an die Stelle des § 670 BGB tritt[509]. Eine Aufwendungsersatzpflicht des Verbrauchers besteht demnach nicht.

6. Die Beendigung des ADR-Vertrages zwischen Verbraucher und Innung

a) Möglichkeit der Kündigung bzw. des Widerrufs nach § 671 BGB

Da das Vertragsverhältnis zwischen dem Verbraucher und der Innung als der das Schiedsstellenwesen verwaltenden Organisation als Auftragsverhältnis zu qualifizieren ist, richtet sich die einseitige Beendigungsmöglichkeit grundsätzlich nach § 671 BGB. Der Auftrag kann daher vom Auftraggeber (Verbraucher) jederzeit widerrufen, vom Beauftragten (Innung) jederzeit gekündigt werden. Für den Beauftragten finden sich allerdings in § 671 Abs. 2 BGB einige Einschränkungen. Liegt ein wichtiger Grund vor, ist die Kündigung jederzeit, also auch zur Unzeit möglich. Die Definition des wichtigen Grundes orientiert sich prinzipiell an der Rechtsprechung zu § 626 BGB[510]. Ansonsten ist die Kündigung durch den Beauftragten auch ohne Vorliegen eines wichtigen Grundes jederzeit zulässig, wenn „der Auftraggeber für die Besorgung des Geschäfts anderweit Fürsorge treffen kann."

Es würde dem Sinn des Schiedsstellenverfahrens widersprechen, würde man die Möglichkeit des Treffens anderweitiger Fürsorge mit der Möglichkeit der Beschreitung des Rechtswegs gleichsetzen. In diesem Fall könnte sich nämlich die Innung durch Kündigung jederzeit konsequenzlos von unliebsamen Verbrauchern trennen. Will die Innung einen Vertrag mit dem Anrufenden nicht abschließen, so muss sie das von Anfang an klarstellen. Über § 663 BGB hat sie hierzu die Möglichkeit der Anzeige. Ansonsten besteht allenfalls noch ein Kündigungsrecht aufgrund eines wichtigen Grundes, vgl. § 671 Abs. 2 Satz 1 BGB.

Was den Widerruf des Auftraggebers (Verbrauchers) betrifft, so kann dieser jederzeit einschränkungslos erklärt werden. Dieser muss jedoch zumindest konkludent gegenüber der Geschäftsstelle der Schiedsstelle bzw. direkt gegenüber der Innung erklärt werden, da ansonsten bei Stattfinden einer mündlichen Verhandlung und Nichterscheinen des Ver-

509 Bereits oben wurde dargestellt, dass die Regelungen der MuGVO sowohl „prozessuale" als auch materiellrechtliche Natur haben können.

510 Sprau in Palandt, § 671, Rz. 3; a.A. Grundmann AcP 198, 457, 482

brauchers in dieser Verhandlung § 8 MuGVO seinen Sinn verlöre (Entscheidung nach Aktenlage).

b) Vertragsbeendigung durch Beschreiten des Rechtswegs

Gemäß § 1 Abs. 2 MuGVO befasst sich die Schiedsstelle nicht mit Streitigkeiten, die bei Gericht anhängig sind. Nach Ziff. XI Abs. 5 Satz 2 Kfz-Reparaturbedingungen stellt die Schiedsstelle ihre Tätigkeit ein, wenn während des Schiedsstellenverfahrens der Rechtsweg beschritten wird[511]. Die Tatsache, dass die Streitigkeit noch nicht vor Gericht anhängig ist, kann als Bedingung für die Annahme des Antrags des Verbrauchers auf Durchführung des Schiedsstellenverfahrens betrachtet werden.

c) Vertragsbeendigung durch einvernehmliche Vertragsauflösung

Selbstverständlich kann der Vertrag auch durch einvernehmliche Vertragsauflösung beendet werden. Allerdings kommt diese Alternative nur äußerst selten zur Anwendung, da beispielsweise das in praxe oftmals zu beobachtende mangelnde Weiterverfolgen des Verfahrens durch den Verbraucher als konkludenter Widerruf angesehen werden kann.

d) Sonstige Beendigungsmöglichkeiten

Die in §§ 672, 673 BGB genannten Beendigungsgründe sind kaum praxisrelevant. Sonstige Beendigungsmöglichkeiten sind nicht ersichtlich. Letztlich steht den Parteien in § 671 BGB jedoch eine für beide Parteien interessengemäße Beendigungsmöglichkeit zur Verfügung.

III. Das rechtliche Verhältnis der Innung und der anderen Organisationen im Sinne von § 2 Abs. 2 lit. b MuGVO zu den Kommissionsmitgliedern

Außer zum Verbraucher hat die Innung auch ein rechtliches Verhältnis zu den in der Schiedskommission vertretenen Mitgliedern. Anschließend soll auf die Rechtsnatur dieses Verhältnisses näher eingegangen werden. Danach wird geprüft, in welchem Rechtsverhältnis die anderen in § 2 Abs. 2 lit. b MuGVO genannten Organisationen zu den Kommissionsmitgliedern stehen.

1. Das rechtliche Verhältnis der Innung zu den Kommissionsmitgliedern

Das rechtliche Verhältnis der Innung zu den Kommissionsmitgliedern hängt maßgeblich davon ab, wie das Dreiecksverhältnis „Schiedsorganisation – Kommissionsmitglieder –

---

511 Allerdings wird gemäß § 3 Abs. 5 MuGVO durch die Anrufung der Schiedsstelle der Rechtsweg nicht ausgeschlossen.

Konfliktparteien" ausgestaltet ist. Folgt man der sog. „Vermittlungslösung" oder der „Bevollmächtigungslösung", so käme der Vertrag nur zwischen den Konfliktparteien und den Kommissionsmitgliedern zustande. Die Innung als die „das Schiedsstellenwesen verwaltende Organisation" würde demnach beauftragt bzw. bevollmächtigt werden, derartige Verträge für die Parteien abzuschließen. Diese Lösungen kommen jedoch aufgrund der bereits genannten Argumente nicht in Betracht[512]. Auch die „direkte Vertragslösung" muss aufgrund der bereits erwähnten Argumente ausscheiden[513].

Nach der hier prinzipiell bevorzugten „Prästierungslösung" hat die Schiedsinstitution selbstverantwortlich für den Erfolg zu sorgen. Sie würde daher die Schiedsrichter selbst unter Vertrag nehmen, die dann quasi ihre Hilfspersonen wären[514]. Nachfolgend wird untersucht, ob dies auch auf das Schiedsstellenwesen zutrifft.

Dem Willen der Konfliktparteien wird in der Tat die Lösung am besten gerecht, die besagt, dass die Schiedsinstitution (hier also die Innung) selbst für den Erfolg zu sorgen habe. Fraglich ist jedoch, ob die Innung die Kommissionsmitglieder tatsächlich selbst unter Vertrag nimmt. Zwingend wäre das nicht. Letztlich ließe sich der Erfolg auch ohne Vertragsbeziehungen zwischen der Innung und den Kommissionsmitgliedern (bzw. dem Vertreter der Innung in der Kommission im Speziellen) herbeiführen.

§ 2 Abs. 3 MuGVO ist als eine Regelung zu verstehen, die Pflichten konstituiert, welche eher dem vertraglichen Bereich zuzuordnen sind. Diese essentiellen Verpflichtungen der Kommissionsmitglieder[515] korrespondieren zum Teil mit den Pflichten, die sich aus dem ADR-Vertrag zwischen Verbraucher und Innung ergeben[516].

Dies erscheint auch sinnvoll und notwendig, da die Innung ihre Verpflichtungen gegenüber dem Verbraucher nur dann ordnungsgemäß erfüllen kann, wenn sich die Kommissionsmitglieder ihr gegenüber verpflichten, bestimmte essentialia des ADR-Vertrages zu beachten.

Die Benennung der Kommissionsmitglieder ist von diesen rechtlichen Verpflichtungen gegenüber der Innung jedoch unabhängig. Es besteht keine Identität zwischen dem Benennungsakt und den sich aus § 2 Abs. 3 MuGVO ergebenden Verpflichtungen des einzelnen Kommissionsmitglieds gegenüber der Innung. Auch dies erscheint sinnvoll. Die in § 2 Abs. 2 lit. b MuGVO aufgeführten Organisationen können das „Profil" des von Ihnen benannten Kommissionsmitglieds besser einschätzen als die Innung, die keinerlei Beziehung zu dem potentiellen Kommissionsmitglied hat. Es ist für die Innung ausreichend, vom „benannten Kommissionsmitglied" die in § 2 Abs. 3 MuGVO erwähnte schriftliche Versicherung zu erhalten. Diese Versicherung gewährleistet den Erfolg des Schiedsstellenwesens.

---

512 Vgl. oben Fünfter Teil, I. 1. a

513 A.a.O.

514 A.a.O.

515 Diese sind nach § 2 Abs. 3 MuGVO: Objektivität, Geheimhaltungspflicht

516 Vgl. hierzu oben Zweiter Hauptteil, Fünfter Teil, II. 5.

Es bestehen keine Anhaltspunkte für einen Rechtsbindungswillen, weder auf Seiten der Innung noch auf Seiten der Kommissionsmitglieder. Die Kommissionsmitglieder werden weder von der Innung für ihre Tätigkeit vergütet (die Kommissionsmitglieder werden vielmehr ehrenamtlich tätig bzw. für die jeweiligen Verhandlungen von „ihrer Organisation“ freigestellt) noch wählt die Innung diese selbst aus. Sie lässt sich von diesen lediglich die schriftliche Versicherung im Sinne des § 2 Abs. 3 MuGVO geben, um den Erfolg des Verfahrens zu garantieren.

Eine vertragliche Vereinbarung zwischen der Innung und den Kommissionsmitgliedern kann hierin jedoch nicht erblickt werden. Möglicherweise schließen die Kommissionsmitglieder jedoch mit den anderen in § 2 Abs. 2 lit. b MuGVO genannten Organisationen Verträge ab. Dies wird nachfolgend untersucht.

2. Das rechtliche Verhältnis der Organisationen im Sinne von § 2 Abs. 2 lit. b MuGVO zu den Kommissionsmitgliedern

Die in der Schiedskommission vertretenen Organisationen benennen „ihre Vertreter in der Kommission“. Die einzige Ausnahme ist der Vorsitzende der Schiedskommission. Dieser wird gemäß § 2 Abs. 5 MuGVO von allen Organisationen einvernehmlich bestimmt.

Der Benennungsakt ist grundsätzlich als rein tatsächlicher Vorgang zu verstehen. Aus dem rechtlichen Gefüge, in welches das zu benennende Kommissionsmitglied zu der jeweiligen Institution steht, kann sich jedoch z.B. ein Weisungsrecht ergeben, welches dazu führen kann, dass das Kommissionsmitglied die Benennung nicht ablehnen kann, sofern ihm die Tätigkeit als Kommissionsmitglied in der Schiedsstelle zumutbar ist. Besteht kein derartiges Weisungsrecht[517], so kann das potentielle Kommissionsmitglied die Benennung zurückweisen.

Mit der Benennung beginnt die Amtszeit des Kommissionsmitglieds zu laufen. Die Amtszeit beträgt gemäß § 2 Abs. 4 Satz 1 MuGVO drei Jahre. Erneute Amtszeiten sind zulässig.

Die Innung selbst nimmt offenbar keinen Einfluss auf die Person des potentiellen Kommissionsmitglieds. Sie vertraut insofern der Auswahl der jeweiligen Organisation, die sie für kompetent hält.

IV. Haftungsfragen

Zwar erlangt die Problematik der Haftung im Kontext mit Schiedsstellenverfahren in der Praxis offenbar äußerst selten Relevanz. Auch nach intensiver Recherche konnten für den Bereich des Kfz-Schiedsstellenwesens keine Entscheidungen gefunden werden, welche diese Thematik betreffen, allenfalls in verwandten Bereichen.

517 Wie dies möglicherweise für den Sachverständigen, der Vertragspartner der DAT ist, anzunehmen ist.

Dieses Phänomen mag mit der meist geringen wirtschaftlichen Bedeutung der Konflikte im Zusammenhang stehen. Jedenfalls ist die dogmatische Bedeutung dieser Thematik sehr hoch einzuschätzen, insbesondere da sowohl hochstrittige Fragen einer Haftungsermäßigung der (Schieds-) Gutachter[518] als auch die Problematik der Haftung von Schiedsorganisationen in Rede stehen, die bisher in Literatur und Rechtsprechung offenbar nur sehr selten diskutiert wurde.

Da Verbraucher und Unternehmer in unterschiedlichen Rechtsbeziehungen zur Innung bzw. den Kommissionsmitgliedern und den Organisationen im Sinne von § 2 Abs. 2 lit. b MuGVO stehen, empfiehlt es sich, die Haftungsproblematik in Bezug auf den Verbraucher getrennt von der Haftungsfrage in Bezug auf den Unternehmer zu diskutieren.

1. Die Haftung gegenüber dem Verbraucher

Auch hinsichtlich der Innung, der Organisationen im Sinne von § 2 Abs. 2 lit. b MuGVO und der Kommissionsmitglieder empfiehlt sich eine separate Vorgehensweise. Diese Differenzierung drängt sich schon deshalb auf, weil der Verbraucher lediglich mit der Innung in vertraglichen Beziehungen steht.

a) Die Haftung der Innung gegenüber dem Verbraucher

Da die Frage, ob ein Schiedsgutachten oder ein Gutachten mit lediglich empfehlendem Charakter durch die Schiedskommission angefertigt werden soll, auch für die Haftungsproblematik eine gravierende Rolle spielt, muss auch diesbezüglich eine getrennte Prüfung vorgenommen werden.

aa) Die Haftung bei Erstellung eines Schiedsgutachtens

(1) Haftungsgrundlagen

Zwischen dem Verbraucher und der Innung wird der ADR-Vertrag abgeschlossen[519]. Verletzt die Innung ihre Pflichten aus diesem Vertrag und erwächst dem Verbraucher hieraus ein Schaden, so kann dieser einen Schadensersatzanspruch aus §§ 280, 282, 241 Abs. 2 BGB geltend machen.

Problematisch ist die Frage, welche Vorschrift als Haftungszuweisungsnorm für das Verhalten der Kommissionsmitglieder bzw. der Angestellten der Geschäftsstelle gelten kann.

---

518 vgl. zum Meinungsstand noch weiter unten, z.B. Rauscher, Diss., 247 f., der eine analoge Anwendung des § 839 Abs. 2 BGB befürwortet oder Sprau in Palandt, § 675, Rz. 20a mit Verweis auf die Rechtsprechung, die den Schiedsgutachter nur bei offenbarer Unrichtigkeit des Schiedsgutachtens haften lassen will.

519 vgl. oben Zweiter Hauptteil, Fünfter Teil, I. 1. b. aa.

Was die Kommissionsmitglieder anbelangt, so ist hier zunächst an § 31 BGB zu denken, der über § 89 Abs. 1 BGB auf Körperschaften des öffentlichen Rechts (und damit auf die Innung, vgl. § 53 Satz 1 HandwO) entsprechende Anwendung findet. § 31 BGB ist sowohl auf vertragliche als auch auf deliktische Ansprüche als Haftungszuweisungsnorm anwendbar[520]. Demgegenüber wird von § 74 HandwO nicht die Haftung aus Verträgen erfasst[521]. Von daher scheidet § 74 HandwO als Haftungszuweisungsnorm für (hier in Rede stehende) vertragliche Ansprüche aus. Maßgeblich ist also, ob die Kommissionsmitglieder als „verfassungsmäßig berufene Vertreter" angesehen werden können.

Den Begriff des verfassungsmäßig berufenen Vertreters legt die Rechtsprechung weit aus[522]. Zur Klärung der Frage, ob die Kommissionsmitglieder als „verfassungsmäßig berufene Vertreter" gelten, kann auch auf die Bestimmungen der HandwO zurückgegriffen werden, die den Begriff des „satzungsmäßig berufenen Vertreters" genauer definiert. Denn die HandwO bleibt unabhängig von der Frage, ob § 74 HandwO als Haftungszuweisungsnorm im vertraglichen Bereich unanwendbar ist, Prüfungsmaßstab, da die Schiedskommission bei der Innung angesiedelt ist und dieser über § 54 Abs. 3 Ziff. 3 HandwO die Möglichkeit bietet, derartige „Schieds- bzw. Vermittlungsstellen" einzurichten.

Satzungsmäßig berufener Vertreter ist danach, wer durch die Bestimmungen der Satzung zur Vertretung der Innung berufen ist[523]. Satzungsmäßig berufene Vertreter sind insbesondere die Mitglieder der Ausschüsse, die von der Innung gebildet werden (können)[524]. Von daher müsste auch die Schiedskommission trotz ihrer heterogenen Zusammensetzung als derartiger Ausschuss angesehen werden[525]. Dem widerspricht nur anscheinend Reichert[526]. Danach seien nur die Mitglieder eines „echten Schiedsgerichts" im Sinne der §§ 1025 ff., 1066 ZPO keine Repräsentanten des Vereins, da sie persönlich und sachlich vom Verein unabhängig seien. Handele es sich um ein sog. unechtes Schiedsgericht, so sei die Organeigenschaft und damit die Haftung für ein Fehlverhalten dieser „Schiedsrichter" gegeben[527].

Die Schiedsstelle ist bei der Innung angesiedelt. Nach § 60 Nr. 3 HandwO sind die Ausschüsse Organe der Handwerksinnung. Dies gilt unabhängig davon, ob es sich um freiwillig gebildete Ausschüsse (wie die Schiedskommissionen) oder um obligatorisch zu bildende Ausschüsse handelt. Hinzu kommt, dass „Vermitteln" im Sinne von § 54 Abs. 3 Ziff. 3 HandwO nicht unbedingt die Existenz einer Schlichtungsstelle voraussetzt. Vielmehr kann auch z.B. ein Obermeister oder ein anderes Innungsmitglied die Vermittlungstätigkeit übernehmen. Für welche Art der Vermittlung sich die Innung entscheidet,

---

520 Heinrichs in Palandt, § 31, Rz. 2

521 Aberle, § 74 HandwO, Rz. 4

522 Heinrichs in Palandt, § 31, Rz. 6 mit Verweis auf BGH 49, 19; Schöpflin in Prütting/Wegen/Weinreich, § 31, Rz. 2; Reuter in Münchener Kommentar zum BGB, § 31, Rz. 20.

523 Aberle, § 74, Rz. 2 mit Verweis auf Siegert/Musielak, § 74, Rz. 5

524 Aberle, a.a.O.

525 Aberle, § 67, Rz. 2

526 Reichert, Handbuch Vereins- und Verbandsrecht, Rz. 3226

527 Reichert, Handbuch Vereins- und Verbandsrecht, Rz. 3227

obliegt ihrem Ermessen[528]. Diese Tatsachen sprechen für die Organqualität der Schiedskommission. Denn wenn es im Ermessen der Innung liegt, die Zusammensetzung der Schiedskommission bzw. „Vermittlungsstelle" selbst festzulegen dann muss sie sich an dieser Maßgabe auch messen lassen. Die Innung hat es letztlich selbst in der Hand, die Zusammensetzung festzulegen.

Dass vier der fünf Kommissionsmitglieder nicht bei der Innung angestellt sind, steht dem nicht entgegen. Denn auch externe Personen können als Organ handeln, sofern ihnen „durch die allgemeine Betriebsregelung und Handhabung bedeutsame, wesensmäßige Funktionen der juristischen Person zur selbständigen, eigenverantwortlichen Erfüllung zugewiesen sind"[529]. Als „wesensmäßige Funktion" kann die Möglichkeit der Schlichtung von Streitigkeiten zwischen den Innungsmitgliedern und ihren Auftraggebern angesehen werden, §54 Abs. 3 Nr. 3 HandwO[530]. Die konkrete Zuweisung erfolgt über die MuGVO, die die Zusammensetzung der Schiedsstelle in § 2 Abs. 2 lit. b MuGVO regelt.

Dieses Ergebnis wird unterstrichen durch die Rechtsprechung[531]. Danach soll die juristische Person sogar für selbständige Unternehmer haften, vorausgesetzt nur, diese sind mit der Wahrnehmung ausgelagerter Funktionen der juristischen Person betraut. Daher muss die entsprechende Anwendbarkeit des § 31 BGB auf die Mitglieder der Schiedskommission grundsätzlich bejaht werden. Dies gilt auch unter dem Aspekt der zunehmend extensiven Auslegung des § 31 BGB[532]. Zu bedenken wäre noch die Anwendung von § 278 BGB, der im vertraglichen Bereich eine Haftung des Geschäftsherrn für das schuldhafte Verhalten seiner Erfüllungsgehilfen vorsieht. Die Innung bedient sich zur Erfüllung ihrer Verpflichtungen aus dem ADR-Vertrag der in der Kommission vertretenen Schiedsgutachter[533]. Aus diesem Grund scheint § 278 BGB unproblematisch anwendbar zu sein, da die Kommissionsmitglieder als Erfüllungsgehilfen im Sinne von § 278 BGB anzusehen wären.

Von daher gilt es, das Rangverhältnis von § 31 BGB analog zu § 278 BGB zu klären. Im Schrifttum wird bisweilen die Auffassung vertreten, §31 BGB beschränke sich auf Schädigungen im allgemeinen Rechtsverkehr, während die Zurechnung des Repräsentantenverhaltens im Rahmen schuldrechtlicher Sonderverbindungen nach § 278 BGB zu beurteilen sei[534].

Dieser Ansicht ist nicht zu folgen. Vielmehr verdient § 31 BGB (analog) in Konkurrenz mit § 278 BGB den Vorzug. Sonst wird die Funktion des § 31 BGB, die Sicherung einer Eigenhaftung der rechtlich selbständigen Organisation in Parallele zur Haftung für

---

528 Aberle, § 54, Rz. 31

529 KG DB 1996, 2381; BGH NJW 1968, 391

530 Auch hier wird wieder die Bedeutung der Innung deutlich, da nur Innungsmitglieder vom Anwendungsbereich des § 54 Abs. 3 Nr. 3 HandwO erfasst werden.

531 BGH LM § 167 BGB Nr. 39

532 vgl. Schöpflin in Prütting/Wegen/Weinreich, Kommentar zum BGB, § 31, Rz. 2. Danach ist § 31 BGB die vereinsrechtliche Norm mit dem weitesten Anwendungsbereich.

533 So für den Bereich der Schiedsgerichtsorganisation Wolf, 252

534 Reuter in Münchener Kommentar zum BGB, § 31, Rz. 32 m.w.N.

eigenes Handeln bei der natürlichen Person nicht erreicht[535]. Letztlich hat dieser Streit jedoch nur geringe praktische Konsequenzen, nämlich nur für die Frage, ob die betreffende Körperschaft sich von der Haftung für Vorsatz des Organs freizeichnen kann, vgl. § 278 Satz 2 BGB[536]. Da Körperschaften überhaupt nur über ihre Organe handlungsfähig sind, muss es jedoch mit der hA bei der Regel des § 31 BGB und damit dem Verbot nach § 276 Abs. 3 BGB verbleiben[537].

Etwas anderes gilt für die Angestellten der Geschäftsstelle. Auf diese findet § 31 BGB entsprechend (über § 89 Abs. 1 BGB) keine Anwendung, da diese in keinem Fall als „Organ" bzw. „verfassungsmäßig berufene Vertreter" im Sinne von § 31 BGB anzusehen sind. Hier verbleibt es also bei der Zurechnung des Verhaltens der Angestellten der Geschäftsstelle über § 278 BGB, da die Angestellten der Geschäftsstelle als Erfüllungsgehilfen der Innung in Bezug auf die Verpflichtungen aus dem ADR-Vertrag mit dem Verbraucher angesehen werden können.

(2) Die Beschränkung der Haftung

Da ein Schiedsgutachten angefertigt wird, stellt sich weiter die Frage, ob eine Haftung der Innung nur dann in Betracht kommt, wenn dieses Schiedsgutachten offenbar unrichtig ist oder ein Haftungsprivileg auf der Verschuldensseite (Beschränkung auf Fälle grober Fahrlässigkeit und Vorsatz) zum Tragen kommt.

Diese Frage stellt sich deshalb, weil zumindest für den Bereich des nicht-institutionellen Schiedsgutachterwesens ein weit gehender Konsens hinsichtlich des Eingreifens einer für den Schiedsgutachter begrenzten Haftung besteht, wobei allerdings die dogmatische Herleitung umstritten ist. Demgegenüber wurde die Frage, ob bei institutionellen Schiedsverfahren der Schiedsorganisation gleichfalls ein derartiges Haftungsprivileg zugute kommt, sofern sich die Schiedsorganisation zur Erfüllung ihrer Verbindlichkeit den Konfliktparteien gegenüber eines Gremiums von Schiedsgutachtern als Erfüllungsgehilfen bedient, erkennbar noch nicht in der Literatur behandelt[538].

Zwar bestehen im gegebenen Fall des Schiedsstellenwesens keine direkten vertraglichen Beziehungen zwischen den Konfliktparteien und den Schiedsgutachtern in Form von (Schiedsgutachter-) Verträgen. Vielmehr wird der ADR-Vertrag nur zwischen der Innung und dem Verbraucher geschlossen, wobei die Innung für das Verhalten der Schiedsgutachter über § 31 BGB analog haftet. Dennoch ist die nachfolgende Prüfung des (möglichen) Haftungsprivilegs des Schiedsgutachters im nicht-institutionellen Bereich notwen-

535 Reuter in Münchener Kommentar zum BGB, § 31, Rz. 32; Schmidt-Kessel in Prütting/Weger/Weinreich, Kommentar zum BGB, § 278, Rz. 17

536 Reuter in Münchener Kommentar, a.a.O.; Schmidt-Kessel in Prütting/Weger/Weinreich, a.a.O.

537 Reuter in Münchener Kommentar, a.a.O.; Schmidt-Kessel in Prütting/Weger/Weinreich, a.a.O.

538 Wolf behandelt dieses Problem unter Bezugnahme auf vereinzelte Meinungen in der Literatur für den Bereich der institutionellen Handelsschiedsgerichtsbarkeit und kann somit als Vorbild dienen, wenn auch stets der Unterschied zum Schiedsstellenwesen im Auge behalten werden muss (Wolf, Die institutionelle Handelsschiedsgerichtsbarkeit, 251 ff.).

dig, da sich nur hieraus eine etwaige Haftungsprivilegierung der Innung als die das Schiedsstellenwesen verwaltende Organisation ergeben kann. Daher wird anschließend die mögliche Übertragbarkeit der Argumente, die für bzw. gegen ein Haftungsprivileg des Schiedsgutachters sprechen, auf das (institutionelle) Schiedsstellenverfahren untersucht werden.

(2.1.) Meinungsstand zum Haftungsprivileg des Schiedsgutachters

Die Vertreter der prozessrechtlichen Theorie halten für den Schiedsgutachter § 839 Abs. 2 Satz 1 BGB entsprechend für anwendbar, da der Schiedsgutachter eine dem Richter vergleichbare Tätigkeit ausübe[539]. Demgegenüber betont die (herrschende) materiellrechtliche Ansicht, dass § 839 Abs. 2 Satz 1 BGB keine Anwendung auf den Schiedsgutachter finde[540].

Eine weitere Meinung will die Haftungsbeschränkungsnormen der §§ 521, 599, 690 BGB auf den Schiedsgutachter zumindest dann anwenden, wenn dieser uneigennützig handle, da er in diesem Fall besonders schutzwürdig sei[541]. Diese Meinung wird von manchen Teilen der Literatur auf Gefälligkeitsverhältnisse übertragen[542].

Die Rechtsprechung erkennt eine Haftungsbeschränkung des Schiedsgutachters deswegen an, weil eine weiter gehende Haftung „nicht dem nach Treu und Glauben zu ermittelnden Willen derjenigen entspreche, die einen Schiedsgutachtervertrag abschließen“[543]. Zudem müsse dem Schiedsgutachter ein nicht zu eng bemessener Spielraum für seine Beurteilung eingeräumt werden, da die Ermittlung der technischen Grundlagen oft schwierige Bewertungen erfordere und der Schiedsgutachter vielfach auch auf Schätzungen angewiesen sei[544]. Letztlich haftet der Schiedsgutachter nach Meinung der Rechtsprechung nur dann, wenn das Schiedsgutachten offenbar unrichtig ist[545].

Das RG hat eine Haftung des Schiedsgutachters nur bei groben Verstößen gegen anerkannte fachwissenschaftliche Regeln angenommen und diese Einschränkung der Haftung als dem Parteiwillen entsprechend angesehen[546].

Nach Meyer ergibt sich eine eingeschränkte Haftung des Schiedsgutachters aus einer stillschweigenden vertraglichen Haftungsbeschränkung der Parteien des Schiedsgutach-

539 vgl. Rauscher, Diss., 247 f.; Habscheid, KTS 1957, 167

540 vgl. BGHZ 22, 343 ff.; Staudinger, § 839, Rz. 461; BGH NJW 1965, 1523; LG Berlin vom 28.9.1984, Grundeigentum 1986, 445; OLG Schleswig, VersR 1989, 487; Albers in Baumbach/Lauterbach/Albers/Schmidt, Grundz. § 1025, Rz. 18; Wittmann, Diss., 26, 84 m.w.N.; BGH NJW-RR 1993, 1034; BGH NJW 1979, 1885; BAG, DB 1979, 947

541 Meyer, 122 m.w.N.

542 Meyer, a.a.O. mit Verweis auf Medicus, Bürgerliches Recht, § 16 I Rz. 369.

543 BGH NJW 1965, 1523 (1524)

544 BGH a.a.O.

545 Sprau in Palandt, § 675, Rz. 20a mit Verweis auf BGH 43, 374; OLG Schleswig, NJW 89, 175; OLG Hamm, NJW-RR 89, 681.

546 JW 33, 217

tervertrages, die sich aufgrund der Ähnlichkeit der Stellung des Schiedsgutachters und des Richters am Gedanken des § 839 Abs. 2 Satz 1 BGB orientiert. Danach sei eine Haftung nur bei Vorsatz gegeben (§ 276 Abs. 3 BGB) oder dann, wenn das Verhalten des Schiedsgutachters einen Straftatbestand verwirklichen würde[547].

(2.2.) Stellungnahme

Die Grundlage für ein Haftungsprivileg des Schiedsgutachters ergibt sich prinzipiell aus dem Vertrag zwischen der jeweiligen Konfliktpartei und dem Gutachter. Mit Hilfe der Ermittlung des Parteiwillens wird dieses Haftungsprivileg begründet. Als weiteres methodisches Instrument, dieses Ergebnis zu unterstützen, mag die ergänzende Vertragsauslegung gelten[548]. Nachfolgend wird anhand dieser Instrumente versucht, sowohl das Haftungsprivileg als solches argumentativ zu hinterfragen als auch (im Falle der Annahme eines derartigen Privilegs) die Frage, wie weit dieses reichen soll. Dabei wird auf die dargelegten Ansichten Bezug genommen.

(2.2.1) Grundsätzliche Beschränkung der Haftung des Schiedsgutachters

Der Parteiwille, den Schiedsgutachter nur beschränkt haften zu lassen, ergibt sich vor allem daraus, dass dem Schiedsgutachter, wie den Parteien bewusst ist, ein gewisser Spielraum bei der Bewertung eingeräumt werden muss, da zum einen im Bereich des Kfz-Reparaturwesens keine eindeutige Wahrheit existiert[549], zum anderen oftmals schwierige technische Fragen geklärt werden müssen. Die Gefahr ist virulent, dass das Regressgericht die vom Schiedsgutachter entschiedene Rechtsfrage anders beurteilt oder die Tatsachen anders würdigt[550].

Dieser (vermutete) Parteiwille wird durch die Tatsache untermauert, dass das Schiedsstellenverfahren kostenfrei ist. Würde eine unbeschränkte Haftung des Schiedsgutachters angenommen, dann wäre der Schiedsgutachter wohl kaum mehr bereit, diese Funktion auszuüben[551] und auch dies kann den Parteien, die ihn zum Gutachter bestellen, nicht entgehen[552].

Schließlich sprechen auch die Begründungen, welche das Haftungsprivileg des Richters nach § 839 Abs. 2 Satz 1 BGB stützen, für ein Haftungsprivileg des Schiedsgutach-

---

547 Meyer, 123 ff.

548 Zu den Voraussetzungen der ergänzenden Vertragsauslegung vgl. Mayer-Maly/Busche in Münchener Kommentar, § 157, Rz. 25 ff.

549 Man denke hierbei nur an die schwierige Frage, ob ein bestimmtes selektives Vorgehen der Werkstatt bei Ermittlung des Fehlers unter Berücksichtigung der Grundsätze „Wahrscheinlichkeit der Fehlerursache" und „Wirtschaftlichkeit der Fehlerbehebung" „richtig war".

550 Genau mit diesem Argument hält Wolf für den Schiedsrichter eine Haftungsbeschränkung für angemessen (Wolf, 264).

551 So Meyer, 24 für den Schiedsgutachter; Wolf, 263, für den Schiedsrichter

552 BGH 1965, 374 (377)

ters. Dies gilt unabhängig davon, dass dieser Gedanke mehr dem Deliktsrecht zuzuordnen ist. Denn im Rahmen der ergänzenden Vertragsauslegung, die hier Anwendung finden kann[553], ist nicht nur auf die subjektiven Interessen der Beteiligten einzugehen, sondern auch die objektive Sinnhaftigkeit des durch die Auslegung ergänzten Geschäfts, also Vertragstypus und Vertragszweck, zu würdigen[554]. Hierzu gehört auch die Ermittlung bzw. Würdigung der Funktion des Schiedsgutachters.

Als maßgebliche Gründe für das Haftungsprivileg des Richters gelten die erforderliche Unabhängigkeit des Richters sowie die Sicherung der Rechtskraft (Rechtsbefriedungsfunktion)[555]. Die Argumente, die für ein Haftungsprivileg des Richters sprechen, lassen sich also auch auf den Schiedsgutachter und den Schiedsrichter übertragen[556].

Die Parteien wollen ihren Streit durch die Entscheidung des Schiedsgutachters endgültig beilegen. Dieses Ziel (Rechtsbefriedungsfunktion!) würde vereitelt oder zumindest gefährdet werden, wenn der Schiedsgutachter für jede verschuldete Pflichtwidrigkeit (also auch leichte Fahrlässigkeit) und/oder ohne Beachtung des Vertragsinhalts schon bei „bloßer" Unrichtigkeit des Schiedsgutachtens haften würde. Auch hier spielt das Argument der diffizilen Bewertung der Pflichtwidrigkeit im Bereich des Kfz-Reparaturwesens eine ausschlaggebende Rolle.

Auch das Argument der durch eine unbegrenzte Haftung gefährdeten Unabhängigkeit des Schiedsgutachters mag überzeugen: Der Schiedsgutachter könnte im Hinblick auf ein etwaiges Haftungsrisiko den Fall möglicherweise anders beurteilen als es seine frei gebildete schiedsgutachterliche Überzeugung fordern würde. Dies gilt umso mehr, als dass sich insbesondere das Schiedsstellenwesen in einem Raum bewegt, der kaum eine hundertprozentig „richtige Entscheidung" zulässt.

Somit ergibt sich also eine aus dem Parteiwillen bzw. über eine ergänzende Vertragsauslegung (d.h. eine den Sinn und Zweck der Funktion des Schiedsgutachters hinterfragende) abgeleitete beschränkte Haftung des Schiedsgutachters. Fraglich ist, wie weit diese Beschränkung reicht, also insbesondere, ob das Haftungsprivileg dadurch vorgenommen wird, dass nur bei „offenbarer Unrichtigkeit" des Schiedsgutachtens die Haftung eintritt und/oder auf der Verschuldensseite, indem die Haftung auf Fälle grober Fahrlässigkeit und/oder Vorsatz beschränkt wird.

(2.2.2) Reichweite der Haftungsbeschränkung

Als wesentliches Argument der haftungsrechtlichen Gleichstellung von Richter und Schiedsgutachter sieht Meyer den Zweck des Schiedsgutachtens, den Streit beizulegen,

553 vgl. zum schwierigen Verhältnis zwischen dispositivem Gesetzesrecht und ergänzender Vertragsauslegung Mayer-Maly/Busche in Münchener Kommentar, § 157, Rz. 35

554 Mayer-Maly/Busche in Münchener Kommentar, § 157, Rz. 39

555 Unabhängigkeit: BGHZ 13, 142 (144); Leipold, „Das Haftungsprivileg des Spruchrichters", JZ 1967, 737 (739); Sicherung der Rechtskraft: Leipold, a.a.O.

556 Meyer, 24 für den Schiedsgutachter; Wolf, 263, für den Schiedsrichter

der mit der materiellen Rechtskraft des Urteils und damit der Ursache für das Haftungsprivileg des Richters gleich zu setzen sei[557]. In der Tat ist Meyer Recht zu geben, wenn sie hierzu ausführt, dass dieser Zweck vereitelt würde, wenn das Gutachten unbeschränkt überprüfbar wäre. Daher sei die materielle und formelle Kontrolle des Schiedsgutachtens nur eingeschränkt in den Grenzen des § 319 Abs. 1 Satz 1 BGB möglich[558]. Hiermit führt Meyer selbst auf den Weg, dem die Rechtsprechung folgt, ohne dass sie hieraus die Konsequenzen ziehen würde.

In der Tat ist nämlich der von den Parteien des Schiedsgutachtervertrages verfolgte Zweck, ihre Rechtsbeziehungen zu klären, dann erreicht, wenn das Schiedsgutachten nicht offenbar unrichtig ist. Dann ist anzunehmen, dass nach ihrem Willen auch die Leistung des Gutachters dem Schiedsgutachtervertrag genügt[559]. Infolgedessen sind sie nicht berechtigt, ihm wegen etwa unterlaufener Fehler, die die Verbindlichkeit des Schiedsgutachtens nicht in Frage stellen, den Vorwurf mangelhafter Leistung zu machen und daraus Ansprüche herzuleiten[560].

Wenn also die Haftung des Schiedsgutachters deshalb auf die Fälle offenbarer Unrichtigkeit beschränkt ist, sind keine Gründe mehr dafür ersichtlich, den Parteiwillen darüber hinaus dahin gehend auszulegen, als dass der Gutachter nur bei vorsätzlichem bzw. strafrechtlich bedeutsamem Handeln haften solle. Eine so weit gehende Haftungsbeschränkung kann kaum dem vermuteten Parteiwillen entnommen werden.

Die Berücksichtigung des Gedankens der §§ 521, 599, 690 BGB und damit die Beschränkung auf Fälle grober Fahrlässigkeit ließe sich zwar möglicherweise noch dem Parteiwillen entnehmen. In eine vergleichbare Richtung ging bereits das Reichsgericht in seiner Entscheidung, in der es eine Haftung des Schiedsgutachters nur bei groben Verstößen gegen anerkannte fachwissenschaftliche Regeln angenommen und diese Einschränkung der Haftung als dem Parteiwillen entsprechend angesehen hat[561].

Im Ergebnis ähnelt diese Entscheidung der etwas jüngeren Rechtsprechung[562]. Diese benötigt jedoch, um zu einem vergleichbaren Ergebnis zu kommen, nicht die Beschränkung auf der Verschuldensseite. Sie kann die Beschränkung der Haftung vielmehr dem Vertragszweck, der sich in § 319 Abs. 1 Satz 1 BGB abbildet, direkt entnehmen.

Sowohl aus dem Urteil des BGH zur Frage der Haftung des Schiedsgutachters[563] als auch dem des OLG Hamm[564] lässt sich keine Beschränkung der Haftung auf der Verschuldensseite entnehmen. Dies erscheint auch nicht erforderlich, da die Beschränkung direkt § 319 Abs. 1 Satz 1 BGB entnommen werden kann. Ein Schiedsgutachten ist näm-

557 Meyer, a.a.O.
558 Meyer, a.a.O. m.w.N.
559 OLG Schleswig, NJW 1989, 176
560 OLG Schleswig, a.a.O.; insoweit gleich lautend BGH, Urteil v. 22.4.1965, BGHZ 1965, 374 (377)
561 RG JW 33, 217
562 OLG Hamm, NJW-RR 1989, 681; OLG Schleswig NJW 1989, 176; BGH, NJW 1965, 1523
563 NJW 1965, 1523
564 NJW-RR 1989, 681

lich nur dann verbindlich, wenn es nicht offenbar unbillig bzw. offenbar unrichtig ist, § 319 Abs. 1 BGB. Bereits daraus folgt die Einschränkung der Haftung des Schiedsgutachters. Die Verschuldensseite bleibt davon unberührt.

Der Begriff der offenbaren Unrichtigkeit ist durch die Rechtsprechung ausreichend genau definiert[565]. So läge beispielsweise im Bereich des Kfz-Schiedsstellenwesens offenbare Unrichtigkeit dann vor, wenn die Schiedsstelle von falschen tatsächlichen Voraussetzungen ausgehen und das Schiedsgutachten hierauf beruhen würde. Aus dieser Sachlage ergibt sich die für den Anspruch erforderliche Rechtsverletzung.

Der Anspruch aus §§ 280, 282, 241 Abs. 2 BGB besteht also dann, wenn der Schiedsgutachter mindestens (leicht) fahrlässig ein offenbar unrichtiges Schiedsgutachten anfertigt und dem Verbraucher hieraus ein Schaden entsteht. Der Schaden besteht im Verlust etwaiger Schadensersatzansprüche bzw. Ansprüchen aus Sachmängelhaftung gegenüber dem Werkunternehmer. Dieser Schaden resultiert letztlich aus der Bindungswirkung des Schiedsgutachtens bis zur Grenze der offenbaren Unrichtigkeit.

Fraglich ist nun, ob sich die Innung ebenfalls auf ein solches Haftungsprivileg berufen kann.

(2.3.) Das Haftungsprivileg der Innung

In der Literatur ist die Haftung von Schiedsorganisationen bisher allenfalls im Ansatz diskutiert worden[566], insbesondere was die Frage eines möglichen Haftungsprivilegs der Schiedsorganisation anbelangt. Die Ansichten reichen hier von einer analogen Anwendung der Vorschriften für die Schiedsrichterhaftung[567] über „verschiedene Zwischenstufen"[568] bis zur vollständigen Haftung (auch für leichte Fahrlässigkeit)[569].

Zwischen der Innung als der „Schiedsorganisation" und dem Verbraucher besteht der ADR-Vertrag. Eine (stillschweigende) vertragliche Haftungsbeschränkung wäre von daher prinzipiell denkbar. Es stellt sich jedoch die Frage, ob sich die für den Schiedsgutachter geltenden Argumente, welche diese Haftungsbeschränkung stützen, auf die Innung als Schiedsorganisation übertragen lassen. Diese Argumente lassen sich über den hypothetischen Parteiwillen bzw. die ergänzende Vertragsauslegung herleiten. Da die ergänzende Vertragsauslegung nicht nur die subjektiven Interessen der Beteiligten berücksichtigt, sondern auch den Vertragstypus und den Vertragszweck zu würdigen hat[570], sind die für die Haftungsbeschränkung des Schiedsgutachters (im nicht-institutionellen Bereich!) maßgeblichen Argumente der erforderlichen Unabhängigkeit des Schiedsgutachters sowie

565 Vgl. zum Begriff der offenbaren Unrichtigkeit Zweiter Hauptteil, Dritter Teil, I.4.b.

566 Dabei betrifft wiederum die überwiegende Mehrheit der Veröffentlichungen den Bereich des institutionellen Schiedsgerichtswesens. Am ausführlichsten hat dies anscheinend Wolf behandelt (Die institutionelle Handelsschiedsgerichtsbarkeit, 251 ff.).

567 Wolf, 258 mit Verweis auf Reiner, Handbuch der ICC-Schiedsgerichtsbarkeit, 291

568 Wolf, 259 mit Verweis auf Melis, Sieg, Aden und Reimer-Mußfeld

569 Wolf, 258 mit Verweis auf Schlosser

570 Mayer-Maly/Busche in Münchener Kommentar, § 157, Rz. 39

der „Rechtsbefriedungsfunktion" des Schiedsgutachtens auch im institutionellen Bereich zu berücksichtigen.

Die Innung als Organisation, die das Schiedsstellenwesen verwaltet, ist durch einen Gutachter in der Schiedskommission vertreten (§ 2 Abs. 2 lit. b. ee MuGVO). Sie fordert von den Kommissionsmitgliedern die Versicherung nach § 2 Abs. 3 MuGVO, um ihre Verpflichtungen aus dem ADR-Vertrag ordnungsgemäß erfüllen zu können bzw. den Erfolg des Schiedsstellenwesens sicher zu stellen. Die Innung übt also nicht nur rein verwaltende, sondern auch Streit schlichtende Funktionen aus. Sie soll nach dem Willen der Parteien des ADR-Vertrages eigenverantwortlich für den Erfolg sorgen.

Da die Innung für den Erfolg des Verfahrens zu sorgen hat, muss sie sich auf die Objektivität der Kommissionsmitglieder verlassen können. Nur dadurch lässt sich der Erfolg des Verfahrens garantieren. Die Objektivität der Kommissionsmitglieder wäre jedoch durch ein erhöhtes Haftungsrisiko der Innung gefährdet. Dies ergibt sich zum einen daraus, dass die Innung selbst in der Schiedskommission vertreten ist. Der Vertreter der Innung wird ein Interesse daran haben, dass die Innung nur in beschränktem Maße haftet, da er sich selbst bei unbeschränkter Haftung der Innung einem erhöhten Regressrisiko aussetzen würde.

Das Argument der Rechtsbefriedungsfunktion des Schiedsgutachtens lässt sich ohne weiteres auf den Fall übertragen, in dem die Schiedsorganisation direkt mit dem Verbraucher einen Vertrag abschließt und nicht die Schiedsgutachter. Denn die Rechtsbefriedungsfunktion des Schiedsgutachtens ist im gleichen Umfang gefährdet, wenn ein unbeschränktes Haftungsrisiko besteht, unabhängig also davon, ob die Kommissionsmitglieder direkt mit dem Verbraucher einen Vertrag abschließen oder als „Organe" der Innung agieren. Diese Funktion ist unabhängig von den jeweiligen Vertragskonstellationen.

Auch die Reputation der Innung als „Schiedsorganisation" wäre durch mangelnde Objektivität der Kommissionsmitglieder gefährdet. Die Reputation ist ein wesentliches Kriterium für die Innung, das Schiedsstellenwesen zu fördern.

Schließlich spricht die Tatsache, dass das Verfahren kostenfrei angeboten wird, für eine beschränkte Haftung der Innung gegenüber dem Verbraucher. Würde eine unbeschränkte Haftung der Innung angenommen, dann wäre dies ein Argument für die Innung, auf die Einrichtung von Schiedsstellen entweder ganz zu verzichten oder die Schiedsstellentätigkeit einzuschränken. Dies muss dem Verbraucher auch bewusst sein.

Die ergänzende Vertragsauslegung führt also auch für das Verhältnis der Schiedsorganisation (Innung) zum Verbraucher zu einer eingeschränkten Haftung auf Fälle offenbarer Unrichtigkeit des Schiedsgutachtens. Da § 31 BGB über § 89 Abs. 1 BGB entsprechend anwendbar ist, ist der Innung das Handeln der Schiedsgutachter als eigenes Handeln zuzurechnen[571].

Es gilt jedoch eine wesentliche Differenzierung zu beachten, die Wolf für den Bereich der institutionellen Handelsschiedsgerichtsbarkeit anspricht[572]. Danach soll für die Frage,

---

571 Vgl. hierzu für die Haftung des Vereins für seine Organe Heinrichs in Palandt, § 31, Rz. 1
572 Wolf, 266 ff.

für welche Bereiche das Haftungsprivileg der Schiedsgerichtsorganisation gilt, zwischen der rein administrativen und der „Recht sprechenden" Funktion der Schiedsgerichtsorganisation unterschieden werden. Nur im letzteren Fall sei das Haftungsprivileg gerechtfertigt. Wenn die Schiedsgerichtsorganisation ihre Überwachungsfunktion überhaupt nicht wahrnimmt, sei ein Haftungsprivileg nicht gerechtfertigt.

Dem ist zuzustimmen. Die genannten Argumente, die für ein Haftungsprivileg sprechen, beziehen sich auf den „Streit beilegenden" Charakter des ADR-Vertrages, also den „Kernbereich der schiedsgutachterlichen Tätigkeit". Was die administrative Tätigkeit der Schiedsstelle anbelangt, die letztlich natürlich auch zum Erfolg des Verfahrens beiträgt, sind keine Argumente ersichtlich, die für eine Haftungsbeschränkung sprechen.

Auf die Frage der offenbaren Unrichtigkeit kommt es hier nicht an, da von der Geschäftsstelle der Schiedsstelle kein Schiedsgutachten angefertigt wird. Das (schuldhafte) Verhalten der Angestellten der Geschäftsstelle wird der Innung dabei über § 278 BGB zugerechnet.

Dasselbe gilt dann, wenn die Innung ihre Funktion, das Verfahren zu überwachen, nicht wahrnimmt. Diese Aufgabe der Innung zuzuweisen, rechtfertigt sich im Übrigen zum einen (auf administrativer Ebene) aus der Tatsache, dass die Geschäftsstelle der Schiedsstelle bei der Innung angesiedelt ist, zum anderen (auf sachlicher Ebene) daraus, dass die Innung von den Kommissionsmitgliedern die Versicherung nach § 2 Abs. 3 MuGVO einfordert, welche die Kompetenz und die Objektivität der Schiedsstelle sichern sollen.

Zusammenfassend kann daher festgehalten werden, dass die Innung sich dann darauf berufen kann, nur im Falle „offenbarer Unrichtigkeit" des Schiedsgutachtens zu haften, sofern sie sachliche, „Streit beilegende" („Recht sprechende") Funktionen wahrnimmt, also insbesondere dann, wenn sich der Anspruch des Verbrauchers auf ein fehlerhaftes Gutachten oder einen fehlerhaften Schiedsspruch stützt. Demgegenüber besteht kein Grund für eine Haftungsbeschränkung, sofern administrative Pflichten verletzt wurden oder die Innung ihrer Überwachungsfunktion nicht nachgekommen ist. Die haftungsrechtliche Trennlinie zwischen diesen unterschiedlichen Funktionen, welche die Innung im Rahmen des Schiedsstellenverfahrens übernimmt, dürfte manchmal nicht einfach zu erkennen sein. Letztlich würde es den Gerichten überlassen bleiben, diese Trennlinie einzelfallabhängig zu definieren, wobei die angeführten Argumente als Hilfe dienen mögen.

bb) Die Haftung bei Erstellung eines Sachverständigengutachtens mit empfehlendem Charakter

(1) Haftungsgrundlagen

Was die Haftungsgrundlagen anbelangt, so besteht keine Veranlassung, andere zu wählen als die, welche bei Erstellung von Schiedsgutachten zur Anwendung kommen, also §§ 280, 282, 241 Abs. 2 BGB.

Als Zurechnungsnorm gilt auch hier über § 89 Abs. 1 BGB § 31 BGB entsprechend. § 278 BGB findet über § 664 Abs. 1 Satz 3 BGB für die Angestellten der Geschäftsstelle Anwendung, da diese als Erfüllungsgehilfen gelten. Danach haftete die Innung gegenüber dem Verbraucher also immer dann, wenn seitens der Schiedskommission zumindest (leicht) fahrlässig ein falsches Gutachten erstellt werden, die Entscheidung der Schiedsstelle auf diesem falschen Gutachten beruhen würde und dem Verbraucher hieraus ein ersatzfähiger Schaden entstanden wäre (der im Verlust etwaiger Forderungsrechte gegen die Werkstatt bestehen kann). Da der Auftrag einen anderen Inhalt hat als beim Schiedsgutachten, stellt sich die Frage, ob auch bei Erstellung eines Gutachtens mit lediglich empfehlendem Charakter ein Haftungsprivileg zur Anwendung kommen kann. Dies soll nachfolgend untersucht werden.

(2) Die Beschränkung der Haftung

(2.1) Grundsätzliche Beschränkung der Haftung der Innung bei Erstellung von Gutachten mit empfehlendem Charakter

Der Begriff der „offenbaren Unrichtigkeit" erlangt außerhalb des Bereichs des Schiedsgutachtens keine Bedeutung. Daher müsste an eine unbeschränkte Haftung nach §§ 280, 282, 241 Abs. 2 BGB gedacht werden, sofern die Parteien des „Gutachtervertrages" diesbezüglich keine spezielle vertragliche Regelung getroffen haben. Etwas anderes kann sich aus einer ergänzenden Vertragsauslegung ergeben.

Bezugspunkt dieser Vertragsauslegung sind nicht die subjektiven Vorstellungen der Parteien. Es geht vielmehr um die Ermittlung des hypothetischen, nämlich an heteronomen Gerechtigkeitsvorstellungen orientierten Vertragssinns[573]. Rechtsgrundlage für diese Rechtsfortbildung ist § 242 BGB[574].

Die Parteien des hier in Rede stehenden ADR-Vertrages haben die Frage der Haftung nicht explizit geregelt. Das dispositive Recht gäbe für diese Fallgestaltung zwar eine Lösung vor, nämlich die Haftung bei einer verschuldeten Erstellung eines fehlerhaften Gutachtens. Der hier in Rede stehende Vertrag entspricht zwar dem gesetzlich geregelten Typ des Auftrags. Zum einen ist der Inhalt dieses Auftrags jedoch so eigen (ADR-Vertrag mit doppeltem Inhalt, nämlich Schlichtung und Erstellung eines Gutachtens), dass sich eine abweichende Regelung anbietet, zum anderen ist es durchaus denkbar, dass die Beteiligten des Vertrages die abdingbare gesetzliche Regelung nicht wollten. Bei der Ermittlung dieses hypothetischen Parteiwillens sind sowohl die Interessen der Parteien als auch der Vertragszweck zu würdigen[575].

Das Schiedsstellenverfahren wird durch die Frage, ob ein Schiedsgutachten oder ein Sachverständigengutachten mit empfehlendem Charakter angefertigt wird, nicht beein-

573 Mayer-Maly/Busche in Münchener Kommentar, § 157, Rz. 26
574 Mayer-Maly/Busche in Münchener Kommentar, a.a.O. m.w.N.
575 BGH NJW 1979, 1979

trächtigt. Für den Verbraucher wird der Unterschied während des Verfahrens nicht ersichtlich. In beiden Fällen dienen die offen gelegten technischen Tatsachen dem Hauptzweck des Verfahrens, nämlich der Streitbeilegung. Der Unterschied liegt also lediglich in der Bindungswirkung des Schiedsgutachtens.

Nach Meyer ist jedoch gerade diese Bindungswirkung entscheidend für das Haftungsprivileg des Schiedsgutachters. Die Parteien des Schiedsgutachtenvertrages würden nämlich erkennbar das Ziel verfolgen, ihren Streit durch die Entscheidung des Schiedsgutachters beizulegen. Dieses Ziel würde vereitelt, wenn das Gutachten unbeschränkt überprüfbar wäre[576]. Damit entspräche eine Haftungsbeschränkung (für Meyer in Anlehnung an § 839 Abs. 2 Satz 1 BGB!) von ihrem Sinn und Zweck der Interessenlage der Parteien des Schiedsgutachtervertrages. Es wurde jedoch bereits festgestellt, dass der „rechtsbefriedende Charakter" des Schiedsstellenverfahrens weniger auf der Frage beruht, ob das Gutachten Bindungswirkung entfaltet, sondern vielmehr auf dem Verfahren als solchem mitsamt seinen Abschlussoptionen (Schiedsvergleich, Schiedsspruch)[577]. Von daher findet der Gedanke der „Rechtsbefriedungsfunktion" auch auf das Schiedsstellenverfahren mit empfehlendem Charakter Anwendung.

Zudem ist das Argument der durch eine unbegrenzte Haftung gefährdeten Unabhängigkeit des Schiedsgutachters auf die Kommissionsmitglieder übertragbar, sofern diese Gutachten mit lediglich empfehlendem Charakter anfertigen. Auch ein derartiges Kommissionsmitglied hat ein Interesse an einer weit gehenden Haftungsfreistellung. Andererseits wäre seine sachverständige Objektivität gefährdet.

Hinzu kommt das Argument der Unentgeltlichkeit, das sich auch bei der Frage des Haftungsmaßstabs ausdrücken muss. Der Verbraucher kann nicht erwarten, im Rahmen eines für ihn kostenfreien Verfahrens die Innung unbeschränkt in die Haftung nehmen zu können. Auch diese will sich wenigstens auf der Haftungsseite weit gehend absichern, wenn sie schon kostenfrei tätig wird. Dieses Argument spricht für eine Ähnlichkeit zu den gesetzlich geregelten Haftungsermäßigungen in §§ 521, 599, 690 BGB.

Auch eine Ähnlichkeit zur Haftung des gerichtlichen Sachverständigen nach § 839a Abs. 1 BGB kann als Orientierung dienen. Die Ähnlichkeit der Aufgaben des gerichtlich bestellten Sachverständigen und des Sachverständigen, der im Rahmen eines ADR-Verfahrens Gutachten mit empfehlendem Charakter anfertigt und somit die maßgebliche Entscheidungsgrundlage des Verfahrens liefert, ist offensichtlich. Dies kann den Parteien nicht verborgen bleiben. Der Gesetzgeber hat diesem Interesse des gerichtlichen Sachverständigen nach einer eingeschränkten Haftung durch die Einführung des § 839a BGB Genüge getan. Der Sachverständige im ADR-Verfahren hat jedoch dasselbe Interesse. Dieses Interesse gilt es im Rahmen der ergänzenden Vertragsauslegung entsprechend zu würdigen.

All dies spricht für eine Haftungsbeschränkung der Innung auch bei Erstellung von Gutachten mit lediglich empfehlendem Charakter. Fraglich ist nun, wie diese Haftungsbe-

---

576 Meyer, 124

577 vgl. oben Zweiter Hauptteil, Dritter Teil, III.

schränkung vorzunehmen ist. Es bleibt die Möglichkeit, die Beschränkung dadurch vorzunehmen, dass eine Haftung nur bei „offenbarer Unrichtigkeit" in Betracht zu ziehen wäre oder auf der „Verschuldensseite", indem die Haftung nur bei grober Fahrlässigkeit oder Vorsatz in Frage kommt, wobei sich die Innung in beiden Fällen das Verhalten der Kommissionsmitglieder über §§ 31 analog, 89 Abs. 1 BGB und das der Angestellten der Geschäftsstelle über § 278 BGB zurechnen lassen müsste.

(2.2) Reichweite der Haftungsbeschränkung

Würde man den hypothetischen Willen in der Form interpretieren, als dass auch im Falle der Erstellung eines Gutachtens mit empfehlendem Charakter nur bei offenbarer Unrichtigkeit gehaftet würde, so würde man den Unterschied zwischen dem Schiedsgutachten und dem Gutachten mit empfehlendem Charakter zumindest im Haftungsbereich aufheben. Die besondere Stellung gerade des Schiedsgutachtens rechtfertigt jedoch eine unterschiedliche Behandlung.

Diese darf aber nicht so weit führen, dass im Fall des einen Verfahrens nur bei offenbarer Unrichtigkeit, im Falle des anderen bei jeder verschuldeten Unrichtigkeit gehaftet würde. Vielmehr bietet es sich für das Gutachten mit empfehlendem Charakter an, die Haftungsbeschränkung auf der Verschuldensseite vorzunehmen. Danach würde das Kommissionsmitglied, welches Gutachten mit empfehlendem Charakter anfertigt bzw. die Innung als die das Schiedsstellenwesen verwaltende Organisation, nur bei grober Fahrlässigkeit und Vorsatz haften.

Eine derartige Beschränkung entspricht sowohl dem Parteiwillen als auch dem Sinn und Zweck des Verfahrens (Vertrages), eine Entscheidung mit weit gehendem rechtsbefriedendem Charakter herbei zu führen und die Objektivität der Schiedskommission nicht zu gefährden. Nur auf diese Weise kann das Spannungsverhältnis zwischen der Unrichtigkeit des Gutachtens und der (fehlenden) Bindungswirkung zufrieden stellend aufgelöst werden.

Zu dem Vorwurf der groben Fahrlässigkeit bzw. des Vorsatzes muss noch die Rechtsgutsverletzung, also das falsche Gutachten hinzu treten, um den Schadensersatzanspruch zu begründen. Im Bereich des Gutachtens mit empfehlendem Charakter genügt jedoch die „bloße" Unrichtigkeit des Gutachtens. Sie muss also – im Gegensatz zum Schiedsgutachten – nicht „offenbar" bzw. „offenkundig" sein. Schließlich muss die Rechtsgutsverletzung ursächlich für den Schaden gewesen sein, sog. haftungsausfüllende Kausalität.

Auch im Falle der Erstellung eines Gutachtens mit empfehlendem Charakter ist eine Trennung zwischen rein administrativer Tätigkeit der Innung und der sachlichen Aufgabe (Streitbeilegungsfunktion) vorzunehmen. Im ersteren Fall sind keine Gründe für eine Haftungsbeschränkung erkennbar. Im Falle der Streit entscheidenden, sachlichen Funktion der Innung sprechen die bereits erwähnten Argumente für eine dem hypothetischen Parteiwillen und dem Zweck des Verfahrens entsprechende Beschränkung der Haftung der Innung auf die Fälle grober Fahrlässigkeit oder Vorsatzes.

b) Die Haftung der Kommissionsmitglieder gegenüber dem Verbraucher

Auch bei der Prüfung der Haftung der Kommissionsmitglieder gegenüber dem Verbraucher bietet sich eine getrennte Prüfung nach der Art des erstellten Gutachtens an.

aa) Die Haftung der Kommissionsmitglieder bei Erstellung eines Schiedsgutachtens

(1) Haftungsgrundlagen

Da zwischen den einzelnen Kommissionsmitgliedern und dem Verbraucher keine direkten vertraglichen Beziehungen bestehen, kommen lediglich deliktische Ansprüche als Prüfungsmaßstab in Frage[578].

(1.1) § 839a BGB

Fraglich ist, ob § 839a BGB auch als Haftungsgrundlage gegen einen Schiedsgutachter (im institutionellen Verfahren) entsprechend anwendbar ist. § 839a BGB bezieht Vermögensschäden mit ein und konstruiert gleichzeitig eine gesetzliche Haftungsbeschränkung für gerichtliche Sachverständige auf die Fälle von vorsätzlichem oder grob fahrlässigem Verhalten[579].

§ 839a BGB ist persönlich nur auf gerichtliche Sachverständige anwendbar. Die Haftung der „anderen Sachverständigen" richtet sich im deliktischen Bereich alleine nach § 823 BGB bzw. § 826 BGB. Für eine Analogie fehlt es an der planwidrigen Lücke des Gesetzgebers. Hätte dieser auch Schiedsrichter und Schiedsgutachter von dem Privileg des § 839a BGB profitieren lassen wollen, so hätte er dies auch deutlich machen können und müssen[580].

Auch die Begründung zur Einführung des § 839a BGB spricht eher gegen als für die analoge Anwendung auf institutionelle Schiedsgutachterverfahren. Diese geht nämlich dahin, dass ein gerichtlich bestellter Sachverständiger gegenüber den Parteien eines Rechtsstreits oder sonst von einem gerichtlichen Verfahren Betroffenen keiner Vertrags-

578 Würde man einen Vertrag zwischen der Innung und den einzelnen Kommissionsmitgliedern bejahen, dann könnte man den Verbraucher auch als Dritten verstehen, der in den Schutzbereich dieses Vertrages einbezogen würde. Vorliegend wird jedoch die Existenz eines derartigen Vertrages verneint, so dass auf diese Konstruktion nicht näher einzugehen ist (vgl. hierzu III. „Das rechtliche Verhältnis der Innung und der anderen Organisationen zu den Kommissionsmitgliedern").

579 Sprau in Palandt, § 839a, Rz. 1; Wagner, NJW 2002, 2062; Wagner/Thole, VersR 2004, 279; Jacobs, ZRP 2001, 490; Wagner in Münchener Kommentar zum BGB, § 839a, Rz. 3, spricht hier von einer „Erweiterungs"- und einer „Beschränkungsfunktion" des § 839a BGB.

580 Sprau in Palandt, § 839a, Rz. 1 hält § 839a z.B. im Schiedsgerichtsverfahren nicht für anwendbar.

haftung unterworfen sei[581]. Ansprüche aus Deliktsrecht seien aufgrund der beschriebenen Problematik stark eingeschränkt (keine Erfassung von Vermögensschäden bei § 823 Abs. 1 BGB; sehr hohe Hürden bei § 823 Abs. 2 BGB und/oder § 826 BGB). Insoweit war es offensichtlich auch das Ziel des Gesetzgebers, die Haftung des gerichtlichen Sachverständigen dadurch zu verschärfen, dass § 839a BGB Vermögensschäden mit einbeziehen sollte[582].

Im vorliegenden Fall institutioneller Schiedsgutachterverfahren hat der Verbraucher jedoch auf alle Fälle noch die Möglichkeit der Geltendmachung vertraglicher Ansprüche gegen die Innung. Sollte er durch ein falsches (offenbar unrichtiges) Gutachten einen Schaden erleiden, so könnte er seine Ansprüche gegen die Innung als seinen Vertragspartner richten. Für eine Ausdehnung der Haftung der einzelnen Kommissionsmitglieder besteht daher keine Veranlassung. Eine analoge Anwendung des § 839a BGB scheidet daher aus.

(1.2) § 839 BGB

§ 839 BGB ist als spezielle Haftungsnorm für Amtspflichtverletzungen von Beamten (Abs. 1) bzw. Richtern (Abs. 2) ausgestaltet. Eine analoge Anwendung verbietet sich aufgrund ihres Ausnahmecharakters. Eine mögliche Haftungserweiterung durch die Anwendung des weiter gehenden staatsrechtlichen Beamtenbegriffs findet nur über Art. 34 GG statt, also eine Haftungsverlagerung auf den Staat[583]. Vorliegend geht es jedoch um die persönliche Haftung des Kommissionsmitglieds. Dieses ist jedoch weder Beamter noch Richter im Sinne von § 839 BGB. Eine Haftung aus § 839 BGB scheidet somit gleichfalls aus.

(1.3) § 823 Abs. 1 BGB

Als Haftungsgrundlage kommt auch § 823 Abs. 1 BGB in Betracht. Problematisch ist die Frage der Rechtsgutverletzung. Als verletztes Schutzgut kommt allenfalls das Eigentum oder „sonstige Rechte" im Sinne von § 823 Abs. 1 BGB in Betracht.

Wird ein Schiedsgutachten angefertigt und ist dieses zwar „unrichtig", aber eben nicht „offenbar unrichtig", so sind dem Verbraucher in einem etwaigen Folgeprozess mögliche Ansprüche aus Sachmängelhaftung des Werkvertrages mit dem Unternehmer wegen der Bindungswirkung des Schiedsgutachtens verwehrt. Der Schaden besteht also letztlich im

581 vgl. hierzu auch Jacobs in ZRP 2001, 489; in die selbe Richtung geht auch Wagner in Münchener Kommentar zum BGB, § 839a, Rz. 11, der gerade in der Tatsache, dass der gerichtliche Sachverständige im staatlichen Gerichtsverfahren auf öffentlich-rechtlicher Grundlage tätig wird, während z.B. der von einem Schiedsgericht bestellte Experte in ein privatrechtliches Vertragsverhältnis zu den Parteien trete, den wesentlichen Unterschied erkennt, der eine analoge Anwendung des § 839a BGB auf „nicht-gerichtliche" Sachverständige verbiete.

582 Jacobs, ZRP 2001, 491

583 Sprau in Palandt, § 839, Rz. 13

Verlust möglicher Forderungen. Derartige Forderungsrechte fallen jedoch nicht in den Schutzbereich des § 823 Abs.1 BGB, da sie im Gegensatz zu den ausschließlichen Rechten (die von § 823 Abs. 1 erfasst werden) nur bestimmte Personen verpflichten[584]. Es fehlt also für einen Anspruch aus § 823 Abs. 1 BGB gegen das Kommissionsmitglied an der erforderlichen Rechtsgutverletzung.

(1.4) § 823 Abs. 2 BGB in Verbindung mit einem Schutzgesetz

Im Gegensatz zu § 823 Abs. 1 BGB werden von § 823 Abs. 2 BGB auch solche Rechte geschützt, die keinen Ausschließlichkeitscharakter aufweisen[585]. Voraussetzung für einen Anspruch aus § 823 Abs. 2 BGB ist jedoch das Vorhandensein eines Schutzgesetzes. Den Schutz eines anderen bezweckt die Norm, wenn sie nach ihrem Zweck und Inhalt auch dazu dienen soll, den Einzelnen oder einzelne Personenkreise gegen die Verletzung eines bestimmten Rechtsguts zu schützen[586].

Es sind im Regelfall keine derartigen Gesetze erkennbar, die ernsthaft in Betracht zu ziehen wären. Strafrechtliche Normen dienen zwar grundsätzlich als „Schutzgesetz" im Sinne von § 823 Abs. 2 BGB[587]. Es kann jedoch prinzipiell angenommen werden, dass die Kommissionsmitglieder bei der Erstellung des Schiedsgutachtens keinen Straftatbestand verwirklichen. Unabhängig davon ist § 823 Abs. 2 BGB in Verbindung mit einem Schutzgesetz (z.B. § 263 StGB[588]) als Anspruchsgrundlage gegen die Kommissionsmitglieder denkbar.

(1.5) § 826 BGB

Zwar erfasst § 826 BGB als Anspruchsgrundlage auch reine Vermögensschäden[589]. Allerdings setzt diese Norm vorsätzliches und zugleich sittenwidriges Handeln voraus. Davon dürfte regelmäßig nicht auszugehen sein. Unabhängig davon kommt § 826 BGB jedoch prinzipiell als Anspruchsgrundlage gegen die Kommissionsmitglieder in Betracht, sofern vorsätzliches und sittenwidriges Handeln vorliegt und dem Verbraucher hierdurch ein Schaden entstanden ist[590].

---

584 Sprau in Palandt, § 823, Rz. 11 m.w.N.

585 Sprau in Palandt, a.a.O.

586 Sprau in Palandt, § 823, Rz. 57; BGH NJW 1989, 974; BGH NJW 1987, 1818 f.

587 Vgl. hierzu die Aufzählung bei Sprau in Palandt, § 823, Rz. 69 oder bei Wagner in Münchener Kommentar zum BGB, § 823, Rz. 357 ff.

588 Für § 263 StGB als Schutzgesetz im Sinne von § 823 Abs. 2 BGB vgl. BGH NJW 1993, 2992; BGH WM 1992, 1812 (1820).

589 Sprau in Palandt, § 826, Rz. 1; Schaub in Prütting/Wegen/Weinreich, Kommentar zum BGB, § 826, Rz. 1

590 Die Frage, ob das Schiedsgutachten zudem „offenbar unrichtig" sein muss, kann aufgrund der hohen Hürden, die § 826 BGB setzt, als kaum praxisrelevant angesehen werden. Unabhängig davon wird hiervon jedoch auszugehen sein.

(2) Ergebnis

Als Ergebnis bleibt festzuhalten, dass die einzelnen Kommissionsmitglieder gegenüber dem Verbraucher nur dann haftbar gemacht werden können, wenn sie vorsätzlich und sittenwidrig gehandelt haben (§ 826 BGB) oder wenn sie durch ihr Verhalten einen Straftatbestand erfüllen würden (§ 823 Abs. 2 BGB in Verbindung mit einem Schutzgesetz, z.B. § 263 StGB). Durch dieses Handeln muss dem Verbraucher ein Schaden entstanden sein.

In diesen Fällen hafteten die Kommissionsmitglieder als Gesamtschuldner im Sinne von § 840 Abs. 1 BGB. Hat nur ein Mitglied die Pflichtverletzung begangen, so kann dieses im Wege des Gesamtschuldnerausgleichs „intern" regresspflichtig gemacht werden. Ansonsten wäre der Verbraucher gezwungen, das Mitglied „ausfindig zu machen", welches die Pflichtverletzung begangen hat. Dies dürfte ihm jedoch aufgrund der Tatsache, dass die Beschlussfassung zumeist unter Ausschluss der Konfliktparteien stattfindet[591], kaum zumutbar sein.

bb) Die Haftung der Kommissionsmitglieder bei Erstellung eines Gutachtens mit empfehlendem Charakter

Es gilt hier nichts grundsätzlich anderes als bei der Erstellung von Schiedsgutachten. Eine (analoge) Anwendung von § 839 BGB oder § 839a BGB scheidet aufgrund der genannten Argumente aus. Für § 823 Abs. 1 BGB fehlt es an der erforderlichen Rechtsgutsverletzung (Vermögensschaden!).

Es verbleiben mögliche Ansprüche des Verbrauchers aus § 826 BGB oder aus § 823 Abs. 2 BGB in Verbindung mit einem Schutzgesetz, z.B. § 263 StGB[592].

c) Die Haftung der die Kommissionsmitglieder ernennenden Organisationen gegenüber dem Verbraucher, abgesehen von der Innung

aa) Die Haftung bei Erstellung eines Schiedsgutachtens

Da der Verbraucher auch mit den Organisationen im Sinne von § 2 Abs. 2 lit. b MuGVO keine Vertragsbeziehungen hat (abgesehen von der Innung), kommen auch diesen gegenüber nur deliktische Ansprüche in Betracht. Ersatzfähig wäre der Schaden, der dem Ver-

---

591 Vgl. hierzu noch weiter unten Zweiter Hauptteil, Sechster Teil, IV. 1. b

592 Der Unterschied zur Haftung beim Schiedsgutachten besteht allenfalls darin, dass bei Erstellung eines Schiedsgutachtens dieses wohl noch offenbar unrichtig sein muss, während im Falle der Erstellung eines Gutachtens mit lediglich empfehlendem Charakter die „bloße Unrichtigkeit" des Gutachtens ausreicht. Dieses Ergebnis erscheint aufgrund der besonderen Bindungswirkung des Schiedsgutachtens auch sachgerecht. Diese Frage hat nahezu keinerlei praktische Bedeutung aufgrund der hohen Hürden, die § 826 BGB oder § 823 Abs. 2 BGB setzt.

braucher durch die Benennung des Kommissionsmitglieds entstanden ist. Im Einzelfall wäre daher besonderer Wert auf die Prüfung zu legen, ob die Benennung kausal für den eingetretenen Schaden war. Dabei unterbricht das Fehlverhalten Dritter den Kausalverlauf nur bei besonders grobem Fehlverhalten[593].

§ 839 BGB oder auch § 839a BGB kommen nicht in Betracht, da die in Frage kommenden Organisationen weder „Richter" bzw. „Beamte" noch „gerichtlich bestellte Sachverständige" sind. § 823 Abs. 1 BGB scheidet aufgrund der Tatsache, dass diese Norm Vermögensschäden nicht mit umfasst, als Anspruchsgrundlage aus.

Es verbleiben also auch hier nur § 826 BGB oder § 823 Abs. 2 BGB in Verbindung mit einem entsprechenden Schutzgesetz als maßgebliche Anspruchsgrundlagen.

Eine Haftung der ernennenden Organisationen kommt daher nur bei vorsätzlichem und sittenwidrigem Handeln (§ 826 BGB) oder bei Verletzung eines Schutzgesetzes in Betracht (§ 823 Abs. 2 BGB z.B. in Verbindung mit § 263 StGB). Hinzu treten muss noch die Feststellung, dass ein „Ernennungsverschulden" vorliegt (culpa in eligendo) und die Ernennung kausal für den eingetretenen Schaden war[594].

In dem (seltenen) Fall, dass ein derartiger Anspruch gegeben wäre, hafteten die Organisationen als Gesamtschuldner im Sinne von § 840 Abs. 1 BGB. Ihnen verbleibt die Möglichkeit des (internen) Gesamtschuldnerausgleichs.

bb) Die Haftung bei Erstellung eines Gutachtens mit empfehlendem Charakter

Es gilt hier grundsätzlich dasselbe wie bei der Erstellung von Schiedsgutachten. Eine Haftung der Organisationen kommt also nur unter den sehr hohen Voraussetzungen des § 826 BGB oder des § 823 Abs. 2 BGB in Verbindung mit einem Schutzgesetz in Betracht. Das Gutachten muss nicht „offenbar unrichtig" sein.

2. Die Haftung gegenüber dem Unternehmer

Auch bei der Haftung gegenüber dem Unternehmer bietet sich eine Differenzierung nach dem jeweiligen Haftungssubjekt an. Daher wird auch hier unterschieden zwischen der Haftung der Innung, der ernennenden Organisationen und der Kommissionsmitglieder.

a) Die Haftung der Innung gegenüber dem Unternehmer

Es empfiehlt sich eine Trennung der Prüfung, je nachdem, ob ein Schiedsgutachten oder ein Gutachten mit empfehlendem Charakter angefertigt wird.

593 So Meyer für den Schiedsgutachter, 85 m.w.N.

594 Auch wird hier wohl noch „offenbare Unrichtigkeit" vorliegen müssen, da es sich um die Erstellung eines Schiedsgutachtens handelt. Allerdings kommt dieser Frage aufgrund der Tatbestandsvoraussetzungen, die § 826 BGB bzw. § 823 BGB (in Verbindung z.B. mit § 263 StGB) fordern, nahezu keinerlei Bedeutung zu.

aa) Die Haftung bei Erstellung eines Schiedsgutachtens

(1) Haftungsgrundlagen

Das Verhältnis der Innung zum Unternehmer unterscheidet sich grundsätzlich vom Verhältnis der Innung zum Verbraucher. Während letzteres rein vertraglich orientiert ist, ist der Unternehmer aufgrund seiner Mitgliedschaft in der Innung der Schiedsgewalt der Innung unterworfen. Diese Tatsache begründet möglicherweise gegenüber der Innung auch andere Haftungsgrundlagen für den Fall, dass die Innung in ihrer Eigenschaft als „Schiedsorganisation" dem Unternehmer einen Schaden zufügt.

Die jeweilige Satzung der Innung könnte die Haftungsfrage regeln. Hierüber ist jedoch nichts bekannt. Verschiedene Satzungen, die untersucht wurden, treffen über die Frage der Haftung gegenüber dem Unternehmer keine Aussage.

Vertragliche Beziehungen zwischen dem Unternehmer und der Innung bestehen nicht, so dass eine direkte Anwendung vertraglicher Anspruchsgrundlagen gleichfalls auszuscheiden scheint.

§ 280 BGB, der im Verhältnis zwischen Verbraucher und Innung als Anspruchsgrundlage dient, ist auch auf öffentlich-rechtliche Sonderverbindungen anwendbar[595]. § 280 BGB und die das Vertretenmüssen regelnden §§ 276, 278 BGB gelten auch für öffentlich-rechtliche Rechtsverhältnisse, soweit diese schuldrechtsähnliche Leistungsbeziehungen begründen und die Eigenart des öffentlichen Rechts nicht entgegensteht[596]. Sie sind nicht nur auf öffentlich-rechtliche Verträge, sondern auch auf sonstige öffentlich-rechtliche Sonderverbindungen entsprechend anwendbar, vorausgesetzt es besteht eine einem privatrechtlichen Schuldverhältnis vergleichbare Leistungs- und Obhutsbeziehung[597]. Zudem muss zwischen der Körperschaft (hier Innung) und dem Betroffenen ein „besonders enges Verhältnis" bestehen[598].

Der BGH qualifizierte in einer Entscheidung vom 5.3.1987 die Rechtsbeziehungen zwischen einer Körperschaft des öffentlichen Rechts (landwirtschaftlicher Wasser- und Bodenverband) und einem Mitglied dieser Körperschaft als öffentlich-rechtliche Sonderverbindung[599]. Der Bereich öffentlich-rechtlicher Mitgliedschaftsverhältnisse kann also die sinngemäße Anwendung des vertraglichen Schuldrechts als Ausdruck allgemeiner Rechtsgedanken auf öffentlich-rechtliche Verhältnisse rechtfertigen[600].

Auch der Unternehmer ist Mitglied in einer Körperschaft des öffentlichen Rechts, nämlich der Innung. Zwischen der Innung und seinen Mitgliedsunternehmen besteht ein

595 Vgl. Heinrichs in Palandt, § 280, Rz. 10

596 Heinrichs in Palandt, a.a.O. mit Verweis auf BGH 17, 142; BVerwG 13, 20

597 Heinrichs in Palandt, a.a.O. mit Verweis auf BGH 21, 214 und darauf, dass es sich hierbei um ständige Rechtsprechung handelt.

598 Heinrichs in Palandt, a.a.O. mit Verweis u.a. auf BGH NJW 63, 1828

599 BGH VersR 1987, 768

600 Papier in Münchener Kommentar, § 839, Rz. 76

derartiges, von der Rechtsprechung gefordertes „besonders enges Verhältnis". Die Mitgliedsunternehmen schließen sich freiwillig der Innung an, damit diese ihre gewerblichen Interessen fördert (und auch vertritt), § 54 Abs. 1 Satz 1 HandwO. Hierfür unterwerfen sie sich den Vorgaben der Satzung und unter anderem auch der Schiedsgewalt der Innung im Falle des Schiedsstellenwesens. Nach § 54 Abs. 3 Nr. 3 HandwO kann die Innung bei Streitigkeiten zwischen den Innungsmitgliedern und ihren Auftraggebern auf Antrag vermitteln. In diesem Fall nimmt die Innung eine ihr nach Gesetz zustehende Aufgabe wahr, die eine Sonderverbindung zwischen ihr und dem Innungsmitglied begründen kann.

Es besteht auch eine einem privatrechtlichen Schuldverhältnis vergleichbare Leistungs- und Obhutsbeziehung im Bereich des Schiedsstellenwesens. Der Unternehmer steht im Rahmen des Schiedsstellenverfahrens in einem ähnlichen Verhältnis zur Innung wie der Verbraucher, der mit dieser einen Vertrag schließt. Auch der Unternehmer profitiert von der Existenz der Schiedsstellen[601]. Die Pflichten der Schiedskommission gegenüber Verbraucher und Unternehmer sind identisch. Insbesondere verpflichten sich die Mitglieder der Schiedskommission zur Unabhängigkeit. Es werden also auch im Verhältnis zwischen Unternehmer und Innung „schuldrechtsähnliche Leistungsbeziehungen" begründet. Auch die Eigenart des öffentlichen Rechts steht der Annahme einer öffentlich-rechtlichen Sonderverbindung, auf die § 280 BGB entsprechend anwendbar ist, nicht entgegen. Somit ist auch im Verhältnis des Unternehmers zur Innung § 280 BGB (entsprechend) anwendbar.

Die Zurechnung des Handelns der Kommissionsmitglieder erfolgt auch im Rahmen der öffentlich-rechtlichen Sonderverbindung zwischen der Innung und dem Innungsbetrieb (Unternehmer) über § 89 Abs. 1 BGB nach § 31 BGB analog. Es besteht keine Veranlassung, die Frage der Zurechnung in diesem Verhältnis anders zu beurteilen als im Verhältnis des Verbrauchers zur Innung. Die Handlungen der Angestellten der Geschäftsstelle werden der Innung über § 278 BGB zugerechnet.

Aufgrund der bereits genannten Argumente kommt also zwischen dem Unternehmer und der Innung eine Haftung aus einer öffentlich-rechtlichen Sonderverbindung entsprechend §§ 280, 282, 241 Abs. 2 BGB in Betracht. Die Innung muss sich dabei ein etwaiges Verschulden der Kommissionsmitglieder entsprechend § 31 BGB, das der Angestellten der Geschäftsstelle nach § 278 BGB zurechnen lassen.

Grundsätzlich kommt auch ein Anspruch aus Amtshaftung im Verhältnis zwischen der Innung und dem Unternehmer nach § 839 BGB in Verbindung mit Art. 34 GG in Betracht. Der Anspruch aus §§ 280, 282, 241 Abs. 2 BGB analog über die Konstruktion der öffentlich-rechtlichen Sonderverbindung steht neben dem Anspruch aus § 839 BGB in Verbindung mit Art. 34 GG[602].

Schließlich übt die Innung dem Unternehmer gegenüber – trotz aller Ähnlichkeit zu einem privatrechtlichen Schuldverhältnis – Schiedsgewalt aus, welche ihr über die Satzung übertragen wird (vg. auch § 55 Abs. 1 HandwO). Sie wird insofern also durchaus

---

601 Vgl. zu den Vorteilen des Unternehmers oben Erster Hauptteil, Zweiter Teil, III. 2.

602 Sprau in Palandt, § 839, Rz. 2 m.w.N.

(auch) hoheitlich tätig[603]. Die Schlichtungstätigkeit der Innung kann als gesetzliche Aufgabe im Sinne von § 54 Abs. 3 Nr. 3 HandwO angesehen werden. Die Mitglieder der Schiedskommission werden im Schiedskommissionsverfahren gegenüber dem Unternehmer (als Mitglied der Innung) „in Ausübung eines ihnen anvertrauten öffentlichen Amtes" tätig. Denn die Schiedskommission ist als Ausschuss der Handwerksinnung (vgl. § 67 Abs. 1 HandwO) ein Organ der Handwerksinnung (§ 60 Nr. 3 HandwO), kann also auch öffentlich-rechtliche Aufgaben wahrnehmen. Dies gilt unabhängig davon, ob das einzelne Mitglied direkt bei der Innung angestellt ist oder bei einer anderen Institution im Sinne von § 2 Abs. 2 lit. b MuGVO.

Die Vermittlungstätigkeit der Handwerksinnung stellt zudem eine Amtspflicht gegenüber dem Unternehmer dar. Die Innung (bzw. genauer die Schiedsstelle, die bei der Innung angesiedelt ist) hat den zu Grunde liegenden Sachverhalt sorgfältig zu klären. Dabei muss sie sowohl technische als auch rechtliche Fragen beantworten, die oftmals eine schwierige Prüfung voraussetzen. Der einzelne Handwerker, der sich dem Schiedsstellenverfahren unterwirft, muss bei dieser Prüfung genauso vor einem offenbar unrichtigen (!) Schiedsgutachten, erstellt durch die Innung (bzw. die Kommissionsmitglieder) geschützt werden wie der Verbraucher, der sich an die Schiedsstelle wendet[604]. Insofern ist diese Amtspflicht auch drittschützend, da die Tätigkeit der Innung auch den Mitgliedern der Handwerksinnung dient. Liegt zudem ein Verschulden der Innung vor und war das Verhalten der Innung kausal für den Schaden, so ist § 839 BGB in Verbindung mit Art. 34 GG prinzipiell auch anwendbar.

Zum Verhältnis von Amtshaftung und einem Anspruch aus § 280 BGB analog über die Konstruktion der öffentlich-rechtlichen Sonderverbindung ist folgendes anzumerken: Prinzipiell stehen Ansprüche aus unerlaubter Handlung selbständig neben anderen Ansprüchen und sind eigenständig zu beurteilen. Der Verletzte kann nach seiner Wahl aus jeder Haftungsnorm vorgehen[605]. Das gilt im Grundsatz auch für den Anspruch aus § 839 BGB in Verbindung mit Art. 34 GG, da auch dieser letztlich ein deliktischer Anspruch ist[606]. Lediglich aus dem Inhalt und Zweck der einzelnen Haftungsvorschrift könnte sich etwas anderes ergeben. Dies gilt aber vor allem für das Verhältnis deliktischer Ansprüche zu Sondergesetzen, soweit diese einen Spezialtatbestand erschöpfend regeln[607]. Die Ansprüche aus Amtshaftung stehen zu denen aus einer analogen Anwendung der §§ 280, 282 BGB über die Konstruktion einer öffentlich-rechtlichen Sonderverbindung jedoch nach herrschender Meinung in Anspruchskonkurrenz zueinander[608].

---

603 vgl. zur Abgrenzung zwischen privatrechtlichem und hoheitlichem Handeln von Handwerksorganisationen Ossenbühl, Staatshaftungsrecht, 25 ff.

604 vgl. hierzu für den vergleichbaren Fall der beratenden Tätigkeit der Handwerksorganisationen ihren Mitgliedern gegenüber OLG Hamm NZA-RR 1998, 485

605 sog. Anspruchskonkurrenz, vgl. auch BGH NJW 87, 2008.

606 so im Ergebnis auch BGH VersR 1987, 768; BGHZ 63, 167 (172); BGH NJW 1974, 1816

607 Sprau in Palandt, Einf. vor § 823, Rz. 4

608 BGH VersR 1987, 768 (769); BGH VersR 1973, 1025

Der Anspruch aus §§ 280, 282, 241 Abs. 2 BGB analog hat gegenüber dem Anspruch aus Amtshaftung den Vorteil der Nichtanwendbarkeit des § 839 Abs. 1 Satz 2 und Abs. 3 BGB, der Beweislastverteilung nach § 282 BGB, der Anwendung der Grundsätze über die Schutzwirkung zu Gunsten Dritter sowie der dreißigjährigen Verjährungsfrist. Andererseits führt die Haftung aus §§ 280, 282, 241 Abs. 2 BGB analog dazu, dass sich der Geschädigte das Mitverschulden von gesetzlichen Vertretern und Erfüllungsgehilfen anrechnen lassen muss und dass die Haftung (durch Satzung) beschränkt werden kann[609].

(2) Das Haftungsprivileg der Innung

Zunächst sei anzumerken, dass keine Satzungsbestimmungen ausfindig gemacht werden konnten, welche sich mit der Beschränkung der Haftung befassen. Hieraus kann also keine Beschränkung der Haftung abgeleitet werden. Im Verhältnis des Unternehmers zur Innung besteht kein Vertrag. Von daher ließe sich auf den ersten Blick zwischen Unternehmer und Innung auch keine vergleichbare Haftungsbeschränkung, die sich auf eine ergänzende Vertragsauslegung stützt, entnehmen. Dies hätte zur Konsequenz, dass sich die Innung gegenüber dem Verbraucher auf eine weit gehende Haftungsbeschränkung berufen könnte, nicht jedoch gegenüber dem Unternehmer.

Wesentlich ist in diesem Zusammenhang die Frage, ob sich die Tatsache, dass zwischen Innung und Unternehmen eine öffentlich-rechtliche Sonderverbindung mit „schuldrechtsähnlichen Leistungsbeziehungen" vorliegt, auch auf die Haftungsbeschränkung auswirken kann. Auch derartige Sonderverbindungen könnten eine derartige Auslegung, die sich an den Grundsätzen der ergänzenden Vertragsauslegung orientiert, zulassen. Zu dieser Frage konnten zwar keine Entscheidungen ausfindig gemacht werden. Die Tatsache, dass durch eine öffentlich-rechtliche Sonderverbindung „schuldrechtsähnliche Leistungsbeziehungen" begründet werden, spricht jedoch dafür, diese Auslegungsgrundsätze auch in diesem Rahmen zuzulassen. Schließlich ist die ergänzende Vertragsauslegung auf Rechtsgeschäfte aller Art anwendbar[610]. Dazu können (zumindest im weiteren Sinne) auch öffentlich-rechtliche Sonderverbindungen gezählt werden.

Zu beachten ist in diesem Zusammenhang, dass die ergänzende Vertragsauslegung im eigentlichen Sinn keine Vertragsauslegung in Anlehnung an § 157 BGB ist, sondern Rechtsfortbildung[611]. Der dabei zu ermittelnde hypothetische Wille der beteiligten Vertragsparteien wird daher von den normativen Maßstäben einer an Treu und Glauben und an der Billigkeit orientierten Interessenabwägung bestimmt. Rechtsgrundlage für diese Rechtsfortbildung ist § 242 BGB[612]. Auch diese Interpretation der ergänzenden Vertragsauslegung lässt es zu, die Grundsätze, welche dieser Auslegungsmethode zugrunde liegen,

609 Heinrichs in Palandt, § 276, Rz. 131 m.w.N.
610 Heinrichs in Palandt, § 157, Rz. 2a m.w.N.
611 Mayer-Maly/Busche in Münchener Kommentar, § 157, Rz. 26.
612 Mayer-Maly/Busche in Münchener Kommentar, § 157, Rz. 26

auch auf öffentlich-rechtliche Sonderverbindungen anzuwenden, sofern die Eigenart des öffentlichen Rechts dem nicht entgegensteht.

Handelt es sich also um ein Verfahren, in dem Schiedsgutachten angefertigt werden, so kommt eine Haftung der Innung gegenüber dem Unternehmer nur dann in Betracht, wenn das Schiedsgutachten offenbar unrichtig ist. Denn auch in diesem Verhältnis zielt die Leistung der Innung auf die Erstellung eines verbindlichen Schiedsgutachtens. Wurde diese Leistung erfüllt, so besteht keine Veranlassung, das Verhältnis Unternehmer/Innung anders zu beurteilen als das Verhältnis Verbraucher/Innung.

Zu keinem anderen Ergebnis gelangt man bei Anwendung der Grundsätze über die Amtshaftung. Denn die Amtspflicht der Innung kann bei Erstellung eines Schiedsgutachtens nur soweit reichen, als dass die Innung (lediglich) verpflichtet ist, ein (feststellendes) verbindliches Schiedsgutachten anzufertigen. Ist das Schiedsgutachten beispielsweise „nur" unrichtig, mangelt es aber an der Offenkundigkeit, so hat die Innung gegenüber dem Unternehmer ihre Amtspflicht erfüllt. Ein Anspruch aus § 839 BGB in Verbindung mit Art. 34 GG käme aus diesem Grund bereits nicht mehr in Betracht.

bb) Die Haftung bei Erstellung eines Sachverständigengutachtens mit empfehlendem Charakter

(1) Haftungsgrundlagen

Auch in diesem Fall kommt eine Haftung aus einer öffentlich-rechtlichen Sonderverbindung entsprechend §§ 280, 282, 241 Abs. 2 BGB in Betracht. Voraussetzung ist also, dass schuldhaft ein fehlerhaftes Gutachten erstellt wurde und dies zu einem Schaden beim Unternehmer geführt hat. Die Innung muss sich das Verhalten der Kommissionsmitglieder entsprechend § 31 BGB, das der Angestellten der Geschäftsstelle nach § 278 BGB zurechnen lassen.

Ein Anspruch aus Amtshaftung gemäß § 839 BGB in Verbindung mit Art. 34 GG ist gleichfalls denkbar. Die Amtspflicht der Innung gegenüber dem Unternehmer reicht jedoch prinzipiell weiter. Die Innung hat die Aufgabe (auch gegenüber dem Unternehmer!), den Sachverhalt sowohl technisch als auch rechtlich zu hinterfragen und eine einvernehmliche Lösung zwischen den Parteien auf der Grundlage der sachverständigen Erkenntnisse, die prinzipiell „richtig" sein müssen, herbeizuführen oder durch Schiedsspruch zu entscheiden. Eine bloße Beschränkung auf die „offenbare Unrichtigkeit" findet hier also nicht statt.

(2) Das Haftungsprivileg der Innung

Es sind auf den ersten Blick keine Anhaltspunkte dafür ersichtlich, die Frage des Haftungsprivilegs der Innung im Verhältnis zum Unternehmer anders zu beurteilen als im Verhältnis zum Verbraucher. Die Argumente, welche für eine Haftungsbeschränkung auf

Fälle grober Fahrlässigkeit sprechen, müssen auch für die Beziehung zwischen Innung und Unternehmer Geltung beanspruchen, zumindest was den Anspruch aus §§ 280, 282, 241 Abs. 2 BGB analog anbelangt.

Dies gilt vor allem im Hinblick darauf, dass sowohl der ADR-Vertrag zwischen der Innung und dem Verbraucher als auch die zwischen der Innung und dem Unternehmer bestehende öffentlich-rechtliche Sonderverbindung rechtsgeschäftlichen bzw. rechtsgeschäftsähnlichen Charakter haben. In diesem Zusammenhang lassen sich die Grundsätze der ergänzenden Vertragsauslegung auf beide Rechtsbeziehungen anwenden. In beiden Fällen lässt sich der Vertragswille auf eine Beschränkung der Haftung zurückführen.

Somit haftet die Innung dem Unternehmer gegenüber nur bei grober Fahrlässigkeit der Kommissionsmitglieder, sofern ein Anspruch aus §§ 280, 282, 241 Abs. 2 BGB analog in Rede steht. Dies gilt jedoch nicht bei rein administrativer Tätigkeit der Innung. In diesem Verhältnis sind – was den Anspruch aus einer öffentlich-rechtlichen Sonderverbindung anbelangt – keine Gründe für eine Haftungsprivilegierung ersichtlich. Auch dann, wenn die Innung ihre Funktion, das Verfahren zu überwachen, nicht wahrnimmt, besteht keine Veranlassung für eine Haftungsprivilegierung.

Was den Anspruch aus Amtshaftung anbelangt, so ist in diesem Zusammenhang zunächst die subsidiäre Haftung nach § 839 Abs. 1 Satz 2 BGB zu beachten. Sie tritt ein, wenn der Amtsträger lediglich fahrlässig gehandelt hat. Zunächst müsste also der Unternehmer versuchen, über die analoge Anwendung der §§ 280, 282, 241 Abs. 2 BGB zu einem Schadensersatzanspruch zu kommen. Bei grober Fahrlässigkeit wäre dieser Anspruch wegen der über die ergänzende Vertragsauslegung ermittelten Haftungsbeschränkung ausgeschlossen. Dann stellt sich natürlich die Frage, ob sich diese Haftungsbeschränkung auch auf den Anspruch aus Amtshaftung nieder schlägt.

Prinzipiell sind die Möglichkeiten der Haftungsbeschränkung bei Anwendung der Grundsätze der Amtshaftung beschränkt. Die Beschränkungstatbestände ergeben sich zumeist direkt aus § 839 BGB[613]. Auf der anderen Seite beziehen sich vertragliche Haftungsbeschränkungen – sofern sich aus der Beschränkungsregelung selbst nichts anderes ergibt – auch auf Ansprüche aus unerlaubter Handlung[614].

Der BGH erkannte in einer Entscheidung vom 17.5.1973[615] die Möglichkeit der Haftungsbeschränkung durch Ortssatzung bei Haftung über vertragsähnliche Grundsätze an, verneinte diese Möglichkeit jedoch bei Anwendung der Grundsätze über die Amtshaftung, da nur der Gesetzgeber innerhalb gewisser Grenzen Ausnahmen vom Prinzip der Staatshaftung vorsehen könne. Dies gelte indessen nicht für die Satzungsgewalt der Gemeinden. Haftungsbeschränkungen des § 839 BGB i.V.m. Art. 34 GG sind durch unterge-

613 Also die Subsidiaritätsklausel in § 839 Abs. 1 Satz 2 BGB, das Spruchrichterprivileg in § 839 Abs. 2 Satz 1 BGB, die Fälle der Rechtsmittelversäumung nach § 839 Abs. 3 BGB sowie noch bestimmte sondergesetzliche Haftungsausschlüsse und –beschränkungen.

614 Heinrichs in Palandt, § 276, Rz. 35 mit Verweis auf BGH 9, 295 (306)

615 BGH 61,7; die Entscheidung bezog sich auf Schäden von Vieh durch Benutzung eines (baufälligen) Schlachthofs.

setzliche Rechtsetzung, etwa durch Satzungen, nach der Judikatur also nicht zulässig[616]. Nichts anderes kann für Haftungsbeschränkungen, die im Wege ergänzender Vertragsauslegung zustandekommen, gelten.

Nach Art. 34 GG trifft die Verantwortlichkeit grundsätzlich den Staat oder die Körperschaft, in deren Dienst der Amtsträger steht. In Rechtsprechung und Schrifttum ist anerkannt, dass der Gesetzgeber nur innerhalb gewisser Grenzen Ausnahmen vom Prinzip der Staatshaftung vorsehen kann[617]. Eingriffe des Staates in Freiheit und Eigentum der Bürger bedürfen vielmehr einer besonderen gesetzlichen Ermächtigung[618]. Einschränkungen der Haftung des Staates gemäß § 839 BGB in Verbindung mit Art. 34 GG mit Hilfe der ergänzenden Vertragsauslegung würden das Prinzip der Verantwortlichkeit des Staates für Amtspflichtverletzungen ad absurdum führen.

Selbst normative Haftungsausschlüsse bzw. -beschränkungen im Bereich der Amtshaftung sind nur in eng abgesteckten Ausnahmefällen zulässig, bei denen sachliche Gründe des öffentlichen Wohls eine Abweichung von der regelmäßig einsetzenden Haftungsüberleitung auf den Staat rechtfertigen[619]. Art. 34 GG, der die „grundsätzliche" Verantwortlichkeit des Staates für amtspflichtwidriges Verhalten seiner Amtsträger vorschreibt, sollte offenbar eindeutig den bisherigen, sowohl durch die reichsgerichtliche Judikatur als auch durch Art. 131 Weimarer Reichsverfassung geprägten Rechtszustand festschreiben[620]. Daher hätte eine Abweichung in der zentralen Frage möglicher Haftungsausschlüsse und -beschränkungen deutlicher zum Ausdruck gelangen müssen[621].

Kein anderes Ergebnis kann sich aus der Tatsache ergeben, dass zwischen dem Unternehmer und der Innung eine öffentlich-rechtliche Sonderbeziehung besteht. Im Bereich des Schiedsstellenwesens kommt das das öffentliche Recht prägende, typische Subordinationsverhältnis zwischen Innung und Unternehmer nämlich – trotz Bestehens einer öffentlich-rechtlichen Sonderbeziehung – in Form der Ausübung der Schiedsgewalt zum Tragen. Der Unternehmer unterwirft sich dem Schiedsspruch. Er verpflichtet sich (zumeist über die Satzung), der Schiedsstelle die angeforderten Auskünfte zu erteilen und Unterlagen zur Verfügung zu stellen, den Anordnungen der Schiedsstelle nachzukommen, insbesondere zu Verhandlungen zu erscheinen und die Beschlüsse und Empfehlungen der Schiedsstelle zu befolgen[622].

---

616 Papier in Münchener Kommentar, § 839, Rz. 124 mit zahlreichen Nachweisen

617 BGH NJW 1973, 1741 (1743), Papier in Münchener Kommentar, § 839, Rz. 291 m.w.N.; bereits oben Fn. 602c

618 BVerwGE 6, 247 (250)

619 Papier in Münchener Kommentar, § 839, Rz. 293 mit Verweis auf BGH NJW 1957, 1925 (1926); BGH NJW 1973, 1741 (1743); BGH NJW 1974, 1507 (1509); BayVGH DÖV 1970, 488 (489)

620 Papier in Münchener Kommentar, § 839, Rz. 292 mit Verweis u.a. auf RGZ 102, 166, 170f.; RGZ 107, 41f.; RGZ 111, 375; RGZ 128, 238f.; RGZ 149, 83f.; BGH NJW 1954, 1283

621 BGH NJW 1953, 941

622 vgl. hierzu Punkt 11 des Leitfadens zur MuGVO

Diese Verpflichtungen, die der Unternehmer gegenüber der Schiedsstelle auf sich nimmt, hat der Verbraucher nicht. Zudem entrichtet der Unternehmer der Innung gegenüber für seine Mitgliedschaft (und damit auch dafür, dass die Innung seine Interessen vertritt), Beiträge. Aus all dem kann sich eine „Ungleichbehandlung“ im haftungsrechtlichen Bereich zwischen Verbraucher und Unternehmer rechtfertigen. Der Verbraucher ist zudem der Innung gegenüber nicht weisungsgebunden und kann auch nicht an den Schiedsspruch gebunden werden. Er hat also durchaus „Vorteile“ gegenüber dem Unternehmer, die im haftungsrechtlichen Bereich bei Erstellung eines Gutachtens mit empfehlendem Charakter zumindest teilweise ausgeglichen werden. Hierdurch entsteht keine Schieflage, welche die Grundpruinzipien des Schiedsstellenverfahrens als solchem in Frage stellen könnte.

Während die Innung dem Verbraucher gegenüber also in dem Fall, dass ein Gutachten mit empfehlendem Charakter angefertigt wird, nur bei Vorsatz oder grober Fahrlässigkeit haftet, kann die Innung vom Unternehmer bereits bei leichter Fahrlässigkeit haftbar gemacht werden. Im Falle der Erstellung eines Schiedsgutachtens ergeben sich demgegenüber keine Unterschiede im haftungsrechtlichen Kontext.

b) Die Haftung der Kommissionsmitglieder gegenüber dem Unternehmer

Da zwischen den einzelnen Kommissionsmitgliedern und dem Unternehmer weder direkte vertragliche Beziehungen vorliegen noch eine dem Verhältnis zur Innung entsprechende öffentlich-rechtliche Sonderverbindung zum Tragen kommt, ist allenfalls an deliktische Anspruchsgrundlagen zu denken.

Auch gegenüber dem Unternehmer haften die Kommissionsmitglieder also nach § 826 BGB bzw. § 823 Abs. 2 BGB in Verbindung mit einem Schutzgesetz (z.B. § 263 StGB). Es sind keine Gründe dafür ersichtlich, die Kommissionsmitglieder im Verhältnis zum Unternehmer anders zu behandeln als im Verhältnis zum Verbraucher.

c) Die Haftung der die Kommissionsmitglieder ernennenden Organisationen gegenüber dem Unternehmer, abgesehen von der Innung

Auch im Verhältnis des Unternehmers zu den Organisationen im Sinne von § 2 Abs. 2 lit. b MuGVO bestehen aus den bereits genannten Gründen nur Ansprüche, sofern die Voraussetzungen des § 826 BGB oder des § 823 Abs. 2 BGB in Verbindung mit einem Schutzgesetz vorliegen. Im Einzelfall ist zudem zu prüfen, ob die Benennung kausal für den eingetretenen Schaden war.

Sechster Teil: Das Schiedsstellenverfahren

Der Zweite Hauptteil schließt mit der chronologischen Beschreibung des Schiedsstellenverfahrens. Im Rahmen der nachfolgenden Darstellung sollen die praktisch bedeutsamen Punkte herausgearbeitet und diskutiert sowie die rechtlich entscheidenden Aspekte erörtert werden. Aufgrund der chronologischen Vorgehensweise bietet es sich an, die Darstellung mit dem Vorprüfungsverfahren zu beginnen. Anschließend folgen Beschreibungen der weiteren Verfahrensstadien, also des Zwischen- und des Hauptverfahrens. Die verschiedenen Möglichkeiten, das Verfahren zu beenden sowie die Kostenregelung werden anschließend diskutiert. Den Abschluss des Sechsten Teils bilden Erörterungen zu den (materiellrechtlichen und prozessualen) Konsequenzen sowohl des Verfahrens als auch des Schiedsspruchs und des Schiedsvergleichs.

I. Das Vorprüfungsverfahren

Nahezu 90% der zugelassenen Anträge wurden 2005 im Rahmen des Vorverfahrens entschieden[623]. Sowohl dieser hohe Prozentsatz als auch die Tatsache, dass gerade das Vorverfahren unter Verbraucherschutzgesichtspunkten als der kritische Verfahrensabschnitt schlechthin bezeichnet werden kann, zwingen zu einer kritischen Beleuchtung der Geschehnisse im Vorverfahren. Da die MuGVO bereits wesentliche Anrufungsvoraussetzungen vorgibt, orientiert sich die nachfolgende Darstellung des Vorverfahrens primär an diesen Vorgaben. Zunächst wird an jedem „Prüfungspunkt" die Tatsachen- bzw. Rechtslage erörtert. Daran schließt sich ein auf das konkrete Erfordernis orientierter Gestaltungsvorschlag an. Von einem solchen Vorschlag wird nur an den Stellen abgesehen, an denen eine konkrete Änderung zur Optimierung des Schiedsstellenverfahrens nicht für erforderlich erachtet wird.

1. Formelle Anrufungserfordernisse

Da das Schiedsstellenverfahren als informelles Konfliktlösungsverfahren bezeichnet wird, müssen die formellen Erfordernisse möglichst gering gehalten werden. Nachfolgend werden die aktuellen Voraussetzungen für eine wirksame Anrufung der Schiedsstelle beleuchtet.

---

623 vgl. obige Statistik (Erster Hauptteil, Dritter Teil, IV.). Hieraus ergibt sich, dass im Jahr 2005 11713 Beanstandungen bei den Schiedsstellen für das Kfz-Handwerk eingegangen sind. Davon sind 10291 Anträge bereits im Vorverfahren entschieden worden. Dies entspricht 87,9% der insgesamt eingegangenen Beanstandungen.

a) Zuständigkeit

Die wohl bedeutsamste Anrufungsvoraussetzung betrifft die Zuständigkeit der Schiedsstellen. Hierbei kann zwischen sachlicher, örtlicher und persönlicher Zuständigkeit differenziert werden.

aa) Sachliche Zuständigkeit

(1) Rechtslage

Die sachliche Zuständigkeit der Schiedsstellen im Bereich des Kfz-Handwerks regelt § 1 Abs. 1 lit. b MuGVO. Danach hat die Schiedsstelle die Aufgabe, „Streitigkeiten zwischen Kunden und den der Innung angeschlossenen Werkstätten aus Werkstattaufträgen............ möglichst gütlich beizulegen oder zu entscheiden"[624]. Hieraus wird deutlich, dass die Zuständigkeit der Schiedsstellen aufgrund des eindeutigen Wortlauts der Verfahrensordnung sehr weit greift. Es werden demnach sämtliche Fahrzeuge vom Tätigkeitsbereich der Schiedsstelle umfasst. Ausgenommen sind nur Nutzfahrzeuge mit einem Gesamtgewicht über 3,5 t. Von daher ist die Zuständigkeit der Schiedsstelle auch bei einem Streit zwischen einem Motorradkunden und einem der Innung angehörigen Kfz-Meisterbetrieb gegeben. Selbst Fahrräder oder Anhänger fallen nach dem eindeutigen Wortlaut in den sachlichen Geltungsbereich der MuGVO[625].

In einigen Verfahrensordnungen finden sich Beschränkungen des sachlichen Anwendungsbereichs dahin gehend, dass die Schiedsstelle lediglich zuständig sein soll bei Streitigkeiten über

- die Notwendigkeit von Reparaturen
- die ordnungsgemäße Durchführung von Werkstattleistungen
- die Angemessenheit und Wirtschaftlichkeit der Reparaturkosten
- eine Auftragsüberschreitung[626].

---

624 An diesem „Zulässigkeitserfordernis" wird die bereits erwähnte Abhängigkeit der Schiedsstellentätigkeit von der Innung deutlich. Ohne diese öffentlich-rechtliche Komponente wäre ein funktionierendes Schiedsstellenwesen zumindest im momentanen Zustand nicht denkbar.

625 Dem entspricht die Klarstellung im Leitfaden für die Schiedsstellen des Kfz-Gewerbes. Danach seien ausdrücklich alle Streitigkeiten aus Werkstattaufträgen dem Zuständigkeitsbereich der Schiedsstelle zuzuordnen. Diese Klarstellung ist nicht zuletzt auf eine Intervention des ADAC in den Leitfaden aufgenommen worden, vgl. Schreiben der Juristischen Zentrale des ADAC/ Verbraucherschutz an den ZDK vom 20.1.1997 und vom 21.3.1997. Zunächst wollte der ZDK auf Anregung des ADAC hin lediglich Anhänger integrieren, nicht auch Fahrräder. Letzteres ist jedoch auch aus dem Grund bedeutsam, weil es immer mehr Hersteller gibt, die Fahrräder unter ihrem Namen vertreiben und Kfz-Werkstätten hier auch Reparaturaufträge entgegennehmen. Allerdings muss in diesem Fall die Frage der Kompetenz in den Schiedskommissionen besprochen werden. Diese technische Kompetenz dürfte bei Streitigkeiten bzgl. Fahrradreparaturen zumindest diskutabel sein.

626 z.B. die Geschäfts- und Verfahrensordnung der Schiedsstelle Augsburg-Schwaben, vgl. Anlage 5. Allerdings haben Verfahrensordnungen dieses Inhalts mittlerweile eher Ausnahmecharakter.

(2) Gestaltungsvorschlag

Diese Einschränkungen in manchen Verfahrensordnungen sollten aufgegeben werden. Es erscheint sinnvoller und bereitet auch weniger Abgrenzungsschwierigkeiten, wenn sämtliche Konflikte zwischen Verbrauchern und den der Innung angehörigen Kfz-Werkstätten in den Aufgabenbereich der Schiedsstellen fallen. Dies kann auch prinzipiell bejaht werden[627].

bb) Örtliche Zuständigkeit

(1) Rechtslage

Stets muss die örtliche Zuständigkeit durch die Geschäftsstelle geprüft werden. Maßgebend hierfür ist der Ort, an dem die Kfz-Werkstatt ihren Sitz hat. Die regionale Einteilung der Schiedsstellenbezirke orientiert sich am Gebiet der jeweiligen Innung. Der Einzugsbereich wird vom ADAC und vom ZDK im Einzelnen festgelegt. Zu beachten ist in diesem Kontext § 4 Abs. 1 Satz 2 MuGVO. Danach gibt die Geschäftsstelle die Beschwerde an die zuständige Schiedsstelle im Falle örtlicher Unzuständigkeit ab. Der Beschwerdeführer wird bezüglich der Frist so gestellt, als habe er sogleich die zuständige Schiedsstelle angerufen. Zu erwähnen bleibt, dass es für die Zulässigkeit der Anrufung ausreicht, wenn die Anrufungsschrift statt bei der Schiedsstelle bei dem Automobilclub eingeht, der einen Vertreter in die Schiedsstelle entsandt hat[628]. Die Geschäftsstelle des Automobilclubs ist dann verpflichtet, die Anrufungsschrift unverzüglich an die (zuständige) Geschäftsstelle der Schiedsstelle weiterzuleiten.

(2) Gestaltungsvorschlag

An der regionalen Einteilung der Schiedsstellenbezirke und damit an der örtlichen Zuständigkeit können kaum Bedenken festgemacht werden. Die räumliche Nähe der Streit schlichtenden Stelle zum Unternehmer berücksichtigt in angemessener Weise die „lokalen Verhältnisse" und ermöglicht den Aufbau einer „vertrauensvollen Zusammenarbeit", was dem Verbraucher letztlich zugute kommt.

Ein Gedanke scheint jedoch auch für das Schiedsstellenwesen von Bedeutung und könnte zu einer Optimierung des bisherigen Schiedsstellenwesens führen: Einen Grund für den Erfolg sog. AKB-Stellen in den Niederlanden sieht von Hoyningen-Huene in der dort bestehenden Balance zwischen Zentralität und Dezentralität. Während also die Sit-

---

Insofern ist die Verallgemeinerung von Gottwald in NZV 2000, 6 diesbezüglich irreführend. Vielmehr ist der uneingeschränkte Anwendungsbereich bei allen Streitigkeiten zwischen Kunde und Werkstatt mittlerweile die Regel und entspricht auch dem Wortlaut der MuGVO.

627 vgl. hierzu bereits die intensiven Erörterungen im Zweiten Hauptteil, Zweiter Teil, I.

628 vgl. Leitfaden, Punkt 5

zungen dezentral abgehalten werden, haben die niederländischen Einrichtungen gemein, dass die sekretariatsmäßige Behandlung zentral an einem Ort stattfindet, um die Arbeit möglichst effizient durchführen zu können und die Kosten niedrig zu halten[629]. Dieser Ansatz ist auch für das deutsche Schiedsstellenwesen interessant. Dadurch wäre zudem eine weitgehend einheitliche Behandlung der Anrufungen gewährleistet, was bisher nicht der Fall ist und starke Kritik der Verbraucherschutzorganisationen hervorruft. Die „Verteilung" erfolgt in diesem Fall von der zentralen Stelle aus an die örtlich zuständige Schiedsstelle. Die genannte „vertrauensvolle Zusammenarbeit" zwischen Schiedsstelle und Unternehmer wäre hierdurch nicht gefährdet.

cc) Persönliche Zuständigkeit

(1) Rechtslage

Es muss sich um einen Konflikt zwischen einem Kunden und einer der Innung angeschlossenen Werkstätte handeln. Insbesondere freie Werkstätten gehören manchmal nicht der Innung an. Aus dem Grund werden derartige Streitigkeiten zwischen Verbrauchern und diesen (freien) Werkstätten nicht vor der Schiedsstelle verhandelt.

(2) Gestaltungsvorschlag

Es könnte erwogen werden, dass Schiedsstellen auch für Nichtinnungsmitglieder tätig werden. Zwar würde es der Schiedsstelle diesen Werkstätten gegenüber an einer gewissen „Durchsetzungskraft" fehlen, da es der Innung an der Schiedsgewalt gegenüber diesen Betrieben mangelt. Sofern der Nichtinnungsbetrieb jedoch seine Zustimmung zum Verfahren geben würde, scheinen keine Gründe ersichtlich, zumindest probeweise eine derartige Möglichkeit zuzulassen und aufgrund der dann gewonnenen Erfahrungen entsprechende Konsequenzen zu ziehen.

b) Anrufungsschrift

aa) Rechtslage

§ 3 Abs. 1 MuGVO sieht vor, dass die Anrufung durch Einreichung eines Schriftsatzes (Anrufungsschrift) bei der Schiedsstelle erfolgt. Hieraus ergibt sich, dass telefonische Anfragen bei der Schiedsstelle streng genommen nicht dem Vorverfahren zugerechnet

---

629 von Hoyningen-Huene, 190 f. Insofern könnte auch der Gedanke der computerunterstützten Streitbeilegung (ODR) für das Schiedsstellenwesen interessant werden. Denn hier kann sich der Verbraucher an eine zentrale „Online-Stelle" wenden, die dann den Fall an die „tatsächlich" zuständige Stelle weiter gibt oder möglicherweise sogar gleich selbst „verhandelt (s.o.).

werden können, da dieses erst mit dem Eingang der Anrufungsschrift bei der Geschäftsstelle zu laufen beginnt, § 4 Abs. 1 Satz 1 MuGVO.

§ 3 Abs. 2 MuGVO nennt die Angaben, welche die Anrufungsschrift enthalten soll[630]. Diese Vorschrift wird in ihrer Bedeutung durch § 4 Abs. 1 Satz 5, 6 MuGVO verstärkt. Danach fordert die Schiedsstelle den Anrufenden auf, die Anrufungsschrift unverzüglich zu ergänzen, wenn die Anrufungsschrift unvollständig ist. Kommt der Anrufende dem nicht nach, so kann die Geschäftsstelle die Anrufung unter Angabe des Grundes zurückweisen.

bb) Gestaltungsvorschlag

Grundsätzlich ist hieran nichts zu beanstanden. Die in § 3 Abs. 2 MuGVO genannten Angaben sind allesamt erforderlich, um eine sachgerechte Konfliktlösung herbeiführen zu können. Sinnvoll dürfte es sein, die Anrufungsschrift auf das von der EU-Kommission entwickelte „Formblatt für Verbraucherbeschwerden“ abzustimmen bzw. dieses für die Anrufung durch die Verbraucher zu verwenden, um so gegebenenfalls auch „nichtdeutschen Verbrauchern“, welche mit deutschen Werkstätten in Konflikt sind, den Zugang zu diesen Stellen zu erleichtern.

Das europäische Formblatt für Verbraucherbeschwerden ist in den elf Amtssprachen der Europäischen Union erhältlich. Angeboten wird es nicht nur auf der Internet-Site der EU-Kommission, sondern auch bei den EG- Beratungsstellen für Verbraucher, den Verbraucherorganisationen und sonstigen Informations- und Beratungsdiensten für Verbraucher. Es wäre wünschenswert, wenn auch die Schiedsstellen künftig dieses Formblatt verwenden und zur Verfügung stellen würden. Zwar betrifft dieses Formblatt auch andere als Reparaturstreitigkeiten. Es enthält alle Daten, die § 3 Abs. 2 MuGVO für relevant erachtet. Gerade um eine Vereinheitlichung in Europa und damit eine verbesserte Transparenz für den Verbraucher zu erreichen, wäre die einheitliche Verwendung dieses Formblatts von erheblicher Bedeutung, zumindest sofern ein „nichtdeutscher Verbraucher“ die Schiedsstelle anruft. Dem sollten sich die Schiedsstellen für das Kfz-Handwerk nicht verschließen.

c) Anrufungsfrist

aa) Rechtslage

Gemäß § 3 Abs. 1 lit. b Satz 2 MuGVO muss die Anrufung unverzüglich nach Kenntnis des Streitpunktes und innerhalb der Verjährungsfrist für Sachmängel erfolgen. Die Ver-

630 also: – Name oder Firma der Parteien und ihre Anschriften; – Bezeichnung des Fahrzeugs; – kurze Schilderung der Beanstandung und des zugrunde liegenden Sachverhalts; – Benennung eventueller Beweismittel.

säumung dieser Frist ist dann ohne Bedeutung, wenn der Beschwerdegegner trotzdem der Durchführung des Verfahrens zustimmt, § 4 Abs. 1 Satz 4 MuGVO.

Zwei Aspekte sind bei der Beurteilung der Anrufungsfrist von zentraler Bedeutung: Zum einen die Definition des Begriffs „unverzüglich“, zum anderen der Passus „nach Kenntnis des Streitpunktes“ zur Ermittlung des Fristbeginns.

(1) Die Definition der Unverzüglichkeit

„Unverzüglich“ heißt nach der Legaldefinition des § 121 Abs. 1 Satz 1 BGB „ohne schuldhaftes Zögern“, was nicht gleichzusetzen ist mit „sofort“. Danach stünde dem Anrufenden eine angemessene Überlegungsfrist zu, ob er ein Schiedsverfahren durchführen möchte. Nach der Kommentierung zu § 3 MuGVO im Leitfaden (Punkt 5) sei eine noch akzeptable Obergrenze bei vier, äußerstenfalls bei sechs Wochen anzusetzen[631]. Juristisch verbietet sich jegliche Pauschalierung des Begriffs „unverzüglich“. Im Zweifel muss eine derartige Streitfrage durch Aufdeckung der Einzelfallumstände entschieden werden[632].

In demselben Kontext lässt sich die Problematik des Eingangs der Anrufungsschrift bei einer Fremdgeschäftsstelle oder bei einer Geschäftsstelle des ADAC oder eines anderen Automobilclubs einordnen. Bezüglich der Fremdgeschäftsstelle einer anderen Schiedsstelle trifft § 4 Abs. 1 Satz 2, 2. Halbsatz MuGVO eine klare Regelung; danach wird der Beschwerdeführer bezüglich der Frist so gestellt, als habe er sogleich die zuständige Schiedsstelle angerufen.

Demgegenüber beinhaltet hinsichtlich der zweiten Alternative (Eingang der Anrufungsschrift bei einer Geschäftsstelle des ADAC oder eines anderen Automobilclubs) lediglich der Leitfaden eine klarstellende inhaltliche Regelung. Danach liege dann kein „schuldhaftes Zögern“ (=unverzüglich) vor, wenn die Anrufungsschrift noch spätestens innerhalb von drei Werktagen nach Eingang bei der Fremdgeschäftsstelle der zuständigen Schiedsstelle übergeben oder mittels Telefax übermittelt wurde.

---

631 Zunächst wollte der ZDK im Leitfaden diesem Satz noch einen weiteren mit folgendem Inhalt einfügen: „Die Obergrenze kann sich jedoch zugunsten der gegnerischen Partei nach unten verschieben, wenn dies die Interessen des Gegners gebieten.“ Hiergegen hat jedoch der ADAC zu Recht Bedenken angemeldet, was sich auch in der Streichung dieses Passus ausbezahlt hat. Zum einen ist nämlich kein Grund ersichtlich, weshalb die Verkürzung lediglich der Anrufungsfrist im Interesse des Gegners sein sollte. Zum anderen stellt sich die Frage, wer und aufgrund welcher Tatsachen diese Entscheidung getroffen werden soll. Außerdem wollte der ZDK im Leitfaden zunächst eine Obergrenze von 10 bis 14 Tagen vorgeben. Dies erschien dem ADAC jedoch insbesondere deshalb nicht akzeptabel, weil der Bekanntheitsgrad der Schiedsstellen zunächst erheblich verbessert werden müsste. Oft würden die betroffenen Kunden nämlich erst nach einem Anruf beim ADAC erfahren, dass die Möglichkeit eines Schiedsstellenverfahrens besteht. Von daher sei die Obergrenze bei wenigstens sechs Wochen anzusetzen (Schreiben der Juristischen Zentrale des ADAC an die Rechtsabteilung des ZDK vom 20.1.1997).

632 vgl. hierzu auch § 4 Abs. 1 Satz 8 MuGVO, wonach die Schiedskommission bei einem Streit über die Entscheidung der Geschäftsstelle entscheidet.

(2) Die Definition des Fristbeginns

Der Fristbeginn wird mit der „Kenntnis des Streitpunkts“ gleichgesetzt, vgl. § 3 Abs. 1 lit. b Satz 2 MuGVO. Das zusätzliche Korrelativ „innerhalb der Verjährungsfrist für Sachmängel“ erlangt auch unter dem Aspekt, dass sich die Verjährungsfristen (in den entscheidenden Bereichen) zugunsten des Verbrauchers verlängert haben, kaum mehr praktische Bedeutung[633], da die gesetzliche Sachmängelhaftungsfrist in der Praxis zumeist das allein entscheidende Kriterium darstellt. Dennoch soll kurz auf dieses Korrelativ eingegangen werden.

Nach dem Leitfaden (Punkt 5) ist mit „Kenntnis des Streitpunkts“ der Zeitpunkt gemeint, in dem die Vertragsparteien über einen bestimmten Punkt des Vertragsverhältnisses uneinig geworden sind und auch Streitgespräche über diese Frage zu keinem befriedigenden Ergebnis geführt haben. Auch dieser Passus wurde auf Drängen des ADAC in den Leitfaden mit aufgenommen[634]. Hierdurch soll den Parteien die Möglichkeit einer gütlichen Einigung gegeben werden, was auch zur Entlastung der Schiedsstellen beiträgt.

bb) Gestaltungsvorschlag/Erforderlichkeit einer Anrufungsfrist

Scherpe vertritt die Ansicht, dass Fristen zur Beschwerdeeinreichung in außergerichtlichen Streitverfahren kontraproduktiv seien[635]. Durch die Setzung von Fristen könne weder eine Befriedung im Verhältnis zum Kunden noch eine Selbstkontrolle der Beschwerdeeinrichtung erreicht werden. Im Übrigen müsse die Frist dem Verbraucher nicht notwendigerweise einmal bekannt sein, da es sich um eine private, von der jeweiligen Beschwerdeeinrichtung selbst gesetzte Frist handelt. Dies könne nicht im Sinne der Ziele sein, die sich die Beschwerdeeinrichtungen selbst setzen würden.

Dem ist grundsätzlich zuzustimmen. Zum einen ist die Bestimmung des Fristrahmens als solches von subjektiven Faktoren abhängig, von daher nicht transparent und bietet aus diesem Grund einen weiteren Anlass zum Konflikt, der das Verhältnis sowohl zwischen den Konfliktparteien als auch zur Schiedsstelle selbst belasten kann. Zum anderen bleibt es der Schiedsstelle bzw. der Innung selbst unbenommen, einen Antrag auf Durchführung des Schiedsstellenverfahrens bzw. dogmatisch korrekter ausgedrückt auf Abschluss einer ADR-Vereinbarung unverzüglich abzulehnen, vgl. § 663 BGB.

Ist die Schiedsstelle auf Grund der langen Zeitspanne der Meinung, das Verfahren nicht mehr sachgemäß durchführen zu können, ohne dabei in umfangreiche Beweislastverteilungsprobleme und/oder tatsächliche Beweisprobleme zu geraten, dann muss sie das dem Beschwerdeführer unverzüglich nach der Anrufung deutlich machen. Erfolgt keine

633 Nach § 634a Abs. 1 Nr. 1 BGB verjähren Mängelansprüche nun grundsätzlich nach zwei Jahren.

634 vgl. Schreiben der Juristischen Zentrale des ADAC an den ZDK vom 20.1.1997

635 Scherpe, Diss., 242; a.A. offenbar von Hippel, Der Ombudsmann im Bank- und Versicherungswesen, 219

derartige unverzügliche Ablehnung, sollte das Verfahren auch durchgeführt werden unabhängig von etwaigen (autonom gesetzten) Fristen. Als oberste Grenze darf dabei allenfalls die gesetzliche bzw. vertragliche Verjährungsfrist gelten, also § 634a BGB. Eine unverzügliche Ablehnung eines Antrags auf Durchführung des Schiedsstellenverfahrens dürfte auch keine derart gravierenden negativen Wirkungen nach sich ziehen wie eine Ablehnung wegen Fristüberschreitung, über die möglicherweise noch ein Streit geführt würde.

d) Einverständnis des Verbrauchers bei Anrufung durch den Unternehmer

Ruft die Werkstätte die Schiedsstelle an, so wird diese gemäß § 3 Abs. 1 lit. b Satz 1 MuGVO nur tätig, wenn der Verbraucher sein Einverständnis hierfür abgibt. Das Einverständnis kann demnach als Zulässigkeitsvoraussetzung betrachtet werden, sofern die Werkstatt die Schiedsstelle anruft.

e) Fehlende Anhängigkeit der Streitsache vor Gericht

Gemäß § 1 Abs. 2 MuGVO befasst sich die Schiedsstelle nicht mit Streitigkeiten, die bei Gericht anhängig sind. Der Auftragnehmer könnte also die Durchführung des Schiedsstellenverfahrens verhindern, indem er Klage (z.B. auf Zahlung des Werklohns) einreicht[636]. Oft besteht jedoch nur Anlass für eine der beiden Vertragsparteien aktiv zu werden. Aus diesem Grund entfaltet diese Vorschrift nur geringe praktische Bedeutung.

f) Kein Schiedsverfahren in derselben Sache

Nach § 7 Abs. 4 MuGVO ist ein weiteres Schiedsverfahren in derselben Sache ausgeschlossen. Liegt also in derselben Sache bereits ein Schiedsspruch vor, dann ist die Ablehnung der Durchführung eines weiteren Verfahrens gemäß § 7 Abs. 4 MuGVO gerechtfertigt. Diese Vorschrift muss demnach bereits im Vorprüfungsverfahren beachtet werden. Zur Definition des Begriffs „dieselbe Sache“ darf allein auf den zu Grunde lie-

---

636 Danach kann ein „Wettlauf mit der Zeit“ zu unterschiedlichen Ergebnissen führen. Erhebt der Auftragnehmer Klage, bevor der Auftraggeber die Schiedsstelle angerufen hat, wird die Schiedsstelle die Anrufung mangels Zulässigkeit wegen § 1 Abs. 2 MuGVO ablehnen. Ruft der Auftraggeber aber die Schiedsstelle an, bevor der Auftragnehmer Klage einreicht, stellt zwar die Schiedsstelle nach Klageeinreichung ihre Tätigkeit ein, vgl. Ziff. XI Nr. 5 Satz 2 der Kfz-Reparaturbedingungen. Das Gericht wird jedoch das Verfahren analog §§ 356, 431 Abs. 1 Satz 1 ZPO aussetzen und die Erstattung des Gutachtens abwarten. Die praktische Relevanz wird äußerst gering sein, da sich die Werkstätten über die Innungssatzung, den Innungsbeschluss oder den Gestattungsvertrag dem Schiedsstellenverfahren unterwerfen. Würden die Werkstätten diese Verfahren durch ein derartiges Vorgehen boykottieren, wären disziplinarische Maßnahmen zu erwarten, welche die Werkstätten wohl nur ungern in Kauf nehmen würden.

genden Lebenssachverhalt zurückgegriffen werden. Dabei ist von einer natürlichen Betrachtungsweise auszugehen[637].

g) Streitwertbeschränkung

aa) Rechtslage

Manche Verfahrensordnungen beinhalten Klauseln, welche vorsehen, dass die Schiedsstelle erst ab einem Streitwert in einer bestimmten Größenordnung tätig wird[638].

Die rechtliche Auffassung in Bezug auf Streitwertklauseln, die im Leitfaden zur MuGVO dargestellt wird, ist nicht zutreffend. Danach seien Streitwertklauseln schon deshalb unzulässig, weil die Kfz-Reparaturbedingungen keine derartigen Einschränkungen vorsähen. Habe der Kunde den Werkstattauftrag unter Einbeziehung der Kfz-Reparaturbedingungen erteilt, so habe er unter Beachtung der in Ziff. XI genannten Voraussetzungen das Recht auf Durchführung eines Schiedsgutachtenverfahrens vor der zuständigen Schiedsstelle, unabhängig von der Höhe des Streitwerts[639].

Die Verfasser des Leitfadens übersehen dabei, dass sowohl die Schiedsstellenvereinbarung zwischen Verbraucher und Werkstatt als auch die ADR-Vereinbarung zwischen Verbraucher und Innung autonom sind und von daher einen unterschiedlichen Inhalt haben können. Ziff. XI der Kfz-Reparaturbedingungen sieht lediglich vor, dass der Auftraggeber bei Streitigkeiten aus dem Auftrag die Schiedsstelle anrufen kann.

Wie Ziff. XI Nr. 4 der Kfz-Reparaturbedingungen sogar selbst ausdrücklich klarstellt, richtet sich das Verfahren vor der Schiedsstelle (allein) nach deren Geschäfts- und Verfahrensordnung. Diese Geschäfts- und Verfahrensordnung kann auch Streitwertklauseln beinhalten. Ziff. XI der Kfz-Reparaturbedingungen gibt dem Verbraucher also keine Garantie auf uneingeschränktes Tätigwerden der Schiedsstelle nach Anrufung durch den Verbraucher. Vielmehr ist dieses Tätigwerden abhängig von der jeweiligen Geschäfts- und Verfahrensordnung.

bb) Gestaltungsvorschlag

Aus rechtlichen Gründen sind gegen derartige Beschränkungen kaum Einwände vorzubringen, da das Schiedsstellenverfahren als freiwilliges Konfliktbeilegungsverfahren aus-

---

637 Der im Zivilprozessrecht geltende zweigliedrige Streitgegenstandsbegriff gibt für das Schiedsstellenverfahren nur wenig her, da aus § 3 Abs. 2 MuGVO ersichtlich wird, dass ein konkreter Antrag in der Anrufungsschrift nicht zwingend erforderlich ist. Dieses Element (konkreter Antrag) ist daher auf das Schiedsstellenverfahren nicht anwendbar.

638 In der Regel sind dies 25 oder 50 €.

639 vgl. hierzu den Leitfaden, Punkt 6. Dabei ist außerdem die Feststellung unrichtig, der Kunde habe ein Recht auf Durchführung eines Schiedsgutachtenverfahrens. Schließlich kommt in den meisten Fällen in diesem Stadium auch unter Einbeziehung der Kfz-Reparaturbedingungen noch kein wirksamer Schiedsgutachtenvertrag zustande, so dass die Bezeichnung als Schiedsgutachtenverfahren fehl geht, s.o.

gestaltet ist und von daher die Schiedsstellen ihre „Zuständigkeit" in eigener Verantwortung festlegen können. Aus Verbrauchersicht sind demgegenüber derartige Betragsuntergrenzen abzulehnen.

Für manche Verbraucher können solche nach außen hin geringen Summen von großer Bedeutung sein[640]. Gegen derartige Streitwertklauseln spricht zudem, dass die Geschäftsstellen in der Regel überfordert sein dürften, den Streitwert für jeden Fall festzusetzen. Bei Gericht dienen solche Klauseln der Kostenberechnung. In den kostenfreien Verfahren vor der Schiedsstelle ist der Streitwert demgegenüber ohne Bedeutung.

Letztlich dürften pragmatische Gründe den Ausschlag dafür geben, dass zumindest eine Differenzierung zwischen Streitigkeiten mit geringem und solchen mit höherem Streitwert gerechtfertigt erscheint. So könnte daran gedacht werden, dass Streitigkeiten bis zu einem bestimmten Streitwert (beispielsweise 50 €) grundsätzlich nur im schriftlichen Verfahren erledigt werden, unabhängig von der Komplexität des Konfliktstoffes.

Insofern wäre eine Konfliktlösung auch für derartige geringwertige Streitigkeiten möglich, auch wenn die „Qualität" der Konfliktbeilegung möglicherweise nicht ganz dem Standard eines mündlichen Verfahrens entspräche. Die Schiedsstellen würden hierdurch jedoch „entlastet" und könnten sich den „wesentlicheren" Konflikten dafür intensiver zuwenden. Der Konflikt bei Bagatellstreitigkeiten wird dennoch beigelegt; ein Ergebnis, welches sowohl den Interessen der Schiedsstellen als auch denen der Konfliktparteien entgegen kommen dürfte.

2. Verfahren bei Unzulässigkeit der Anrufung

Gemäß § 4 Abs. 1 Satz 7 MuGVO entscheidet die Schiedskommission, wenn Streit über die Entscheidung der Geschäftsstelle entsteht. Das bedeutet nichts anderes, als dass die Schiedskommission auch über die Zulässigkeit bzw. Unzulässigkeit einer Anrufung zu entscheiden hat. Hält die Schiedskommission die Anrufung – entgegen der Auffassung der Geschäftsstelle – für zulässig, so wird das Verfahren so fortgeführt, wie es bei einer Zulässigkeit der Anrufung nach der MuGVO vorgesehen ist. Lehnt die Schiedskommission demgegenüber die Anrufung als unzulässig ab, vertritt sie also dieselbe Auffassung wie die Geschäftsstelle, dann verbleibt dem Antragsteller nur noch die Möglichkeit, gerichtliche Schritte einzuleiten[641].

---

640 Aus diesem Grund wehrt sich der ADAC schon seit langem gegen die Aufnahme derartiger Klauseln in die Verfahrensordnungen mancher Schiedsstellen, vgl. z.B. das Schreiben des ZDK an den ADAC vom 23.7.1981, in dem der ZDK selbst erwähnt, dass der ADAC eine derartige Klausel nicht für wünschenswert ansieht.

641 In der Praxis wird die Schiedskommission in vergleichbaren Fällen eher selten tätig. Es ist vielmehr zu vermuten, dass manche Geschäftsstellen der Schiedsstellen den Verbraucher im Vorverfahren bzw. im Stadium vor dem eigentlichen Vorverfahren, also in der Regel bei der ersten Kontaktaufnahme des Verbrauchers mit der Geschäftsstelle, bereits in einer solchen Form „aufklären", dass der Verbraucher gar nicht mehr in Erwägung ziehen wird, die Ablehnung der Zuständigkeit der Schiedsstelle durch die Schiedskommission prüfen zu lassen, weil

3. Verfahren bei Zulässigkeit der Anrufung

Ist die Anrufung zulässig, so übersendet die Geschäftsstelle die Anrufungsschrift dem Beschwerdegegner zur Stellungnahme, § 4 Abs. 2 Satz 1 MuGVO. Danach sind folgende Fälle zu unterscheiden:

- Der Beschwerdegegner nimmt innerhalb der vierwöchigen Frist des § 4 Abs. 2 Satz 2 MuGVO Stellung. Er unterwirft sich dem Anliegen des Anrufenden. Damit ist das Vorverfahren beendet. Es kommt nicht mehr zu einem Hauptverfahren.
- Die Parteien einigen sich in sonstiger Weise innerhalb der Vier-Wochen-Frist über den Streitgegenstand. Auch hier kommt es nicht mehr zu einem Hauptverfahren.
- Der Beschwerdegegner nimmt innerhalb der vier Wochen Stellung zur Anrufungsschrift. Eine Einigung der Parteien im Vorverfahren kommt nicht zustande. Hier hat die Geschäftsstelle den Vorgang mit sämtlichen Unterlagen dem Vorsitzenden der Schiedskommission vorzulegen. Mit der Vorlage der Unterlagen endet das Vorverfahren und beginnt das Hauptverfahren.
- Äußert sich der Beschwerdegegner innerhalb der Vier-Wochen-Frist nicht, so legt die Geschäftsstelle gleichwohl den Vorgang mit sämtlichen Unterlagen dem Vorsitzenden der Schiedskommission zur weiteren Behandlung vor. Auch hier endet mit der Vorlage das Vorverfahren.

Hieraus wird ersichtlich, dass bei Zulässigkeit der Anrufung nur in den letztgenannten beiden Fällen ein Hauptverfahren durchgeführt wird. In den ersten beiden Fällen kommt es dagegen bereits vor dem Hauptverfahren zu einer irgendwie gearteten „Einigung" zwischen den Parteien, so dass das Hauptverfahren gar nicht mehr eingeleitet wird. Wie sich aus den Statistiken ablesen lässt, haben die ersten beiden Fälle praktisch eine erhebliche Bedeutung, so dass im folgenden auf diese Fälle unter dem Stichwort „Zwischenverfahren" näher eingegangen werden soll, bevor sich die Arbeit mit dem Hauptverfahren auseinandersetzt.

Der Terminus „Zwischenverfahren" wurde deshalb gewählt, weil dieser Verfahrensabschnitt in der Chronologie tatsächlich zwischen dem Vorprüfungsverfahren, das sich lediglich mit der Zulässigkeit der Anrufung befasst und dem eigentlichen Hauptverfahren steht.

---

er aufgrund der Auskunft der Geschäftsstelle entweder keine Erfolgsaussichten sieht oder die Ablehnung der Zuständigkeit der Schiedsstelle nicht in Zweifel ziehen wird. Im Übrigen beinhaltet dieser Diskussionspunkt wieder den für das Schiedsstellenverfahren typischen Dualismus von verfahrensmäßiger und materiellrechtlicher Relevanz. Schließlich kann die Ablehnung der Anrufung als unzulässig auch als Ablehnung im Sinne von § 663 BGB oder als Kündigung im Sinne von § 671 BGB verstanden werden.

II. Das Zwischenverfahren

1. Tatsachenbeschreibung

Als Zwischenverfahren wird das Stadium beschrieben, welches durch § 4 Abs. 2 MuGVO präzisiert wird. Ist die Anrufung zulässig, dann ist das eigentliche Vorprüfungsverfahren beendet. Das Zwischenverfahren beginnt mit der Übersendung der Anrufungsschrift an den Beschwerdegegner und endet, wenn entweder innerhalb von vier Wochen eine Einigung zwischen den Konfliktparteien zustande kommt oder wenn die Geschäftsstelle nach Ablauf von vier Wochen mangels Einigung den Vorgang mit sämtlichen Unterlagen dem Vorsitzenden der Schiedskommission zur weiteren Behandlung durch die Schiedskommission vorlegt. Es dauert also nach der MuGVO maximal vier Wochen.

Der Begriff „Zwischenverfahren“ wird zwar erkennbar in den Geschäfts- und Verfahrensordnungen der einzelnen Schiedsstellen nicht erwähnt. Vielmehr wird dieser Verfahrensabschnitt einhellig noch dem Vorverfahren zugerechnet. Er dient jedoch der besseren Darstellung der Vorgänge bei den Schiedsstellen. Denn insbesondere dieses Zwischenverfahren kennzeichnet deutlich die Unterschiede der praktischen Handhabung des (gesamten!) Schiedsstellenverfahrens in den einzelnen unterschiedlichen Schiedsstellenbezirken.

Zur Verdeutlichung der Gesamtproblematik „Vor- und Zwischenverfahren“ sollen an dieser Stelle noch einmal die drei unter Verbraucherschutzgesichtspunkten wesentlichen Verfahrensstadien (vor Beginn des Hauptverfahrens) genannt werden[642]:

- Zum einen ist das Stadium vor Eingang der Anrufungsschrift bei der Geschäftsstelle herauszugreifen, also das Stadium vor Beginn des eigentlichen Vorprüfungsverfahrens. In diesem „Verfahrensstadium“ nimmt der Verbraucher in aller Regel lediglich losen (telefonischen) Kontakt mit der Geschäftsstelle der Schiedsstelle auf, um das Procedere abzuklären. Dieses Stadium ist gekennzeichnet durch eine weitgehende Unkontrollierbarkeit und Intransparenz. Die Geschäftsstelle kann den Verbraucher z.B. darüber „aufklären“, dass sein Vorgehen aus rechtlicher und/oder technischer Sicht aussichtslos oder die Anrufung unzulässig sei.
- Das chronologisch folgende Stadium ist das des eigentlichen Vorverfahrens, in dem lediglich eine Zulässigkeitsprüfung durch die Geschäftsstelle stattfindet. Hier ist die Transparenz gegenüber dem vorherigen „Verfahrensstadium“ aufgrund der Tatsache, dass bereits eine schriftliche Korrespondenz vorliegen muss, erhöht. Auch garantiert § 4 Abs. 1 Satz 8 MuGVO, dass sich der Verbraucher gegen eine für ihn negative Entscheidung der Geschäftsstelle wehren kann.

642 Zwar gehört die Darstellung rein systemlogisch nicht zum Punkt „Zwischenverfahren“, sondern greift darüber hinaus. Da das Zwischenverfahren jedoch aus Verbraucherschutzgründen gerade in diesem Zusammenhang Bedeutung entfaltet, bietet sich diese Erörterung im gegebenen Kontext an.

- Schließlich folgt das Zwischenverfahren. Dieser Verfahrensabschnitt soll nachfolgend intensiver beleuchtet werden. Wie bereits dargestellt, unterscheidet sich die praktische Durchführung dieses Verfahrensabschnitts bei den unterschiedlichen Schiedsstellenbezirken erheblich[643].

Eine Einbeziehung eines Verbrauchervertreters findet (auch) in diesem Stadium (noch) nicht statt. Allerdings muss dabei berücksichtigt werden, dass gerade in diesem Bereich die Praxis sich von den regulatorischen Vorgaben der Verfahrensordnungen teilweise weit entfernt hat[644]. Die sog. Vorkommissionen, die speziell zur Streitbeilegung bereits im Zwischenverfahren von manchen Schiedsstellen gebildet werden, entwickeln sich oftmals mehr aus der „Tradition" als aus einer Orientierung an der jeweiligen Geschäfts- und Verfahrensordnung. Auch die Vorkommissionen selbst setzen sich unterschiedlich zusammen[645].

2. Gestaltungsvorschlag

Aus Verbraucherschutzaspekten heraus kann gegen die Bildung von Vorkommissionen kaum ein fundierter Einwand vorgebracht werden, sofern hierdurch tatsächlich eine Verfahrensbeschleunigung herbeigeführt und der informelle Charakter des Verfahrens sowie eine gewisse qualitative Norm beibehalten wird.

Voraussetzung für eine Anerkennung des Zwischenverfahrens als geeignete Form der Konfliktlösung ist zum einen die Gestaltung einer einheitlichen Verfahrensordnung sowie die Durchführung einer einheitlichen Verfahrenspraxis. Die Vorkommission muss sich paritätisch zusammensetzen[646]. Um dieses Ziel zu erreichen, ist ein erheblicher Aufwand erforderlich (Aufklärungsarbeit, Kontrolltätigkeit, Schulungen usw.). Hinzu kommt, dass sich gerade dieser Bereich aufgrund zahlreicher Besitzstände und „Traditionen" als sehr starr darstellt. Hoffnung kann hier allenfalls durch einen Generationen- und damit einher gehend „Gesinnungswandel" aufkommen sowie durch das Erkennen der Tendenzen, die außergerichtliche Streitschlichtung auf ein prinzipiell höheres Niveau zu liften[647].

Eine Alternative zu „Vorkommissionsentscheidungen" sind Individualentscheidungen im Zwischenverfahren. Grundsätzlich ist der qualitative Unterschied zwischen Verfahren, die über ein paritätisch besetztes Gremium verfügen und solchen, die von einem einzelnen

643 Auch die über die Jahresstatistik ermittelbaren Daten lassen diesen Schluss zu.

644 So entscheiden in manchen Schiedsstellenbezirken die Innungsvertreter allein im Vorverfahren den Konflikt.

645 Bei der Schiedsstelle Niederbayern sind Vor- und Hauptkommission sogar identisch.

646 z.B. ein neutraler Vorsitzender (Jurist), ein Vertreter der Innung, der zugleich engen Kontakt zur Geschäftsstelle der Schiedsstelle hat sowie ein Vertreter des ADAC oder eines anderen Automobilclubs als Verbrauchervertreter.

647 vgl. dazu die Bemühungen der EU-Kommission, die sich insbesondere durch das Grünbuch zu ADR-Verfahren widerspiegeln, KOM (2002), 196 endg.

neutralen Dritten geleitet werden, zwar bemerkbar[648]. Sofern der Konflikt jedoch einfach gelagert ist, würde es der unter Verbraucheraspekten zu berücksichtigende Beschleunigungsgrundsatz nahezu gebieten, das Individual- dem Kollegialverfahren vorzuziehen. Schließlich ist der zeitliche und verwaltungstechnische Mehraufwand, den ein Kollegialverfahren zwangsläufig nach sich zieht, nicht unerheblich[649]. Gerade der informelle Charakter, der dazu führt, dass eine Konfliktlösung eventuell sogar per „Ferndiagnose" schnell möglich erscheint, ohne dass der Verbraucher persönlich anwesend sein muss, ist aus Verbrauchersicht zu begrüßen[650].

Kollegial- und Individualverfahren beinhalten gegenseitig Vor- und Nachteile. So dürften bei Individualverfahren die Kosten niedriger und die Verfahren zügiger abgeschlossen sein. Für Kollegialverfahren spricht die wohl größere „Richtigkeitsgewähr" sowie die bessere Verwertbarkeit von Entscheidungen über den konkreten Einzelfall hinaus[651].

Da eine klare Überlegenheit eines der Modelle nicht festzustellen ist, erscheint es sinnvoll, beide miteinander zu kombinieren und so die jeweiligen Vorteile zu nutzen[652].

---

648 vgl. hierzu Schäfer in DRiZ 1995, 468 f., der scheinbar singulär in der vorhandenen juristischen Literatur den Nutzen von Kollegial- im Verhältnis zu Individualentscheidungen unter Bezugnahme auf das sog. Condorcet-Theorem behandelt.

649 vgl. Scherpe, Diss., 222, der diese These durch Bildung von Beispielsfällen zu belegen versucht.

650 Insofern kann auf Jansen, Diss., 139 verwiesen werden. Sie vermutet, dass die geringe Nutzung des Instituts des Schiedsmanns in den Bundesländern, in denen dieses Institut existiert, mit der Tatsache der grundsätzlichen persönlichen Erscheinungspflicht zusammen hängt. Die Attraktivität eines Verfahrens würde erheblich gesteigert, wenn die Anwesenheit der Konfliktparteien nicht zwingend vorgesehen wäre.

651 Scherpe, Diss., 223

652 Scherpe, a.a.O. erwähnt dabei ein derartiges „Kombinationsmodell", welches der dänische Beschwerdeausschuss der Versicherung bevorzuge. Dieser sei zwar grundsätzlich als Kollegialgremium konzipiert, verfahre aber bei der Beschwerdebehandlung im Grunde je nach der Art der Fälle in unterschiedlicher Weise. Zu diesem Zweck werden die Beschwerden vom Sekretariat des Ausschusses in drei Gruppen unterteilt:
- Die „blauen Fälle", deren Ausgang ungewiss ist, da bislang keine vergleichbaren Fragen vor dem Ausschuss oder den Gerichten behandelt wurden oder aber eine Ermessensentscheidung erforderlich ist.
- Die „roten Fälle", bei denen der Sachverhalt und die Rechtsfragen einfach gelagert sind.
- Die „gelben Fälle", die im Ergebnis eindeutig sind.

Im Ausschuss werden nur die „blauen Fälle" intensiver besprochen, bei den „roten Fällen" wird den Ausschussmitgliedern zusammen mit den Unterlagen zum Fall ein Entscheidungsvorschlag unterbreitet. Sind die Mitglieder mit diesem Vorschlag nicht einverstanden, so wird der Fall in der Ausschusssitzung behandelt. Die „gelben Fälle" liegen mitsamt eines Entscheidungsvorschlags bei der Ausschusssitzung aus und können auf Wunsch eines der Ausschussmitglieder behandelt werden. Daraus ergibt sich das Bild, dass die „gelben" und „roten Fälle" meist vom Vorsitzenden allein entschieden werden, die „blauen Fälle" hingegen stets vom Kollegialgremium. Bei genauerer Betrachtung handelt es sich also um eine Kombination von Einzel- und Kollegialentscheidungen, welche die Vorteile beider Alternativen nutzen.

Dieser „ekletizistische Ansatz" könnte auch für die (deutschen) Schiedsstellen für das Kfz-Handwerk vorbildlich sein. So könnte in Anlehnung an die Praxis der dänischen Beschwerdeeinrichtung daran gedacht werden, dass die Geschäftsstelle der Schiedsstelle, die im übrigen organisatorisch von der Innung abgekoppelt werden muss, aufgrund ihrer erforderlichen (rechtlichen) Fachkompetenz und Erfahrung eine Sondierung der eingehenden Anrufungen im Sinne des „dänischen Modells" vornimmt. Das bedeutet, dass die Geschäftsstelle selbständig über die Zulässigkeit der Anrufung entscheidet, wobei gegen diese Entscheidung die Möglichkeit zur Beschwerde eröffnet sein muss.

Erkennt die Geschäftsstelle die Zulässigkeit als gegeben an, führt die Sondierung dazu, dass die eindeutigen „gelben Fälle" vom Vorsitzenden allein behandelt werden (per „Ferndiagnose"), die „roten Fälle" entweder durch den Vorsitzenden allein oder durch eine einzusetzende paritätisch besetzte Vorkommission und lediglich die „blauen Fälle" von der Schiedskommission.

Hieraus wird ersichtlich, dass bei einem solchen Procedere die Verantwortung der Geschäftsstelle wachsen würde, was sowohl eine organisatorische Abkopplung von der Innung als auch eine erhöhte (juristische) Kompetenz und Erfahrung voraussetzen würde. Da der organisatorische Unterbau jedoch einen wesentlichen und kritischen Punkt im gesamten Schiedsstellenwesen darstellt, ist diesbezüglich eine prinzipielle Veränderung der derzeitigen Situation vonnöten.

III. Das Schiedskommissionsverfahren

Die Ausgestaltung des Schiedskommissionsverfahrens ist prinzipiell unabhängig von der Frage, welcher Art das Schiedsstellenverfahren ist, ob es sich also um ein (echtes) Schiedsgutachtenverfahren oder ein Sachverständigenverfahren mit empfehlendem Charakter handelt. Aus diesem Grund erfolgt die nachfolgende Darstellung einheitlich. Sollte an einem bestimmten Prüfungspunkt der Unterschied bedeutsam werden, so wird dem an geeigneter Stelle Rechnung getragen.

Der Beginn des Hauptverfahrens wird durch die Vorlage der Unterlagen durch die Geschäftsstelle an den Vorsitzenden der Schiedskommission definiert, § 4 Abs. 2 MuGVO[653]. Das Hauptverfahren endet in aller Regel durch Schiedsspruch oder Schiedsvergleich[654]. Anschließend werden die im Schiedskommissionsverfahren geltenden Verfahrensgrundsätze dargestellt.

1. Die Verfahrensgrundsätze

Manche der anschließend aufgeführten Prinzipien ergeben sich direkt aus der MuGVO. Diese werden selbstverständlich diskutiert. Es existieren jedoch auch Prinzipien, welche

653 vgl. hierzu auch Punkt 7 des Leitfadens zur MuGVO
654 zu den weiteren Beendigungsmöglichkeiten vgl. noch weiter unten.

der MuGVO nicht entnommen werden können, deren Übertragbarkeit auf das Schiedsstellenverfahren jedoch aus anderen Gründen erforderlich bzw. zwingend erscheint. Auch diese werden im Folgenden dargestellt.

a) Das Prinzip der Unabhängigkeit

Der Grundsatz der Unabhängigkeit bildet ein zentrales Thema im Rahmen der Erörterung sämtlicher ADR/ODR-Verfahren, daher auch im Rahmen der Erörterung von Schiedsstellenverfahren[655]. Dieses Prinzip wird von der EU-Kommission in der Empfehlung 98/257/EG als Mindestgarantie für alle ADR-Verfahren explizit erwähnt[656].

Zwei Aspekte sollen der dogmatischen Aufarbeitung der Diskussion voran gestellt werden: Zum einen muss der status quo beachtet werden, wonach die Schiedsstelle in ihrer momentanen Konstellation nicht als paritätisch besetzt angesehen werden kann[657]. Hieraus die Konsequenz abzuleiten, dass nun die Schiedsstellenarbeit solange eingestellt werden müsste, bis eine wirklich paritätische Besetzung gegeben ist, wäre praxis- und lebensfremd. Vielmehr müssen schrittweise Verbesserungen angestrebt werden, wobei die rechtlichen Grundlagen hierfür als Argumentationshilfe dienen[658].

Zum anderen kann von vorne herein nicht in Zweifel gezogen werden, dass eine paritätische Besetzung gewollt ist. Denn nur durch die Gewährleistung dieses Prinzips kann eine Konfliktlösung durch die Schiedsstelle von beiden Parteien akzeptiert werden. Nachfolgend sollen die rechtlichen Aspekte transparent gemacht werden. Obwohl sowohl bei Schiedsgutachtenverfahren als auch bei Sachverständigenverfahren mit empfehlendem Charakter die Unabhängigkeit der Schiedskommission nicht zur Disposition steht, differiert die rechtsdogmatische Ableitung der Geltung dieses Prinzips. Infolgedessen erfolgt eine getrennte Betrachtung der beiden Verfahrensarten.

aa) Die Geltung des Prinzips der Unabhängigkeit bei Schiedsgutachtenverfahren

Aufgrund der Bindungswirkung strahlt die Problematik der Unabhängigkeit in größerem Umfang auf das Gerichtsverfahren und damit indirekt auf rechtsstaatliche Prinzipien aus als dies bei sonstigen vorgerichtlichen Verfahren ohne Bindungswirkung der Fall ist. Allerdings haben die Verfechter der materiell-rechtlichen Theorien erheblich mehr rechts-

---

655 vgl. hierzu ausführlich m.w.N. Wittmann, 96 ff.; Nicklisch, Festschrift für Bülow, 171 ff.; Micklitz, DRiZ 1983, 119; ders. in „Der Reparaturvertrag", 345 ff.; Preibisch, 115 f.; aus der jüngeren Rechtsprechung, wenn auch in anderen Sachbereichen, jedoch dieselbe Thematik betreffend vgl. OLG Köln vom 27.8.1999, BauR 2000, 936; OLG Köln vom 11.5.2001, OLGR Köln 2001, 388 ff.

656 Wobei im Falle einer Kollegialentscheidung nach der Kommission die paritätische Besetzung der Schiedsstelle im Mittelpunkt stehen soll, ein Standpunkt, der zu unterstreichen ist.

657 vgl. oben hierzu die Ausführungen im Zweiten Hauptteil, Zweiter Teil, II. 2.c

658 Gefordert ist hier primär der ADAC als Verbrauchervertreter in den Schiedskommissionen, aber auch die Medien und die Politik, welche durch Propagierung dieses Prinzips für ADR-Stellen entsprechenden Druck auf die ADR-Stellen bzw. die Verantwortlichen ausüben können.

dogmatische Hürden zu überwinden, um diesem Prinzip Geltung zu verschaffen als die Befürworter der prozessualen Theorien. Denn letztere können davon ausgehen, dass es sich beim feststellenden Schiedsgutachten um ein prozessuales Rechtsinstitut handle, an das ähnlich dem schiedsgerichtlichen Verfahren gewisse verfahrensrechtliche Mindestanforderungen zu stellen seien[659]. Demgegenüber erkennt die materiellrechtliche Auffassung keine verfahrensmäßige Voraussetzung an das Schiedsgutachten an. Vielmehr komme es allein auf die (materiellrechtliche) Frage an, ob das Schiedsgutachten offenbar unbillig bzw. unrichtig ist[660].

Die Geltung des Prinzips der Unabhängigkeit ergibt sich aus § 2 Abs. 3 MuGVO. Schließlich kann aus § 2 Abs. 3 MuGVO auch eine materiell-rechtliche Regelung zwischen den Parteien der ADR-Vereinbarung dahin gehend entnommen werden, dass die ADR-Verantwortlichen unabhängig sein sollen. Zudem wäre es, wie Wittmann zutreffend ausführt, aus Gründen der Rechtsstaatlichkeit nicht tragbar, den Richter an die Entscheidung eines offenbar parteilichen Schiedsgutachters zu binden[661]. Von daher kann auch auf dem Boden der materiellrechtlichen Auffassung rechtsdogmatisch vertretbar die Meinung Geltung beanspruchen, die Unabhängigkeit des Schiedsgutachters sei unabdingbare Verfahrensvoraussetzung[662].

bb) Die Geltung des Prinzips der Unabhängigkeit bei außergerichtlichen Verfahren mit empfehlendem Charakter

Bei Verfahren mit empfehlendem Charakter liegt die Messlatte bzgl. rechtsstaatlicher Grundsätze mangels rechtlicher Bindungswirkung der Entscheidungen der Schiedsstellen nicht so hoch wie bei Schiedsgutachtenverfahren. Möglicherweise ergibt sich die Geltung des Prinzips der Unabhängigkeit bzw. der paritätischen Besetzung bei einem derartigen Verfahrenstypus aus der faktischen Bindungswirkung[663].

---

659 Stein/Jonas/Schlosser, vor § 1025, Anm. II 3 c; Habscheid, Festschrift für Lehmann, 789 ff.; Nicklisch, Festschrift für Bülow, 172 ff.; Rauscher, Diss., 110 m.w.N.

660 BGHZ 43, 376; BGH LM Nr. 7 zu § 317; RGZ 96, 62; Heinrichs in Palandt, § 319, Rz. 3; Erman/Battes, § 319, Rz. 3; Nicklisch, Festschrift für Bülow, 173 wählt die eigentümliche Konstruktion, wonach ein nicht unabhängiger Gutachter nicht als „Dritter" im Sinne von §§ 317 ff. BGB angesehen werden könne. Eine gegenteilige Auffassung widerspreche der ratio legis der §§ 317 ff. BGB. Hieraus lässt sich die aktuelle Tendenz der Anhänger der materiellrechtlichen Theorien entnehmen, wonach versucht wird, eine rechtsdogmatische Grundlage für wesentliche Verfahrensprinzipien zu finden, um so zu einem akzeptablen Ergebnis zu gelangen. Letztlich lässt sich an der Konstruktion von Nicklisch nichts aussetzen, wobei sich allerdings die Frage stellt, warum nicht die Nichtbeachtung wesentlicher Verfahrensgarantien einer Fallgruppe „offenbarer Unrichtigkeit" zugerechnet werden kann.

661 Wittmann, 101; Habscheid, Festschrift für Laufke, 315

662 Lediglich in der Frage der „prozessualen Geltendmachung" bzw. den Konsequenzen aus dieser Auffassung unterscheiden sich die Ansichten.

663 Nicklisch, Festschrift für Bülow, 176, der den Gedanken der faktischen Bindungswirkung maßgeblich entwickelt hat, verneint dies apodiktisch.

In der Tat lässt sich allein aus der faktischen Bindung die Geltung des Prinzips der Unabhängigkeit bzw. der paritätischen Besetzung nur schwer herleiten. Das Prinzip der Unabhängigkeit ist nämlich ein dem Verfahrensrecht zuzuordnendes Prinzip, das außerhalb des staatlichen Bereichs nur dann Geltung beanspruchen kann, wenn es auf privatrechtlicher Ebene vereinbart oder auf andere Weise Vertragsinhalt geworden ist[664]. Genau dies ist aber der Fall. § 2 Abs. 3 MuGVO statuiert nämlich indirekt die materiellrechtliche (sic!) Verpflichtung der ADR-Verantwortlichen zur Objektivität. Zudem wird dadurch das Prinzip auch als leitendes Verfahrensprinzip gekennzeichnet. Die Geltung des Prinzips der Unabhängigkeit lässt sich also aus § 2 Abs. 3 MuGVO entnehmen, sofern das Verfahren lediglich empfehlenden Charakter besitzt.

b) Die Geltung des Prinzips des rechtlichen Gehörs

aa) Die Geltung des Prinzips des rechtlichen Gehörs bei Schiedsgutachtenverfahren

Stark diskutiert sowohl in der Rechtsprechung als auch in der Literatur ist die Geltung des Grundsatzes des rechtlichen Gehörs im Schiedsgutachtenverfahren. Durch das Prinzip des rechtlichen Gehörs (Art. 103 Abs. 1 GG) soll sicher gestellt werden, dass jeder Beteiligte eines (gerichtlichen!) Verfahrens die Gelegenheit erhält, sich zu dem einer gerichtlichen Entscheidung zu Grunde liegenden Sachverhalt vor Erlass der Entscheidung zu äußern[665].

Die Rechtsprechung ist nahezu einhellig der Auffassung, dass der Schiedsgutachter nicht verpflichtet ist, den Vertragsparteien rechtliches Gehör zu gewähren, es sei denn, die Geltung dieses Prinzips wurde vertraglich vereinbart[666]. Dieser Meinung folgt auch ein Teil der Literatur[667]. Die Rechtsprechung begründet ihre Haltung mit der materiellrechtlichen Betrachtungsweise des Schiedsgutachtenvertrages. Da der Schiedsgutachtenvertrag und die dem Schiedsgutachten folgende Feststellungswirkung ausschließlich der privatautonomen Gestaltung durch die Konfliktparteien zuzuordnen, von daher richterlich oder schiedsrichterlich ähnliche Funktionen des Schiedsgutachters ausgeschlossen seien, sei der Schiedsgutachter auch nicht an die Verfahrensgrundsätze eines gerichtlichen oder schiedsgerichtlichen Prozesses gebunden[668]. Zudem könne das Schiedsgutachten auch noch im Wege der gerichtlichen Nachprüfung auf seine offenbare Unrichtigkeit hin über-

---

664 Etwas anderes betrifft die Frage nach etwaigen Schadensersatzansprüchen, die als zivilrechtliche Sekundäransprüche bei mangelnder paritätischer Besetzung der Schiedsstellen durchaus gegeben sein können. Die Durchsetzung etwaiger Schadensersatzansprüche steht jedoch allenfalls in mittelbarem Zusammenhang mit der verfahrensrechtlichen Geltung des Prinzips der Unabhängigkeit.

665 BverfGE 1, 429; 7, 57; 240, 278

666 BGHZ 6, 335; BGH NJW 1955, 665; BGH LM Nr. 8 zu § 1025; BGH KTS 1963, 47; BGH WM 1968, 617; OLG Nürnberg MDR 1963, 498; OLG Hamburg AWD 1966, 120;

667 Marsilius BB 1959, 1015; Thorens KTS 1968, 201; Stiefel/Wussow/Hofmann, AKB-Kommentar § 14, Rz. 13

668 BGHZ 6, 335

prüft werden. Hieraus ergebe sich ein hinreichender Schutz der Vertragsparteien vor „willkürlichen Entscheidungen“[669].

Demgegenüber begründet die Mehrheit der Anhänger der prozessualen Theorie die Geltung des Prinzips des rechtlichen Gehörs mit der Vergleichbarkeit der Funktionen von Schiedsgutachter und Schiedsrichter[670]. Da der Richter zu der schiedsgutachterlich entschiedenen Frage kein Gehör mehr gewähren könne, sei es geboten, rechtliches Gehör im Schiedsgutachtenverfahren zu gewähren.

Der Streit um die Geltung des Prinzips des rechtlichen Gehörs kann letztlich unentschieden bleiben. Selbst wenn man sich nämlich mit den Vertretern der materiellrechtlichen Theorie einig sieht und das Prinzip des rechtlichen Gehörs „per se“ nicht zur Anwendung kommen lassen will, wird dieser Diskussion insbesondere durch die Vorschriften der §§ 3, 4 Abs. 2 Satz 1 MuGVO erheblich die Brisanz genommen. Denn hieraus ergibt sich die Möglichkeit der Stellungnahme beider Parteien zum Sachverhalt.

Zudem wird durch die Mündlichkeit des Verfahrens, wie sie in § 5 Abs. 1 Satz 1 MuGVO vorgeschrieben ist, in aller Regel gewährleistet, dass die Parteien auch gehört werden.

Schließlich ist nach der Empfehlung der EU-Kommission 98/257/EG das Prinzip des rechtlichen Gehörs als Mindestgarantie in ADR/ODR-Verfahren zu berücksichtigen. Dabei macht die Empfehlung keinen Unterschied zwischen (bindenden) Schiedsgutachtenverfahren und Verfahren mit lediglich empfehlendem Charakter.

Somit würden auch die Vertreter der materiellrechtlichen Theorien zu dem (befriedigenden) Ergebnis gelangen können, dass (weit gehend) sicher gestellt ist, dass beide Parteien „vor Erlass einer Entscheidung“ durch die Schiedsstelle gehört werden.

bb) Die Geltung des Prinzips des rechtlichen Gehörs bei außergerichtlichen Verfahren mit empfehlendem Charakter

Fraglich ist, ob rechtliches Gehör auch dann gewährt werden muss, wenn das Schiedsstellenverfahren lediglich empfehlenden Charakter besitzt.

Preibisch bejaht dies einschränkungslos für alle Arten außergerichtlicher Vorverfahren, ohne hierzu allerdings eine dogmatische Grundlage zu liefern[671]. Nicklisch sieht insbesondere das Prinzip der Unabhängigkeit bzw. der paritätischen Besetzung der außergerichtlichen Streitbeilegungsstelle über die (von ihm zuerst erkannte!) faktische Bindungs-

669 BGH a.a.O.

670 Habscheid KTS 1957, 129; Lindacher KTS 1964, 37; Sieg, VersR 1965, 633; Nicklisch ZHR 136, 27; Gottwald in Münchener Kommentar, § 317, Rz. 19 mit Verweis darauf, dass Parteien und staatliche Gerichte an die Tatsachenfeststellungen des Schiedsgutachters gebunden seien.

671 Preibisch, 120 f. Nach Preibisch ergebe sich bereits aus dem Wesen und Zweck des Vorverfahrens eine Anhörungspflicht. Ein Rechtsstreit lasse sich im Wege der gütlichen Einigung nur beilegen, wenn man den Parteien zuvor Gelegenheit gewährt, sich zu äußern.

wirkung auch rechtsdogmatisch unterfüttert (s.o.). Er stellt lediglich apodiktisch fest, ähnliches gelte für die Frage rechtlichen Gehörs[672].

Für die Frage, ob dieses Prinzip auch bei außergerichtlichen Verfahren mit empfehlendem Charakter Anwendung finden müsse, betont Nicklisch die Bedeutsamkeit etwaiger Statuten, Verfahrensordnungen oder Informationen, die von den betreffenden Stellen an die Öffentlichkeit ausgegeben würden u.ä.[673].

In Frage käme hierbei insbesondere die MuGVO. Diese sieht über §§ 3, 4 MuGVO vor, dass beiden Parteien Gelegenheit zur Stellungnahme gegeben werden muss (vgl. §§ 3, 4 Abs. 2 Satz 1 MuGVO). Diese Vorgabe entspricht dem Prinzip des rechtlichen Gehörs, wonach den Streitbeteiligten (lediglich) die Möglichkeit eingeräumt werden muss, sich vor Erlass einer Entscheidung tatsächlich und rechtlich zur Sache zu äußern, d.h. Ausführungen zu machen und Anträge zu stellen[674]. Somit kann festgehalten werden, dass über die MuGVO dem Prinzip des rechtlichen Gehörs (auch in außergerichtlichen Verfahren mit empfehlendem Charakter) Geltung verschafft wird[675].

Die nachfolgenden Verfahrensprinzipien werden nun nicht mehr separat nach Verfahren mit Schiedsgutachten- und solchen mit empfehlendem Charakter dargestellt, da hinsichtlich dieser Prinzipien keine differenzierte Behandlung erforderlich erscheint.

c) Der Beschleunigungsgrundsatz

aa) Rechtslage

Mehrere Bestimmungen in der MuGVO tragen diesem Gedanken, der als Beschleunigungsgrundsatz auch als Verfahrensprinzip Geltung beansprucht, Rechnung, so die Regelungen der §§ 4 Abs.1(„..unverzüglich zu ergänzen...“), 4 Abs. 2 (Einigung innerhalb von vier Wochen), 5 Abs. 3 (Ladungsfrist von zehn Tagen), 5 Abs. 4 (Vorbereitung, um das Verfahren in einem Verhandlungstermin beenden zu können) und 5 Abs. 5 MuGVO (Abschluss des Verfahrens spätestens nach drei Monaten).

bb) Gestaltungsvorschlag

In praxe kommt es vereinzelt zu Überschreitungen dieser Fristen, wie sich aus sporadischen Umfragen durch den ADAC ergibt[676]. Viele Verfahrensvorschriften in anderen au-

---

672 Nicklisch, Festschrift für Bülow, 177

673 Nicklisch, a.a.O.

674 BVerfG in st. Rspr., so z.B. BVerfGE 54, 142

675 Hierdurch würde im Übrigen auch das Schiedsstellenverfahren, sofern es als Schiedsgutachtenverfahren ausgestaltet ist, betroffen. Die vorherigen Ausführungen könnten von daher auf den ersten Blick als „überflüssig“ betrachtet werden. Sie beinhalten jedoch wertvolle Erkenntnisse in Bezug auf das dogmatische Verständnis des Schiedsgutachtenverfahrens im Gesamten und bieten „Gegnern“ ein zusätzliches Argumentationshindernis.

676 So wurde sogar schon eine Verfahrensdauer von neun Monaten ausgemacht.

ßergerichtlichen Verfahrensordnungen gewährleisten die Einhaltung des Beschleunigungsgrundsatzes dadurch, dass sie den Parteien gestatten, Klage zu erheben, wenn das Verfahren nicht innerhalb einer bestimmten Frist beendet wird[677]. Diese Verfahrensordnungen beziehen sich zwar primär auf obligatorische Streitbeilegungsverfahren.

Es dürfte jedoch unabhängig davon, dass das Schiedsstellenverfahren als fakultatives Verfahren ausgestaltet ist, sinnvoll sein, § 5 Abs. 5 MuGVO dahin gehend zu ergänzen, dass der Anrufende jederzeit den Rechtsweg einschlagen kann, ohne das Ende des Verfahrens abzuwarten[678]. Zudem sollte im Hinblick auf § 15a Abs. 2 Satz 2, Abs. 3 EGZPO geregelt werden, dass die Schiedsstelle eine Bescheinigung über einen erfolglosen Einigungsversuch ausstellt, wenn das Verfahren binnen drei Monaten nach Beantragung nicht beendet worden ist.

Schließlich fällt noch eine bereits seit langem vertretene Ansicht des ADAC unter den Aspekt des Beschleunigungsgrundsatzes. Da die Kommissionsmitglieder oft nicht rechtzeitig über das Ergebnis des Vorverfahrens informiert werden, insbesondere nicht frühzeitig genug Akteneinsicht gewährt wird, verzögert sich das Verfahren oft unnötig. Deshalb sollte in die MuGVO eine Bestimmung aufgenommen werden, wonach alle Kommissionsmitglieder rechtzeitig, insbesondere durch Übersendung der Akten, über das Ergebnis des Vorverfahrens unterrichtet werden müssen[679]. Diese Forderung ist aus Gründen der Verfahrensbeschleunigung ausdrücklich zu unterstützen.

d) Der Grundsatz der Nichtöffentlichkeit des Verfahrens

aa) Rechtslage

Gemäß § 5 Abs. 3 MuGVO sind die Verhandlungen vor der Schiedskommission nicht öffentlich. Der Vorsitzende kann jedoch bei Vorliegen eines berechtigten Interesses Dritten die Anwesenheit gestatten. Die Nichtöffentlichkeit außergerichtlicher Vorverfahren ist offenbar die Regel[680].

bb) Gestaltungsvorschlag

Der Ausschluss der Öffentlichkeit im konkreten Verfahren erscheint durchaus zweckmäßig, da er das Zustandekommen gütlicher Einigungen fördert. Im nichtöffentlichen Verfahren kann das beschwerte Unternehmen Fehler eingestehen oder in einem Umfang Ku-

---

677 Preibisch, 123 m.w.N.

678 Ziff. XI Nr. 5 der Kfz-Reparaturbedingungen, der vorsieht, dass die Schiedsstelle ihre Tätigkeit einstellt, wenn der Rechtsweg während des Schiedsstellenverfahrens beschritten wird, reicht hierfür nicht aus.

679 Dem nicht gleich zu setzen ist § 4 Abs. 3 MuGVO. Danach werden die Kommissionsmitglieder nämlich nur auf eigenen Wunsch hin über alle eingehenden Anrufungen informiert.

680 vgl. Preibisch, 122 f., der auf verschiedene außergerichtliche Verfahrensordnungen verweist.

lanz praktizieren, was in dieser Form in einem öffentlichen Verfahren angesichts der „negativen Publizität" nicht möglich wäre[681].

Micklitz spricht jedoch einen weiteren Punkt an, der auf den ersten Blick für die Öffentlichkeit des Verfahrens sprechen würde. Allein die Öffentlichkeit ermögliche nämlich, die „vermeintliche Individualisierung des Problems aufzudecken und Strategien zu entwickeln, die nicht nur einem, sondern allen Verbrauchern nützen"[682]. Dem ist prinzipiell zuzustimmen. Die Nichtöffentlichkeit des Verfahrens fordert zudem insofern inzident Kritik heraus, als dass sich die Schiedsstellen den Vorwurf der „Geheimjustiz" entgegen halten lassen müssen. Zumindest ansatzweise scheint hier Hilfe seitens der EU-Kommission zu erwarten sein. Die Empfehlung der Kommission 98/257/EG legt im „Grundsatz der Transparenz" fest, dass ein Bericht über die ergangenen Entscheidungen zu veröffentlichen ist, damit die Ergebnisse der Entscheidungen evaluiert und die Art der Streitfälle, mit denen die Einrichtung befasst wurde, festgestellt werden können[683].

Gerade diese Ziele, welche die EU-Kommission durch die Empfehlung 98/257/EG verfolgt, müssen beachtet werden. In keinem Fall darf durch die Öffentlichkeit des Verfahrens eine Art „private Rechtsprechung" entstehen. Schließlich ist (und soll sein!) das Schiedsstellenverfahren interessenorientiert und weitgehend „losgelöst vom Recht". Sofern demgegenüber durch die Öffentlichkeit dem Verbraucherschutz im allgemeinen Geltung verschafft werden soll, ist dem nichts entgegen zu setzen.

Es ist daher zu unterscheiden zwischen der Nichtöffentlichkeit des konkreten Verfahrens, die aus o.g. Gründen unbedingt beibehalten werden sollte und der Veröffentlichung bzw. „Zugänglichmachung" der Entscheidungen der Schiedsstelle nicht aus dem Grund, eine Art „private Rechtsprechung" zu schaffen, sondern um eine seriöse Evaluation der Schiedsstellentätigkeit sicher zu stellen und damit zu einer Optimierung des Verfahrens beizutragen sowie um sich des Vorwurfs der „Geheimjustiz" zu erwehren.

e) Der Grundsatz der Mündlichkeit

aa) Rechtslage

Der Grundsatz der Mündlichkeit ist in § 5 Abs. 1 Satz 1 MuGVO festgeschrieben. In diesem Zusammenhang ist auch § 8 MuGVO zu beachten. Danach soll die Schiedskommis-

---

681 Preibisch, a.a.O.; Jansen, Diss., 59 sieht im Ausschluss der Öffentlichkeit auch einen Vorteil alternativer Konfliktlösungsmodelle; Micklitz, DRiZ 1983, 127. Micklitz betont zudem, dass die Chancen des Verbrauchers, eine individuell optimale Lösung zu erhalten, im nichtöffentlichen Verfahren größer sein dürften.

682 Micklitz, a.a.O.

683 Die Praxis behandelt diesen Grundsatz jedoch offensichtlich sehr unterschiedlich, wie Scherpe durch einen Vergleich der deutschen und dänischen Verbraucherbeschwerdestellen feststellt. Während in Dänemark die Veröffentlichung der Entscheidungen ein wesentliches Merkmal darstellt, welches offensichtlich auch in erheblicher Weise zum Erfolg dieser Verfahren in Dänemark beiträgt, wird dieses Prinzip in Deutschland nahezu von keiner ADR/ODR-Stelle angewendet.

sion nach Aktenlage sowie nach dem Ergebnis einer etwaigen Beweiserhebung unter Berücksichtigung des Vorbringens der erschienenen oder vertretenen Parteien entscheiden, wenn eine Partei trotz ordnungsgemäßer Ladung nicht zur mündlichen Verhandlung erscheint.

Ausnahmen vom Mündlichkeitsprinzip sieht § 5 Abs. 1 Satz 2 lit. a und b MuGVO vor, also bei Zustimmung der Parteien und bei Unzumutbarkeit.

bb) Gestaltungsvorschlag

Scherpe wendet sich prinzipiell gegen mündlich geführte Verhandlungen, da dem Verbraucher insbesondere aus Zeitgründen mit einem schriftlichen Verfahren mehr gedient sei[684]. Demgegenüber ist nach Preibisch eine mündliche Verhandlung in jedem Fall vorzuziehen, da eine solche dem Sinn und Zweck des außergerichtlichen Verfahrens, Meinungsverschiedenheiten gütlich beizulegen, besser gerecht werde[685].

Der Unterschied zwischen beiden Auffassungen scheint an der Art der Streitbeilegung festzumachen zu sein. Während Scherpe in seiner Dissertation stets betont, dass insbesondere in Konsumentenstreitigkeiten eine autoritative Entscheidung der ADR-Stelle auch den Interessen der Konfliktparteien mehr entspreche und daher grundsätzlich einer konsensualen Lösung vorzuziehen sei[686], erkennt Preibisch vor allem in konsensualen Streitbeilegungsverfahren die einzig wirklich sinnvolle Alternative, eine für beide Seiten akzeptierte und damit dauerhafte Konfliktlösung herbeizuführen[687].

Da das Schiedsstellenverfahren sowohl einen konsensualen (Schlichtung) als auch einen autoritativen Part beinhaltet (Schiedsspruch), insofern also als „gestuftes Verfahren" betrachtet werden kann, sollten beide Gesichtspunkte berücksichtigt werden. Dem wird die gängige Praxis und auch die MuGVO weit gehend gerecht: Bereits jetzt wird die Mehrheit aller Verfahren im Vor- bzw. Zwischenverfahren erledigt. In diesen Verfahrensstadien ist keine Mündlichkeit vorgesehen.

Die Gefahr liegt dabei auf der Hand und wurde bereits besprochen: Die Geschäftsstellen könnten durch (in der überwiegenden Mehrheit wohl unbewusste) Fehlauskünfte den Verbraucher davon abhalten, das Schiedsstellenverfahren weiter zu betreiben. Diesem Missstand kann jedoch nicht durch eine grundsätzliche Anordnung des Mündlichkeits-

684 Scherpe, Diss., 281. Dabei soll allerdings nicht verschwiegen werden, dass Scherpe sich primär mit Konfliktlösungsmethoden im Banken- und Versicherungsbereich befasst, bei dem schriftliche Lösungen auch nahe liegender sind als im (Kfz-) Handwerksbereich.

685 Preibisch, 121. Bei offenbarer Unzulässigkeit oder Unbegründetheit des Antrags sollte aber nach Preibisch ausnahmsweise eine schriftliche Entscheidung zugelassen werden.

686 Scherpe, Diss., 7. Dies begründet Scherpe primär damit, dass der Verbraucher stets darauf achte, dass der Aufwand in einem angemessenen Verhältnis zum im Streit befindlichen Wert stehen müsse.

687 Preibisch, 121.

prinzips auch schon für das Vorverfahren sinnvoll begegnet werden. Hierzu sind vielmehr andere Instrumente zu verwenden, die bereits erörtert wurden[688].

Grundsätzlich ist jedoch bei einfach gelagerten Sachverhalten nichts gegen eine derartige Konfliktlösung ohne Mündlichkeit einzusetzen. Maßstab kann hierbei das von Scherpe erwähnte Verfahren der dänischen Beschwerdestellen sein, welches bereits oben angesprochen wurde[689], d.h. die einfachen („gelben“) Fälle werden vom Vorsitzenden allein per Ferndiagnose vermittelt oder entschieden. Lediglich die komplizierter gelagerten („blauen“) Fälle werden mündlich vor der Schiedskommission behandelt. Die mittleren („roten“) Fälle werden über die Ausnahmeregelung des § 5 Abs. 1 Satz 2 lit. b MuGVO erfasst. Danach ist auch hier nicht zwingend eine mündliche Verhandlung erforderlich (Stichwort: Zumutbarkeit).

Dem Grundsatz der Mündlichkeit kann demnach auch über die momentan aktuelle MuGVO in Anwendung der von den dänischen Verbraucherbeschwerdestellen ausgeübten Praktiken in bestimmten (komplizierteren) Fällen Beachtung geschenkt werden. In einfachen Fällen sollte das Verfahren insbesondere auch im Interesse des Verbrauchers schriftlich durchgeführt werden[690].

f) Die Geltung des Verhandlungs- und/oder des Ermittlungsprinzips

aa) Rechtslage

Der Beibringungsgrundsatz besagt, dass das Gericht seiner Entscheidung nur das Tatsachenmaterial zugrunde legen darf, das von den Parteien vorgetragen ist (§ 253 ZPO)[691].

Weder aus der MuGVO noch aus dem Leitfaden zur MuGVO geht unmittelbar hervor, ob der Verhandlungs- oder der Untersuchungsgrundsatz (also das Ermittlungsprinzip) gelten soll. Auch § 3 Abs. 2 lit. d und Abs. 4 MuGVO geben für die Beantwortung dieser Frage nicht sonderlich viel her. Hieraus wird lediglich deutlich, dass die Konfliktparteien schon im Vorfeld etwaige Beweismittel nennen sollten, um so das Verfahren zügiger zu gestalten. Die genannten Regelungen sind also vielmehr Ausdruck des Beschleunigungs- als des Verhandlungsgrundsatzes.

bb) Gestaltungsvorschlag

Der Verbraucher als (zumeist) juristischer Laie wird in der Regel gar nicht wissen, auf welche Tatsachen es im Einzelnen juristisch ankommt. Der juristische Aspekt ist schließ-

---

688 z.B. zukünftig nur noch schriftliche Kontaktaufnahmen möglich bzw. Faxabruf, verbesserter Internet-Auftritt usw.

689 vgl. Fn. 652

690 In diesem Kontext böten computersystemunterstützte Konfliktlösungsmethoden einen weiten Anwendungsspielraum. Voraussetzung hierfür wäre jedoch zunächst die Schaffung eines geeigneten IT-Umfeldes.

691 Greger in Zöller, vor § 128, Rz. 10

lich auch im Schiedsstellenverfahren – trotz Prägung durch den Billigkeitsgesichtspunkt – von Bedeutung[692]. Deshalb muss der Vorsitzende der Schiedskommission dem Verbraucher helfen, alles Notwendige vorzutragen.

Insofern bietet es sich an, die Geltung des Ermittlungsprinzips als vereinbart anzusehen bzw. dem Charakter des Schiedsstellenverfahrens zu entnehmen[693]. Dabei darf diesem Ergebnis jedoch kein absoluter Geltungsrang eingeräumt werden. Vielmehr bietet es sich an, das Vorgehen der Schiedskommission vom Flexibilitätsprinzip leiten zu lassen, so wie es auch der Natur der ADR-Verfahren am besten entspricht.

g) Mitwirkung von Bevollmächtigten oder Beiständen

aa) Rechtslage

Aus § 8 MuGVO geht hervor, dass sich jede Partei in der Verhandlung vertreten lassen kann. Nicht zwingend geregelt ist jedoch, ob jede Partei zusätzlich einen Beistand zur Unterstützung in der Verhandlung mitnehmen kann.

bb) Gestaltungsvorschlag

Es ist zu vermuten, dass eine Vertretung oder Unterstützung durch Rechtsanwälte nicht im Sinne der Schiedsstelle bzw. Schiedskommission ist[694]. Die Mehrheit des Schrifttums bejaht bei einer fehlenden Regelung in einer Verfahrensordnung jedoch die Zulässigkeit der Mitwirkung von Beiständen in der mündlichen Verhandlung. Dies hätte nämlich den Vorteil, dass die Parteien dann einen Vergleich nicht mit dem Bemerken ablehnen könnten, sie müssten erst ihren Anwalt konsultieren[695].

---

692 vgl. dazu sodann unten unter Pkt. 3.

693 so Römer in NVersZ 2002, 292 mit diesem Argument für das Verfahren vor dem Versicherungsombudsmann. Allerdings ergibt sich für das Versicherungsombudsmann-Verfahren die Relevanz juristischer Aspekte bereits eindeutig und ohne weiteres aus § 9 Satz 1 der Verfahrensordnung des Versicherungsombudsmanns, wonach „Entscheidungsgrundlage Recht und Gesetz sind“ (abgedruckt in NVersZ 2002, 296 ff.). Römer führt dabei noch zu Recht aus, dass es jedoch manchmal schwierig sei, die Grenze zu erkennen, jenseits der weitere Fragen unnötig seien. Werde ein Beschwerdeführer schon von einer Verbraucherzentrale oder einer anderen ihn beratenden Stelle betreut, z.B. von einem Anwalt, so wird sich der Ombudsmann eher mit den vorgetragenen Tatsachen begnügen können, es sei denn, er hat konkrete Anhaltspunkte dafür, dass der Sachverhalt dennoch nicht hinreichend klar liegt.

694 so Nicklisch in der GMD-Studie, 43. Preibisch nennt als Grund für die in manchen ADR-Stellen zu beobachtende Skepsis hinsichtlich der Vertretung bzw. Unterstützung durch Rechtsanwälte, dass ein gütlicher Ausgleich ohne Rechtsanwälte wahrscheinlicher erreicht werden könne, da Rechtsanwälte oft eine unnötige Schärfe in die Verhandlung hinein tragen würden, welche eine gütliche Einigung hindere (126).

695 so Preibisch, 127 mit Verweis auf Thenen, GRUR 1937, 105 und Hecht, GRUR 1937, 845. Auch die Kommissionsempfehlung 98/257/EG sieht im Übrigen den Grundsatz der Vertretung für außergerichtliche Streitschlichtungsverfahren explizit vor.

Zwar wird dieses Argument bei Schiedsstellenverfahren im Kfz-Handwerksbereich lediglich ausnahmsweise greifen. Unabhängig davon sind weder unter rechtlichen noch unter pragmatischen Gesichtspunkten ernsthafte Argumente gegen die Zulässigkeit der Mitwirkung Dritter im Schiedsstellenverfahren ersichtlich[696].

h) Protokollführung

aa) Rechtslage

Die MuGVO beinhaltet keine Verpflichtung zur Protokollführung. Lediglich für den Schiedsvergleich (§ 6 MuGVO) und den Schiedsspruch (§ 7 MuGVO) ist die schriftliche Abfassung vorgesehen.

bb) Gestaltungsvorschlag

Dies muss überdacht werden. Zum einen muss in die MuGVO einfließen, dass die technischen Feststellungen (also die eigentlichen technischen Gutachten bzw. Schiedsgutachten) in jedem Fall (also sowohl im Falle eines Schiedsspruchs als auch im Falle eines Schiedsvergleichs) protokolliert werden müssen, um das eigentliche (Schieds-) Gutachten transparent zu machen. Zum anderen müssen wenigstens die wesentlichen Aussagen der Verfahrensbeteiligten protokolliert werden, um diese in einem etwaigen nachfolgenden Gerichtsprozess zur Beweisführung verwenden zu können. Die „Wesentlichkeit" kann vom Vorsitzenden, der als Jurist um die Bedeutung einer bestimmten Aussage wissen muss, festgestellt werden.

i) Besetzung der Schiedskommission

aa) Rechtslage/Tatsachenlage

Die Pflicht zur vollständigen Besetzung der Schiedskommission lässt sich mittelbar der MuGVO entnehmen. § 2 Abs. 2 lit.b MuGVO definiert die Konstellation der Schiedskommission. § 5 Abs. 1 Satz 1 MuGVO besagt lapidar, dass „die Schiedskommission aufgrund von mündlichen Verhandlungen befinde". Hieraus kann gefolgert werden, dass damit nur die Schiedskommission so, wie sie in § 2 Abs. 2 lit.b MuGVO definiert ist, gemeint sein kann. Daher muss die Kommission bei mündlichen (Haupt-) Verhandlungen stets vollständig sein. In vielen Fällen ist die Schiedskommission jedoch tatsächlich unvollständig besetzt[697].

---

696 so im Ergebnis auch Nicklisch, a.a.O. Für dieses Ergebnis spricht im Übrigen noch der Wortlaut des § 9 Abs. 2 MuGVO, wonach eine Erstattung der Kosten, die den Parteien oder deren Vertretern entstehen, nicht erfolge.

697 vgl. das Positionspapier des ADAC zum 25-jährigen Jubiläum der Schiedsstellen des Kfz-Handwerks, in dem gerade diese Feststellung getroffen wurde.

bb) Gestaltungsvorschlag

Es ist anzustreben, die Erforderlichkeit der Vollständigkeit der Besetzung der Kommission explizit in die MuGVO aufzunehmen. Bisher ergibt sich diese Pflicht nur aus einer Zusammenschau der §§ 5 Abs. 1 Satz 1 und 2 Abs. 2 lit. b MuGVO. Ein, wenn auch eventuell nur deklaratorischer, zusätzlicher Passus in der MuGVO schriebe diese Verpflichtung klarer vor und würde somit einen verstärkten „Anpassungsdruck" bestimmter Schiedsstellen nach sich ziehen[698].

Wichtig in diesem Zusammenhang ist eine ausreichende Regel, die bei Ausfall eines Mitglieds der Schiedskommission zwingend einen Vertreter vorsieht. § 2 Abs. 4 MuGVO entspricht diesem Anliegen auf abstrakter Ebene. Eine Konkretisierung für die einzelne Kommissionsverhandlung muss jedoch explizit in der MuGVO Aufnahme finden, beispielsweise in § 5 MuGVO[699].

j) Der Grundsatz der Rechtsweggarantie

§ 3 Abs. 5 MuGVO sieht ausdrücklich vor, dass durch die Anrufung der Schiedsstelle der Rechtsweg nicht ausgeschlossen ist. Auch wenn diese Regelung lediglich deklaratorischer Natur ist, da der Rechtsweg auch ohne diese Regel für beide Parteien zugänglich sein müsste, so ist dies dennoch zu begrüßen, da sie unmissverständlich die Parteien auf diese Option verweist.

k) Sonstige Verfahrensprinzipien

Was etwaige sonstige Verfahrensprinzipien anbelangt, so sollte stets bewusst gemacht werden, dass das Schiedsstellenverfahren als informelles Streitbeilegungsverfahren ausgestaltet ist, eine „Überfrachtung" mit formellen Verfahrenserfordernissen von daher vermieden werden muss. Es ist vielmehr ausreichend und auch dem Zweck des Verfahrens angemessener, die in der Empfehlung 98/257/EG genannten Kriterien zu erfüllen. Da die dort erwähnten Prinzipien bereits anderweitig (in „anderem Gewand") über die MuGVO Eingang in das Schiedsstellenverfahren gefunden haben und bereits diskutiert wurden, soll an dieser Stelle nicht näher auf die EG-Empfehlung 98/257/EG eingegangen haben[700].

---

698 Zu denken wäre etwa an folgenden Wortlaut: „Die Schiedskommission verhandelt nur in vollständiger Besetzung". Zudem sollte § 7 Abs. 1 Satz 2 MuGVO gestrichen werden. Denn hieraus könnte abgelesen werden, dass eine Besetzung mit drei Kommissionsmitgliedern ausreichend ist.

699 Hier könnte an folgenden Passus gedacht werden: „Fällt ein Mitglied aus vertretbaren oder nicht vertretbaren Gründen für die Kommissionsverhandlung aus, ist unverzüglich ein Stellvertreter zu benennen."

700 Im Dritten Hauptteil wird dies noch geschehen. Dabei wird deutlich werden, dass bestimmte Prinzipien lediglich „unter anderem Namen" über die Geschäfts- und Verfahrensordnungen der Schiedsstellen Eingang in das Schiedsstellenverfahren gefunden haben.

2. *Die Rechtsfolgen der Verletzung von Verfahrensgrundsätzen*

Hinsichtlich der Rechtsfolgen der Verletzung von Verfahrensprinzipien ist es unerlässlich, zwischen Verfahren mit Schiedsgutachten- und solchen mit empfehlendem Charakter zu differenzieren. Zunächst muss also eruiert werden, ob das Schiedsstellenverfahren im Einzelfall als Schiedsgutachten- oder als außergerichtliches Verfahren mit empfehlendem Charakter ausgestaltet ist. Erst danach können die Rechtsfolgen bei einer Verletzung etwaiger Verfahrensprinzipien ermittelt werden.

a) Die Rechtsfolgen der Verletzung von Verfahrensgrundsätzen bei Schiedsgutachtenverfahren

Bei Schiedsgutachtenverfahren kommt es hinsichtlich etwaiger Verfahrensfehler und daraus folgender Konsequenzen insbesondere darauf an, ob man der materiellrechtlichen oder der prozessualen Theorie folgt. Grundsätzlich fällt es den Vertretern der prozessualen Theorien auf den ersten Blick leichter, Verfahrensfehler über eine entsprechende Anwendung der schiedsrichterlichen Regelungen der §§ 1025 ff. ZPO sachgerecht zu erfassen.

Betrachtet man die materiellrechtlichen Regelungen der §§ 317 ff. BGB jedoch genauer, scheint auch nach der materiellrechtlichen Konzeption eine rechtsfolgenhafte Bewertung von Verfahrensfehlern durchaus möglich[701]. Innerhalb dieser Konzeption haben

701 Dabei soll die in der Literatur und der Rechtsprechung (RGZ 152, 201; BGH LM Nr. 2 zu § 64 VVG; BGHZ 6, 335) diskutierte Thematik eines selbständigen Ablehnungsrechts des Schiedsgutachters bei mangelnder Überparteilichkeit hier kurz erwähnt werden. Die Rechtsprechung lehnt ein derartiges selbständiges Ablehnungsrecht über eine analoge Anwendung des § 1036 ZPO vor allem deshalb ab, weil der Schiedsgutachter im Gegensatz zum Schiedsrichter lediglich einzelne Tatbestandselemente festzustellen habe. Weiterhin bestehe für eine entsprechende Anwendung von § 1036 ZPO auch kein Grund, weil die Parteien wegen fehlender Unabhängigkeit eines Schiedsgutachters durch die Möglichkeit geschützt seien, bei groben sachlichen Mängeln des Schiedsgutachtens eine gerichtliche Entscheidung herbeizuführen. Im Gegensatz dazu räumt eine andere Meinung den Parteien ein Ablehnungsrecht ein. Dieses Recht wird zum Teil unmittelbar aus dem Schiedsgutachtenvertrag abgeleitet, weil es dem mutmaßlichen Parteiwillen entspräche (Jonas, JW 1937, 221; Albers in Baumbach/ Lauterbach/Albers/Hartmann, Grundz. § 1025, Rz. 19). Überwiegend wird das Ablehnungsrecht jedoch auf die Art der dem Schiedsgutachter übertragenen Funktion und die Wirkungen des Schiedsgutachtens im Prozess gestützt. Der Schiedsgutachter ermittle nämlich wie der Schiedsrichter Tatsachen und bewerte diese. Er habe daher eine „partielle schiedsrichterliche Funktion“ (Nicklisch, BB 1971, 1206). Die Feststellung des Gutachters binde in gleicher Weise wie eine gerichtliche Entscheidung (Habscheid, Festschrift für Laufke, 314). Es sei aus Gründen der Rechtsstaatlichkeit aber nicht tragbar, den Richter an die Entscheidung eines offenbar parteilichen Gutachtens zu binden (Habscheid, a.a.O.). Ferner zwinge die Tatsache, dass der Schiedsgutachter in Wahrheit dem Richter die Beweiswürdigung abnehme dazu, das Prinzip der richterlichen Unabhängigkeit auch auf den Schiedsgutachter auszudehnen (Habscheid, NJW 1962, 9).

sich pauschal gesagt zwei Lager heraus gebildet, was die Konsequenzen etwaiger Verfahrensfehler im Schiedsgutachtenverfahren betrifft.

Das eine Lager weist bestimmten Fundamentalprinzipien (insbesondere dem der schiedsgutachterlichen Überparteilichkeit) eine selbständige Geltungsform zu, die sich beispielsweise beim Prinzip der Unabhängigkeit des Schiedsgutachters in Gestalt eines selbständigen Ablehnungsrechts der Parteien bei mangelnder Unabhängigkeit äußert[702]. Demgegenüber betont das andere Lager, dem u.a. auch die Rechtsprechung zuzuordnen ist, die sachliche Richtigkeitskontrolle des Schiedsgutachtens am Maßstab der offenbaren Unrichtigkeit[703].

Dieser Meinung ist beizupflichten. Zum einen bemüht das erste Lager eine Analogie zu den Vorschriften des schiedsrichterlichen Verfahrens der ZPO und nähert sich damit – dogmatisch nicht ganz korrekt – der prozessualen Auffassung. Zum anderen erscheint es auch unter Praktikabilitätsaspekten kaum oder nur mit einem erheblichen Mehraufwand durchführbar, derartige selbständige Rechte im Schiedsstellenverfahren oder in einem eigenen gerichtlichen Beschlussverfahren unmittelbar zur Anwendung kommen zu lassen. Würde man dies befürworten, würde dies zu einem nicht unerheblichen zusätzlichen formellen Aufwand im Schiedsstellenverfahren und zu einer Verkomplizierung der Verfahrensregeln führen[704]. Dieses – eigentlich informelle Verfahren – näherte sich einem „mini-trial" mit eigenständigen (umfassenden) Verfahrensrechten der Beteiligten, die allerdings eventuell gesondert gerichtlich geltend gemacht werden müssten. Genau dieser zusätzliche formalistische Aspekt führte jedoch dazu, dass derartige Verfahren als „kleine Gerichtsverfahren" betrachtet würden[705].

---

702 Habscheid, a.a.O.; Jonas, a.a.O.; Baumbach/Lauterbach/Albers/Hartmann, a.a.O.; Kisch, Der Schiedsmann, 64; ausführlich hierzu Wittmann, 97 ff. Wittmann will den Parteien auch ohne besondere vertragliche Vereinbarung ein selbständiges Ablehnungsrecht zugestehen, wenn ein Ablehnungsgrund im Sinne der §§ 41, 42 ZPO erst nach der vertraglichen Bestimmung des Schiedsgutachters entstanden oder aber der betroffenen Partei trotz ihr zumutbarer Nachforschungen unbekannt geblieben ist.

703 Ein Beispiel ist ein Urteil des OLG Köln vom 11.5.2001 (OLGR Köln 2001, 388). Danach seien Schiedsgutachten auch bei schwerwiegenden Verfahrensmängeln unverbindlich. Ein schwerwiegender Verfahrensmangel in diesem Sinne liege beispielsweise vor, wenn der Sachverständige wegen Besorgnis der Befangenheit abgelehnt werden könne. Das OLG Köln führt hiermit die Rechtsprechung des BGH fort, vgl. z.B. BGH MDR 1988, 381.

704 Dieser zusätzliche Verfahrensaufwand muss nicht zwingend im Schiedsstellenverfahren selbst zum Tragen kommen. Auch dann, wenn die Ablehnung des Schiedsgutachters in einem selbständigen Beschlussverfahren vor Gericht (analog § 1037 ZPO) prozessual geltend gemacht wird, entsteht ein zusätzlicher formeller Aufwand, der (insbesondere bei Bagatellstreitigkeiten) nicht gewollt sein kann.

705 Dann wäre auch der Vorwurf, ADR-Verfahren seien „just poor justice for the poor" oder „second – class forms of justice" nicht mehr vollständig von der Hand zu weisen. Micklitz erwähnt zu Recht, dass „the relationship between court rules and non – court rules are far from being clear. It seems as if privatisation of access to justice leads to first – class and second – class courts." (Micklitz, Privatisation of Access to Justice and Soft Law in Wilhelmsson/Hurri, 525 m.w.N.)

Vielmehr erscheint der von der Rechtsprechung offenbar zunehmend favorisierte Lösungsweg Ziel führend, nämlich Verfahrensmängel in einem späteren Gerichtsverfahren über § 319 BGB zu erfassen. Ein Schiedsgutachtens ist danach dann „offenbar unbillig/unrichtig", wenn „schwerwiegende Verfahrensmängel" vorliegen[706]. Dabei gibt die Empfehlung 98/257/EG einen Rahmen für die Frage her, was als „schwerwiegend" zu bezeichnen ist[707].

b) Die Rechtsfolgen der Verletzung von Verfahrensgrundsätzen bei Sachverständigenverfahren mit empfehlendem Charakter

Letztlich gilt für Sachverständigenverfahren mit empfehlendem Charakter nichts wesentlich anderes als für Schiedsgutachtenverfahren. Auch hier ist die Empfehlung 98/257/EG ein geeigneter Rahmen, welcher vorgibt, bis zu welcher Grenze Verletzungen prozeduraler Regeln des Schiedsstellenverfahrens hingenommen werden müssen. Dabei gilt jedoch folgendes zu beachten: §§ 317 ff. BGB finden keine Anwendung, d.h. das Merkmal der „offenbaren Unrichtigkeit" ist in diesem Zusammenhang bedeutungslos.

Es wurde bereits festgestellt, dass vorprozessual angefertigte Sachverständigengutachten nicht verwertet werden dürfen, wenn Gründe für eine Ablehnung nach § 406 ZPO vorliegen[708]. Nicklisch scheint hier den richtigen Ansatz auf der materiellen Ebene zu finden[709]. Er betont die Bedeutung der faktischen Bindungswirkung derartiger Gutachten und (darauf aufbauend) die Bedeutung des Inhalts etwaiger Verfahrensordnungen der betreffenden ADR-Stellen. Diese Verfahrensordnungen – und damit auch die hier zur Diskussion stehende MuGVO – haben nicht nur verfahrensrechtliche Bedeutung, sondern gestalten auch das materielle Rechtsverhältnis der ADR-Stellen zu den Konfliktparteien, also die ADR-Vereinbarung. Verstöße gegen diese Regelungen beinhalten demnach zugleich Verstöße gegen den jeweiligen materiellen Vertragsinhalt.

Diese Verstöße müssen jedoch nicht zwangsläufig zur Nichtigkeit oder Anfechtbarkeit des Vertrages führen[710]. Sie können jedoch materielle Rechtsansprüche bzw. Gestaltungsrechte nach sich ziehen, welche (bei Ausübung) das Rechtsverhältnis der Parteien

706 wie es das OLG Köln in seiner Entscheidung vom 11.5.2001 ausgeführt hat, OLG Köln, a.a.O.

707 Auf das Schiedsstellenverfahren übertragen bedeutet das: Die paritätische Besetzung der Schiedskommission, die Gewährung rechtlichen Gehörs, die (rechtzeitige) Zurverfügungstellung der Verfahrensregeln, die Begründungspflicht, die Schriftform der Entscheidung sowie das Prinzip der zulässigen Vertretung.

708 vgl. oben Zweiter Hauptteil, Dritter Teil, II.2. Auch der von Preibisch entwickelte Katalog von Tatsachen, welche zur Nichtverwertbarkeit vorprozessual angefertigter Gutachten führen müsse, sei in diesem Kontext erwähnt.

709 Nicklisch, Festschrift für Bülow, 176 f.

710 was beispielsweise bei einem Verstoß gegen den Beschleunigungsgrundsatz auch kaum nachvollziehbar wäre.

ändern bzw. umgestalten[711]. Auf prozessualer Ebene verbleibt nur die Erwähnung der Regelungen der ZPO, welche (nach der materiellrechtlichen Auffassung) keine Anwendung auf das Schiedsstellenverfahren finden. Da die Empfehlung 98/257/EG jedoch sowohl auf Schiedsgutachten- als auch auf Sachverständigenverfahren mit empfehlendem Charakter Anwendung findet, sollte sie der Richter auch bei seiner Entscheidungsfindung berücksichtigen, selbst wenn dies mangels verbindlichen Charakters der Empfehlung nicht zwingend erforderlich erscheint.

Zwischen Schiedsgutachtenverfahren und Verfahren mit empfehlendem Charakter besteht – was die Verfahrensdurchführung anbelangt – bei den Schiedsstellenverfahren kein Unterschied. Von daher wäre es nicht verständlich, in einem Fall die Empfehlung 98/257/EG als Prüfungsmaßstab anzuerkennen, im anderen jedoch nicht. Der Richter sollte daher für beide Verfahrensarten denselben Prüfungsmaßstab anlegen[712].

Eine rechtliche Verpflichtung zur Beachtung wesentlicher Verfahrensprinzipien und daraus folgend zur Unwirksamkeit bzw. Unbeachtlichkeit der festgestellten Tatsachen bei Nichtbeachtung kann bei Sachverständigenverfahren mit empfehlendem Charakter nach der aktuellen Rechtslage jedoch nur auf materiellrechtlicher Ebene gesehen werden. Alle wesentlichen Verfahrensgarantien, welche sich auf eine materiellrechtliche Ebene transferieren lassen, müssen daher bereits jetzt – ohne Berücksichtigung der (unverbindlichen) Empfehlung 98/257/EG – beachtet werden. Die Nichtbeachtung führte zur Unwirksamkeit bzw. Nichtigkeit des ADR-Vertrages nach § 134 BGB[713].

---

711 beispielsweise die Anfechtbarkeit oder Unwirksamkeit einzelner Regelungen des ADR-Vertrages, sofern die Verfahrensregeln nicht in ordnungsgemäßer Weise ausgehändigt wurden.

712 Rein dogmatisch müsste das Verfahren mit empfehlendem Charakter sogar noch einer erweiterten Prüfung vor Gericht unterliegen, da das Merkmal der „offenbaren Unbilligkeit" hier nicht von Bedeutung sein kann. Insofern müssten also auch weniger bedeutsame Verfahrensprinzipien auf ihre Beachtung hin untersucht werden. Für eine derartige Sichtweise gibt jedoch weder das BGB noch die ZPO etwas her. Wie Nicklisch zu Recht feststellt, ist allein mit der faktischen Bindungswirkung eine rechtliche Verpflichtung nämlich nicht zu begründen. Nur die vertraglichen Vereinbarungen zwischen „der Schiedsstelle" und den Konfliktparteien (wozu auch die MuGVO gerechnet werden kann!) setzen die Eckpfeiler der Zulässigkeit der rechtlichen Überprüfbarkeit.

713 Dabei ist vor allem an das Prinzip der Unabhängigkeit zu denken (§ 2 Abs. 3 MuGVO), welches allerdings bereits zivilprozessual über §§ 406, 42 ZPO erfasst werden kann. In diesem Fall hat also der Richter kein Problem, einen Verstoß über die ZPO im gerichtlichen Verfahren direkt zu beachten. Etwas anderes gilt für das Prinzip des rechtlichen Gehörs, welches über §§ 3, 4 MuGVO weit gehend Beachtung findet, die Prinzipien der Nichtöffentlichkeit (§ 5 Abs. 3 MuGVO), der Mündlichkeit (§ 5 Abs. 1 Satz 1 MuGVO) und der zulässigen Vertretung (dies geht mittelbar aus § 8 MuGVO hervor). Ein Verstoß gegen eines dieser Prinzipien kann nach der aktuellen Rechtslage lediglich auf materiellrechtlicher Ebene zutreffend erfasst werden. Die sonstigen Prinzipien lassen sich entweder der MuGVO nicht entnehmen und/oder ergeben sich allenfalls aus einer Anwendung der Grundsätze der Empfehlung 98/257/EG. Ein Verstoß gegen diese „sonstigen Prinzipien" kann also weder auf prozessualer noch auf materiellrechtlicher Ebene Konsequenzen nach sich ziehen. Bedeutsam in diesem Kontext ist zudem die Frage, ob durch die Feststellung etwaiger Verfahrensfehler auch die Schiedsstellenvereinbarung (auf der

Zusammenfassend kann festgestellt werden, dass nach der gegebenen Rechtslage allenfalls über die Anwendung der Grundsätze aus der MuGVO oder (bei Schiedsgutachtenverfahren) über die Auslegung des terminus „offenbare Unbilligkeit/Unrichtigkeit" sachgerechte Ergebnisse erzielt werden können, sofern die Bewertung von Verfahrensfehlern zur Diskussion steht. Es erscheint jedoch (auch aus Verbrauchersicht) befürwortenswert, einheitlich die Prinzipien Anwendung finden zu lassen, die sich aus der Empfehlung 98/257/EG ergeben. Die aktuelle Rechtslage zwingt die Schiedsstellen jedoch nicht zur Anwendung dieser Empfehlung, da sie nur unverbindlichen Charakter besitzt.

3. Das Spannungsverhältnis von Recht und Billigkeit im Schiedsstellenverfahren

Schiedsstellenverfahren zeichnen sich vor allem durch die Betonung der „Billigkeit" gegenüber dem „Recht" aus[714]. Dieser scheinbare Gegensatz wird jedoch sowohl durch rechtliche als auch tatsächliche Gegebenheiten relativiert. Wie weit diese Relativierung reicht, ist nirgends exakt definiert. So gibt insbesondere die Rechtsprechung wenig her zu der Frage, ob und inwieweit rechtliche Grundsätze von der Schiedskommission beachtet werden müssen[715]. Die MuGVO enthält sich gleichfalls zu dieser Frage. Allenfalls der Leitfaden lässt den Schluss zu, dass rechtlichen Aspekten bei der Entscheidungsfindung eine gewisse Bedeutung zukommen soll[716]. Aus dem Passus des Leitfadens lässt sich jedoch nicht entnehmen, wie weit rechtlichen Gesichtspunkten im Verfahren Beachtung geschenkt werden muss.

Den richtigen Ansatz scheint Preibisch zu wählen[717]. Danach seien von den Vorverfahrensstellen in jedem Fall alle zwingenden gesetzlichen Vorschriften, auf welche die Parteien nicht verzichten könnten, zu beachten. Demgegenüber müsse das dispositive Recht zwar auch beachtet werden, da der Zweck des Vorverfahrens, eine Anrufung der Gerichte nach Möglichkeit zu vermeiden, verlange, dass die Entscheidung der Vorverfahrensstelle so nahe wie möglich an eine Gerichtsentscheidung komme. Denn anderenfalls müsse damit gerechnet werden, dass die von der Vorverfahrensstelle benachteiligte Partei

„ersten Stufe") betroffen sein kann. So fiele im Falle der Anfechtbarkeit bzw. Nichtigkeit dieser Vereinbarung evtl. die auch für die „faktische Bindung" so bedeutsame Willensübereinstimmung weg. Davon ist auszugehen. In Betracht kommt hierbei insbesondere § 313 BGB (Störung der Geschäftsgrundlage).

714 so Micklitz in Wilhelmsson/Hurri, 525; Preibisch, 139 f.; Reich, DRiZ 1983, 112 f.; LG Bielefeld vom 6.6.1984, 10 C 552/83 (vgl. Anlage 19)

715 vgl. hierzu bereits oben die Kritik am Urteil des LG Bielefeld, Zweiter Hauptteil, Dritter Teil, I.4.b.cc (2)

716 vgl. Leitfaden zu § 2 Ziff. 2 MuGVO: „In beiden Fällen muss der Vorsitzende der Schiedskommission ein Volljurist sein. ...... Neben materiellrechtlichen Fragestellungen des einzelnen Streitfalls sind auch immer verfahrensrechtliche Gesichtspunkte mit juristischem Hintergrund zu behandeln, insofern ist es zwingend notwendig, dass der Vorsitz der Schiedskommission durch einen Volljuristen übernommen wird."

717 Preibisch, 139 f.

den Richter anrufe. Damit sei jedoch nicht gesagt, dass die Vorverfahrensstellen Erwägungen der Zweckmäßigkeit und Billigkeit in keinem Fall berücksichtigen dürften und sollten. Letzten Endes komme es allein darauf an, die Entscheidung zu finden, mit der sich beide Parteien abzufinden vermögen.

Dem entspricht der von Reich erwähnte konflikttheoretische Ansatz[718]. Insofern ist auch auf die im Dritten Teil des Ersten Hauptteils getätigten Ausführungen zu verweisen[719]. Danach führen vor allem soziologisch orientierte Verfahren zu durchaus akzeptablen Konfliktlösungsmustern. Maßgeblich ist dabei insbesondere die Betonung des interessenorientierten gegenüber dem (typisch juristischen) anspruchsorientierten Denken. Diese Erkenntnisse sind auch für die Arbeit der Schiedsstellen des Kfz-Handwerks nutzbringend. Da rechtliche Vorgaben nur insoweit bestehen, als dass die Schiedsstelle den Konflikt „möglichst gütlich beilegen oder entscheiden" soll (§ 1 Abs. 1 lit.b MuGVO), steht einer derartigen interessenbezogenen Konfliktlösung nichts im Wege. Die Vorteile eines derartigen Ansatzes zeigen sich vor allem auf der „Rechtsfolgenseite", also dem Entscheidungstenor. Die Schiedsstellen sind hier wesentlich freier als die Gerichte, welche dem „Korsett der Regelungen der ZPO und des materiellen Rechts nicht entfliehen können". Diesen Freiraum müssen die Schiedsstellen nutzen.

Zur Verdeutlichung dieses Ansatzes ist es unabdingbar, den Unterschied zwischen dem Schiedsgutachten, welches allein technische Feststellungen enthält (enthalten darf!) und dem Schiedsvergleich bzw. Schiedsspruch zu erkennen. Denn nur dann, wenn die Frage danach, was noch als „rechtliche Vorfrage" qualifiziert werden kann und daher im Rahmen eines Schiedsgutachtens zulässig und was als „hauptsächlich rechtliche Erwägungen" zu verstehen ist (was im Rahmen eines Schiedsgutachtens nicht zulässig sein soll), aufgegeben wird, kann eine verbesserte Transparenz auch für die Beurteilung der Konfliktlösung durch die Gerichte und damit eine qualitativ höherwertige Konfliktlösung erzielt werden[720]. Weiter muss beachtet werden, dass Schiedsstellenverfahren zwar durch das interessenbezogene „Billigkeitsdenken" geprägt sind, den rechtlichen Aspekt jedoch

---

718 Reich, DRiZ 1983, 112 f. Dieser Ansatz geht von der Fragestellung aus, wie Konflikte im privaten Bereich oder auf dem Gebiet vermögensmäßiger Beziehungen abgearbeitet werden.

719 Erster Hauptteil, Dritter Teil, II.1.a

720 Anderer Ansicht ist hier Meyer, Diss. (19), die aus Gründen der Praktikabilität dem Schiedsgutachter auch die Kompetenz zusprechen will, über vorgreifliche Rechtsfragen mit zu entscheiden. Meyer meint, würde man dem Aufgabenbereich des Schiedsgutachters diese vorgreifliche Rechtsklärung entziehen und einem staatlichen Richter oder Schiedsrichter zuführen, so würden die Vorteile des schiedsgutachterlichen Verfahrens, nämlich Schnelligkeit und Kostengünstigkeit wegfallen. Dem ist zwar prinzipiell zuzustimmen. Dann stellt sich allerdings die (berechtigte) Frage, warum dem Schiedsgutachter nicht auch noch über die Vorgreiflichkeit hinaus die Kompetenz zugestanden wird, Rechtsfragen in seine Entscheidung einzubeziehen. Dies gilt zumindest dann, wenn der Schiedsgutachter erkennbar die Kompetenz hat, Rechtsfragen in seine Entscheidung zu integrieren, so wie dies beim Vorsitzenden der Schiedskommission anzunehmen ist. Würde man die Kompetenz nämlich über die Vorgreiflichkeit hinaus erweitern, bliebe der Rechtsprechung (und der Literatur) die diffizile Abgrenzung zwischen „vorgreiflichen Rechtsfragen" und „hauptsächlich rechtlichen Erwägungen" erspart.

nicht ganz außer Acht lassen sollten, da ansonsten die Gefahr drohte, dass statt Billigkeit Willkür das Verfahren prägte[721].

Da eine optimale Entscheidung, welche auch die größte Akzeptanz bei den Konfliktparteien hat, nur garantiert ist, wenn alle Gesichtspunkte berücksichtigt werden, ist es sicherlich von Nutzen, wenn die Schiedskommission weiß, wie nach Recht und Gesetz zu entscheiden wäre. Die ideale (Billigkeits-) Entscheidung kann daher nur die sein, die zunächst die Rechtslage (wenigstens summarisch) nach materiellem Recht prüft, das Ergebnis an den rechtlich irrelevanten, aber unter dem Gesichtspunkt der Billigkeit in Betracht kommenden Gesamtumständen misst und dann entweder bestätigt, verwirft oder modifiziert.

Letztlich erscheinen folgende Prinzipien beachtenswert, sofern das Spannungsverhältnis von Billigkeit und Recht diskutiert wird:

- Die Schiedsstelle nimmt allenfalls eine summarische Prüfung hinsichtlich etwaiger rechtlicher Aspekte vor. Eine intensive rechtsdogmatische Vertiefung in juristische Problematiken widerspräche dem Sinn und Zweck des Schiedsstellenverfahrens, eine schnelle Entscheidung herbeizuführen, die sich primär an den Grundsätzen der Billigkeit orientiert. Zudem liefe die Schiedsstelle nach der aktuellen Rechtsprechung Gefahr, dass auf Grund „vorwiegend rechtlicher Erwägungen“ ein etwaiges Schiedsgutachten als unwirksam angesehen würde.
- In jedem Fall muss die Schiedsstelle die Vorgaben beachten, die sich aus der Geschäfts- und Verfahrensordnung ergeben.
- Zwingende materiellrechtliche Vorschriften sind von der Schiedsstelle gleichfalls zu beachten. Hierunter fallen vor allem die Vorschriften, welche den Verbraucher in seiner unterlegenen Position zu schützen bezwecken[722].
- Dispositive gesetzliche Vorschriften können beachtet werden, sofern vertragliche Abreden nicht entgegenstehen.
- Einreden dürfen nur in die Entscheidung einfließen, sofern sie von einer Konfliktpartei vorgebracht werden[723].

---

721 Insofern ist auf Micklitz in Wilhelmsson/Hurri zu verweisen, der auf S. 511 ausführt: „..... Justice is thus a product of litigation, be it court or non – court centred. The degree to which it is realised depends largely on private initiatives in the form of public interest litigation and in the way in which the adressees of ADR make use of the new (private) fora.“ Noch eindeutiger wird diese Sichtweise auf S. 525: „It should become transparent and it should be said explicitly that non – court alternatives enhance the chances of equity but diminish the chances of justice.“ Nach Jansen, Diss., 143 muss eine qualitativ hochwertige Schlichtung die materielle Rechtslage einbeziehen.

722 also z.B. § 639 BGB oder §§ 305 ff. BGB

723 Ob insoweit ein Hinweis z.B. des Vorsitzenden zulässig ist, ist umstritten. Bejahend insoweit z.B. Eidenmüller (Symposion für Schlosser, 75), der sich auf die BGH-Rechtsprechung zu zulässigen Hinweisen im Zivilprozess bezieht (BGH NJW 1998, 612; danach „spreche vieles dafür, dass der richterliche Hinweis auf die Verjährungseinrede als heute zumindest vertretbare, jedenfalls nicht unsachliche oder willkürliche Anwendung von § 139 ZPO angesehen werden müsse.“). Eidenmüller ist Recht zu geben, wenn er ausführt, dass sich „für die Vereinbarkeit

- Sonstige Einwendungen können beachtet werden. Sofern sie von wesentlicher Bedeutung sind, muss gegebenenfalls eine Beweiswürdigung vorgenommen werden.
- Auch nicht justiziable Konflikte können vor der Schiedsstelle verhandelt werden (z.B. Höhe des Reparaturpreises). Selbstverständlich sind hier allein Billigkeitserwägungen maßgebend.
- Es muss stets die interessenbezogene, nicht die positionsorientierte Sichtweise in Erwägung gezogen werden, wenn die Schiedsstelle eine Konfliktlösung anregt.
- Der Unterschied zwischen dem (allein auf technische Feststellungen bezogenen) Schiedsgutachten bzw. Sachverständigengutachten und der Entscheidung der Schiedsstelle bzw. einem Schiedsvergleich muss offen gelegt werden. Im Übrigen müssen im Protokoll auch bei einem Schiedsvergleich die Anregungen der Schiedsstellen mit vermerkt werden, um gegebenenfalls nachprüfen zu können, ob beispielsweise der Verbraucher bei seiner Entscheidung, auf den Vergleich einzugehen, von der Schiedsstelle auch richtig informiert wurde.

4. Die Beweiserhebung und die Beweiswürdigung

Die Beantwortung der Fragen, die sich im Zusammenhang mit der (verfahrensmäßigen) Beachtung und Würdigung etwaiger Beweismittel und der (materiellen) Beweislastverteilung ergeben, hängt maßgeblich davon ab, ob und inwieweit der Gesichtspunkt des Rechts und/oder der Billigkeit im Schiedsstellenverfahren anwendbar sein soll. Ist nämlich der Rechtsgedanke vorherrschend, so müssen auch die materiellrechtlichen Regelungen der Beweislastverteilung beachtet und darauf aufbauend diese in das Schiedsstellenverfahren eingebettet werden. Kommt es dagegen allein auf die Billigkeit an, entwickeln derartige Erwägungen nur eine untergeordnete Bedeutung.

Wie bereits ausgeführt, muss zunächst die materielle Rechtslage (summarisch) geprüft und anschließend das gefundene Ergebnis einer Billigkeitskontrolle unterworfen werden[724]. Von daher hat der Vorsitzende, der als einziger in der Schiedskommission die er-

---

entsprechender Hinweise mit der Neutralitätspflicht vor allem die Erwägung vorbringen lasse, dass keine Partei ein schutzwürdiges Interesse an der Aufrechterhaltung eines ihr günstigen Rechtsirrtums des Gegners besitze." An diesem Ergebnis ändert auch BGHZ 156, 269 nichts. In dem Beschluss des V. Zivilsenats vom 2.10.2003 stellt der BGH zwar fest, dass ein richterlicher Hinweis auf die Verjährung zwar einen Grund darstellen kann, den Richter wegen Befangenheit gemäß § 42 Abs. 2 ZPO abzulehnen. Auch sei ein derartiger Hinweis nicht mehr durch § 139 ZPO gedeckt. Allerdings stellt der BGH ausdrücklich fest, dass er „nicht darüber zu befinden habe, ob andere Vorschriften, etwa die Pflicht, auf eine gütliche Beilegung des Rechtsstreits bedacht zu sein (§ 278 ZPO), überhaupt, unter welchen Voraussetzungen und wenn ja, in welcher Weise, den Hinweis auf die Einrede erlauben." Gerade hier liegt die Vergleichbarkeit einer Schiedsstellenverhandlung mit einer auf einen Konsens bedachten Streitbeilegung vor Gericht gemäß § 278 ZPO auf der Hand. § 278 ZPO entspricht in seiner mehr interessen- als positionsorientierten Sicht weit mehr einem Schiedsstellenverfahren als dies in den Vorschriften der §§ 42 Abs. 2, 139 ZPO zum Ausdruck kommt.

724 vgl. hierzu die im vorigen Abschnitt erwähnten Gedanken.

forderliche rechtliche Kompetenz besitzt, zunächst den „gestellten Antrag“ auf seine Schlüssigkeit und Begründetheit hin zu untersuchen. Die Grundsätze der Beweislastverteilung, die sich im Wesentlichen aus dem BGB ergeben, hat er dabei zu berücksichtigen und eine entsprechende Beweiserhebung anzuregen.

a) Beachtung der Grundsätze der Beweislastverteilung

Im Rahmen der summarischen Subsumtion durch den Vorsitzenden der Schiedskommission stellt sich die Frage, ob und inwieweit der Vorsitzende die Prinzipien der Beweislastverteilung beachten muss. Folgt man der obigen Ansicht, dass eine „optimale Lösung“ nur bei einer angemessenen Berücksichtigung auch der rechtlichen Situation denkbar erscheint, dann drängt sich die Beachtung der materiellrechtlichen Beweislastregeln auf.

Danach gilt zunächst der allgemeine Grundsatz, dass jede Partei die Behauptungs- und Beweislast dafür trägt, dass der Tatbestand der ihr günstigen Rechtsnorm erfüllt ist[725]. Dieser Grundsatz wird durchbrochen bei einer anderweitigen vertraglichen Vereinbarung, einer anderweitigen gesetzlichen Beweislastverteilung, einer gesetzlichen Vermutung, einer tatsächlichen Vermutung und unter Umständen bei einer Beweisvereitelung. Gerade letzteres kann in der Praxis bei Konflikten mit Kfz-Werkstätten durchaus einmal vorkommen[726].

Die Rechtsfolgen der Beweisvereitelung sind in Rechtsprechung und Literatur umstritten[727]. Die neuere Rechtsprechung vertritt die Auffassung, dass je nach dem Einzelfall Rechtsfolge der Beweisvereitelung Beweiserleichterungen bis hin zur Beweislastumkehr seien[728]. Typische Formen solcher Beweiserleichterungen sind die Schadensschätzung gemäß § 287 ZPO, andere Bereiche der Beweismaßreduzierung sowie der Anscheinsbeweis[729].

Übertragen auf das Schiedsstellenverfahren bedeutet das, dass die Schiedskommission im Falle einer Beweisvereitelung ein weit gehender Beurteilungsspielraum zur Verfügung steht, der bis zur Beweislastumkehr führen kann.

---

725 Thomas-Putzo, Vorbem. § 284, Rz. 23

726 So baut beispielsweise die Werkstatt vor Durchführung einer Schiedskommissionsverhandlung ein von ihr eingebautes mangelhaftes Teil wieder aus, um so der Schiedskommission eine Beweiserhebung unmöglich zu machen oder andere, für eine sachgerechte Beurteilung des Konflikts wesentliche Teile werden entfernt. Dass dies nicht die Regel ist, dürfte selbstverständlich sein.

727 vgl. hierzu näher Prütting in Münchener Kommentar zur ZPO, § 286, Rz. 82 ff.

728 Prütting in Münchener Kommentar zur ZPO, § 286, Rz. 86 mit Verweis auf BGHZ 72, 132

729 Prütting in Münchener Kommentar zur ZPO, § 286, Rz. 127

b) Die Beweismittel

Die Schiedskommission kann sich zur Aufklärung des Sachverhalts grundsätzlich der auch einem Gericht zur Verfügung stehenden Beweismittel bedienen. Dies lässt sich der MuGVO entnehmen. So heißt es in § 3 Abs. 2 lit.d MuGVO: „Benennung etwaiger Beweismittel." Zwar lässt sich hieraus kein zwingender Schluss ziehen, dass alle nach der ZPO erlaubten Beweismittel auch im Schiedsstellenverfahren erlaubt wären. Der Sinn und Zweck des Schiedsstellenverfahrens, zum einen den Konflikt so schnell und sachgerecht als möglich zu lösen, zum anderen aber auch rechtliche Gesichtspunkte so weit als möglich zu berücksichtigen, lässt jedoch kaum einen gegenteiligen Schluss zu[730].

Die zulässigen Beweismittel sind von daher:

aa) Augenschein

Die Schiedskommission kann die Werkstatt oder das streitgegenständliche Kraftfahrzeug in Augenschein nehmen[731]. Der Beweis durch Augenschein soll dem Gericht die Überzeugung von der Richtigkeit streitiger Behauptungen durch eigene gegenständliche Wahrnehmung vermitteln. Objekt des Augenscheins können Personen oder Sachen hinsichtlich ihrer Existenz und Substanz sowie hinsichtlich der durch sie ausgelösten Vorgänge sein[732]. Dem Augenschein kommt bei Schiedsstellenverfahren insbesondere in Bezug auf eine bestimmte Schadensfeststellung eine besondere Bedeutung zu.

---

730 Dabei ist zu beachten, dass das Schiedsstellenverfahren selbst weitgehend ein „Beweisverfahren" ist, da im Rahmen dessen sachverständige Gutachten angefertigt werden. Die Konfliktlösung basiert jedoch nicht nur auf den festgestellten (technischen) Tatsachen, sondern auch auf Erkenntnissen, die außerhalb des rein Technischen gewonnen wurden, also z.B. die Frage, ob bestimmte Erklärungen von den Parteien oder Dritten abgegeben wurden, ob die Rechnung überhöht ist o.ä. Diese Gegebenheiten können nur im Rahmen einer Beweiserhebung festgestellt werden. Es erscheint unter dem Gesichtspunkt des intendierten prozessvorbeugenden Charakters des Schiedsstellenverfahrens durchaus sinnvoll, alle Beweismittel zuzulassen, die in einem Gerichtsverfahren Beweisthema sein könnten. Für die Schiedsstellen Schwaben und Niederbayern ergibt sich dies bereits aus § 5 Abs. 5 der jeweiligen Verfahrensordnung, welche vorsieht, dass für eine Beweiserhebung die Vorschriften der ZPO entsprechend gelten. Aus dieser Vorschrift ergeben sich noch weitere Konsequenzen im Hinblick auf die Art der Beweiserhebung und die Zulässigkeit der Verwertung bestimmter Beweismittel. Nachfolgend wird jedoch lediglich der Gehalt der sich aus der MuGVO ergebenden Regelung im Hinblick auf die Beweiserhebung untersucht.

731 vgl. hierzu das Protokoll der Schiedskommissionssitzung der Schiedsstelle Nürnberg vom 16.1.1998 (Anlage 16): „Um sich ein besseres Bild von der Sache zu machen, schaute sich die Schiedskommission das streitgegenständliche Fahrzeug im Hof der Kfz-Innung an."

732 Greger in Zöller, § 371, Rz. 1

bb) Zeugen

Gemäß § 5 Abs. 2 Satz 2 MuGVO stellt der Vorsitzende „den Parteien anheim, etwaige Auskunftspersonen mitzubringen." Diese Regelung beruht primär auf kostenrechtlichen Erwägungen[733]. Die Schiedsstellen sehen sich nämlich grundsätzlich nicht in der Lage, den Zeugen Verdienstausfall und Auslagen zu erstatten. Durch den Verzicht auf eine Ladung soll von vorne herein jeder Anschein vermieden werden, dem Zeugen könnten Ersatzansprüche gegen die Schiedsstelle zustehen[734]. Mit der Bezeichnung als „Auskunftspersonen" verwendet die MuGVO auch einen in der Literatur bevorzugten Terminus. Hierdurch soll nämlich nach außen hin klar gestellt werden, dass der Schiedsstelle keine Zwangsmittel zur Verfügung stehen, mit denen sie Zeugen zum Erscheinen oder zur Aussage veranlassen könnte[735]. Auch eine Vereidigung der „Auskunftspersonen" ist der Schiedskommission verwehrt.

cc) Sachverständigenbeweis

Trotz eigener Sachkunde in technischen Fragen ist es der Schiedsstelle nicht verwehrt, zur Aufklärung des Sachverhalts auch Sachverständige heranzuziehen. Darüber herrscht in der Literatur weitgehende Einigkeit[736]. Allerdings darf die Einschaltung von Sachverständigen nicht dazu führen, dass die Schiedsstelle ihre Entscheidung Dritten überlässt[737]. In der Praxis ist die Einschaltung von Sachverständigen, die nicht der Schiedskommission angehören, eine Ausnahme.

dd) Urkundenbeweis

Der Urkundenbeweis ist in der Praxis der Schiedsstellen ein wichtiges Beweismittel. Urkunden (im Sinne der ZPO) sind durch Niederschrift verkörperte Gedankenerklärungen, die geeignet sind, Beweis für streitiges Parteivorbringen zu erbringen[738]. Dies ergibt sich indirekt aus § 3 Abs. 4 MuGVO. Die Schiedsstelle ist bei ihrer Beweiswürdigung und Entscheidungsfindung schließlich in nicht unerheblichem Maße auf derartige Urkunden angewiesen. Als vor allem in Betracht kommende Urkunden zählen Reparaturrechnungen, Gutachten, Kostenvoranschläge und schriftlich erteilte Aufträge.

---

733 So Preibisch, 129 m.w.N.

734 Preibisch, a.a.O.

735 Preibisch, a.a.O.; Asmus, ZversWiss 1962, 197, 216

736 Preibisch, 131 m.w.N.

737 Preibisch, a.a.O.

738 Greger in Zöller, vor § 415, Rz. 2 mit Verweis auf BGHZ 65, 300 = MDR 76, 304

ee) Parteivernehmung

Auch die Parteivernehmung ist in der Praxis der Kommissionsverhandlung von großer Bedeutung. Die Parteien werden von den einzelnen Mitgliedern der Schiedskommission intensiv zum Sachverhalt befragt. Diese Befragung bildet meist das „Hauptgerüst" der Schiedskommissionsverhandlung. Oftmals sind die Konfliktparteien die einzigen Beweismittel neben den im Rahmen des Verfahrens erstellten Gutachten, da Reparaturaufträge meist nur mündlich abgegeben werden und Zeugen bzw. „Auskunftspersonen" häufig nicht vorhanden sind.

ff) Sonstige Beweismittel

Die Mitglieder der Schiedskommission sind nicht an die von der ZPO vorgegebenen Beweismittel gebunden. Eine andere Sichtweise widerspräche dem ADR-Verfahren allgemein zugrunde liegenden Flexibilitätsprinzip. Vielmehr können die Mitglieder der Schiedskommission – sollten sie es für erforderlich halten – auch telefonische Rückfragen halten sowie formlosen Briefverkehr oder Filme und Fotografien für ihre Entscheidungsfindung mit verwerten, ohne dass eine Partei diesbezüglich ein Beweisangebot abgegeben hätte. Eine gegenteilige Auffassung lässt sich rechtlich nicht begründen, da im Bereich „privatisierter Streitbeilegung" hauptsächlich vertragliche Absprachen gewisse Verbote begründen können. Aus der ADR – Vereinbarung ergibt sich jedoch kein derartiges Verbot.

c) Die Beachtung von Beweisangeboten der Konfliktparteien

Hat eine Partei eine bestimmte Tatsache unter Beweis gestellt und ist die Schiedskommission der Auffassung, dass es auf diese Tatsache ankommt, so hat sie grundsätzlich den „beantragten Beweis" zu erheben. Dabei kann die Schiedskommission in ein Dilemma geraten: Da es ihr nämlich nicht möglich ist, beispielsweise Zeugen unter Androhung von Zwangsmitteln zu laden und es für eine sachgerechte Entscheidung möglicherweise gerade auf diese Zeugenaussage ankommt, stellt sich die Frage, wie die Schiedskommission zu handeln hat, wenn sich der Zeuge (bzw. die „Auskunftsperson") weigert zu erscheinen bzw. eine Aussage zu machen.

Da die Partei, welche die Beweislast trägt, in dem Fall den Beweis nicht erbringen kann (außer im Rahmen einer Parteivernehmung oder auf andere Weise!), müsste sie eigentlich nach den allgemeinen Beweislastregeln unterliegen. Dies erscheint auch sachgerecht. Zum einen kann die Partei spätestens dann, wenn feststeht, dass der Zeuge keine Aussage machen wird, immer noch ihren „Antrag" bzw. die Anrufung zurücknehmen (und z.B. auf ein Gerichtsverfahren ausweichen). Zum anderen kommt es in der Praxis eher selten vor, dass die Entscheidung der Schiedskommission nur von einer Aussage abhängt. Vielmehr stehen im Schiedsstellenverfahren schon seiner Natur nach technische Fragen im Mittelpunkt der Verhandlung, die gerade durch die Mitglieder der Schiedskommission als sachkundige Personen beantwortet werden können. Gerade um diese technischen Sachfragen abzuklären, bemühen die Konfliktparteien die Schiedsstelle und nicht etwa, um eine „zivilprozessuale Beweisaufnahme“ durchführen zu lassen.

Die Schiedskommission ist zudem nicht verpflichtet, Tatsachen nachzuprüfen, auf die es nach ihrer Rechtsansicht nicht ankommt[739]. Das absichtliche oder versehentliche Übergehen eines „Beweisantrags“ stellt gleichzeitig eine Verletzung des Anspruchs auf rechtliches Gehör dar und führt in aller Regel zur Unwirksamkeit eines (möglicherweise) erstellten Schiedsgutachtens bzw. zur Nichtverwertbarkeit eines Sachverständigengutachtens mit empfehlendem Charakter.

Nur in Ausnahmefällen braucht ein Beweisangebot hinsichtlich einer von der Schiedskommission für erheblich gehaltenen Tatsache nicht berücksichtigt zu werden. Dabei können für Schiedsstellenverfahren (haben sie nun schiedsgutachterlichen oder lediglich empfehlenden Charakter) die für den Zivilprozess entwickelten Grundsätze herangezogen werden, sofern sie mit dem Sinn und Zweck des Schiedsstellenverfahrens im Einklang stehen[740].

Danach müsste das Beweisangebot eines Verfahrensbeteiligten dann nicht von der Schiedskommission berücksichtigt werden, wenn

- die unter Beweis gestellte Tatsache bereits feststeht;
- die Tatsache unerheblich ist;
- das Beweismittel ungeeignet ist;
- das Beweismittel unerreichbar ist:
- die Kommission eigene Sachkunde besitzt (was bei Beweisangeboten zu technischen Feststellungen selbstverständlich sein dürfte).

Diese Ausnahmen dürften kaum streitig sein. Problematisch stellt sich jedoch die Rechtslage – unter Einbeziehung des pragmatischen Aspekts – dar, wenn sich eine Partei auf ein Beweiserhebungs- bzw. Beweisverwertungsverbot beruft. Diese Frage erlangt zwar in der Praxis wohl vor allem aus zwei Gründen keine erhebliche Bedeutung: Zum einen zeichnen sich Schiedsstellenverfahren dadurch aus, dass ihren Entscheidungen primär die Beurteilung der technischen Gegebenheiten durch die Sachverständigen in der Schiedskommission zugrunde liegen. Andere Beweismittel sind zwar zulässig, bilden jedoch eher die Ausnahme[741].

Zum anderen dürften die Schiedsstellen diese Frage kaum jemals problematisiert haben. Da auch nur wenige Beteiligte nach einem Schiedsstellenverfahren die Gerichte anrufen, kommen auch diese nur äußerst selten zur Beurteilung der Frage, ob die Schieds-

739 So für das insoweit vergleichbare Schiedsgerichtsverfahren OLG Hamburg, MDR 1965, 54

740 Es spricht grundsätzlich kaum etwas dafür, pauschal jegliche Parallelität von zivilprozessualen und schiedsstellenverfahrenstypischen Eigenheiten abzulehnen. Eine derart pauschale Ablehnung würde den Sinn und Zweck des Schiedsstellenverfahrens, rasch zu einer allseits akzeptierten Einigung oder Lösung zu gelangen, konterkarieren. Vielmehr erscheint es angemessen und sinnvoll zu prüfen, ob bestimmte Prinzipien dem Sinn und Zweck des Schiedsstellenverfahrens förderlich sind, seien diese Prinzipien nun zivilprozessualer oder „soziologischer“ Natur.

741 ausgenommen die Parteivernehmung

kommission einen bestimmten Beweis verwerten durfte oder nicht. Dies soll jedoch keinen Hinderungsgrund darstellen, das Problem des Beweiserhebungs- und Beweisverwertungsverbots zu diskutieren. Nachfolgend soll dies vielmehr geschehen[742].

Ein Schiedsgericht in einem Verfahren nach §§ 1025 ff. ZPO darf nur zulässige Beweismittel in die Beweiserhebung – und die Spruchfindung – einbeziehen. Es ist allerdings nicht an die Beurteilung der Zulässigkeit von Beweismitteln durch die Rechtsprechung der staatlichen Gerichte, z.B. für ohne Wissen aufgenommene Tonbandaufnahmen, gebunden[743].

Hieraus könnte der – verfrühte – Schluss gezogen werden, dass eine Schiedskommission erst recht nicht an die Rechtsprechung zu den Beweiserhebungs- und Beweisverwertungsverboten gebunden ist, da die Bindungswirkung der Entscheidungen der Schiedsgerichte noch weiter reicht als die der Schiedskommissionen, selbst wenn das Verfahren im Einzelfall als Schiedsgutachtenverfahren ausgestaltet sein mag (argumentum a maiore ad minus). Insofern strahlten die zivilprozessualen Grundsätze zu den Beweiserhebungs- und Beweisverwertungsverboten, die starke rechtsstaatliche Wurzeln aufweisen, auf nachfolgende Gerichtsverfahren noch stärker aus als dies bei Schiedsstellenverfahren der Fall ist.

Mehr Erkenntnisse für eine Lösungsfindung erhält man jedoch durch den interrogativen Ansatz, ob bzw. inwieweit Beweiserhebungs-/Beweisverwertungsverbote mit dem Sinn und Zweck des Schiedsstellenverfahrens in Einklang zu bringen sind. Dieser liegt, wie schon mehrfach erwähnt, vor allem darin, den Konflikt möglichst schnell und unformell zu lösen, entweder durch eine gütliche Einigung oder eine autoritative Entscheidung. Für die Parteien ist es demnach nicht von vorrangiger Bedeutung, ein Verfahren durchzuführen, welches alle Prinzipien eines formell ordnungsgemäßen Zivilprozesses berücksichtigt. Im Übrigen würde eine derartige Sichtweise auch zu einer erheblichen Verkomplizierung und Verteuerung derartiger Verfahren führen. Vielmehr müssen lediglich die fundamentalen Prinzipien berücksichtigt werden, sofern die Frage eines Beweiserhe-

---

742 Die nachfolgenden Erörterungen setzen voraus, dass ein grundsätzliches Einverständnis darüber besteht, dass die im Schiedsstellenverfahren erlangten Beweise (dazu gehört z.B. auch das erstellte Sachverständigengutachten!) keinem grundsätzlichen Verwertungsverbot durch die Gerichte unterliegen. Derartige Verwertungsverbote („zum Schutz der Schlichtung") werden teilweise diskutiert. So hat beispielsweise der französische Gesetzgeber diesen Grundgedanken aufgegriffen und ein allgemeines Verwertungsverbot von im Schlichtungsverfahren gewonnenen Erkenntnissen für spätere Gerichtsverfahren sogar kodifiziert:"Les constatations du conciliateur ou du médiateur et les déclarations qu' ils recueillent ne peuvent être évoquées devant le juge saisi du litige qu' avec l' accord des parties. Elles ne peuvent être utilisées dans une autre instance" (Art. 131-14 n.c.p.c.; Art. 832-9 n.c.p.c.; Art. 24 Loi No. 95-125 du 8 févr. 1995). Stürner (Konsensuale Streitbeilegung, Symposion zu Ehren von Peter Schlosser, 18) betont zu Recht, dass derartige Verwertungsverbote von beschränktem Nutzen sind, weil sie keine „Fernwirkung" haben und somit keine Partei davor geschützt ist, dass der andere Teil aufgrund eines Zugeständnisses oder Hinweises weitere eigene Nachforschungen mit verbesserter und erleichterter Erfolgsaussicht anstellt.

743 Schütze, Schiedsgericht und Schiedsverfahren (85), allerdings ohne weitere Nachweise.

bungs-/Beweisverwertungsverbots zur Diskussion steht[744]. Werden Beweise verwertet, bei denen die Rechtsprechung eine feine Ziselierung vorgenommen hat, so ist dies nicht zu beanstanden[745]. Es muss dabei jedoch darauf geachtet werden, die Erlangung des Beweises im Protokoll eindeutig zu vermerken, um dem Gericht gegebenenfalls die Möglichkeit aufrecht zu erhalten, die rechtliche (!) Zulässigkeit der Beweisverwertung zu überprüfen.

Ein weiteres Problem im Rahmen der Beweiserhebung stellt die Frage dar, ob und/oder inwieweit die Schiedskommission bestimmte Beweisangebote als präkludiert zurückweisen darf. Dabei macht es wenig Sinn, die Grundsätze der ZPO als Maßstab heranzuziehen, da Schiedsstellenverfahren sich in ihrer Zielsetzung maßgeblich von Gerichtsverfahren unterscheiden. Vielmehr scheint ein Blick auf die MuGVO zu fruchtbareren Ergebnissen zu führen. Da die Zügigkeit des Verfahrens ein wesentliches Argument für informelle Streitbeilegungsverfahren darstellt und dies auch in der MuGVO deutlich in verschiedenen Passagen zum Ausdruck kommt, erscheint es angebracht, auch die Möglichkeit der Ablehnung „verspäteter Beweisangebote" für die Schiedskommission offen zu halten.

Da ADR-Verfahren sich durch eine weit gehende Flexibilität auszeichnen, scheinen hier jedoch starre Grundsätze unangebracht. Vielmehr muss es im „billigen Ermessen" der Schiedskommission liegen, verspätete Beweisangebote abzulehnen. Dies darf jedoch nicht mit Willkür gleich gesetzt werden. So dürfte es nicht zulässig sein und wohl auch zur offenbaren Unrichtigkeit des Schiedsgutachtens führen, wenn die Schiedskommission in der Hauptverhandlung die Vernehmung einer mitgebrachten Auskunftsperson „wegen Präklusion" ablehnt, auch wenn dessen Aussage von elementarer Bedeutung wäre[746]. Letztlich wird hier stets eine Einzelfallbetrachtung erforderlich sein, wobei die Prinzipien der Billigkeit denen des Rechts voran gestellt sind.

d) Die Form der Beweiserhebung

Als die drei Formen der Beweiserhebung gelten nach der ZPO der Strengbeweis, die Glaubhaftmachung und der Freibeweis[747]. Bei der Glaubhaftmachung handelt es sich

---

744 So wäre dabei z.B. zu denken an Beweise, die durch körperlichen und seelischen Zwang erlangt wurden.

745 z.B. ein rechtswidrig geöffneter und abgelichteter Brief, ein mitgeschnittenes Telefonat, eine Verwertung rechtswidrig hergestellter Tonbandaufnahmen oder Fotografien usw.

746 Auch wenn in derartigen Fällen das Gericht in aller Regel nicht wegen Präklusion ablehnen dürfte, so bestehen im gerichtlichen Verfahren doch gewisse Einschränkungen, die sich aus den Besonderheiten der ZPO ableiten lassen. Diese Einschränkungen dürfen für Schiedsstellenverfahren keine Anwendung finden. Im übrigen sei an dieser Stelle noch erwähnt, dass eine offenbare Unrichtigkeit des Schiedsgutachtens in vergleichbaren Fällen nur dann in Betracht käme, wenn sich die soziale Dimension im Bereich der Beweiserhebung (also die Aussage der Auskunftsperson) in irgendeiner Form kausal auf das Ergebnis des (technisch orientierten) Schiedsgutachtens ausgewirkt hat.

747 Baumbach/Lauterbach/Albers/Hartmann, Einf. vor § 284,Rz. 6 ff. Diese Unterteilung geschieht nach Baumbach nach dem Grad von Anforderungen an die Überzeugungskraft.

streng genommen zwar um keine „Form“ bzw. „Art“ der Beweiserhebung“, vielmehr um ein aliud. Dennoch wird die Glaubhaftmachung in diesem Kontext erörtert, da sie in engem Zusammenhang mit der Art der Beweiserhebung steht. Nachfolgend soll untersucht werden, welche Art der Beweiserhebung dem Sinn und Zweck des Schiedsstellenverfahrens am besten entspricht, da diesbezüglich aus der MuGVO keine Priorität zu entnehmen ist[748].

Dazu muss zunächst geklärt werden, welchem Zweck die genannten Arten der Beweiserhebung primär dienen sollen und anschließend, ob dieser jeweilige Zweck mit dem Zweck des Schiedsstellenverfahrens in Einklang zu bringen ist. Hieraus ergibt sich, welche Art der Beweiserhebung für das Schiedsstellenverfahren angemessen ist.

Strengbeweis bedeutet die Beweiserhebung in dem von der ZPO geregelten Verfahren mit den von der Prozessordnung vorgesehenen Beweismitteln. Der Strengbeweis hat die Herbeiführung der vollen richterlichen Überzeugung zum Ziel[749]. Der Strengbeweis erfordert demnach ein strikt formelles Verfahren. Diese Anforderung kann nicht in Einklang gebracht werden mit dem primären Ziel von ADR-Verfahren, diese so unformell als möglich zu gestalten. Von daher kommt der Strengbeweis für das Schiedsstellenverfahren nicht in Betracht.

Beim Freibeweis brauchen die Vorschriften über das Beweisverfahren nicht beachtet zu werden. Es können auch andere als die in der ZPO ausdrücklich genannten Beweismittel benutzt werden[750]. Allerdings ist auch beim Freibeweis die volle Überzeugung des Gerichts von den beweisbedürftigen Tatsachen erforderlich[751]. Nach § 284 Satz 2 ZPO ist der Freibeweis jedoch nur mit Einverständnis der Parteien zulässig.

Ein Vergleich mit dem Zweck des Schiedsstellenverfahrens führt zu manchen Parallelitäten, jedoch auch zu der Erkenntnis, dass der Freibeweis nicht die geeignete Form der Beweiserhebung darstellt. Auf der einen Seite steht zwar der Zweck des Schiedsstellenverfahrens, einen Konflikt schnell und unbürokratisch zu beenden, nicht entgegen, sofern eine Extensivierung über die in der ZPO genannten Beweismittel zur Disposition steht. Insofern können also „freibeweisliche Grundsätze“ auch in das Schiedsstellenverfahren mit einfließen. Sofern allerdings die anderen Prinzipien zur Diskussion stehen (volle Überzeugung des Gerichts, unverzichtbare Bindungen des Strengbeweisverfahrens o.ä.), lassen sich diese kaum mehr mit dem Zweck des Schiedsstellenverfahrens in Einklang bringen.

Die Glaubhaftmachung ist eine erleichterte Art der Beweisführung. Die Formen des gewöhnlichen Beweisverfahrens brauchen bei der Glaubhaftmachung nicht beachtet zu werden. Es sind auch andere als die in der ZPO genannten Beweismittel zulässig. Die Tatsachen brauchen bei der Glaubhaftmachung nicht zur vollen richterlichen Überzeu-

748 Auch der Leitfaden gibt hierfür nichts her.

749 Baumbach/Lauterbach/Albers/Hartmann, Einf. vor § 284, Rz. 7

750 Baumbach/Lauterbach/Albers/Hartmann, Einf. vor § 284, Rz. 9

751 Koch/Steinmetz in MDR 1980, 901. Dabei verweisen die Autoren zu Recht darauf, dass Freibeweis nicht mit dem Grundsatz freier Beweiswürdigung gleichzusetzen sei.

gung bewiesen zu werden. Es genügt ein geringeres Maß von Wahrscheinlichkeit[752]. Eine Beweisaufnahme im Rahmen der Glaubhaftmachung, die nicht sofort erfolgen kann, ist unstatthaft, § 294 Abs. 2 ZPO. Die Glaubhaftmachung eignet sich vor allem für Verfahren, die durch ihren summarischen Charakter geprägt sind[753].

Insofern sind in der Tat für die Glaubhaftmachung die meisten Parallelitäten zum Schiedsstellenverfahren auszumachen. Auch dieses ist vor allem durch seinen summarischen Charakter geprägt.

Allenfalls für die Fälle, in denen bindende Schiedsgutachten erstellt werden, könnten Bedenken angebracht sein. Ein Blick auf die materiellrechtliche Ebene kann diese Bedenken jedoch, wenn schon nicht vollkommen beseitigen, so doch zumindest relativieren: Ein Schiedsgutachten ist nur bei offenbarer Unrichtigkeit vom Gericht nicht zu beachten. Die Fallgruppen offenbarer Unrichtigkeit wurden bereits genannt[754]. Die Feststellung, ob ein Schiedsgutachten offenbar unrichtig ist, obliegt allein dem Richter. Die Frage, in welcher Art das Beweisverfahren im Schiedsstellenverfahren ausgestaltet ist, ist hierfür nur marginal von Bedeutung. Denn auch das im Rahmen eines Strengbeweises erstellte Schiedsgutachten kann offenbar unrichtig sein[755]. Die offenbare Unrichtigkeit ist also eine weit gehend definierte materielle Voraussetzung, die vom Charakter des Schiedsstellenverfahrens bzw. der Art der Beweiserhebung unabhängig ist.

Da zudem berücksichtigt werden muss, dass Billigkeitsgesichtspunkte und die Zügigkeit des Verfahrens für das Schiedsstellenwesen prägend sind, müssen die für die Glaubhaftmachung geltenden Prinzipien trotz der genannten Bedenken für das Schiedsstellenverfahren Anwendung finden[756].

IV. Möglichkeiten der Beendigung des Schiedsstellenverfahrens

1. Der Schiedsspruch nach § 7 MuGVO

a) Der Schiedsspruch als Instrument zur Konfliktbeendigung

Die Schiedskommission kann „den Antrag aus formellen Gründen zurückweisen oder über die Sache aufgrund eigener Sachkunde entscheiden“, § 7 Abs. 1 Satz 1 MuGVO. Der Schiedsspruch kommt als Instrument zur Konfliktbeendigung im Schiedsstellenverfahren allerdings erst dann in Betracht, wenn eine gütliche Einigung zwischen den Konfliktpar-

---

752 Baumbach/Lauterbach/Albers/Hartmann, Einf. vor § 284, Rz. 8

753 also vor allem einstweilige Verfügung, Arrest o.ä.

754 Zweiter Hauptteil, Dritter Teil, I.4.b.bb

755 Auch wenn konzidiert werden muss, dass dies im genannten Fall des Strengbeweisverfahrens unwahrscheinlicher sein dürfte.

756 Dabei soll an dieser Stelle betont werden, dass die Beweisaufnahme durch die Schiedskommission selbst gewissenhaft zu erfolgen hat. Die Feststellung bestimmter technischer Gegebenheiten erfordert also von den Sachverständigen auch ein gehöriges Maß an Disziplin.

teien scheitert. Dies ergibt sich aus der Zusammenschau mehrerer Textpassagen der MuGVO sowie aus dem Sinn und Zweck des Schiedsstellenverfahrens, welches als „zweistufiges Konfliktbeilegungsverfahren“ ausgestaltet ist.

Der Schiedsspruch ist strikt zu trennen vom Sachverständigengutachten mit empfehlendem Charakter bzw. vom Schiedsgutachten. Während der Schiedsspruch durch sein autoritatives Element primär der Konfliktbeendigung dient, beinhalten die jeweiligen Gutachten lediglich technische Feststellungen, welche als solches noch nichts für die Konfliktbeendigung hergeben[757].

Die Parteien übertragen also mittels Vereinbarung der Schiedskommission die Befugnis, ihren Konflikt zu entscheiden[758]. Von dieser Befugnis kann die Schiedskommission im Rahmen der Schiedsstellenverhandlung (kraft vertraglicher Vereinbarung!) Gebrauch machen, indem sie einen Schiedsspruch erlässt. Mit dem Schiedsspruch ist das Verfahren beendet. Ein weiteres Schiedsverfahren in derselben Sache ist ausgeschlossen, § 7 Abs. 4 MuGVO. Durch den Schiedsspruch wird der Rechtsweg jedoch nicht ausgeschlossen, § 7 Abs. 3 MuGVO[759].

b) Die Beratung und Beschlussfassung der Schiedskommission

Gemäß § 7 Abs. 1 Satz 3 und 4 MuGVO fasst die Schiedskommission ihre Beschlüsse mit der Mehrheit der Stimmen ihrer anwesenden Mitglieder. Jedes Mitglied hat eine Stimme. Die Frage, ob Stimmenthaltungen zulässig sind, wird von der MuGVO nicht beantwortet. Nach wohl hM ist Stimmenthaltung unzulässig, da diese mit der Funktion der Vorverfahrensstelle, zu dem Streitfall Stellung zu nehmen, unvereinbar sei[760]. Enthalte sich ein Mitglied dennoch der Stimme, so sei dieses Verhalten als Ablehnung zu werten[761].

Dieser Ansicht ist zuzustimmen. Anderenfalls wäre die ungerade Zahl der Kommissionsmitglieder, die bewusst gewählt wurde, bedeutungslos und es könnte zu einer Stimmengleichheit kommen, ein Ergebnis, welches nicht im Sinne derartiger Verfahren sein

757 Insofern stellt sich der Autor gegen die hM, welche dem Schiedsgutachten direkt bereits eine derartige Konfliktbeendigungswirkung zukommen lassen will. Durch eine derartige Trennung (technische Feststellungen-Beurteilung in der „Gesamtsache“ nach Billigkeitserwägungen und darauf aufbauend autoritative Entscheidung) werden auch dem Gericht mehrere Probleme im Rahmen seiner Entscheidungsfindung genommen.

758 Gerade hier wird das „Schlichtungselement“ deutlich, wonach ein neutraler Dritter mit Autorität versucht, den Streitparteien ein eigenes Schlichtungsergebnis zu unterbreiten, vgl. hierzu auch Prütting in AnwBl 5/2000, 275. Prütting nimmt danach eine Differenzierung zwischen Vermitteln, Schlichten und Richten vor.

759 Die Tatsache, dass den Konfliktparteien in jedem Fall der Rechtsweg offen stehen muss, ist eines der zentralen Elemente sämtlicher ADR-Verfahren. Nur wenn die Konfliktparteien wissen, dass sie auch nach Durchführung eines ADR/ODR-Verfahrens noch den Rechtsweg beschreiten können, werden sie der außergerichtlichen Streitschlichtung das Vertrauen entgegen bringen, das erforderlich ist, um das Verfahren „erfolgreich“ durchzuführen.

760 Preibisch, 138 m.w.N.

761 Preibisch, a.a.O.

kann. Diese haben nämlich insbesondere den Sinn, den Konflikt in einer akzeptablen Form zu beenden. Für die Konfliktparteien ist ein Ergebnis, welches auf Stimmenmehrheit beruht, akzeptabler als ein Ergebnis, das (bei Stimmengleichheit!) nur aufgrund einer (formellen) Verfahrensregel zustande kommt (beispielsweise könnte die Regel so lauten, dass derjenige, der die Schiedsstelle angerufen hat, bei Stimmengleichheit unterliegt).

In der Praxis findet die Eeratung oftmals nach der eigentlichen Kommissionsverhandlung statt[762]. Danach wird der Schiedsspruch schriftlich abgefasst, begründet und von den Mitgliedern der Kommission unterzeichnet (gegebenenfalls mit Zustimmung der anderen Mitglieder vom Vorsitzenden allein). Anschließend erhält jede Partei eine Ausfertigung des Schiedsspruchs, § 7 Abs. 2 MuGVO.

c) Die Möglichkeit der nachträglichen Änderung des Schiedsspruchs nach § 7 Abs. 5 MuGVO

Nach § 7 Abs. 5 MuGVO kann die Schiedskommission einen Schiedsspruch auf Antrag einer Partei abändern, wenn sich nachträglich ergibt, dass der dem Schiedsspruch zugrunde liegende Sachverhalt nachweislich in einem wesentlichen Punkt anders gelagert ist. Von dieser Vorschrift wird zwar, soweit ersichtlich, nur äußerst selten Gebrauch gemacht. Unabhängig davon scheint es wert zu sein, den Regelungsgehalt der Vorschrift genauer zu untersuchen.

Zunächst gilt es, für den Fall eines Schiedsgutachtenverfahrens das Verhältnis des § 7 Abs. 5 MuGVO zu § 318 Abs. 2 Satz 1 BGB zu klären. § 318 Abs. 2 Satz 1 BGB ordnet die Bindung des Schiedsgutachters nämlich selbst für die dort genannten Extremfälle des Irrtums, der Drohung und der arglistigen Täuschung an. Auch § 7 Abs. 5 MuGVO ist als materiellrechtliche Vereinbarung mit „prozessualen Konsequenzen" anzusehen. Es lässt

---

762 Auch diesbezüglich beinhaltet die MuGVO keine explizite Verfahrensregel. Manche Vorverfahrensregeln enthalten Aussagen in der Richtung, dass die Beratung in Abwesenheit der Parteien stattfinden müsse und der Geheimhaltung unterliege. Dem schließt sich das Schrifttum für weitere Vorverfahren an (Preibisch, 137 m.w.N.). Letztlich ist hiergegen nichts einzuwenden, auch wenn der Vorwurf der „Geheimjustiz" zumindest nahe liegt. Es erscheint jedoch unumgänglich, dass sich die Experten bei der eigentlichen Entscheidungsfindung untereinander verständigen, um so effizient ein schnelles Ergebnis erzielen zu können. Sicherlich werden Bedenken unter dem Aspekt des Verbraucherschutzes dabei nicht ausbleiben. Da der Erfolg derartiger Verfahren jedoch nicht nur von der Berücksichtigung (idealistischer) verbraucherschützerischer Motive abhängt, sondern auch (und vor allem) von der Effizienz dieser Stellen, ist gegen eine Beratung unter Ausschluss der Konfliktparteien nichts einzuwenden. Es ist jedoch zu wünschen, dass künftig mehr Experten bei Entscheidungen ihre abweichende Meinung offen legen, um so auch dem Verbraucher gegenüber zu verdeutlichen, dass das gefundene Ergebnis nicht die absolute Richtigkeit für sich beansprucht. Somit wird dem Verbraucher der Rechtsweg in einer auch unter tatsächlichen Gesichtspunkten akzeptablen Form offen gehalten. Zudem ist eine offene Kommunikation unter den Kommissionsmitgliedern unabdingbar, um der Entscheidung zu einer „erhöhten Richtigkeitsgewähr" zu verhelfen.

sich § 318 Abs. 2 Satz 1 BGB kein zwingender Charakter entnehmen[763]. Vielmehr bleibt es in der Disposition der Parteien, die Frage der Bindungswirkung bzw. nachträglichen Änderung anders als in § 318 Abs. 2 Satz 1 BGB zu regeln. Ein Verstoß gegen § 307 Abs. 2 Nr. 1 BGB kann nicht erkannt werden. Eine unangemessene Benachteiligung einer Vertragspartei durch die Regelung des § 7 Abs. 5 MuGVO scheidet schon deshalb aus, weil der dort geregelte Sachverhalt einen typischen Fall offenbarer Unrichtigkeit darstellt und von daher in einem späteren rechtlichen Verfahren zur Unverbindlichkeit des Schiedsgutachtens führen würde[764].

Diese „Durchbrechung der Rechtskraft des Schiedsspruchs" über § 7 Abs. 5 MuGVO ist auch konsequent. Denn die in § 7 Abs. 5 MuGVO genannte Konstellation stellt eine typische Fallgruppe „offenbarer Unrichtigkeit" im Sinne von § 319 Abs. 1 Satz 1 BGB analog dar[765]. Es ist aus prozessökonomischen Gründen sinnvoll, die Schiedskommission mit dem ihr bereits vertrauten Fall noch einmal zu konfrontieren mit dem Antrag, den Schiedsspruch wegen einer nachträglich bekannt gewordenen Änderung des dem Schiedsspruch zugrunde liegenden Sachverhalts zu ändern. Die Alternative hierzu wäre, das staatliche Gericht mit der Aufgabe zu betrauen, das Schiedsgutachten auf seine offenbare Unrichtigkeit hin zu überprüfen. Das Gericht müsste sich in den Sachverhalt erst einarbeiten; das Verfahren würde sich hierdurch erheblich verzögern.

Hinzu kommt, dass § 7 Abs. 5 MuGVO nur den Schiedsspruch betrifft, nicht das Schiedsgutachten. Hier wird wieder die Differenzierung zwischen dem Schiedsspruch und dem Schiedsgutachten bedeutsam. Das Schiedsgutachten betrifft nur die Tatsachenfeststellungen; für dieses ist das Verhältnis zu § 318 Abs. 2 Satz 1 BGB bedeutsam, nicht jedoch für den Schiedsspruch, der z.B. auch rechtliche Erwägungen mit beinhalten kann. Verdeutlicht man sich diese Differenzierung, kommt der Frage nach dem zwingenden oder dispositiven Charakter des § 318 Abs. 2 Satz 1 BGB nur eine untergeordnete Bedeutung zu.

Im Fall eines lediglich empfehlenden Sachverständigenverfahrens ergibt sich nichts Gegenteiliges. Auch hier wäre das Gericht verpflichtet, eine eigenständige Beweisaufnahme durchzuführen, sollten sich der ergangene Schiedsspruch bzw. die darin enthaltenen technischen Feststellungen und eventuell auch die anderen verwertbaren Beweisergebnisse (z.B. Zeugenaussagen) nachträglich als falsch erweisen.

---

763 Zwar konnten diesbezüglich keine Entscheidungen bzw. Meinungen in der Literatur gefunden werden, die dieses Ergebnis (kein zwingender Charakter des § 318 Abs. 2 Satz 1 BGB) unterstreichen würden. Der prinzipiell privatautonome Charakter der §§ 317 ff. BGB deutet jedoch darauf hin, dass nachträgliche Änderungen von Schiedsgutachten vertraglich vereinbart werden können. Auch der bereits herausgestrichene „fließende Übergang" von Schiedsgutachtenverfahren zu solchen Verfahren mit empfehlendem Charakter lässt diesen Schluss zu.

764 vgl. zu den Fallgruppen offenbarer Unrichtigkeit oben Zweiter Hauptteil, Dritter Teil, I.4.b.bb

765 Dies gilt natürlich nur für den Fall, dass ein Schiedsgutachten angefertigt wird und dieses bzw. die darin festgehaltenen technischen Feststellungen auch auf dem unrichtigen Sachverhalt beruhen.

Hieraus ergibt sich bereits die Überleitung zu einem nicht unerheblichen Problem des Antrags nach § 7 Abs. 5 MuGVO, nämlich den Interdependenzen des Verfahrens nach § 7 Abs. 5 MuGVO und einer gerichtlichen Überprüfung eines (möglicherweise bestehenden) Schiedsgutachtens. Dabei müssen zwei Fallkonstellationen unterschieden werden: Zum einen der Fall, bei dem zuerst der Rechtsweg beschritten wird mit dem Ziel, das ursprüngliche Schiedsgutachten als offenbar unrichtig im Sinne von § 319 Abs. 1 Satz 1 BGB analog qualifizieren zu lassen und zum anderen die Konstellation, bei der zunächst der Antrag nach § 7 Abs. 5 MuGVO gestellt und erst dann eine Klage vor Gericht anhängig gemacht wird.

Der erste Fall wird vordergründig von § 1 Abs. 2 MuGVO erfasst. Danach befasst sich die Schiedsstelle nicht mit Streitigkeiten, die bereits bei Gericht anhängig sind. Für das Gericht besteht in diesem Fall zwar kein zwingender Grund, beispielsweise den Prozess bis zur Beendigung des Verfahrens nach § 7 Abs. 5 MuGVO auszusetzen. Denn das Gericht soll lediglich verbindlich feststellen, ob das Schiedsgutachten offenbar unrichtig im Sinne von § 319 Abs. 1 Satz 1 BGB analog ist. Dabei ist zu berücksichtigen, dass die Schiedsstelle im ersten Verfahren von falschen Voraussetzungen ausgegangen ist[766]. Eine Aussetzung des Verfahrens wäre dennoch rechtlich gesehen möglich und kann in bestimmten Einzelfällen durchaus sinnvoll sein.

Der zweite Fall wird, was die Schiedsstelle anbelangt, über Ziff. XI Abs. 5 Satz 2 der Kfz-Reparaturbedingungen erfasst. Danach stellt die Schiedsstelle ihre Tätigkeit ein, wenn während eines Schiedsstellenverfahrens der Rechtsweg beschritten wird. In einem solchen Fall besteht zudem ein berechtigtes Interesse des einzelnen, durch eine staatliche Institution die Richtigkeit des Schiedsgutachtens feststellen zu lassen. Schließlich gab der Betroffene durch die inzidente Rücknahme seines Antrags nach § 7 Abs. 5 MuGVO auch indirekt zu erkennen, dass er mehr Vertrauen in die Entscheidung des Gerichts als in die der Schiedsstelle hat[767].

766 Da die Verbindlichkeit der gerichtlich festgestellten offenbaren Unrichtigkeit weiter reicht als es durch das Verfahren nach § 7 Abs. 5 MuGVO möglich ist, haben die Parteien, wenn der Rechtsweg schon einmal beschritten ist, zwar ein berechtigtes Interesse daran, dass das Gericht und nicht die Schiedsstelle hierüber entscheidet. Dies zeigt sich schon daran, dass der Rechtsweg vorab beschritten wurde. Dies hindert das Gericht jedoch nicht, das Verfahren dennoch auszusetzen (analog §§ 356, 412 ZPO) und zunächst das auf § 7 Abs. 5 MuGVO folgende Schiedsstellenverfahren abzuwarten. Denn in dem Fall würde auch § 1 Abs. 2 MuGVO einer Übernahme durch die Schiedsstelle nicht mehr entgegenstehen. Zwar ist das Verfahren trotz Aussetzung durchaus noch „anhängig" (zum Anhängigkeitsbegriff vgl. unter den zahlreichen hierzu erschienen Publikationen und Kommentierungen Schilken JR 1984, 486). Es ist jedoch nicht davon auszugehen, dass die Verfasser der MuGVO auch die Fälle des § 7 Abs. 5 MuGVO von § 1 Abs. 2 MuGVO erfasst sehen wollten. Dies kann auch nicht im Sinne des Schiedsstellenwesens sein. Insofern findet eine teleologische Reduktion des § 1 Abs. 2 MuGVO statt.

767 Im umgekehrten (also ersten) Fall, bei dem der Betroffene nach Abschluss des eigentlichen Schiedsstellenverfahrens sofort das Gericht anruft, kann demgegenüber ein solcher Schluss nicht gezogen werden. Es ist nämlich kaum davon auszugehen, dass vielen Verbrauchern die Vorschrift des § 7 Abs. 5 MuGVO bekannt ist. Vielmehr dürfte es wahrscheinlicher sein, dass

Zwar hindert diese Tatsache das Gericht nicht, das Verfahren bis zur Beendigung des Schiedsstellenverfahrens aus § 7 Abs. 5 MuGVO auszusetzen. Denn letztlich würde § 1 Abs. 2 MuGVO weder im ersten noch im zweiten Fall einer Übernahme durch die Schiedsstelle entgegenstehen. Der Richter sollte aber (auch wenn er hierzu rechtlich nicht verpflichtet ist!) in diesem Fall die Partei, welche die Klage eingereicht und auch den Antrag nach § 7 Abs. 5 MuGVO bei der Schiedsstelle gestellt hat, befragen, ob sie mit dem Verfahren über §§ 356, 412 ZPO analog einverstanden ist. Denn nur dann, wenn der Verbraucher noch Vertrauen in die Arbeit der Schiedsstelle hat, kann er bei einem derartigen Vorgehen des Richters auch Vertrauen in die Justiz haben.

Für ein Schiedsstellenverfahren, welches lediglich empfehlenden Charakter aufweist, kann nichts anderes gelten. Auch hier sind die genannten Normen bzw. Bestimmungen anwendbar, wobei allerdings die Frage der offenbaren Unrichtigkeit (selbstverständlich) ohne Bedeutung ist.

Es verbleibt die Frage zu erörtern, ob ein Zeitpunkt besteht, an dem der Schiedsspruch aus „Gründen der Rechtssicherheit" definitiv nicht mehr angegriffen werden kann, auch nicht über den Antrag nach § 7 Abs. 5 MuGVO.

Die MuGVO direkt gibt für diese Frage nichts her. § 586 Abs. 2 Satz 2 ZPO gibt für die im Zivilprozess insoweit mit § 7 Abs. 5 MuGVO vergleichbare Restitutionsklage (§ 580 ZPO) eine Frist von fünf Jahren (vom Zeitpunkt der Rechtskraft des Urteils an gerechnet!) vor[768]. Nach Ablauf von fünf Jahren wäre eine etwaige Klage auf Wiederaufnahme des Verfahrens unstatthaft.

Für den Fall des § 7 Abs. 5 MuGVO gilt dabei noch folgendes zu bedenken: Nach Abschluss des Schiedsstellenverfahrens, also mit Erlass des Schiedsspruchs, hat die Partei immer noch die Möglichkeit, den Rechtsweg einzuschlagen. Diese Möglichkeit verbleibt ihm stets; bestimmte prozessuale Fristen existieren für die (erstmalige) Eröffnung des Rechtswegs nicht. Vielmehr sind dabei materiellrechtliche (Verjährungs-) Fristen wesentlich, da diese den Ausgang des Verfahrens determinieren. Insofern muss für einen Vergleich von § 7 Abs. 5 MuGVO zu den Möglichkeiten des Rechtswegs auch diese materiellrechtliche Frist mit einbezogen werden.

---

ein Verbraucher das Gericht anruft, sobald er bemerkt, dass der dem Schiedsspruch zugrunde liegende Sachverhalt in einem wesentlichen Punkt anders gelagert ist. Denn die meisten Verbraucher gehen davon aus, dass nach „formeller Beendigung" eines Verfahrens dieses nicht mehr aufgenommen werden kann. Dieser Gedanke beinhaltet jedoch keinen zwingenden Vertrauensverlust des Verbrauchers in die Arbeit der Schiedsstellen. Hier ist also eine Aussetzung des gerichtlichen Verfahrens analog §§ 356, 412 ZPO durchaus möglich und sinnvoll.

768 Die Restitutionsklage beinhaltet insbesondere in den § 580 Ziff. 3 und Ziff. 7 lit.b ZPO eine dem § 7 Abs. 5 MuGVO vergleichbare Regelung, was den sachlichen Kern anbelangt. Denn wenn eine andere Urkunde aufgefunden wird, die „eine dem Kläger günstigere Entscheidung herbeigeführt haben würde" (Ziff. 7 lit.b) oder wenn ein Zeuge oder ein Gutachter sich einer strafbaren Verletzung der Wahrheitspflicht schuldig gemacht hat (Ziff. 3), dann ist der „Sachverhalt auch nachweislich in einem wesentlichen Punkt anders gelagert" (§ 7 Abs. 5 MuGVO).

Als maßgebliche materiellrechtliche Frist kann dabei die regelmäßige Verjährungsfrist von drei Jahren angesehen werden. § 634a Abs. 3 Satz 1 BGB verweist nämlich für die Fälle des arglistigen Verschweigens auf § 195 BGB. Absolute Grenzen führt § 199 BGB auf, wobei hier für den Bereich des Kfz-Handwerks theoretisch auch § 199 Abs. 2 BGB in Betracht käme (Verletzung des Lebens, Körpers, Gesundheit, Freiheit; z.B. durch Unfall nach schuldhaft schlecht durchgeführter Reparatur!), was zu einer absoluten Grenze von 30 Jahren führen würde. Eine 30-jährige Frist für den Antrag nach § 7 Abs. 5 MuGVO ist aber überzogen. Hier ist es dem Antragsteller in jedem Fall zumutbar, den Rechtsweg einzuschlagen[769]. Allerdings wird die bereits genannte Drei-Jahres-Frist einem angemessenen Interessenausgleich gerecht.

d) Bindung an die Anträge

aa) Rechtslage

Fraglich ist, ob die Schiedskommission bei ihrer Entscheidung an die Anträge gebunden oder ob insofern ein Gestaltungsermessen der Schiedskommission gegeben ist. Voraussetzung für eine Bindung ist das Vorliegen eines bezifferten Antrags. Dabei ist zu beachten, dass die MuGVO keine Regelung enthält, aus der sich ergibt, dass der Antrag beziffert werden muss. Die in § 3 Abs. 2 MuGVO genannten Angaben, welche die Anrufungsschrift enthalten soll, sehen nicht vor, dass ein bezifferter Antrag gestellt werden muss. Von daher kann eine Partei die Anrufungsschrift auch ohne bezifferten Antrag einreichen, ohne dass diese dadurch unwirksam würde. Vielmehr kann die Entscheidung „der Billigkeitserwägung“ der Schiedskommission überlassen werden. Dies entspricht auch dem Typus einer ADR-Verhandlung besser als die Durchführung einer Verhandlung bei beziffertem Antrag. Denn in dem Fall, dass kein bezifferter Antrag vorliegt, hat die Schiedskommission ein größeres Gestaltungsermessen; eine Tatsache, welche der Flexibilität des Verfahrens und damit auch der Akzeptanz der Entscheidungen zugute kommt.

Dennoch muss die Bindungswirkung hinsichtlich eines bezifferten Antrags untersucht werden, da zum einen manche Verfahrensordnungen eine derartige Bezifferung vorsehen (vgl. z.B. § 2 Abs. 2 lit.e der VerfO Niederbayern (Anlage 4) oder § 2 Abs. 2 lit.e der VerfO Schwaben (Anlage 5)) und es zum anderen auch denkbar ist, dass manche Beschwerdeführer ihren Antrag beziffern, ohne hierzu nach der VerfO verpflichtet zu sein.

Die aufgeworfene Frage ist durch eine strikte Beachtung der Trennung materiellrechtlicher und verfahrensrechtlicher Prinzipien zu beantworten: Das Schiedsgutachten bzw.

769 Was er in vergleichbaren Fällen (Personenschaden nach mangelhaft ausgeführter Reparatur) wohl in der Regel bereits von Anfang an tun würde. Grundsätzlich sind Schiedsstellenverfahren jedoch auch bei Ausgleich etwaiger immaterieller (Schmerzensgeld) und materieller Schäden, die auf eine Personenverletzung zurück zu führen sind, denkbar. Ein Ausschluss derartiger Verfahren aus dem Bereich des Schiedsstellenwesens lässt sich weder der MuGVO noch sonstigen Prinzipien entnehmen.

das Sachverständigengutachten mit empfehlendem Charakter als solches ist Ausfluss der materiellrechtlichen Verpflichtung des (Schieds-) Gutachters, ein derartiges Gutachten zu erstellen. In diesem Bereich ist der (Schieds-) Gutachter nicht an die dem Verfahrensrecht zuzuordnende Dispositionsmaxime gebunden. Anders verhält es sich jedoch bei der Beurteilung der verfahrensrechtlichen Institute des Schiedsvergleichs (Doppelnatur!) und des Schiedsspruchs, §§ 6 und 7 MuGVO. Zwar sind die Regelungen der MuGVO grundsätzlich auch als AGB zu qualifizieren[770].

Das bedeutet jedoch nicht, dass die Regelungen als solche nicht verfahrensrechtlicher Natur wären. Vielmehr können auch AGB Vorschriften zum Verfahren enthalten[771]. Bei diesen Regelungen mit verfahrensrechtlichem Kern ist davon auszugehen, dass sie der Dispositionsmaxime unterliegen. Dieses Ergebnis lässt sich aus einem Vergleich herleiten: Das Gegenstück zur Dispositionsmaxime ist die Offizialmaxime, d.h. die Einleitung des Verfahrens und die Bestimmung des Verfahrensinhalts „von Amts wegen".

Hiervon kann beim Schiedsstellenverfahren nicht ausgegangen werden, da dieses Verfahren so frei und flexibel als möglich ausgestaltet sein sollte, eine Bestimmung „von Amts wegen" diesem Prinzip jedoch diametral entgegen stehen würde. Deshalb wird die Schiedsstelle nur auf Antrag des Anrufenden hin tätig. Die Parteien sollen im Schiedsstellenverfahren auch den Streitgegenstand bestimmen und über ihn verfügen können. Sie bestimmen durch ihre Anträge den Umfang der Prüfung durch die Schiedskommission.

Die Dispositionsmaxime ist das prozessuale Seitenstück zur Privatautonomie des materiellen Rechts[772]. Insofern bietet sich auch die Dispositionsmaxime an, wenn die Beurteilung der Frage, ob die Konfliktparteien durch ihre Anträge den Streitgegenstand bestimmen, in Rede steht. Privatautonomie und Dispositionsmaxime entsprechen sich also gegenseitig. Von daher ist eine Übertragung des Grundsatzes „ne ultra petita" (§ 308 ZPO), der sich als Ausfluss des Dispositionsgrundsatzes darstellt, denkbar. Folgt man der Auffassung, dass die Schiedskommission durch die Geltung der Dispositionsmaxime an die Anträge gebunden ist, dann kann es zwar zu der etwas seltsamen Konstellation kommen, wonach z.B. der Schiedsspruch dem Antragsteller weniger gewährt als sich aus dem (Schieds-) Gutachten ergeben würde. Diese Folge ist aber nur konsequent.

Dennoch entspricht eine derartige Bindung in keiner Weise dem Zweck des Schiedsstellenverfahrens, eine schnelle, nicht förmliche und vor allem flexible Streitbeilegung zu ermöglichen[773]. Zudem liegt darin, dass sich die MuGVO nicht zu diesem Thema äußert,

---

770 wobei dazu noch einmal erwähnt werden muss, dass auch der Schiedsspruch (nicht nur das Schiedsgutachten) insofern einen „indirekten" materiellrechtlichen Gehalt hat, als dass der zweite Teil der sog. (materiellrechtlichen) Schiedsstellenvereinbarung, nämlich die Schlichtungsvereinbarung, vorsieht, dass die Schiedskommission den Konflikt durch Schiedsspruch beenden kann.

771 vgl. Zweiter Hauptteil, Vierter Teil, V.2.e

772 Arens, Zivilprozeßrecht, Rz. 6

773 so auch Preibisch, 138; Haft, Festschrift für Söllner, 401, spricht davon, dass der Antrag nicht den Parteien, sondern den Juristen nütze. Er führt Beispiele auf, aus denen ersichtlich wird, dass dem Antrag in der europäischen Rechtsgeschichte eine überragende Bedeutung zukommt.

auch ein „beredtes Schweigen“ in der Form, dass eine Bezifferung des Antrags nicht erforderlich ist und von daher konsequenterweise die Schiedskommission auch nicht an eine Bezifferung des Antrags bei der Abfassung eines Schiedsspruchs gebunden ist. Sie kann also auch über das hinaus gehen, was seitens der anrufenden Partei beantragt wird[774].

bb) Stellungnahme

Letztlich ist die Version der MuGVO, welche die Bezifferung des Antrags nicht ausdrücklich zum Inhalt der Anrufungsschrift machen will, gegenüber den Versionen der Verfahrensordnungen der Schiedsstellen Niederbayern und Schwaben, die eine derartige Bezifferung explizit vorsehen, vorzuziehen. Durch eine Bezifferung setzt sich der Beschwerdeführer selbst unter Druck, was nicht im Sinne der gewollten Freiwilligkeit des Verfahrens ist. Zudem wird hierdurch der Gestaltungsspielraum der Schiedsstelle eingeengt. Der Antrag wird „materialisiert“. Das (typisch juristische) Positionendenken ersetzt wieder das interessenbezogene Denken. Kooperative bzw. spieltheoretische Ansätze, welche gerade den Schiedsstellen große Entfaltungsmöglichkeiten böten, werden hierdurch nahezu obsolet[775].

2. Der Schiedsvergleich nach § 6 MuGVO

Der Schiedsvergleich ist chronologisch gesehen dem Schiedsspruch vorgeordnet. Denn nur dann, wenn eine gütliche Einigung scheitert, kann ein Schiedsspruch ergehen, vgl. § 1 Abs. 1 lit.b MuGVO. Die Schiedskommission unterbreitet den Parteien entsprechend dem Ergebnis der mündlichen Verhandlung und einer eventuellen Beweiserhebung einen bestimmten Vorschlag für eine vergleichsweise Erledigung der Sache, § 6 Abs. 1 MuGVO. Stimmen die Parteien einem Vergleich zu, so wird der Vergleichstext in dreifacher Ausfertigung protokolliert, vorgelesen, von den Parteien genehmigt und vom Vorsitzenden unterzeichnet. Jede Partei erhält eine Ausfertigung, § 6 Abs. 2 MuGVO.

Der Leitfaden erwähnt § 6 MuGVO nicht. Letztlich beinhaltet § 6 MuGVO auch keine Punkte, die interpretationsbedürftig wären. Zur Art der Beweiserhebung wurden bereits Ausführungen getroffen, so dass sich eine nähere Beschäftigung mit § 6 MuGVO erübrigt. Auf die materiell-rechtliche und prozessuale Bedeutung des Schiedsvergleichs soll weiter unten noch eingegangen werden[776].

Der Antrag sei die „dritte große Erfindung im Recht nach dem Gesetz und dem Gericht“ gewesen. Der Antrag bildet somit das prozessuale Gegenstück zum (materiellen) Positionendenken, aus dem sich das „Nullsummenspiel Gerichtsprozess“ herleiten lässt.

774 Etwas anderes gilt beispielsweise für die Verfahren vor den Schiedsstellen Niederbayern und Schwaben, in deren Verfahrensordnungen explizit die Bezifferung der Anträge vorgesehen ist.

775 vgl. hierzu oben im Ersten Hauptteil, Dritter Teil, II.

776 vgl. unten VIII.

3. Die Einstellung des Verfahrens

Die Einstellung des Schiedsstellenverfahrens ist nach der MuGVO zwar nicht vorgesehen. Es entspricht jedoch dem Bedürfnis der Konfliktparteien, in bestimmten Fallkonstellationen das Verfahren nicht weiter zu betreiben bzw. weiter betreiben zu lassen. Diese Fallkonstellationen können mannigfaltiger Natur sein und lassen sich durch den Terminus der „Einstellung des Verfahrens“ relativ gut beschreiben. Nachfolgend soll auf diese Fallkonstellationen kurz eingegangen werden.

a) Die Zurücknahme der Anrufung

Die Zurücknahme der Anrufung ist in der MuGVO nicht ausdrücklich geregelt. In der Praxis ist die Zurücknahme der Anrufung durchaus nicht unüblich. Die rechtliche Zulässigkeit ist unbestritten. Da es sich bei Schiedsstellenverfahren um freiwillige Streitbeilegungsverfahren handelt, muss die (positive) Möglichkeit, die Schiedsstelle (freiwillig) anzurufen in der selben Weise gegeben sein wie die (negative) Möglichkeit, die Anrufung (freiwillig) wieder zurückzunehmen. Etwas anderes könnte sich nur aus einschlägigen Bestimmungen oder aus dem Sinn und Zweck des Verfahrens ergeben.

Beim Schiedsstellenverfahren gibt es weder Regelungen, welche die „Antragsrücknahme“ (aus bestimmten Gründen) verbieten noch kann aus dem Sinn und Zweck des Verfahrens etwas anderes abgeleitet werden. Sinn und Zweck ist es, eine Streitigkeit zwischen den Vertragsparteien so schnell und unbürokratisch wie möglich zu beenden.

Durch die Zurücknahme der Anrufung gibt die Partei zum Ausdruck, keinen Wert mehr auf die Durchführung des Verfahrens zu legen, beispielsweise weil sie über den tatsächlichen technischen und/oder rechtlichen Hintergrund „aufgeklärt“ worden ist. Dies muss ihr im Rahmen der geltenden Dispositionsmaxime als verfahrensrechtliches Komplementärstück zur (materiellrechtlichen) Privatautonomie auch gestattet sein.

b) Die einverständliche Verfahrensbeendigung

Auch die einverständliche Verfahrensbeendigung ist nicht in der MuGVO geregelt. Es ist aber anerkannt, dass die Parteien in gegenseitigem Einvernehmen das Verfahren beendigen können. Auch dies ist Ausfluss sowohl des (materiellrechtlichen) Grundsatzes der Privatautonomie als auch des Prinzips, wonach Verfahrenshandlungen im gegenseitigen Einverständnis zulässig sind. Dies gilt insbesondere für ADR-Verfahren, welche sich dem Grundsatz der Flexibilität verschrieben haben.

Unter dieselbe Fallgruppe kann auch die in der Praxis teilweise auftretende Konstellation subsumiert werden, nach der die Schiedskommission selbst den Sachverhalt oder die technischen Gegebenheiten (zumindest nicht in vertretbarem wirtschaftlichem Aufwand!) für nicht aufklärbar ansieht und aus diesem Grund anregt, das Verfahren einzustellen oder ein gerichtliches Verfahren durchzuführen. Teilweise mag sich der technische

Sachverhalt nämlich als zu komplex darstellen, um ihn in einem einfachen (kostenfreien!) Schiedsstellenverfahren aufklären zu können. In einem solchen Fall „empfehlen" die Schiedskommissionen manchmal, den Antrag zurückzunehmen[777].

Gehen die Parteien nicht auf den Vorschlag der Schiedskommission ein, das Verfahren einzustellen, dann wird die Kommission zunächst versuchen, zwischen den Parteien eine Einigung herbeizuführen. Schlägt dieser Versuch fehl, muss ein Schiedsspruch erlassen werden, obwohl die diesem Schiedsspruch zugrunde liegenden technischen Feststellungen kaum aussagekräftig sein werden[778].

c) Nichtbetreiben des Verfahrens durch den Anrufenden

In manchen Fällen unterlässt es der Verbraucher, das Schiedsstellenverfahren nach der Anrufung der Schiedsstelle weiter zu betreiben. Auch für diesen Fall gibt die MuGVO kaum etwas her. Letztlich wird diese Fallkonstellation gleich zu setzen sein mit der Zurücknahme der Anrufung. Allenfalls der Unterschied, dass in dem einen Fall die Zurücknahme ausdrücklich, in dem anderen konkludent erfolgt, ist hier zu beachten. Dieser Unterschied führt jedoch unter rechtlichen und praktischen Gesichtspunkten zu keinem anderen Ergebnis als dem, dass auch eine konkludente Zurücknahme der Anrufung (ausgedrückt durch das Nichtbetreiben des Verfahrens) zulässig sein muss[779].

---

777 Insofern könnte dieser Fall auch der „Zurücknahme des Antrags" zugeordnet werden. Dem Inhalt nach handelt es sich jedoch eher um eine einverständliche Einstellung des Verfahrens, so dass dieser Fall in diesem Kontext erörtert wird. Im Leitfaden ist in der Kommentierung zu § 5 Abs. 5 MuGVO zwar erwähnt, dass die genannte Höchstdauer des Verfahrens von drei Monaten ausnahmsweise dann überschritten werden könne, wenn „der Sachverhalt besonders schwierig gelagert ist oder wenn umfangreiche Ermittlungen anzustellen sind". Daraus ließe sich der Schluss ziehen, dass auch derart komplexe Verfahren mit komplizierter Rechts-/Tatsachenlage von der Schiedsstelle behandelt werden. Dieser Schluss ist aber nicht zwingend. Vielmehr obliegt es der Schiedsstelle, in derartigen Fällen eine Verfahrenseinstellung anzuregen oder das Verfahren „in gewohnter Weise" durchzuführen. Eine derartige Sichtweise entspricht auch mehr dem Flexibilitätsgedanken, der für ADR-Verfahren prägend sein sollte.

778 In diesen Fällen würde sich der Schiedsspruch insbesondere auf Billigkeitserwägungen stützen, wobei der Billigkeitsprüfung eine rechtliche Prüfung voran geht (s.o.). Im Rahmen der rechtlichen Prüfung kommt den Regeln der Beweislast eine überragende Bedeutung zu. Für ein etwaiges gerichtliches Verfahren bedeutet das, dass eine eigenständige, vom Gericht angeordnete Beweisaufnahme unumgänglich ist.

779 Etwas anderes gilt für den Sonderfall des Nichterscheinens zur mündlichen Verhandlung. Hierfür gibt es eine spezielle Regelung in der MuGVO (§ 8). Auf diese Regel soll anschließend noch eingegangen werden.

4. Sonderproblem: Die Entscheidung nach Aktenlage gemäß § 8 MuGVO

a) Rechtslage

Aus Gründen der Verfahrenseffizienz sieht die MuGVO eine Entscheidung durch die Schiedskommission auch für den Fall vor, dass eine Partei ohne einen von ihr bevollmächtigten Vertreter trotz ordnungsgemäßer Ladung zur mündlichen Verhandlung nicht erscheint. In diesem Fall hat die Schiedskommission nach Aktenlage sowie nach dem Ergebnis einer etwaigen Beweiserhebung unter Berücksichtigung des Vorbringens der erschienenen und vertretenen Parteien zu entscheiden[780]. Diese Regelung ist zwar unter Verbraucherschutzaspekten durchaus problematisch. Denn in diesem Fall wird dem Verbraucher trotz einer Entscheidung in der Sache kein rechtliches Gehör gewährt. Zudem scheint ein Verstoß gegen das Prinzip der Mündlichkeit des Verfahrens zumindest nahe liegend.

b) Stellungnahme

Folgende Erwägungen sprechen für diese Regelung: Zum einen ist es durchaus denkbar, dass der Vertreter der Werkstatt nicht zur Verhandlung erscheint[781]. In diesem Fall profitiert der Verbraucher vom Gehalt der Regelung des § 8 MuGVO. Zum anderen ist es im umgekehrten Fall nicht zwingend, dass der Verbraucher durch eine Entscheidung nach § 8 MuGVO einen Nachteil erleidet. Schließlich hat die Entscheidung als solche noch keinen unmittelbaren Rechtsnachteil für den Betroffenen. Denn dieser kann immer noch rechtliche Schritte einleiten.

Das Gericht ist nur an die festgestellten Tatsachen im (Schieds-) Gutachten, nicht jedoch an die Entscheidung in der Sache gebunden. Die technischen Tatsachen sind weitgehend prädisponiert, da es sich um kognitive Tatsachenfeststellungen handelt. Diese Tatsachenfeststellungen sind entweder richtig oder falsch. Dies gilt unabhängig von etwaigen sonstigen Beweismitteln, die zu einer „richtigen“ bzw. „billigen“ Entscheidung führen könnten[782] und unabhängig vom „sozialen Umfeld“. Eine derartige Sicht setzt jedoch eine strikte Trennung von (Schieds-) Gutachten und Schiedsspruch voraus.

---

780 so der Wortlaut des Leitfadens zur MuGVO, Punkt 9 zu § 8 MuGVO

781 Es ist sogar wahrscheinlich, dass der Werkstattvertreter häufiger in der Verhandlung fehlt als der Verbraucher. Dies ergibt sich u.a. daraus, dass der einzelne Fall für den Verbraucher in aller Regel größere Bedeutung hat als für die Werkstatt. Für diese bildet die Beschwerde des Kunden einen Fall unter vielen. Von daher ist auch davon auszugehen, dass der Verbraucher die Sache „ernster nimmt“ als der Vertreter der Werkstatt. Ein Beispiel für eine Absenz des Werkstattvertreters ergibt sich aus dem der Anlage 17 zu entnehmenden Schiedsstellenverfahren vor der Schiedsstelle Bremen.

782 Die Relativierungen dieser Aussage sind bereits erörtert worden. Trotz dieser Relativierungen bleibt der Kern der Aussage bestehen.

Auch die in der MuGVO genannten Effizienzgründe sprechen für die Beibehaltung der Regelung des § 8 MuGVO. Allerdings empfiehlt sich in der MuGVO die Ergänzung, dass nur das unentschuldigte bzw. unverschuldete Ausbleiben zur mündlichen Verhandlung zu einer Entscheidung nach Aktenlage führen darf, sofern der Betroffene dem nicht ausdrücklich zustimmt[783].

V. Die Kostenregelung nach § 9 MuGVO

1. Rechtslage

Nach § 9 Abs. 1 MuGVO werden Kosten für die Inanspruchnahme der Schiedsstelle nicht erhoben. § 9 Abs. 2 MuGVO besagt, dass eine Erstattung der Kosten, die den Parteien oder deren Vertreter, Zeugen oder sonstigen Auskunftsparteien entstehen, nicht erfolgt. Der Leitfaden betont zu § 9 MuGVO, dass die Kostenfreiheit auch für Gutachten gelte, die von Kommissionsmitgliedern im Zuge des Verfahrens erstellt werden. Derartige Kosten könnten weder gegenüber der Schiedsstelle noch gegenüber dem Anrufenden geltend gemacht werden[784]. Was die eigenen Auslagen jeder Konfliktpartei anbelangt, so müssen diese von jeder Partei selbst getragen werden.

2. Stellungnahme

Der Grundsatz der Kostenfreiheit ist insbesondere für den Verbraucher, der nicht rechtsschutzversichert ist, ein durchschlagendes Argument, da das Kostenrisiko vor den ordentlichen Gerichten für ihn zum einen nicht abschätzbar, zum anderen aber auch durchaus

---

783 Allein die Tatsache, dass § 8 MuGVO als „Soll-Vorschrift" ausgestaltet ist, gibt hierfür nichts her. Unabhängig davon ist es aus Gründen der Flexibilität des Verfahrens zu begrüßen, diese Vorschrift als „Soll-" und nicht als „Muss-" Vorschrift auszugestalten. Im Übrigen fände insoweit eine Anpassung an die Regelungen der ZPO zum Versäumnisurteil statt. Nach § 337 ZPO ist eine Partei als nicht säumig anzusehen, wenn sie ohne Verschulden verhindert ist. Zwar ist dies kein zwingender Grund, eine vergleichende Regelung in die MuGVO zu integrieren. Zumindest eine gewisse Tendenz dahin gehend, was „richtig" und was „falsch" ist, lässt sich jedoch hieraus entnehmen. Es sei im Übrigen noch erwähnt, dass es nicht der Struktur des Schiedsstellenverfahrens als freiwilliges Streitbeilegungsverfahren entspricht, beispielsweise dem Vorsitzenden der Schiedskommission ein Druckmittel an die Hand zu geben, um die Anwesenheit der Parteien beim Schlichtungsversuch zu forcieren. Dies wird dennoch von manchen Autoren erwogen.

784 Im Grunde ist dieser Passus rein deklaratorischer Natur. Die Parteien strengen das Schiedsstellenverfahren schließlich unter anderem deswegen an, damit die Schiedskommission technische Feststellungen trifft. Hierbei handelt es sich dann in der Regel auch um Gutachten, seien diese Feststellungen nun ausführlich oder nicht.

beträchtlich ist oder bei entsprechenden Gegenstandswerten beträchtlich sein kann[785]. Fraglich ist, wie lange sich die Kostenfreiheit der Schiedsstellenverfahren noch halten lässt.

Es lässt sich darüber spekulieren, ob die Kostenfreiheit tatsächlich in naher Zukunft nicht mehr zu halten sein wird. Sicher dürfte sein, dass auch das Kfz-Handwerk ein nicht unerhebliches Eigeninteresse daran hat, dass derartige Streitfälle nicht publik werden, um so die Reputation des Kfz-Handwerks nicht zu beschädigen[786]. Von daher könnte der Verdacht aufkommen, dass das Prinzip der Kostenfreiheit insbesondere deshalb eingeführt wurde, um einen besonderen Anreiz für die außergerichtliche Streitbeilegung zu bieten und so die Reputation des Kfz-Handwerks zu schützen und zu erhalten[787]. Aus diesem Grund lassen sich hinsichtlich der Kostenfreiheit sowohl Argumente für die Verbraucher- als auch für die Unternehmerseite anführen, sofern dieses Prinzip zur Diskussion steht[788].

Anwaltliche Vertretung ist bei derartigen Verfahren nicht unbedingt erforderlich, so dass „im Normalfall" allenfalls die Fahrtkosten und die „sozialen Kosten" sowie die Auslagen für etwaige Porti, Kopien und das Mitbringen von Auskunftspersonen in Betracht zu ziehen sind. Diese Kosten können von jeder Partei selbst getragen werden. Eine „unzumutbare Kostenbelastung" ist damit nicht verbunden[789]. Regelungen, welche vorsehen, dass die Kosten des Verfahrens von der unterlegenen Partei zu tragen sind, müssen abgelehnt werden. Eine drohende Kostenübernahme (sowohl der Kosten für die Inanspruchnahme des Verfahrens als auch die möglichen Kosten für den gegnerischen Anwalt) bildet für den Verbraucher eine zusätzliche Hemmschwelle, ein derartiges Verfahren

---

785 In diesem Fall wird Eberhardt zitiert, der dies aus dem Blickwinkel des Patienten bei Streitigkeiten mit Ärzten beispielsweise wegen Kunstfehlern in Bezug auf die ärztlichen Gutachterkommissionen und Schlichtungsstellen so sieht (122).

786 vgl. zum Interesse des Kfz-Handwerks am Erhalt des Schiedsstellenverfahrens oben Erster Hauptteil, Zweiter Teil, III. 2.

787 Diese Vermutung äußert Eberhard für die ärztlichen Schlichtungsstellen (123).

788 Für Scherpe (250) sei dagegen die Erhebung einer Gebühr für die Inanspruchnahme derartiger Verfahren zu befürworten. Hierdurch solle der die Beschwerde einlegende Verbraucher die Ernsthaftigkeit seines Anliegens dokumentieren und querulatorische Eingaben sollten dadurch unattraktiv gemacht werden. Als „Seriositätsindiz" mache von daher die Erhebung einer Gebühr durchaus Sinn. Werde eine Gebühr erhoben, so sollte sie jedoch eher symbolischen Charakter haben und so niedrig sein, dass nicht zu befürchten stehe, dass sie einige Verbraucher von der Beschwerdeerhebung abschrecke. Sicherlich ist der Gedanke von Scherpe diskussionswürdig. Dennoch sollte, solange dies möglich sein wird, das Verfahren kostenfrei bleiben. Gerade in der Kostenfreiheit des Verfahrens liegt ein wesentlicher Schlüssel zur Steigerung der Attraktivität derartiger Konfliktbeilegungsverfahren.

789 Dennoch spricht auch dieser Gesichtspunkt für einen Ausbau der ODR auch im Kfz-Schiedsstellenbereich. Manche Streitigkeiten können ebenso gut „online" geregelt werden. Für die Auswahl der Geeignetheit derartiger Fälle für ODR wäre die Geschäftsstelle zuständig. Kann der Streit tatsächlich im ODR-Weg gelöst werden, so reduzieren sich die Kosten der einzelnen Verfahrensbeteiligten nochmals erheblich.

in Anspruch zu nehmen und wirkt somit im Hinblick auf die mit der außergerichtlichen Streitbeilegung verfolgten Ziele kontraproduktiv[790].

Somit lässt sich festhalten, dass die Beibehaltung der Kostenfreiheit für die Inanspruchnahme der Schiedsstellen sowie die Regelung, wonach jede Partei ihre Kosten selbst zu tragen hat, grundsätzlich zu begrüßen ist, da gerade die Kostenfreiheit ein wesentlicher Beweggrund für den Verbraucher ist, derartige Verfahren zu initiieren.

VI. Die materiellrechtlichen und prozessualen Konsequenzen eines Schiedsstellenverfahrens

Die Durchführung des Schiedsstellenverfahrens löst mehrere Folgen sowohl materiellrechtlicher als auch prozessualer Art aus. Diese Folgen sollen anschließend näher untersucht werden[791].

1. Die materiellrechtlichen Konsequenzen eines Schiedsstellenverfahrens

Die Durchführung des Schiedsstellenverfahrens kann auf die Fragen der Beweiswürdigung Einfluss nehmen (s.o.). Was die materiellrechtliche Ausgangssituation hinsichtlich etwaiger Anspruchsgrundlagen gegen die Werkstatt anbelangt, so ist das Schiedsstellenverfahren bedeutungslos.

Wesentlich in diesem Zusammenhang ist das Problem einer etwaigen Verzinsung von Geldschulden, die Frage einer möglichen verschärften Haftung sowie die Beurteilung der Frage der Verjährung. Würde nämlich beispielsweise die Verjährungsfrist während des Laufs des Schiedsstellenverfahrens weder gehemmt noch unterbrochen, so liefe der Verbraucher Gefahr, durch die Durchführung des Schiedsstellenverfahrens seiner Ansprüche wegen der Möglichkeit des Werkstattbetreibers, die Verjährungseinrede zu erheben, verlustig zu gehen.

a) Das Problem der Verjährung

Die Verjährung richtet sich bei werkvertraglichen Ansprüchen nach § 634a BGB. Danach beträgt die im Kfz-Reparaturrecht „übliche" Verjährungsfrist zwei Jahre, § 634a Abs. 1 Nr. 1 BGB. Die Verjährung beginnt gemäß § 634a Abs. 2 BGB mit der Abnahme des Werkes oder gemäß § 641a Abs. 1 BGB mit einer sog. Fertigstellungsbescheinigung.

---

790 So zu Recht Scherpe, 251. Zudem wird hierdurch der kompetitive Ansatz betont. ADR-Verfahren verfolgen jedoch den kooperativen Ansatz. Auch insofern wäre eine derartige Regelung „systemwidrig".

791 Dabei werden nicht die Folgen eines Schieds- oder empfehlenden Gutachtens für einen etwaigen Gerichtsprozess erörtert, da dies bereits an anderer Stelle geschehen ist.

Gemäß § 634 Abs. 3 i.V.m. Abs. 1 Nr. 3 BGB kommt allerdings dann die regelmäßige Verjährungsfrist des § 195 BGB (drei Jahre) zum Tragen, wenn der Unternehmer den Mangel arglistig verschwiegen hat. Der Fristbeginn ist gemäß § 199 Abs. 1 BGB an die Kenntnis oder grob fahrlässige Unkenntnis von den anspruchsbegründenden Umständen und der Person des Schuldners geknüpft. Eine absolute Begrenzung findet sich in der Zehnjahresfrist (ab Anspruchsentstehung) des § 199 Abs. 3 Nr. 1, Abs. 4 BGB.

Diese Verjährungsfrist entwickelt nach der neuen Fassung der MuGVO übrigens auch eine verfahrensmäßige Bedeutung, da der ZDK und der ADAC als Gestalter der MuGVO § 3 Abs. 1 lit.b Satz 2 MuGVO insofern abgeändert und ergänzt haben, als dass nun „die Anrufung unverzüglich nach Kenntnis des Streitpunktes und innerhalb der Verjährungsfrist für Sachmängel erfolgen muss."

Sind nun also die Voraussetzungen des § 3 Abs. 1 lit.b Satz 2 MuGVO erfüllt, die Anrufung mithin zulässig, so stellt sich die Frage, welche (materiellrechtlichen) Konsequenzen das Schiedsstellenverfahren auf den Ablauf der Verjährungsfrist nach sich zieht.

Auf gesetzlicher Ebene ist durch § 204 Abs. 1 BGB eine Regelung geschaffen worden, welche die Hemmungswirkung in mehreren Fallkonstellationen ausdrücklich vorsieht. Für die Schiedsstellen ist die Alternative in § 204 Abs. 1 Nr. 8 BGB anwendbar[792]. Insofern ist die Rechtslage durch die Schuldrechtsreform vom 1.1.2002 in jedem Fall transparenter und liberaler geworden[793].

Auf privatautonomer Ebene gilt folgendes für das Schiedsstellenverfahren: Ziff. XI Nr. 3 der Kfz-Reparaturbedingungen besagt inhaltlich dasselbe wie § 3 Abs. 3 MuGVO. Danach wird die Verjährung von Ansprüchen durch die Anrufung der Schiedsstelle für die Dauer des Verfahrens gehemmt. Beides sind vertragliche Regelungen. Während die Kfz-Reparaturbedingungen Bestandteil der Schiedsstellenvereinbarung zwischen den Konfliktparteien sind, bildet die MuGVO mit ihren dem Gehalt nach materiellen Regelungen einen integralen Bestandteil der ADR-Vereinbarung zwischen dem Verbraucher und der Innung..

Sowohl die Kfz-Reparaturbedingungen als auch die Regelungen der MuGVO müssen sich als Allgemeine Geschäftsbedingungen einer Inhaltskontrolle nach §§ 307 ff. BGB stellen[794]. Ein Verstoß dieser Regelungen gegen § 309 Nr. 8 lit. b ff BGB kommt zwar nicht in Betracht. Zum einen wird nämlich die Verjährung von Ansprüchen gegen den

---

792 Nach Heinrichs in Palandt (§ 204, Rz. 23) ist es dabei gleichgültig, ob das Gutachten von einer ständigen Schiedsstelle oder einem für den Einzelfall bestellten Schiedsgutachter erstattet werden soll.

793 Nach Heinrichs in Palandt, § 202, Rz. 1 „kommt die Erweiterung der Vertragsfreiheit den Bedürfnissen der Praxis entgegen. Sie braucht, wenn die Verjährung verlängert werden soll, nicht mehr auf zweifelhafte Konstruktionen zu rekurrieren, wie dem pactum de non petendo oder einer auf dem Grundsatz des Vertrauensschutzes beruhenden eingeschränkten Anerkennung der Abrede."

794 zur Qualifikation der Regelungen der MuGVO bzw. sonstiger Verfahrensordnungen von Schiedsstellen als Allgemeine Geschäftsbedingungen vgl. oben Zweiter Hauptteil, Vierter Teil, V. 2.

Verwender wegen eines Mangels im Falle des § 634a Abs. 1 Nr. 2 BGB nicht erleichtert, da diese Norm nur Mängel an Bauwerken betrifft. Zum anderen wird hierdurch die Verjährungsfrist auch nicht unter ein Jahr verkürzt.

Allerdings liegt ein Verstoß gegen § 307 Abs. 2 Nr. 1 BGB nahe. In diesem Kontext ist § 204 Abs. 2 BGB zu erwähnen. In der Praxis bedeutsam werden dürfte in aller Regel nur die Alternative der „anderweitigen Beendigung des eingeleiteten Verfahrens", vgl. § 204 Abs. 2 Satz 1 BGB. Das Verfahren endet mit der gütlichen Einigung (Schiedsvergleich) oder dem Scheitern des Güteversuchs (in aller Regel Schiedsspruch). Die Hemmung endet also sechs Monate nach diesem Zeitpunkt. Eine gewisse Bedeutung kann allenfalls noch § 204 Abs. 2 Satz 2 BGB entfalten (Verfahrensstillstand). Hiervon werden wohl die Fälle der „Einstellung des Verfahrens" erfasst[795].

Insofern weichen also sowohl Ziff. XI Nr. 3 Kfz-Reparaturbedingungen als auch § 3 Abs. 3 MuGVO vom gesetzlichen Leitbild des § 204 Abs. 2 BGB ab, der das Hemmungsende auf den Zeitpunkt festlegt, welcher der Beendigung des Verfahrens sechs Monate nachfolgt, da diese Sechs-Monats-Frist in den genannten (vertraglichen) Bestimmungen nicht erwähnt wird[796].

Es stellt sich demnach die Frage, ob § 3 Abs. 3 MuGVO bzw. Ziff. XI Nr. 3 Kfz-Reparaturbedingungen mit den wesentlichen Grundgedanken der gesetzlichen Regelung des § 204 Abs. 2 BGB vereinbar sind. Bei der Definition des wesentlichen Grundgedankens einer gesetzlichen Regelung unterscheidet die Rechtsprechung zwischen frei abänderbaren Zweckmäßigkeitsregelungen einerseits und formularmäßig nicht abdingbaren Gerechtigkeitsgeboten andererseits[797]. Die Literatur kritisiert diese Unterscheidung, verwendet aber eine in der Sache praktisch übereinstimmende Abgrenzung. Entscheidend sei

---

795 Insofern hatte der Gesetzgeber wohl vor allem die Fallkonstellationen der Rücknahme des Antrags im Auge. Zimmermann/Leenen/Mansel/Ernst stellen in ihrem Aufsatz in JZ 2001, 696 eindrücklich dar, dass gerade die Bestimmung des Zeitpunkts der Hemmungsbeendigung in § 204 Abs. 2 BGB mindestens missverständlich definiert wird. In der Tat dürfte es auch für das Schiedsstellenverfahren insbesondere für die Fälle, in denen der Verbraucher seinen Antrag nicht weiter verfolgt, nicht einfach sein zu entscheiden, „wann das Verfahren endet". In den Fällen, in denen dennoch eine mündliche Verhandlung vor der Schiedskommission anberaumt wird und dann eine „Entscheidung nach Aktenlage" ergeht, ist dieser Zeitpunkt noch gut zu definieren. Wird keine Verhandlung mehr anberaumt, erscheint es sachgerecht und vor allem aus Gründen der Transparenz empfehlenswert, das letzte Schreiben der Geschäftsstelle/Schiedsstelle an den Betroffenen als Verfahrensende zu definieren.

796 Nach Heinrichs in Palandt, § 204, Rz. 33 sei die Regelung des § 204 Abs. 2 BGB sachgerecht, da die in § 204 Abs. 1 BGB genannten Verfahren nicht mehr zum Neubeginn, sondern nur noch zur Hemmung der Verjährung führen. Zimmermann/Leenen/Mansel/Ernst, a.a.O. führen aus, dass die Sechs-Monats-Frist einem Vorschlag des Memorandums zur „Neuen Fassung des Verjährungsrechts" entspreche. Danach solle die Sechs-Monats-Frist gewährleisten, dass der Gläubiger in den – nicht seltenen – Fällen, in denen die Hemmung kurz vor Ablauf der Verjährung bewirkt wurde, noch auf die Beendigung des verjährungshemmenden Verfahrens reagieren kann, etwa durch eine erneute Klageerhebung. Für diesen Zweck gehe auch die Länge der Frist in Ordnung.

797 BGH 41, 154; BGH 89, 211; BGH 115, 42

danach, ob die abbedungene Norm des dispositiven Rechts einem wesentlichen Schutzbedürfnis des Vertragspartners diene[798]. Da diese Differenzierung primär rhetorischer Art ist, macht es wenig Sinn, sich der einen oder der anderen Seite zuzuwenden. Fest steht in jedem Fall, dass § 204 Abs. 2 BGB zum einen dem dringenden Schutzbedürfnis der Parteien entspricht, durch derartige Verfahren, wie sie in § 204 Abs. 1 BGB enumerativ genannt sind, nicht in eine „beschleunigte Verjährung zu geraten". Durch die Neuregelung des Verjährungsrechts, welche der Hemmung der Verjährung als „Tatbestand, welcher eine zeitliche Verlängerung der Möglichkeiten, Ansprüche geltend zu machen, nach sich zieht", den grundsätzlichen Vorzug vor der Unterbrechung gegeben hat, erschien eine derartige Regelung wie in § 204 Abs. 2 BGB nahezu unumgänglich.

Die Regelung entspricht von daher auch einem nicht abdingbaren Gerechtigkeitsgebot. Durch die Regelungen in der aktuellen Fassung kann nämlich der Verbraucher den (falschen) Schluss ziehen, dass die Hemmung nur für die Zeitspanne des Schiedsstellenverfahrens wirkt. Hierdurch wird er davon abgehalten, rechtliche Schritte einzuleiten, weil er der Meinung ist (bzw. sein kann), ein etwaiger Anspruch gegen die Werkstatt sei bereits verjährt, obwohl dies in Wahrheit noch nicht der Fall ist.

Es liegt demnach ein Verstoß von Ziff. XI Nr. 3 Kfz-Reparaturbedingungen bzw. § 3 Abs. 3 MuGVO gegen wesentliche Grundgedanken der Regelung des § 204 Abs. 2 BGB vor.

b) Das Problem der Verzinsung von Geldschulden (§ 291 BGB)

aa) Rechtslage

§ 291 BGB sieht vor, dass eine Geldschuld von dem Eintritt der Rechtshängigkeit an zu verzinsen ist, auch wenn der Schuldner dabei nicht im Verzug ist. Durch den Verweis auf § 288 Abs. 1 Satz 2 BGB wird klar gestellt, dass der insoweit entscheidende Zinssatz fünf Prozentpunkte über dem Basiszinssatz (§ 247 BGB) pro Jahr beträgt.

Für außergerichtliche Verfahren sind derartige Zinsen nicht vorgesehen. Insofern bedingt die Rechtshängigkeit einer Streitsache einen Vorteil gerichtlicher im Verhältnis zu außergerichtlichen Verfahren[799].

---

798 so Heinrichs in Palandt, § 307, Rz. 27 m.w.N.

799 Nach Hoeren, NJW 1992, 2732 ist dieser Umstand sogar so gravierend, dass er bei größeren Streitwerten von außergerichtlichen Verfahren abrät. Hoeren betrachtet in seinem Aufsatz die Schlichtung von Kundenbeschwerden im deutschen Bankgewerbe. Zwar dürfte davon auszugehen sein, dass im Bankenbereich die Streitwerte oftmals höher sind als im Kfz-Reparaturbereich. Zwingend ist dies aber nicht. Man denke beispielsweise an den Fall eines kapitalen Motorschadens nach einer mangelhaft durchgeführten Reparatur bei einem relativ neuwertigen, also teuren Fahrzeug.

bb) Stellungnahme

Es ist kaum verständlich, warum der Gesetzgeber im Zuge der Schuldrechtsreform nicht eine insoweit „gleich stellende Regelung" in das BGB eingeführt hat. Wenn das geschehen wäre, könnte den Argumenten für eine gewollte „Förderung außergerichtlicher Streitschlichtung" mehr Glauben geschenkt werden.

Schließlich wurde für die Verjährung auch eine spezifisch auf außergerichtliche Verfahren (allerdings auch nur im Sinne des § 15a EGZPO!) zugeschnittene Regelung in das BGB integriert.

c) Das Problem der verschärften Haftung (§§ 292, 346 Abs. 2, 818 Abs. 4, 987 ff. BGB)

aa) Rechtslage

Dasselbe Problem wie bei der Verzinsung von Geldschulden stellt sich bei der verschärften Haftung nach §§ 292, 346 Abs. 2, 818 Abs. 4, 987 ff. BGB. Auch hier wurde die Regelung des § 292 BGB unberührt gelassen, d.h. es wird nach wie vor für die verschärfte Haftung nur auf die Rechtshängigkeit abgestellt.

bb) Stellungnahme

Eine entsprechende Regelung für außergerichtliche Verfahren wäre wünschenswert gewesen. Nur durch eine weit gehende Annäherung der Rechtswirkungen einer Beschwerdeeinreichung bei einer ADR-Stelle an die Rechtswirkungen der Rechtshängigkeit einer Klage vor Gericht kann der Verbraucher sicher sein, dass er durch die Nutzung des außergerichtlichen Verfahrens keinerlei Nachteile erleidet, was den angebotenen Verfahren zu deutlich gesteigerter Attraktivität und Anerkennung verhelfen würde[800].

2. Die prozessualen Konsequenzen eines Schiedsstellenverfahrens

Neben materiellrechtlichen zieht das Schiedsstellenverfahren auch nicht unwesentliche prozessuale Konsequenzen im Falle eines Gerichtsverfahrens nach sich. Auf die Bedeutung eines durchgeführten Schiedsstellenverfahrens auf die Beweiswürdigung des Gerichts braucht dabei an dieser Stelle nicht näher eingegangen zu werden. Zum einen wurden hierzu bereits einige Erörterungen vorgenommen[801], zum anderen erfolgen im Zusammenhang mit der Bedeutung des Schiedsspruchs und des Schiedsvergleichs für ein nachfolgendes Gerichtsverfahren diesbezüglich noch ergänzende Ausführungen.

Von daher werden nachfolgend die Fallkonstellationen untersucht, bei denen der Verbraucher bzw. der Unternehmer die Schiedsstelle anruft und noch vor Abschluss des

800 vgl. hierzu Scherpe, Diss., 255

801 vgl. Zweiter Hauptteil, Dritter Teil

Verfahrens eine Klage einreicht. Dabei müssten vier Fallgruppen voneinander unterschieden werden: Erstens muss eine Differenzierung nach Schiedsgutachtenverfahren und solchen mit empfehlendem Charakter vorgenommen werden. Außerdem muss unterschieden werden zwischen dem Fall, bei dem der Antragsteller während des Schiedsstellenverfahrens und dem, bei dem der Antragsgegner während des Schiedsstellenverfahrens klagt. Hieraus ergeben sich insgesamt vier Fallgruppen.

a) Die prozessualen Konsequenzen eines Schiedsstellenverfahrens, sofern dieses als Schieds- gutechtenverfahren ausgestaltet ist

aa) Der Antragsteller klagt während des Schiedsstellenverfahrens

Fraglich ist, welche Ausstrahlungswirkungen ein laufendes Schiedsgutachtenverfahren auf einen nachfolgenden Gerichtsprozess hat. Diese Frage wird in Rechtsprechung und Literatur lebhaft und oftmals kontrovers diskutiert.

Manche vertreten die Meinung, dass für eine Klage während der Dauer eines Vorverfahrens (sei es ein Schiedsgutachten- oder ein sonstiges Vorverfahren) das Rechtsschutzbedürfnis fehle. Die Klage sei von daher unzulässig[802].

Dem ist zu entgegnen, dass die Bejahung dieser Ansicht zur Folge hätte, dass sich obligatorische und fakultative Vorverfahren nur noch unwesentlich voneinander unterscheiden würden. Vorverfahren und Gerichtsverfahren sind zudem niemals gleichwertig. Sie unterscheiden sich in wesentlichen Grundsätzen voneinander. Dieser Tatsache muss ausreichend Berücksichtigung geschenkt werden. In den Bereichen, in denen fakultative Streitbeilegungsalternativen bestehen, darf den Konfliktparteien dadurch, dass sie von dieser Möglichkeit Gebrauch machen, in keiner Weise ein Nachteil entstehen. Hat also eine Konfliktpartei durch irgendeine Begebenheit das Vertrauen in die Arbeit der Schiedsstellen verloren oder aus anderen Gründen dem Gerichtsverfahren den Vorzug gegeben, so darf – im fakultativen Bereich! – ihr dies in einem nachfolgenden Rechtsstreit nicht zum Vorwurf gemacht werden[803].

---

802 so beispielsweise Baumbach/Hefermehl, Wettbewerbsrecht, § 27a UWG, Rz. 1

803 Die Entscheidung des OLG Hamm vom 15.10.1997 (NJW 1998, 689) behandelt einen anderen Sachverhalt. Das OLG Hamm stellt dabei fest, dass für ein Beweissicherungsverfahren über den Wert eines Kfz kein Rechtsschutzinteresse bestehe, solange das eingeleitete Sachverständigenverfahren (nach § 14 AKB) noch nicht beendet sei. In dieselbe Richtung (wenn auch noch weiter gehend!) geht ein Urteil des OLG Düsseldorf vom 28.4.1998 (BauR 1998, 1111 f.). Danach fehle einem selbständigen Beweisverfahren das rechtliche Interesse, wenn die Parteien einen Schiedsgutachtenvertrag geschlossen haben, denn die Ergebnisse des selbständigen Beweisverfahrens könnten im Rechtsstreit nicht verwertet werden, wenn sich die Gegenseite auf die Schiedsgutachtenabrede berufe. Dem Leitsatz des Urteils des OLG Hamm kann man sich anschließen. Denn in der Tat kann das Ergebnis des Sachverständigenverfahrens nur unter den Voraussetzungen des § 64 VVG, also dann angegriffen werden, wenn die Feststellung offenbar von der wirklichen Sachlage erheblich abweicht. Dies könne aber im vorweggenommenen Beweisverfahren nicht geklärt werden. Etwas anderes gilt für das Urteil des OLG Düsseldorf. Da-

Eine andere Ansicht geht dahin, die Klage deshalb als unzulässig zu verwerfen, weil sich der Antragsteller durch sein Verhalten in Widerspruch zu seinem früheren Tun setze, wenn er das Gericht vor Abschluss des Vorverfahrens anrufe und damit gegen den auch im Verfahrensrecht geltenden § 242 BGB verstoße[804]. Auch diese Ansicht ist abzulehnen. Aus der Einleitung des Vorverfahrens kann nicht entnommen werden, der Antragsteller wolle – bis zum Abschluss des Vorverfahrens – auf einen Prozess verzichten[805].

Weiter halten einige die Klageerhebung vor Erstattung des Schiedsgutachtens für unzulässig, weil der Schiedsgutachtenvertrag eine „prozesshindernde Einrede des erforderlichen Schiedsgutachtens" verleihe, so dass die Klage auf Einrede des Beklagten hin als unzulässig abzuweisen sei[806]. Dabei ebnet insbesondere der BGH in seiner Entscheidung vom 23.11.1983[807] bereits den Weg für eine rechtsdogmatisch vertretbare Lösung des geschilderten Problems. Er führt in seinen Entscheidungsgründen aus: „....Ob dem in dieser Allgemeinheit zu entsprechen ist (er meint damit die Möglichkeit des Ausschlusses der Klagbarkeit, Anm. des Verfassers), braucht hier nicht entschieden zu werden. Die Beschränkung der Klagbarkeit in der Weise, dass die über den Vertragsgegenstand verfügungsberechtigten Vertragsteile vereinbaren, vor Anrufung des ordentlichen Gerichts habe ein Güteversuch vor einer Schiedsstelle stattzufinden, stellt jedenfalls dann keine unangemessene Beschränkung des Rechtswegs dar, wenn die Vertragspartner an der Anrufung der Gütestelle ein berechtigtes Interesse haben....".

Gerade dieser interessenbezogene Ansatz scheint Ziel führend zu sein. Insofern ist auf die jeweilige Sachmaterie abzustellen[808]. Für den Bereich der Kfz-Schiedsstellen gilt demnach folgendes: Beide Parteien, also sowohl Verbraucher als auch Unternehmer, haben ein Interesse daran, die Streitigkeit so schnell und kostengünstig als möglich zu beenden. Hinzu kommen spezifische Interessen, welche auf Verbraucher und Unternehmer „zugeschnitten" sind[809]. Die Interessen der Parteien gehen im Schiedsstellenverfahren zudem auch dahin, dieses auf freiwilliger Basis auszugestalten. Nur wenn das Verfahren

---

nach stelle schon das bloße Bestehen einer Schiedsgutachtenabrede, also nicht die Einleitung des Verfahrens an sich, eine Tatsache dar, welche zur Abweisung einer etwaigen Klage wegen mangelnden Rechtsschutzbedürfnisses führe. Diese Ansicht geht zu weit. Die Argumentation des OLG Düsseldorf indiziert nämlich die Vereinbarung eines obligatorischen Schiedsgutachtenverfahrens unter Ausschluss des Rechtswegs. Eine derartige Abrede wäre jedoch unwirksam.

804 Volmer, ArbEG, § 37, Rz. 10; Peters/Sautter/Wolff, Sozialgerichtsbarkeit, § 78 SGG, Anm. 5b

805 So zutreffend Preibisch, 187 mit dem weiteren Hinweis, dass ja die Klage auch nicht als Verzicht auf einstweiligen Rechtsschutz gewertet werde.

806 Sachse, ZZP 54, 429; Habscheid KTS 1972, 219; BGH NJW 1984, 669 mit Verweis auf die Möglichkeit des Ausschlusses bzw. der Beschränkung der Klagbarkeit und damit auch auf OLG Celle NJW 1971, 288

807 BGH a.a.O.

808 Die Entscheidung des BGH betraf den Fall, dass bei Unstimmigkeiten nach einem Verkauf einer tierärztlichen Praxis in jedem Fall zunächst die für den Sitz der Praxis zuständige Landestierärztekammer anzurufen sei.

809 Zu den Interessen von Verbraucher und Werkstatt im Schiedsstellenverfahren vgl. oben Erster Hauptteil, Zweiter Teil, III.

sich der Freiwilligkeit verschreibt, kann es zu einer wirklichen Akzeptanz durch die Konfliktparteien kommen. Der Freiwilligkeit und Flexibilität widerspräche es jedoch, wenn eine Konfliktpartei, welche die Schiedsstelle angerufen hat, bei einer darauf folgenden Klage sich genau diese Tatsache entgegen halten lassen müsste.

Gegen diese Lösung (Abweisung der Klage als unzulässig) spricht auch die Wertung von Ziff. XI Nr. 5 Satz 2 Kfz-Reparaturbedingungen. Aus dieser Klausel kann heraus gelesen werden, dass es den Parteien frei stehen solle, auch noch während des Schiedsstellenverfahrens den Rechtsweg zu beschreiten. Nachteile irgendwelcher Art sollen den Parteien daraus nicht erwachsen. Die Schiedsstelle will daher den Parteien „nicht im Wege stehen", präferieren sie plötzlich doch den Rechtsweg. Weiter spricht gegen die Argumentation, dass eine vor Anrufung einer (freiwilligen, vertraglich vereinbarten) Schiedsstelle anhängig gemachte Klage als unzulässig abzuweisen sei, dass der präsumtive Kläger keinerlei Einfluss auf die Zusammensetzung der Kommission und deren Verfahren hat. Deshalb kann ihm auch kein Vorwurf daraus gemacht werden, dass er unter Übergehung der Gütestelle das staatliche Gericht anruft. Mutwilligkeit kann ihm in diesem Fall nicht vorgehalten werden[810]. Schließlich spricht auch die Wertung des § 319 Abs. 1 Satz 2, 2. Halbsatz BGB gegen eine Abweisung der Klage als unzulässig. Wie diese Wertung zeigt, ist es grundsätzlich nicht möglich, den Richter in allen Fällen von einer selbständigen eigenen Klärung des dem Schiedsgutachter übertragenen Fragenkomplexes auszuschließen. Vielmehr spricht die aus § 319 Abs. 1 Satz 2, 2. Halbsatz BGB zutage tretende Wertung des Gesetzgebers dafür, dass dem Kläger zunächst die Gelegenheit gegeben werden sollte, den Erlass des Schiedsgutachtens abzuwarten und die Vorlage des Schiedsgutachtens nachzuholen[811].

Diese Lösung scheint bevorzugenswert zu sein. Die Klage darf in vergleichbaren Fällen demnach nicht sofort abgewiesen werden[812]. Vielmehr sollte dem Kläger eine Frist zur Beibringung des Schiedsgutachtens analog §§ 356, 431 Abs. 1 ZPO gesetzt oder das Verfahren nach § 148 ZPO ausgesetzt werden[813]. Es verbleibt ein wesentlicher Aspekt zu erörtern: Auf materiellrechtlicher Ebene ist die Feststellungswirkung des Schiedsgutachtens unbestritten. Diese ergibt sich aus dem Schiedsgutachtenvertrag bzw. dem überein-

---

810 Sieg, NJW 1992, 2993 mit Verweis auf Rumler-Detzel, VersR 1982, 759; Kleinewevers-Sparwasser, VersR 1988, 764 ff.; OLG Düsseldorf, VersR 1989, 645; a.A. LG Dortmund, JZ 1988, 255; LG Aurich, NJW 1986, 792 m. abl. Anm. Matthies

811 So auch Wittmann nach ausführlicher Würdigung aller Pros und Contras und m.w.N., 67 ff. ; OLG Düsseldorf 1962, 705; OLG München, OLGR 2000, 43 f.

812 auch nicht als unbegründet, so wie dies z.B. Habscheid, Festschrift für Lehmann, 805 vorschlägt, wobei er zu dem Ergebnis kommt, dass einer erneuten Klage nach Erlass des Schiedsgutachtens die materielle Rechtskraft des Klage abweisenden Urteils entgegenstehe.

813 791 Innerhalb der Gruppe der Vertreter dieser Ansicht besteht jedoch keine Übereinstimmung darüber, wie mit der Klage nach fruchtlosem Ablauf der gesetzten Frist zu verfahren ist. Letztlich dürfte der Meinung der Vorzug gegeben werden, welche bei Nichtbeibringung des Gutachtens innerhalb der vom Gericht gesetzten Frist diesem die Möglichkeit zur eigenständigen Bestimmung über § 319 Abs. 1 Satz 2, 2. Halbsatz BGB öffnet (so Wittmann).

stimmenden Willen der Vertragsparteien[814]. Der Schiedsgutachtenvertrag könnte jedoch bei einer vorzeitigen Klageerhebung auch eine negative prozessuale Wirkung dahin gehend äußern, dass zumindest vorläufig eine gerichtliche Beweisaufnahme über den dem Schiedsgutachter zur Feststellung zugewiesenen Tatsachenkomplex ausgeschlossen ist[815]. Eine weitere prozessuale Wirkung des Schiedsgutachtenvertrages könnte das Setzen der Beibringungsfrist gemäß §§ 356, 431 ZPO zum Inhalt haben[816].

Für eine derartige Interpretation der prozessualen Wirkungen gibt jedoch die vertragliche Vereinbarung zwischen Verbraucher und Unternehmer im Kfz-Schiedsstellenbereich nichts her. Nur dann, wenn eindeutig feststeht, dass ein „echter Schiedsgutachtenvertrag" zustande gekommen ist, kann daran gedacht werden, dass die genannten prozessualen Wirkungen als „dem Schiedsgutachten dienende" Wirkungen Vertragsinhalt werden. Ein Verbraucher, dem ausdrücklich die Bedeutung der Bindungswirkung bewusst gemacht wird, muss sich auch die damit verbundenen „dienenden Wirkungen" entgegen halten lassen. Dies gilt allerdings nur dann, wenn er das Schiedsstellenverfahren bereits in Gang gesetzt hat. Denn nur dann ist er nicht in dem Maße schutzwürdig wie ein Verbraucher, der das Verfahren noch nicht initiiert hat. Im letztgenannten Fall hindert die Freiwilligkeit des Schiedsstellenverfahrens das Inkraftsetzen der genannten Wirkungen, seien sie nun materiellrechtlicher und/oder prozessualer Natur. Hier kann also das Gericht tätig werden. Der Weg zu einer eigenen gerichtlichen Beweisaufnahme ist in diesen Fällen frei.

bb) Der Antragsgegner klagt während des Schiedsstellenverfahrens

Es ist auch möglich, dass der Antragsgegner während des Schiedsstellenverfahrens eine Klage (in Form einer negativen Feststellungsklage) erhebt. In diesen Fällen stellt sich die Frage, ob und inwiefern das Schiedsstellenverfahren auf die Zulässigkeit bzw. Begründetheit der Klage Einfluss nehmen kann.

Im Grunde besteht kein wesentlicher Unterschied zur vorigen Fallkonstellation. Es stellt sich allenfalls die Frage, ob eine derartige Klage möglicherweise unzulässig ist. § 15 Abs. 10 Satz 4 UWG enthält für das Verfahren vor den Einigungsstellen im Sinne von § 15 UWG eine eindeutige Regelung. Danach wären derartige negative Feststellungsklagen nicht zulässig.

---

814 vgl. hierzu Zweiter Hauptteil, Vierter Teil, V. 5.

815 so Wittmann, 76

816 Wittmann, a.a.O. Der Schiedsgutachtenvertrag habe daher in rechtssystematischer Hinsicht eine doppelte Wirkung. Zum einen entfalte er eine materiellrechtliche Feststellungswirkung, zum anderen prozessuale Wirkungen. Materiellrechtliche und prozessuale Wirkungen stünden dabei in einem funktionalen Zusammenhang. Die prozessualen Wirkungen sollten sicherstellen, dass die materiellrechtliche Feststellungswirkung im Prozess auch zur Geltung kommen könne. In diesem Sinne komme den prozessualen Wirkungen eine dienende gegenüber der materiellrechtlichen Feststellungswirkung zu. Hierin spiegele sich das allgemeine Verhältnis von materiellem Recht und Prozessrecht.

Aus der Existenz dieser Vorschrift und dem Fakt, dass eine vergleichbare Vorschrift in anderen Rechtsgebieten fehlt, kann auf die grundsätzliche Zulässigkeit derartiger Klagen in anderen Bereichen geschlossen werden. Eine Analogie verbietet sich auf Grund des Ausnahmecharakters von § 15 Abs. 10 Satz 4 UWG. Aus der Tatsache, dass sich der Antragsgegner ausdrücklich auf das Vorverfahren eingelassen hat, kann auch kein (konkludenter) Klageverzicht abgeleitet werden[817].

Sollte die Werkstatt die negative Feststellungsklage erheben, so stünde der Erhebung der Klage die Innungssatzung bzw. ein etwaiger Innungsbeschluss entgegen. Diese Regularien haben jedoch lediglich internen Charakter, geben also für die Frage einer etwaigen Zulässigkeit bzw. Begründetheit einer Klage nichts her. Allerdings drohen der Werkstatt in derartigen Fällen Sanktionen seitens der Innung, also Ermahnung, Abmahnung oder Ausschluss aus der Innung.

Ansonsten gilt für den Fall, dass der Antragsgegner während des Schiedsstellenverfahrens Klage erhebt, nichts anderes als für den Antragsteller (vgl. oben aa). Der Antragsgegner kann also das Schiedsstellenverfahren über eine negative Feststellungsklage nicht aushebeln, da das Gericht auch hier nach §§ 356, 431 Abs. 1 ZPO vorgeht und eine Frist zur Beibringung des Schiedsgutachtens setzt[818].

b) Die prozessualen Konsequenzen eines Schiedsstellenverfahrens, sofern dieses als Sachverständigenverfahren mit empfehlendem Charakter ausgestaltet ist

aa) Der Antragsteller klagt während des Schiedsstellenverfahrens

Die Regelungen der §§ 356, 431 Abs. 1 ZPO sind in derselben Weise anwendbar wie bei Schiedsgutachtenvereinbarungen. Zwar greift hier das Argument der Interessenwertung aus § 319 Abs. 1 Satz 2, 2. Halbsatz BGB nicht, da es sich nicht um ein Schiedsgutachten handelt. Die übrigen Argumente, die im Zusammenhang mit dem Schiedsgutachtenverfahren vorgebracht wurden, sind jedoch auch auf Verfahren mit empfehlendem Charakter anwendbar.

Insbesondere spricht das Interesse der Parteien an einer schnellen und kostengünstigen Konfliktlösung sowie die Orientierung der Schiedsstellenverfahren am Grundsatz der Freiwilligkeit dafür, dieselben Regeln zur Anwendung zu bringen wie bei Schiedsgutachtenverfahren. Auch der Sachverständigenvertrag mit empfehlendem Charakter will keinen definitiven Ausschluss etwaiger Klagen herbeiführen. Diesbezüglich gibt weder der Vertragsinhalt noch die Interessenlage der Parteien etwas her. Somit kann festgehalten werden, dass das Gericht der beweispflichtigen Partei eine Frist zur Beibringung des Gut-

---

817 So zutreffend Preibisch, 188 m.w.N.

818 Dabei setzt das Gericht selbstverständlich der beweispflichtigen Partei die Frist. Dies kann im Einzelfall die Werkstatt, aber auch der Verbraucher sein. Letztlich bestimmt sich diese Frage nach materiellem Recht, also nach den Regeln der Beweislastverteilung.

achtens analog §§ 431 Abs. 1, 356 ZPO setzt. Läuft diese Frist fruchtlos ab, ist der Weg zur eigenen Beweiswürdigung durch das Gericht frei.

Die „dienenden prozessualen Wirkungen" gelten ebenfalls für das Sachverständigenverfahren mit empfehlendem Charakter, auch wenn hier §§ 431 Abs.1, 356 ZPO und der vorläufige Ausschluss einer gerichtlichen Beweisaufnahme nicht denselben Inhalt haben wie beim Schiedsgutachtenverfahren bzw. nicht demselben Zweck dienen. Letztlich entfällt beim Verfahren mit empfehlendem Charakter die für das Schiedsgutachtenverfahren typische Feststellungswirkung. Von daher stellt sich die Frage, ob eine vorläufige Aussetzung des Verfahrens im Bereich der empfehlenden Verfahren wünschenswert sein kann. Schließlich könnte das Gericht sofort die Beweisaufnahme „in eigener Sache" durchführen. Eine etwaige Bindungswirkung steht nicht zur Disposition.

Eine Aussetzung des Verfahrens und eine Beweisaufnahme des Gerichts erst nach fruchtlosem Ablauf einer gesetzten Beibringungsfrist macht auch für Sachverständigenverfahren mit empfehlendem Charakter Sinn und widerspricht auch nicht rechtsdogmatischen Erwägungen.

Zum einen wurde bereits festgestellt, dass das Sachverständigengutachten mit empfehlendem Charakter durchaus auch als Urkundenbeweis gewürdigt werden kann[819]. Insofern spricht auf den ersten Blick der systemlogische Kontext für eine Anwendung des § 431 ZPO, der sich als Regelung innerhalb des Urkundenbeweises präsentiert. Allerdings gibt § 431 ZPO selbst noch nichts für die Rechtsfolgen bei fruchtlosem Ablauf der Nachfrist her. Diesbezüglich muss die ratio legis des § 431 ZPO untersucht werden. Dieser hat offensichtlich einen sehr konkreten Beweis im Auge, nämlich offenbar eine ganz bestimmte Urkunde, welche für die Entscheidung erheblich ist. Im Falle eines ADR-Verfahrens könnte dieser Beweis auch über einen anderen, vom Gericht benannten Sachverständigen erbracht werden. Insofern verliert § 431 ZPO in derartigen Verfahren an Bedeutung.

Es sprechen allerdings prozessökonomische Gründe dafür, eine eigene Beweisaufnahme erst nach fruchtlosem Ablauf der gesetzten Beibringungsfrist durchzuführen[820]. Zum einen dürfte die Schiedsstelle bereits mit dem Fall zumindest ansatzweise vertraut sein, da das Schiedsstellenverfahren bereits eingeleitet wurde. Eine längere Einarbeitung in den Fall wäre von daher nicht mehr erforderlich. Zum anderen ist das Verfahren vor der Schiedsstelle kostenfrei, d.h. die Justiz bzw. die Parteien werden durch die Entscheidung der Schiedsstelle nicht mit zusätzlichen Kosten belastet, was bei einem vom Gericht bestellten Sachverständigen demgegenüber der Fall wäre.

---

819 vgl. oben Zweiter Hauptteil, Dritter Teil, II. 2.

820 Und nicht die Klage nach fruchtlosem Ablauf der Beibringungsfrist als unbegründet abzuweisen! Eine vorbehaltlose Klageabweisung als unbegründet wäre auch in einem solchen Fall nicht gerechtfertigt, weil dadurch dem Kläger wegen der Rechtskraftwirkung des Klage abweisenden Urteils ein Rechtsnachteil zugefügt würde, der vom Sinn des Schiedsstellenverfahrens nicht gedeckt wäre.

Insofern sollte der Schiedsstelle bzw. den Parteien zumindest die Möglichkeit gegeben werden, das Schiedsstellenverfahren weiter zu verfolgen. Nachteile dürfen den Parteien aus einem etwaigen Ablauf der Nachfrist nicht erwachsen. Dies widerspräche dem Sinn und Zweck des Schiedsstellenverfahrens, welches sich den Grundsätzen der Freiwilligkeit verschrieben hat.

Die Verfahrensverzögerung, die durch die Setzung einer Beibringungsfrist auftreten kann, fällt demgegenüber nicht ins Gewicht. Auf der anderen Seite wird sogar im Gegenteil zu erwarten sein, dass sich durch eine derartige Vorgehensweise das Verfahren beschleunigt, da die Schiedsstelle sich in der Regel bereits in den Fall eingearbeitet hat.

Hinzu kommt das rechtsdogmatische Argument, dass sich die Parteien im Vorfeld bereits auf das außergerichtliche Verfahren geeinigt haben. Diejenige Partei, die nach der Einleitung des Verfahrens das Gericht anruft, handelt insofern „contra pactum". Sie muss sich von daher diese Vorgehensweise des Gerichts auch selbst zuschreiben lassen. Gravierende Nachteile sind dadurch für den Verbraucher nicht verbunden. Insofern widerspricht eine derartige Sicht auch nicht Verbraucherschutzerwägungen.

bb) Der Antragsgegner klagt während des Schiedsstellenverfahrens

Auch hier gelten die bereits getätigten Ausführungen entsprechend. Der Antragsgegner kann also das Schiedsstellenverfahren über eine negative Feststellungsklage nicht „torpedieren", da das Gericht auch hier nach §§ 356, 431 Abs. 1 ZPO vorgeht und eine Frist zur Beibringung des Sachverständigengutachtens (mit empfehlendem Charakter) setzt. Eine derartige Vorgehensweise macht aus prozessökonomischen Gründen durchaus Sinn und unterliegt keinen rechtlichen Bedenken. Nach fruchtlosem Ablauf der Nachfrist ist der Weg für eine eigenständige Beweisaufnahme durch das Gericht frei.

c) Das Verhältnis des Schiedsstellenverfahrens zum Verfahren auf Gewährung von Prozesskostenhilfe nach §§ 114 ff. ZPO

Es verbleibt ein bisher noch nicht höchstrichterlich entschiedenes Problem zu erörtern, nämlich das Verhältnis des Schiedsstellenverfahrens zur Gewährung von Prozesskostenhilfe. Insofern kann durchaus zu Recht davon gesprochen werden[821], dass einige Zivilgerichte eine obligatorische Streitschlichtung richterrechtlich erzwungen haben, als dass sie die Gewährung von Prozesskostenhilfe von der vorherigen Anrufung einer außergerichtlichen Schlichtungsstelle abhängig gemacht haben[822].

Die Gerichte sahen eine beabsichtigte Rechtsverfolgung im Sinne von § 114 ZPO als mutwillig an, sofern der Antragsteller nicht vorher versucht habe, das Begehren mit Hilfe der Gutachterkommission für Ärztliche Haftpflichtfragen durchzusetzen. Mutwilligkeit

821 so wie dies Jansen, Diss., 156 zutreffend ausführt

822 So LG Aurich in NJW 1986, 792 mit Anm. Matthies und LG Dortmund in JZ 1988, 255 mit Anm. Giesen. Beide Beschlüsse betrafen ärztliche Gutachter- und Schlichtungsstellen.

liege nach Ansicht der Gerichte dann vor, wenn eine verständige und hinreichend bemittelte Partei in einem gleich gelagerten Fall eine andere Form der Rechtsverfolgung wählen und – zunächst – von einer Klageerhebung absehen würde. In derartigen Fällen würde eine verständige Partei zunächst die Gutachterkommission für ärztliche Haftungsfragen anrufen. Von daher erscheine die beabsichtigte Rechtsverfolgung mutwillig.

Beide Entscheidungen begegnen erheblichen rechtlichen Bedenken. Matthies entgegnet in seiner Anmerkung zum Urteil des LG Aurich zu Recht[823], dass sich zum einen der Weg zur Zivilgerichtsbarkeit im Vergleich als der effektivere erweise. Die Gutachterkommissionen gewährten lediglich thematisch begrenzten Rechtsschutz, denn sie nehmen unter rechtlichen Gesichtspunkten nicht selten nur eine unvollständige Würdigung des Sachverhalts vor. Zudem lassen die Gutachten der Kommissionen mitunter erhebliche qualitative Mängel erkennen. Von daher könne unter keinen Umständen von Mutwilligkeit gesprochen werden.

Hinzu komme, dass die Vorschriften über die Prozesskostenhilfe Ausfluss des grundgesetzlichen Gleichheits- und Sozialstaatsgebots seien: der weniger finanzkräftigen Partei solle der Rechtsweg in gleicher Weise wie der finanzstarken offen stehen. Der Weg, einen Antrag auf Prozesskostenhilfe mit Verweis auf das Bestehen bestimmter ADR-Stellen bzw. Mutwilligkeit abzulehnen, sei daher der falsche. Stattdessen sollten die Gerichte den Parteien nahe legen, das Schlichtungsverfahren freiwillig zu betreiben und das Ruhen des ordentlichen Verfahrens zu beantragen.

Giesen geht in seiner Kritik noch weiter[824]. Die Entscheidung des LG Dortmund sei weder mit dem allgemeinen Gleichheitssatz (Art. 3 Abs. 1 GG) oder dem Sozialstaatsprinzip (Art. 20 Abs. 1 GG) noch mit dem Anspruch auf ein faires Gerichtsverfahren und dem Recht auf Zugang zum Gericht in Einklang zu bringen[825].

Der Kritik ist beizupflichten. Tatsächlich orientieren sich nur wenige bestehende ADR-Stellen an rechtsstaatlichen Prinzipien, insbesondere im Verfahrensbereich. Von daher würde der aus den Entscheidungsgründen hervor tretende Subsidiaritätsgedanke dazu benutzt werden, die Partei, die sich ein teures Gerichtsverfahren mangels finanzieller Möglichkeiten nicht leisten kann, auf ein rechtsstaatlich zweifelhaftes Verfahren zu verweisen. Bedenkt man weiter, dass den festgestellten Tatsachen in aller Regel auch für ein

---

823 Matthies, a.a.O.

824 Giesen, a.a.O.

825 Die Anrufung der ordentlichen Gerichte dürfe auf keinen Fall von außerprozessualen Bedingungen abhängig gemacht werden. Zudem seien Schlichtungsstellen an keine festen – mit verfassungsrechtlichen Garantien ausgestatteten – Verfahrensregeln gebunden. Bedenke man weiter, dass von einer paritätischen Besetzung bei branchenbezogenen Schlichtungsstellen in aller Regel nicht gesprochen werden könne, da diese mit der Durchführung der Verfahren Eigeninteressen vertreten würden (jede andere Sichtweise sei realitätsfremd), dann liege ein klarer Verstoß gegen die prozessuale Fürsorgepflicht des Gerichts vor (vgl. BverfGE 52, 131, 154), wenn der Antrag nach § 114 ZPO mit Verweis auf die vorherige Inanspruchnahme bestehender Schlichtungsstellen und Mutwilligkeit abgelehnt werde.

nachfolgendes Gerichtsverfahren eine gewisse – mehr oder weniger stark ausgeprägte – Bindungswirkung zukommt[826], dann gewinnt dieser Gedanke noch mehr an Gewicht[827].

Aus diesen Gründen bleibt zu hoffen, dass eine höchstrichterliche Entscheidung eine eindeutige Aussage dahin gehend trifft, dass Prozesskostenhilfe nicht von der vorherigen Inanspruchnahme einer ADR-Stelle abhängig gemacht werden darf. Der Rechtsweg darf durch das Bestehen außergerichtlicher Streitbeilegungsstellen unter keinen Umständen eingeschränkt werden.

VII. Die rechtliche Bedeutung des Schiedsspruchs

Der Schiedsspruch hat lediglich eine eingeschränkte Wirkung, sofern materiellrechtliche und prozessuale Effekte diskutiert werden. Die eingeschränkte Wirkung folgt insbesondere aus der strikten Trennung von Schiedsgutachten bzw. Sachverständigengutachten mit empfehlendem Charakter und Schiedsspruch. Die von den Mitgliedern der Schiedskommission im Rahmen des Verfahrens angefertigten Gutachten – seien es nun Schiedsgutachten oder solche mit empfehlendem Charakter – beinhalten die für den Richter wesentlichen Tatsachenfeststellungen. Dabei findet eine Bindung des Richters an diese festgestellten Tatsachen nur bei Schiedsgutachten statt. Demgegenüber können die Feststellungen im Rahmen eines Sachverständigengutachtens mit empfehlendem Charakter – wie der Name schon ausdrückt – vom Richter unter bestimmten Voraussetzungen verwertet werden. Eine Bindung ähnlich wie bei den Schiedsgutachten findet dabei jedoch nicht statt[828].

Demgegenüber kommt dem eigentlichen Schiedsspruch nur eine sehr eingeschränkte materiellrechtliche und/oder prozessuale Bedeutung zu. Primäres Ziel des Schiedsspruchs ist es nämlich, den Konflikt zwischen den Parteien außergerichtlich zu beenden, sofern eine gütliche Einigung nicht erzielt werden kann. Durch den Schiedsspruch selbst soll jedoch keine der Parteien in irgendeiner Form rechtlich betroffen bzw. gebunden werden. Beiden Parteien soll also der Rechtsweg uneingeschränkt offen stehen. Dies ergibt sich entweder direkt aus der Verfahrensordnung oder aus der geltenden Rechtslage, die einen Ausschluss des Rechtswegs nicht zulassen würde[829]. Eine andere Sichtweise hätte zudem

826 Beim Schiedsgutachtenverfahren ist die Bindungswirkung mehr, beim Sachverständigenverfahren mit empfehlendem Charakter weniger stark ausgeprägt, s.o.

827 Dies kann sogar so weit gehen, dass auf Grund der festgestellten Tatsachen der (dann folgende!)Antrag auf Prozesskostenhilfe zwar nicht mehr wegen Mutwilligkeit, dann aber wegen mangelnder Erfolgsaussicht abgelehnt wird!

828 vgl. oben Zweiter Hauptteil, Dritter Teil

829 vgl. hierzu das Urteil des BGH von 1986 in NJW 1987, 2818, worin eine Klausel in den Kfz-Reparaturbedingungen, die vorschrieb, dass beim Bestreiten des Vorliegens eines gewährleistungspflichtigen Mangels durch den Auftragnehmer die Schiedsstelle anzurufen sei, für unwirksam erklärt wurde. Es würde nämlich eine unangemessene Benachteiligung des Auftraggebers im Sinne von § 9 Abs. 1 und 2 Nr. 1 AGBG darstellen, wenn der Eindruck erweckt würde,

die Konsequenz, dass der Schiedsspruch das Gericht zusätzlich zu den im Gutachten genannten Feststellungen binden würde, z.B. auch was die Beweiswürdigung, rechtliche Fragen o.ä. betrifft. Dies ist jedoch nicht Sinn des Schiedsstellenverfahrens, welches den Parteien den Rechtsweg prinzipiell einschränkungslos offen halten will und sich den Grundsätzen der Freiwilligkeit und Flexibilität verpflichtet sieht.

Die Tatsache, dass die Werkstatt über die Innungssatzung bzw. den Innungsbeschluss an den Schiedsspruch gebunden ist, entfaltet gleichfalls keine materiellrechtlichen oder prozessualen Wirkungen. Hierdurch soll lediglich ein verstärkter Druck auf die Werkstatt ausgeübt werden, um den Entscheidungen der Schiedsstelle die nötige Akzeptanz zu verschaffen[830]. Dasselbe gilt für die Seite des Verbrauchers. Dieser kann allenfalls über eine Unterwerfungserklärung oder über vertragliche Vereinbarungen an den Spruch der Schiedsstelle gebunden werden. Eine Möglichkeit zur zwangsweisen Durchsetzung der im Schiedsspruch enthaltenen Anweisungen ergibt sich hieraus jedoch nicht.

Anschließend wird Stellung bezogen zu der Frage, ob es sinnvoll erscheint, der Schiedsstelle Zwangsmittel zur Verfügung zu stellen, um ihren Entscheidungen mehr Durchschlagskraft zu verleihen bzw. den Schiedsspruch für vollstreckbar erklären lassen zu können, um insbesondere für den Verbraucher eine schnelle und kostengünstige Alternative an die Hand zu geben, zu einem Vollstreckungstitel zu gelangen. Dies soll jedoch erst im zweiten Teil geschehen. Zunächst werden die (wenigen) materiellrechtlichen Effekte des Schiedsspruchs diskutiert[831].

---

die Entscheidung der Schiedsstelle sei endgültig und der Rechtsweg ausgeschlossen. Insofern relativieren sich auch die von Jansen, Diss., 213 geäußerten Bedenken, wonach es im Rechtsstaat außerhalb des Gerichtsverfahrens keine autoritative Streitregelung geben dürfe. Deshalb müssten alle Streitregelungsformen, die als Alternativen zum Urteil ausgestaltet werden, sich darauf beschränken, Hilfe zur Selbsthilfe, Hilfe nämlich zu einer konsensualen Regelung des Konflikts zu bieten. Sofern jedoch der Schiedsspruch selbst keine rechtlichen Wirkungen entfaltet (bis auf die, dass er eine autoritative Streitlösung herbeiführt), stehen dem keine rechtlichen, insbesondere keine rechtsstaatlichen Bedenken entgegen.

830 zur Akzeptanz der Entscheidungen vgl. Honig in DAR 1994, 148 ff. Honig kommt dabei zu dem Ergebnis, dass der überwiegende Teil der von der Schiedsstelle behandelten Streitfälle zu einem endgültigen Abschluss gebracht werden kann, die Werkstatt also dem Spruch der Schiedskommission nachkommt. Es verbleibt aber ein gewisser Anteil von Entscheidungen der Schiedsstelle, welche von der Werkstatt nicht beachtet werden. Dieser Anteil lag bei der von Honig durchgeführten Umfrage bei immerhin ca. 20%. Honig zieht daraus die Konsequenz, dass der Schiedsstelle Zwangsmittel zur Verfügung gestellt werden müssten, da man „die obsiegende Partei nun doch nicht allein lassen könne".

83 Im Übrigen ist hier eine Differenzierung zwischen Verfahren mit empfehlendem und solchen mit schiedsgutachterlichem Charakter nicht unbedingt erforderlich. Sollte es im Einzelfall auf diese Differenzierung ankommen, wird dies entsprechend gewürdigt.

1. Die materiellrechtliche Bedeutung des Schiedsspruchs

Die materiellrechtliche Bedeutung des Schiedsspruchs beschränkt sich auf verjährungsrechtliche Fragen. Nach § 204 Abs. 2 Satz 1 BGB endet die Hemmung sechs Monate nach der „.... anderweitigen Beendigung des eingeleiteten Verfahrens." Hiermit ist der Schiedsspruch gemeint. Er definiert also den Zeitpunkt, an dem die Sechs-Monats-Frist des § 204 Abs. 2 BGB zu laufen beginnt.

Ansonsten hat der Schiedsspruch lediglich Verfahren beendende Wirkung. Er schließt das (vertraglich vereinbarte!) außergerichtliche Streitbeilegungsverfahren ab. Insofern kann auch der Schiedsspruch als (potentieller) „Leistungsgegenstand" des ADR-Vertrages angesehen werden[832]. Besondere materiellrechtliche Bedeutung kommt ihm dabei allerdings nur insofern zu, als dass sich die Parteien im Vorfeld dem Verfahren unterworfen und somit auch den Schiedsspruch in seiner autoritativ – Streit beendenen Wirkung als Mittel zur Konfliktlösung akzeptiert haben. Die Gerichte sollen jedoch an die im Schiedsspruch genannten Anweisungen nicht gebunden werden[833]. Der Schiedsspruch stellt also lediglich einen „unverbindlichen Vorschlag" dar, den Konflikt zu beenden. Die „interne Bindung" an den Schiedsspruch über die Innungssatzung oder den Innungsbeschluss sorgt in aller Regel bereits für eine ausreichende Akzeptanz.

2. Die prozessuale Bedeutung des Schiedsspruchs

a) Rechtslage

Die prozessuale Bedeutung des Schiedsspruchs hält sich gleichfalls in Grenzen.

In Bezug auf die außergerichtliche Streitbeilegung nach § 15a EGZPO entfaltet der Schiedsspruch keine eigenständige Bedeutung. Vielmehr sieht § 15a Abs. 1 Satz 2 EGZPO vor, dass die ADR-Stelle eine Bescheinigung über einen erfolglosen Einigungsversuch ausstellen muss. Allein diese Bescheinigung ist als Zulässigkeitsvoraussetzung für einen etwaigen Nachfolgeprozess von Bedeutung, nicht ein möglicher Schiedsspruch[834].

---

832 Also bildet nicht nur die Erstellung des Schiedsgutachtens bzw. des Sachverständigengutachtens mit empfehlendem Charakter den Leistungsgegenstand, sondern auch der bloße Schiedsspruch! Allerdings sind die rechtlichen Auswirkungen unterschiedlich.

833 Die Unterwerfungserklärungen, die manchmal vom Verbraucher im Vorfeld akzeptiert werden, sehen auch nur eine „interne Bindung" vor. Der Rechtsweg soll dem Verbraucher ausdrücklich offen stehen. Manchmal beinhalten diese Erklärungen noch, dass der Verbraucher an die im Schiedsgutachten getroffenen Feststellungen bis zur Grenze offenbarer Unrichtigkeit gebunden werden soll. Diese Bindung betrifft aber nur die im Schiedsgutachten getroffenen technischen Feststellungen, nicht den „Tenor" des Schiedsspruchs. Insofern kann wieder auf Preibisch, 151 verwiesen werden, der zu Recht klar stellt, dass die Klage kein Rechtsmittel gegen den Schiedsspruch darstelle.

834 Hier könnte zu Recht die Frage gestellt werden, ob die Schiedsstelle, sofern sie im Rahmen des § 15a EGZPO als „sonstige Gütestelle" (§ 15a Abs. 3 EGZPO) agiert, nicht verpflichtet wäre,

Schließlich verbleibt das Problem der Vollstreckbarkeit von Schiedssprüchen zu erwähnen. Nach der derzeitigen Rechtslage können die Parteien aus einem Schiedsspruch einer Schiedsstelle nicht vollstrecken[835].

b) Stellungnahme zur Vollstreckbarkeit von Schiedssprüchen

Es stellt sich die Frage, wie eine derartige Vollstreckbarkeit von Schiedssprüchen zu erreichen wäre.

Um eine Vollstreckbarkeit der Schiedssprüche zu erhalten, käme der Abschluss eines Schiedsvertrages gemäß §§ 1025 ff. ZPO in Betracht (also eigentlich die „Höherstufung zum Schiedsgerichtsverfahren", woraus sich dann auch Möglichkeiten der Vollstreckung über §§ 1055, 1060 ZPO ergeben würden). Dabei müssten jedoch zahlreiche formelle Erfordernisse erfüllt werden (vgl. z.B. die Form der Schiedsvereinbarung gemäß § 1031 ZPO). In der Praxis dürften diese Formerfordernisse in keinem Verhältnis zur Bedeutung der Sache stehen.

Eine andere Möglichkeit, zu einer „Vollstreckung" der Entscheidungen der Schiedsstellen zu kommen, wäre über die Instrumentarien der HandwO (für den Bereich des Handwerks) eröffnet. So käme beispielsweise als Sanktion bei Nichtbeachtung eines Schiedsspruchs eine Geldbuße für den betroffenen Betrieb in Betracht, vgl. §§ 54, 55 HandwO. Die Höhe der Geldbuße könnte dabei vom Spruch der Schiedsstelle in einem etwaigen Verfahren abhängig gemacht werden. Dabei würde sich jedoch eine betragsmäßige Höchstgrenze empfehlen, um nicht im Falle einer etwaige Inhaltskontrolle in Konflikt mit §§ 242, 315 BGB zu geraten. Die Geldbuße müsste dann an die Innung abgeführt werden, die einen Fonds zugunsten der „geschädigten" Auftraggeber verwaltet. Die Auftraggeber könnten sich im Falle des Nichteinhaltens des Schiedsspruchs seitens der Werkstätten an diesen Fonds halten.

Dabei bestehen jedoch zwei Bedenken: Zum einen der Fakt, dass hierbei ein nicht unerheblicher verwaltungsmäßiger Aufwand erforderlich ist; zum anderen die rechtliche Frage, ob in dieser Konstruktion nicht eine Umgehung der restriktiven Möglichkeiten der Vollstreckbarerklärung von Vergleichen bzw. Schiedssprüchen gesehen werden kann. Letztlich kann wohl nur eine legislative Maßnahme eine Vollstreckungsmöglichkeit von Schiedssprüchen herbeiführen.

Der Frage der Vollstreckungsmöglichkeit voran gehen müsste jedoch die Frage, ob eine derartige Vollstreckungsmöglichkeit gewollt sein kann, nicht nur unter Berücksichtigung der Interessen des Verbrauchers, sondern auch derer des Unternehmers sowie der Allgemeinheit. Diese Frage wird auch in Verbraucherschutzkreisen kontrovers diskutiert.

---

auch in den Fällen, die durch Schiedsspruch enden, eine derartige Bescheinigung auszustellen oder ob der Schiedsspruch als solcher bereits als derartige Bescheinigung gelten kann.

835 Dies ist unbestritten und kann auch rechtlich nach der gegebenen Rechtslage unter keinen Umständen konstruiert werden.

Aus dem Grund sollen nachfolgend die Argumente, die für und diejenigen, die gegen eine Vollstreckungsmöglichkeit aus Schiedssprüchen sprechen, genannt werden[836].

Der Vorteil der Vollstreckbarkeit von Schiedssprüchen liegt zum einen in einem Entlastungseffekt für die Justiz. Die staatlichen Gerichte würden von daher nicht mehr als „Rechtsmittelinstanz" für die Entscheidungen der Schiedskommissionen instrumentalisiert werden können, da einer weiteren Behandlung durch die Gerichte die „Rechts- bzw. Bestandskraft" der Schiedsstellenentscheidung entgegenstünde. Dieses Argument entspricht in vollem Umfang dem primären Anliegen des Staates, ADR-Verfahren aus Justizentlastungsgründen zu fördern, somit mehr dem Substitutions- als dem Alternativitätsansatz. Insbesondere in grenzübergreifenden Konflikten mag die Vollstreckungsmöglichkeit für den Verbraucher der einzig praktikable Weg sein, zu „seinem Recht zu kommen". Vor allem bei Bagatellstreitigkeiten stehen die Kosten bei grenzübergreifenden gerichtlichen Konflikten in keiner angemessenen Relation mehr zum eigentlichen Konfliktgegenstand, so dass aus Praktikabilitätserwägungen gerade in diesem Kontext eine Vollstreckbarkeit von Entscheidungen wünschenswert erscheint[837].

Auf der anderen Seite setzt die Verleihung der Vollstreckbarkeit ein hohes Vertrauen des Gesetzgebers in die Arbeit der Vorverfahrensstelle voraus[838]. Ob ein derartiges hohes Maß an Vertrauen in die Arbeit der ADR-Stellen (hier speziell: der Schiedsstellen für das Kfz-Handwerk) gerechtfertigt ist, mag bezweifelt werden. Vielmehr ist in diesem Zusammenhang der fundamentalen Kritik an ADR-Verfahren von Scherpe zu folgen, wonach aufgrund der Tatsache, dass die privaten außergerichtlichen Streitbeilegungsstellen momentan jeglicher staatlicher Kontrolle entzogen sind, davon auszugehen sei, dass die Trägerorganisationen mit der Errichtung derartiger Stellen bestimmte Ziele verfolgten, die weniger altruistisch motiviert seien als vielmehr ökonomisch im Eigeninteresse dieser Organisationen lägen[839].

---

836 Auch die tatsächliche praktische Relevanz dieser Diskussion ist umstritten. Die Untersuchungen von Honig ergaben einen immerhin nicht geringen Prozentsatz von Entscheidungen der Schiedsstellen, die von den Werkstätten nicht akzeptiert wurden. Dies ist auch der Grund, warum sich Honig für eine Vollstreckungsmöglichkeit ausspricht, um so den Verbraucher in „eine verbesserte Lage zu befördern" (vgl. Honig, a.a.O.).

837 So auch die European Consumer Law Group in ihrem Positionspapier ECLG/194/2000 (Position paper on Consumer transaction on the Internet, *http://europa.eu.int/comm/consumers/policy/eclg/index_en.html*). Besondere Bedeutung entwickelt hierbei der Vorschlag der EU-Kommission vom 15.3.2005 für eine Verordnung zur Einführung eines europäischen Bagatellverfahrens (COM (2005) 87). Danach sollen im grenzüberschreitenden Verkehr Entscheidungen in Zivilsachen bis 2000 € Gesamtwert sofort und ohne Zwischenmaßnahmen vollstreckbar sein.

838 So Preibisch, 141 mit dem Hinweis, dass aus diesem Grund die Vollstreckungsmöglichkeit nicht bei jedem Vorverfahren in Betracht komme. Es könne daher auch nicht verwundern, dass die einzelnen Vorverfahrensregelungen insoweit erhebliche Unterschiede aufwiesen.

839 vgl. Scherpe, Diss., 272 ff. Aus diesem Grund bestehe nach Meinung von Scherpe ein dringender Bedarf für eine bundesgesetzliche Rahmenregelung von außergerichtlichen Streitbeilegungsverfahren so wie sie in Dänemark bereits existiere. In dieser Rahmenregelung müssten

Von daher scheint es bevorzugenswert, zunächst den erforderlichen Verfahrensgarantien durch strikte Anwendung der Empfehlung 98/257/EG seitens der ADR-Verantwortlichen und durch ständige Überprüfung z.B. durch berufsständische Vereinigungen zum Durchbruch zu verhelfen; erst wenn dies gewährleistet ist und zudem Erfahrungen und empirische Auswertungen eine Lösung des Vollstreckungsproblems zwingend erforderlich machen, dürfen entsprechende Maßnahmen seitens der EU-Kommission und/oder des nationalen Gesetzgebers ergriffen werden[840].

Allerdings erscheint für grenzübergreifende Konflikte eine kurzfristigere Lösung akzeptabel, da in diesem Bereich die Nachteile des Verbrauchers bzw. die zu überwindenden Hürden im Falle einer gerichtlichen Durchsetzung etwaiger Ansprüche evident sind. Hier ist es denkbar, bei Bagatellstreitigkeiten dem Verbraucher ein Instrument an die Hand zu geben, damit dieser sich in möglichst einfacher und kostengünstiger Weise einen „Vollstreckungstitel" verschaffen kann[841].

Dabei kommen auch bi- oder multilaterale Vereinbarungen zur gegenseitigen Anerkennung in Betracht. Insofern bietet sich der grenzübergreifende Bereich als „Versuchsreihe" zur Erprobung der Akzeptanz derartiger Verfahren an. In jedem Fall muss bereits in diesem Stadium eine zentrale Stelle über die „Ordnungsgemäßheit" der Verfahrensdurchführung wachen, um so nicht von vorne herein das Vertrauen des Verbrauchers zu verlieren[842].

VIII. Die rechtliche Bedeutung des Schiedsvergleichs

Der Schiedsvergleich entspricht der vorrangig angestrebten Konfliktlösung durch die Schiedsstelle. Erst dann, wenn sich beide Parteien nicht einigen können, ergeht ein Schiedsspruch in der Sache. Aus den Statistiken der Schiedsstellen lässt sich ablesen, dass die Parteien häufiger einen Vergleich schließen als sich einem Schiedsspruch unterwer-

---

gewisse Mindeststandards für derartige Verfahren vorgegeben werden. Dabei könnte auf die Mindestgarantien der Empfehlung 98/257/EG zurückgegriffen werden. Tonner in New Zealand Business Law Quarterly, Vol. 8, Nr. 4, 423 unterstreicht das Ergebnis von Scherpe. Nach Tonner unterliegen ADR-Verfahren, welche dem skandinavischen Modell (er erwähnt dabei explizit das schwedische Allmänna reklamationsnämnden, ARN) folgen, der Kontrolle des (staatlichen) Innenministeriums.

840 Die konkrete Vorgehensweise bei einer Weigerung des Unternehmers, die sich aus der ADR-Vereinbarung ergebenden Pflichten zu erfüllen, könnte der Verbraucher über ein entsprechendes „Informationsportal" abrufen. Zudem haben die berufsständischen Verbände auch die Möglichkeit, Druck auf den Unternehmer auszuüben, so dass dieser seinen Pflichten bereits eventuell hierdurch nachkommt.

841 Wobei der Begriff der „Bagatellstreitigkeit" selbstverständlich präzisiert werden müsste. Jenseits der Bagatellgrenze erscheint auch bei grenzübergreifenden Konflikten die Gewährung bestimmter Mindestgarantien absolut unabdingbar.

842 Dabei kämen z.B. bestimmte EU-Gremien in Betracht, die sich mit außergerichtlicher Streitbeilegung beschäftigen.

fen[843]. Der Schiedsvergleich erwächst einer autonom ausgehandelten Konfliktlösung, eine Tatsache, welche die Akzeptanz der gefundenen Lösung in aller Regel steigen lässt[844]. Auf die rechtliche Bedeutung des Schiedsvergleichs soll anschließend eingegangen werden. Dabei wird zunächst die materiellrechtliche Bedeutung des Schiedsvergleichs behandelt[845].

1. Die materiellrechtliche Bedeutung des Schiedsvergleichs

Die materiellrechtliche Bedeutung des Schiedsvergleichs ist ungleich größer als die des Schiedsspruchs. Außer der Definition des Zeitpunkts des Fristbeginns im Sinne von § 204 Abs. 2 BGB[846] hat der Schiedsvergleich nämlich noch die Bedeutung eines Vergleichsvertrages im Sinne von § 779 Abs. 1 BGB.

Der Schiedsvergleich nach § 6 MuGVO besitzt genau genommen eine Doppelnatur: Zum einen beendet er das Schiedsstellenverfahren, zum anderen ist die materiellrechtliche Qualifikation als Vergleich im Sinne von § 779 Abs. 1 BGB unumstritten[847].

Dem Schiedsvergleich liegt nämlich ein Streit bzw. eine Ungewissheit über ein Rechtsverhältnis zu Grunde. Auf die objektive Sach- oder Rechtslage kommt es nicht an, es genügen Streit oder Ungewissheit der Parteien, d.h. subjektive Zweifel[848]. Der Begriff des Rechtsverhältnisses ist weit zu fassen. Er erfordert lediglich, dass sich die Rechtsbeziehungen zwischen den Vertragsparteien schon so verdichtet und konkretisiert haben, dass der eine Teil auf die Entschließungsfreiheit des anderen einwirken kann[849]. Davon ist

---

843 vgl. oben Erster Hauptteil, Dritter Teil, IV.

844 Insofern ist die Feststellung von Hager (114; er bezieht sich hierbei auf Miller/Collosi, Fundamentals of Negotiation 1989, 32), dass 90% aller Einigungen in den letzten 10% der veranschlagten Zeit zu einer gütlichen Einigung führen, von wesentlicher Bedeutung. Könnte dieses Ergebnis auf empirischer Basis bestätigt werden, böte es sich für Schiedsstellenverfahren an, eine „deadline" zu setzen, bis zu der eine Einigung zustande kommen muss, ansonsten die Schiedskommission autoritativ per Schiedsspruch den Konflikt beendet. Diese deadline könnte zwar über die MuGVO institutionalisiert werden. Eine derartige Festschreibung widerspräche jedoch den Grundsätzen der Flexibilität. Es würde dem Einzelfall mehr gerecht werden, wenn der Vorsitzende vor Beginn der Verhandlung eine individuelle „deadline" vorgibt, innerhalb derer die Parteien zu einer Einigung kommen sollten. Damit läge zwar ein gewisser „Verhandlungsdruck" auf den Parteien; dies muss jedoch nicht negativ gesehen werden. Da Schiedsstellenverfahren mehr dem „Schlichtungs-" als dem „Vermittlungsbereich" zuzuordnen sind, kann „Verhandlungsdruck" auch nicht als „systemwidrig" diskreditiert werden. Maßgeblich ist alleine die Akzeptanz in Verbindung mit einer größtmöglichen Effizienz des Verfahrens. Sowohl die Akzeptanz als auch die Effizienz können durch eine derartige Vorgabe verbessert werden.

845 Auch hier soll nur dann zwischen schiedsgutachterlichen und empfehlenden Verfahren differenziert werden, wenn es am konkreten Punkt notwendig erscheint.

846 vgl. hierzu oben die Ausführungen zum Schiedsspruch

847 Insofern bestehen hinsichtlich dieser Doppelnatur Parallelen sowohl zum gerichtlichen als auch zum schiedsgerichtlichen Vergleich.

848 BGH NJW-RR 1992, 263

849 BGH NJW 1980, 889; Sprau in Palandt, § 779, Rz. 5

im Falle einer in Auftrag gegebenen Reparatur bzw. bei Streitigkeiten mit Kfz-Reparaturwerkstätten im Allgemeinen auszugehen.

Der Begriff des gegenseitigen Nachgebens wird allgemein nicht im juristisch-technischen Sinne, sondern nach dem Sprachgebrauch des Lebens interpretiert[850]. Irgendwelche, wenn auch nur geringe Zugeständnisse, sollen genügen[851]. Auch diese Tatbestandsvoraussetzung liegt im Falle des Schiedsvergleichs unzweifelhaft vor. Dass der Vergleich auf Initiative der Schiedskommission hin zustande gekommen ist, hindert nicht das Vorliegen der Voraussetzungen des § 779 Abs. 1 BGB.

Schließlich ist – außer den sonst für die Wirksamkeit erforderlichen Voraussetzungen insbesondere des Allgemeinen Teils des BGB – die vertraglich vereinbarte Form zu beachten (§ 127 BGB). § 6 Abs. 2 MuGVO beinhaltet als Regelung mit materiellrechtlichem Inhalt (s.o.) die Vereinbarung einer Beurkundung in bestimmter Form (Protokollierung in dreifacher Ausfertigung, Vorlesen, Genehmigung, Unterzeichnung vom Vorsitzenden). Von daher ist der Vergleichsvertrag im Zweifel nicht geschlossen, bis diese Beurkundung erfolgt ist, § 154 Abs. 2 BGB[852].

Wesentlich brisanter als diese allgemeinen und rechtlich eindeutigen Gegebenheiten stellt sich das Spannungsverhältnis zwischen einem möglicherweise existierendem (Schieds-) Gutachten und den sich aus § 779 Abs. 1 BGB ergebenden Unwirksamkeitsgründen dar. Um diese Brisanz zu veranschaulichen, empfiehlt sich eine Differenzierung zwischen Verfahren mit schiedsgutachterlichem und solchen mit empfehlendem Charakter.

a) Interdependenzen von Unwirksamkeitsgründen gemäß § 779 Abs. 1 BGB und der offenbaren Unrichtigkeit eines Schiedsgutachtens im Sinne von § 319 Abs. 1 BGB analog

Es stellt sich die Frage, ob sich ein fehlerhaft erstelltes Schiedsgutachten auf die Wirksamkeit eines geschlossenen Schiedsvergleichs auswirken kann und umgekehrt ein nach § 779 Abs. 1 BGB unwirksamer Vergleich die offenbare Unrichtigkeit des Schiedsgutachtens determiniert.

Wie bereits festgestellt, kann auch im Rahmen eines Schiedsvergleichs ein Schiedsgutachten angefertigt werden[853]. Aus dieser Tatsache ergeben sich nicht unerhebliche

850 BGH 39, 60; BGHZ 39, 60

851 BGHZ 39, 60; Eidenmüller, 79

852 § 154 Abs. 2 BGB soll auch dann gelten, wenn die Parteien Schriftform (§ 127 BGB) vereinbart haben, vgl. Heinrichs in Palandt, § 154, Rz. 4

853 vgl. hierzu als Beispiel in Anlage 16 die Schiedsstellenverhandlung vor der Schiedskommission in Nürnberg: „....Dabei wurde eine noch vorhandene Beschädigung an der Maske (vorn unter der Motorhaube) und eine schlechte Passung des linken vorderen Klappscheinwerfers festgestellt. Des Weiteren waren neben der Motorhaube und dem Frontteil auch die beiden vorderen Kotflügel nachlackiert....“.

rechtliche Probleme. Es bliebe nämlich zu diskutieren, ob die Bestandskraft des Vergleichs über der des Schiedsgutachtens anzusiedeln ist oder umgekehrt.

Mit dieser Frage beschäftigte sich das OLG Bremen in seiner Entscheidung vom 31.3.1999[854]. Danach führt die offenbare Unbilligkeit (Unrichtigkeit) der Leistungsbestimmung des auf Grund eines (gerichtlichen) Vergleichs beauftragten Schiedsgutachters nicht zur Unwirksamkeit des Vergleichs gemäß § 779 Abs. 1 BGB, sondern muss in einem gesonderten Verfahren nach § 319 Abs. 1 Satz 2, Halbsatz 1 BGB geltend gemacht werden.

In eine ähnliche Richtung ging das OLG Hamburg bei seiner Entscheidung vom 11.9.1998[855]. Danach können sich die Parteien auf eine offenbare Unbilligkeit der gutachterlichen Feststellungen nur noch hinsichtlich der im Vergleich als zu ergänzend bzw. zu überarbeitend bezeichneten Punkte berufen, wenn sie vorher in einem Vergleich vereinbart haben, ein Schiedsgutachten im Hinblick auf bestimmte, im Vergleich einzeln genannte Punkte ergänzen zu lassen. Aus dem Vergleich ergäbe sich nämlich, dass die Parteien auf eine weiter gehende Überprüfung des Gutachtens verzichteten, es also im Übrigen als verbindlich hinnahmen.

Beide Entscheidungen weisen also dem Vergleich gegenüber dem Schiedsgutachten die „höhere Bestandskraft" zu, wenn auch mit unterschiedlichen Ansätzen. Dem ist im Ergebnis zuzustimmen. Schiedsgutachten und (Schieds-) Vergleich sind separat zu untersuchende rechtliche Institute. Hier spiegelt sich die „Zweistufigkeit des Schiedsstellenverfahrens" auf verfahrensmäßiger sowie die Tatsache, dass es sich bei der Schiedsstellenvereinbarung um eine aus „Schiedsgutachten-" und „Schlichtungsvereinbarung" zusammen gesetzte Vereinbarung handelt, auf materiellrechtlicher Ebene wider. Nur die strikte Trennung dieser unterschiedlichen Komplexe garantiert eine rechtsdogmatisch einwandfreie Lösung[856].

---

854 OLG Bremen, MDR 1999, 1187

855 OLG Hamburg, NZG 1999, 202; NZG 2000, 112

856 Wobei natürlich gewisse Indizwirkungen nicht ausgeschlossen sind! Im übrigen entspricht diesem Ergebnis auch die Begründung des OLG Bremen:"...(Der Kläger macht.....) nicht etwa geltend, dass die Parteien des Rechtsstreits gemeinsam unrichtige Vorstellungen über den dem Vergleich zugrunde liegenden Sachverhalt gehabt hätten; vielmehr rügt der Kläger behauptete Mängel des auf der Grundlage des gerichtlichen Vergleichs erstellten Schiedsgutachtens. Selbst wenn solche Mängel des Schiedsgutachtens vorliegen sollten, würde dies nicht zu einer Unwirksamkeit des von den Parteien geschlossenen gerichtlichen Vergleichs führen, da die Voraussetzungen des § 779 Abs. 1 BGB nicht gegeben sind.....". Dass den Entscheidungen sowohl das OLG Hamburg als auch das OLG Bremen der dem Schiedsstellenverfahren „umgekehrte Fall" zugrunde liegt, nämlich die Erstellung des Schiedsgutachtens nach dem Abschluss des Vergleichs (beim Schiedsstellenverfahren wird zunächst das Schiedsgutachten angefertigt bzw. praktischer ausgedrückt die technischen Feststellungen getroffen und darauf aufbauend dann der Vergleich geschlossen!), ist nicht von Bedeutung. Wesentlich ist lediglich, dass diese Komplexe stets getrennt voneinander auf ihre Wirksamkeitsvoraussetzungen hin untersucht werden müssen, wie sich im Übrigen den beiden Entscheidungen auch eindeutig entnehmen lässt.

Auch unter dem Lichte des Verbraucherschutzes ist gegen die gefundene Lösung nichts einzuwenden. Dies soll durch die Bildung eines Beispiels verdeutlicht werden. Schließen der Verbraucher und der Vertreter der Werkstatt vor der Schiedskommission einen Vergleich, etwa motiviert durch die von der Schiedskommission aufgedeckten technischen Feststellungen und stellt sich im nachhinein heraus, dass der dem Vergleich zugrunde gelegte Sachverhalt – also die von der Schiedskommission festgestellten Tatsachen – nicht der Wirklichkeit entsprach (§ 779 Abs. 1 BGB), so ist der Vergleichsvertrag unwirksam[857]. Dieses Ergebnis gilt unabhängig davon, ob sich das Schiedsgutachten dabei als offenbar unrichtig erweisen sollte[858].

Ist das Schiedsgutachten dem gegenüber offenbar unrichtig, ohne dass dies die Unwirksamkeit des Vergleichs berührt[859], so hat die „benachteiligte Partei" (beispielsweise der Verbraucher) immer noch die Möglichkeit, den Vergleich anzufechten oder Schadensersatzansprüche gegen die Mitglieder der Schiedskommission bzw. der vertretenen Organisationen zu stellen[860].

Hierin ist für den Verbraucher auch nicht unbedingt eine erheblich verschlechterte Lage im Vergleich zu einem Schiedsspruch bei offenbar unrichtigem Schiedsgutachten zu erblicken. In beiden Fällen muss er schließlich die Gerichte bemühen, um zu einem Ausgleich seines erlittenen Schadens zu gelangen. In jedem Fall haften nämlich die Organisationen, welche die Mitglieder der Schiedskommission benennen, für den eingetretenen Schaden, sofern das Schiedsgutachten offenbar unrichtig ist[861].

Zusammenfassend kann festgehalten werden, dass Vergleich und Schiedsgutachten autonom und Wechselwirkungen grundsätzlich ausgeschlossen sind. Dieses Ergebnis ist im Sinne der Effizienz des Schiedsstellenverfahrens durchaus zu befürworten. Wesentliche Argumente, die aus verbraucherschützerischen Gründen gegen dieses Ergebnis sprechen, können nicht erblickt werden.

---

857 Die in § 779 Abs. 1 BGB zusätzlich genannte Voraussetzung, nach welcher „der Streit oder die Ungewissheit bei Kenntnis der Sachlage nicht entstanden sein würde", bedeutet nicht, dass überhaupt kein Streit oder keine Ungewissheit entstanden sein würde. Vielmehr ist entscheidend, ob ohne den Irrtum gerade der Streit oder die Ungewissheit, die die Parteien beseitigen wollten, nicht entstanden sein würde. Die Parteien hätten also in diesem Fall zu dem Abschluss gerade dieses Vergleichs (mit diesem Inhalt!) keinen Anlass gehabt, vgl. Sprau in Palandt, § 779, Rz. 17

858 Was bei Zugrundelegung eines unzutreffenden Sachverhalts in aller Regel anzunehmen ist, vgl. oben Zweiter Hauptteil, Dritter Teil, I. 4. b bb

859 Was z.B. für die Fallgruppe der „schwerwiegenden Begründungsmängel, auch wenn das Schiedsgutachten im Ergebnis richtig ist" zutreffen könnte! (vgl. oben a.a.O.)

860 zur Haftung vgl. oben im Zweiten Hauptteil, Fünfter Teil, IV.

861 vgl. oben a.a.O.

b) Interdependenzen von Unwirksamkeitsgründen gemäß § 779 Abs. 1 BGB und der Unrichtigkeit des Sachverständigengutachtens mit empfehlendem Charakter

Hat das Schiedsstellenverfahren lediglich empfehlenden Charakter, entwickelt die vorher dargestellte Problematik eine wesentlich geringere Brisanz. Dies liegt daran, dass dem Gutachten die Bindungswirkung fehlt, der Richter also die im Gutachten getroffenen Feststellungen mehr oder weniger frei würdigen kann[862].

Der Vergleich schafft eine eigene Grundlage für etwaige (gegenseitige) Ansprüche und kann nur aus den in § 779 Abs. 1 BGB genannten Gründen, über die Ausübung etwaiger Gestaltungsrechte (z.B. § 123 BGB) oder allgemeine Nichtigkeitsgründe (§§ 134, 138, 154 Abs. 2 BGB) wieder „beseitigt" werden. Die Unrichtigkeit der von der Schiedskommission festgestellten Tatsachen entfaltet demnach nur im Kontext der jeweiligen Regelungen eine eigenständige Bedeutung.

Von daher müssen Vergleich und Sachverständigengutachten – korrespondierend zur „Zweistufigkeit" des Verfahrens bzw. zur dualistischen Struktur der Schiedsstellenvereinbarung – gleichfalls separat voneinander betrachtet werden. Das Sachverständigengutachten mit empfehlendem Charakter kann dabei mangels Bindungswirkung nur eine eingeschränkte Wirkung in Bezug auf den Vergleich ausüben. Die Wirkung wird sich dabei allenfalls auf einen Beweismittelcharakter beschränken, nicht jedoch materiellrechtlich wesentliche Konsequenzen nach sich ziehen.

2. Die prozessuale Bedeutung des Schiedsvergleichs

a) Rechtslage

Der Schiedsvergleich erlangt dadurch, dass er eine selbständige rechtliche Grundlage für etwaige Ansprüche darstellt, auch unter prozessualen Gesichtspunkten eine gewisse Bedeutung. Schließlich muss der Richter die darin enthaltenen Vereinbarungen bei seiner Entscheidungsfindung prinzipiell berücksichtigen. Insofern findet eine stärkere Bindung als beim Schiedsspruch statt. Der Rechtsweg wird durch den Schiedsvergleich jedoch nicht tangiert. Zwar kann der Gedanke hieran durchaus aufkommen, da § 6 MuGVO eine dem § 7 Abs. 3 MuGVO vergleichbare Regelung nicht enthält. Rechtsstaatliche Prinzipien können jedoch nicht unberücksichtigt bleiben. Somit steht der Rechtsweg den Parteien auch nach einem Schiedsvergleich offen[863]. Der Schiedsvergleich als solcher bietet den Parteien keine eigene Vollstreckungsmöglichkeit.

Zu prüfen bleibt, ob das vorhandene Umfeld eine Vollstreckungsmöglichkeit von Schiedsvergleichen zulässt. Außerdem soll Stellung zu der Frage bezogen werden, ob eine derartige Vollstreckungsmöglichkeit wünschenswert ist.

---

862 vgl. hierzu oben im Zweiten Hauptteil, Dritter Teil, II.

863 Auch wenn durch den Schiedsvergleich eine Präjudizierung eintritt!

b) Stellungnahme zur Vollstreckbarkeit von Schiedsvergleichen

Nach § 15a Abs. 6 Satz 2 EGZPO gelten vor den durch Landesrecht anerkannten Gütestellen geschlossene Vergleiche als Vergleiche i.S.v. § 794 Abs. 1 Nr. 1 ZPO. Aus derartigen Vergleichen kann auch die Zwangsvollstreckung betrieben werden. Dies gilt auch für Vergleiche außerhalb des Geltungsbereichs von §15a EGZPO, sofern es sich nur um eine nach Art. 5 Abs. 3 Satz BaySchlG in Verbindung mit Art. 22 AGGVG anerkannte Gütestelle handelt[864].

Die anerkannte Gütestelle kann also auch außerhalb des Anwendungsbereichs des Bayerischen Schlichtungsgesetzes in einem freiwilligen Verfahren von den Parteien als Schlichtungsstelle angerufen werden. In einem solchen Verfahren gelten die Vorschriften des BaySchlG grundsätzlich nicht. Die Verfahrensordnung bestimmt die anerkannte Gütestelle[865].

Eine derartige Vollstreckungsmöglichkeit kann nur dann im Sinne der beteiligten Parteien sein, wenn diese im Vorfeld ausdrücklich darauf hingewiesen werden. Geschieht dies in ausreichendem Maße, dürften die Vorteile einer Vollstreckungsmöglichkeit aus vor der Schiedsstelle zustande gekommenen Vergleichen die Nachteile überwiegen. Als Nachteil muss die mangelnde paritätische Besetzung der Schiedsstellen genannt werden[866]. Könnten Vergleiche vollstreckt werden, würde sich die „materielle Benachteiligung des Verbrauchers“ auch noch auf der Vollstreckungsebene fortsetzen. Zudem gewährleistet der summarische Charakter des Verfahrens keine „gerichtsfeste Richtigkeit“ des Vergleichs.

Demgegenüber überwiegen jedoch die Vorteile einer Vollstreckungsmöglichkeit aus vor der Schiedsstelle geschlossenen Vergleichen. Der „verminderte Richtigkeitsgehalt“ der Entscheidung der Schiedsstelle (bzw. des Schiedsvergleichs) wird durch die erleichterte Vollstreckungsmöglichkeit mehr als ausgeglichen. Den Parteien geht es schließlich vor allem um eine schnelle, unbürokratische Entscheidung, die gegebenenfalls auch vollstreckt werden kann. Dies gilt umso mehr, wenn man sich vor Augen hält, dass die Konfliktmaterie sich zumeist im Bagatellbereich bewegt, in dem derartige verfahrensrechtliche Mängel durchaus hingenommen werden können.

Somit dürfte für den Schiedsvergleich eine Vollstreckungsmöglichkeit sowohl im nationalen wie im internationalen Bereich (hier noch umso mehr aufgrund der größeren verfahrensmäßigen „Hindernisse“!) erstrebenswert sein. Es sollte daher erwogen werden, dass sich die Gütestellen anerkennen lassen, um künftig den Konfliktparteien (auch bei freiwilliger Streitschlichtung!) eine derartige Vollstreckungsmöglichkeit zu geben.

---

864 Schwarzmann/Walz, Kommentar zum Bayerischen Schlichtungsgesetz, 82

865 Schwarzmann/Walz, a.a.O.

866 vgl. hierzu oben Zweiter Hauptteil, Zweiter Teil, II.2.c

Dritter Hauptteil: Auswirkungen nationaler und supranationaler Ansätze im Bereich der außergerichtlichen Streitbeilegung auf das Schiedsstellenwesen

Erster Teil: Einleitung

Die außergerichtliche Streitbeilegung hat in jüngster Zeit eine wahre Euphoriewelle ausgelöst. Die Vorteile sog. ADR-Verfahren seien gegenüber gerichtlichen Verfahren evident. Diese Vorteile versuchte der Gesetzgeber im nationalen Bereich durch die Änderung der Zivilprozessordnung zu nutzen. Im supranationalen Bereich enthält das letzte Grünbuch der EU-Kommission[1] wertvolle Hinweise darauf, welche weiteren Schritte die EU-Kommission im Bereich der Förderung außergerichtlicher Streitbeilegung beabsichtigt. Will man die bereits jetzt existierenden „alternativen Konfliktbeilegungsinstitutionen" aufzählen, so dürfte dies ein langwieriges Unterfangen sein. Sowohl im gerichtlichen als auch im nichtgerichtlichen Kontext existieren schon heute auf legislativer und sublegislativer Ebene zahlreiche Modelle, welche unterschiedliche Ansätze präferieren[2].

Seit der Etablierung der „Alternativen-Diskussion" bildet sich offensichtlich ein europäischer (supranationaler) und ein deutscher (nationaler) Ansatz der Förderung derartiger Verfahren heraus. Diese beiden Ansätze unterscheiden sich fundamental. Diese Divergenz lässt sich auf die unterschiedlichen Motive der Förderung dieser Verfahren zurückführen. Während die EU-Kommission den Ausbau außergerichtlicher Streitbeilegungsverfahren primär aus marktwirtschaftlichen und verbraucherschützerischen Motiven heraus bezweckt, orientiert sich der deutsche Ansatz am Argument der Justizentlastung und der Reduzierung der Kosten der öffentlichen Haushalte.

Welcher Ansatz letztlich die Oberhand behalten wird, ist auch eine Frage der weiteren politischen Entwicklung im Raum der Europäischen Union. Erhält die EU in Zukunft weitere Kompetenzen zugestanden und findet dem entsprechend eine zunehmende „Entmachtung" des nationalen Gesetzgebers statt, so dürfte dem europäischen Ansatz kaum mehr etwas im Wege stehen. Nationale Besonderheiten werden jedoch wohl zumindest noch die nächsten Jahre einen schnellen Durchbruch des europäischen Gedankens alternativer Streitbeilegung zu verhindern wissen.

Die unterschiedlichen Konzeptionen zu außergerichtlichen Streitbeilegungsverfahren zwischen der Europäischen Union und dem deutschen Gesetzgeber wirken sich auch auf das Schiedsstellenverfahren aus. Dieses kann beispielsweise durch legislative Vorgaben zu einer Änderung seiner bisherigen Praxis gezwungen werden. Anreize in Form staatlicher oder europäischer Finanzierung oder auf marktwirtschaftlichem Terrain sowie eine

1 KOM 2002, 196 endg.
2 vgl. hierzu oben im Ersten Hauptteil, Dritter Teil, III.

„offensivere Vermarktung“ dieser Dienstleistung könnten zudem eine veränderte Schiedsstellenpraxis initiieren.

Aufgabe des Dritten Hauptteils wird es daher insbesondere sein, sowohl den nationalen als auch den supranationalen Ansatz darzustellen und die Unterschiede transparent zu machen. Auch soll die Möglichkeit diskutiert werden, ob die unterschiedlichen Ansätze in Konkordanz zueinander gebracht werden können. Die Auswirkungen dieser Ansätze und auch die Effekte konkreter Tendenzen (sowohl im nationalen wie im supranationalen Kontext) auf das Schiedsstellenverfahren werden gleichfalls diskutiert. Eine zu tief greifende Diskussion der Entwicklungen im Bereich der außergerichtlichen Streitbeilegung würde den Rahmen der Arbeit sprengen. Von daher werden nachfolgend lediglich kurz die unterschiedlichen Ansätze im Wesentlichen aufgezeigt[3].

Zweiter Teil: Nationale Ansätze im Bereich außergerichtlicher Streitbeilegung

I. Auswirkungen des § 15a EGZPO auf das Schiedsstellenwesen

1. § 15a EGZPO

a) Rechtslage

aa) Rechtliche Wirkungen der Öffnungsklausel sowie Bedenken gegen § 15a EGZPO

Durch die Öffnungsklausel des § 15a EGZPO räumt der Bundesgesetzgeber den Landesgesetzgebern auf den Gebieten des zivilgerichtlichen Verfahrens und des Gerichtsverfassungsrechts Gesetzgebungskompetenz ein, regelt aber einen Teilbereich, wie z.B. den Streitgegenstand des Güteverfahrens und die Ausnahmefälle, selbst[4]. § 15a EGZPO entfaltet von daher keine unmittelbare Rechtswirkung. Eine unmittelbare Rechtswirkung entsteht nur, wenn die Landesgesetzgeber von ihrem Recht auf Einführung eines obligatorischen Streitschlichtungsverfahrens Gebrauch machen. Landesgesetzliche Regelungen sind jedoch nur in den Grenzen des § 15a EGZPO möglich, wobei § 15a Abs. 5 EGZPO den Ländern die Möglichkeit gibt, den Anwendungsbereich zu beschränken sowie die Ausschlussgründe des Verfahrens zu erweitern.

---

3 Tiefere Einblicke hierzu gewähren v.a. Greger (Abschlussbericht zum Forschungsprojekt „Außergerichtliche Streitbeilegung in Bayern“, zu finden im Internet unter *http://www.jura.uni-erlangen.de/aber/abschlussbericht.pdf*) im nationalen und Micklitz (als Beispiel „Privatisation of Access to Justice in the European Legal Order“, in: Th. Wilhelmsson/S. Hurri (ed.), From Dissonance to Sense, 1998, 505-548) im supranationalen Bereich.

4 Jansen, Diss., 184; Gummer/Heßler in Zöller, § 15a EGZPO, Rz. 2

bb) Regelungszweck

Justizentlastung, raschere und kostengünstigere Konfliktbereinigung, dauerhafterer Rechtsfrieden sind die erklärten Ziele des Gesetzgebers[5]. Unausgesprochen verfolgt das Gesetz auch das Ziel, Anwälte von einer energischen Verfolgung der genannten Ansprüche abzuschrecken[6]. Das Verfahren ist für sie, wenn sie mit der Durchsetzung von Ansprüchen mandatiert sind, wesentlich arbeitsaufwändiger gemacht[7].

Die Aufspaltung in Landesrecht wird teilweise kritisiert, hat aber sachliche Gründe: Die außergerichtliche Streitbeilegung baut auf die in den Ländern vorhandenen, unterschiedlichen Schlichtungsstrukturen auf und will sich diese nutzbar machen[8].

b) Bewährung des § 15a EGZPO in der Praxis

Vor der Erörterung zur Sache, also zur Frage, ob § 15a EGZPO wirklich das richtige Konzept beinhaltet, um alternative Streitschlichtung zu fördern (so das qualitative Moment) bzw. die Justiz zu entlasten (so das quantitative Moment), soll der Frage nachgegangen werden, ob § 15a EGZPO bisher die Erwartungen erfüllt hat, die man sich erhofft hat. Immerhin dauert die Bewährungsphase nun schon nahezu acht Jahre[9].

Einen wesentlichen Einblick in diese Thematik bietet der Abschlussbericht zum Forschungsprojekt „Außergerichtliche Streitbeilegung in Bayern“ der Friedrich-Alexander-Universität Erlangen-Nürnberg[10]. Danach haben sich die mit diesem Modell verbundenen Erwartungen weitgehend nicht erfüllt[11]. Ein justizentlastender Effekt sei nicht festzustellen[12].

---

5 Hartmann, NJW 1999, 3747; Gummer/Heßler in Zöller, ZPO, § 15a EGZPO, Rz. 1; Schlosser in Stein/Jonas, Kommentar zur ZPO, Rz. 1; Goll, ZRP 1998, 314 ff.; Rüssel, NJW 2000, 2800; Prütting, AnwBl 2000, 275 ff.

6 Schlosser in Stein/Jonas, a.a.O.

7 Schlosser, a.a.O. Sollte dies tatsächlich auch das (unausgesprochene) Ziel des Gesetzgebers gewesen sein, dann fragt sich allerdings, warum der Gesetzgeber die Option der „Flucht ins Mahnverfahren“ offen gelassen hat (§ 15a Abs. 2 Nr. 5 EGZPO), von der zahlreiche Anwälte Gebrauch machen.

8 Gummer/Heßler in Zöller, § 15a EGZPO, Rz. 2

9 In diesem Sinne auch Dieckmann in NJW 2000, 2803: „... Außergerichtliche Streitschlichtung ist vielfach der bessere Weg zur Beilegung von Konflikten. Das Ziel, den Gedanken der außergerichtlichen Streitbeilegung in Deutschland zu stärken und eine Veränderung der Streitkultur zu erreichen, ist es wert, die durch § 15a EGZPO eröffneten Möglichkeiten auszuloten. Die vorgesehene Evaluierung dieses Gesetzes wird besser als alle theoretischen Überlegungen zeigen, ob dieses Ziel mit diesen Mitteln erreicht werden kann.“

10 Dieser wurde vom Lehrstuhl für Bürgerliches Recht, Zivilprozessrecht und freiwillige Gerichtsbarkeit (Prof. Greger) angefertigt, vgl. hierzu im Internet *http://www.jura.uni-erlangen.de/aber/abschlussbericht.pdf.*

11 Abschlussbericht, 97

12 Abschlussbericht, a.a.O.

Als Gründe werden vor allem genannt:

- Der begrenzte Anwendungsbereich des Gesetzes
- Die vorhandenen Umgehungsmöglichkeiten („Flucht ins Mahnverfahren")
- Zusätzlicher Zeitverlust
- Keine Differenzierung in „schlichtungsgeeignete" und „schlichtungsungeeignete" Verfahren in § 15a EGZPO[13].

Dies war wohl auch der Grund, warum Art. 1 Nr. 1 BaySchlG mit Wirkung vom 1.1.2006 wieder aufgehoben wurde. Dieser sah vor, dass die Erhebung der Klage erst dann zulässig sei, nachdem von einer Gütestelle versucht worden ist, die Streitigkeit einvernehmlich beizulegen und zwar im Falle vermögensrechtlicher Streitigkeiten , deren Geldeswert die Summe von 750 € nicht übersteigt[14].

c) Stellungnahme zu § 15a EGZPO

Das Ergebnis des Abschlussberichts verwundert nicht. Das obligatorische richterliche Güteverfahren nach § 495a ZPO a.F. in der Zeit von 1924 bis 1950 hat bereits deutlich gemacht, dass ein zwingend vorgeschaltetes Güteverfahren (allerdings vor dem staatlichen Gericht!) weder das „quantitative" noch das „qualitative" Problem zu lösen imstande ist[15].

Zwar handelt es sich im Falle des § 15a EGZPO um ein außergerichtliches Verfahren. Diesbezüglich dürfte der Unterschied jedoch gering sein. Denn wenn die Parteien nicht verhandlungsbereit sind, kann die Frage, ob ein integriertes oder ein isoliertes Verfahren der „bessere Weg" ist, dahin gestellt bleiben[16]. Sie wollen eine Alles- oder – Nichts-Entscheidung, mag diese nun Vorteile versprechen oder nicht. Für diese Parteien ist die Frage, „wer Recht hat", von entscheidender Bedeutung. Sie werden sich von ihrem „Positionen-Denken" auch nicht durch ein vorgeschaltetes obligatorisches Güteverfahren abhalten lassen.

Der Gesetzgeber hat mit der Verabschiedung des § 15a EGZPO zudem den Kapitalfehler des Gesetzgebers von 1924 (Emminger-Novelle) wiederholt, nämlich die Schlichtung prinzipiell für alle Streitigkeiten unter 750 € anzuordnen, ohne die individuelle Schlichtungstauglichkeit mit zu berücksichtigen[17].

---

13 Abschlussbericht, 97 f.

14 Der entsprechende Passus wurde auch im Brandenburgischen Schlichtungsgesetz aufgehoben sowie im Hessischen Schlichtungsgesetz. Schlichtungsgesetze mit Einbeziehung vermögensrechtlicher Streitigkeiten bis zu einem bestimmten Gegenstandswert bestehen momentan noch in Nordrhein-Westfalen (600 €; das Gesetz ist zeitlich befristet bis 31.12.2007), Baden-Württemberg (750 €), Schleswig-Holstein (750 €; befristet bis 31.12.2008) und Sachsen-Anhalt (750 €; befristet bis 31.12.2008).

15 siehe hierzu auch Wagner, JZ 1998, 843; in dieselbe Richtung geht Stürner in „Konsensuale Streitbeilegung, Symposion für Schlosser, 9 für den europäischen Rahmen (siehe hierzu noch unten).

16 Insofern wohl a.A. Röhl in DRiZ 1983, 92.

17 so zutreffend Jansen, Diss., 231. Sie sieht hierin im Übrigen (zu Recht) einen der Hauptgründe des Scheiterns der Novelle von 1924. Sie meint, dass eine Verfahrenskonzeption, welche eine

Einen diskutablen Ansatz wirft Janssen auf[18]. Sie erkennt den Unterschied der Obligation zur Durchführung der Verhandlung und der Obligation zur Güte in der Verhandlung. US-amerikanische Erfahrungen zeigten, dass Verfahren, die lediglich obligatorisch vorgesehen sind, bei denen die Verfahren selbst jedoch keinen Einigungszwang vorsehen, durchaus erfolgreich sein können[19].

Sie selbst entgegnet diesem Argument jedoch zum einen damit, dass die US-amerikanischen Verhältnisse sich nicht o.w. auf das deutsche Justizsystem übertragen ließen[20]. Zudem verweist Janssen zu Recht auf die Bedenken auch der Vertreter der branchengebundenen Schlichtungsstellen an der obligatorischen Schlichtung[21].

In der Tat zeigen sowohl die Evaluation zu § 15a EGZPO[22] als auch die geschichtlichen Erfahrungen, dass ein verordneter Dialog nicht zur Güte führen kann. Die Basis erfolgreicher Schlichtung liegt vielmehr in der freiwilligen Mitwirkung der Betroffenen und ihrer Bereitschaft zur einvernehmlichen Lösung[23].

Beurteilung der Schlichtungstauglichkeit der Fälle (etwa durch den Richter) vorsieht, der die Streitigkeiten mit Schlichtungspotential an den Schlichter verweist oder durch den Schlichter, dem die Möglichkeit der Verweisung in schlichtungsuntauglichen Fällen an den Richter gegeben werde, Erfolg versprechender gewesen wäre (233). In dieselbe Richtung geht Greger in ZRP 1998, 184 (Diversion statt Flaschenhals). Er sieht den grundlegenden Fehler in der Konzeption des § 15a EGZPO darin, dass der Güteversuch als obligatorisches Vorschaltverfahren zum Zivilprozess ausgestaltet werde. Dieses Konzept sei zu schematisch. „Ihm zufolge müssten auch solche Klagen zunächst das Güteverfahren durchlaufen, bei denen eine Einigung von vornherein ausgeschlossen erscheint, z.B. weil es sich um heillos zerstrittene Parteien oder um einen nur auf Zeitgewinn spekulierenden Schuldner handelt." Greger verweist dabei auch darauf, dass dieselbe Konzeption die Emminger-Novelle zum Scheitern gebracht hat.

18 Jansen, Diss., 228 ff.

19 Als sog. „Mediation Paradox" sei bekannt, dass die Parteien, obwohl sie das Verfahren nur widerwillig in Anspruch genommen hätten, es dennoch als fair und zufrieden stellend empfunden hätten (Diss., 228 mit Verweis auf Gottwald, Anlage zum Protokoll der 104. Sitzung des Rechtsausschusses in der 13. Wahlperiode am 10.12.1997, S. 20). Dem läuft jedoch der dem Schlichtungsverfahren immanente „Schlichtungsdruck" zuwider. Dieser Schlichtungsdruck kann über das individuelle Setzen einer deadline nutzbringend im Verfahren eingesetzt werden (s.o.).

20 Jansen, Diss., 231. „Vor dem Hintergrund eines schlecht funktionierenden Justizsystems (in den USA) ist es nicht schwierig, ein gut funktionierendes Alternativverfahren bereitzustellen, das als „geringeres Übel" massenhaft Zulauf findet".

21 Jansen (232) erwähnt dabei explizit den ADAC, der in der Tat vor der obligatorischen Schlichtung gewarnt hat. Das Hauptmotiv des ADAC war jedoch die geringe fachliche Kompetenz mancher Schlichter in bestimmten Fallkonstellationen. So wäre es sicherlich sinnvoller, eine Schiedsstelle mit entsprechendem technischen know-how über einen primär technisch motivierten Konflikt entscheiden bzw. „moderieren" zu lassen als z.B. einen Notar oder einen Rechtsanwalt, der keinerlei technische Kenntnisse aufweist. In dieselbe Richtung geht Greger in NZV 2001, 4, der einer sachverständigen Beurteilung einer Streitfrage das Wort redet.

22 Abschlussbericht der Friedrich-Alexander-Universität, vgl. hierzu http://www.jura.uni-erlangen.de /aber/ abschlussbericht.pdf.

23 siehe auch Jansen, Diss, 225 mit Verweis auf Stadler, NJW 1998, 2479, 2482; van Bühren, AnwBl 1998, 582; Hoffmann-Riem, ZRP 1997, 190; Busse, AnwBl 1997, 522

Ein wesentliches Argument gegen den vom Staat verordneten Schlichtungsversuch der Konfliktparteien beinhaltet das Subsidiaritätsprinzip, wonach der Staat überall dort zurücktreten soll, wo gesellschaftliche Aufgaben ohne Zuhilfenahme staatlicher Institutionen erfüllt werden können[24]. Treffend führt hierzu Greger aus: „Es ist erstaunlich, dass die im öffentlichen Recht zunehmend herausgearbeiteten Verfassungsprinzipien der Subsidiarität, der Erforderlichkeit und der gesellschaftlichen Selbstregulierung in diesem Zusammenhang kaum thematisiert werden, müsste aus ihnen doch konsequenterweise abgeleitet werden, dass die staatliche Gerichtsbarkeit nur dann zur Entscheidung ziviler Rechtsstreitigkeiten berufen ist, wenn der Konflikt zwischen den streitenden Staatsbürgern nicht in anderer Weise befriedigend behoben werden kann. Die Selbstverständlichkeit, mit der heutzutage noch genauso wie im – nicht ganz so „subsidiären" – Staat des ausgehenden 19. Jahrhunderts bei (vermeintlicher) Verletzung privater Rechte nach der Obrigkeit in Gestalt des staatlichen Richters gerufen wird, ist hiermit nicht vereinbar"[25].

In der Tat wäre es Aufgabe der Politik, die Tätigkeit des Staats auf seine Kernaufgaben zurückzuführen. Für Streitschlichtung ist ein Staatsmonopol nicht erforderlich[26].Letzteres ist auch bei den Befürwortern der obligatorischen Schlichtung allerdings nahezu unbestritten. Alternativen zur staatlichen Justiz sind also allgemein gewünscht. Im Fokus der Diskussion liegt vielmehr die Frage der Realisierung des „Wie". Während das eine Lager (insbesondere aus der Politik kommend!) staatlichen Zwang für durchaus legitim und sinnvoll erachtet, um außergerichtliche Streitbeilegung zu fördern[27], sieht die andere Seite eine Erforderlichkeit „doppelter Freiwilligkeit" des Verfahrens[28], damit derartige Verfahren auch genügend Akzeptanz erhalten, um sich letztlich durchsetzen zu können[29].

---

24 vgl. Greger, JZ 1997, 1079; ders. in ZRP 1998, 183; Goll, ZRP 1998, 315

25 Greger, JZ 1997, 1079

26 Goll, ZRP 1998, 315. Goll kommt dabei allerdings dann zu dem – insoweit wohl nicht ganz konsequenten – Schluss, dass der obligatorischen Streitschlichtung zumindest eine Chance auf Bewährung gegeben werden müsste.

27 Goll, ZRP 1998, 315; Dieckmann, Internet-Adresse a.a.O.; Heßler, Diskussionsbeitrag zum Aktuellen Forum Verfahrensrecht, DJT 1998, O 79, 82 nennt die Konstruktion einer obligatorischen Streitschlichtung ein „mixtum compositum" aus einem „heilsamen Zwang zum Verfahren" und der „Freiheit im Verfahren" (entnommen aus Janssen, Diss., 228).

28 also sowohl Freiwilligkeit hinsichtlich des „Ob" als auch des „Wie", wobei dem ein gewisser „Schlichtungsdruck" nicht zwingend entgegenstünde.

29 Wagner, JZ 1998, 841; Eichele, ZRP 1997, 393; Hoffmann-Riem, ZRP 1997, 190, 196; Schmidt-v. Rhein ZRP 1984, 119, 120; Taupitz, ZRP 1997, 161, 164; Greger, ZRP 1997, 1079; Janssen, Diss., 221 ff.; einen eigenen Ansatz wählt Hager, 100. Danach sei „vielleicht die beste Lösung, dass man für Streitigkeiten, bei denen sich Mediation (für andere ADR-Verfahren dürfte dasselbe gelten, Anm. des Verfassers) bewährt hat, diese zwar zwingend vorschreibt, den Parteien aber das Recht einräumt, aus einem solchen Verfahren auszuscheiden, wenn dafür gute Gründe sprechen. Die Anforderungen an die Plausibilität der Gründe dürften freilich nicht zu hoch geschraubt werden".

Zwangsweise vor ein Gerichtsverfahren vorgeschaltete Schlichtungsverfahren – seien sie nun integriert oder isoliert – verletzen ein tragendes Prinzip der einverständlichen Streitschlichtung, nämlich das Autonomieprinzip[30]. Letztlich kann nur ein „Wettbewerb" zwischen staatlicher und privatisierter Streitschlichtung zu einer wirklichen Akzeptanz durch den Verbraucher führen[31]. Dem Staat kommt dabei die diffizile Aufgabe zu, „faire Wettbewerbsbedingungen zu schaffen".

Hier liegt eines der Hauptprobleme. Da der Staat selbst „Partei" in dieser Konkurrenz ist, lässt sich die Rolle als „Hüter der Wettbewerbsbedingungen" damit nur schwer vereinbaren. Diese Problematik wird bereits durch den technokratischen (euphemistisch ausgedrückt könnte man auch sagen pragmatischen) Ansatz des Staates deutlich, der außergerichtliche Streitschlichtung primär unter dem Aspekt der Justizentlastung fördern will. Qualitative Verbesserungen von ADR/ODR oder „wettbewerbsentzerrende Maßnahmen"[32] stehen demgegenüber eher im Hintergrund[33].

2. Bedeutung des § 15a EGZPO für das Schiedsstellenwesen

a) Tatsächliche Auswirkungen auf das Schiedsstellenverfahren

Aus den Jahresberichten der Schiedsstellen lässt sich keine Tendenz erkennen. Seit der Einführung des § 15a EGZPO am 1.1.2000 nahm der Gesamteingang an Anträgen auf Durchführung eines Schiedsstellenverfahrens zunächst leicht zu, bis er dann ab 2003 erheblich zurückging. Diesen Rückgang nun allein auf die Regelung des § 15a EGZPO zu schieben, wäre sicherlich nicht korrekt, da die Zahlen im Jahr 2001 und 2002, also nachdem § 15a EGZPO eingeführt wurde, sogar noch gestiegen sind.

Auch die im Abschlussbericht zur außergerichtlichen Streitbeilegung in Bayern ermittelten Zahlen lassen den Schluss zu, dass das Schiedsstellenverfahren von § 15a EGZPO nicht oder allenfalls marginal betroffen wird. Danach wurden bis zum Jahr 2003 ca. 2400 bis 3000 Schlichtungsverfahren nach dem (damals noch für vermögensrechtliche

---

30 Hager, 100

31 In diesem Sinn auch Micklitz in „Privatisation of Access to Justice and Soft Law": „....The idea is that there must be competition in access to justice. Such a concept is not realisable without breaking the monopoly of the judiciary. Inserting competition in access to justice means privatisation, because competition is not imaginable without choice and choice presupposes that there are alternatives to court-centred litigation. Competition requires that the litigants must be given a right to choose their preferred course, i.e. whether they prefer a traditional court or an alternative dispute settlement body."

32 wozu auch die staatliche „Subventionierung" der Justiz mittels Steuergeldern zählen mag!

33 So könnte beispielsweise auch an eine „Subventionierung" von ADR/ODR-Verfahren durch steuerliche Eingriffe gedacht werden. So sind beispielsweise Anwalts- und Gerichtsprozesskosten steuerlich absetzbar, sofern sie in einem Bezug zu einer Einkunftsart stehen. Warum sollten Kosten, die im Zusammenhang mit einem ADR/ODR-Verfahren entstehen, nicht auch allgemein steuerlich absetzbar sein mit der Begründung, dass der Betroffene durch die Inanspruchnahme eines derartigen Verfahrens dem Staat „Geld gespart hat"?

Streitigkeiten bis 750 € anwendbaren) BaySchlG durchgeführt, davon 650 vor Notaren, ca. 1750 bis 2350 vor Rechtsanwälten und ca. 20 bis 50 vor sonstigen Schlichtungseinrichtungen[34]. Berücksichtigt man zudem den Anteil der Verfahrensgegenstände bei den Schlichtungen, so wird deutlich, dass die Auswirkungen des § 15a EGZPO auf das Schiedsstellenwesen gering sein müssen. Denn Nachbarstreitigkeiten und Ehrschutzstreitigkeiten zusammen, die für den Bereich des Schiedsstellenwesens ausscheiden, machten bereits 62% aller über das BaySchlG durchgeführten Verfahren aus[35].

Es verbleiben noch 38% an vermögensrechtlichen Streitigkeiten, die für den Bereich des Schiedsstellenwesens grundsätzlich in Betracht kämen. Diese teilen sich wiederum in zahlreiche „branchenspezifische" Streitigkeiten auf, so dass – in Anbetracht der Jahresstatistiken der Schiedsstellen, die doch recht beeindruckende Zahlen aufweisen[36] – nur eine geringe Anzahl von „Kfz-Reparaturstreitigkeiten" vor den vom BaySchlG vorgesehenen „Schlichtungsinstitutionen" durchgeführt wurden und den Schiedsstellen somit „Fälle entzogen"[37].

b) Rechtliche Auswirkungen auf das Schiedsstellenverfahren

Die rechtlichen Auswirkungen wurden bereits weitgehend erörtert. So empfiehlt es sich zum einen dringend, die Regelung des § 3 Abs. 3 MuGVO bzw. der Ziff. IX Abs. 3 der Kfz-Reparaturbedingungen dahin gehend abzuändern, dass die Hemmungswirkung erst sechs Monate nach Beendigung des Schiedsstellenverfahrens enden soll[38].

Zum anderen kann festgestellt werden, dass die isolierte Ausfertigung einer sog. Erfolglosigkeitsbescheinigung (§ 15a Abs. 1 Satz 2 EGZPO) durch die Schiedsstelle nicht

34 Abschlussbericht, 39

35 Abschlussbericht, 26. Ehrschutzstreitigkeiten betragen 22%, Nachbarstreitigkeiten 40%.

36 s.o., Erster Hauptteil, Dritter Teil, IV.

37 Auch wenn natürlich betont werden muss, dass sich die Jahresstatistiken der Schiedsstellen auf das gesamte Bundesgebiet erstrecken, während die Evaluation der Friedrich-Alexander-Universität sich nur auf das bayerische Gebiet beschränkte. Vergegenwärtigt man sich jedoch, dass allein im Bezirk München-Oberbayern im Jahr 2004 insgesamt 2188 Anträge auf Durchführung eines Schiedsstellenverfahrens eingingen, wird die Relation deutlich. Eine genaue Aufschlüsselung in vermögensrechtliche Streitmaterien konnte zwar nicht ausgemacht werden. Aus den Statistiken des Bundesjustizministeriums (*http://www.destatis.de/download/d/veroe/fach_voe/gerichte.pdf*) konnte jedoch wenigstens entnommen werden, dass von den amtsgerichtlichen bundesweiten Streitigkeiten alleine ca. 40% auf Wohnungsmietrecht, Verkehrsunfallrecht und Kaufrecht entfielen. Da auch diese Bereiche grundsätzlich von § 15a EGZPO erfasst werden und diese für den Bereich des Schiedsstellenwesens im Kfz-Handwerk nicht in Frage kommen, kann dieser Prozentsatz von den verbleibenden Streitigkeiten gleichfalls abgezogen werden. Hinzu kommen noch anderweitige Streitigkeiten, die ebenfalls für die Schiedsstellen ausscheiden, für § 15a EGZPO jedoch prinzipiell in Betracht kommen (z.B. bankenspezifische Streitigkeiten, alle Arten der Dienstverträge, alle anderen Arten der Werkverträge (außer den Kfz-Reparaturverträgen), reiserechtliche Streitigkeiten usw.). Diese Streitigkeiten können sich auch nicht „Statistik mindernd" auf das Schiedsstellenwesen auswirken.

38 vgl. § 204 Abs. 2 Satz 1 BGB; Zweiter Hauptteil, Sechster Teil, VI. 1. a

erforderlich ist, vielmehr der Beweis der (erfolglosen) Durchführung eines obligatorischen Streitbeilegungsverfahrens auch durch Vorlage einer Ausfertigung des Schiedsspruchs erfolgen kann[39].

Da die Verfahrensregelungen in den Schlichtungsgesetzen der jeweiligen Länder nur für die Schlichtungsstellen i.S.d. § 15a Abs. 1 EGZPO gelten und Schiedsstellen für das Kfz-Handwerk (bisher noch) nicht „von der Landesjustizverwaltung eingerichtet oder anerkannt wurden" (§ 15a Abs. 1 EGZPO), binden die in den Schlichtungsgesetzen vorgesehenen Regelungen nicht die Schiedsstellen als „freiwillige Streitbeilegungsstellen" (§ 15a Abs. 3 EGZPO) dahin gehend, dass sie ihre Verfahrensordnung den Verfahrensregelungen des jeweiligen Schlichtungsgesetzes anpassen müssten. Daher kann die MuGVO in ihrer jetzigen Fassung prinzipiell beibehalten werden[40].

II. Auswirkungen des § 278 ZPO auf das Schiedsstellenwesen

1. § 278 ZPO

a) Rechtslage

§ 278 ZPO beinhaltet zwei Kernaussagen. Zum einen sieht § 278 Abs. 2 ZPO zwingend vor, dass der streitigen mündlichen Verhandlung zum Zwecke der gütlichen Beilegung des Rechtsstreits eine obligatorische Güteverhandlung vorauszugehen hat. Mit dieser Regelung knüpft der Gesetzgeber an die sog. Emminger-Novelle (gültig von 1924 bis 1950, s.o.) an[41]. Zum anderen gibt § 278 Abs. 5 ZPO dem Gericht die Möglichkeit an die Hand, die Parteien entweder für eine Güteverhandlung an einen beauftragten oder ersuchten Richter zu verweisen (Satz 1) oder in geeigneten Fällen den Parteien eine außergerichtliche Streitschlichtung vorzuschlagen (Satz 2).

Erste Untersuchungen zur Auswirkung der ZPO-Reform auf die Praxis zeigen, dass § 278 Abs. 5 ZPO ohne tiefergreifende Bedeutung geblieben ist[42]. Das Ziel der Förderung frühzeitiger gütlicher Streitbeilegung vor Gericht wird nach den erzielten Ergebnissen vor allem durch die Möglichkeit des schriftlichen Vergleichsvorschlags erreicht, die 98% bzw. 96% der Richter an Amtsgerichten bzw. Landgerichten wahrnehmen. Diese Möglichkeit des Gerichts gemäß § 276 Abs. 6 ZPO erweist sich als das effektivste Instrument

---

39 Schlosser in Stein/Jonas, § 15a EGZPO, Rz. 14

40 bis auf die Verjährungsregelung in § 3 Abs. 3 MuGVO, vgl. oben!

41 Insofern muss die Prognose hinsichtlich des Erfolgs dieser zwangsweisen gerichtsintegrierten Schlichtung eher pessimistisch ausfallen, vgl. hierzu u.a. Greger JZ 2000, 842 ff.; ders. in NZV 2001, 4; Schneider, NJW 2001, 3756; Musielak, NJW 2000, 2778; Wassermann, NJW 1999, 2646. Die Hauptkritik bezieht sich auf die fehlende Möglichkeit des Richters, den für einen Einigungsversuch günstigsten Zeitpunkt abzuwarten.

42 vgl. Hommerich/Prütting/Ebers/Lang/Traut, Evaluation ZPO-Reform, 3

zur Förderung der gütlichen Streitbeilegung. Es hat in der gerichtlichen Praxis am stärksten Fuß gefasst und geht mit der vergleichsweise höchsten Erfolgsquote (71%) einher[43].

b) Stellungnahme zu § 278 ZPO

Die Regelung des § 278 Abs. 5 Satz 2 ZPO ist prinzipiell zu begrüßen. Im Gegensatz zu § 15a EGZPO wird bei § 278 Abs. 5 ZPO die Freiwilligkeit betont. Nur dann, wenn beide Parteien mit der außergerichtlichen Streitbeilegung einverstanden sind, wird der Richter das Ruhen des Verfahrens anordnen. Dadurch zieht sich der Staat aus seiner paternalistischen Rolle zurück auf die Rolle eines „Vermittlers zur Konfliktbewältigung", eine Rolle, die der heutigen Sicht des verantwortungsbewussten und konfliktfähigen Bürgers wesentlich mehr entspricht als die der „unmündigen Partei", die der Hilfe des Staats bedarf[44]. Durch § 278 Abs. 5 ZPO wird der Gedanke des „outsourcing" auch für den Justizbereich gesetzlich festgeschrieben.

Es hätte dem neuen Rollenverständnis mehr entsprochen, dem Richter in „schlichtungstauglichen Fällen", also z.B. bei Streitigkeiten, die weitgehend von sachverständigen Beurteilungen abhängen, wie z.B. im Kfz-Reparaturbereich, die Verpflichtung aufzugeben, die Parteien auf die Möglichkeit einer außergerichtlichen Streitschlichtung bei einer ADR-Stelle hinzuweisen. Ob die Parteien dann diesen Weg der Konfliktlösung tatsächlich suchen, muss in ihr Ermessen gestellt werden. Ein derartiger Hinweis könnte (und sollte!) natürlich auch pauschal vor der mündlichen Verhandlung an die Parteien in bestimmten (prinzipiell geeigneten) Konfliktmaterien erfolgen. Dieser Hinweis kann jedoch noch einmal bei der mündlichen Verhandlung wiederholt werden. Bei der Wiederholung dieses Hinweises bzw. Vorschlags kann der Richter die Persönlichkeitsstruktur der Konfliktparteien besser erfassen, da er sie nun in der Verhandlung kennen gelernt hat. Der Vorschlag muss dabei in einem möglichst günstigen Stadium des Verfahrens erfolgen, in dem die Akzeptanz der Parteien am wahrscheinlichsten anzunehmen sein wird. Hierbei, also bei der Wahl des Zeitpunkts muss dem Richter ein gewisses Ermessen zugestanden werden, da der „günstige Zeitpunkt" im Vorfeld nur schwer zu eruieren sein wird[45].

Es ist wünschenswert, dem Richter die Verpflichtung aufzugeben, in „geeigneten Fällen" an sämtliche „ADR-Dienstleister" in einem bestimmten Segment zu verweisen, ohne dabei bestimmte Empfehlungen auszusprechen. Um dabei jedoch eine gewisse Qualitätsnorm sicherzustellen, muss eine Zertifizierung dieser Stellen angedacht werden. Es darf nur an Stellen verwiesen werden, die sich als qualifiziert ausgewiesen haben und ge-

---

43 Hömmerich/Prütting/Ebers/Lang/Traut, a.a.O.

44 In diesem Sinne auch Greger, JZ 2000, 843 f.; ders. in ZRP 1998, 183 ff.

45 Gerade bei der Auswahl des „günstigsten Zeitpunkts" zeigte sich die so große Bedeutung von Erfahrung des Richters. Ein erfahrener Richter wird diesen Zeitpunkt „intuitiv" besser erkennen als ein unerfahrener.

gebenenfalls auch ständigen Kontrollen unterliegen[46]. Die Auswahl im Einzelnen muss aber in jedem Fall den Konfliktparteien überlassen bleiben.

Haben die entsprechenden ADR-Stellen einen ausreichenden Bekanntheitsgrad erreicht, bedürfte es keiner derartigen „Förderung“ mehr. Sobald nämlich in der Bevölkerung ein ausreichender Bekanntheitsgrad über ADR-Stellen besteht, kann kein Sinn mehr in einem Hinweis des Richters auf diese Stellen gesehen werden. Dann träten vielmehr gerichtliche und außergerichtliche Streitbeilegungsinstitutionen in einen echten Wettbewerb zueinander. Solange jedoch die „Marktchancen“ zu ungleich verteilt sind, bedarf es einer gewissen Hilfe seitens des Gesetzgebers. Dieser Hilfe entspräche die Verpflichtung des Richters zum Verweis auf bestehende ADR-Stellen. Dann würde der (offenbar so erfolgreiche) Weg über § 278 Abs. 6 ZPO weit gehend obsolet. Dies dürfte zu begrüßen sein. Denn die Sachnähe ist bei branchengebundenen ADR-Stellen in jedem Fall eher zu erwarten als beim (prinzipiell zwar rechtskundigen, aber fachunkundigen) Richter.

Darüber hinaus gehend wird teilweise sogar die Forderung erhoben, statt des bloßen Vorschlagsrechts nach § 278 Abs. 5 Satz 2 ZPO dem Richter die Befugnis zur Anordnung eines außergerichtlichen Verfahrens zu geben[47]. Dieser Gedanke scheint gleichfalls zielführend. Allerdings wäre in diesem Fall eine Zertifizierung geeigneter ADR-Stellen unabdingbar. Diese Zertifizierung müsste an bestimmte Voraussetzungen geknüpft werden[48]. Solange beispielsweise die paritätische Besetzung bzw. Überparteilichkeit einer Schlichtungsstelle (noch) nicht garantiert ist, wären erhebliche rechtliche Bedenken gegen ein derartiges Anordnungsrecht vorzubringen.Zudem müsste eine Aufklärung des Gerichts bezüglich rechtlicher Wirkungen des außergerichtlichen Verfahrens erfolgen[49]. Haben die ADR-Stellen einn bestimmten Bekanntheitsgrad erreicht, so bedürfte es keiner derartigen Regelung mehr, da nun eine echte Konkurrenz von außergerichtlichen und gerichtlichen Streitbeilegungsmethoden bestünde.

---

46 In diese Richtung geht auch das Grünbuch der EU-Kommission zur außergerichtlichen Streitbeilegung, KOM (2002) 196 endg., 36 f.

47 Insoweit sei auf Greger in NJW 2007, 3261 verwiesen, der den Beschluss des BVerfG vom 14.2.2007 (NJW-RR 2007, 1073), in dem der Vorrang der konsensualen vor der kontradiktorischen Konfliktlösung festgeschrieben wurde, gleichsam als Aufforderung an den Gesetzgeber verstanden wissen will, in die genannte Richtung zu denken.

48 v.a. Unabhängigkeit der ADR-Stelle, ausreichende Qualifikation der ADR-Verantwortlichen, informelle Streitbeilegung, geringe Kosten usw. Der Staat müsste in jedem Fall in die Zertifizierung eingebunden werden, da ansonsten die Gefahr droht, die ADR-Stellen als bloßes Marketinginstrument der Industrie bzw. des Handels oder Handwerks zu missbrauchen.

49 also z.B. bei Schiedsstellenverfahren die Hemmung der Verjährungsfrist, die (mögliche) Bindungswirkung eines Schiedsgutachtens usw.

2. Bedeutung des § 278 ZPO für das Schiedsstellenwesen

a) Tatsächliche Auswirkungen auf das Schiedsstellenverfahren

Die tatsächlichen Auswirkungen des § 278 Abs. 5 Satz 2 ZPO sind wohl eher gering. Im Rahmen der Evaluation der ZPO-Reform gaben 86% der Amtsrichter und 81% der Richter an Landgerichten an, noch nie einen solchen Vorschlag gemacht zu haben[50].

Zudem steht nicht fest, ob und wenn ja inwieweit die Gerichte von der Möglichkeit der Aussetzung des Verfahrens und der Verweisung an bestimmte ADR-Stellen bereits vor dem 1.1.2002 Gebrauch gemacht haben[51]. Auch aus diesem Grund verbietet sich eine vergleichende Studie. In jedem Fall wirkt § 278 Abs. 5 Satz 2 ZPO wohl eher dahin, dass zukünftig vermehrt Konflikte von den Gerichten auf die Schiedsstellen „verlagert" werden[52], wenn auch nur in geringem Maße.

b) Rechtliche Auswirkungen auf das Schiedsstellenverfahren

Rechtlich hat die ZPO-Reform vom 1.1.2002 für das Schiedsstellenverfahren keine Auswirkungen gehabt. Allerdings könnte die ZPO-Reform einen Anlass bilden, die Vorschrift des § 1 Abs. 2 MuGVO zu modifizieren, wonach sich die Schiedsstelle nicht mit Streitigkeiten befasst, die bei Gericht anhängig sind.

Die hM geht dahin, dass die Anhängigkeit bei Ruhen des Verfahrens gemäß § 251 ZPO nicht endet[53]. Daraus ergibt sich das Dilemma, dass die Schiedsstelle wegen § 1 Abs. 2 MuGVO nicht tätig werden könnte. Dies kann jedoch weder im Sinn der Regelung des § 278 Abs. 5 Satz 3 ZPO i.V.m. § 251 ZPO noch im Sinn des § 1 Abs. 2 MuGVO sein.

Von daher bietet es sich an, § 1 Abs. 2 MuGVO dahin gehend zu ergänzen, dass eine Aussetzung des Verfahrens durch das Gericht (nach § 251 ZPO) die Befassung der Schiedsstelle mit der Streitigkeit nicht hindert.

Dritter Teil: Supranationale Ansätze im Bereich außergerichtlicher Streitbeilegung

Anschließend werden die Ansätze der Europäischen Union aufgezeigt, außergerichtliche Streitbeilegung zu fördern. Dabei sind zwei wesentliche Grundlinien auszumachen. Zum

---

50 Hommerich/Prütting/Ebers/Lang/Traut, Rechtstatsächliche Untersuchungen zu den Auswirkungen der Reform des Zivilprozessrechts auf die gerichtliche Praxis, 2006, 84 ff.

51 Dass sie davon Gebrauch gemacht haben, dürfte kaum zu bezweifeln sein.

52 Insofern dürfte es allein aus diesem Grund sinnvoll gewesen sein, § 278 Abs. 5 Satz 2 ZPO in die ZPO zu integrieren, auch wenn hierdurch nur eine bisher bestehende Rechtslage bestätigt worden wäre. Durch die ausdrückliche Erwähnung als Aussetzungsgrund wird nämlich die Institutionalisierung von ADR-Stellen gefördert (vgl. Greger, ZRP 1998, 185).

53 vgl. hierzu Greger in Zöller, § 251, Rz. 1, wonach das Ruhen des Verfahrens ein nicht rechtlich, sondern tatsächlich bedingter Stillstand des Verfahrens infolge Nichtbetreibens durch die Parteien ist.

einen verfolgt die Europäische Union (im Besonderen die EU-Kommission) einen Ansatz, den man als „Gesamtansatz" bezeichnen kann. Dieser Ansatz versucht, sektorübergreifende Regelungen bzw. praktische Optimierungen für außergerichtliche Streitbeilegung zu schaffen. Demgegenüber steht ein sektorspezifischer Ansatz, der gleichfalls Regelungen und faktische Verbesserungen für ADR-/ODR- Verfahren verfolgt, allerdings bezogen auf konkrete Sektoren. Insoweit ist dieser Ansatz als spezifischer zu bezeichnen. Neuerdings wird ein Ansatz verfolgt, der als „global" bezeichnet wird. Dieser Ansatz wird über das Grünbuch der EU-Kommission zur außergerichtlichen Streitbeilegung verfolgt und dort auch näher erörtert[54]. Da dieser Ansatz offensichtlich eine neue Tendenz aufzeigt, soll auf ihn in einem speziellen Teil eingegangen werden.

Schließlich hat die EU-Kommission zwei Vorschläge für eine Verordnung zur Einführung eines Europäischen Mahnverfahrens und zur Einführung eines Europäischen Verfahrens für geringfügige Forderungen angenommen[55]. Auch diese könnten Auswirkungen auf das Schiedsstellenwesen haben. Sie können weitgehend dem Gesamtansatz zugeordnet werden, auch wenn durch diese Vorschläge mehr die gerichtliche als die außergerichtliche Streitbeilegung betroffen ist.

Auch der Entwurf einer Richtlinie zur Mediation[56] kann dem Gesamtansatz zugeordnet werden, betrifft allerdings (im Gegensatz zum Europäischen Bagatellverfahren) mehr den außergerichtlichen als den gerichtlichen Bereich. Auf diesen Entwurf wird im Zuge dieser Arbeit nicht näher eingegangen, da die Mediation zur Streitschlichtung, wie sie die Schiedsstellen betreiben, zu unterschiedlich ist[57]. Auswirkungen auf das Schiedsstellenwesen sind daher (zumindest vorläufig) hiervon nicht zu erwarten.

Auswirkungen auf das Schiedsstellenwesen kann momentan der verfolgte Gesamtansatz sowie der globale Ansatz der EU-Kommission haben. Der sektorspezifische Ansatz ist demgegenüber für das Schiedsstellenwesen zu vernachlässigen, da der Sektor „Kfz-Reparatur" bzw. „Schiedsstellen" bisher nicht in Erscheinung getreten ist bzw. von der Politik der EU-Kommission bisher nicht unmittelbar betroffen ist.

Diese Erkenntnisse zwingen zu einer chronologischen Vorgehensweise. Nach der Darstellung der Entwicklung und Bedeutung dieser Ansätze der EU-Kommission folgt eine Schilderung der Auswirkungen dieser Politik auf das Schiedsstellenverfahren im speziellen. In einem anschließenden, gesonderten Teil werden die Verzahnungen zwischen

54 vgl. Grünbuch KOM (2002) 196 endg.

55 Verordnung Nr. 1896/2006 und Verordnung Nr. 861/2007.

56 KOM (2004) 718 endg.

57 u.a. auch wegen des teilweise autoritativen Charakters des Schiedsstellenverfahrens, siehe hierzu die Ausführungen im Ersten Hauptteil, Dritter Teil, III. Dieses Ergebnis wird gestützt durch Art. 2 des Richtlinienentwurfs, der den Begriff „Mediation" bestimmt. Danach bezeichnet Mediation „alle Verfahren, ... in denen zwei oder mehrere Streitparteien von einer dritten Partei unterstützt werden, damit sie eine Vereinbarung über die Streitschlichtung erzielen...". Damit scheinen derartige zweistufige Verfahren wie Schiedsstellenverfahren, die sowohl einen konsensualen als auch einen autoritativen Charakter besitzen, nicht erfasst zu werden. Dies wird insbesondere durch die Bezeichnung „unterstützen" klar.

den nationalen und den europäischen Bestrebungen aufgezeigt, außergerichtliche Streitbeilegung zu fördern bzw. vorhandene Disparitäten der unterschiedlichen Ansätze offen gelegt. Darauf aufbauend sollen die durch etwaige „Reibungspunkte“ auf Grund der unterschiedlichen Politik entstehenden Auswirkungen auf das Schiedsstellenverfahren in seiner jetzigen Form diskutiert werden.

I. Auswirkungen des Gesamtansatzes der EU-Kommission im Bereich außergerichtlicher Streitbeilegung auf das Schiedsstellenwesen

Dem Gesamtansatz der EU-Kommission zuzurechnen sind v.a. die Empfehlungen 98/257/EG und 2001/310/EG sowie die Entwicklung des EEJ-Net (und darauf aufbauend des ECC-Net) und die sog. Prozesskostenhilfe-Richtlinie 2002/8/EG. Auch der jüngste Vorschlag zur Einführung eines europäischen Bagatellverfahrens ist dem Gesamtansatz zuzuordnen und kann daher auch in diesem Zusammenhang diskutiert werden. Anschließend werden die einzelnen Rechtsakte auf ihre Auswirkungen auf das Schiedsstellenwesen hin untersucht.

1. Die Empfehlung der Kommission betreffend die Grundsätze für Einrichtungen, die für die außergerichtliche Beilegung von Verbraucherstreitigkeiten zuständig sind (Empfehlung der Kommission vom 30.03.1998; KOM 98/257/EG) und die Mitteilung „Die außergerichtliche Beilegung von Verbraucherrechtsstreitigkeiten“ vom 30.03.1998 (KOM (1998) 198)

a) Inhaltliche Regelung

Diese Empfehlung, die eigentlich schon für Ende 1996 vorgesehen war, jedoch erst am 30.03.1998 erging, brachte grundsätzlich die Initiativen, die bereits im Aktionsplan vom 14.2.1996 angeregt wurden[58], auf eine rechtliche Grundlage. Folgendes ist hervorzuheben:

- Die Empfehlung betrifft ausschließlich Verfahren, die unabhängig von ihrer Bezeichnung durch die aktive Intervention eines Dritten, der eine Lösung vorschlägt oder vorschreibt, zu einer Beilegung der Streitigkeit führen. Sie betrifft also keine Verfahren, die auf den einfachen Versuch beschränkt sind, eine Annäherung der Parteien zu erreichen, um sie zu überzeugen, eine einvernehmliche Lösung zu finden.

  Es wird daher eine Unterscheidung getroffen zwischen „Schlichtungsverfahren“ im weiteren Sinne, also Verfahren, die durch die aktive Einwirkung eines Dritten bzw. dessen Möglichkeiten, eine Entscheidung im Streit herbeizuführen und „Mediationsverfahren“ im weiteren Sinne, also Verfahren, die durch eine autonome Regelung des Konflikts

58 Aktionsplan KOM (96) 13 endg.

durch die Konfliktparteien selbst gekennzeichnet sind. Dies ist umso bemerkenswerter, als dass sich die Kommission hierdurch die Option vorbehält, noch einheitliche Vorgaben für Mediationsverfahren zu treffen, soweit dies von ihrem Kompetenzbereich gedeckt ist.

- Es wird die Einrichtung einer Datenbank angeregt, in der außergerichtliche Institutionen zur Beilegung von Verbraucherstreitigkeiten erfasst werden, welche die von der Kommission geforderten Garantien erfüllen.
- Die Grundsätze, welche jede außergerichtliche Streitschlichtungsinstitution erfüllen muss, um in diese Datenbank aufgenommen zu werden, wurden im Vergleich zum Aktionsplan 1998 (KOM (96) 13 endg.)modifiziert[59].

Folgende sieben Mindestkriterien wurden darin von der Kommission formuliert: Unabhängigkeit[60], Transparenz[61], Grundsatz der kontradiktorischen Verfahrensweise[62], Effizienz[63], Grundsatz der Rechtmäßigkeit[64], Grundsatz der Handlungsfreiheit[65] und Grundsatz der Vertretung[66]. Die Kommission betont in dieser Mitteilung, dass diese vorgeschlagenen Maßnahmen lediglich auf freiwilliger Basis durchgeführt werden sollen. Sie beruft sich ausdrücklich auf das Subsidiaritätsprinzip gemäß Art. 5 Abs. 3 EG (ex -Artikel 3 lit.b Abs. 3 EGV) , wonach sich diese Maßnahme auf das zur Erreichung des Ziels Erforderliche beschränken soll.

b) Auswirkungen der Empfehlung 98/257/EG auf das Schiedsstellenwesen

Einige der in der Empfehlung genannten Prinzipien lassen sich bereits jetzt der MuGVO entnehmen.

So wird das Prinzip der Unabhängigkeit in § 2 Abs. 3 MuGVO erwähnt, der Grundsatz der Effizienz kann großenteils aus § 4 Abs. 1, 2, § 5 Abs. 3, 4, 5 MuGVO (Beschleunigung des Verfahrens) entnommen werden, der Grundsatz der Rechtmäßigkeit lässt sich § 3 Abs. 5 MuGVO entnehmen.

---

59 Intensiver zu den einzelnen Grundsätzen Tonner, ADR in the European Union, 417 ff.; Scherpe, Diss., 48 ff.

60 In Bezug auf die Unabhängigkeit unterscheidet die Kommission zwischen Individual- und Kollegialentscheidungen. Im ersten Fall steht die Erfahrung und Fachkompetenz, im zweiten die paritätische Besetzung der Schlichtungsstelle im Mittelpunkt.

61 Transparenz fordert insbesondere umfassende Informationspflichten hinsichtlich der Verfahrensausgestaltung gegenüber dem Verbraucher. Interessant ist hierbei v.a., dass die Kommission ausdrücklich erwähnt, dass streitwertbezogene Zuständigkeitsgrenzen angegeben werden müssen, ohne dabei festzulegen, dass eine Begrenzung „nach unten" unzulässig sein soll. Dies wäre jedoch in jedem Fall wünschenswert.

62 Damit ist der Anspruch auf rechtliches Gehör gemeint.

63 Hierunter versteht die Kommission v.a. Unentgeltlichkeit bzw. geringe Kosten und ein rasches Verfahren

64 Dieses Prinzip ist weitgehend mit der Rechtsweggarantie gleichzusetzen.

65 Dies bedeutet nichts anderes, als dass dem Verbraucher die Wahl zwischen gerichtlichen und außergerichtlichen Streitschlichtungslösungen gelassen werden muss.

66 Der Verbraucher muss sich jederzeit von einem Rechtsbeistand vertreten lassen können.

Demgegenüber steht der Grundsatz der Transparenz, der in einem gewissen Widerspruch zum Grundsatz der Nichtöffentlichkeit des Verfahrens steht (§ 5 Abs. 3 MuGVO), der Grundsatz der kontradiktorischen Verfahrensweise, der dem Prinzip des rechtlichen Gehörs ähnelt und der nur ansatzweise der MuGVO entnommen werden kann (vgl. § 5 Abs. 1 Satz 1 MuGVO) sowie der Grundsatz der Vertretung, der in der MuGVO auch nicht eindeutig geregelt ist (allenfalls ansatzweise in § 8 MuGVO).

Der Verzicht auf die ausdrückliche Erwähnung des Prinzips der Handlungsfreiheit scheint verzeihlich, da dieses Prinzip als selbstverständlich vorausgesetzt werden darf und vielmehr den nationalen Gesetzgeber verpflichtet als die jeweilige ADR-Stelle.

Da die genannten Grundsätze nur in einer Empfehlung vorgegeben werden, sind die Schiedsstellen nicht verpflichtet, diese zu übernehmen. Offensichtlich lassen sich die Schiedsstellen von den Gedanken bzw. Vorgaben dieser Empfehlung auch nicht lenken. Die momentanen Auswirkungen auf das Schiedsstellenwesen können von daher als gering bezeichnet werden. Was die Grundsätze anbelangt, die bereits in der MuGVO weitgehend inhaltsgleich vorhanden sind, so können die Auswirkungen bereits aus diesem Grund als marginal angesehen werden.

c) Stellungnahme

Die Sichtweise der Kommission ist durchaus bemerkenswert. Es ist nur schwer nachvollziehbar, warum die Einhaltung der – dem Rechtsstaatsprinzip entspringenden – Grundsätze lediglich auf eine freiwillige Basis gestellt werden soll. Zum einen werden diese Garantien einheitlich von den Mitgliedsstaaten für erforderlich erachtet, um ein ordnungsgemäßes und faires Verfahren zu gewährleisten. Es bedarf hier also keines Rückgriffs auf die Rechtsprechung des EuGH hinsichtlich eines erforderlichen „Mindeststandards", was Gemeinschaftsgrundrechte und rechtsstaatliche Prinzipien anbelangt[67]. Zum anderen überfordern die von der Kommission erarbeiteten Mindestgarantien für ein korrektes außergerichtliches Streitverfahren die einzelnen Mitgliedstaaten nicht bzw. schränken diese auch nicht unverhältnismäßig in ihrer Handlungsfreiheit ein. Was die Ausgestaltung der Verfahren im Detail anbelangt, überlässt die Kommission den Mitgliedstaaten bzw. den einzelnen Streitschlichtungsinstitutionen weitgehende Freiheiten.

Es kommt ein weiteres Argument hinzu, welches für eine verbindliche Regelung bei der Formulierung von Mindestkriterien für ein korrektes außergerichtliches Streitbeilegungsverfahren spricht, nämlich die Tatsache, dass zumindest die Betreiber außergerichtlicher Streitbeilegungsstellen, welche sich von ihrem Mitgliedstaat gegenüber der Kommission als Streitbeilegungsstellen, welche die genannten Mindestkriterien anerkennen, „nennen lassen", auch daran messen lassen müssten.

Das bedeutet konkret, dass beispielsweise ein Verbraucher, welcher die Schiedsstelle kontaktiert, sich gegenüber dieser Stelle direkt auf die Einhaltung der genannten Kriterien

67 EuGHE 1974, 491, 507; 1989, 2609, 2639; EuGH EuZW 1992, 155

berufen könnte. Gegebenenfalls könnte er die Einhaltung dieser Mindestkriterien gerichtlich überprüfen lassen. Diese Möglichkeit ist ihm hingegen verwehrt, wenn und solange die Einhaltung der genannten Kriterien nur unverbindlich ist. Da diese Grundsätze gemeinschaftsweit gelten, wäre die Schaffung verbindlicher Regelungen auch ein Schritt zu mehr Transparenz für den Verbraucher, was die Durchführung derartiger Verfahren anbelangt. Auf diese Weise kann das Vertrauen der Verbraucher in diese Streitbeilegungsstellen (und damit auch in den europäischen Binnenmarkt) wachsen.

Schließlich wird den Betreibern außergerichtlicher Stellen (also auch den Schiedsstellen) in einem bestimmten Mitgliedstaat nicht zuletzt durch eine obligatorische Vorgabe dieser Grundsätze die (verbesserte) Möglichkeit eröffnet, ihre Dienstleistung in anderen Mitgliedstaaten anzubieten[68]. Es ist also ein (marktwirtschaftlicher) gemeinschaftsweiter Wettbewerb zwischen verschiedenen vergleichbaren Institutionen denkbar, wobei einheitliche Grundlagen für einen fairen Wettbewerb diesem förderlich sind. Es ist nicht auszuschließen, dass sich die außergerichtliche Streitschlichtung zu einem eigenen marktwirtschaftlichen Segment entwickeln könnte. Auch aus diesem Grund ist eine verbindliche Festschreibung bestimmter Prinzipien sinnvoll und begrüßenswert.

Für das Schiedsstellenverfahren selbst würde sich durch eine verbindliche Vorgabe der Kriterien nichts ändern. Es würde hierdurch allenfalls eine „verbraucherorientiertere Basis" geschaffen, was dem Ansehen der Schiedsstellen letztlich zugute kommen würde.

2. Die Empfehlung der Kommission über die Grundsätze für an der einvernehmlichen Beilegung von Verbraucherrechtsstreitigkeiten beteiligte außergerichtliche Einrichtungen vom 4.4.2001 (KOM 2001/310/EG) und die Mitteilung „Erweiterung des Zugangs der Verbraucher zur alternativen Streitbeilegung" vom 4.4.2002 (KOM (2001) 161 endg.

a) Inhaltliche Regelung

Die o.g. Empfehlung der Kommission ist nicht als Fortführung der Empfehlung 98/257/EG zu verstehen. Vielmehr bezog sich diese Empfehlung nur auf Verfahren, die unabhängig von ihrer Bezeichnung durch die aktive Intervention eines Dritten, der eine Lösung vorschlägt oder vorschreibt, zu einer Beilegung der Streitigkeit führen, nicht aber auf Verfahren, bei denen lediglich versucht wird, die Parteien zusammenzubringen und sie zu veranlassen, eine einvernehmliche Lösung zu finden. Die Empfehlung KOM 2001/310/EG bezieht sich somit auf Mediationsverfahren im weiteren Sinn. Der Kreativität sollen nach der im Zusammenhang mit dieser Empfehlung ergangenen Mitteilung jedoch keine Grenzen gesetzt sein. Vielmehr sind gerade auch im Zusammenhang mit neuartigen Technologien andere außergerichtliche Verfahren denkbar, die nicht dem herkömmlichen

68 KOM (1998) 198

Schema entsprechen, sich aber dennoch primär daran orientieren, die Parteien einer einvernehmlichen Lösung zuzuführen[69].

Für diese moderne Art der Verfahren (natürlich auch für die „traditionellen Verfahren") sollte lediglich die Differenzierung „aktive Intervention mit Lösungsvorschlägen bzw. Autorität" und „Autonome Regelung durch die Konfliktparteien bei bloßer Hilfestellung eines Dritten" vorgenommen werden. Danach beurteilt sich dann, welche Kriterien für die jeweiligen Verfahren gelten.

Die Empfehlung der Kommission 2001/310/EG zielt insbesondere auf die Förderung elektronischer Verfahren ab, da diese einen leichteren Zugang gewährleisten, unabhängig vom Aufenthaltsort des Verbrauchers. Hier wird also deutlich, dass die EU ODR-Verfahren gleichfalls intensiv zu fördern beabsichtigt (im Gegensatz zum deutschen Ansatz der Förderung außergerichtlicher Verfahren). Die Empfehlung 2001/310/EG kann jedoch nicht als „Initiator" der Förderung von ODR angesehen werden. Diese Förderung geschah viel eher im „sektoralen Ansatz" der EU-Kommission. Unabhängig davon wird deutlich, dass die EU-Kommission ODR-Verfahren eine weit reichende Bedeutung bei der außergerichtlichen Streitbeilegung beimisst. Was die Kriterien anbelangt, die bei der genannten Art der Verfahren zu beachten sind, so unterscheiden sich diese nicht wesentlich von den Kriterien, die in der Empfehlung 98/257/EG genannt sind. Die einzelnen Kriterien sind Unparteilichkeit, Transparenz, Effizienz[70], Fairness[71].

Aus der Mitteilung KOM (2001) 161 endg. ist zu entnehmen, dass die Kommission einer Systematik in Bezug auf außergerichtliche Streitschlichtungsverfahren skeptisch gegenüber steht. Der Kommission erscheint es sinnvoller, die außergerichtlichen Streitbeilegungsverfahren danach zu differenzieren, ob ein Dritter aktiv in den Konflikt eingreift (auch mit Lösungsvorschlägen und/oder Entscheidungsmacht) oder lediglich den Versuch einer Vermittlung unternimmt, ohne eigene Lösungsvorschläge einzubringen oder Entscheidungen treffen zu können.

b) Auswirkungen der Empfehlung 2001/310/EG auf das Schiedsstellenwesen

Letztlich sind die Auswirkungen der genannten Empfehlung kaum andere als die, welche die Empfehlung 98/257/EG auf das Schiedsstellenwesen hat. Wesentlich für die Empfehlung 2001/310/EG ist die Einbeziehung des Gedankens der ODR. So beschreibt C.2. der Empfehlung (Effizienz) in Nr. 2, dass das Verfahren für beide Parteien, beispielsweise auf elektronischem Weg, leicht zugänglich sein soll, und zwar unabhängig von deren Aufenthaltsort. Dieser Gedanke wäre auch für das Schiedsstellenwesen von grundlegender Bedeutung. Aus einem anderen Grund scheidet jedoch eine unmittelbare Wirkung auf das

69 Gemeint sind hiermit die verschiedenen ODR-Provider

70 Hierher gehört nach Meinung der Kommission u.a. auch die Kostenfreiheit bzw. die Erhebung moderater Kosten, der Verzicht auf Anwaltszwang und eine zügige Bearbeitung des Streitfalls

71 Hier werden umfassende Informationspflichten der Streitschlichtungsstelle gegenüber dem Verbraucher konstituiert.

Schiedsstellenwesen aus. So betont die Empfehlung KOM 2001/310/EG den Mediationscharakter insofern, als dass die Empfehlung grundsätzlich Verfahren mit Entscheidungscharakter aus ihrem Anwendungsbereich ausnimmt[72]. Damit kommt diese Empfehlung für das Schiedsstellengewerbe nicht in Frage, da sich gerade das Schiedsstellenwesen durch seine „Zweistufigkeit“ auszeichnet (konsensuale Lösung/ Entscheidung durch Schiedsspruch).

3. Die Entwicklung des Europäischen Netzes für die außergerichtliche Streitbeilegung (European Consumer Centres Network, ECC-Net)

a) Rechts- und Sachlage

Einen sehr pragmatischen Ansatz der zuständigen Organe der Gemeinschaften stellt die Einrichtung eines europäischen Netzes für die außergerichtliche Streitbeilegung dar. Bereits in der Mitteilung KOM (1998) 198 endg., 10 heißt es dazu: „Die Kommission ihrerseits möchte die Vernetzung entsprechender Stellen fördern, damit diese untereinander aktiver an der Beilegung konkreter Streitfälle mitwirken. Anzustrebende Idealvorstellung wäre, dass der Verbraucher bei grenzübergreifenden Rechtsstreitigkeiten über die zuständige außergerichtliche Stelle seines Landes die entsprechende Instanz im Ausland anrufen könnte.“

Anschließend wurde ein Arbeitspapier vorgestellt, welches die Funktionsweise des europäischen Netzes für die außergerichtliche Beilegung verbraucherrechtlicher Streitigkeiten schon ziemlich präzise darstellt[73]. Danach sollten in jedem Mitgliedstaat zentrale Kontaktstellen eingerichtet werden. Diese könnten als Art „Clearingstelle“ auftreten, die Verbraucher über die Möglichkeiten einer Reklamation in Bezug auf Waren und Dienstleistungen informiert und berät[74].

Als nationale Anlaufstelle dient sie den einheimischen Verbrauchern als einzige Kontaktstelle, bei der sie Informationen über die in ihrem Land existierenden Stellen für die außergerichtliche Streitbeilegung erhalten und erfahren, an welche sie sich mit ihrer Reklamation wenden müssen.

Als europäische Anlaufstelle soll sie Verbraucher, die einen Rechtsstreit mit einem im Ausland ansässigen Vertragspartner haben, informieren und unterstützen. Die Information erhält sie von der betreffenden Clearingstelle im Land des Vertragspartners. Die Clearingstelle hilft dem Verbraucher auch bei der Abfassung und Stellung seines Antrags. Den

---

72 vgl. z.B. D.2. der Empfehlung

73 IP/80/274

74 In Deutschland nimmt diese Funktion die deutsch-französische Informations- und Beratungsstelle für Verbraucher in Kehl wahr. Hier können zahlreiche Informationen zum Verfahren sowie Verbrauchertipps im Allgemeinen abgerufen werden.

Clearingstellen sollen dabei konkret bestimmte Aufgaben im Bereich der Information[75] und der Vermittlung[76] übertragen werden, wobei sich im Zuge der Weiterentwicklung des Netzes neue Funktionen und Aufgaben ergeben können.

In einer Entschließung des Rates vom 25.5.2000[77] ersuchte der Rat die Kommission, Maßnahmen zur leichteren Vernetzung der einzelstaatlichen neutralen Stellen zu treffen, wodurch ein gemeinschaftsweites außergerichtliches Netz gebildet und die außergerichtliche Beilegung von grenzüberschreitenden Streitigkeiten erleichtert werden soll. Am 28.5.2001 erging eine Entscheidung des Rates über die Einrichtung eines Europäischen Justiziellen Netzes für Zivil- und Handelssachen, in dem die verschiedenen Grundsätze dieses Netzes festgehalten werden[78]. Am 16.10.2001 startete eine Pilotphase des EEJ-NET[79]. Ziel ist, das EEJ-NET 2002 auf permanenter Basis zu etablieren[80]. Das ECC-Net schließlich ist der Zusammenschluss der führenden Euroguichets[81] und dem Europäischen Netz für die außergerichtliche Streitbeilegung (EEJ-Net). Dieser Zusammenschluss erfolgte Anfang des Jahres 2005. Das neu entstandene Netzwerk umfasst momentan 26 Europäische Verbraucherzentren (EVZ) in unterschiedlichen Ländern.

Das ECC-Net hat die Aufgabe, Verbraucher bei grenzüberschreitenden Streitigkeiten mit Unternehmern zu informieren. Das nationale Europäische Verbraucherzentrum nimmt Kontakt mit dem entsprechenden Verbraucherzentrum des Landes auf, in dem der betreffende Unternehmer seinen Sitz hat. Jenes Zentrum sorgt dafür, dass gegebenenfalls unter Zuhilfenahme einer anerkannten Schlichtungsstelle der Branche im betreffenden Land eine Einigung erzielt werden kann, die Verbraucher und Unternehmer zufrieden stellt. Fin-

---

75 mit „Information" ist dabei gemeint: -Informationen über die für die außergerichtliche Streitbeilegung im jeweiligen Land zuständigen Stellen (welche die vorgegebenen Kriterien erfüllen!); -Informationen über andere Möglichkeiten der Streitbeilegung, die Verbraucher anstelle oder vor Einleitung eines förmlichen Verfahrens wählen können; -Informationen über nationale Verfahren in Bagatellstreitigkeiten, da einige Streitfälle u.U. effektiver durch vereinfachte gerichtliche Verfahren dieser Art als durch außergerichtliche Verfahren beigelegt werden können.

76 Im Rahmen der Vermittlung soll die Clearingstelle drei Funktionen erfüllen: -Filterfunktion, d.h. z.B. die Zuleitung der Streitsache von einer nationalen zu einer anderen nationalen Clearingstelle, welche dann die Streitsache an die außergerichtliche Streitschlichtungsstelle weiterleitet und die andere Clearingstelle hierüber informiert; -Beratungsfunktion hinsichtlich etwaiger anderer Möglichkeiten, die Streitigkeit zu regeln; -Unterstützungsfunktion, z.B. bei der Übersetzung von Reklamationen. Hierfür leistet das bereits genannte Formblatt für Verbraucherbeschwerden wertvolle Dienste, das es in elf Sprachen gibt und in dem die wichtigsten Aspekte des Falles geschildert werden können. Durch die Entwicklung neuer technischer Hilfsmittel (z.B. Übersetzungsprogramme) lassen sich Übersetzungskosten und Zeit sparen.

77 2000/C 155/01

78 2001/470/EG

79 Im Bereich der Finanzdienstleistungen wurde bereits im Februar 2001 ein vergleichbares Netz mit Namen FIN-NET gestartet.

80 Dieses Ziel wurde auch verwirklicht.

81 Dies sind die Europäischen Verbraucherzentren, welche informierend und assistierend in grenzüberschreitenden Verbraucherstreitigkeiten tätig werden, also der Verbund der nationalen Clearingstellen.

det sich keine passende Schlichtungsstelle, sorgt ein Europäisches Verbraucherzentrum im direkten Kontakt mit dem Unternehmer dafür, dass eine einvernehmliche Lösung des Streitfalls erreicht werden kann.

b) Auswirkungen der Begründung des ECC-Net auf das Schiedsstellenwesen

Die Auswirkungen des ECC-Net auf das Schiedsstellenwesen in Deutschland sind empirisch nicht erfasst. Es dürfte auch erhebliche Schwierigkeiten bereiten, die unmittelbaren Auswirkungen festzustellen.

Auch nichtdeutsche Verbraucher haben gelegentlich einen Disput mit einer deutschen Werkstatt, wenn sie ihr Kfz (z.B. nach einem Unfall oder einer Panne) in die Obhut der Werkstatt geben und dort den Schaden beheben lassen. Kommt es danach zu einem Streit (beispielsweise betreffend die Rechnungshöhe oder die Ordnungsgemäßheit der Reparatur), dann liegt es auf der Hand, dass ein außergerichtliches Verfahren dem betroffenen nichtdeutschen Verbraucher bei grenzübergreifenden Konflikten noch mehr Vorteile im Vergleich zu einem Gerichtsverfahren bietet als dies im innerdeutschen Raum der Fall wäre[82].

Die Auswirkungen der Begründung des ECC-Net auf das Schiedsstellenwesen lassen sich demnach hauptsächlich am Bekanntheitsgrad dieses Netzes festmachen. Denn wenn dieser hoch wäre, dann dürfte von einer verstärkten Inanspruchnahme der Schiedsstellen durch nichtdeutsche Verbraucher auszugehen sein, da die Vorteile von Schiedsstellen- gegenüber Gerichtsverfahren insbesondere bei grenzübergreifenden Konflikten evident sind.

Aber auch deutsche Verbraucher dürften bei einer Steigerung des Bekanntheitsgrades verstärkt die Schiedsstellen kontaktieren, da auch bei „innerdeutschen Konflikten" Vorteile gegenüber Gerichtsverfahren auszumachen sind[83].

c) Stellungnahme

Steigt der Bekanntheitsgrad des Netzes innerhalb der EU, was seitens der Entscheidungsträger unter Bezugnahme auf die Bedeutung des ECC-Net bzw. der nationalen Clearingstellen für den europäischen Binnenmarkt unmissverständlich gewollt ist[84], so ist auch von einer verstärkten Inanspruchnahme der Schiedsstellen auszugehen.

---

82 vgl. hierzu das Grünbuch „Zugang der Verbraucher zum Recht" vom 16.11.1993 (KOM (93) 576 endg.), in dem die „neue Dimension" des grenzüberschreitenden Verbraucherkonflikts unmissverständlich klar gestellt wird. Hierzu zählen sowohl die im grenzübergreifenden Konflikt größeren materiellen Kosten als auch die größeren rechtlichen Probleme.

83 Insbesondere also die Kostenfreiheit des Verfahrens, der Zeitvorteil sowie die Lösung vom „strikten Recht".

84 vgl. hierzu als Beispiel die Rede von David Byrne, zu finden unter *http://europa.eu.int/comm/consumers/*redress/compl/euroguichet/speech125_de.pdf

Der gewünschte erhöhte Bekanntheitsgrad des ECC-Net kann nur über eine veränderte Informationspolitik erzielt werden. Hierbei sind aber nicht nur die europäischen Institutionen (Europäische Verbraucherzentren in den einzelnen Ländern) und die nationalen Verbraucherzentralen gefordert, sondern auch die nationalen staatlichen Stellen.

In Deutschland hat sich der Staat jedoch hinsichtlich der Förderung von außergerichtlicher Streitbeilegung bisher stark zurückgehalten. Daran ändern auch die letzten gesetzgeberischen Initiativen wenig. Vielmehr beschränkt sich in Deutschland der Staat nach wie vor auf eine grundsätzliche Befürwortung der außergerichtlichen Streitbeilegung.

Auch die Schiedsstellen selbst sollten sich veranlasst sehen, eine „offensivere Informationspolitik" zu betreiben.

II. Die Bedeutung der sog. Prozesskostenhilfe-Richtlinie (2002/8/EG) vom 27.1.2003 und des Vorschlags für eine Verordnung zur Einführung eines europäischen Bagatellverfahrens (KOM (2005) 87) für das Schiedsstellenwesen

1. Die Bedeutung der sog. Prozesskostenhilfe-Richtlinie (2002/8/EG) vom 27.1.2003 für das Schiedsstellenwesen

a) Rechtslage

Die Richtlinie 2002/8/EG gewährt Personen, die in Konflikte mit grenzübergreifendem Bezug involviert sind, unter bestimmten Voraussetzungen Prozesskostenhilfe. Hierzu zählen vor allem Dolmetscher- bzw. Übersetzungsleistungen und Reisekosten (Art. 7). Nach dem ursprünglichen Vorschlag der Kommission für eine derartige Richtlinie vom 18.1.2002[85] sollten Personen, die eine Streitbeilegung im außergerichtlichen Verfahren verfolgen, dann Anspruch auf Prozesskostenhilfe haben, wenn dieses Verfahren gesetzlich gefördert wird oder die Streitparteien durch den Richter darauf verwiesen werden.

Unabhängig von den weiteren Problemen der Gewährung von Prozesskostenhilfe bei grenzüberschreitenden Streitsachen[86] stellte sich im Kontext der zugrunde liegenden Problematik der außergerichtlichen Streitbeilegungsverfahren die Frage, was die Kommission mit „gesetzlicher Förderung" meint, da die zweite Alternative des Art. 16 von KOM (2002) 13 endg.(Verweisung durch den Richter) für ADR- bzw. ODR-Verfahren mit grenzüberschreitendem Bezug kaum exemplarisch gewesen sein dürfte. Der Entwurf der Prozesskostenhilfe-Richtlinie ließ sich hierzu nicht näher aus[87].

---

85 KOM (2002) 13 endg., Art. 16

86 vgl. zur Vertiefung das Grünbuch der Kommission zur Prozesskostenhilfe in Zivilsachen vom 9.2.2000, KOM (2000) 51 endg.

87 Weder aus der Erläuterung zu Art. 16 noch aus dem Grünbuch zur Prozesskostenhilfe ergab sich hierzu etwas Näheres. Fraglich war daher, ob in Deutschland von einer derartigen gesetzlichen Förderung ausgegangen werden konnte. Davon durfte zumindest bei den Verfahren, die von

Klarheit bringt nun die Richtlinie 2002/8/EG. Danach ist die Prozesskostenhilfe nur noch dann auf außergerichtliche Verfahren auszudehnen, wenn die Parteien gesetzlich verpflichtet sind, diese anzuwenden, oder den Streitparteien vom Gericht aufgetragen wird, diese in Anspruch zu nehmen, Art. 10 der Richtlinie KOM 2002/8/EG. Die Kommission änderte also den Anwendungsbereich der Richtlinie im Vergleich zum Entwurf vom Aspekt der „gesetzlichen Förderung" hin zur „gesetzlichen Verpflichtung". Die Gründe für diesen Wandel konnten nicht eruiert werden. In jedem Fall ist der Anwendungsbereich der Richtlinie 2002/8/EG durch diese engere Fassung nun eindeutig definiert.

b) Auswirkungen der Prozesskostenhilfe-Richtlinie 2002/8/EG auf das Schiedsstellenwesen

Die Auswirkungen der Prozesskostenhilfe-Richtlinie 2002/8/EG auf das deutsche Schiedsstellenwesen sind deswegen als gering einzuschätzen, als dass derartige Verfahren wie das Schiedsstellenverfahren in aller Regel vom Anwendungsbereich der Richtlinie ausgenommen sind, da es sich hierbei um freiwillige Verfahren handelt.

Wären diese Verfahren in den Anwendungsbereich einbezogen worden, so hätte durchaus von einer vermehrten Inanspruchnahme der Schiedsstellen vor allem von nichtdeutschen Verbrauchern ausgegangen werden können, insbesondere im Hinblick auf den sehr großzügigen Umfang der Prozesskostenhilfe-Richtlinie, der in Art. 7 und Art. 8 der Richtlinie beschrieben ist[88].

c) Stellungnahme

Die Kritik setzt am Anwendungsbereich der Richtlinie an. Dem Grundsatz der Freiwilligkeit außergerichtlicher Verfahren hätte eine Richtlinie zur Gewährung von Prozesskostenhilfe mehr entsprochen, die alle Verfahren vor ADR/ODR-Stellen mit einbezogen hätte, welche sich der Empfehlung 98/257/EG unterwerfen, also bestimmte Mindestverfahrensgarantien einhalten. In diesem Fall wären demnach auch sämtliche freiwillige Verfahren mit einbezogen worden. Ein derartiger Ansatz wäre wünschenswert gewesen.

Nach der derzeitigen Fassung sind (in Deutschland) daher nur die Verfahren von der Richtlinie umfasst, welche § 15a EGZPO unterliegen. Diejenigen Verfahren, auf die der Richter nach § 278 Abs. 5, Sätze 2 und 3 ZPO verweist, werden dem gegenüber nicht von

---

§ 15a EGZPO erfasst werden, ausgegangen werden. Bei anderen Verfahren (z.B. Mediation) war es durchaus fraglich, von „gesetzlicher Förderung" zu sprechen. Gerade in Deutschland wurden (und werden!) ADR-Verfahren von Seiten des Staates nur unzureichend gefördert, da hier zum einen die Qualität der Rechtsprechung recht hoch ist und sich zum anderen noch keine eigenständige „Konfliktkultur" herausgebildet hat.

88 Danach fallen unter diese Richtlinie: Dolmetscherleistungen, Übersetzung von Schriftstücken, unter gewissen Voraussetzungen Reisekosten

der Richtlinie erfasst, denn diese Vorschrift beinhaltet nur ein Vorschlags-, kein Anordnungsrecht des Richters.

Die Richtlinie 2002/8/EG dürfte in ihrer jetzigen Fassung sogar kontraproduktiv wirken, sofern der Ausbau von ADR/ODR-Verfahren zur Diskussion steht. Personen, welche die von Art. 5 der Richtlinie 2002/8/EG genannten (finanziellen) Schwellenwerte nicht überschreiten, denen also aus diesem Grund ein Anspruch auf Prozesskostenhilfe zusteht, werden künftig bei grenzübergreifenden Konflikten gerichtliche den freiwilligen außergerichtlichen Verfahren vorziehen, da die finanziellen Anreize eindeutig für die Inanspruchnahme gerichtlicher Verfahren sprechen. Dies ist zumindest für Konflikte mit nicht ganz unerheblichem Streitwert zu vermuten, da hier das Aufwand/Nutzen-Verhältnis für die gerichtliche Konfliktlösung spricht.

Gerichtlichen Verfahren wurde also durch die Richtlinie 2002/8/EG ein legislativer Vorteil in der Konkurrenz zu außergerichtlichen Verfahren verschafft, der kaum nachvollziehbar ist. Die ADR/ODR-Verantwortlichen in der EU sind von daher gezwungen, wollen sie „im Wettbewerb bleiben", noch größere Qualität als bisher zu entwickeln, um so diesen Wettbewerbsvorsprung zu egalisieren.

Die Richtlinie 2002/8/EG ist also ein Indiz dafür, dass die ursprünglich (zumindest seit Mitte der 80er Jahre) stark außergerichtlich ausgelegte Verbraucherpolitik der EU zunehmend relativiert wird.

2. Die Bedeutung der Verordnungen Nr. 1896/2006 und 861/2007 für das Schiedsstellenwesen

a) Rechtslage

Ab dem 12.12.2008 gilt die Verordnung Nr. 1896/2006 zur Einführung eines Europäischen Mahnverfahrens und ab dem 1.1.2009 tritt die Verordnung Nr. 861/2007 zur Einführung eines Europäischen Verfahrens für geringfügige Forderungen in Kraft[89].

Mit der Verordnung Nr. 861/2007 soll als Alternative zu den in den Mitgliedstaaten bestehenden innerstaatlichen Verfahren ein Europäisches Verfahren für geringfügige Forderungen (Streitigkeiten in Zivil- und Handelssachen, sofern der Gesamtwert einer auf Zahlung gerichteten Forderung 2000 € nicht übersteigt) eingeführt werden, um so Streitigkeiten für den Verbraucher einfacher, schneller und kostengünstiger zu erledigen.

Der Vorschlag sieht Verfahrenvereinfachungen vor (Schriftstücke können mit einfachem Schreiben, Fax oder e-mail zugestellt werden; kein Rechtsanwaltszwang; das Verfahren läuft nur im Ausnahmefall mündlich, wobei die mündliche Verhandlung im Wege einer Audio-, Video- oder e-mail-Konferenz erfolgen kann; Beweismittel und Umfang der Beweisaufnahme liegen im Ermessen des Gerichts; die Entscheidungen sind sofort und ohne Zwischenmaßnahmen vollstreckbar).

---

89 vgl. Art. 33 der Verordnung Nr. 1896/2006 und Art. 29 der Verordnung Nr. 861/2007

b) Auswirkungen der Verordnungen auf das Schiedsstellenwesen

Die Auswirkungen der Verordnungen auf das Schiedsstellenwesen lassen sich nur schwer prognostizieren. In jedem Fall muss dieses von der EU-Kommission angeregte „neue Instrument“ als zusätzlicher „Konkurrent“ für die Schiedsstellen betrachtet werden. Ein Kriterium spricht für eine nicht unerhebliche Auswirkung auf das Schiedsstellenwesen, nämlich der „Zuschnitt“ dieser Verordnungen auf Bagatellstreitigkeiten, also gerade solche, die auch das Schiedsstellenverfahren kennzeichnen.

Auf der anderen Seite werden von der Verordnung unterschiedslos „schlichtungsgeeignete“ und „schlichtungsungeeignete“ Streitigkeiten erfasst. Gerade hier könnte sich das Schiedsstellenwesen gegenüber dem Europäischen Bagatellverfahren auszeichnen. Die Auswirkungen hängen nicht zuletzt von den Vermarktungsstrategien der unterschiedlichen „Konfliktlösungsanbieter“ ab, seien sie nun mehr dem gerichtlichen oder dem außergerichtlichen bzw. dem staatlichen oder nichtstaatlichen Bereich zuzuordnen. Gelingt es den Schiedsstellen künftig nicht, den Bekanntheitsgrad zu steigern und die Vorteile des Verfahrens deutlicher herauszustellen, dann droht die zunehmende Konkurrenz in diesem Bereich das Schiedsstellenwesen – zumindest langfristig – wenn schon nicht zu verdrängen, so doch in seiner Bedeutung erheblich einzuschränken. Hinzu kommt, dass beide Verordnungen nur bei grenzüberschreitenden Streitigkeiten greifen sollen, eine Tatsache, welche die Bedeutung dieser Verordnungen für das Schiedsstellenwesen erheblich mindert.

c) Stellungnahme

Die jüngsten Maßnahmen der EU-Kommission, die mehr dem gerichtlichen als dem nichtgerichtlichen „Konfliktlösungsbereich“ zuzuordnen sind, bewirken einen zunehmenden „Optimierungsdruck“ auf außergerichtliche Streitbeilegungsstellen, insbesondere also auch auf die Schiedsstellen. Sofern der Verbraucher über forensische Konfliktlösung zusätzliche Vorteile erhält, nicht aber über außergerichtliche, wird er sich wieder mehr der „klassischen gerichtlichen Konfliktlösung“ zuwenden.

Dies muss zunächst nichts Schlechtes für die Schiedsstellen bedeuten. Diese täten jedoch gut daran, sich besser im „Konfliktlösungsmarkt“ zu positionieren. Beispielhaft könnte hier die Arbeit der Schlichtungsstelle in Hamburg (oder auch München) sein, die aufgrund ihrer großen Eingangszahlen offensichtlich die „richtige“ Vermarktungspolitik betreibt.

Auf der anderen Seite müsste die EU-Kommission ihre jüngste Politik im Konfliktlösungsbereich überdenken. Es wäre wieder an der Zeit, Maßnahmen zu erlassen, die den ADR-Bereich stärken, um die Kluft zwischen gerichtlicher und außergerichtlicher Konfliktlösung nicht zu groß werden zu lassen.

III. Auswirkungen des Grünbuchs zur außergerichtlichen Streitbeilegung in Zivil- und Handelssachen, KOM (2002) 196 endg. auf das Schiedsstellenwesen

1. Inhalt

Eine beachtenswerte Initiative der EU – Kommission im Bereich ADR/ODR zeigt sich im Grünbuch zur außergerichtlichen Streitbeilegung in Zivil- und Handelssachen. Dieses Grünbuch orientiert sich an bereits laufenden Arbeiten im Bereich der ADR und verfolgt zudem einen zunächst neu erscheinenden „Globalen Ansatz"[90]. Außerdem liegt ein Schwerpunkt des Grünbuches darin, Rechtsprobleme im Zusammenhang mit ADR zu lösen bzw. Lösungsvorschläge zu unterbreiten und der ODR zum Durchbruch zu verhelfen[91]. Die für das Schiedsstellenwesen bedeutsamen Punkte werden anschließend dargestellt.

a) Erforderlichkeit der Schaffung bestimmter Rahmenbedingungen für ADR-/ ODR-Verfahren

Bestimmte Rahmenbedingungen sind unabdingbar, um ADR-/ODR- Verfahren zum Durchbruch zu verhelfen bzw. erfolgreich zu gestalten. Diese werden im Grünbuch erwähnt. Hervorzuheben sind vor allem die folgenden zwei Bedingungen, welche die EU-Kommission in diesem Grünbuch erwähnt:

aa) Mindestgarantien für ADR-/ODR-Verfahren

Als Mindestgarantien für ADR-/ODR-Verfahren werden in dem Grünbuch die in der Empfehlung der Kommission 98/ 257/ EG entwickelten Grundsätze genannt[92]. Dabei kommt gerade für den Bereich der ODR dem Gedanken der Vertraulichkeit eine überragende Bedeutung zu[93]. Zwei Trends, welche die Kommission in dem Grünbuch KOM (2002) 196 endg. vorgibt, sind besonders hervorhebenswert: Zum einen sollen diese Grundsätze gesetzlich festgelegt und auf sublegislativer Ebene in Form von Verhaltenskodizes angewandt und weiter entwickelt werden. Zum anderen hebt die Kommission den Grundsatz der Vertraulichkeit besonders hervor. Die Kommission regt im Grünbuch an,

---

90 vgl. Grünbuch KOM (2002) 196 endg., 27 ff.

91 KOM (2002) 196 endg., 20 ff.

92 Diese Grundsätze sind, wie bereits ausgeführt: Unabhängigkeit, Transparenz, Grundsatz der kontradiktorischen Verfahrensweise, Effizienz, Grundsatz der Rechtmäßigkeit, Grundsatz der Handlungsfreiheit und Grundsatz der Vertretung. Die Bedeutung dieser Grundsätze im Detail kann der Empfehlung 98/257/EG entnommen werden.

93 Datensicherheit, Authentizität und Anonymität sind für den ODR-Bereich unabdingbare Kriterien, die jedoch nicht unbedingt als zusätzliche Verfahrensgarantien bezeichnet werden können, sondern deren besondere Beachtung sich primär aus der elektronischen Umgebung herleiten lässt. Diese Kriterien müssen selbstverständlich auch für den traditionellen ADR-Bereich gelten.

Lösungsvorschläge dahin gehend zu unterbreiten, auf welche Art und Weise Vertraulichkeit im ADR/ODR- Bereich am effektivsten gewährleistet werden kann.

bb) Qualifikation und Zulassung der ADR-Verantwortlichen

Ein bisher von der Kommission vernachlässigter Aspekt war derjenige der Ausbildung, Qualifikation und Zulassung der ADR-Verantwortlichen. Dieser Gesichtspunkt wird nun im Grünbuch ausdrücklich erwähnt[94]. Die Kommission betont in diesem Kontext die zentrale Bedeutung der Niederlassungsfreiheit nach Art. 49 EG. Um diese zu ermöglichen, seien harmonisierende Maßnahmen in Richtung Ausbildung der ADR-Verantwortlichen erstrebenswert.

b) Rechtsprobleme

Die Kommission verfolgt im Grünbuch offensichtlich die Intention, rechtliche Probleme im Zusammenhang mit ADR-Verfahren darzustellen und europabezogene Lösungsansätze aufzuzeigen. Anschließend wird auf die einzelnen Problemkreise kritisch eingegangen.

aa) ADR-Klauseln

(1) Grünbuch

Zunächst ist festzustellen, dass die EU-Kommission die fakultative Streitschlichtung offenbar der obligatorischen vorzieht. Demgegenüber ist eine Tendenz der Kommission auszumachen, ADR-Verfahren über Klauseln zum Inhalt des (Haupt-) Vertrages unter den Konfliktparteien zu machen.

(2) Stellungnahme

Gerade die Tendenz zu ADR-Klauseln ist skeptisch zu beobachten. Diese Skepsis folgt zum einen aus rechtlichen Erwägungen, wie die Kommission selbst in ihrem Grünbuch ausführt[95]. Zum anderen widersprechen ADR-Klauseln den Gedanken eines effizienten Verbraucherschutzes (Art. 153 EG) und damit den Zielen der Europäischen Union im Hinblick auf ein ordnungsgemäßes Funktionieren des Binnenmarktes (Art. 95 EG), sofern nicht bestimmte Prinzipien beachtet werden.

---

94 Grünbuch KOM (2002) 196 endg., 36 f.

95 Dabei erwähnt die Kommission die Richtlinie 93/13/EWG über missbräuchliche Klauseln in Verbraucherverträgen. Ziffer 1q des Anhangs der Richtlinie erklärt Klauseln, mit denen dem Verbraucher die Möglichkeit, Rechtsbehelfe bei Gericht einzulegen oder sonstige Beschwerdemittel zu ergreifen, genommen oder erschwert wird, für unwirksam. Auch im Hinblick auf die Garantie eines effektiven Rechtsschutzes nach Art. 6 Abs. 1 EMRK (Europäische Menschenrechtskonvention) sind derartige Klauseln als rechtlich problematisch zu betrachten (vgl. hierzu oben im Zweiten Hauptteil).

Vorzuziehen wäre eine Lösung, die auf freiwillige Streitschlichtung setzt, wobei sich (im Bereich des Verbraucherrechts!) der Unternehmer von vorne herein entweder über berufsständische nationale Organisationen oder im Rahmen eines europäischen Ansatzes verpflichtet, ADR-Verfahren vor zertifizierten Stellen durchführen zu lassen, sofern der Verbraucher dies will. Der Verbraucher müsste im Vorfeld individuell und auf möglichst unkomplizierte Weise über die Chancen und Risiken des ADR-Verfahrens aufgeklärt werden.

bb) Verjährung

(1) Grünbuch

Eine Harmonisierung dahin gehend, dass in allen Mitgliedstaaten Regelungen geschaffen werden, die eine Unterbrechung bzw. Hemmung der Klagefristen für den Zeitraum des ADR-Verfahrens vorsehen, wird von der EU-Kommission im Grünbuch angestrebt.

(2) Stellungnahme

Der Rechtsweg darf durch die Durchführung eines ADR- Verfahrens in keiner Weise beschränkt werden. Eine europaweit einheitliche Regelung macht diesbezüglich wegen der zunehmenden Bedeutung von grenzübergreifenden Verbraucherstreitigkeiten Sinn und dient sowohl dem Verbraucherschutz als auch dem ordnungsgemäßen Funktionieren des Binnenmarktes.

cc) Verfahrensgarantien

Die in der Richtlinie 98/257/EG erwähnten Mindestverfahrensgarantien müssen in allen ADR/ODR-Verfahren Beachtung finden. Die genauere Ausgestaltung des Verfahrens oder die graduellen Abstufungen hinsichtlich der Förmlichkeit der Verfahren sollen dagegen den jeweiligen ADR/ODR-Verantwortlichen überlassen bleiben. Hieran ist keine Kritik zu üben.

dd) Sicherung des Ergebnisses

(1) Grünbuch

Im Kontext mit der Gültigkeit der Einigung im Rahmen eines ADR/ODR-Verfahrens schlägt die Kommission vor, vor der Unterzeichnung dem Betroffenen eine Bedenkfrist bzw. nach der Unterzeichnung eine Rücktrittsfrist zuzugestehen[96]. Dem Verbraucher soll

96 Damit begibt sich die Kommission auf „bekanntes Terrain". Der Rücktritt innerhalb einer bestimmten Frist ist ein typisch europarechtliches Instrumentarium, welches in zahlreichen Verbraucherschutzregelungen zur Anwendung kommt.

die Möglichkeit gegeben werden, den Inhalt einer etwaigen Vereinbarung vor der endgültigen rechtlichen Verbindlichkeit noch einmal rechtlich und/oder wirtschaftlich/praktisch zu überdenken. Die Verwirklichung eines derartigen Ansatzes ist nach Meinung der Kommission am besten über eine harmonisierende Richtlinie zu erreichen, welche z.B. im Zuge eines ADR/ODR-Verfahrens geschlossene Vergleiche grundsätzlich einer derartigen Bedenk- bzw. Rücktrittsfrist unterwirft[97].

(2) Stellungnahme

Auf sublegislativer Ebene, also über berufliche Standespflichten wäre eine derartige Regelung, welche den Parteien eine gewisse Bedenkzeit bzw. Rücktrittsfrist zugesteht, zwar auch denkbar. Um die Bedeutung der ADR hervorzuheben und stärker in das Bewusstsein der Bevölkerung zu bringen, erscheint jedoch der legislative Ansatz Ziel führender. Dieser kann durch den sublegislativen Ansatz begleitet werden.

ee) Haftung der ADR/ODR-Verantwortlichen

(1) Grünbuch

Die Kommission wirft in dem Grünbuch die Frage auf, ob für ADR-Verantwortliche spezielle (europaeinheitliche) Haftungsvorschriften erlassen werden sollten. Dabei verfolgt die Kommission selbst einen offenbar zögernden Kurs[98].

(2) Stellungnahme

Zum einen dürfte es aus rechtlichen und tatsächlichen Gründen äußerst schwierig sein, eine derartige einheitliche Haftungsvorschrift zu entwerfen, da aufgrund der Vielfalt der ADR-Systeme und der unterschiedlichen Sektoren, für die ADR/ODR als Konfliktlösungsmethode in Betracht kommt, eine pauschale Haftungsnorm dem Einzelfall kaum mehr gerecht werden dürfte.

Außerdem kommt der Frage der Haftung von ADR/ODR-Verantwortlichen, so interessant sie aus rechtsdogmatischer Sicht auch sein mag, in der Praxis nur eine unterge-

---

97 Zu beachten ist dabei aber auch, dass ADR/ODR-Verfahren nicht zwangsläufig in einem Vergleich enden müssen. In Betracht kommen z.B. auch autoritative Schiedssprüche, welche die Rechte und Pflichten zwischen den Konfliktparteien festlegen. Derartige autoritative Entscheidungen im Zuge eines ADR/ODR-Verfahrens sollten zunächst als nachrangig behandelt werden, d.h. primär dann erst zum Zuge kommen, wenn konsensuale Konfliktlösungen gescheitert sind und zum anderen sollten sie auch in jedem Fall (am besten uneingeschränkt) justiziabel sein.

98 Dies wird vor allem deutlich durch den Satz auf S. 38: „Es sollte in jedem Fall wohl darauf geachtet werden, dass die positiven Vorsätze und Initiativen nicht durch zu starre Vorgaben eingeengt werden.“

ordnete Rolle zu (ähnlich dem Problem der Vollstreckbarkeit)[99]. Zudem muss folgendes beachtet werden: ADR/ODR-Verantwortliche erheben oftmals lediglich geringe Gebühren für ihr Tätigwerden; teilweise werden sie sogar kostenlos auf Anrufung des Verbrauchers hin tätig[100]. Würde man (möglicherweise sogar auf verbindlicher Basis) konkrete Haftungsregelungen erlassen, so könnte dies als Anlass für diese ADR-Verantwortlichen gesehen werden, zukünftig (höhere) Gebühren für ihr Tätigwerden von den Konfliktparteien zu fordern[101]. Dies kann jedoch nicht im Sinne des Verbrauchers sein.

Es kann demnach festgestellt werden, dass momentan kein Bedürfnis erblickt werden kann, einheitliche Haftungsregeln für ADR-Verantwortliche zu entwerfen. Die nationalen Regelungen zur Haftung, die zumeist auf eine konkrete Pflichtverletzung aus dem ADR-Vertrag abstellen, sind diesbezüglich ausreichend[102]. Zudem hält sich die praktische Relevanz dieser Frage in Grenzen.

2. Bedeutung des Grünbuchs zur außergerichtlichen Streitbeilegung in Zivil- und Handelssachen, KOM (2002) 196 endg. für das Schiedsstellenwesen

Das Grünbuch der EU-Kommission zur außergerichtlichen Streitbeilegung in Zivil- und Handelssachen[103] lässt eine Entschlossenheit der EU-Kommission erkennen, (gerichtlichen und nichtgerichtlichen!) ADR- bzw. ODR-Verfahren zum Durchbruch zu verhelfen, die bisher in dieser Form noch nicht gezeigt wurde. Unabhängig von der (teilweise durchaus berechtigten) Kritik an diesem Grünbuch wird deutlich, dass es die Kommission mit ihrer Politik der Förderung außergerichtlicher Streitbeilegungsinstitutionen und der Schaffung geeigneter Rahmenbedingungen hierfür „ernst meint".

Aus dem Grünbuch werden Tendenzen erkennbar, die unmittelbaren Einfluss auf das Schiedsstellenwesen haben werden[104]. Auf der anderen Seite sieht es die Kommission offenbar immer noch nicht als notwendig an, den Grundsätzen, welche in den Empfehlungen 98/257/EG bzw. 2001/310/EG genannt sind, über eine Richtlinie verbindliche Wirkung zukommen zu lassen. Ein Ansatz zur Implementierung zwingender Mindestgarantien für ADR/ODR-Verfahren wäre wünschenswert gewesen[105].

---

99 vgl. hierzu Hager, Konflikt und Konsens, 125, der als Gründe hierfür zum einen das Fehlen klar konturierter Pflichten des ADR-Verantwortlichen und zum anderen das Problem des Nachweises der Schadensverursachung ansieht.

100 vgl. z.B. die Schiedsstellen für das Kfz-Gewerbe in Deutschland

101 z.B. wegen des dann erforderlichen Abschlusses einer entsprechenden Haftpflichtversicherung; die Beiträge könnten dann auf den Verbraucher „umgelegt werden".

102 Zur Haftung der Innung vgl. oben Zweiter Hauptteil, Fünfter Teil, IV.

103 KOM (2002) 196 endg.

104 So beispielsweise die erkennbaren Bestrebungen, einen Ausbildungs- bzw. Qualifikationsmodus für ADR – Verantwortliche zu schaffen

105 vgl. hierzu auch Tonner, ADR in the European Union, 428; in diesem Sinne auch die Stellungnahme der European Consumer Law Group (ECLG), „Soft Law and the Consumer Interest", 11 (ECLG/071/2001).

Ein gewisser Druck auf die Schiedsstellen in Deutschland wird auch durch Pilotprojekte, welche von der EU-Kommission bewusst gefördert werden, ausgeübt. Aus dem Grünbuch wird die Tendenz erkennbar, Pilotprojekte weiter zu fördern bzw. als Instrument der Etablierung von ADR im europäischen Raum zu verwenden[106]. Insbesondere dann, wenn die Pilotprojekte erfolgreich verlaufen, werden sich die Schiedsstellen den dort erzielten Ergebnissen auf Dauer kaum verschließen können.

Als Beispiel seien die Ergebnisse genannt, die auf einem workshop am 19./20.7.2002 in Lissabon erzielt wurden[107]. Dieser workshop wurde von der portugiesischen Schlichtungsstelle für den Automobilsektor unter Teilnahme der europäischen Clearingstellen durchgeführt.

Im Rahmen dieses workshops wurde auch die Pionierarbeit der portugiesischen Schlichtungsstelle für den Automobilsektor, das Centro de Arbitragem (CdA) betont. Das CdA behandelt auch Streitigkeiten zwischen Verbrauchern und Kfz-Werkstätten beispielsweise wegen mangelhaft durchgeführten Reparaturarbeiten. Das CdA plant dabei offenbar für die nahe Zukunft auch Schlichtungsverfahren über Videokonferenzübertragung durchzuführen[108]. Das eigentliche Verfahren soll weitgehend online durchgeführt werden, wobei die Kommunikation wesentlich über E-Mails stattfindet. Das Prinzip der ODR findet also hier auf das Kfz-Reparaturwesen Anwendung.

Sollte das Pilotprojekt erfolgreich verlaufen[109], dann wird dieser Gedanke wohl bald auch in Deutschland bei den hiesigen Schiedsstellen aufgegriffen werden. Dies würde dann zunächst wohl primär die grenzüberschreitenden Verbraucherstreitigkeiten betreffen. Es sind jedoch keine Gründe ersichtlich, warum derartige ODR-Dienste nicht auch national zur Verfügung gestellt werden könnten.

---

106 Ansatzweise erkennbar im Grünbuch, S. 16. Aus der allgemeinen Tendenz und aus der Tatsache, dass die EU derartige Pilotprojekte tatsächlich fördert, wird dies deutlich.

107 Diese Ergebnisse können über links der homepage der deutsch-französischen Informations- und Beratungsstelle für Verbraucher, also der deutschen Clearingstelle abgerufen werden. Die URL der deutschen Clearingstelle lautet: *http://www.euroinfo-kehl.com/d/clearing-f.htm*)

108 Die Verhandlung im Wege der Bild- und Tonübertragung hat über § 128a ZPO bereits Eingang in das deutsche Zivilprozessrecht gefunden. Es ist zu erwarten, dass sich die Videokonferenz in Zukunft auch im Zivilprozess in praxe durchsetzen wird. Die Tatsache, dass die rechtlichen Rahmenbedingungen nun in allen Gerichtszweigen außer der Strafgerichtsbarkeit (hier mit Einschränkungen!) geschaffen wurden, spricht für eine Geeignetheit derartiger (technisierter) Verhandlungsmodelle auch außerhalb des klassischen online-Bereichs (e-commerce o.ä.). Die privatisierten Konfliktbeilegungsstellen wie z.B. auch die Schiedsstellen sollten diese Entwicklung aufmerksam verfolgen. Zu dieser Entwicklung vgl. auch Schultzky, NJW 2003, 313 ff.

109 Bisher sind noch keine Erfahrungen diesbezüglich bekannt geworden bzw. empirische Daten zur Verfügung gestellt geworden.

Vierter Teil: Disparitäten nationaler und europäischer Ansätze zur Extensivierung außergerichtlicher Streitbeilegung und Konsequenzen hieraus für das Schiedsstellenwesen

I. Interdependenzen europäischer und deutscher Ansätze zur Förderung außergerichtlicher Streitbeilegung

Sowohl vom Motiv als auch von der Umsetzung zur Schaffung eines geeigneten Umfeldes für den Aufbau außergerichtlicher Streitbeilegungsverfahren unterscheiden sich der gemeinschaftsweite und der nationale Ansatz zum Teil erheblich. Ein wesentlicher Unterschied besteht darin, dass die Diskussion des „access to justice" in Deutschland nach wie vor mehr im forensischen Bereich angesiedelt ist[110], während die Kommission der EU spätestens seit dem Memorandum zur „Rechtsbeihilfe des Verbrauchers" vom 12.12.1984 die Lösung der vorhandenen Probleme primär über die außergerichtliche Streitbeilegung herbeiführen will[111].

Die Ursachen dieser unterschiedlichen Wege liegen darin begründet, dass die Vorteile außergerichtlicher Streitbeilegung im grenzüberschreitenden Bereich noch offensichtlicher werden als im nationalen Bereich. Von daher ist der strukturelle Reformwille nicht in der Form vorhanden wie er im supranationalen Bereich zu beobachten ist. Unabhängig davon entfalten außergerichtliche Streitbeilegungsverfahren auch im nationalen Bereich Vorteile, wie gezeigt wurde[112]. Hinzu kommt die Tatsache, dass die Justiz in Deutschland immer noch als qualitativ erstrangig angesehen werden kann Daher mag der „Druck" zur Änderung der Konfliktlösungsmethoden nicht ganz so groß sein wie beispielsweise in den Vereinigten Staaten oder in einigen anderen Staaten der Europäischen Union.

Während der europäische Ansatz grundsätzlich in die richtige Richtung weist, wenn auch mit manchen „Verästelungen", nämlich ein Wachstum von ADR- und ODR-Verfahren zu erzielen, um den Binnenmarkt zu stärken, werden außergerichtliche Verfahren in Deutschland von Seite des Staates primär aus Gründen der Justizentlastung „gefördert". Man kann sich des Eindrucks nicht erwehren, dass hierzulande der Gesetzgeber ADR-Verfahren nach wie vor als „Verfahren zweiter Klasse" betrachtet, die allenfalls als Ersatz, nicht jedoch als echte Alternative zu herkömmlichen Gerichtsverfahren dienen können.

Zudem geschieht die Förderung in Deutschland in einer Art und Weise, wie sie keinen Erfolg versprechen dürfte, nämlich z.B. durch die zwingende Anrufung außergericht-

110 Dies wird auch deutlich durch die ZPO-Novelle vom 27.7.2001 (BGBl. I, 1887), in der vor allem gerichtliche Entlastungen in Form von Stärkungen der materiellen Prozessleitung durch das Gericht, Verschärfungen des Versäumnisverfahrens, Rechtsmittelbeschränkungen sowie Verkleinerungen der Spruchkörper durchgeführt wurden.

111 KOM (84) 692 endg.

112 Auch wenn diese, wie gesagt, nicht so eklatant sein mögen wie im grenzüberschreitenden Bereich, so sind sie doch nicht zu negieren.

licher Streitbeilegungsstellen bei bestimmten Konflikten[113], was der Akzeptanz dieser Art von Verfahren kaum förderlich ist. Die Politik der EU-Kommission setzt dagegen auf Freiwilligkeit (teilweise sogar etwas zu weitgehend). Dieses Moment entspricht mehr der Natur alternativer Konfliktlösungsverfahren als das (staatstypische) autoritäre (zwingende) Streitbeilegungsverfahren.

Der Hauptansatz in Deutschland „zur Entlastung der Justiz" bewegt sich also immer noch mehr im direkten forensischen Umfeld[114]. Es werden Korrekturen der ZPO vorgenommen, um eine „Entlastung der Justiz" zu schaffen bzw. diese effizienter zu machen. Außergerichtliche Alternativen werden nach wie vor nur in zweiter Linie angedacht. Fraglich ist, ob in Zukunft ein „gemeinsamer Ansatz" zu erwarten ist.

Die von der Kommission bisher verfolgte Politik lässt den Mitgliedstaaten große Freiheiten. Zum einen werden lediglich Rahmenbedingungen geschaffen (z.B. Einrichtung eines gemeinschaftsweiten Netzes, Einführung von Formblättern usw.), zum anderen werden in (unterschiedlichen) Empfehlungen Mindestkriterien für außergerichtliche Verfahren festgelegt und schließlich werden in (eigentlich verbindlichen) sektorspezifischen Richtlinien vage „Empfehlungen" ausgesprochen, welche die Mitgliedstaaten zu nichts verpflichten („ermutigen", „...tragen dafür Sorge....", „....wirken darauf hin....", „fördern" usw.).

Solange diese Politik in dieser Form weiter betrieben wird, steht nicht zu erwarten, dass sich in naher Zukunft Wesentliches an der „außergerichtlichen Streitbeilegungskultur" in Deutschland ändert. Auf lange Sicht kann jedoch der Gedanke des Verbraucherschutzes und das marktwirtschaftliche Argument ein „Verbindungsglied" zwischen der Politik der Kommission und dem nationalen Ansatz sein. Sowohl der europäische als auch der nationale Ansatz betonen den Verbraucherschutz, wenn auch mit unterschiedlichen Prioritäten bzw. Vorzeichen, als wesentliches Ziel ihrer Politik. Da der Begriff grundsätzlich positiv besetzt ist, bestehen keine Bedenken dagegen, ihn selbständig „zu vermarkten", was geradewegs in das zweite verbindende Element führt, nämlich die Förderung der (gemeinschaftsweiten und nationalen) Konjunktur.

Sobald auch in Deutschland erkannt wird, dass ADR- (und auch ODR-) Verfahren (wesentliche) Vorteile im Verhältnis zu gerichtlichen Verfahren bieten, die auch zu wirtschaftlichen Vorteilen führen können[115], bestünden wohl auch hierzulande keine Hinde-

---

113 vgl. § 15a EGZPO, der nach ersten Erfahrungen kaum den gewünschten Erfolg gebracht hat, der von ihm in Bezug auf die Justizentlastung erwartet wurde (in manchen Bundesländern wurde die streitwertabhängige obligatorische Streitschlichtung bereits wieder aufgehoben!), vgl. hierzu den Abschlussbericht zum Forschungsprojekt „Außergerichtliche Streitbeilegung in Bayern" der Friedrich-Alexander-Universität Erlangen-Nürnberg.

114 In diesem Sinne auch Tonner, ADR in the European Union, 427, wo er die Situation in Deutschland beschreibt: „....There are two approaches under discussion. The more important is to make judicial procedures more efficient, and the other is to shift disputes away from the courts wherever possible."

115 Nämlich größeres Vertrauen der Verbraucher in schnelle und effektive Konfliktlösungen und damit auch größeres Vertrauen in den Markt

rungsgründe mehr, derartige Verfahren weiter auszubauen. Insbesondere für Unternehmen, die auch im Ausland tätig sind (aber in Deutschland ihren Sitz haben und hierzulande Abgaben entrichten und Arbeitsplätze schaffen), bieten derartige Verfahren große Vorteile im Vergleich zu Gerichtsverfahren, bei denen der Aufwand gerade bei grenzüberschreitenden Streitigkeiten oft in keinem Verhältnis zum Nutzen steht.

Kann dieser „Erkenntnisprozess" beschleunigt werden?

Selbstverständlich könnte eine „Harmonisierung" durch verbindliche Vorgaben seitens der Kommission beschleunigt werden. Diese Vorgehensweise würde jedoch in die falsche Richtung führen, solange der nationale Gesetzgeber (und auch der Verbraucher!) nicht wirklich überzeugt von den Chancen ist, welche derartige Verfahren bieten. Überzeugungsarbeit von Seiten der Kommission ist von daher eine wesentliche Voraussetzung für den Erfolg dieser Verfahren auch in Deutschland. Das jüngste Grünbuch der Kommission zur außergerichtlichen Streitbeilegung (KOM (2002) 196 endg.) berücksichtigt dies zwar nicht. Sofern der dort gezeigte resolute Weg weiter gegangen wird und zeitlich hierzu Überzeugungsarbeit geleistet wird, ist dagegen nichts einzuwenden[116].

Was sollte der nationale Gesetzgeber veranlassen, um ADR und ODR-Verfahren in Deutschland zum Durchbruch zu verhelfen?

Auch hier wären verbindliche Vorgaben kontraproduktiv[117]. Vielmehr ist eine intensivere Kooperation mit den EU-Organen wünschenswert, die auf einen Ausbau der Infrastruktur für derartige Verfahren und eine gemeinsame „Werbe-" bzw. „Vermarktungsstrategie" hinausläuft[118].

Welche Maßnahme könnte die Kommission ergreifen, um ADR- und ODR-Verfahren zum Durchbruch zu verhelfen?

Es wäre wünschenswert, wenn in nächster Zukunft diskutiert würde, die Empfehlungen 98/257/EG und 2001/310/EG zum einen zusammenzufassen und zum anderen (und das ist noch wichtiger!) diese Empfehlungen in verbindliche Regelungen umzugestalten. Die Vorteile einer derartigen Änderung wurden bereits erwähnt. Hieraus ergibt sich kein weiter gehender Zwang, derartige Einrichtungen erst zu schaffen oder diese einem Ge-

116 Auch wenn, wie gezeigt, das jüngste Grünbuch ansonsten genügend Anlass zur Kritik geben könnte bzw. gibt.

117 vgl. hierzu Stadler in NJW 1998, S.2480, die z.B. auf das „Gesetz zur Wiederherstellung der Rechtseinheit auf dem Gebiet der Gerichtsverfassung, der bürgerlichen Rechtspflege, des Strafverfahrens und des Kostenrechts" (BGBl 1950 I, 455, 473) verweist. Danach ist § 495a ZPO a.F. (welcher die obligatorische Streitschlichtung zum Inhalt hatte) wegen Erfolgs- und Bedeutungslosigkeit wieder abgeschafft worden. Zur grundsätzlichen Kritik an obligatorischen außergerichtlichen Verfahren vgl. u.a. Hager, S. 100, Stadler, a.a.O. sowie oben im Zweiten Teil.

118 Dass dieser Punkt noch sehr im argen liegt, zeigt auch das Umfrageergebnis bei Vertragsabschlüssen im Fernabsatz, welches im Anhang zum Bericht der Kommission an den Rat und das Europäische Parlament über Verbraucherbeschwerden im Zusammenhang mit Fernabsatz und vergleichende Werbung aufgeführt ist, KOM (2000), 127 endg., S. 23. Deutschland ist nach dieser Umfrage das einzige Land in der EU, welches kein Zahlenmaterial liefert (liefern kann?). Angeblich lägen der Bundesregierung keine Angaben zu Verbraucherbeschwerden vor. Statistische Angaben seien nicht erhältlich gewesen.

richtsverfahren obligatorisch vorzuschalten. Leider wurde diese Handlungsoption im letzten Grünbuch der Kommission nicht in Erwägung gezogen.

Außerdem sollte die Kommission für eine regelmäßige Kontrolle der Einhaltung der Mindestgarantien im Rahmen dieser Verfahren Sorge tragen (über die Clearingstellen) und die Federführung hinsichtlich der technischen Umsetzbarkeit und der „Vermarktung“ übernehmen. Weiter sollte die Kommission eine Änderung bzw. Ergänzung der sog. Prozesskostenhilfe-Richtlinie (2002/8/EG) vornehmen. Von der Richtlinie sollten alle freiwilligen ADR-Verfahren erfasst werden, welche die Vorgaben der Empfehlung 98/257/EG erfüllen, also einen gewissen Mindeststandard an Verfahrensgarantien sicherstellen.

Hervorzuheben ist der Ansatz der Kommission, durch die Initiierung bestimmter Pilotprojekte den Ausbau von ADR und vor allem ODR voranzutreiben. Als Beispiel mag hier der ODR-Provider Ecodir dienen, der von Europäischen Kommission unterstützt wird[119]. Auch in Deutschland wäre die Förderung vergleichbarer Pilotprojekte denkbar. Eine derartige Förderung findet bisher jedoch nicht statt. ODR scheint in der deutschen „Alternativen-Debatte“ nicht existent. Demgegenüber ist in der EU seit mehreren Jahren eine intensive Beschäftigung mit dieser „Technik“ zu bemerken. Diese Diskrepanz hat zwar einen verständlichen rationalen Hintergrund[120]. Dennoch erscheint die vollkommene Außerachtlassung dieser modernen Art der Streitbeilegung im nationalen Bereich kaum nachvollziehbar.

Schließlich ist das von der EU präferierte Modell der Selbstregulierung zu betonen. Dem setzt die deutsche ADR-Debatte ihr „obrigkeitsstaatliches Modell“ einer aufoktroyierten Streitbeilegung entgegen[121]. Allerdings beinhaltet auch das Selbstregulierungsmodell noch nicht zu vernachlässigende Risiken bzw. Schwächen. Da ist vor allem die oftmals mangelhafte Neutralität der ADR-Stellen zu nennen, die im Wege der Selbst-

119 Die Pilotphase lief bis Juni 2003. Danach sollte eine Evaluation der mit ODR gemachten Erfahrungen folgen. Partner des Ecodir-Projekts sind das Centre de Recherches Informatique et Droit der Faculteìs Universitaires Notre-Dame de la Paix in Belgien, die rechtswissenschaftliche Fakultät der University College Dublin in Irland, das Centre d'Eìtudes sur la Coopeìration Juridique Internationale in Frankreich, das Centre de Recherche en Droit Public der rechtswissenschaftlichen Fakultät der Universität Montreal in Kanada, das Centre d'estudis de Dret i Informaìtica de Balears der Universität der Balearischen Inseln in Spanien, das Cellule Interfacultaire de Technology Assessment der Universität Notre-Dame de la Paix in Belgien, das Centre de Meìdiation et d'arbitrage de Paris in Frankreich, das Institut für Informations-, Telekommunikations- und Medienrecht der Universität Münster in Deutschland, Globalsign, ein belgisches Privatunternehmen sowie OnlineResolution, ein US-amerikanischesr ODR-Provider. Diese Evaluation zeigte positive Ergebnisse auf, so dass beschlossen wurde, dieses Projekt weiterzuführen.

120 Der größere „Druck“ zur Schaffung bzw. zum Ausbau derartiger Verfahren wird im Hinblick auf erheblich höhere Kosten im grenzübergreifenden B2C-Verkehr verständlich.

121 vgl. hierzu näher im Zweiten Teil des Dritten Hauptteils

regulierung geschaffen wurden und kontrolliert werden[122]. Allerdings ist dieses Problem eng verbunden mit der Finanzierung derartiger ADR-Stellen[123]. In Zeiten knapper öffentlicher Kassen scheint die Verlagerung von Teilen der Justiz auf private Konfliktbeilegungsstellen ein Mittel zur Aufrechterhaltung der Funktionen des Rechtsstaats[124].

Die Probleme der mangelnden Neutralität könnten (auf nationaler Ebene) zumindest relativiert werden entweder durch verstärkte staatliche Kontrolltätigkeit, die auf traditionellen gewerberechtlichen Instrumentarien fußt[125] oder durch eine direkte Beteiligung staatlicher Bediensteter in den ADR-Stellen, die als „Hüter der Gesetze" fungieren könnten[126]. Werden die genannten Möglichkeiten nicht ausgeschöpft, droht die bereits überwunden geglaubte Divergenz scheinbarer Objektivität der Gesetze und faktischem Machtungleichgewicht zwischen Verbraucher und Handel/Handwerk/Industrie auf „prozessualer Ebene" wieder aufzuleben.

Nachdem der Sondergesetzcharakter verbraucherschützerischer Gesetze, die insbesondere durch EU-Initiativen Eingang in das deutsche Recht gefunden haben[127], nun endlich (zumindest in nicht unerheblichem Maße) aufgehoben wurde und damit die Materialisierungsthese weitgehend obsolet geworden ist[128], drohen also neue Ungleichgewichte auf Verfahrensebene. Durch eine zunehmende Verlagerung der Justiz auf den privaten Sektor im Wege der Selbstregulierung hat es der Handel/das Handwerk/die Industrie weitgehend selbst in der Hand, zu bestimmen, „was Recht ist". Dies gilt umso mehr, als dass die (materiellen) Verbraucherschutzgesetze im Bereich ADR/ODR nur geringe Bedeutung entfalten, da sich diese Verfahren mehr den Grundsätzen der „Billigkeit" als des „Rechts" verbunden fühlen.

Allerdings scheint dennoch eine Verbesserung der Position des Verbrauchers erzielt: In früheren Jahren, als Verbraucherschutzgesetze noch nicht oder nur unzureichend Eingang in das BGB gefunden haben, erschienen vorhandene Disparitäten subtiler. Die Objektivität des Gesetzes wurde nicht angezweifelt. Zweifel hinsichtlich der (scheinbaren) Objektivität konnten leicht als ideologisch diskreditiert werden. Nun, nachdem verbrau-

---

122 Demgegenüber kann der Einwand von Viitanen (The Crisis of the Welfare State, Privatisation and Consumers' Access to Justice in Wilhelmsson/Hurri, 555), privat geschaffene und unterhaltene ADR-Stellen wären weniger kompetent als staatliche, nicht o.w. Geltung beanspruchen. Oftmals scheint sogar genau das Gegenteil zuzutreffen, insbesondere im Bereich sektorspezifischer Ansätze.

123 Micklitz, DRiZ 1983, 126; auf europäischer Ebene Viitanen, a.a.O.

124 Insofern kann hier eventuell „aus der Not eine Tugend gemacht werden". Erst durch den äußeren Zwang begrenzter staatlicher Mittel kann in Deutschland die ADR-Debatte belebt werden. Viitanen, 560 schreibt hierzu: „....Thus, in spite of their different aims, the access to justice movement and the tendency to cut expenses caused by the court system might find the same way to achieve their particular aims: alternative dispute resolution."

125 Beispielsweise § 35 GewO

126 in diesem Sinne auch Viitanen, 564

127 Also v.a. AGBG, VerbrKrG, HausTWG, FernabsatzG

128 Die Materialisierungsthese beschreibt und analysiert die zum Abbau von Disparitäten notwendige Politisierung des Rechts, eingehend hierzu Micklitz, Der Reparaturvertrag, 147 ff.

cherschützerische Normen Eingang in das BGB gefunden haben, unterliegen diese Gesetze keinem Rechtfertigungsdruck mehr. In einem gerichtlichen Verfahren müssen diese Gesetze beachtet werden, wodurch der Verbraucher in eine erkennbar bessere Position rückt als beispielsweise noch vor 20 Jahren.

In diese Zeit der endgültigen Implementierung der Verbrauchergesetze in das BGB fällt nun die Diskussion der Verlagerung staatlicher Justiz bzw. Konfliktbeilegung auf nichtstaatliche Stellen. Durch die dabei in den Fokus der Diskussionen rückenden Selbstregulierungsansätze bekommt der Handel/ das Handwerk/die Industrie (wieder) die Möglichkeit der Eigensteuerung des Verbraucherschutzes. Allerdings treten diese Eigensteuerungsmechanismen hier wesentlich offenkundiger zu Tage als dies bei der Diskussion um die Materialisierungsthese noch der Fall war. Das Gewerbe hat es erheblich schwerer, die erwähnte Eigensteuerung zu rechtfertigen, da der Mangel an Neutralität offensichtlich ist. Der Verbraucher wird nur ungern eine Konfliktbeilegungsstelle aufsuchen, von der er von vorne herein weiß, dass die erforderliche Neutralität nicht gewährleistet ist. In diesem Fall wird er den gerichtlichen Weg vorziehen. Um diesen, für das Gewerbe nicht opportunen Weg zu umgehen, muss sich das Gewerbe Gedanken darüber machen, wie dem Verbraucher Anreize gegeben werden können, „seine" ADR-Stelle aufzusuchen. Ein derartiges Anreizsystem lässt sich jedoch nicht vereinbaren mit dem nationalen Ansatz, im Wege obligatorischer Streitschlichtung eine „Entlastung der Justiz" herbeizuführen.

Dieses „traditionell deutsche" obrigkeitsstaatliche Prinzip muss durch einen marktwirtschaftlichen Ansatz, den offenkundig die Kommission der EU verfolgt, ersetzt werden. Der erforderliche Konkurrenzdruck unter den ADR/ODR-Anbietern wird dafür sorgen, dass das Anreizsystem zu einer echten Verbesserung der Situation des Verbrauchers führt. Wird dieses Anreizsystem verbunden mit der unabdingbaren Rechtsweggarantie, dann werden die Vorteile des Verbrauchers offenkundig. Er kann sich überlegen, ob er den einfachen außergerichtlichen Weg wählt, wobei er hier wiederum eine Wahlmöglichkeit zwischen mehreren ADR/ODR- Anbietern hat oder ob er sofort (oder nach Durchführung eines ADR/ ODR-Verfahrens) den Rechtsweg einschlägt, der ihm die Beachtung verbraucherschützerischer Gesetze garantiert.

Eines der Hauptprobleme sowohl der europäischen als auch der nationalen „access to justice"-Debatte liegt in der Finanzierung der Konfliktbeilegungsstellen, seien sie staatlich oder privat organisiert. So liegt das Hauptmotiv des deutschen Gesetzgebers zur „Förderung" alternativer Streitbeilegung in der Ausgabensenkung bzw. Effizienzsteigerung staatlicher Justiz. Im privaten Sektor führt die Diskussion um mangelnde Neutralität der ADR/ODR-Anbieter direkt zur Frage der Finanzierung dieser Stellen. Die öffentliche und die private Diskussion werden daher lediglich mit umgekehrten Vorzeichen geführt.

Auf diesen Erkenntnissen aufbauend, wird mancherorts vorgeschlagen, zwischen öffentlichen und privaten Anbietern von Streitbeilegungsstellen im Verbraucherbereich (also eingeschlossen das Gerichtswesen) keine strikte Trennung mehr vorzunehmen, sondern vielmehr eine gegenseitige Finanzierung als Ziel anzustreben. Nur so seien die momentanen Probleme lösbar[129].

Von diesem Weg ist jedoch abzuraten. Denn in dem Fall, in dem sowohl das staatliche Rechtswesen als auch das privatisierte Streitbeilegungswesen teils staatlich, teils privat finanziert werden, erscheint eine wirklich objektive Streitbeilegung für den Verbraucher in keinem Fall mehr gewährleistet. Denn so fände eine (gerichtliche und außergerichtliche) Verschiebung hin zum Gewerbelager statt. Der Staat kann schließlich nicht als „Verbraucherschutzorganisation“ angesehen werden, vielmehr als objektiver Hüter der Gesetze, der weder dem Verbraucher- noch dem Gewerbelager zuzurechnen sein dürfte. Eine tatsächlich objektive Entscheidung ist von daher nur dann gewährleistet, wenn sich das Gewerbe der Finanzierung öffentlicher Streitbeilegungsstellen (also auch Gerichten) und damit zugleich (zwangsläufig?) der Einflussnahme auf den Entscheidungsvorgang enthält.

Dem Verbraucher muss zumindest die Möglichkeit eröffnet bleiben, eine objektive Streitbeilegungsstelle aufzusuchen, die keine Einflussnahme von „dritter Seite“ zulässt[130]. Selbstverständlich ist damit der Einfluss des Gewerbes auf (im Wege der Selbstregulierung errichtete) privatisierte Streitbeilegungsstellen offenkundig nicht zu beseitigen; vielmehr wird er hierdurch sogar eher bekräftigt. Diese Tatsache ist zu bedauern, entspringt aber einer realitätsbezogenen Sichtweise.

Derartige Abhängigkeiten können jedoch durch mehrere Maßnahmen zumindest relativiert werden. Zum einen kann das Instrument der Selbstregulierung auch zu einem gewissen Grad für die Erhaltung eines bestimmten Qualitätsstandards bürgen. Marktwirtschaftliche Gesichtspunkte sorgen für einen gewissen Wettbewerbsdruck, was wiederum zu einer Verbesserung der Position des Verbrauchers führen mag. Auch die mögliche Einflussnahme von Verbraucherorganisationen in den ADR-Stellen führt zu einer „Bewegung hin zur Mitte“.

Schließlich sind auch keine Gründe dafür ersichtlich, warum sich der Staat vollkommen aus der ADR-Diskussion herausnehmen sollte. Ihm bleiben immer noch bestimmte gewerberechtliche Einflussmöglichkeiten sowie die direkte Beteiligung in den ADR-Stellen selbst. Derartige Beteiligungen können auch vom Staat erwartet werden, da er

---

129 vgl. hierzu Viitanen, 564: „....Because the private system only works properly with essential state subsidies, the privatisation – in its normal meaning – of already existing public systems is not sensible for economic reasons. However, there are no reasons why enterprises and trade organisations should not participate in the expenses incurred by the public system. This would be in keeping with the tendency to cut public expenses. At least to some extent one could claim that this would mean that the public access to justice system would become partly privatised.“

130 Dem sich dabei aufdrängenden Gegenargument, dass das Gericht „nach Recht und Gesetz“ entscheiden müsse, von daher eine Einflussnahme gar nicht möglich ist, kann entgegen gehalten werden, dass eine exakt prognostizierbare Entscheidung „nach Recht und Gesetz“ lediglich eine Fiktion ist. Der Richter hat auch in seinem Entscheidungsfindungsprozess genügend Möglichkeiten, bestimmten Argumenten mehr oder weniger Berücksichtigung zu geben. In praxe findet auch im Gerichtssaal oftmals ein Feilschen um die unterschiedlichen Interessen statt.

letztlich von der zunehmenden Inanspruchnahme von ADR/ ODR-Verfahren durch den Bürger profitiert. Diese Beteiligungen müssen dabei nicht so weit gehen, wie er selbst durch die Verlagerung der Konfliktbeilegung auf privatisierte Stellen „einspart". Zumindest einen gewissen Anteil des „Einsparungsbetrages" könnte er jedoch in derartige Stellen reinvestieren. Diese Reinvestition käme ihm durch eine (hierdurch) weiter verstärkte Inanspruchnahme der ADR-Stellen durch die Verbraucher zugute.

Wesentlich an einem derartigen Konzept ist jedoch die unabdingbare Beibehaltung des staatlichen Justizwesens, welches immer noch für eine Korrektur gewisser Schieflagen sorgen können muss. Sofern der Verbraucher über diese Hintergründe hinreichend aufgeklärt wird, steht einer Extensivierung privatisierter ADR-Stellen nichts entgegen.

In einem Punkt ist Viitanen jedoch Recht zu geben. Sofern der Staat – wie es in Deutschland der Fall ist – der ADR/ODR-Debatte nur deshalb Aufmerksamkeit schenkt, weil er hierdurch eine Chance zur Einsparung öffentlicher Gelder erkennt, wird die Entwicklung von ADR/ODR in Deutschland in der Tat gefährdet[131]. Nur dann, wenn der Staat auch tatsächlich von der möglichen Qualität von ADR/ODR-Verfahren überzeugt ist, kann es zu einem endgültigen Durchbruch dieser Konfliktbeilegungsmethoden auch in Deutschland kommen.

II. Konsequenzen vorhandener Disparitäten nationaler und supranationaler Ansätze zur Extensivierung von ADR/ODR für das Schiedsstellenwesen in Deutschland

Die Auswirkungen sowohl des nationalen als auch des europäischen Ansatzes zur Förderung von ADR/ ODR auf das Schiedsstellenverfahren wurden bereits beschrieben. Dabei wurde festgestellt, dass zumindest momentan der nationale Ansatz offenbar größere Auswirkungen auf das Schiedsstellenwesen in seiner jetzigen Form hat als der europäische. Dies mag seinen Grund zum einen in der Tatsache haben, dass sich die europäische Verbraucherpolitik vor allem mit bestimmten „modernen B2C-Materien" befasst, das Reparaturhandwerk von der bisherigen Politik der Kommission bisher also weitgehend ausgespart blieb. ADR/ODR ist jedoch prinzipiell unabhängig von der zu behandelnden Konfliktmaterie. Lediglich die Regelungen im Detail mögen differieren.

Zum anderen, und dies ist wohl die Hauptursache, ist der (bisher) mangelnde Einfluss der Politik der Kommission auf das Schiedsstellenwesen in der sehr zurückhaltenden Politik der EU-Kommission zu erblicken, die von den ihr zur Verfügung stehenden Kompetenzen nur beschränkt Gebrauch macht.

Ganz im Gegensatz hierzu setzt der deutsche Ansatz primär auf gesetzlich vorgegebenen Zwang. Von daher sind die Unterschiede in den Auswirkungen der differenten Ansätze leicht verständlich.

131 Viitanen in Wilhelmsson/Hurri, 564: „....However, there is always a danger that priority is given to private systems mainly with the purpose of saving public expenses. If this is the case, access to justice will certainly be jeopardised."

Langfristig wird sich jedoch das Schiedsstellenwesen durch den europäischen Ansatz zu erheblichen Umstrukturierungen gezwungen sehen. Diese Prognose ergibt sich nicht zuletzt aus dem letzten Grünbuch der Kommission zur außergerichtlichen Streitbeilegung in Zivil- und Handelssachen[132], in welchem die Kommission (eigentlich zum ersten Mal) einen „resoluten Ansatz" aufzeigt. Vor allem der Passus über die Zulassung und Ausbildung der ADR-Verantwortlichen kann langfristig zu wesentlichen Änderungen der bisherigen Praxis führen.

Demgegenüber scheint der insbesondere von der EU-Kommission favorisierte Selbstregulierungsansatz die Schiedsstellenarbeit nur unwesentlich zu beeinträchtigen, da dieser Ansatz dem Schiedsstellenwesen bereits (zumindest teilweise) zugrunde liegt. Die Schiedsstellen kommen sogar durch ihre Besetzung einer relativ neuen Forderung nach, nämlich staatliche und nichtstaatliche Träger in sich zu vereinen.

Dabei darf jedoch nicht übersehen werden, dass dieser moderne Ansatz wohl als Prämisse die Neutralität der staatlichen Stelle in sich birgt. Davon ist jedoch weder im Falle der Handwerkskammer, die oftmals den Vorsitzenden der Schiedskommission stellt noch im Falle der Innung auszugehen. Insofern sollten die Schiedsstellen, insbesondere was den Vorsitz anbelangt, eine wirklich neutrale (am besten dem Staat zuzuordnende) Person integrieren, die ausreichendes rechtliches Wissen mitbringt. Nur hierdurch kann den „neuen Verbraucherschutzgesetzen" auch im Schiedsstellenverfahren die Bedeutung zukommen, die ihnen gebührt.

Der Gedanke der Streitbeilegung mittels ODR wurde von den Schiedsstellen offensichtlich bisher noch nicht ausreichend diskutiert. Die lebhafte Diskussion innerhalb der EU über diese Art der Streitbeilegung zeugt jedoch von dem ernsthaften Versuch, dieser Methode der Konfliktbeilegung zum Durchbruch zu verhelfen.

Da sich ODR auch für Konflikte außerhalb des „elektronischen Umfelds" anbietet und zudem nicht auf grenzübergreifende Konfliktbeilegung beschränkt ist, muss davon ausgegangen werden, dass diese Methode der Konfliktbeilegung auch in Deutschland bald populärer wird. Daraus könnten ernsthafte Konkurrenten für die Schiedsstellen in Form bestimmter ODR-Anbieter erwachsen. Sollten es die Schiedsstellen versäumen, diesem Markt genügend Aufmerksamkeit zukommen zu lassen, droht ein Verlust bestehender Besitzstände[133].

Die Kommission geht davon aus, dass „die Festschreibung entsprechender Grundsätze auf europäischer Ebene die Durchführung außergerichtlicher Verfahren zur Beilegung von Verbraucherrechtsstreitigkeiten vereinfachen könnte. Damit könnte, mit Blick auf grenzübergreifende Streitfälle, das gegenseitige Vertrauen der außergerichtlichen Einrichtungen der einzelnen Mitgliedstaaten wie auch das Vertrauen der Verbraucher in die auf nationaler Ebene bestehenden Verfahren gestärkt werden. Diese Kriterien würden den

---

132 KOM (2002) 196 endg.

133 vgl. hierzu auch das bereits laufende ODR-Pilotprojekt im Bereich der Kfz-Reparatur, welches von der portugiesischen Schlichtungsstelle (CdA) durchgeführt und von der EU-Kommission unterstützt wird (vgl. oben im Dritten Hauptteil, Dritter Teil, III.2.).

in anderen Mitgliedsstaaten ansässigen Anbietern außergerichtlicher Dienste erleichtern, ihre Dienste in einem anderen Mitgliedstaat anzubieten."[134]. Das würde bedeuten, dass für die hiesigen Schiedsstellen „Konkurrenz aus dem europäischen Ausland droht".

Durch die Schaffung von Clearingstellen in den einzelnen Mitgliedstaaten der Europäischen Union wird nun zudem auch „nichtdeutschen" Verbrauchern innerhalb der EU die Möglichkeit eröffnet, über die Schiedsstellen eine Konfliktbeilegung herbeizuführen. Die Schiedsstellen müssen von daher von einer verstärkten Inanspruchnahme auch aus dem europäischen Ausland ausgehen. Eine intensivere Zusammenarbeit mit den Clearingstellen erscheint erforderlich.

Dies gilt auch deshalb, weil die Verbraucherzentren bzw. das ECC-Net unter anderem die Aufgabe wahrnehmen sollen, die aufgelisteten ADR-Stellen der einzelnen Mitgliedstaaten auf die Einhaltung der in der Empfehlung 98/257/EG genannten Mindestgarantien hin zu überprüfen. Hier kommt es maßgeblich auf das Selbstverständnis des nationalen Verbraucherzentrums an, ob und inwieweit sie diese Aufgabe ausfüllen. Theoretisch wäre hier ein verstärkter Druck auf die Schiedsstellen denkbar[135].

Dies würde jedoch voraussetzen, den Europäischen Verbraucherzentren auch die entsprechenden Mittel an die Hand zu geben, um diese Aufgabe gewissenhaft erfüllen zu können. Das ist zwar momentan offenbar noch nicht geschehen, könnte aber bereits in nächster Zukunft Realität werden, da eine Extensivierung des Aktionsradius der Europäischen Verbraucherzentren offenbar angestrebt wird. Eine Kontrollmöglichkeit der Verbraucherzentren hinsichtlich der Einhaltung der in der Empfehlung 98/257/ EG genannten Mindestgarantien würde auch auf nationaler Ebene Wirkung entfalten.

Hierdurch kämen die Schiedsstellen in einen verstärkten Rechtfertigungsdruck, was sich positiv für den Verbraucher auswirken würde. Es bleibt zu hoffen, dass die Kommission diese Chance erkennt und den Verbraucherzentren die erforderlichen Mittel zur Verfügung stellt, damit diese derartige Aufgaben auch in der Praxis wahrnehmen können.

Wie sich die europäische und nationale Entwicklung in Zukunft gestaltet, lässt sich schwer prognostizieren. Fest steht jedoch, dass die europäische Komponente auch Gedanken anderer Staaten zum Thema „außergerichtliche Streitschlichtung" stärker betonen

---

134 vgl. hierzu den Wortlaut der Empfehlung 98/257/EG

135 Diese genannte Kontrollmöglichkeit ergibt sich zwar nicht unmittelbar aus der Entscheidung des Rates vom 28.5.2001 über die Einrichtung eines Europäischen Justiziellen Netzes für Zivil- und Handelssachen (2001/470/EG). Sowohl aus einer Pressemeldung vom 16.10.2001 (das Dokument kann aus dem Internet über folgende URL heruntergeladen werden: *http://europa.eu.int/comm/dgs/health_consumer/library/press/press197_de.pdf*) als auch aus den entnommenen Ausführungen eines durchgeführten workshops zum Thema EEJ-Net (dieses Dokument hat folgende URL: *http://europa.eu.int/comm/consumers/policy/developments/acce_just/acce_just07_proc_en.html*) wird jedoch deutlich, dass dem EEJ-Net (bzw. jetzt ECC-Net) bzw. dem zuständigen Verbraucherzentrum (Clearingstelle) diese Kompetenz zugestanden wird, auch wenn zum einen an der organisatorischen Durchführbarkeit gezweifelt wird als auch zum anderen de facto der Clearingstelle keine Kompetenzen zur Verfügung stehen, die ADR-Stellen zur Einhaltung der Mindestgarantien zu zwingen. Rechtlich dürften einer bloßen Überwachung hinsichtlich der Einhaltung der Mindestgarantien keine Bedenken entgegenstehen.

wird. So könnte der in Deutschland bisher noch bestehende „Zunfttyp“ defensiver Beschwerdebehandlung, so wie er in den Schiedsstellen für das Kfz-Handwerk noch zu beobachten ist, vom Typ der „organisierten Interessenvertretung“, wie er bereits jetzt z.B. in skandinavischen Staaten vorherrscht, abgelöst werden.

Vierter Hauptteil: Zusammenfassung der gewonnenen Erkenntnisse unter rechtlichen und pragmatischen Aspekten und Ausblick auf die weitere Entwicklung außergerichtlicher Streitbeilegung

Erster Teil: Zusammenfassung der gewonnenen Erkenntnisse unter rechtlichen und pragmatischen Aspekten

I. Rechtliche Einordnung des Schiedsstellenverfahrens und seiner Peripherie

1. Rechtliche Bewertung des Schiedsstellenverfahrens

a) Rechtliche Bewertung verfahrensinterner Vorgänge

Das Schiedsstellenverfahren im Bereich des Kfz-Handwerks ist zweistufig ausgestaltet. Die Zweistufigkeit spiegelt sich in der MuGVO in § 1 Abs. 1 lit.b wider, nach dem eine „Entscheidung" durch die Schiedsstelle in aller Regel erst dann gefällt werden soll, wenn eine „gütliche Beilegung" des Konflikts gescheitert ist[1]. Auf der ersten Stufe wird also seitens der Schiedskommission versucht, eine konsensuale Konfliktlösung herbeizuführen. Das Verfahren betritt nur dann die zweite (Entscheidungs-) Stufe, wenn auf der ersten Stufe keine Lösung des Konflikts erzielt werden kann. Das Schiedsstellenverfahren enthält demnach Elemente konsensualer („mediativer") und autoritativer („schlichtender") Konfliktlösung.

Das Verfahren kann entweder als Schiedsgutachten- oder als ADR-Verfahren mit empfehlendem Charakter durchgeführt werden. Die Bestimmung, um welche Art des Verfahrens es sich handelt, ist maßgeblich vom Parteiwillen sowie von den Einzelfallumständen abhängig. In der Regel wird ein ADR-Verfahren mit empfehlendem Charakter vorliegen.

Die Schiedsstelle selbst setzt sich in der Regel aus einer Geschäftsstelle, bei der die Anrufungen eingehen und welche die „Zulässigkeitsprüfung" vornimmt und einer Schiedskommission zusammen. Manche Schiedsstellen bilden zudem noch Vorkommissionen.

Die Geschäftsstellen, bei denen auch das Vorverfahren durchgeführt wird, können als „Drehscheibe der Schiedsstellenanträge" betrachtet werden. Die Bedeutung der ihnen über die Geschäfts- und Verfahrensordnung zugewiesenen Tätigkeiten steht außer Verhältnis zu ihrer sachlichen und personellen Ausstattung. Die mangelnde Transparenz der Vorgänge im Vorverfahren bildet die Hauptkritik am Verfahren. Zudem ist ein Verstoß gegen Vorschriften des Rechtsberatungsgesetzes offensichtlich.

---

1 vgl. hierzu den Wortlaut von § 1 Abs. 1 lit.b MuGVO, wonach diese Erkenntnis durch das Wort „möglichst" unterstrichen wird.

Die Schiedskommissionen bei den Schiedsstellen, vor denen das Hauptverfahren durchgeführt wird, sind nicht paritätisch besetzt. Das Übergewicht des Handwerks bzw. der Industrie ist evident. Diese Tatsache hat erhebliche Auswirkungen unter rechtlichen Aspekten und solchen des Verbraucherschutzes.

Über 80% aller eingehenden Schiedsstellenanträge werden im Vorverfahren entschieden. Diese Zahl belegt die große Bedeutung der Geschäftsstellen, bei denen das Vorverfahren durchgeführt wird. Im Rahmen dieses Vorverfahrens sind bestimmte formelle Kriterien zu prüfen, die sich aus der jeweiligen Verfahrensordnung ergeben[2]. Werden diese erfüllt, wird die Angelegenheit dem Beschwerdegegner zur Stellungnahme übersendet, ansonsten wird die Durchführung des Verfahrens abgelehnt. Bei einem Streit über die Zulässigkeit der Anrufung entscheidet gemäß § 4 Abs. 1 Satz 7 MuGVO die Schiedskommission. Bei der Zuständigkeitsprüfung treten gerichtliches und außergerichtliches Verfahren in ein „verdichtetes Konkurrenzverhältnis" zueinander, sofern die Überprüfbarkeit des Reparaturpreises zur Disposition steht.

Ist die Anrufung zulässig, dann ist das eigentliche Vorprüfungsverfahren beendet. Das Zwischenverfahren beginnt mit der Übersendung der Anrufungsschrift an den Beschwerdegegner und endet, wenn entweder innerhalb von vier Wochen eine Einigung zwischen den Konfliktparteien zustande kommt oder wenn die Geschäftsstelle nach Ablauf von vier Wochen mangels Einigung den Vorgang mit sämtlichen Unterlagen dem Vorsitzenden der Schiedskommission zur weiteren Behandlung durch die Schiedskommission vorlegt. Es dauert also nach der MuGVO maximal vier Wochen. Das Zwischenverfahren wird entweder von einer Vorkommission oder von der Geschäftsstelle oder dem Vorsitzenden der Schiedskommission durchgeführt. Die Ausgestaltung des Zwischenverfahrens ist in der MuGVO unzureichend geregelt.

Im Hauptverfahren gelten die Prinzipien der Unabhängigkeit (§ 2 Abs. 3 MuGVO), des rechtlichen Gehörs (§§ 3, 4 Abs. 2 Satz 1 MuGVO), der Beschleunigung des Verfahrens (§ 4 Abs. 1 und 2, § 5 Abs. 3, 4 und 5 MuGVO), der Nichtöffentlichkeit (§ 5 Abs. 3 MuGVO), der Rechtswegöffnung (§ 3 Abs. 5 MuGVO) sowie der Mündlichkeit (§ 5 Abs. 1 Satz 1 MuGVO). Zudem findet auf Schiedsstellenverfahren grundsätzlich das Ermittlungsprinzip Anwendung. In diesem Bereich muss jedoch eine gewisse Flexibilität gewahrt bleiben. Aus § 8 MuGVO geht hervor, dass sich die Parteien vertreten lassen können.

Lediglich der Schiedsvergleich bzw. der Schiedsspruch muss schriftlich fixiert werden (vgl. § 6 Abs. 2 und § 7 Abs. 2 MuGVO). Eine Protokollierung der festgestellten (technischen) Tatsachen, also des eigentlichen Gutachtens, ist nicht vorgesehen. Die Pflicht zur vollständigen Besetzung der Schiedskommission lässt sich mittelbar der MuGVO entnehmen (vgl. § 5 Abs. 1 Satz 1 in Verbindung mit § 2 Abs. 2 lit.b MuGVO).

---

2 Also v.a. örtliche, sachliche, persönliche Zuständigkeit, Anrufungsschrift, Anrufungsfrist, keine Anhängigkeit der Streitsache vor Gericht, kein Schiedsverfahren in derselben Sache, evtl. erforderliches Einverständnis des Verbrauchers gemäß § 3 Abs. 1 lit. b Satz 1 MuGVO, keine Streitwertbeschränkungen.

Die Folgen aus einer Verletzung von Verfahrensgrundsätzen spiegeln sich vor allem auf materiellrechtlicher Ebene wider. Bei Schiedsgutachtenverfahren können über die Rechtsprechung zur „offenbaren Unrichtigkeit", bei ADR-Verfahren mit empfehlendem Charakter über die allgemeinen Grundsätze der Anfechtbarkeit bzw. Nichtigkeit des dem Verfahren zu Grunde liegenden ADR-Vertrages sachgerechte Ergebnisse erzielt werden.

Diffizil stellt sich das Spannungsverhältnis von Recht und Billigkeit im Schiedsstellenverfahren dar. Dieses Verhältnis gestaltet sich insbesondere deshalb so kompliziert, weil ADR-Verfahren prinzipiell dem Grundsatz der Billigkeit verpflichtet sind, der Parteiwillen jedoch (auch) dahin geht, eine „gerichtsfeste" Konfliktlösung zu erhalten. Dies erfordert die zumindest summarische Prüfung des Falles an materiellrechtlichen Grundsätzen. Die erforderliche Kompetenz hierfür ist durch die Präsenz eines Juristen, der zudem als Vorsitzender in der Schiedskommission fungiert, garantiert.

Im Schiedsstellenverfahren können die Beweismittel eingesetzt werden, die auch im Zivilprozess zur Geltung kommen[3]. Das allen ADR-Verfahren zu Grunde liegende Flexibilitätsprinzip erfordert außerdem, den Einsatz anderer, formloser Beweismittel zuzulassen[4]. Grundsätzlich muss die Schiedskommission den „Beweisangeboten" der Parteien nachgehen. Nur dann, wenn die Tatsache bereits feststeht oder unerheblich ist, das Beweismittel ungeeignet oder unerreichbar ist oder die Kommission eigene Sachkunde besitzt, kann davon abgesehen werden. Etwaige Beweiserhebungs- und/oder Beweisverwertungsverbote müssen nur dann berücksichtigt werden, sofern fundamentale Prinzipien verletzt werden[5]. Die Berücksichtigung der von der Rechtsprechung vorgenommenen komplizierten Grundsätze zu Beweisverwertungsverboten widerspräche den Prinzipien der Einfachheit und Flexibilität von ADR-Verfahren. Allerdings muss darauf geachtet werden, die Erlangung des Beweises im Protokoll zu vermerken, um dem Gericht die Möglichkeit zu erhalten, die rechtliche Zulässigkeit der Beweisverwertung zu überprüfen. Es liegt im billigen Ermessen der Schiedskommission, verspätete Beweisangebote abzulehnen.

Die Glaubhaftmachung kommt als aliud zum Beweis dem summarischen Charakter des Schiedsstellenverfahrens am besten entgegen. Rechtliche Bedenken aufgrund der Bindungswirkung des Schiedsgutachtens werden durch die materiellrechtliche Überprüfungsmöglichkeit des Schiedsgutachtens hinsichtlich seiner etwaigen „offenbaren Unrichtigkeit" relativiert.

---

3 Dies ergibt sich bei den Verfahren vor den Schiedsstellen Schwaben und Niederbayern bereits aus § 5 Abs. 5 der jeweiligen Verfahrensordnung, bei den Verfahren, die sich an der MuGVO orientieren, aus dem Sinn und Zweck des Schiedsstellenverfahrens, zum einen den Konflikt so schnell und sachgerecht als möglich zu lösen, zum anderen, rechtliche Gesichtspunkte so weit als möglich zu berücksichtigen.

4 Also z.B. telefonische Rückfragen, die Verwertung formlosen Briefverkehrs oder Filmen und Fotografien.

5 z.B. die Verwertung von Beweisen, die durch körperlichen und seelischen Zwang erlangt wurden.

Das Verfahren endet entweder durch Schiedsspruch, Schiedsvergleich, (ausdrückliche oder konkludente) Zurücknahme der Anrufung oder einverständliche Verfahrensbeendigung. Eine Entscheidung nach Aktenlage ist bei Nichterscheinen einer Partei zur mündlichen Verhandlung nach § 8 MuGVO möglich.

Gemäß § 7 Abs. 5 MuGVO kann der Schiedsspruch geändert werden, wenn sich nachträglich ergibt, dass der dem Schiedsspruch zu Grunde liegende Sachverhalt nachweislich in einem wesentlichen Punkt anders gelagert ist.

Eine Bezifferung des Antrags ist in der MuGVO nicht vorgesehen[6]. Wird ein Antrag dennoch beziffert, was möglich ist, so findet keine Bindung an diesen Antrag statt. Eine derartige Bindung entspräche nicht dem Zweck des Schiedsstellenverfahrens, eine schnelle, nicht förmliche und flexible Streitbeilegung zu ermöglichen.

Gemäß § 9 MuGVO werden für die Inanspruchnahme der Schiedsstelle keine Kosten erhoben. Die Parteien tragen ihre eigenen Kosten selbst.

b) Rechtliche Konsequenzen der Durchführung des Schiedsstellenverfahrens

Das Schiedstellenverfahren ruft sowohl materiellrechtliche als auch prozessuale Konsequenzen hervor. Aus materiellrechtlicher Sicht wesentlich ist die Hemmung der Verjährungsfrist für die Dauer des Verfahrens. Die Hemmungswirkung endet erst sechs Monate nach Abschluss des Verfahrens. Dies ergibt sich aus § 204 Abs. 2 BGB. § 3 Abs. 3 MuGVO sowie Ziff. XI Nr. 3 Kfz-Reparaturbedingungen, welche die Hemmungswirkung nur für die Dauer des Verfahren gelten lassen wollen, verstoßen gegen § 307 Abs. 2 Nr. 1 BGB.

Eine Verzinsungspflicht des Schuldners von Geldschulden sowie eine verschärfte Haftung während der Dauer des Schiedsstellenverfahrens ist gesetzlich nicht vorgesehen.

Klagt der Antragsteller oder der Antragsgegner während des Schiedsstellenverfahrens, wird dem Kläger vom Gericht eine Frist zur Beibringung des Schiedsgutachtens analog §§ 356, 431 Abs. 1 ZPO gesetzt oder das Verfahren nach § 148 ZPO ausgesetzt.

Die Gewährung von Prozesskostenhilfe darf nicht von der vorherigen Inanspruchnahme der Schiedsstelle abhängig gemacht werden. Eine gegenteilige Auffassung widerspricht sowohl dem Gleichheitssatz nach Art. 3 Abs. 1 GG als auch dem Sozialstaatsprinzip (Art. 20 Abs. 1 GG).

Die materiellrechtliche Bedeutung des Schiedsspruchs beschränkt sich auf die Festlegung des Beginns der Sechs-Monats-Frist nach § 204 Abs. 2 BGB. Prozessual entfaltet der Schiedsspruch isoliert gesehen – im Gegensatz zum Schiedsgutachten! – keine besonderen Wirkungen.

Schiedsvergleich und Schiedsgutachten sind autonom und Wechselwirkungen von daher prinzipiell ausgeschlossen. Die (materiellrechtliche) Wirksamkeit des Schiedsvergleichs beurteilt sich daher nach § 779 Abs. 1 BGB, die des Schiedsgutachtens nach

---

6 Im Gegensatz zu den Verfahrensordnungen der Schiedsstellen Schwaben und Niederbayern, vgl. hierzu jeweils § 2 Abs. 2 lit.e VerfO

§ 319 Abs. 1 BGB analog. Auch das Sachverständigengutachten mit empfehlendem Charakter und der Schiedsvergleich sind rechtlich unabhängig. Allerdings entfaltet das Sachverständigengutachten mit empfehlendem Charakter mangels Bindungswirkung keine so weit reichenden Wirkungen wie das Schiedsgutachten.

2. Rechtliche Einordnung der Peripherie

a) Das Schiedsgutachten oder das Sachverständigengutachten mit empfehlendem Charakter als Leistungsgegenstand

Schiedsgutachten, die im Rahmen eines Schiedsstellenverfahrens angefertigt werden, sind feststellende Schiedsgutachten. Derartige Schiedsgutachten entfalten eine Bindungswirkung für den Richter dahin gehend, dass dieser die festgestellten Tatsachen bis zur Grenze der offenbaren Unrichtigkeit akzeptieren muss, § 319 Abs. 1 Satz 1 BGB analog. Diese Konsequenz ergibt sich aus der Respektierung des Parteiwillens. Erwägungen, die auf juristischen Subsumtionen beruhen, muss das Gericht nicht berücksichtigen. Diese können dem Schiedsspruch zugeordnet werden, der vom Schiedsgutachten strikt zu trennen ist. Endet das Verfahren mit einem Schiedsvergleich, so hat das Gericht die Voraussetzungen des § 779 Abs. 1 BGB getrennt von denen des Schiedsgutachtens zu untersuchen.

Verfassungsrechtliche Bedenken gegen die Bindungswirkung des Schiedsgutachtens bestehen nicht. Es liegt kein Verstoß gegen Art. 92 GG vor. Art. 92, 1. Halbsatz GG erfordert lediglich, dass dem Richter das letzte Wort zugestanden werden muss. Die andere Meinung, die dem Richter auch das erste Wort zugesteht, berücksichtigt nicht ausreichend den Grundsatz der Subsidiarität staatlichen Handelns. Auch Art. 20 GG ist nicht tangiert. Sofern dem Staat die Möglichkeit der Missbrauchskontrolle an die Hand gegeben wird, wird nicht in den Kernbereich des Art. 20 GG eingegriffen. Die Missbrauchskontrolle ist bei Schiedsgutachtenverfahren durch die Möglichkeit der Überprüfung der „offenbaren Unbilligkeit“ bzw. „offenbaren Unrichtigkeit“ des Schiedsgutachtens ausreichend gewährleistet, bei ADR-Verfahren mit empfehlendem Charakter sogar noch umso mehr, da hier keine derartige Einschränkung stattfindet. Auch Art. 101 GG ist nicht betroffen.

Auch in prozessualer Hinsicht unterliegt das Schiedsgutachten keinen Bedenken. Ein Verstoß gegen den Grundsatz der freien Beweiswürdigung des Richters (§ 286 ZPO) kommt deshalb nicht in Betracht, weil die richterliche Prüfungskompetenz in tatsächlicher und in rechtlicher Hinsicht dadurch Grenzen erfährt, dass die Parteien die Verbindlichkeit des Schiedsgutachtens (bis zur Grenze der offenbaren Unrichtigkeit!) für ihre Rechtsbeziehungen vereinbart haben. Insofern wird also der Grundsatz der freien Beweiswürdigung durch die Privatautonomie der Parteien durchbrochen.

Die Bindungswirkung hinsichtlich der durch die Schiedsstelle festgestellten Tatsachen kann trotz mangelnder Schiedsgutachtenabrede im „verfahrensmäßigen Vorfeld“ auch noch zu einem späteren Zeitpunkt aus anderen Begleitumständen hergeleitet werden. Dies kann wirksam entweder durch eine ausdrückliche Vereinbarung zwischen den Konfliktparteien im weiteren Laufe des Verfahrens, durch eine ausdrückliche „Aufklärung" der Schiedsstelle hinsichtlich dieses Faktums (und dem konkludenten oder ausdrücklichen Einverständnis der Parteien hiermit!) vor Verfahrensbeginn oder durch die Unterzeichnung einer sog. „Unterwerfungserklärung" durch die Parteien geschehen. Die Satzung könnte zwar auch eine derartige Bindungswirkung für den Unternehmer vorsehen. Es sind jedoch keine Satzungsbestimmungen bekannt, die eine derartige Regelung enthalten würden. Dasselbe gilt für einen möglichen Innungsbeschluss. Auch ein derartiger Beschluss könnte zu einer (einseitigen) Bindung für den Unternehmer führen.

Die Frage, ob ein Schiedsgutachten oder ein Sachverständigengutachten mit empfehlendem Charakter angefertigt wird, hat auf das Schiedsstellenverfahren selbst keinen Einfluss. Die von der Schiedskommission in einem empfehlendem Sachverständigengutachten festgestellten Tatsachen können in einem nachfolgenden Gerichtsprozess verwertet werden. Der Richter kann sich über die dort getroffenen Feststellungen sachkundig machen.

b) Die Schiedsstellenvereinbarung zwischen Verbraucher und Unternehmer

Die Schiedsstellenvereinbarung setzt sich aus zwei Verträgen zusammen, nämlich dem Schiedsgutachten- oder dem Sachverständigenvertrag mit empfehlendem Charakter und dem Schlichtungsvertrag. Inhalt dieses zusammengesetzten Vertrages ist, dass sich die (potentiellen) Konfliktparteien einig sind, dass im Falle eines Disputs, der sich aus dem Reparaturvertrag ergeben kann, die Schiedsstelle angerufen werden kann. Diese soll dann auf Grund Ihrer Fachkunde die (verborgenen) technischen Feststellungen treffen und die Parteien zu einer einvernehmlichen Lösung führen bzw. den Streit entscheiden.

Die Frage, ob eine Schiedsgutachten- oder eine Sachverständigenvereinbarung mit empfehlendem Charakter vorliegt, wird über die Auslegung des Parteiwillens beantwortet. Der tatsächliche (und mutmaßliche) Parteiwille geht dahin, dass die Feststellungen der Kommission vor Gericht voll überprüft werden können und nicht eine Bindung des Gerichts an diese Feststellungen bis zur Grenze der offenbaren Unrichtigkeit stattfinden soll. Dies gilt zumindest dann, wenn den Begleitumständen diesem Ergebnis widersprechende Indizien nicht zu entnehmen sind. In der Regel liegt daher eine Sachverständigenvereinbarung mit empfehlendem Charakter vor.

Die Schiedsstellenvereinbarung kann in unterschiedlichen Verfahrensstadien zustande kommen, also auch noch nach Anrufung der Schiedsstelle. Der Abschluss einer Schiedsstellenvereinbarung ist nicht zwingend erforderlich für die Durchführung des Schiedsstellenverfahrens. Die Frage, ob eine derartige Grundvereinbarung vorliegt, kann allenfalls in einem nachfolgenden Gerichtsverfahren Bedeutung bekommen, sofern die Frage nach der Bindungswirkung diskutiert wird. Diese Wirkung wird nämlich nur über einen gemeinsamen Parteiwillen herbeigeführt. Liegt kein derartiger Wille vor, kann auch (grundsätzlich) keine Bindungswirkung hervorgerufen werden.

Hinsichtlich ihrer Wirksamkeit unterliegt die Schiedsstellenvereinbarung den allgemeinen Regelungen des BGB. Da es sich bei der Schiedsstellenvereinbarung um einen zusammengesetzten Vertrag handelt, machen Mängel eines Vertragsteils im Zweifel den Gesamtvertrag nichtig, vgl. § 139 BGB.

Die Schiedsgutachtenvereinbarung als (möglicher) Teil der Schiedsstellenvereinbarung ist als materiellrechtlicher Vertrag sui generis einzustufen, auf den die §§ 317 ff. BGB entsprechend anwendbar sind. Sofern die Schiedsgutachtenvereinbarung als Allgemeine Geschäftsbedingung der Inhaltskontrolle nach §§ 307 ff. BGB unterliegt[7], verstößt diese gegen § 307 Abs. 2 Nr. 1 BGB. Dies ergibt sich aus der Zusammenschau der Bindungswirkung des Schiedsgutachtens und der Tatsache der nicht paritätischen Besetzung der Schiedskommission. Nur bei einer wirklich freien Auswahl der Schiedsgutachter durch die Parteien wäre eine derartige Bindungswirkung bis zur Grenze der offenbaren Unrichtigkeit gerechtfertigt. Auch ein nichtdeutscher Verbraucher kann sich auf die Unwirksamkeit einer derartigen Klausel berufen.

Sofern die Schiedsstellenklausel dem Gehalt nach eine Sachverständigenvereinbarung mit empfehlendem Charakter beinhaltet, kann ein Verstoß gegen §§ 307 ff. BGB mangels Bindungswirkung zwar nicht erblickt werden. Ein Verstoß gegen Ziff. 1q des Anhangs der Richtlinie 93/13/EWG, der Prüfungsmaßstab sein kann, liegt jedoch auf Grund der faktischen Bindungswirkung, die ein solches Gutachten entfaltet, nahe, auch wenn auf Grund der weit reichenden Möglichkeiten des Verbrauchers, sich über verschiedene Quellen über das Verfahren zu erkundigen, die Unwirksamkeit einer solchen Klausel eher zu negieren sein dürfte.

Die Schlichtungsvereinbarung als Teil der Schiedsstellenvereinbarung unterliegt keinen besonderen rechtlichen Bedenken.

c) Die ADR-Vereinbarung zwischen dem Verbraucher und der Innung sowie das rechtliche Verhältnis zwischen dem Unternehmer und der Innung

Von der Schiedsstellenvereinbarung, die zwischen dem Verbraucher und dem Unternehmer abgeschlossen wird, ist die ADR-Vereinbarung, die zwischen dem Verbraucher und der Innung abgeschlossen wird, zu unterscheiden. Die ADR-Vereinbarung ist ein Vertrag, der sich eigentlich aus zwei Vereinbarungen zusammensetzt, nämlich der Schiedsgutachter- oder der ADR-Vereinbarung mit empfehlendem Charakter und der Schlichtervereinbarung. Die ADR-Vereinbarung entspricht inhaltlich weitgehend der Schiedsstellenvereinbarung zwischen den Konfliktparteien auf der ersten Stufe. Die Innung ist aufgrund

---

7 Entweder als Vereinbarung in den Kfz-Reparaturbedingungen (wobei der Schiedsstellenklausel nach den standardisierten, vom ZDK entworfenen Reparaturbedingungen nicht die Bedeutung einer Schiedsgutachtenklausel zukommt) oder über die jeweilige Geschäfts- und Verfahrensordnung der Schiedsstelle. Auch die Regelungen der Verfahrensordnung unterliegen der Inhaltskontrolle. In jedem Fall muss die wirksame Einbeziehung der Bedingungen genau untersucht werden. Hier scheint gerade die Rechtsprechung relativ großzügig zu sein.

§ 663 BGB verpflichtet, die Ablehnung eines Antrags des Verbrauchers auf Abschluss einer ADR-Vereinbarung (und damit auf Durchführung des Schiedsstellenverfahrens) unverzüglich anzuzeigen[8].

Der Verbraucher schließt keinen Vertrag mit den einzelnen Kommissionsmitgliedern oder den in § 2 Abs. 2 lit. b MuGVO genannten Organisationen. Hierfür fehlt es am Rechtsbindungswillen auf beiden Seiten.

Zwischen der Innung und dem Unternehmer besteht eine öffentlich-rechtliche Sonderverbindung, wie sie für das Verhältnis zwischen der Innung und einem Innungsbetrieb typisch ist. Hier wird die öffentlich-rechtliche Verwurzelung des Schiedsstellenwesens sichtbar. Ein Vertrag zwischen dem Unternehmer und der Innung besteht nicht. Die Innung kann über die Satzung bzw. den Innungsbeschluss ausreichend auf den Unternehmer einwirken.

Die Kommissionsmitglieder verpflichten sich gegenüber der Innung gemäß § 2 Abs. 3 MuGVO zur Objektivität. Allerdings kann hieraus allein kein Rechtsbindungswille abgeleitet werden. Zwar könnte die Bezahlung der Sachverständigen durch die Innung als Indiz für eine vertragliche Vereinbarung angesehen werden. Offensichtlich finanzieren die jeweiligen in der Schiedskommission vertretenen Organisationen „ihre Sachverständigen" jedoch selbst[9].

Die Innung haftet gegenüber dem Verbraucher nach §§ 280, 282, 241 Abs. 2 BGB. Das Verhalten der Kommissionsmitglieder wird der Innung nach § 31 BGB zugerechnet. Im Falle der Erstellung eines Schiedsgutachtens haftet die Innung nur dann, wenn das Schiedsgutachten offenbar unrichtig ist. Zudem muss den Kommissionsmitgliedern zumindest leichte Fahrlässigkeit vorgeworfen werden können. Im Falle der Erstellung eines Gutachtens mit empfehlendem Charakter kommt eine Haftung nur bei grober Fahrlässigkeit in Frage. Es genügt „einfache Unrichtigkeit" des erstellten Gutachtens. Liegt ein Fehlverhalten der Angestellten der Geschäftsstelle vor, so haftet die Innung gleichfalls nach §§ 280, 282, 241 Abs. 2 BGB. Eine Haftungsprivilegierung scheidet in diesem Fall jedoch aus. Das Verhalten der Angestellten der Geschäftsstelle wird der Innung nach § 278 BGB zugerechnet. Eine Haftungsprivilegierung scheidet gleichfalls aus, wenn die Innung ihre Funktion, das Verfahren zu überwachen, nicht ordnungsgemäß wahrnimmt.

Die Kommissionsmitglieder und die Organisationen im Sinne von § 2 Abs. 2 lit. b MuGVO haften gegenüber dem Verbraucher nur unter den engen Voraussetzungen des § 826 BGB oder des § 823 Abs. 2 BGB (in Verbindung mit einem Schutzgesetz, z.B. § 263 StGB).

Gegenüber dem Unternehmer haftet die Innung gleichfalls nach §§ 280, 282, 241 Abs. 2 BGB entsprechend, weil zwischen dem Unternehmer und der Innung eine öffentlich-rechtliche Sonderverbindung besteht. Zudem kommen im Verhältnis zwischen In-

---

8 Das Vertragsverhältnis zwischen dem Verbraucher und der Innung ist auf allen Ebenen als Auftragsverhältnis zu qualifizieren. Der Auftrag entspricht von seiner gesetzlichen Ausgestaltung und dem Sinn und Zweck des Verfahrens den Interessen der Vertragsparteien am weitesten.

9 vgl. Zweiter Hauptteil, Fünfter Teil, III. 1.

nung und Unternehmer noch die Grundsätze der Amtshaftung nach § 839 BGB in Verbindung mit Art. 34 GG zur Anwendung.

Auch in diesem Verhältnis gilt das Haftungsprivileg im Falle der Erstellung eines Schiedsgutachtens (Haftung nur bei offenbarer Unrichtigkeit) oder der Erstellung eines Gutachtens mit empfehlendem Charakter (Haftung nur im Falle grober Fahrlässigkeit). Das Haftungsprivileg kommt nicht zum Tragen, sofern das haftungsauslösende Verhalten dem administrativen Bereich zuzuordnen ist. Die Haftung der Kommissionsmitglieder und der Organisationen im Sinne von § 2 Abs. 2 lit. b MuGVO richtet sich nach § 826 BGB bzw. § 823 Abs. 2 BGB (in Verbindung mit einem Schutzgesetz).

II. Beschreibung des aktuellen Zustands des Schiedsstellenwesens für das Kfz-Handwerk

Nachfolgend wird versucht, den Ist-Zustand des Schiedsstellenwesens in Deutschland zu beschreiben. Hierzu gehört sowohl die Nennung bestehender Vorteile der Konfliktlösung durch Intervention der Schiedsstellen als auch das Aufzeigen vorhandener Mängel bzw. Probleme. Um diese Probleme zu beseitigen bzw. zu mindern sind bestimmte Lösungsansätze denkbar, die gleichfalls aufgezeigt werden sollen. Diese Lösungsansätze können kurz-, mittel- oder langfristiger Natur sein, abhängig von dem jeweils beschriebenen Problem. Es wird betont, dass die nachfolgenden Gedanken eine komprimierte Zusammenfassung der aus dieser Arbeit gewonnenen Erkenntnisse darstellen. Die Beschreibung kann daher als „Essenz“ der Arbeit bezeichnet werden, sofern Vor- und Nachteile des Schiedsstellenwesens sowie etwaige Optimierungsvorschläge in Rede stehen.

1. Vorteile der Konfliktlösung durch Schiedsstellen für das Kfz-Handwerk in ihrer jetzigen Form

Schiedsstellen bieten nicht unerhebliche Vorteile gegenüber gerichtlichen Verfahren, sofern der Verbraucher einen Konflikt mit einer Kfz-Werkstätte lösen will. Diese (für den Verbraucher) positiven, gewünschten Kriterien sollen anschließend genannt werden.

Die etwaigen Vorteile für den Gewerbetreibenden und die Allgemeinheit sollen anschließend dargelegt werden. Zunächst jedoch werden die Vorteile für den Verbraucher heraus gegriffen.

a) Vorteile für den Verbraucher

aa) Kostenfreiheit des Verfahrens

Ein wesentliches und zugleich positives Kriterium des Schiedsstellenverfahrens ist die Kostenfreiheit. Die Kostenfreiheit des Verfahrens bildet wohl das Hauptmotiv für den Verbraucher, dieses Verfahren anderen Konfliktlösungsverfahren vorzuziehen. Wie lange sich die Kostenfreiheit noch halten lassen wird, ist ungewiss. Tendenzen, zumindest einen geringen Betrag für die Inanspruchnahme des Verfahrens in Zukunft zu fordern, sind unverkennbar[10]. Dabei wird die Erhebung eines Bagatellbetrags mancherorts als „Seriositätsindiz" gewertet. Von daher mache die Erhebung geringer Kosten für die Inanspruchnahme bestimmter ADR-Stellen sogar Sinn[11]. Ob in nächster Zukunft mit der Erhebung von Gebühren für die Inanspruchnahme der Schiedsstellen gerechnet werden muss, lässt sich nur schwer beantworten. Sollte dies tatsächlich einmal anstehen, dann sollten die Schiedsstellen hierfür lediglich einen symbolischen Betrag fordern. Ansonsten droht ein wesentliches Kriterium, welches für die Inanspruchnahme der Schiedsstellen spricht, wegzufallen.

Es darf bei dieser Diskussion nicht außer Acht gelassen werden, dass das Gewerbe selbst ein nicht unerhebliches Interesse an der Konfliktbeilegung über die Schiedsstellen besitzt[12]. Dies sollte dem Gewerbe bei der Diskussion über die Kostenfreiheit klar vor Augen gehalten werden. Bei Erhebung von Kosten dürfen die Verbraucher eine verbesserte Qualität erwarten, insbesondere müssten sich dann die Schiedsstellen in jedem Fall zur Erfüllung der in der Empfehlung 98/257/EG genannten Kriterien (und zur regelmäßigen Kontrolle) verpflichten.

Letztlich ist diese Diskussion eng verbunden mit der Frage der Finanzierung. Kostenfreiheit und Neutralität sowie die Gewährung unabdingbarer rechtsstaatlicher Prinzipien gehen einher mit dieser Problematik. Der Schlüssel dürfte im praktizierten „Selbstregulierungsansatz" liegen[13]. Staatliche Kontrolle ist jedoch unabdingbar, um zumindest die „Zuverlässigkeit" der Stellen zu gewährleisten[14].

bb) Sachkunde der Schiedskommission

Die Sachkunde in den Schiedskommissionen ist unbestritten. Durch die Verbindung technischer mit rechtlicher Kompetenz fällt auch ein Vorwurf weg, der gelegentlich das Gerichtsverfahren trifft, nämlich das „beziehungslose Nebeneinander" von rechtlicher Kompetenz in Gestalt des Richters und technischer Kompetenz in Gestalt des Sachverständigen.

---

10 So ist diese Frage stets Thema der Diskussionen auf den Schiedsstellentagungen.

11 Scherpe, Diss., 250, der insoweit auf die dänischen ADR-Stellen verweist. So betrage beispielsweise die Gebühr für die Inanspruchnahme des dänischen Verbraucherbeschwerdeausschusses bei Beschwerden betreffend den Kauf eines Motorfahrzeuges rund 54 €.

12 vgl. hierzu oben Erster Hauptteil, Zweiter Teil, III. 2.

13 Insofern ist die Bezeichnung als „Selbstregulierungsansatz" nicht ganz zutreffend, da die Ermächtigungsgrundlage für die Errichtung der Schiedsstellen in § 54 Abs. 3 Nr. 3 HandwO gesehen werden kann. Allerdings ist dabei noch nichts über die Finanzierung der Stellen, die Durchführung des Verfahrens, die Qualitätssicherung usw. ausgesagt. Von daher kann das Schiedsstellenwesen „unter großzügiger Betrachtung" auch dem Selbstregulierungsansatz zugerechnet werden.

14 Insofern wird auf die Terminologie in § 35 GewO Bezug genommen („Unzuverlässigkeit").

Voraussetzung für die Beibehaltung der großen Sachkunde ist jedoch die ständige Überprüfung und Förderung der Kenntnisse durch Ausbildung und Qualifikation[15].

cc) Deeskalation des Konflikts durch Versachlichung

Die weitgehende Versachlichung des Konflikts bzw. dessen Reduktion auf seine technisch-instrumentellen Komponenten sorgt für die gewünschte Deeskalation[16]. Diese Deeskalation ist die Grundvoraussetzung für eine von beiden Parteien akzeptierte Konfliktlösung durch die Schiedsstelle. Durch die weitgehende Ausblendung von Förmlichkeiten und die Konzentration auf „das Wesentliche", nämlich die Sache an sich, können die Konfliktparteien mehr Verständnis für eine gefundene Konfliktlösung aufbringen als dies beispielsweise in einem Gerichtsverfahren möglich wäre. Das Mediationsverfahren, welches als Konfliktlösungsinstrument prinzipiell auch in Frage käme, betont demgegenüber den Konflikt mehr im Sinne seines sozialen Umfelds und ist bereits aus diesem Grunde zur Lösung von Konflikten mit starkem Sachbezug weniger geeignet als das Schiedsstellenverfahren[17].

dd) Zweistufigkeit des Verfahrens

Es wurde im Verlauf der Arbeit festgestellt, dass die Zweistufigkeit des Verfahrens dem Interesse des Verbrauchers entspricht. Die größte Akzeptanz versprechen konsensuale Lösungen. Scheitern diese, kann im Schiedsstellenverfahren zu autoritativen Entscheidungen übergegangen werden, ohne dass hiermit „ein Bruch" im Verfahren verbunden wäre. Beide Parteien erhalten also in jedem Fall eine Konfliktlösung, sei sie nun konsensualer oder autoritativer Natur. Ein (erheblicher) Zeitverlust oder ein erhöhter Kostenaufwand ist

---

15 Das letzte Grünbuch der EU-Kommission zur außergerichtlichen Streitbeilegung in Zivil- und Handelssachen (KOM (2002) 196 endg.) spricht exakt diese Frage an, wobei allerdings wohl eher die Qualifikation hinsichtlich etwaiger „ADR-Techniken" in Rede steht. Aber auch die Schulung dieser Techniken kann für das Schiedsstellenwesen nützlich sein.

16 vgl. Eidmann, 57. Nach Eidmann müsse zunächst zwischen den Kontrahenten Übereinstimmung darüber bestehen, dass kein sozialer Konflikt vorliege, sondern ausschließlich die Frage nach einem technischen oder bürokratischen Standard aufgeworfen werden, der sich zweifelsfrei und ohne Rekurs auf die Konfliktgenese beantworten lasse. Diese Aufgabe erledigen Schiedsstellen nach Meinung von Eidmann durchaus in befriedigendem Maße.

17 Dabei darf allerdings nicht verleugnet werden, dass nur die Erfassung des Konflikts in seiner Gesamtheit, also die Berücksichtigung hermeneutischer Methoden zur Konfliktlösung, zu einer tatsächlich „richtigen" Entscheidung führen kann. In diesem Bereich bestehen sicherlich Defizite beim Schiedsstellenverfahren, da dieses gar nicht die Instrumentarien bereitstellt, um den Konflikt in seiner gesamten sozialen Bedeutung zu erfassen (z.B. Vereidigung von Zeugen, Zwangsmittel im Sinne derer, welche die ZPO bereitstellt o.ä.). Allerdings führt die vollständige Reduktion auf das Technische bereits zu einer weitgehenden „Wahrheitsgewähr". In Verbindung mit den Grundsätzen der Flexibilität und der Billigkeit, welche das Verfahren mitprägen, können daraus durchaus qualitativ hochwertige Konfliktlösungen erwachsen.

hierdurch nicht verbunden. Diese „Zweistufigkeit“ stellt sich sowohl für den Gewerbetreibenden als auch für den Verbraucher als vorteilhaft dar[18].

ee) Informalität des Verfahrens

Das Schiedsstellenverfahren zeichnet sich durch weitgehende Einfachheit und Flexibilität aus, auch wenn in diesem Bereich noch Optimierungen möglich sind. Die Mängel, die sich in diesem Zusammenhang aufdrängen, werden anschließend besprochen und Lösungsvorschläge unterbreitet. Grundsätzlich kann jedoch der MuGVO in seiner jetzigen Form sowie der Praxis eine (zumindest versuchte!) informelle Handhabung des Konfliktstoffes nicht abgesprochen werden.

ff) Kurze Bearbeitungszeit durch die Schiedsstellen

Schiedsstellenverfahren werden im Großen und Ganzen zügig durchgeführt. Nur vereinzelte Ausnahmen lassen eine Verzögerung der Fallbehandlung über drei Monate hinaus erkennen. Die „durchschnittliche Dauer“ eines Schiedsstellenverfahrens liegt jedoch darunter, so dass auch hier Vorteile gegenüber gerichtlichen Verfahren bestehen. Gerade auch der geringere zeitliche Aufwand lässt das Schiedsstellenverfahren im Verhältnis zum Gerichtsverfahren – insbesondere aus Verbrauchersicht – als angemessener erscheinen[19].Unabhängig davon müssen dennoch weiter Kontrollen dahin gehend erfolgen, ob die Verfahren von den Schiedsstellen wirklich zügig durchgeführt werden. Diese Kontrollen oblägen insbesondere dem ADAC oder dem ZDK[20].

gg) Flächendeckendes Schiedsstellennetz

Ein großer Vorteil – insbesondere für den Verbraucher – ist die Tatsache, dass Schiedsstellen in Deutschland ein großflächiges Netz besitzen. Sie sind offensichtlich die einzigen Schlichtungsorganisationen in Deutschland, die über ein derart weites Netz verfü-

---

18 Auf die Vorteile einer „Dreistufigkeit“, die eine Rückführung auf die Verhandlungsebene beinhalten würde, wird im Anschluss noch näher eingegangen. Diese Problematik wird im Zusammenhang mit ODR erörtert.

19 so auch Prütting, JZ 1985, 267, der i.Ü. in diesem Zusammenhang zu Recht darauf verweist, dass es bedauerlich ist, dass der Gesetzgeber das Schiedsurteil gemäß § 510c ZPO a.F. 1977 beseitigt hat. Klagen bis zu einem Streitwert von 50.-DM konnten bis dahin in einem vereinfachten Verfahren entschieden werden.

20 So haben sporadische „Stichproben“ ergeben, dass einzelne Schiedsstellen auf schriftliche Einreichungen und damit verbundene Mahnungen nach drei Monaten immer noch nicht reagiert haben. Das heißt, sie geben nicht bekannt, ob sie den Vorgang erhalten haben, die Sache annehmen oder wie die Situation für den Verbraucher einzuschätzen ist. Dies ist selbstverständlich ein Zustand, der so nicht tragbar ist.

gen[21]. Dadurch verkürzen sich in aller Regel die Wege der betroffenen Konfliktparteien. Zudem verfügen die lokalen Schiedsstellen über mehr Kenntnis der „örtlichen Verhältnisse“, d.h. der durchschnittlichen Werklöhne in der Region sowie der sonstigen Besonderheiten der lokalen Verhältnisse. Diese infrastrukturellen Vorteile bieten Chancen für eine noch weiter reichende routinemäßige Nutzung (evtl. auch in anderen – technischen – Sachgebieten).

hh) Billigkeit statt Recht

Die Lösung von den strikten Rechtsfolgen des Gesetzes führt in aller Regel zu mehr Vor- als zu Nachteilen für den Verbraucher. Durch die Durchbrechung des Alles-oder-Nichts-Prinzips richterlicher Entscheidung bieten sich für die Parteien und auch für die Schiedsstellen Möglichkeiten außerhalb des „Korsetts der ZPO und des BGB“. Allerdings müssen gewisse rechtliche Vorgaben beachtet werden, da sonst eine Übervorteilung des Verbrauchers nahe liegt. Die Beachtung dieser rechtlichen Kriterien kann durch gewisse „Faustregeln“ gewährleistet werden[22].

ii) Vorteile der sachverständigen Begutachtung im Schiedsstellenverfahren in Bezug auf einen etwaigen gerichtlichen Folgeprozess

Auch hinsichtlich eines etwaigen Nachfolgeprozesses bietet die sachverständige Beurteilung durch die Schiedskommission insoweit Vorteile, als dass die Erstellung eines neuen Sachverständigengutachtens in diesem Prozess grundsätzlich nicht erforderlich ist. Sollten sich nachträglich Anhaltspunkte dafür ergeben, dass der dem Schiedsspruch zugrunde liegende Sachverhalt anders gelagert ist, kann jede Partei einen Antrag auf Abänderung des Schiedsspruchs nach § 7 Abs. 5 MuGVO stellen. Diese Regelung bietet aufgrund ihrer unkomplizierten Ausgestaltung gleichfalls Vorteile für die Konfliktparteien.

jj) Geringe soziale Zugangshindernisse

Die im Ersten Hauptteil, Zweiter Teil unter III. 1. lit. a) erwähnten sozialen Zugangshindernisse auf Seiten des Verbrauchers, die insbesondere bei gerichtlichen Verfahren zu

---

21 Wie bereits im Ersten Hauptteil festgestellt, existieren derzeit 150 Schiedsstellen in Deutschland. Nach Blankenburg (27) relativiere sich die Behauptung der Schlichtungsstellen, sie verfügten über ein flächendeckendes Netz durch die Tatsache, dass Fälle häufig bereits wegen Unzuständigkeit gar nicht angenommen würden. Dem muss widersprochen werden. Zwar scheint gerade in der unbegründeten Ablehnung bestimmter Konfliktfälle ein Problem des Schiedsstellenwesens zu liegen. Die Lösung dieses Problems erfolgt jedoch auf anderer Ebene. Hierbei stellt sich i.Ü. die Frage, wie ein System, welches entweder dem Selbstregulierungsansatz zuzuordnen ist und/oder den privatautonomen Charakter der Konfliktlösungsmaterie betont, also nicht auf gesetzlichem Zwang beruht, einschränkungslos funktionieren soll. Schließlich müssen auch betriebswirtschaftliche Gesichtspunkte der ADR/ODR-Betreiber respektiert werden.

22 vgl. hierzu insbesondere Zweiter Hauptteil, Sechster Teil, III. 3.

bemerken sind, entwickeln in außergerichtlichen Verfahren wie z.B. Schiedsstellenverfahren keine entsprechende Bedeutung. Dies liegt an der „offeneren Atmosphäre“ der Schiedsstellenverhandlungen[23].

b) Vorteile für das Kfz-Gewerbe

Auch das Kfz-Gewerbe hat Vorteile von der Durchführung von Schiedsstellenverfahren, die oftmals in diesem Zusammenhang unerwähnt bleiben. Diese Vorteile decken sich zum einen mit denen der Verbraucher, gehen jedoch zum Teil sogar darüber hinaus[24]. Für das Kfz-Gewerbe können folgende „zusätzliche“ Vorteile in Betracht gezogen werden:

aa) Nichtöffentlichkeit des Verfahrens

Durch die Nichtöffentlichkeit des Verfahrens vermeidet die Werkstatt einen etwaigen Imageschaden, der ihr durch einen öffentlichen Gerichtsprozess drohen könnte. Davon, dass die Werkstatt „frei reden“ kann, profitiert aber auch der Verbraucher. Seine Chancen, zu einer optimalen Entscheidung zu kommen, werden durch die Nichtöffentlichkeit vergrößert[25]. Das Argument, durch die Beibehaltung der Nichtöffentlichkeit werde die „Geheimjustiz“ gefördert, kann nicht gelten, da eine Bekanntmachung der Entscheidungen und damit gegebenenfalls eine Offenlegung der „verfahrensinternen Vorgänge“ auch in anonymisierter Form erfolgen könnte.

bb) Erhalt der Kundenbeziehung

In außergerichtlichen Verfahren, wie es Schiedsstellenverfahren sind, muss die kooperative Verhandlungsführung in den Mittelpunkt gestellt werden. Dieser kooperative Stil, der auch spieltheoretische Ansätze einbezieht, kommt unmittelbar in der MuGVO zur Geltung. Durch das primäre Verfahrensziel der „gütlichen Einigung“[26] wird die sachgerechte Konfliktlösung ausdrücklich betont und damit zugleich der zukunftsorientierte Charakter des Schiedsstellenverfahrens definiert. Hiervon profitiert letztlich auch die Kfz-Werkstatt, die den Erhalt der Kundenbeziehung im Auge hat.

---

23 Allerdings müssen die Schiedsstellen darauf achten, in den Augen der Verbraucher nicht als Art „Quasi-Gericht“ angesehen zu werden. In diesem Fall würden die Schiedsstellen nicht unerheblichen Kredit bei den Verbrauchern verspielen.

24 Es dürfte unschwer nachzuvollziehen sein, dass auch die Kfz-Werkstatt ein Interesse an der Durchführung eines kostenfreien, schnellen, einfachen Verfahrens hat, welches primär durch Betonung der Sachbezogenheit gekennzeichnet ist. Lediglich in der Bedeutung der einzelnen Kriterien mögen sich Gewerbe- und Verbrauchersicht voneinander unterscheiden.

25 vgl. zu den Argumenten im einzelnen, die für das Schiedsstellenverfahren in seiner jetzigen Form auch in vollem Umfang „passen“, oben im Ersten Hauptteil, Zweiter Teil, III. 2. lit. a.

26 § 1 Abs. 1 lit.b MuGVO

Zwar entwickeln zukunftsorientierte Denkmuster in Schiedsstellenverfahren nicht die Bedeutung wie in Verfahren, welche die Lösung von „auch in Zukunft wirkenden“ Konflikten anstreben wie dies häufig bei Mediationsverfahren der Fall ist[27]; der Kunde könnte beispielsweise o.w. die Werkstatt wechseln, ohne dass dies für ihn mit gravierenden Nachteilen verbunden wäre. Dennoch bleibt durch den Einsatz kooperativer Methoden die langfristige Kundenbeziehung mit größerer Wahrscheinlichkeit erhalten als bei Einsatz kompetitiver Verhandlungsmethoden wie z.B. im Gerichtsverfahren[28].

cc) Bessere Selbstkontrolle

Das Schiedsstellenverfahren kann dem Selbstregulierungsansatz zugerechnet werden. Dadurch, dass Branchenverbände wie z.B. der ZDK das Schiedsstellenwesen empirisch erfassen, erwachsen dem Gewerbe insofern Vorteile, als dass hieraus Rückschlüsse für Verbesserungen in der Organisationsstruktur des Kfz-Handwerks gezogen werden können. Zudem benutzt das Gewerbe die Schiedsstellentätigkeit als „Marketing-Instrument“, um den verbraucherschützerischen Effekt des Schiedsstellenwesens in der Öffentlichkeit darzustellen.

c) Vorteile für die Allgemeinheit

Schließlich seien noch die Vorteile für die Allgemeinheit genannt, welche sich von den „verfahrensspezifischen“ Vorteilen für den Verbraucher und/oder die Kfz-Werkstatt unterscheiden.

aa) Entlastung der Justiz und der öffentlichen Haushalte

Die Jahresstatistiken der Schiedsstellen weisen eine im Verhältnis zu anderen branchenspezifischen Schlichtungsstellen relativ hohe Zahl von Anrufungen bzw. eingereichten Beschwerdefällen aus[29]. Aus diesem Grund muss das Argument, die Schiedsstellen leisten nur einen „mäßigen Beitrag zur Entlastung der Justiz“, zumindest kritisch betrachtet werden. Zwar relativiert sich das Maß der Entlastung insofern, als dass es sicher zutreffen mag, dass die Konflikte, welche vor den Schiedsstellen verhandelt werden, auf Grund ihres Bagatellcharakters nur in wenigen Fällen gerichtsanhängig geworden wären[30]. Auf der anderen Seite ist dennoch ein gewisser Entlastungseffekt zu bemerken.

27 Also z.B. im Familien-, Wirtschafts- oder Umweltrecht

28 Insofern kann von einer „win-win-Lösung“ gesprochen werden. Sowohl Verbraucher als auch Werkstatt profitieren von der Durchführung des Schiedsstellenverfahrens als Mittel zur Konfliktlösung.

29 vgl. Erster Hauptteil, Dritter Teil, IV. Im Jahr 2005 waren es 11713 Anrufungen.

30 So ein teilweise vorgebrachter Vorwurf aus der Literatur, z.B. von Hoyningen-Huene, 33; Demant/Morasch/ Dotterweich/Reichelt, 9f.; dies entspricht dem Gedanken der „avoidance“. Die Verbraucher suchen die Schiedsstellen also primär deshalb auf, weil das Verfahren sich als

Ein Fundamentalfehler der Politik ist und war es, dem quantitativen Argument in der ADR-Debatte den überragenden Platz einzuräumen. Damit verfolgen die Befürworter des quantitativen (also v.a. die Politik) zwar dieselben Ziele wie die des qualitativen Ansatzes (also ein Großteil derjenigen, welche sich wissenschaftlich mit der Materie beschäftigen sowie die Verbraucherorganisationen), nämlich eine Extensivierung der ADR-Verfahren in Deutschland herbeizuführen, jedoch mit unterschiedlichen Beweggründen. Diese unterschiedlichen Beweggründe führen in der Regel auch zu unterschiedlichen Wegen, um diese Ziele zu erreichen. Jüngstes Beispiel hierfür war die Einführung des § 15a EGZPO, der auf obligatorischem Weg versucht, ADR in Deutschland zu etablieren. Der Großteil der Wissenschaft sowie der Verbraucherverbände prophezeite diesem Ansatz bereits vor Bekanntgabe erster empirischer Untersuchungen wenig Erfolg, was sich letztlich nun wohl auch bestätigt[31]. Wirkungsvoller erscheint auf lange Sicht eine stärkere Betonung der qualitativen Argumente, die für ADR sprechen. Die Filterwirkung für die Gerichte wird sich dann einstellen, wenn die ADR-Stellen tatsächlich „gute Arbeit leisten". Hierzu bedarf es aber der Hilfestellung des Staates, der durch Schaffung geeigneter Rahmenbedingungen für eine vermehrte Inanspruchnahme von ADR/ODR-Verfahren innerhalb der Bevölkerung sorgen kann[32].

Feststeht, dass die hohe Qualität des Justizwesens dem quantitativen Moment nicht förderlich ist[33]. Ohne gesetzlichen Zwang, also allein auf fakultativer Basis werden es daher die Schiedsstellen schwer haben, eine merkliche Steigerung ihrer Inanspruchnahme herbeizuführen. Die Konkurrenz von gerichtlicher und außergerichtlicher Konfliktlösung scheint jedoch belebend, was die Förderung der Qualität anbelangt. Fraglich ist nur, ab welcher „kritischen Masse" von einer „zufrieden stellenden Zahl" auszugehen ist. Solange nämlich der freiwillige Charakter der Schiedsstellen beibehalten wird, was durchaus wünschenswert ist, erscheint eine Steigerung wohl stets noch möglich, da immer ein „gewisser

---

weitgehend vereinfacht gegenüber dem Gerichtsverfahren präsentiert. Im Falle komplizierter Verfahren verzichtet der Verbraucher lieber auf die Geltendmachung seiner Rechte, da der Aufwand außer Verhältnis zum Nutzen steht.

31 vgl. hierzu oben im Dritten Hauptteil, Zweiter Teil, I.

32 vgl. mit denselben Argumenten von Hoyningen-Huene, 33. Sie erwähnt dabei auch, dass beispielsweise in den Niederlanden der Entlastungseffekt weniger im Mittelpunkt gestanden sei. Dennoch sei nun eine nicht erhebliche Filterwirkung für das Gerichtswesen zu bemerken.

33 Im Gegensatz z.B. zu den Vereinigten Staaten, wo die Mängel des Justizwesens mit verantwortlich für die rasche Steigerung der Popularität von ADR/ODR waren. Zum Problem der Messbarkeit der Qualität gerichtlicher Arbeit vg. Sodan, NJW 2003, 1494. Sodan betont in diesem Artikel (zu Recht), dass sich die Qualität richterlicher Arbeit nicht in echte Messgrößen im Sinne mathematisch-statistischer Werte pressen lasse. Von daher können natürlich Zweifel aufkommen, wenn in der hiesigen Literatur oftmals apodiktisch von der „hohen Qualität des Justizwesens" gesprochen wird. Denn wie kann diese These verifiziert werden, wenn keine (objektiven) Kriterien vorhanden sind, an denen diese „hohe Qualität" gemessen werden kann? Das offensichtlich große Vertrauen, das die Bevölkerung (nach wie vor) in die Justiz hat, spricht dennoch dafür, dass die Arbeit der Justiz zumindest „nicht vollkommen unzureichend" bzw. qualitativ minderwertig ist.

Rest“ die Gerichte als Konfliktlösungsinstanz bevorzugen wird. Von daher müssen sich die Kritiker von ADR, welche sich grundsätzlich mehr dem „quantitativen Lager zugehörig fühlen“, auch die Frage entgegen halten lassen, ab welcher Zahl von einer zufrieden stellenden Inanspruchnahme gesprochen werden kann. Diese Zahl genau zu definieren, wird auch den Kritikern schwer fallen.

bb) Herstellung von Rechtsfrieden

Aufgrund des konsensualen Charakters des Schiedsstellenverfahrens ist von einer relativ hohen Akzeptanz der gefundenen Konfliktlösungen auszugehen[34]. Insofern liefern Schiedsstellen also auch einen Anteil zur Rechtsbefriedung. Durch die kooperative Verhandlungsweise könnte sogar von einem „Bildungsauftrag“ der Schiedsstellen gesprochen werden. Der dort praktizierte Verhandlungsstil fördert die (prinzipielle) Konfliktfähigkeit der Parteien stärker als der nach wie vor „kampfbetonte“ Charakter des Zivilprozesses. Hierdurch könnten langfristig gesehen auch Verbesserungen der gesellschaftlichen Verhaltensstrukturen zu erwarten sein[35].

2. Probleme bei der Konfliktlösung durch Schiedsstellen für das Kfz-Handwerk in ihrer jetzigen Form und Lösungsansätze

Unabhängig von den nicht zu unterschätzenden Vorteilen, welche Konfliktlösungen über Schiedsstellen für das Kfz-Handwerk mit sich bringen, bestehen noch zahlreiche Probleme in der Schiedsstellentätigkeit, die im Verlauf der Arbeit aufgezeigt wurden. Um diese Probleme zu lösen sowie ein qualitatives und quantitatives Wachstum herbeizuführen, sind bestimmte Maßnahmen denkbar. Sowohl Probleme als auch mögliche Lösungsansätze werden nachfolgend in „komprimierter Form“ noch einmal dargestellt. Dabei bietet es sich an, eine Einteilung in „schiedsstellenspezifische“ und strukturelle Probleme vorzunehmen. Was die spezifischen Probleme anbelangt, so sind hiermit vor allem diejenigen gemeint, welche von den Schiedsstellen bzw. ihren Trägern selbst behoben werden können, ohne dabei Hilfe von dritter Seite in Anspruch nehmen zu müssen. Strukturelle Probleme greifen darüber hinaus, d.h. diese sind nur durch gezielte Maßnahmen der Politik bzw. des „schiedsstellenspezifischen Umfelds“ lösbar. Selbstverständlich finden hierbei Überschneidungen statt. Sollte dies der Fall sein, werden die Verzahnungen an den entsprechenden Problempunkten diskutiert werden.

34 Leider bestehen hierüber bisher noch keine seriösen Untersuchungen. Es läge insbesondere am ZDK, aber auch am ADAC, derartige Untersuchungen einmal durchzuführen, um bei dieser äußerst bedeutsamen Frage auch auf „empirisch gesichertem Fundament“ argumentieren zu können.

35 Letztlich erscheint diese Prognose zwar relativ optimistisch, wenn nicht sogar utopisch. Unabhängig davon sorgen gerade die „Veränderungen im kleinen“ für langfristige „Veränderungen im großen“, so dass diese Prognose möglicherweise doch gar nicht so utopisch ist wie es zunächst den Anschein haben mag.

a) Schiedsstellenspezifische Probleme sowie Lösungsansätze

aa) Unzureichende Beachtung des Verbraucherschutzes im Vorverfahren

Wie im Verlauf der Arbeit festgestellt, bildet das Vorverfahren (inkl. dem „Zwischenverfahren") die Hauptkritik an der bisherigen Praxis. Dabei sind drei Schwerpunkte dieser Kritik auszumachen: Die Besetzung der Geschäftsstellen bzw. deren enge organisatorische Verbundenheit mit der Innung und damit dem Kfz-Gewerbe, die nicht vorhandene Differenzierung zwischen Beratung und Konfliktlösung sowie die uneinheitliche Handhabung des Vorverfahrens z.B. bei der Bildung von Vorkommissionen.

(1) Die organisatorische Anbindung der Geschäftsstellen an die Innung

Die Anbindung der Geschäftsstellen an die Innung indiziert die Beherrschung des Vorverfahrens durch das Kfz-Gewerbe. Bedenkt man die hohen Erledigungszahlen im Vorverfahren[36], kommt dieser Tatsache eine noch größere Bedeutung zu.

Als Lösung bietet es sich an, die Räumlichkeiten in „neutrale Gebäude" zu verlegen sowie die Geschäftsstelle auch organisatorisch aus der Innung auszugliedern und/oder einen Verbrauchervertreter in das Vorverfahren mit einzubeziehen. Eine noch weiter gehende Alternative könnte darin liegen, künftig zentral eine Geschäftsstelle zu errichten, welche die eingehenden Anrufungen an die einzelnen (regionalen) Schiedsstellen verteilt[37]. Die Geschäftsstelle müsste mit zwei bis drei professionellen, unabhängigen und kompetenten ADR-Verantwortlichen besetzt sein und die Kosten hierfür von den Trägern der Schiedsstellen übernommen werden[38]. Ein derartiges zentrales „Sekretariat" in Kombination mit einer dezentralen Infrastruktur böte auch aus Gründen der Transparenz und Vermarktung eine interessante Variante[39]. Hinzu käme eine bessere Kontrolle der Vorgänge in der Geschäftsstelle sowie eine bessere Gewährleistung ausreichender Qualifikation der ADR-Verantwortlichen in der Geschäftsstelle. Eine einheitlichere Praxis der Durchführung des Vorverfahrens wäre als weiterer Vorteil zu nennen.

---

36 vgl. oben Erster Hauptteil, Dritter Teil, IV.

37 Insofern folgte man damit dem „niederländischen Konzept", welches von jeher einer Balance zwischen Zentralität und Dezentralität außergerichtlicher Streitbeilegungsinstitutionen das Wort redet, vgl. auch von Hoyningen-Huene, 190 f.

38 Es bliebe bei einem derartigen Konzept sogar zu erwarten, dass die Kosten reduziert werden könnten, da lediglich eine Stelle weniger Kosten verursachen dürfte als 150 Geschäftsstellen. Durch die Konzentration auf eine Geschäftsstelle müssen sich entsprechende Synergieeffekte bemerkbar machen.

39 Teilweise ist es heute als „Außenstehender" sehr schwer einzuschätzen, welche Schiedsstelle örtlich zuständig ist, da die Schiedsstellenbezirke nach Kriterien festgelegt werden, die für Außenstehende nicht nachvollziehbar sind. Dieses Problem würde durch ein derartiges zentralisiertes Konzept obsolet. Die Transparenz für den Verbraucher würde also steigen.

(2) Mangelnde Differenzierung von Beratung und Konfliktlösung

Die Statistiken bis 2001 weisen eine hohe Anzahl von „Erledigungen durch Aufklärung des Kunden" aus[40]. Diese hohe Zahl gibt Anlass zu Skepsis, was die korrekte „Aufklärung des Kunden" anbelangt. Die Intransparenz der Vorgänge im Vorverfahren muss Kritik hervorrufen. Dieser Kritik kann durch eine klare Trennung beratender von vermittelnder/schlichtender Tätigkeit besser entgegnet werden. Die (rechtliche und/ oder technische) Beratung muss aus dem Vorverfahren verbannt werden; stattdessen sollte sich die Geschäftsstelle auf formale Fragen der Anrufung sowie gegebenenfalls auf die Einteilung der Fälle konzentrieren. Die Beratung muss von anderen Institutionen vorgenommen werden.

(3) Uneinheitliche Handhabung des Vorverfahrens

Bei den Schiedsstellen hat das Vorverfahren unterschiedliche Bedeutung. Wie sich aus den Jahresstatistiken ablesen lässt, benutzen manche Schiedsstellen das Vorverfahren gezielt als (nahezu) alleiniges Instrument der Konfliktlösung. Hauptverfahren werden nur selten anberaumt. Andere Schiedsstellen haben ein hiervon abweichendes Verständnis vom Vorverfahren.

Da das informelle Vorverfahren dem Verbraucher durchaus Vorteile (in Form von eingesparten Kosten und eingesparter Zeit) verspricht (insbesondere das Zwischenverfahren), erscheint es auch dem praktischen Bedürfnis der Konfliktparteien entsprechend, diesem Verfahrensabschnitt nach wie vor eine wesentliche Bedeutung zukommen zu lassen. Einfache Konflikte, bei denen die Anwesenheit der Parteien nicht erforderlich erscheint, sollten bevorzugt im Vorverfahren abgeschlossen werden. Beiden Parteien wäre mit einer persönlichen Anwesenheit vor der Schiedskommission in derartigen Fällen kaum gedient.

Gerade in diesem Verfahrensabschnitt würden sich die Vorteile von ODR-Lösungen bemerkbar machen. Es ist anzustreben, derartige einfache Fälle[41] zukünftig über ODR zum Abschluss zu bringen. Die erforderliche Infrastruktur ist bei einer künftigen Zentralisierung der Geschäftsstelle einfacher zu schaffen als bei einer Beibehaltung der momentan bestehenden rein dezentralen Struktur[42].

Aber auch im „herkömmlichen" ADR-Weg sind informelle Konfliktlösungen im Vorverfahren ohne erforderliche persönliche Anwesenheit der Parteien wünschenswert. Der Vorsitzende bzw. eine paritätisch besetzte Vorkommission[43] kann dabei als Vermittler/Schlichter fungieren.

---

40 In den neuen Statistikbögen gibt es keine derartige Sparte mehr. Deswegen sind diese Fälle aber natürlich nicht weggefallen.

41 Also solche, die von der (kompetenten!) Geschäftsstelle als „einfach" eingestuft werden!

42 vgl. hierzu das angesprochene Pilotprojekt des portugiesischen Centro de Arbitragem (CdA). Auch das CdA wird zentral für ganz Portugal tätig.

43 Die auch über eine einheitliche MuGVO definiert werden müsste!

In dieser Richtung empfiehlt sich ein Blick auf den dänischen Beschwerdeausschuss der Versicherung[44]. Der in Dänemark eingeschlagene Weg ist vorbildlich, da er zum einen für den Verbraucher Vorteile mit sich bringt, zum anderen Kostenersparnisse für die Schiedsstellen nach sich zieht. Voraussetzung dafür ist eine kompetente und effektive (zentrale) Geschäftsstelle, welcher nicht nur die Prüfung der Zulässigkeit der Anrufung sowie die Verteilung an die örtlich zuständige Schiedsstelle als Aufgabe zufällt, sondern auch die Sondierung der Fälle nach „leicht", „mittel" und „schwer". Je nachdem findet dann die Schiedsstellenverhandlung in Anwesenheit bzw. Abwesenheit der Konfliktparteien statt.

Zudem kann im Vorfeld festgelegt werden, ob die Verhandlung von einer einzelnen Person (z.B. dem Vorsitzenden) oder von einem Gremium durchgeführt wird (also Vor- oder Schiedskommission). Die Frage, ob sich im Einzelfall ADR oder ODR anbietet, kann gleichfalls von der Geschäftsstelle beantwortet werden. Dies alles setzt eine erhebliche Aufwertung der (zentralen) Geschäftsstelle mit einer adäquaten Besetzung voraus. Auf Grund der hierbei auftretenden Synergieeffekte kann diese Geschäftsstelle von den Trägern der Schiedsstellen jedoch mit entsprechendem Personal und dem erforderlichen Material ausgestattet werden.

bb) Mangelnde paritätische Besetzung der Schiedskommissionen

Die Schiedskommissionen sind nicht paritätisch besetzt. Das Übergewicht des Kfz-Gewerbes ist evident[45]. Diese Tatsache ist mit der Finanzierung der Schiedsstellen eng verknüpft. Die Lösung kann zum einen in Umbesetzungen der Schiedskommissionen gesucht werden. In diesem Fall muss aber die Frage nach der technischen Kompetenz von außerhalb des Kfz-Gewerbes stehenden Organisationen, welche die Stelle z.B. der DAT einnehmen könnten, beantwortet werden. Gerade die Sachkompetenz führt zu den im Verlauf der Arbeit bereits mehrfach beschriebenen Vorteilen des Schiedsstellenverfahrens. Organisationen mit technischer Kompetenz stehen aber „kraft Natur der Sache" dem Kfz-Gewerbelager meist näher als dem Verbraucherlager, so dass die Hoffnungen, die auf diesem Ansatz ruhen, nicht allzu groß sind.

Die Frage der paritätischen Besetzung wird aber dann relativiert, wenn die Gewähr für ein Verfahren übernommen wird, welches sich den Grundsätzen der Empfehlung 98/257/EG verpflichtet hat. Diese Gewähr kann nur durch eine ausreichende staatliche Kontrolle geleistet werden. Dabei kann an drei Lösungsalternativen gedacht werden: Zum einen ist es möglich, den Staat direkt in das Verfahren einzubinden, indem er als „Hüter der Gesetze" in den Schiedskommissionen fungiert. Er übernimmt also im Verfahren direkt die Verantwortung für die Einhaltung der Mindestgarantien, die sich aus der Empfehlung 98/257/EG herleiten lassen. Die andere Alternative kann darin erblickt werden, den Staat als „Kontrollorgan" zu verpflichten, der die „Zuverlässigkeit" der Schieds-

44 vgl. Scherpe, Diss., 223

45 vgl. oben Zweiter Hauptteil, Zweiter Teil, II. 2. c.

stellen hinsichtlich der Einhaltung eines „fairen Verfahrens" in regelmäßigen Abständen kontrolliert[46].

Beide Alternativen erfordern selbstverständlich auch finanzielle Aufwendungen. Die hierfür erforderlichen staatlichen Aufwendungen werden sich jedoch auch unter wirtschaftlichen Gesichtspunkten auf Dauer amortisieren. Den „break-even" im Vorfeld genau zu benennen, ist zwar ausgeschlossen. Durch eine allmähliche Bindung bestimmter Konfliktmaterien an außerstaatliche ADR-Stellen werden staatliche Gerichte und damit die öffentlichen Haushalte jedoch zumindest auf lange Sicht entlastet. Denn durch einen zunehmenden Vertrauensaufbau des Verbrauchers hinsichtlich der qualitativ hochwertigen Arbeit der Schiedsstellen sowie sonstiger ADR-Stellen werden künftig diese Konfliktlösungsmechanismen vermehrt in Materien zum Einsatz kommen, die bisher noch „routinemäßig" vor Gericht ausgetragen werden. Spätestens dann wird der Entlastungseffekt spürbar.

Selbstverständlich verbliebe noch die Alternative, statt eines „Vertreters des Kfz-Gewerbes" (z.B. der DAT oder der Innung) einen „Verbrauchervertreter" (z.B. die Verbraucherzentralen, die Stiftung Warentest o.ä.) in die Schiedskommissionen einzubinden. Dieser Ansatz zieht jedoch zwangsläufig Fragen der Finanzierung und der Kompetenz nach sich. Der Verbrauchervertreter, der künftig in den Schiedskommissionen tätig wäre, muss von der jeweiligen Organisation bezahlt werden. Zudem müsste die (technische) Kompetenz gewährleistet sein. Gegen beides sind bedeutsame Bedenken vorzubringen. Zudem ist kaum zu erwarten, dass das Kfz-Gewerbe, welches ein eigenes Marketinginteresse an der Arbeit der Schiedsstellen hat, sich so ohne weiteres seine „Macht beschneiden lässt". Die ersten zwei Alternativen sind von daher realistischer, um ein auch für den Verbraucher akzeptableres Verfahren zu schaffen[47].

cc) Unvollständige Besetzung der Schiedskommissionen

Mangelnde Vollständigkeit in der Besetzung der Schiedskommissionen ist in der Praxis ein häufiger Beanstandungsgrund. Es muss darauf geachtet werden, dass Schiedskommissionen nur dann Schiedsstellenverhandlungen anberaumen, wenn sie vollständig besetzt sind. Möglicherweise kann eine entsprechende Regelung in der MuGVO dazu beitragen, dass dieser Missstand künftig behoben wird. § 4 Abs. 2 Satz 2 MuGVO sieht zwar vor, dass für jedes Kommissionsmitglied ein Stellvertreter zu benennen ist. Dem entspricht jedoch nicht die vorgeschlagene Änderung der MuGVO.

46 Aus manchen Erklärungen wird ersichtlich, dass die Funktion auch von den Clearingstellen der Mitgliedsländer der EU übernommen werden kann.

47 Auch wenn durch diese Lösungen die unparitätische Besetzung nicht beseitigt würde, da der Staat im Falle der ersten Alternative die Rolle des Vorsitzenden bekleiden würde; im Fall der zweiten Alternative ergeben sich keine wesentlichen Änderungen in der Besetzung. Allerdings finden durch die Gewährleistung bestimmter Mindestgarantien zumindest Relativierungen statt.

dd) Keine Verpflichtung zur Protokollierung der festgestellten Tatsachen

Ein weiteres Manko findet sich in der fehlenden Verpflichtung der Schiedsstellen, die einem Vergleich oder einem Schiedsspruch zu Grunde liegenden (technischen) Feststellungen zu protokollieren. Lediglich der Schiedsvergleich bzw. der Schiedsspruch selbst muss protokolliert werden (vgl. § 6 Abs. 2 und § 7 Abs. 2 MuGVO). Gerade aber die schriftliche Fixierung der festgestellten (technischen) Tatsachen ist für ein mögliches folgendes Gerichtsverfahren von entscheidender Bedeutung. Der Richter ist schließlich nicht an den Schiedsspruch, sondern nur an das Schiedsgutachten gebunden. Liegt kein Schiedsgutachten, sondern lediglich ein Gutachten mit empfehlendem Charakter vor, so kann der Richter dieses im Zuge der gerichtlichen Beweiserhebung verwenden. Ein derartiges Gutachten entwickelt daher unter prozessökonomischer, aber auch unter juristischer Sicht eine nicht unerhebliche Bedeutung. Von daher empfiehlt sich eine Ergänzung der MuGVO dahin gehend, dass zumindest die wesentlichen Tatsachen schriftlich fixiert werden. Diese Protokollierung kann im Zusammenhang mit der (schriftlichen) Abfassung des Schiedsvergleichs bzw. Schiedsspruchs geschehen, wobei sich eine klare Trennung von festgestellten Tatsachen und protokolliertem Schiedsvergleich bzw. Schiedsspruch empfiehlt.

ee) Definition des Schiedsstellenverfahrens als Schiedsgutachtenverfahren

Wie bereits festgestellt, ist das Schiedsstellenverfahren nach dem jetzigen status quo ein Verfahren mit empfehlendem Charakter, kein Schiedsgutachtenverfahren, wie es immer noch von der Rechtsprechung und einem Großteil der Lehre vertreten wird[48]. Aus diesem Grund ist es wünschenswert, diese Feststellung durch ausdrückliche Verankerung in den Kfz-Reparaturbedingungen und der MuGVO zu manifestieren, um auch die Gerichte künftig dazu zu bewegen, den im Schiedsstellenverfahren festgestellten Tatsachen keine Bindungswirkung mehr zukommen zu lassen[49]. Gutachten mit empfehlendem Charakter sind insbesondere auf Grund der mangelnden Neutralität der Schiedsstellen Schiedsgutachten vorzuziehen. Gegen eine „einseitige Bindung" der Innung an die festgestellten Tatsachen beispielsweise über die Innungssatzung oder den Innungsbeschluss sind demgegenüber keine Einwände vorzubringen, da sich hierdurch die mangelnde Neutralität der Schiedsstelle nicht zu Ungunsten des Verbrauchers auswirken würde.

Durch Feststellungen von nicht paritätisch besetzten Stellen mit (für beide Seiten!) bindendem Charakter würde der „rechtswidrige Zustand" noch zusätzlich manifestiert. Der Trennung von Schiedsspruch und Schiedsgutachten muss außerdem in der Lehre und der Rechtsprechung mehr Bedeutung beigemessen werden. Durch eine derartige Differenzierung werden erhebliche dogmatische Schwierigkeiten obsolet.

48 vgl. oben Zweiter Hauptteil, Vierter und Fünfter Teil

49 Diese Tendenz ist zwar bereits jetzt zu bemerken, wie im Verlauf der Arbeit gezeigt wurde. Die Negierung der Feststellungswirkung durch die Gerichte beruht jedoch auf anderen Ursachen und zieht oftmals gewichtige Argumentationsprobleme nach sich.

ff) Keine einheitliche Geschäfts- und Verfahrensordnung

Unterschiedliche Verfahrensordnungen sorgen für Intransparenz und Rechtsunsicherheit. Künftig muss eine einheitliche Geschäfts- und Verfahrensordnung verwendet werden. Diese Forderung ist gut mit der Forderung der Schaffung eines „föderalen Konzepts" des Schiedsstellenwesens in Einklang zu bringen, d.h. der Schaffung einer einheitlichen Geschäftsstelle, welche die Verteilung der Fälle an die unterschiedlichen Schiedsstellen vornimmt.

Besonders zu bemängeln sind Klauseln in einzelnen Verfahrensordnungen, welche die Rechte des Verbrauchers einzuschränken versuchen, wie z.B. „Mindeststreitwerte", die Festsetzung kürzerer Anrufungsfristen oder die Beschränkung des sachlichen Anwendungsbereichs. Von den Schiedsstellen muss zudem darauf geachtet werden, stets die letztgültige Fassung der MuGVO zur Anwendung zu bringen.

gg) Zugangsbarrieren zu den Schiedsstellen

Zwar kann das Verfahren der Schiedsstellen weitgehend als „informell" betrachtet werden. Dennoch bestehen bestimmte formale Barrieren, welche nicht notwendig erscheinen. Die Informalität des Verfahrens muss noch weiter ausgebaut und formelle Hürden so weit als möglich beseitigt werden. Zwar wird es ausgeschlossen sein, im Rahmen derart institutionalisierter Verfahren wie den Schiedsstellenverfahren formelle Kriterien vollends auszuschließen. Denn eine erforderliche angemessene Effizienz verlangt in aller Regel nach bestimmten Formalien. Im Laufe der Arbeit wurde jedoch aufgezeigt, dass manche formelle Vorgaben, seien sie nun mehr dem pragmatischen oder dem juristischen Bereich zuzuordnen, durchaus auf ihre Sinnhaftigkeit hinterfragt werden müssen[50].

hh) Mangelnde Akzeptanz seitens der Kfz-Betriebe

Manchmal scheinen Kfz-Werkstätten den Schiedsspruch nicht anzuerkennen. Der Verbraucher hat keine Möglichkeit der zwangsweisen Durchsetzung des Schiedsspruchs. Oftmals wird hieraus die Forderung nach einer Vollstreckbarkeit von Schiedssprüchen bzw. Schiedsvergleichen abgeleitet. Dem ist jedoch zumindest so lange zu widersprechen wie noch von keiner tatsächlich paritätischen Besetzung der Schiedskommission gesprochen werden kann. Zudem dürften die Möglichkeiten ausreichen, welche die HandwO bzw. die Innungssatzung bietet, um „Druck auf den Betrieb auszuüben". Mit einer konsequenten Anwendung dieser Instrumentarien kann auch dem Verbraucher zu „seinem Recht" verholfen werden.

---

50 So beispielsweise die Beibehaltung der Anrufungsfrist, die mangelnde Öffnung der Schiedsstellen für Nichtinnungsbetriebe oder der immer noch als „aufwändig" zu bezeichnende Weg für den Verbraucher.

Entsenden Kfz-Werkstätten in Schiedsstellenverhandlungen keine bevollmächtigten Vertreter, kann und soll eine „Entscheidung nach Aktenlage“ ergehen, wie es die MuG-VO vorsieht. In dem Fall, in dem eine derartige Entscheidung nicht möglich ist, darf die Entscheidung lediglich aufgrund der Einlassung des Verbrauchers getroffen werden. Billigkeitsaspekte dürfen hier gleichfalls Beachtung finden.

ii) Keine Verlängerung der Hemmungswirkung um sechs Monate wie in § 204 Abs. 2 BGB

Die Verfasser der MuGVO sind aufgefordert, die in § 204 Abs. 2 BGB vorgesehene Sechs-Monats-Frist in die MuGVO einzubinden. Die bisherigen Regelungen in der MuGVO bzw. den Kfz-Reparaturbedingungen berücksichtigen diese gesetzliche Vorgabe nicht und verstoßen daher gegen § 307 Abs. 2 Nr. 1 BGB.

jj) Gleichsetzung des Schiedsstellenverfahrens mit Gerichtsverfahren (Vorwurf des „Quasi-Gerichts“)

Der Akzeptanzvorsprung der Mediation im Vergleich zur Schlichtung in der Bevölkerung liegt maßgeblich darin begründet, dass Schlichtung in der angebotenen Form, also auch das Schiedsstellenwesen, immer mit dem „Hauch des Quasi-Gerichts behaftet ist, das die Sehnsucht nach dem Original weckt. In der Durchführung hängt sie sehr viel stärker von persönlichen Akzentsetzungen des Schlichters ab. Damit sind Abläufe und Ergebnis entsprechend schlechter zu kalkulieren“[51].

Der Vorwurf Blankenburgs[52] trifft den Kern des Akzeptanzproblems. Solange Schiedsstellen versuchen, Gerichtsverfahren zu kopieren, scheint eine Verbesserung der Akzeptanz sogar langfristig ausgeschlossen. Diesem Problem kann zum einen durch eine weitere Entformalisierung begegnet werden. Zum anderen müssen auch banale Dinge wie der praktische Verfahrensablauf diskutiert werden[53]. Schließlich besteht eine enge Verbindung dieses angesprochenen Problems mit der Ausbildung bzw. Qualifikation der Schiedskommissionsmitglieder. Diese Frage ist jedoch mehr der „strukturellen Problematik“ zuzuordnen, so dass dort darauf noch näher eingegangen wird.

51 Blankenburg/Stock, Endbericht Sekundäranalyse der Literatur zur außergerichtlichen Streitbeilegung; Studie im Auftrag des Bundesministeriums der Justiz, Basel, 1999, S. 36

52 Blankenburg/Stock, a.a.O.

53 So ist z.B. an eine gelockerte Sitzordnung während der „Verhandlung“ zu denken. Bisher scheinen die Schiedsstellen eine dem Gerichtsprozess nachgebildete Sitzordnung zu praktizieren, also „vorne der Automobilsenat, rechts davon der Beschwerdeführer, links gegenüber der Beschwerdegegner“.

kk) Beibehaltung des bestehenden „Zunfttyps" defensiver Beschwerdebehandlung

Das Schiedsstellenwesen entspringt dem traditionellen deutschen „Zunftwesen“, was sich in der Verortung des Schiedsstellenwesens in der HandwO deutlich zeigt. Hieraus erwachsen den Schiedsstellen in ihrer modernen Form nicht unerhebliche Nachteile, die sich vor allem in dem geringen Willen zu strukturellen Veränderungen ausdrücken[54]. Bereits die Bezeichnung als „Schiedsstelle“ bzw. „Schlichtungsstelle“ scheint einem modernen Image nicht besonders förderlich zu sein[55]. Von daher ist darüber nachzudenken, auch Werbefachleute in die Schiedsstellenkonzeption mit einzubinden, um ein „moderneres und stringenteres Bild der Schiedsstellen“ nach außen zu transportieren. Dieser Ansatz ginge einher mit einer Steigerung des Bekanntheitsgrades der Schiedsstellen.

ll) Relativ geringer Bekanntheitsgrad

Nach einer Mitteilung des ZDK kennt lediglich jeder zweite Autofahrer die Schiedsstellen für das Kfz-Handwerk[56]. Als Maßnahme zur Steigerung der Bekanntheit bieten sich aktuelle Informationen zum jeweiligen örtlichen bzw. regionalen Angebot oder Aktionen, die sich gezielt an die Mitgliedsbetriebe richten, an. Insbesondere der ZDK und der ADAC sind gefordert, hier aktiv zu werden. Auch in den Geschäftsbedingungen und/oder den Innungsbetrieben selbst können entsprechende Hinweise nützlich sein. Zudem wären Informationsbroschüren hilfreich, die in den Werkstätten oder in ADAC-Geschäftsstellen ausgelegt werden könnten[57]. Schließlich ist an einen werbewirksamen Internet-Auftritt zu denken, wobei die konzeptionelle Umsetzung den Trägern der Schiedsstellen überlassen bleiben muss.

---

54 Allerdings soll nicht verschwiegen werden, dass diese Tatsache, also die Verortung des Schiedsstellenwesens im öffentlich-rechtlichen Bereich auch Vorteile mit sich bringt, wie z.B. die Möglichkeit der Ausübung von Schiedsgewalt durch die Innung auf den Mitgliedsbetrieb. Hierdurch erübrigen sich mögliche Forderungen nach der Vollstreckbarkeit von „Schiedsstellenentscheidungen“. Näher zu der Bedeutung der öffentlich-rechtlichen Grundlagen für das Schiedsstellenwesen im Ersten Hauptteil, Zweiter Teil, IV.

55 Inwieweit der „Siegeszug“ der Mediation in Deutschland auch mit der Bezeichnung zusammenhängt, kann hier zwar nicht weiter untersucht werden. Es dürfte jedoch unter Werbefachleuten unbestritten sein, dass insbesondere „der Titel“ bzw. „die Bezeichnung“ ein wesentliches Kriterium für den Erfolg eines Produktes darstellt.

56 vgl. hierzu die Pressemeldung in ProMotor 6/2002, zu finden und herunterzuladen aus dem Internet unter der URL *http://www.kfzgewerbe.de/presse/promotor/rub_20020311143054/promotor_20020618093841.html*

57 Allerdings dürfte Blankenburg Recht zu geben sein, der meint, dass für die Inanspruchnahme der Schiedsstellen ihr allgemeiner Bekanntheitsgrad nur weniger relevant sei (Blankenburg in der Prognos-Studie, 28).

mm) Geringe Nutzung spieltheoretischer Ansätze

Die Mitglieder der Schiedskommission, insbesondere der Vorsitzende, welcher als „Moderator" der Verhandlung fungiert, müssen die sich aus der Flexibilität des Verfahrens ergebenden Chancen bzw. Möglichkeiten optimal nutzen. Hier liegen noch Potentiale, die bisher nicht in vollem Umfang ausgeschöpft wurden[58]. Die Lösung vom strikten Gesetz begünstigt kreative Konfliktlösungen, die beiden Parteien Vorteile bringen[59]. Um diese Erkenntnisse besser in der Praxis nutzbar zu machen, bieten sich primär Schulungs- bzw. Qualifikationsmaßnahmen an.

nn) Mangelnde Öffnung der Schiedsstellen für Nichtinnungsmitglieder

Das Schiedsstellenwesen muss auch für Streitigkeiten mit Nichtinnungsmitgliedern zugänglich gemacht werden. Zwar entstehen hierdurch neue Probleme, da diese Werkstätten nicht mehr über die Innungssatzung bzw. den Innungsbeschluss verpflichtet werden können. Für diese Probleme lassen sich jedoch Lösungen finden. Prinzipiell ist für eine Öffnung lediglich eine Änderung der MuGVO erforderlich. Zudem bedarf es allerdings der Zustimmung des jeweiligen Kfz-Betriebs zur Durchführung des Verfahrens, da sich dieser Betrieb nicht über die Innungssatzung ex ante binden kann.

Die Schiedsstelle kann die Durchführung des Verfahrens von einer Kostenbeteiligung – zumindest für den Unternehmer – abhängig machen. Dies ist legitim, da die innungsgebundenen Werkstätten für die (für sie) „kostenfreie" Durchführung des Verfahrens Innungsbeiträge entrichten. Nicht innungsgebundene Werkstätten müssten demnach konsequent für die Durchführung eines derartigen Verfahrens zahlen. Für die Schiedsstellen bedeutete die Öffnung für Nichtinnungsbetriebe die Möglichkeit einer (zusätzlichen) Einnahmequelle, ein Kriterium, welches insbesondere für das Schiedsstellenwesen von elementarer Bedeutung ist.

oo) Unzureichende Modernisierung der Schiedsstellen durch mangelhaften Einsatz „neuer Kommunikationstechniken" (ODR)

ODR hat sich vor allem über die zunehmende Verbreitung des e-commerce institutionalisiert[60]. Es stellt sich von daher die Frage, ob ODR als Streitbeilegungsmethode für den Bereich des Kfz-Handwerks denkbar ist. Grundsätzlich ist eine Übertragung von ODR auch auf andere Konfliktmaterien, welche nicht als „internetspezifisch" bezeichnet wer-

---

58 vgl. zu den spieltheoretischen Ansätzen oben Erster Hauptteil, Dritter Teil, II. 2.

59 vgl. hierzu auch Prütting, JZ 1985, 267

60 Auch im Bereich der Regelung von Streitigkeiten wegen missbräuchlicher Registrierung und Nutzung von Domain-Namen (sog. Generic Top-Level-Domains) haben sich mittlerweile ODR-Verfahren etabliert (Näheres zum Domain-Schlichtungsverfahren der WIPO z.B. Stomper, www.rechtsprobleme.at).

den können, durchaus vorstellbar[61]. So dienen als Beispiele die von Versicherungen bereits jetzt für die Schadensregulierung zum Einsatz kommenden Streitbeilegungssysteme. Sog. Blind-bidding-Systeme eignen sich grundsätzlich für alle Streitigkeiten, die sich auf Geldforderungen zurückführen lassen, wie z.B. Kaufpreis- oder Werklohnminderungen sowie Schadensersatzansprüche[62].

Betrachtet man sich das Schiedsstellenverfahren in seiner Chronologie genauer, dann muss man gleichfalls zum Schluss kommen, dass eine Übertragbarkeit von ODR (in gewissem Rahmen!) auf Konflikte im Bereich des Kfz-Handwerks durchaus denkbar ist. Das Vor- bzw. auch das Zwischenverfahren hat letztlich keinen anderen Sinn, als den Konflikt ohne exakte Erkundung der technischen Gegebenheiten einvernehmlich über die „Vermittlung" der Schiedsstelle (Geschäftsstelle) zu lösen. Der Großteil der eingehenden Anrufungen wird in diesen Verfahrensabschnitten erledigt. Es sind kaum Gründe vorstellbar, warum eine computersystemunterstützte Streitbeilegung in diesen Verfahrensstadien nicht denkbar sein soll.

Das Vor- und Zwischenverfahren bei den Schiedsstellen entspricht chronologisch der Verhandlungsphase in einem ODR – Verfahren. All diese Verfahrensabschnitte dienen letztlich nur dazu, „die Parteien an einen Tisch zu bringen" und eine akzeptable Lösung des Konflikts herbeizuführen, ohne dabei auf die Spezifika des jeweiligen Einzelfalls näher einzugehen. In eine Geschäftsstelle könnte demnach ein derartiges System integriert werden, welches den Konfliktparteien (kostenlos) zur Verfügung gestellt wird[63]. Ein derartiges System kann auch die genannten Vorteile der ODR in vollem Umfang nutzen bzw. die Nachteile des bisherigen Verfahrens (weitgehend) vermeiden[64].

Ob das Hauptverfahren durch computersystemunterstützte Streitbeilegung substituiert werden kann, sei zunächst dahin gestellt[65]. Der „menschliche Faktor" wird dafür sorgen,

---

61 In diesem Sinne auch Gangoly, *www.rechtsprobleme.at/doks/streitschlichtung-gangoly.html*; das von der EU-Kommission für den Bereich der Streitigkeiten von Verbrauchern mit Unternehmern des Kfz-Handwerks/Handels unterstützte ODR-Pilotprojekt der portugiesischen Schlichtungsstelle für den Automobilsektor (Centro de Arbitragem) zeigt dies im Übrigen eindrucksvoll.

62 Yunis, 197, die betont, dass diese Art der Software sich grundsätzlich auch ebenso gut für andere quantifizierbare Streitgegenstände eignet.

63 Dabei ist es denkbar, deutschlandweit eine „zentrale Geschäftsstelle" einzurichten, bei der alle Anrufungen eingehen und diese Geschäftsstelle dann erforderlichenfalls die Konfliktfälle an die örtlich zuständigen Schiedsstellen oder auch an Rechts- bzw. technische Beratungsstellen verteilt (vgl. hierzu auch von Hoyningen-Huene, die diese Balance zwischen Zentralisierung und Dezentralisierung als wesentlichen Grund für den Erfolg der ADR in den Niederlanden ansieht).

64 An erster Stelle ist dabei die Neutralität des Systems zu nennen.

65 Grundsätzlich ist es durchaus denkbar, Gutachten vor Ort zu erstellen und die vorliegenden Beweismittel in digitalisierter Form auch entfernt ansässigen Konfliktparteien zugänglich zu machen oder beispielsweise im Rahmen einer Videokonferenz die Verhandlungen abzuhalten. Auch Videokonferenzen als „Substitut" einer Verhandlung bei persönlicher Anwesenheit der Parteien sind prinzipiell vorstellbar, vgl. hierzu das bereits erwähnte Pilotprojekt der portugiesischen Schlichtungsstelle für den Automobilsektor. Auch die Tatsache, dass über den Einsatz von Videokonferenzen im Zivilprozess bereits sehr intensiv diskutiert wird, spricht für eine

dass das Hauptverfahren zumindest mittelfristig noch in persönlicher Gegenwart der Konfliktparteien abgehalten werden wird. Auf lange Sicht erscheinen auch komplexere Konfliktlösungen im Bereich des Kfz-Handwerks über ODR -Verfahren vorstellbar[66].

b) Strukturelle Probleme sowie Lösungsansätze

aa) Zu geringe Nutzung vorhandener Selbstregulierungsinstrumente

Im Vergleich zu anderen Zweigen der Industrie/des Gewerbes zeigt sich das Kfz-Handwerk relativ konservativ, sofern die Ausnutzung möglicher Selbstregulierungsansätze gefordert wird[67]. Es wäre dem qualitativen Ansatz zuzurechnen, würden sich beispielsweise die Träger der Schiedsstellen verstärkt derartiger Selbstregulierungsinstrumente bedienen[68]. Mit der Implementierung von Selbstregulierungsprinzipien kann das Vertrauen der Verbraucher in diese Art der Konfliktlösung schneller gewonnen werden[69].

Selbstregulierungsansatz und staatliche Kontrolle widersprechen sich nicht. Von daher muss die verstärkte Inanspruchnahme von Selbstregulierungsansätzen nicht zwangsläufig mit einer „Unkontrollierbarkeit“ einhergehen. Da Selbstregulierung staatliche Kontrolle nicht ersetzen kann, erscheint ein harmonisches Zusammenspiel durchaus vorstellbar. Hierzu müsste jedoch der Selbstregulierungsansatz vom Kfz-Handwerk vorangetrieben werden.

bb) Mangelhafte Einbindung der Schiedsstellen in das Gesamtsystem der Rechtsdienste

Wesentlich für einen erfolgreichen Ausbau des Schiedsstellenwesens ist die bessere Verortung von Schiedsstellen im Gesamtsystem der Rechtsdienste, vor allem durch Pflege der

---

Übertragbarkeit auf den ADR- bzw. ODR-Bereich (vgl. zu diesem Thema Schultzky, NJW 2003, 313).

66 Dass komplexe Streitbeilegung mittels bestimmter Programme bereits jetzt möglich ist, zeigt sich z.B. bei dem Programm „smartsettle“ (vgl. Yunis, 198 f.). Realistisch muss man jedoch erkennen, dass gerade der Bereich des Kfz-Handwerks relativ konservativ ist, was auch ein gewisses Rollenverständnis beinhaltet. Eine neue Generation, die der Computertechnologie gegenüber aufgeschlossener ist, mag jedoch langfristig auch in dieser Branche einen Gesinnungswandel hervorrufen.

67 vgl. im Gegensatz dazu beispielsweise die GBDe, welche sich v.a. mit Fragen des e-commerce beschäftigt oder die D21-Initiative, in der das Kfz-Handwerk offenbar nicht eingebunden ist (vgl. zum ganzen Büllesbach, 224 ff.).

68 Zu denken ist dabei an Verhaltenskodizes („codes of conduct“) oder die Vergabe von Gütesiegeln. Über die Verhaltenskodizes könnte z.B. eine Implementierung der Kriterien der Empfehlung 98/257/EG stattfinden. Die Vergabe von Gütesiegeln könnte von qualitativ hochwertiger Arbeit abhängig gemacht werden (z.B. transparentes Vorverfahren, schnell, kompetent, zuverlässige Statistiken usw.).

69 In diesem Sinne wohl Büllesbach, 227. Der Gebrauchtwagenhandel verfolgt mit der neuen Verbandssignalisation bereits erste Ansätze in diese Richtung. Das Handwerk scheint sich diesem Trend bisher jedoch nach wie vor zu verschließen.

Kontakte, Austausch, Absprachen und gemeinsame Aktivitäten zur Gestaltung des Angebots an Rechtsdiensten[70]. So kann z.B. eine engere Kooperation mit dem ADAC (sowie dessen Öffnung für technische und/oder rechtliche Beratung auch an „Nichtmitglieder") oder sonstigen Verbraucherorganisationen zu positiven Effekten führen. In diesem Kontext ist zugleich die Diskussion der notwendigen Differenzierung von beratenden und Streit schlichtenden Diensten zu führen.

Auch die Schaffung geeigneter Informationsplattformen für den Verbraucher ist in diesem Zusammenhang zu erwähnen. Es muss die Errichtung einer zentralen „ADR/ ODR-Vermittlungsstelle" angestrebt werden, an der die unterschiedlichen relevanten Informationen abgerufen werden können. Die Einführung des EEJ – Net (bzw. ECC-Net) geht dabei in eine Richtung, die weiter verfolgt und ausgebaut werden muss.

Der Gedanke des „Multi-Door-Courthouse"[71] ist gleichfalls hier zu verorten. Zwar betrifft die Einbindung in das Gesamtsystem der Rechtsdienste primär das Schiedsstellenwesen und beratende Dienste, also mehr den privatisierten Sektor, während der Gedanke des „Multi-Door-Courthouse" dem öffentlichen Sektor zuzurechnen ist[72]. Dennoch ist hiermit dieselbe Zielsetzung verbunden, nämlich einen möglichst „präzisen Zuschnitt des Verfahrens auf die Konfliktmaterie" zu erreichen (und nicht umgekehrt die Konfliktmaterie auf das Verfahren zuzuschneiden, ein Gedanke, wie er bisher in Deutschland noch favorisiert wird). Einen ersten vagen Ansatz hierzu liefert § 278 Abs. 5 Satz 2 ZPO. Dieser Ansatz ist zu begrüßen und muss ausgebaut werden[73].

cc) Fehlen finanzieller Anreizstrukturen

Zwar ist die Inanspruchnahme der Schiedsstellen kostenfrei[74]. Dennoch entstehen dem Verbraucher (und auch dem Unternehmer!) Kosten insbesondere in Form von Zeitnachteilen, die letztlich zu finanziellen Nachteilen führen[75]. Zu befürworten ist aus diesem

---

70 Blankenburg in der Prognos-Studie, 28

71 vgl. hierzu Sander in Gottwald/Strempel, 37 ff. Damit ist die Überlegung gemeint, die unterschiedlichen ADR-Verfahren nicht nur zum festen Bestandteil der privaten Rechtspraxis werden zu lassen, sondern auch in das Gerichtssystem zu integrieren.

72 Duve, BB 1998, Beilage 9, 17

73 Zu § 278 Abs. 5 Satz 2 ZPO vgl. oben Dritter Hauptteil, Zweiter Teil, II.

74 Insofern heben sich die Schiedsstellenverfahren im Bereich des Kfz-Handwerks positiv von anderen ADR-Verfahren ab, die teilweise sogar höhere Kosten nach sich ziehen als Gerichtsverfahren.

75 Da Schiedsstellenverfahren wochentags zu „üblichen Geschäftszeiten" stattfinden, ist davon auszugehen, dass zahlreiche Konfliktparteien, die ein derartiges Verfahren anstrengen, stattdessen hätten arbeiten können und dadurch Verdienstausfälle erleiden.

Grund zum einen eine Ausweitung der Prozesskostenhilfe auch auf außergerichtliche Streitbeilegungsverfahren[76], zum anderen die Schaffung steuerrechtlicher Anreize[77].

Zu begrüßen ist zudem die Abdeckung der Kosten durch Rechtsschutzversicherungen. Zwischenzeitlich scheint im diesem Bereich ein Diskussionsprozess eingesetzt zu haben, ob es nicht wirtschaftlich sinnvoll ist, die Kosten alternativer Streitschlichtungsverfahren mit in den Deckungsbereich einzubeziehen[78].

Schließlich müssen auch Anreize im Kostenerstattungsrecht angedacht werden. So könnte beispielsweise die Höhe der Kostenerstattung für die obsiegende Partei auch von deren vorprozessualen Verhalten abhängig gemacht werden. Dem Gericht würde es dadurch ermöglicht, derjenigen Partei, die sich im Vorfeld einer eigentlich sinnvollen außergerichtlichen Streitschlichtung nicht gestellt hat, Nachteile bei der Kostenerstattung aufzuerlegen[79].

Wie bereits erwähnt, relativiert sich die Diskussion um die Schaffung finanzieller Anreizstrukturen durch die Tatsache, dass Schiedsstellen kostenfrei arbeiten. Da es jedoch für die Zukunft nicht ausgeschlossen erscheint, dass die Schiedsstellen für ihre Tätigkeit auch vergütet werden wollen, sollten die Schiedsstellen ein erhebliches Interesse an dieser (noch weitgehend offenen) Diskussion haben. Durch die Erstattung etwaiger Kosten würden sich dann auch weitere Probleme „erledigen" bzw. zumindest relativieren, die unmittelbar im Zusammenhang mit der Finanzierung der Schiedsstellen stehen[80].

dd) Zu geringe Betonung marktwirtschaftlicher Aspekte

Während die Kommission der EU ADR/ODR-Verfahren primär aus marktwirtschaftlichen Aspekten heraus fördert[81], betont der deutsche Gesetzgeber immer noch den obrigkeitsstaatlichen Aspekt und betrachtet ADR/ODR lediglich als (willkommenes) Instrument zur

---

76 Was allerdings primär im grenzübergreifenden Bereich und/oder bei Inanspruchnahme der Hilfe eines Rechtsbeistands von Bedeutung wäre.

77 So wäre es z.B. denkbar, dass derjenige, der ein ADR-Verfahren betreibt, die hierfür anfallenden Kosten über außergewöhnliche Belastungen in Ansatz bringen kann. Schließlich „erspart" er oftmals dem Staat durch die Inanspruchnahme der ADR-Stelle Kosten in Form von solchen, die durch die Inanspruchnahme des Justizapparats anfallen würden.

78 Dieckmann unter *www.streitschlichtung.nrw.de/1.2.2.1(Aufsatz-ZG).html*. Für Schiedsstellenverfahren ist diese Diskussion zwar weniger relevant, da diese kostenfrei arbeiten. Zum einen ist es jedoch für die Zukunft nicht ausgeschlossen, dass auch für die Inanspruchnahme der Schiedsstellen für das Kfz-Handwerk Kosten erhoben werden; zum anderen ist die Beiziehung eines Rechtsanwalts bereits jetzt für den Verbraucher kostenpflichtig; diese Kosten würden bei einer Übernahme durch eine Rechtsschutzversicherung entfallen.

79 Dieckmann, a.a.O.

80 Also v.a. die Neutralität der Schiedsstellen, s.o.!

81 Also zur Stärkung des Vertrauens des Verbrauchers in den europäischen Binnenmarkt; vgl. auch Micklitz in „Privatisation of Access to Justice and Soft Law", 517, wo er in Bezug auf „access to justice" ausführt: „...New European legal principles are shaped in the context of consumer law as market behaviour law, not as social welfare law."

Entlastung der staatlichen Justiz. Dieser Ansatz erscheint verfehlt. Es wäre zu begrüßen, würde sich auch der nationale Gesetzgeber mehr auf die qualitative und marktwirtschaftliche Ebene der ADR-Diskussion begeben. Durch diesen veränderten Blickwinkel würden auch die Wege verändert, um das Ziel der Förderung von ADR zu erreichen. Gleichsam als „Begleiteffekt" würde sich eine (spürbare) Entlastung des Justizwesens ergeben.

Auch das Schiedsstellenwesen wird von einem derart veränderten Ansatz profitieren. Es muss sich zwangsläufig stärker dem Wettbewerb stellen und dadurch die momentanen Strukturen überdenken. Zwar wird der Wettbewerbsdruck voraussichtlich auch unter der bisherigen Politik nicht zu vermeiden sein. Der nationale Gesetzgeber kann aber dazu beitragen, das Potential der Schiedsstellen besser nutzbar zu machen, indem geeignete Rahmenbedingungen geschaffen werden.

ee) Fehlen pragmatischer Ansätze durch den nationalen Gesetzgeber

Gerade pragmatische politische Ansätze sorgen für eine Belebung von ADR/ODR. Die Kommission der EU geht hier den richtigen Weg[82]. Die nationale Politik besinnt sich demgegenüber primär auf legislative Maßnahmen, die teilweise zwar Erfolg versprechend sein mögen (vgl. § 278 Abs. 5 Satz 2 ZPO), jedoch keine derartige „Breitenwirkung" entfalten wie dies von den pragmatischen Ansätzen der Kommissionspolitik zu erwarten ist. Die unterschiedlichen Wege mögen zwar ihre Ursache in den bei grenzübergreifenden Konflikten erhöhten Zugangsbarrieren haben; letztlich können die dort diskutierten Ansätze jedoch auf den nationalen Rahmen ausgedehnt werden, auch wenn die Auswirkungen nicht ganz so gravierend erscheinen mögen.

Es sind beispielsweise kaum Gründe dafür ersichtlich, warum die nationale Politik nicht Pilotprojekte im Bereich ODR fördert. Die bisher in Deutschland tätigen ODR-Provider werden hauptsächlich von der EU unterstützt; eine Unterstützung durch den deutschen Staat – sei sie finanzieller, personeller oder informatorischer Art – ist demgegenüber nicht erkennbar. Gerade hier bietet sich genügend Spielraum für ein harmonisches Zusammenspiel selbstregulierender und staatlicher Ansätze. Die Schiedsstellen für das Kfz-Handwerk bieten sich auf Grund ihres (einmaligen) flächendeckenden Netzes als „ideale Spielwiese" an.

ff) Ungenügende Trennung von Gesamtansatz und sektorspezifischen Ansätzen auf EU-Ebene

Obwohl die Politik der EU-Kommission im Vergleich zur deutschen Politik vorbildhaft ist, sofern die Förderung von ADR/ODR zur Diskussion steht, so gibt das Grünbuch der Kommission zur außergerichtlichen Streitbeilegung in Zivil- und Handelssachen[83] doch

82 Als Beispiele seien erwähnt: Das ECC-Net mit der Schaffung nationaler Clearingstellen, das Formblatt für Verbraucherbeschwerden sowie die Förderung von Pilotprojekten.

83 KOM (2002) 196 endg.

Anlass zu Kritik. Die dort erkennbare Richtung, die sich durch den „globalen Ansatz“ ausdrückt, will offenbar die Differenzierung zwischen Gesamtansatz und sektorspezifischen Ansätzen aufgeben oder zumindest einschränken. Gerade aber das Zusammenspiel von Gesamtansatz und sektorspezifischem Ansatz, wie es in der bisherigen EU-Politik praktiziert wurde, verspricht jedoch mehr Erfolg als ein Ansatz, der sektorspezifische Besonderheiten offenbar weniger Berücksichtigung schenken will. Bestimmte Probleme scheinen auf der „Gesamtebene“ zwar besser lösbar als auf der „Sektor-Ebene“[84]; sektorspezifischen Besonderheiten muss jedoch ausreichend Raum gegeben werden. Gerade der „Zuschnitt des Verfahrens auf die Konfliktmaterie“ verspricht Erfolg, da hier die Vorzüge von ADR/ODR gegenüber gerichtlichen Verfahren besonders zum Tragen kommen[85].

gg) Keine verbindliche Vorgabe von Mindestgarantien für ADR/ODR- Verfahren

Es wäre zu begrüßen, wenn sich die Kommission der EU dazu entschließen würde, die bisher in der Empfehlung 98/257/EG genannten Mindestgarantien für ADR-Verfahren als verbindlich auszugestalten. Weder die Mitgliedsländer noch die ADR-Stellen würden hierdurch übermäßig belastet. Für den Verbraucher ergäbe sich eine im Gegensatz zur aktuellen Rechtslage verbesserte Rechtsposition. Er könnte sich dann auf eine derartige Regelung in einem etwaigen Rechtsstreit berufen. Zudem würde die Kommission hierdurch ein erkennbares Zeichen hinsichtlich einer intendierten qualitativen Steigerung von ADR-Stellen setzen. Schließlich würde die Grundlage für einen „fairen Wettbewerb“ unter den ADR/ODR-Dienstleistern geschaffen.

hh) Mangelnde Qualifikation der ADR-Verantwortlichen

Das Grünbuch der EU zur außergerichtlichen Streitbeilegung in Zivil- und Handelssachen[86] gibt Anlass zur Hoffnung, dass künftig Ausbildungs-, Zulassungs- und Qualifikationskriterien für ADR-Verantwortliche geschaffen werden. Dieser Bereich wird in der Tat noch vernachlässigt. Die Kommission wünscht offenbar primär eine Verbesserung sog. ADR-Techniken. Dies ist zu begrüßen, da derartige Techniken zu einer weiteren Deeskalation des Konflikts sowie zu einer Steigerung der Effizienz führen. Hier scheinen auch bei den Mitgliedern der Schiedskommission Defizite zu liegen. Darüber hinaus wäre es zu begrüßen, auch die Kompetenz der ADR-Verantwortlichen in der Sache selbst zu erhöhen.

---

84 z.B. die Vorgabe bestimmter Verfahrensgarantien wie in der Empfehlung 98/257/EG oder gewisse pragmatische Ansätze (ECC-Net).

85 also v.a. das in den ADR-/ODR-Stellen in aller Regel vorhandene Fachwissen sowie die rechtlichen und tatsächlichen Spezifika der jeweiligen Konfliktmaterie.

86 KOM (2002) 196 endg.

Dieses Ziel ist besser über selbstregulierende Maßnahmen zu erreichen[87], da die Branche am besten weiß, welches Wissen erforderlich ist, um Konflikte möglichst sachgerecht und effizient zu lösen. Die Träger der Schiedsstellen scheinen sich dieser Problematik zwar bereits anzunehmen[88]. Offenbar sind jedoch intensivere Maßnahmen denkbar. Ein ständiger Erfahrungsaustausch untereinander kann bereits zu einer qualitativen Steigerung beitragen[89].

ii) Kontraproduktiver Ansatz durch Einführung der obligatorischen Streitschlichtung

Wie die ersten Erfahrungsberichte ausweisen und wie es von der Wissenschaft auch prognostiziert wurde, erweist sich die Einführung der obligatorischen Streitschlichtung (§ 15a EGZPO) als falscher Weg. Es wäre zu begrüßen, würde sich der Gesetzgeber dazu entschließen, diesen Ansatz wieder aufzugeben und stattdessen die fakultative Streitbeilegung durch Verbesserung der Rahmenbedingungen zu fördern.

Für die Schiedsstellen des Kfz-Handwerks ergibt sich zwar durch die Einführung der obligatorischen Streitbeilegung grundsätzlich keine Veränderung ihrer bisherigen Struktur. Zudem wird das Verfahren nach § 15a Abs. 3, 1 EGZPO nur dann durchgeführt, wenn die Parteien hiermit einverstanden sind. Auch insoweit ergibt sich also nichts Gegenteiliges zur bisherigen Rechtslage.

Auf der anderen Seite droht durch die anerkannten Gütestellen i.S.v. § 15a Abs. 1 EGZPO zusätzliche Konkurrenz, welche vor der Einführung des § 15a EGZPO nicht vorhanden war. Diese Konkurrenz entspricht jedoch in keiner Weise einem qualitativ hochwertigen Schlichtungsverfahren. Die Verbraucher erhalten nämlich bei den Gütestellen i.S.v. § 15a Abs. 1 EGZPO kaum die Hilfe, die sie von einer kompetenten Schlichtungsstelle erwarten können, insbesondere also die Betonung der technisch-sachlichen Komponente, welche bei Schlichtungsverfahren im Bereich des Kfz-Handwerks von entscheidender Bedeutung ist.

Die Schiedsstellen müssen daher diese Konkurrenz zwar nicht fürchten. Das Problem besteht jedoch darin, dass dieser obligatorische Ansatz des Gesetzgebers prinzipiell kontraproduktiv wirkt. Solange der Verbraucher noch kein hinreichendes Vertrauen in ADR/ODR-Verfahren gewonnen hat, muss alles getan werden, um dieses Vertrauen zu fördern

---

87 z.B. Prüfungen, Kontrollen, Vergabe von Gütesiegeln usw.

88 vgl. hierzu beispielsweise ein internes Schreiben der ADAC-Fahrzeugtechnik an den Bereich Verbraucherschutz des ADAC vom 19.1.1995, in welchem die unzureichende technische Ausbildung sowie die mangelnde Praxiserfahrung mancher ADAC-Vertreter moniert wurde. Deshalb sei „zu überlegen, ein definiertes Anforderungsprofil für den ADAC-Vertreter verbindlich zu erstellen."

89 Wobei allerdings ausdrücklich betont werden muss, dass die Fachkompetenz der Schiedskommission grundsätzlich unbestreitbar vorhanden ist. Verbesserungen bzw. die Aufdeckung „etwaiger Schwachstellen" sowie die ständige Hinterfragung vorhandener Kompetenz ist jedoch unabdingbare Voraussetzung für qualitativ hochwertige Arbeit, so dass der Ansatz des ADAC durchaus zu unterstützen ist.

und nicht (weiter) zu beschädigen. Genau diese Beschädigung scheint sich momentan zu bestätigen. Die Schiedsstellen sind von diesem Vertrauensverlust ebenso betroffen, da sie vom Verbraucher gleichfalls als (schlechtere) Alternative zum Gerichtsverfahren angesehen werden. Der Verbraucher nimmt also diese Differenzierung in „gute und schlechte" ADR-Verfahren nicht in dem Maße vor wie es wünschenswert wäre.

jj) Keine Verzinsungspflicht bei außergerichtlichen Verfahren

§ 291 BGB bestimmt, dass der Schuldner eine Geldschuld von dem Eintritt der Rechtshängigkeit an zu verzinsen hat, auch wenn er nicht im Verzug ist. Der „normale Zinssatz" beträgt fünf Prozentpunkte über dem Basiszinssatz pro Jahr[90]. Für außergerichtliche Verfahren sind solche Zinsen gesetzlich nicht vorgesehen. Aus diesem Grund sollte sich der Gesetzgeber dazu entschließen, auch für außergerichtliche Verfahren eine Verzinsungspflicht zu konstituieren. Als Beginn dieser Verzinsungspflicht bietet sich der Zeitpunkt des Eingangs der Anrufungsschrift bei der Schiedsstelle an.

kk) Keine verschärfte Haftung bei außergerichtlichen Verfahren

Bedeutsam wäre auch die gesetzliche Konstituierung einer verschärften Haftung des Schuldners bei außergerichtlichen Verfahren vergleichbar den §§ 292, 347, 818 Abs. 4, 987 ff. BGB für die Fälle der Rechtshängigkeit. Durch derartige Regelungen (Zinspflicht, verschärfte Haftung) wird eine Anpassung der Rechtsfolgen der Anrufung einer ADR-Stelle an die Rechtsfolgen der Rechtshängigkeit eintreten. Eine solche Anpassung entspricht dem Gedanken der Schaffung eines fairen Wettbewerbs zwischen gerichtlichen und außergerichtlichen Konfliktlösungsverfahren.

Zu denken wäre schließlich noch an eine Anpassung des § 286 Abs. 1 Satz 2 BGB. Der Mahnung sollten nicht nur die Erhebung der Klage auf Leistung sowie die Zustellung eines Mahnbescheids im Mahnverfahren gleichstehen, sondern auch die Anrufung einer ADR-Stelle. Eine derartige Gleichstellung hätte auch die Zufallshaftung nach § 287 Satz 2 BGB zur Folge. Das Hauptproblem dieser „Anpassungen" läge allerdings in einer möglichen „Verrechtlichung" des ADR-Verfahrens. Möglicherweise würde dann der Konflikt auf einen „Nebenkriegsschauplatz" verlagert, nämlich die Frage der Höhe der zu vergütenden Zinsen, der verschärften Haftung usw. Diese Probleme zeichnen sich durch eine relativ hohe juristische Komplexität aus (man denke nur an die Verweisung in § 292 BGB auf die Vorschriften des Rücktritts, der ungerechtfertigten Bereicherung und des Eigentümer – Besitzer – Verhältnisses!). Von daher könnten Konflikte – insbesondere dann, wenn sich die Parteien anwaltlich vertreten lassen! – bei einer stärkeren Betonung dieser Aspekte zu einem „Wiederaufleben des Positionendenkens" im ADR-Verfahren führen.

90 Zum Basiszinssatz vgl. § 247 BGB

Hier wäre insbesondere der Vorsitzende der Schiedskommission gefordert. Er müsste diese neu geschaffene Rechtslage zumindest über eine summarische Prüfung bei der Konfliktlösung in irgendeiner Form berücksichtigen, ohne hierbei zu sehr ins Detail zu gehen und dabei eine (abermalige) Verschärfung des Konflikts zu provozieren. Wichtig wäre dabei, dass der Vorsitzende gegenüber den Parteien den Billigkeitsaspekt von ADR-Verfahren betont. Hierdurch würde auch für die Parteien die gegenüber einem Gerichtsverfahren „veränderte Ausgangslage“ sichtbar. In jedem Fall müssten diese neu geschaffenen Regelungen jedoch auch im Schiedsstellenverfahren Beachtung finden. Ansonsten wäre für den Verbraucher nämlich durch eine Veränderung der Rechtslage nichts gewonnen.

III. Zusammenfassung zum aktuellen Stand der ADR-Debatte auf nationaler und europäischer Ebene

1. Nationale Ebene

In Deutschland zeigen die letzten Gesetzesnovellen zur außergerichtlichen Streitbeilegung eindringlich, welchen Stellenwert der Gesetzgeber hierzulande der ADR-Debatte einräumt. Zum einen ist dabei § 15a EGZPO zu nennen, der den Ländern ermöglicht, unter bestimmten Voraussetzungen (also v.a. bis zu einer bestimmten Streitwerthöhe) ein obligatorisches außergerichtliches Güteverfahren zu institutionalisieren, zum anderen § 278 ZPO, der in seinem Abs. 2 eine obligatorische (gerichtliche) Güteverhandlung vorsieht und in Abs. 5 Satz 2 dem Richter die Möglichkeit an die Hand gibt, den Parteien eine außergerichtliche Streitschlichtung vorzuschlagen.

Justizentlastung, raschere und kostengünstigere Konfliktbereinigung, dauerhafterer Rechtsfrieden sind die erklärten Ziele des Gesetzgebers. Die ersten Erfahrungen mit der obligatorischen Streitschlichtung zeigen, dass sich diese Ziele zumindest mittelfristig nicht erfüllen werden. Im günstigsten Fall hält das Güteverfahren solche Fälle vom Amtsgericht fern, die sich auch vor Gericht schnell und unproblematisch durch Vergleich, Anerkenntnis oder Klagerücknahme erledigen lassen. Bleibt das Schlichtungsverfahren jedoch erfolglos, schafft es durch die zusätzliche Prüfung der Prozessvoraussetzungen „erfolglose Schlichtung, Notwendigkeit und Ordnungsgemäßheit“ und eine Vielzahl etwaiger Einreden im nachfolgenden streitigen Verfahren zusätzlichen Arbeits- und Zeitaufwand für alle Beteiligten[91].

§ 278 Abs. 5 ZPO weist dagegen in eine Richtung, die Erfolg versprechender scheint. Das Manko liegt hier in dem weiten (Auswahl-) Ermessen, welches das Gesetz dem Richter gewährt[92]. Erfolg versprechender wäre es gewesen, dem Richter in schlichtungs-

91 Janssen, Diss., 357

92 vgl. hierzu den Gesetzeswortlaut des § 278 Abs. 5 Satz 2 ZPO:“.....In geeigneten Fällen kann das Gericht den Parteien eine außergerichtliche Streitschlichtung vorschlagen.“

tauglichen Fällen eine Hinweispflicht aufzugeben[93]. Was „schlichtungstauglich" ist, ergibt sich vor allem aus der Konfliktmaterie, aber auch aus dem Profil der Konfliktparteien. Beispielsweise eignen sich alle „sachnahen, technisierten" Konflikte[94] für eine Konfliktlösung durch Schlichtung[95].

Die Politik des deutschen Gesetzgebers erscheint anachronistisch. Der Gedanke, die „unmündigen Bürger" durch Zwang zur Schlichtung zu erziehen, hat sich bereits mehrfach in der Geschichte als verfehlt erwiesen. Die deutsche ADR-Politik ist zudem zu „rechts-" bzw. „prozessbezogen" ausgerichtet. Marktwirtschaftliche Konzepte zur Steigerung der Attraktivität außergerichtlicher Konfliktlösungsverfahren werden aus der (Rechts-) Politik ausgeblendet. Die Konfliktlösung wird immer noch dem Refugium des Obrigkeitsstaates zugerechnet. Privatisierte ADR-Verfahren gelten als Verfahren „zweiter Klasse".

2. Europäische Ebene

Der europäische unterscheidet sich vom deutschen Ansatz erheblich. Der europäische Ansatz ist „markt-", nicht „rechtsbezogen". Insbesondere die EU-Kommission versucht mit ihrer „dualistischen Politik", die sich in einen Gesamtansatz und einen sektorspezifischen Ansatz aufspaltet, den Verbraucherschutz und damit zugleich den Binnenmarkt zu stärken. Durch eine geschickte Umsetzungspolitik wird der „deutsche Blockadeweg" umschifft. So finden immer mehr europäische Ansätze auch im nationalen Bereich Eingang. Hinzu kommen pragmatische Ansätze der EU-Kommission, die Ziel führender erscheinen als der deutsche „Gesetzes- bzw. Verordnungsweg"[96].

Selbstregulierungsansätze werden von der EU-Kommission als Mittel gesehen, qualitativ hochwertige (privatisierte) Konfliktlösung in Europa zu institutionalisieren. Damit einher gehen Harmonisierungsbestrebungen im „klassischen forensischen Bereich". Private und staatliche Konfliktlösungsmodelle treten auf europäischer Ebene also gleichberechtigt nebeneinander auf.

---

93 In keinem Fall darf jedoch dem Richter die Möglichkeit an die Hand gegeben werden, die Parteien „zur außergerichtlichen Schlichtung zu verurteilen". Die Verpflichtung des Richters darf sich allein auf den Hinweis beziehen. Denn Parteien, die grundsätzlich konfliktunfähig sind, werden in der Regel auch bei einer außergerichtlichen Schlichtung scheitern.

94 wie z.B. auch Konflikte mit Kfz-Reparaturwerkstätten. Alle Konflikte, bei denen primär um Tatsachenfragen gestritten wird, können als „schlichtungstauglich" bezeichnet werden, vgl. auch Greger, JZ 1997, 1079.

95 In diesem Sinne wohl auch Janssen, Diss., 361 m.w.N. Dieser Gedanke der Diversion darf sich nicht nur auf den Richter beziehen. Vielmehr muss auch der Weg des „Multi-Door-Courthouse", den Sander entwickelt hat, weiter verfolgt werden. Die Idee liegt darin, dass ein „Screener" (der nicht unbedingt der Richter sein muss) den Parteien einen Rat erteilt, welche Konfliktlösungsform für sie wohl am geeignetsten sei.

96 Hierzu gehören die Durchführung von Pilotprojekten (z.B. im ODR-Bereich), die Erstellung von Beschwerdeformularen für ADR-Verfahren sowie die Gründung des EEJ-Net und der dazu gehörenden Clearingstellen in den einzelnen Mitgliedstaaten.

Die jüngsten Rechtsakte der EU-Kommission, welche den Bereich ADR/ODR betreffen, ändern zwar prinzipiell nichts an der positiven Kritik zur europäischen ADR-Politik. Es muss jedoch sorgsam darauf geachtet werden, dass die Kommission den bisherigen Weg nicht verlässt und eine Richtung einschlägt, die nicht uneingeschränkt befürwortet werden kann[97]. Positiv zu bewerten ist allerdings der „resolute Weg", den die Kommission in ihrem letzten Grünbuch aufzeigt. Daraus kann der Schluss gezogen werden, dass die bisher zurückhaltende EU-Politik sich in naher Zukunft auch in Deutschland auswirken wird, was die Extensivierung von ADR/ODR-Verfahren anbelangt.

IV. Schlussfolgerungen für eine verbraucherschutzbezogene Bewältigung von Konflikten mit Kfz-Werkstätten

Im Ersten Hauptteil wurden die Möglichkeiten zur Konfliktbewältigung dargestellt. Die Konfliktforschung kann wertvolle Hinweise zu geeigneten „präventiven Maßnahmen" liefern. Im Bereich des Kfz-Handwerks können eine angemessene Kommunikation zwischen Verbraucher und Unternehmer, die spezifische Auftragsbeschreibung sowie deren schriftliche Fixierung als geeignet bezeichnet werden.

Die vorliegende Arbeit beschäftigt sich mit der Situation, in der bereits ein Konflikt vorliegt und den gegebenen Handlungsoptionen der Konfliktparteien. Jeder Konflikt beginnt intrapersonell, wird dann möglicherweise nach außen deutlich und endet wieder in der Person selbst (die eigentliche „Konfliktbewältigung"). In der ersten (intrapersonellen) Phase des Konflikts ist eine denkbare Alternative das Unterlassen weiterer, nach außen gerichteter Aktionen, also die „Nicht-Reaktion" des Verbrauchers[98]. Diese (bewusste) „Nicht-Reaktion" kann auch auf eine Beratung technischer und/oder rechtlicher Art folgen. Eine für den Verbraucher sinnvolle Chronologie bezieht die Beratung in Bezug auf die rechtliche und/oder tatsächliche (technische) Situation in jedem Fall mit ein[99].

97 Zu nennen sind hier insbesondere das Grünbuch zur außergerichtlichen Streitbeilegung in Zivil- und Handelssachen (KOM (2002) 196 endg.), die Prozesskostenhilfe-Richtlinie 2002/8/EG, die ADR-Verfahren nur sehr eingeschränkt in ihren Anwendungsbereich fallen lässt und der Vorschlag für eine Verordnung zur Einführung eines europäischen Verfahrens für geringfügige Forderungen (KOM (2005) 87), der Erleichterungen zur Erlangung eines Titels im forensischen Bereich vorsieht.

98 In der Fachterminologie wird diese Handlungsoption mit „avoidance" umschrieben. Unter avoidance fallen nur solche (Nicht-) Reaktionen des Verbrauchers, die bewusst nach einer Abwägung von Nutzen und Kosten zustande gekommen sind, also nicht diejenigen (Nicht-) Reaktionen, bei denen die Partei den Konflikt gar nicht erkennt, beispielsweise weil sie die Rechts- und/oder Tatsachenlage falsch einordnet. Avoidance sei in einer hochdifferenzierten (Industrie-) Gesellschaft ein geeignetes Mittel zur Konfliktbewältigung, da der einzelne auf andere Anbieter ausweichen könne.

99 Hieraus resultiert die in der Wissenschaft weit verbreitete Forderung nach einer besseren Einbindung der Schlichtungsstellen in die allgemeinen Rechtsdienste.

Entschließt sich der Verbraucher, den Konflikt nach außen zu tragen, so bietet sich folgendes Vorgehen an: Zunächst sollte der Dialog mit dem Werkstattbetreiber gesucht werden. Die Parteien versuchen auf privatautonomen Weg eigenverantwortlich, ohne Zuhilfenahme eines Dritten, eine Lösung „ihres" Konflikts zu finden[100]. Scheitert dieser Weg, kann die Beschwerde (beim Geschäftsinhaber, der Innung oder dem Hersteller, der auf die Vertragswerkstätten Druck ausüben kann) als Möglichkeit dienen, den Fall aus der Alltagsroutine „herauszuheben" und noch einmal individuell überprüfen zu lassen.

Hat auch die Beschwerde keinen Erfolg, kommt die Zuhilfenahme eines Dritten zur Konfliktlösung in Betracht. Als ernsthafte Alternativen bieten sich dabei das Schiedsstellenverfahren, das Gerichts- und das selbständige Beweisverfahren, das Schiedsgerichtsverfahren sowie die Mediation an. Das Schiedsgerichtsverfahren kommt aufgrund seiner zu starken „rechtsstaatlichen Verwurzelung" und damit einhergehend der komplizierten Verfahrensausgestaltung jedoch für derartige Bagatellstreitigkeiten, wie sie im Bereich des Kfz-Handwerks üblich sind, nicht in Betracht. Die lediglich „vermittelnde Struktur" der Mediation schließt eine (erfolgreiche) Übertragung auf den Bereich des Kfz-Handwerks gleichfalls aus.

Demgegenüber bietet sich das selbständige Beweisverfahren, das insbesondere der Klärung von Tatsachenfragen dienen soll, als echte Alternative zum Schiedsstellenverfahren an. Insbesondere die „Zweistufigkeit" des Schiedsstellenverfahrens im Gegensatz zur „Einstufigkeit" des selbständigen Beweisverfahrens sowie die erheblichen Kosten, die ein selbständiges Beweisverfahren nach sich zieht, sprechen jedoch mehr für das Schiedsstellenverfahren als das für den Verbraucher zu bevorzugende Verfahren.

In jedem Fall erscheint das Gerichtsverfahren als „ultima ratio" der Konfliktlösung, sollte also vom Verbraucher allenfalls nach der (erfolglosen) Durchführung eines Schiedsstellenverfahrens in Betracht gezogen werden.

Beendet wird der Konflikt wieder in der Person selbst. Diese eigentliche „Konfliktbewältigung" ist dem psychologischen Bereich zuzuordnen. Der Bereich des Rechts wird hier endgültig verlassen[101].

100 Voraussetzung für eine erfolgreiche Verhandlung ist insbesondere die Gabe der Konfliktfähigkeit. Auch hier sei wieder betont, dass die vorherige Information des Verbrauchers über seine rechtliche Situation sowie (zumindest grob) über die technische Sachlage für eine erfolgreiche Konfliktlösung auf dieser „zweiten" (interpersonellen) Ebene unabdingbar ist.

101 Auch wenn zumindest ansatzweise noch Bezüge zum Recht auszumachen sind, die zum einen aus der Konfliktgenese, zum anderen aus der Überlegung wirksamer Prävention resultieren („Selbstjustiz" als „letztes Mittel der Konfliktlösung"!).

Zweiter Teil: Fazit zur Beurteilung der Geeignetheit außergerichtlicher Streitbeilegungsverfahren zur Konfliktlösung im Allgemeinen sowie des Schiedsstellenwesens im Besonderen

I. Privatisierung der Konfliktbewältigung: Notwendiger Schritt zur Erhaltung des Rechtsstaats oder Einstieg in die Zwei-Klassen-Justiz?

Es können zwei grundsätzliche Strömungen ausgemacht werden, sofern die Extensivierung privatisierter Konfliktlösung diskutiert wird. Zum einen ist der quantitativ-technokratische Ansatz zu nennen, der einen Ausbau außergerichtlicher Streitbeilegungsmodelle primär aus Gründen der Justizentlastung bzw. Ausgabensenkung befürwortet[102]; auf der anderen Seite steht der qualitative Ansatz, der die Vorteile außergerichtlicher Streitbeilegung betont[103]. Verbindendes Element dieser unterschiedlichen Ansätze ist vordergründig der gewollte Ausbau der ADR, wenn auch mit unterschiedlichen Motiven[104]. In beiden Ansätzen schwingt die Erwartung mit, durch einen Ausbau von ADR den Rechtsstaat zu sichern[105].

Ob diese Erwartung erfüllt werden kann, hängt sowohl vom Ansatz ab, der dieses Ziel verfolgt, als auch von der Ausgestaltung des konkreten Konfliktlösungsmechanismus. Sowohl der Staat, der die Rahmenbedingungen schaffen kann als auch die jeweiligen ADR-Verantwortlichen sind von daher gefordert, die notwendigen Schritte einzuleiten.

Die Gefährdung des Rechtsstaats liegt in zwei Aspekten begründet, die sich gegenseitig bedingen. Auf der einen Seite sorgen strukturelle konjunkturbedingte Engpässe für zunehmende Rationalisierung auch im Justizsektor, was sich sowohl auf die Qualität als auch auf den Zugang zu den staatlicherseits zur Verfügung gestellten Möglichkeiten der Konfliktlösung auswirkt. Diese Ursache der „Bedrohung rechtsstaatlicher Grundsätze" tritt offenkundig zu Tage. Dem versucht der Staat mit (insbesondere legislatorischen) Maßnahmen entgegen zu treten, die zumindest diskutabel sind[106]. Auf der anderen Seite formen sich in jüngerer Zeit subtile Gefährdungen des Rechtsstaats heraus, die Hager zutreffend mit „der Krise des modernen Rechts" umschreibt[107].

---

102 Wobei zahlreiche Vertreter dieser Linie dem politischen Umfeld zugerechnet werden können.

103 Dieser Ansatz wird hauptsächlich von der Wissenschaft verfolgt.

104 Während der quantitativ-technokratische Ansatz sich hieraus eine Justizentlastung erhofft, strebt der qualitative Ansatz – als weitestgehende Zielvorstellung! – eine prinzipielle Änderung des Konfliktverhaltens der Bevölkerung an.

105 Die Notwendigkeit der Erhaltung des staatlichen Justizwesens wird auch von den Befürwortern des qualitativen Ansatzes nicht bestritten.

106 Die Kritik könnte sogar noch weiter gehen, indem sie diese Maßnahmen mit „Aktionismus" bezeichnen würde.

107 Hager, Konflikt und Konsens, 16; Hoffmann-Riem (Konfliktbewältigung in einer angebotsorientierten Rechtsschutzordnung, ZRP 1997, 190 ff.) verfolgt letztlich denselben Gedanken wie Hager, zeigt aber einen (scheinbar) pragmatischeren Ansatz auf.

Als derartige Gefährdungen seien genannt: Die Instrumentalisierung des Rechts zum regulatorischen Steuerungsinstrument (nicht mehr zur Abgrenzung der Freiheitssphären), die zu große Erwartungshaltung der Gesellschaft gegenüber dem Recht[108], der Verlust der „Fruchtbarkeit des Rechts" durch ein Übermaß an Materialisierung sowie der unzureichende Rückgriff auf die Ethik.

Hagers Diagnose greift tiefer als die Beschreibung der offensichtlichen Probleme, welche den Staat „zwingen, tätig zu werden". Von staatlicher Seite findet eine Beschäftigung mit dieser These nicht statt. Durch diese – bewusste oder unbewusste – Nichtbeschäftigung wird nach außen deutlich, dass der Staat nach wie vor uneingeschränktes Vertrauen in „sein Rechtswesen" hat, tiefer gehende Kritik also nicht wahrnimmt (oder nicht wahrnehmen will). Eine intensivere Beschäftigung mit dieser These verspräche jedoch die Öffnung zu effektiven Modellen, die zugleich zu einer Lösung des offensichtlicheren strukturellen Problems führen könnten. Sowohl das tiefer liegende Problem der „Krise des modernen Rechts" als auch das offensichtliche Problem staatlicher Ressourcenknappheit können über die Förderung privatisierter Konfliktlösungsmodelle wenn schon nicht vollkommen gelöst, so doch zumindest gemindert werden. Die Fokussierung auf den quantitativ-technokratischen Ansatz wirkt jedoch kontraproduktiv. Überlässt der Staat die Konfliktlösung selbstregulierenden Ansätzen, ohne in irgendeiner Form korrelativ zu wirken, so droht die Schaffung einer Form von „Zwei-Klassen-Justiz"[109]. Durch die gesetzliche Verankerung obligatorischer Streitschlichtung verstärken sich die Bedenken. Hierdurch zwingt der Staat den Verbraucher, Konfliktlösungsstellen aufzusuchen, für die keinerlei Verfahrensgarantien bestehen und deren einseitige Ausrichtung auf wirtschaftliche, eigennutzorientierte Aspekte teilweise sogar offensichtlich ist. Der Staat entfernt sich also sogar noch weiter von rechtsstaatlichen Prinzipien als dies in der Vergangenheit bereits zu beobachten war.

Dieser Verantwortungsrückzug des Staates verschärft die Brisanz der ADR-Debatte unter rechtsstaatlichen Aspekten. Der Staat bleibt aufgefordert, die Modalitäten der Verantwortungsübernahme zu verändern. Er hat die Gewährleistungsverantwortung für ein angebotsorientiertes System (rechtlicher oder nichtrechtlicher) Konfliktbewältigung[110].

---

108 Hager verwendet dabei den Begriff der „Hyperlexis". Werde der Erwartungsdruck nicht erfüllt, so drohe die Enttäuschung über das Recht in Rechtsfeindschaft umzuschlagen.

109 So wie das auch Micklitz in Wilhelmsson/Hurri (From Dissonance to Sense: Welfare State Expectations, Privatisation and Private Law, 538) sieht:"....The relationship between court rules and non-court rules are far from being clear. It seems as if privatisation of access to justice leads to first-class and second-class courts."

110 Hoffmann-Riem, Konfliktbewältigung in einer angebotsorientierten Rechtsschutzordnung, ZRP 1997, 193. Hoffmann-Riem unterscheidet diese Gewährleistungsverantwortung des Staates für eine angemessene Funktionsweise nichtstaatlicher Konfliktbewältigung von einer Erfüllungsverantwortung für die konkreten Ergebnisse privatisierter Konfliktbewältigung. Eine derartige Erfüllungsverantwortung habe der Staat nicht. In demselben Sinne argumentiert auch Hager, Konflikt und Konsens, 40: „....Die durch Deregulierung eröffnete Selbstregulation darf nun aber ihrerseits nicht überzogen werden, sonst ufert sie aus, wird konturlos, rechtlos. Sie muss

Diese Gewährleistungsverantwortung darf allerdings nicht mit obrigkeitsstaatlichen Denken einhergehen. Vielmehr muss dem Grundsatz der Subsidiarität auch im Bereich der Konfliktbewältigung Beachtung geschenkt werden. Die Wege, wie einer „ausufernden Selbstregulierung“ entgegen gewirkt werden kann, ohne dabei das Subsidiaritätsprinzip zu verletzen, wurden im Laufe der Arbeit bereits aufgezeigt.

In beiden Lagern[111] ist die Beibehaltung des staatlichen Justizwesens unbestritten. Die Funktionsfähigkeit staatlicher Justiz wird als unabdingbare Voraussetzung der Schaffung geeigneter Rahmenbedingungen für privatisierte Konfliktlösungsmodelle anerkannt. Diese Funktionsfähigkeit wiederum wird allerdings gefördert bzw. gesichert durch die Schaffung alternativer Konfliktlösungsmechanismen. Das ist nur scheinbar ein Paradoxon. Momentan funktioniert die staatliche Justiz schließlich noch, wenn sie sich auch in einer „strukturellen Krise“ befindet. Diese strukturelle Krise beinhaltet zugleich die Chance für Anbieter alternativer Konfliktlösungsmodelle, sich zu profilieren[112]. Sobald sich alternative Anbieter auf dem Markt der Konfliktlösung etabliert haben, wird auch eine spürbare Entlastung der Justiz zu bemerken sein. Eine derartige Etablierung setzt jedoch einen hohen Qualitätsstandard voraus, der von der Bevölkerung gesehen und anerkannt wird[113].

Hinzu kommt ein weiterer Vorteil dieses angebotsorientierten Systems der Konfliktbewältigung, der durch die Analyse der Krise des modernen Rechts sichtbar wird. Die Rechtsgeschichte lehrt, dass das Recht selbst einem ständigen Wandel unterlegen war, abhängig zumeist von den gesellschaftlichen Veränderungen[114].

Die momentan herrschende Interessenjurisprudenz versucht den der jeweiligen Norm zu Grunde liegenden Interessenkonflikt und die Bewertung dieser Interessen durch die Norm zu erforschen[115]. „Maßgebend für die Konfliktlösung ist die in der Norm vom Gesetzgeber getroffene Entscheidung, die mit den traditionellen Mitteln der Gesetzesauslegung zu ermitteln ist. Die Sicht der Interessenjurisprudenz ist somit zugleich soziologisch und normativ“[116].

---

unter der Kontrolle des Rechts vonstatten gehen. Schlagwortartig mag man von der Regulation der Selbstregulation sprechen.“

111 Also sowohl dem „quantitativ-technokratischen“ als auch dem „qualitativen“ Lager

112 Hoffmann-Riem (ZRP 1997, 192) führt hierzu aus: „....So kann man vielleicht etwas pointiert sagen, ein wichtiger Grund für die Überlastung der Justiz ist die Güte der Justiz. Die Frage ist nur, ob diese angesichts der Finanzkrise aufrechterhalten werden kann.“

113 Hoffmann-Riem (ZRP 1997, 197) meint ebenfalls, dass die von den Gerichten vorgegebenen Standards im außergerichtlichen Bereich nicht unterschritten, sondern unter Nutzung der meist gegebenen größeren Flexibilität möglichst übertroffen werden sollten.

114 Hager, Konflikt und Konsens, 18 ff. Hager beschreibt dabei den Wandel vom strengen zum billigen Recht sowie vom Rechtspositivismus und der Begriffsjurisprudenz zur Freirechtsschule, Legal Realism, Interessenjurisprudenz und Rechtsvergleichung. Von Hager nicht erwähnt, aber auch in diesen Kontext gehören die stetigen Veränderungen in der Methodenlehre.

115 Hager, Konflikt und Konsens, 30

116 Hager, a.a.O.

Auf der anderen Seite wird Recht vom Gesetzgeber gedacht als zweckfunktionierender, technischer Apparat. Recht greift verstärkt in alle Lebensverhältnisse ein und unterwirft sie seinem Zugriff[117]. Es wird zunehmend komplexer und verästelter[118].

Wie bereits mehrfach im Laufe dieser Arbeit aufgezeigt, ist die deterministische Komponente des Rechts jedoch trügerisch. Das Ergebnis eines Rechtsstreits kann trotz ausdifferenzierter Gesetze und einer überbordenden Kasuistik nur in seltenen Fällen mit Sicherheit oder zumindest hoher Wahrscheinlichkeit prognostiziert werden. Dieses (eigentlich ernüchternde) Ergebnis ist nicht zuletzt auf die Interessenjurisprudenz zurückzuführen, die eine Prognose des Ausgangs eines Gerichtsverfahrens nahezu unmöglich macht. „Die Interessenjurisprudenz hat das Recht zwar aus seiner dogmatischen Enge befreit. Recht darf freilich nicht in purer Faktizität versinken. Recht muss seiner intrinsischen normativen Natur verpflichtet bleiben“[119].

Auf Verbraucherebene hat zwar die Verortung verbraucherschützerischer Gesetze im BGB einen Zuwachs an Rechtskultur gebracht. Dieser Zuwachs an Rechtskultur führt jedoch gleichzeitig – im Kontext mit der herrschenden Interessen- bzw. jetzt auch Wertungsjurisprudenz – zur Krise des Rechts. Diese Tendenz zur Materialisierung des Rechts – die sich nicht nur im Bereich des Verbraucherschutzes durchgesetzt hat – führte nämlich „zur Entdeckung des Rechts als Heil- und Steuerungsmittel zum Ausgleich von Unbilligkeiten, zur Bestimmung und Realisierung von Zwecken und Werten“[120]. Damit einher geht eine übersteigerte Erwartungshaltung der Bevölkerung in die Möglichkeiten des Rechts. Wird diese Erwartungshaltung enttäuscht, – und das muss sie eigentlich sogar – droht der Vertrauensverlust in die Justiz bzw. den Rechtsstaat.

Die zu beobachtende Hypertrophie des Rechts verlangt nach einer Gegenbewegung. Unabhängig von sonstigen Alternativen, die sich hier aufdrängen (und z.B. in der Bildungspolitik zu suchen wären), fällt dabei der Blick nahezu zwangsläufig auf die gegenwärtige ADR-Bewegung. Privatisierte Konfliktbeilegung kann auch hier zur Lösung des Problems einen Beitrag leisten. Durch ein angebotsorientiertes System der Konfliktbewältigung kann sich die Justiz wieder stärker ihrer „Kernkompetenz“, nämlich der reinen (begrifflichen) Rechtsanwendung widmen. Insofern erlebte die Begriffsjurisprudenz eine Renaissance. Die gerichtlichen Konfliktlösungen würden wieder prognostizierbar

117 Hager, Konflikt und Konsens, 17. Hager zitiert dabei Habermas, der von der „Kolonialisierung der Lebenswelt“ durch das Recht spricht.

118 Sowohl Hager als auch Blankenburg/Stock in ihrer Prognos-Studie sehen in der zunehmenden Komplizierung des Rechts bzw. der „Kolonialisierung der Lebenswelten durch das Recht“ eine der Hauptursachen der Überlastung des Justizwesens. Der zunehmenden Verkomplizierung des Rechts steht die andere Tendenz des Gesetzgebers, vermehrt auf generalklauselartige Formulierungen zu setzen, entgegen. Dies veranlasste Posner offenbar, in einem Artikel zum hundertjährigen Geburtstag der Harvard Law Review bereits vom Niedergang des Rechts als autonomer Disziplin zu sprechen (Hager, 17 mit Verweis auf Posner, The Decline of Law as an Autonomous Discipline: 1962 – 1987, 100 Harv.L.Rev. 761 (1987)).

119 Hager, Konflikt und Konsens, 31

120 Hager, Konflikt und Konsens, 32

(wenigstens besser). Hiervon werden auch rechtsberatende Dienste profitieren, die dem Verbraucher den Prozessausgang besser voraussagen können. Derartige „positivistische Tendenzen“ stehen im Verruf, zu starr zu sein und die Gegebenheiten des Einzelfalles zu vernachlässigen. Diesem Argument kann grundsätzlich zugestimmt werden.

Auf der anderen Seite muss der Sinn eines „dualistischen Konfliktlösungssystems“, welches sich von den Methoden her weitgehend ähnelt (nämlich stets auf Interessenausgleich gerichtet), in Frage gestellt werden[121]. Dies bedeutet nun nicht, dass der Verfasser einem reinen Rechtspositivismus das Wort redet. Der Zuwachs an Transparenz, der durch eine (abermalige) Öffnung des Rechts für die Dogmatik erzielt werden kann, darf jedoch nicht unterschätzt werden. Der Verlust an Einzelfallgerechtigkeit, der damit gleichzeitig einher geht, wird durch die Möglichkeit des Verbrauchers, sich alternativer Konfliktlösungsmechanismen zu bedienen, die sich dem Grundsatz der „equity“ verschrieben haben, ausgeglichen[122].

Die Errungenschaften der Interessen- und Wertungsjurisprudenz sollen dabei nicht verkannt werden. Vielmehr muss die Anwendung der jeweiligen Methode von der Konfliktmaterie abhängig gemacht werden[123]. Gerade der Bereich des Kfz-Handwerks bietet sich für die vorgeschlagene dualistische Struktur an. Der Verbraucher kann wählen zwischen einem Konfliktlösungssystem, welches sich der Billigkeit verschrieben hat und rechtliche Aspekte nur summarisch berücksichtigt und einem System, welches rechts-

---

121 Hager, Konflikt und Konsens (S. 51) meint, dass man „als Leitlinie festhalten kann, dass die alternative Streitschlichtung das Gewicht mehr auf individuelle Werte und Interessen legt, das Gerichtsverfahren dagegen mehr auf soziale Werte und Interessen.“ Diese Differenzierung mag für den jetzigen Zustand durchaus zutreffen. Es stellt sich aber die Frage, warum die Unterschiede nicht vergrößert werden können, z.B. auch durch eine veränderte Einstellung der Richter zum Recht. Für den Verbraucher würden die Differenzen transparenter; die (von Hager selbst beschriebene) „Krise des modernen Rechts“ würde gemindert. Insofern müsste auch die Meinung Strempels (DJT 1998, Teil O 77) überdacht werden, der außer einem gewollten Ausbau von ADR einem Paradigmenwechsel in der klassischen Justiz das Wort redet. Der „Kampf ums Recht“ kann also aus Transparenzgründen und Gründen, die letztlich – pointiert beschrieben – in der Erhaltung des Rechtsstaats wurzeln über eine „Renaissance der Begriffsjurisprudenz“ im Bagatellbereich durchaus seine Bedeutung beibehalten. Ein Paradigmenwechsel, der eine nahezu vollkommene Annäherung gerichtlicher und außergerichtlicher Streitbeilegung zum Ziel hat, kann nicht gewünscht sein.

122 Sodan (NJW 2003, 1495) meint zwar, dass die Gesellschaft und der einzelne rechtssuchende Bürger von der Rechtsprechung in erster Linie die Herstellung von Einzelfallgerechtigkeit erwarte. Dies mag für einen bedeutsamen Teil der (vor Gericht ausgetragenen) Konflikte durchaus zutreffen. Die dieser Arbeit zugrunde liegende Konfliktmaterie ist jedoch durch ihre (relativ!) geringe Bedeutung für die Parteien gekennzeichnet, was die Einzelfallgerechtigkeit anbelangt. Vielmehr streben die Parteien eine schnelle und „gerichtsfeste“ Lösung ihres Konflikts an, um baldmöglichst wieder disponieren zu können. In diesem Bereich ist ein (dezenter) Verlust an Einzelfallgerechtigkeit also durchaus hinnehmbar.

123 So kommt beispielsweise bei materiell bedeutsamen Konflikten die Anwendung der Begriffsjurisprudenz wohl weniger in Frage als bei Bagatellstreitigkeiten. Hier kommt es dem Verbraucher vor allem darauf an, dass der Konflikt in irgendeiner Form „entschieden“ wird. Fragen der Einzelfallgerechtigkeit sind nicht von elementarer Bedeutung.

staatliche Grundsätze beachtet, das Gesetz dogmatisch auslegt und Aspekte der Einzelfallgerechtigkeit weitgehend unberücksichtigt lässt. Nur wenn dem Betroffenen diese Wahl gelassen wird und ihm auch ausdrücklich die Unterschiede zwischen den Systemen offenbart werden, kann das Vertrauen in den Rechtsstaat wachsen[124]. Hinzukommen muss die Information, dass „Recht nicht alles lösen kann". Die Erwartungshaltung der Bevölkerung in die Möglichkeiten des Rechts muss reduziert werden. Dies ist als wesentliche Aufgabe des Staates zu sehen.

II. Ausblick auf die weitere Entwicklung des Schiedsstellenwesens

Die Zukunft des Schiedsstellenwesens wird maßgeblich bestimmt werden durch die Bereitschaft der Träger der Schiedsstellen, sowohl spezifische als auch strukturelle Änderungen der bisherigen Praxis anzudenken und durchzuführen. Zum anderen werden die schiedsstellenperipheren Begleitumstände einen zunehmenden Einfluss auf das Schiedsstellenwesen ausüben. Insbesondere der Ausgang des nun immer transparenter werdenden Konflikts zwischen der nationalen und der europäischen Politik des „access to justice" wird die Zukunft des Schiedsstellenwesens bestimmen.

Eine wesentliche Determinante stellt die Frage zunehmenden Wettbewerbs im Bereich ADR/ODR dar. Besteht auch zukünftig ein Monopol der Schiedsstellen für den Bereich der außergerichtlichen Streitbeilegung bei Kfz-Reparaturen, dann ist zumindest mittelfristig mit keiner wesentlichen Änderung der bisherigen Praxis zu rechnen. Sorgt die Schiedsstellenperipherie jedoch für eine Änderung der Rahmenbedingungen[125] und damit zugleich für Konkurrenz in diesem Bereich, müssen die Träger der Schiedsstellen entscheiden, wie viel ihnen die Erhaltung des Schiedsstellenwesens wert ist. Kommen sie dabei zu dem Schluss, dass sich die Schiedsstellen „nicht rechnen", wird das wohl das Ende des (hochqualifizierten und fachkundigen) Schiedsstellenwesens bedeuten. Überwiegt demgegenüber das (v.a. wirtschaftliche) Interesse des Handwerks/der Industrie an der Aufrechterhaltung des Schiedsstellenwesens, wird der dann vorhandene Konkurrenzdruck zu einer qualitativen Steigerung der Schiedsstellentätigkeit führen.

Ein bedeutsames Kriterium des Kfz-Gewerbes für die Beibehaltung des Schiedsstellenwesens ist das der hierdurch möglichen Selbstkontrolle[126]. Die Selbstkontrolle kann gleichgesetzt werden mit einem qualitativen Ansatz. Dieses Kriterium entwickelt im monopolistischen Bereich nur geringe Bedeutung. Bilden sich jedoch im Laufe der Zeit

---

124 Insofern ist auf Micklitz in Wilhelmsson/Hurri (S. 521) zu verweisen: „...Competition in access to justice would mean that there is no hierarchy between alternative dispute settlement procedures and court procedures but that there is a pluralistic system of legal redress. It would be for the contracting party to decide which way he wants to go, provided that he is properly informed and that he can compare the different litigation models."

125 Zu denken ist hierbei insbesondere an die Kommission der EU, die eine stark marktorientierte Politik auch im Bereich ADR/ODR betreibt.

126 vgl. oben Erster Hauptteil, Zweiter Teil, III. 2. d

„wettbewerbsähnliche" Strukturen heraus, kommt diesem Kriterium eine größere Bedeutung zu. Die logische Konsequenz hieraus wäre ein weiterführender Ausbau selbstregulierender Maßnahmen.

Zu denken ist dabei u.a. an die Vergabe von Gütesiegeln, die strikte Beachtung bestimmter Verhaltenskodizes sowie ein qualitativer und quantitativer Ausbau der außergerichtlichen Streitbeilegung. Diese typischen Instrumente der Selbstregulierung müssen nahtlos ineinander greifen. Für die Umsetzung eines derartigen Ansatzes hat das Kfz-Handwerk nahezu ideale Voraussetzungen[127].

Selbstregulierung an sich ist jedoch noch nicht die Lösung aller Probleme. Vielmehr bedarf es korrigierender Mechanismen, um die Qualität der Konfliktlösung zu gewährleisten[128]. Der Staat ist dabei gefordert, diese Mechanismen in Gang zu setzen und zu bewahren[129]. Dem hierbei möglicherweise aufkommenden Vorwurf, durch eine Involvierung des Staates in privatisierte Vorgänge das marktwirtschaftliche Konzept zu negieren, kann durch den Grundsatz der staatlichen Subsidiarität entgegnet werden.

Dieser beinhaltet keinen vollständigen Rückzug des Staates aus originär staatlichen Aufgaben und die Überlassung derartiger Sektoren an die „freie Marktwirtschaft". Vielmehr gewährt dieses Prinzip ein „staatliches Eingriffsrecht", sofern wesentliche Prinzipien, die mit dem „ordre public" nicht vereinbar sind, missachtet werden. Nicht die Rückführung privatisierter Sektoren an den Staat ist also Ziel dieses Ansatzes, sondern die Bewahrung der „sozialen Marktwirtschaft" durch subsidiäre Eingriffsrechte[130].

Einen wesentlichen Einfluss auf die Zukunft des Schiedsstellenwesens wird die künftige Ausgestaltung des Verhältnisses gerichtlicher zu außergerichtlicher Streitbeilegung

---

127 Was sich vor allem durch das engmaschige Netz von Innungsbetrieben und Schiedsstellen in Deutschland ergibt. Der Handel entwickelt durch die Einführung der sog. „Branchenlösung" bereits derartige Ansätze. Eine zunehmende Fusion von Schiedsstellen des Kfz-Handwerks und solchen des Gebrauchtwagenhandels zu „Schiedsstellen des Kfz-Gewerbes" kann zu einer Übernahme dieses (oder eines vergleichbaren) Ansatzes für den Bereich des Kfz-Handwerks führen.

128 Es sei hier bewusst nicht die strikte Beachtung rechtsstaatlicher Grundsätze oder eines möglichst „verbraucherschützerischen Verfahrens" erwähnt. Ein zu „beschützerischer Ansatz" wäre keine Weiterentwicklung zu den obrigkeitsstaatlichen Ansätzen, die in der deutschen Gesetzgebung und Politik offenbar nach wie vor große Bedeutung entfalten. Vielmehr sollte einer „Entmündigung" des Bürgers durch zu strikte (rechtliche) Vorgaben vorgebeugt werden. Bedeutsamer ist die Schaffung geeigneter Informationsplattformen. In diesem Bereich ist eine Kooperation staatlicher und nichtstaatlicher Stellen gut vorstellbar.

129 Unter „Mechanismen" werden vor allem kontrollierende Tätigkeiten verstanden, welche insbesondere die Beachtung wesentlicher Verfahrensgarantien im Auge haben sollten.

130 Teilweise wird auch von einer Differenzierung zwischen Ansätzen des „subsidiären" und solchen des „Minimalstaats" geredet. Der Minimalstaat beschränkt sich auf unabdingbare Eingriffe des Staates in die „freie Marktwirtschaft", während sich der „subsidiäre Staat" seiner verfassungsmäßigen Wurzeln besinnt und sich lediglich in diesem fundamentalen Bereich Eingriffsrechte sichert. Der „subsidiäre Staat" geht dabei oftmals einher mit einer „sozialen Marktwirtschaftsordnung".

haben. Zum einen wird auch hier[131] die Schaffung fairer Wettbewerbsbedingungen durch den Gesetzgeber von grundsätzlicher Bedeutung sein[132]. Zum anderen können geeignete Marketingstrategien sowie die Zurverfügungstellung ausreichender Informationsplattformen sowohl für den Verbraucher wie für den Unternehmer wesentlich zu einer „Belebung" des Wettbewerbs beitragen.

Die Schwierigkeit am Wettbewerb forensischer und extraforensischer Konfliktlösung liegt an der Notwendigkeit eines wechselseitigen Ineinandergreifens. Nur dann, wenn gewährleistet ist, dass die Konfliktpartei jederzeit von einer zur anderen Methode übergehen kann, ohne dabei mit Nachteilen rechnen zu müssen, wird dieses Verhältnis zu fruchtbaren Ergebnissen führen[133]. Der nationale Gesetzgeber setzt dabei auf unzureichende Konzepte. Erfolgversprechender scheint der von der Kommission der EU favorisierte Weg, der in mehreren Aktionsplänen Ausdruck findet und gerade dieses Ineinandergreifen durch einen multipolaren Ansatz fördern will.

Wesentlich für den langfristigen Erfolg des Schiedsstellenwesens ist eine bessere Einbindung in die allgemeinen Rechtsdienste. In diesem Kontext ist der Gedanke des „multi-door-courthouse" zu erwähnen, der einen Zuschnitt des geeigneten Verfahrens auf die Konfliktmaterie zum Inhalt hat. Diese „vernetzten Strukturen" können durch die Schaffung föderaler Konzepte optimal gebildet werden[134]. Auch hier geht die Politik der EU-Kommission wieder den zu favorisierenden Weg[135].

Letztlich wird der Ausgang des Kompetenzstreits zwischen der Europäischen Union und dem nationalen Gesetzgeber von wesentlicher Bedeutung für die Zukunft der Schiedsstellen sein. Nur dann, wenn sich die Europäische Union mit ihrer stark pragmatisch orientierten Politik durchsetzt, wird den Schiedsstellen langfristig eine sowohl qualitativ als auch quantitativ größere Bedeutung im Segment der Konfliktlösungsverfahren zukommen als dies momentan der Fall ist[136].

---

131 Sogar kurz- und mittelfristig vor allem hier!

132 Gedacht ist dabei v.a. an die vorher genannten legislatorischen Maßnahmen (z.B. Zinspflicht, verschärfte Haftung auch bei ADR/ODR usw.).

133 vgl. hierzu Micklitz, a.a.O., der dieses Ineinandergreifen offenbar sogar als Voraussetzung eines belebenden Wettbewerbs betrachtet: „....Competitiveness and flexibility as leading concepts require that litigants can shift from one mechanism to the other without being unduly bound to bring the litigation to an end in one procedure before they go to the next.....".

134 Als Beispiel dient dabei das ECC-Net, welches einen gelungenen Ansatz in dieser Richtung darstellt. Allerdings müssen auch auf „unterer Ebene" (also lokal) derartige Vernetzungsstrukturen geschaffen werden.

135 Also Bildung des ECC-Net, Clearingstellen, Schaffung von Formblättern, Durchführung von Pilotprojekten insbesondere in jüngster Zeit im Bereich ODR usw.

136 Voraussetzung hierfür ist allerdings auch der Wille zur Änderung in den Schiedsstellen selbst. Wenn diese sich nämlich nicht dem dann zu erwartenden Wettbewerb stellen, sondern stattdessen ihre bisherigen Konzepte weiter führen, droht ihnen die Verdrängung aus diesem Marktsegment durch qualitativ höherwertigere ADR und/ oder ODR-Stellen (möglicherweise auch aus dem Ausland). Die Schiedsstellen haben jedoch auf Grund ihrer hervorragenden Infrastruktur beste Voraussetzungen zum Bestehen in diesem Wettbewerb.

Die bisherige Politik der Kommission der EU lässt die Prognose zu, dass sie sich letztlich durchsetzen wird. Der geschickte Einsatz der sich aus dem primären Gemeinschaftsrecht ergebenden Kompetenzen führt zu einer zunehmend defensiven bzw. rechtfertigenden Position der Mitgliedstaaten[137]. Das letzte Grünbuch der Kommission[138] beinhaltet zwar genügend Anlass zu Kritik, bestätigt jedoch den nunmehr immer entschlosseneren Kurs der Kommissionspolitik. Zwar werden die dort genannten Maßnahmen noch einige Zeit benötigen; diese Tatsache ändert jedoch nichts an der Prognose, dass sich die Kommissionspolitik auf lange Sicht durchsetzen wird.

III. Schlusswort

Schiedsstellenverfahren sind als Alternative zu gerichtlichen Verfahren prinzipiell zu begrüßen, sofern den Konfliktparteien unmissverständlich deutlich gemacht wird, dass diese Verfahren sich primär am Grundsatz der Billigkeit, nicht des Rechts orientieren. Sie können, sofern sie verantwortlich moderiert werden, auch einen Beitrag zu einer auf „nachhaltige Konfliktbeilegung" ausgerichteten „neuen Streitkultur" leisten. Diese gesellschaftspolitische Komponente ist als „Nebenprodukt" der jüngsten zahlreichen Initiativen zum Ausbau von ADR/ODR die langfristig gesehen einschneidenste.

ADR/ODR (und damit auch das Schiedsstellenwesen) werden unisono als willkommene Ergänzung unseres bestehenden Justizwesens betrachtet. Lediglich die Wege zur Erreichung des Ziels einer Förderung von ADR/ODR sowie die Prioritätensetzung unterscheiden die bestehenden Lager. Die zahlreichen Überlegungen zur qualitativen und quantitativen Verbesserung dieser Verfahren orientieren sich dabei teilweise (bewusst!) nicht an der Realität, sondern zeichnen ein Idealbild, das die Funktion hat, als Leitbild der

137 vgl. hierzu auch Micklitz, 514 f.: „....Community law-making projects tend to distance themselves from national traditions and clothe themselves as objectively rational mediation between the common objective of market integration and regulatory concern of national legal systems. The Member States are de facto unable to intervene on the basis of narrow national interests, although they may de iure invoke the principle of enumerated powers and thus try to restrict harmonisation through secondary community law to the minimum. But the implications of the Cassis de Dijon philosophy (in Art. 100a, jetzt 95 EG mittlerweile auch im primären Gemeinschaftsrecht verankert, Anm. des Verfassers) do not end there. It has put Member States' laws indirectly under the rationalisation test even in areas where the Community has no competence, or where the competence is bound to the development of the Internal Market." In dieselbe Richtung geht Tonner in „ADR in the European Union", New Zealand Business Law Quarterly, 429: „....Though these measures (gemeint ist der von der Kommission geförderte Ansatz des Ausbaus von ADR/ ODR, Anm. des Verfassers) will not directly affect the means by which individual member States provide for settlement of consumer disputes, be it by ADR, by the traditional judicial system, or by a mixture of both, it can be expected that these measures will in the long run influence the domestic regulations in each of the member States."

138 KOM (2002) 196 endg.

Realität zu dienen, das die Realität zwar wohl nie erreichen kann, auf dessen Verwirklichung sie aber ausgerichtet sein sollte[139].

Alternative Streitbeilegung (und damit auch das Schiedsstellenwesen) orientiert sich an der natürlichen Konfliktlösung. Sie zeichnet sich durch geringere Formalisierung und eine stärkere Betonung der Sache aus. Es kann jedoch nicht darum gehen, gerichtliche und außergerichtliche Verfahren gegeneinander auszuspielen. Das Justizwesen in Deutschland hat trotz aller (zum Teil durchaus) berechtigten Kritik maßgeblich zum hohen Wohlstandsniveau in Deutschland beigetragen. Es wäre von daher verfehlt, Gerichtsverfahren als „unnatürliche Streitbeilegungsverfahren" zu diskreditieren. Gerichtsverfahren müssen und sollen sich jedoch künftig verstärkt mit ihrer außergerichtlichen Konkurrenz auseinandersetzen. Ein derartiger Wettbewerb sorgt auch innerhalb der Justiz für kreative und innovative Lösungen vorhandener Defizite.

Wettbewerbsähnliche Strukturen im Bereich der Konfliktbewältigung implizieren an der Qualität orientierte Lösungen. Qualitative Ansätze werden zwangsläufig zu einer Entlastung der Justiz führen. Derartige Effekte sind durchaus zu begrüßen. Insbesondere bei alltäglichen Bagatellfällen wie z.B. zahlreichen Verbraucherstreitigkeiten erscheinen traditionelle Gerichtsverfahren als zu zeitaufwändig und zu teuer. Die Justiz muss sich wieder einer ihrer Kernaufgaben, nämlich der Erhaltung des Rechtsstaats durch eine Konzentration auf Verfahren besinnen, die tatsächlich „elementar" sind. Ansonsten droht ein nicht unerheblicher Vertrauensverlust der Bevölkerung in den Rechtsstaat. Eine derartige „Rückbesinnung" setzt eine Entlastung insbesondere bei „unwesentlichen Konfliktlösungen" voraus. Um das Vertrauen der Bevölkerung in den Rechtsstaat zu erhalten, darf die Entlastung aber nicht „zwangsweise" betrieben werden. Vielmehr garantieren nur wirklich auf freiwilliger Basis bestehende Angebote der Konfliktlösung einen Bewusstseinswandel der Bevölkerung hin zu mehr Verantwortungsübernahme für die Lösung „ihrer" Konflikte.

Bemerkenswert bleibt der Zeitpunkt der verstärkten Debatte um ADR/ODR in Deutschland. Nicht zufällig wird diese Diskussion sowohl auf nationaler als auch auf supranationaler Ebene in einer Zeit konjunktureller Depression intensiviert. Auf Grund allgemeinen Sparzwangs wird verstärkt nach Alternativen zur staatlichen Justiz gesucht, welche prinzipiell als Bestandteil des Wohlfahrtsstaats betrachtet werden kann[140]. Auf supranationaler Ebene bewirkt die gewollte Intensivierung des Binnenmarkts bzw. die intendierte Förderung des Vertrauens des Verbrauchers in diesen u.a. eine verstärkte Beschäftigung mit außergerichtlichen Streitbeilegungsformen.

---

139 So Hager, Konflikt und Konsens (S.136) für die grundsätzlichen Überlegungen zur alternativen Streitschlichtung.

140 vgl. Viitanen in Wilhelmsson/Hurri, „The Crisis of the Welfare State, Privatisation and Consumers' Access to Justice", 551: „....Developed access to justice is an essential part of the welfare state. In a broad sense access to justice can be considered as one of the public services offered by the welfare state."

Wirtschaftliche Aspekte sind es demnach, welche die verstärkte Beschäftigung mit alternativen Streitbeilegungsformen hervorrufen. Eine (mögliche) qualitative Verbesserung von Konfliktlösungsmechanismen sowie eine stärkere Betonung verbraucherschützerischer Aspekte entspringen also einer marktwirtschaftlichen Grundlage. Vergleichbar mit der US-amerikanischen ADR-Debatte, die ihren Hauptgrund in den Defiziten des dortigen Justizwesens hat, wird hierzulande also auch „aus der Not heraus" die ADR-Debatte intensiviert. Dies muss prinzipiell nichts Schlechtes verheißen, wie das amerikanische Beispiel zeigt. Es gilt jedoch sorgsam zu beobachten, die Parallelität und Unterschiedlichkeit gerichtlicher und außergerichtlicher Verfahren zu betonen und beizubehalten. Nur dann, wenn für die Konfliktparteien eine echte Ergänzung zum staatlichen Justizwesen geschaffen wird und kein (schlechter) Ersatz, werden diese Verfahren auch künftig bestehen bleiben und wahrscheinlich sogar verstärkt in Anspruch genommen.

Langfristiges Ziel muss es sein, dass sich „außergerichtliche Streitschlichtung im Allgemeinen und das Schiedsstellenwesen im Konkreten ganz selbstverständlich für Jedermann als zu bedenkende Alternative zur gerichtlichen Auseinandersetzung darstellt und die Entscheidung für den einen oder anderen Weg von den Parteien nur noch nach den spezifischen Erfordernissen des jeweiligen Falls getroffen wird"[141]. Um dieses Ziel zu erreichen, müssen sowohl die Schiedsstellen in ihrer jetzigen Form als auch die Politik strukturelle Veränderungen vornehmen. Dieses „Rühren an Besitzständen" wird zwar sicherlich Widerspruch hervorrufen. Um den Wohlfahrtsstaat (und auch den Rechtsstaat!) mit der gegebenen hohen Qualität zu erhalten und möglicherweise (als Begleiteffekt) sogar ein gewünschtes verändertes Konfliktverhalten der Bevölkerung hervorzurufen, erscheinen die im Verlauf dieser Arbeit aufgezeigten Maßnahmen jedoch zwingend erforderlich.

141 Dieckmann unter *www.streitschlichtung.nrw.de/1.2.2.1(Aufsatz-ZG).html*

Anhang

Anlage 1

Stand Januar 2002

MUSTER – GESCHÄFTS- UND VERFAHRENSORDNUNG DER SCHIEDSSTELLE FÜR DAS KRAFTFAHRZEUGGEWERBE (GEBRAUCHTWAGENHANDEL UND KRAFTFAHRZEUGHANDWERK)

§ 1 Aufgabe, Tätigkeitsbereich

1. Die Schiedsstelle .... *(hier Anschrift einfügen)* hat die Aufgabe,
   a) Streitigkeiten aus Kaufverträgen über gebrauchte Fahrzeuge mit einem zulässigen Gesamtgewicht von nicht mehr als 3,5 t – mit Ausnahme über den Kaufpreis zwischen Käufern und den der Innung angeschlossenen Kfz-Betrieben möglichst gütlich beizulegen oder zu entscheiden, sofern
      aa) der Kfz-Betrieb das Zeichen „Gebrauchtwagen mit Qualität und Sicherheit" führt und/oder
      bb) er ständig und in nicht nur unerheblichem Umfang mit Gebrauchtfahrzeugen handelt und den Gestattungsvertrag zur Kollektivmarke „Meisterbetrieb der Kfz-Innung" unterzeichnet hat.
      Der Aufgabenbereich der Schiedsstelle umfasst ebenfalls Streitigkeiten zwischen Innungsmitgliedern bezüglich Reparaturen aufgrund der Behebung von Sachmängeln oder aus Garantieversprechen einschließlich deren Bezahlung.
      Bei Streitigkeiten ist die Schiedsstelle zuständig, in deren Bereich das Innungsmitglied, über das die Beschwerde geführt wird, seinen Sitz hat.
   b) Streitigkeiten zwischen Kunden und den der Innung angeschlossenen Werkstätten aus Werkstattaufträgen, ausgenommen solche betreffend Nutzfahrzeuge mit einem Gesamtgewicht von mehr als 3,5 t, möglichst gütlich beizulegen oder zu entscheiden.
2. Die Schiedsstelle befasst sich nicht mit Streitigkeiten, die bei Gericht anhängig sind.

§ 2 Organisation der Schiedsstelle

1. Die Schiedsstelle hat eine Geschäftsstelle und eine Schiedskommission.
2. Die Schiedskommission besteht in den Fällen des
   a) § 1 Abs 1 a) aus mindestens vier Mitgliedern und zwar
      aa) einem zum Richteramt befähigten Vorsitzenden
      bb) einem Vertreter des ADAC oder eines anderen Automobilclubs
      cc) einem öffentlich bestellten und vereidigten Kraftfahrzeug-Sachverständigen der Vertragspartner der Deutschen Automobil Treuhand GmbH (DAT) ist
      dd) einem Vertreter des Kraftfahrzeuggewerbe-Verbandes.
      Der Vorstand des jeweiligen Kfz-Gewerbeverbandes kann als weitere Mitglieder berufen:
      - einen Vertreter der Versicherungswirtschaft, der Sachverständige für das Kfz-Wesen sein sollte und einer Versicherungsgesellschaft angehören muss, die selbst Reparaturkosten-Versicherungen anbietet,
      - einen Vertreter von Presse, Rundfunk oder Fernsehen.

      In Streitigkeiten zwischen Kfz-Betrieben untereinander besteht die Schiedsstelle lediglich aus den unter aa), cc) und dd) genannten Mitgliedern.
   b) § 1 Abs 1.b) aus fünf Mitgliedern und zwar:
      aa) einem zum Richteramt befähigten Vorsitzenden
      bb) einem Vertreter des ADAC oder eines anderen Automobilclubs
      cc) einem Kraftfahrzeug-Sachverständigen einer nach § 29 StVZO anerkannten Überwachungsorganisation
      dd) einem öffentlich bestellten und vereidigten Kfz-Sachverständigen, der Vertragspartner der Deutschen Automobil Treuhand GmbH (DAT) ist.
      ee) einem Vertreter der Kraftfahrzeuginnung.
3. Die Mitglieder der Schiedskommission versichern schriftlich, dass sie ihre Entscheidüngen objektiv und ohne Ansehen der Person oder Firma treffen und die ihnen durch ihre Tätigkeit zur Kenntnis gelangten persönlichen und wirtschaftlichen Verhältnisse der Parteien auch nach dem Ausscheiden aus der Schiedskommission geheim halten werden.
4. Die Amtszeit der Mitglieder beträgt drei Jahre; erneute Amtszeiten sind zulässig. Für jedes Mitglied ist mindestens ein Stellvertreter zu benennen.
5. Das Mitglied gemäß Ziffer 2.a) aa) bzw. 2.b) aa) wird einvernehmlich von den unter-Ziffer 2.a) bb) bis dd) bzw. 2.b) bb) bis ee) genannten Organisationen bestimmt.

§ 3 Anrufung der Schiedsstelle

1. In den Fällen des:
   a) § 1 Abs 1 .a) wird die Schiedsstelle auf Anrufung durch den Käufer, den Verkäufer, den Vermittler oder den reparierenden Kfz-Betrieb tätig. Die Anrufung muss unverzüglich nach Kenntnis des Streitpunktes, soweit es sich um Garantieansprüche handelt, spätestens acht Tage seit Ablauf der Garantiefrist, in allen anderen Fallen spätestens vor Ablauf von 13 Monaten seit Übergabe des Kraftfahrzeuges erfolgen.
   b) § 1 Abs 1 .b) wird die Schiedsstelle auf Anrufung durch den Auftraggeber (Kunden) oder, mit dessen Einverständnis, durch den Auftragnehmer (Werkstatt) tätig. Die Anrufung muss unverzüglich nach Kenntnis des Streitpunktes und innerhalb der Verjährungsfrist für Sachmängel erfolgen.
   Die Anrufung erfolgt durch Einreichung eines Schriftsatzes (Anrufungsschrift) bei der Schiedsstelle.
2. Die Anrufungsschrift soll folgende Angaben enthalten:
   a) Name oder Firma der Parteien und ihre Anschriften
   b) Bezeichnung des Fahrzeuges
   c) kurze Schilderung der Beanstandung und des hier zugrunde liegenden Sachverhaltes
   d) Benennung eventueller Beweismittel
   e) In den Fällen des § 1 Abs 1 .a) das Datum der Übergabe des Fahrzeuges.
3. Durch die Anrufung der Schiedsstelle wird die Verjährung von Ansprüchen für die Dauer des Verfahrens gehemmt.
4. Urkunden, die als Beweismittel in Betracht kommen, sind der Antragsschrift beizufügen, insbesondere Reparaturrechnungen, Gutachten, Kostenvoranschläge und schriftlich erteilte Aufträge.
5. Durch die Anrufung der Schiedsstelle wird der Rechtsweg nicht ausgeschlossen.

§ 4 Vorprüfung

1. Nach Eingang der Anrufungsschrift prüft die Geschäftsstelle, ob die Anrufung nach den Bestimmungen des § 1 und nach § 3 Abs. 1 zulässig ist.
   Bei örtlicher Unzuständigkeit gibt die Geschäftsstelle die Beschwerde an die zuständige Schiedsstelle ab; dabei wird der Beschwerdeführer bezüglich der Frist so gestellt, als habe er sogleich die zuständige Schiedsstelle angerufen.
   Wird in den Fällen des § 1 Abs 1 .a) die Frist gemäß § 3 Abs 1 .a) versäumt, leitet die Geschäftsstelle die Beschwerde trotzdem an den Beschwerdegegner weiter. Stimmt dieser zu, wird das Verfahren durchgeführt.
   Bei Unzulässigkeit weist die Geschäftsstelle den Antrag unter Angabe des Grundes ab.

Wenn die Anrufungsschrift unvollständig ist, fordert sie den Antragssteller auf, diese unverzüglich zu ergänzen. Kommt der Antragssteller dem nicht nach, so kann die Geschäftsstelle die Anrufung unter Angabe des Grundes zurückweisen.
Entsteht Streit über die Entscheidung der Geschäftsstelle, entscheidet die Schiedskommission.

2. Ist die Anrufung zulässig, so übersendet die Geschäftsstelle die Anrufungsschrift dem Beschwerdegegner zur Stellungnahme. Erfolgt innerhalb von vier Wochen keine Einigung, so legt die Geschäftsstelle den Vorgang mit sämtlichen Unterlagen dem Vorsitzenden der Schiedskommission zur weiteren Behandlung durch die Schiedskommission vor.
3. Soweit die Mitglieder der Schiedskommission es wünschen, unterrichtet sie die Geschäftsstelle über alle eingehenden Anrufungen.

§ 5 Schiedskommissionsverfahren

1. Die Schiedskommission befindet aufgrund von mündlichen Verhandlungen. Von einer mündlichen Verhandlung kann abgesehen werden:
   a) mit Zustimmung der Parteien
   b) auf Antrag einer Partei, wenn ihr nach den Umständen und der Bedeutung der Sache das Erscheinen zu einer mündlichen Verhandlung nicht zugemutet werden kann und von einer mündlichen Verhandlung keine zusätzlichen bedeutsamen Erkenntnisse zu erwarten sind, es sei denn, die andere Partei widerspricht.
   Bei Streitigkeiten zwischen Kfz-Betrieben bezüglich Garantiereparaturen einschließlich deren Bezahlung ist das Verfahren grundsätzlich schriftlich, es sei denn, die Parteien haben sich übereinstimmend auf ein mündliches Verfahren geeinigt.
2. Der Vorsitzende der Schiedskommission bestimmt Ort und Zeit der mündlichen Verhandlung und lädt die Parteien unter Einhaltung einer Frist von 10 Tagen. Der Vorsitzende stellt den Parteien anheim, etwaige Auskunftspersonen mitzubringen. Die Ladungsfrist braucht bei Zustimmung der Parteien nicht eingehalten zu werden.
3. Die Verhandlungen vor der Schiedskommission sind nicht öffentlich. Der Vorsitzende kann bei Vorliegen eines berechtigten Interesses Dritter die Anwesenheit gestatten.
4. Die mündliche Verhandlung soll durch die Schriftsätze so vorbereitet werden, dass die Sache möglichst in einer Verhandlung erledigt werden kann. Die jeweils andere Partei erhält eine Schriftsatzkopie, soweit darin neues sachdienliches Vorbringen enthalten ist.
5. Das Verfahren soll nach längstens drei Monaten seit Anrufung der Schiedsstelle abgeschlossen sein.

§ 6 Schiedsvergleich

1. Die Schiedskommission unterbreitet den Parteien entsprechend dem Ergebnis der mündlichen Verhandlung und einer eventuellen Beweiserhebung einen bestimmten Vorschlag für eine vergleichsweise Erledigung der Sache.
2. Stimmen die Parteien einem Vergleich zu, so wird der Vergleichstext in dreifacher Ausfertigung protokolliert, vorgelesen, von den Parteien genehmigt und vom Vorsitzenden unterzeichnet. Jede Partei erhält eine Ausfertigung.

§ 7 Schiedsspruch

1. Die Schiedskommission kann den Antrag aus formellen Gründen zurückweisen oder über die Sache aufgrund eigener Sachkunde entscheiden.
   Die Schiedskommission ist beschlussfähig, wenn mindestens drei Mitglieder anwesend sind.
   Die Schiedskommission fasst ihre Beschlüsse mit der Mehrheit der Stimmen ihrer anwesenden Mitglieder. Jedes Mitglied hat eine Stimme.
2. Der Schiedsspruch ist schriftlich abzufassen und zu begründen. Sämtliche Ausfertigungen sind von den Mitgliedern der Kommission zu unterzeichnen. Mit Zustimmung der übrigen Mitglieder genügt eine Unterzeichnung durch den Vorsitzenden. Jede Partei erhält eine Ausfertigung des Schiedsspruches.
3. Durch einen Schiedsspruch wird der Rechtsweg nicht ausgeschlossen.
4. Ein weiteres Schiedsverfahren in derselben Sache ist ausgeschlossen.
5. Die Schiedskommission kann einen Schiedsspruch auf Antrag einer Partei abändern, wenn sich nachträglich ergibt, dass der dem Schiedsspruch zugrunde liegende Sachverhalt nachweislich in einem wesentlichen Punkt anders gelagert ist.

§ 8 Nichterscheinen zur mündlichen Verhandlung

Erscheint eine Partei oder ein von ihr bevollmächtigter Vertreter trotz ordnungsgemäßer Ladung zur mündlichen Verhandlung nicht, so soll die Schiedskommission nach Aktenlage sowie nach dem Ergebnis einer etwaigen Beweiserhebung unter Berücksichtigung des Vorbringens der erschienenen oder vertretenen Parteien entscheiden.

§ 9 Kosten

1. Für die Inanspruchnahme der Schiedsstelle werden Kosten nicht erhoben.
2. Eine Erstattung der Kosten, die den Parteien oder deren Vertreter, Zeugen oder sonstigen Auskunftsparteien entstehen, erfolgt nicht.

Stand: Januar 2002

Anlage 2

Stand Januar 2002

Leitfaden für die Schiedsstellen des Kraftfahrzeuggewerbes

Die Mitgliederversammlung des ZDK hat im Juni 1993 für beide Schiedsstellenarten eine „Muster-Geschäfts- und Verfahrensordnung der Schiedsstelle für das Kraftfahrzeuggewerbe" verabschiedet. Mit dieser Regelung wurde der Weg für eine Zusammenlegung der beiden Schiedsstellenarten (Kfz-Handwerk und Gebrauchtwagenhandel) geebnet. Diese Initiative wird nicht nur von der Organisation des Deutschen Kraftfahrzeuggewerbes, sondern auch vom ADAC gewünscht und unterstützt.

Auf Grund des am 01.01.2002 in Kraft tretenden Schuldrechtsmodernisierungsgesetzes hat sich der ZDK entschlossen, neben sämtlichen allgemeinen Geschäftsbedingungen (Neuwagen-, Gebrauchtwagen-, Teileverkaufsbedingungen, Reparaturbedingungen, Gebrauchtwagengarantiebedingungen) auch die „Muster-Geschäfts- und Verfahrensordnung der Schiedsstelle für das Kraftfahrzeuggewerbe" und den „Gebrauchtwagenpflichtenkatalog" zu überarbeiten. Denn wegen der für das Gebrauchtwagengeschäft geänderten Verjährungsfristen für Sachmängelhaftungsansprüche des Käufers wird die Bedeutung der Schiedsstellen mit Sicherheit steigen.

Dabei bleibt die Branchenlösung in der Gebrauchtwagenvermarktung bestehen: Damit sollen grds. alle Betriebe, die das neue Meisterschild (Meister der Kfz-Innung) führen, verpflichtet werden, sich an bestimmte Standards zu halten.

Mit dem vorliegenden Leitfaden, der gemeinsam von ADAC und ZDK erarbeitet wurde, möchten wir allen Schiedsstellen Anwendungs- und Auslegungshilfen für die Geschäfts- und Verfahrensordnung an die Hand geben, um Zweifelsfragen der täglichen Praxis zu klären, aber auch um bundesweit eine Vereinheitlichung der Anwendungspraxis zu erreichen.

Damit der Leitfaden seine größtmögliche Wirkung entfalten kann, sollte jede Geschäftsstelle und jedes Schiedskommissionsmitglied diesen Leitfaden erhalten.

1.) Zu § 1 Ziffer 1 MuGVfO: Aufgabe, Tätigkeitsbereich

a) Gebrauchtfahrzeug-Streitigkeiten

Die Branchenlösung in der Gebrauchtwagenvermarktung hat im wesentlichen folgenden Inhalt:

Die Schiedsstelle wird für alle Streitigkeiten über gebrauchte Fahrzeuge geöffnet, an denen ein Innungsmitglied beteiligt ist, das zur Einhaltung des Gebrauchtwagen-Pflichten-Kataloges verpflichtet ist.

Dies ist dann der Fall, wenn der Betrieb den Gestattungsvertrag zum neuen Meisterzeichen („Meisterbetrieb der Kfz-Innung") rechtswirksam unterzeichnet hat und er ständig und in nicht nur unerheblichem Umfang mit Gebrauchtfahrzeugen handelt. Praktisch bedeutet dies, dass er sich nach dem Gestattungsvertrag automatisch dann zu unterwerfen hat, wenn er das neue Meisterschild verwendet.

Der Kunde kann anhand des Zusatzzeichens „Gebrauchtwagen mit Qualität und Sicherheit" erkennen, dass sich der Betrieb an den Gebrauchtwagen-Pflichtenkatalog hält und damit der Weg zu der Schiedsstelle offen steht.

Für den Fall, dass der Kunde die Schiedsstelle anruft, der Betrieb aber das Zusatzzeichen nicht führt, hat der Vertreter der Innung:

(1) entweder die Schiedskommission davon zu unterrichten, dass auch für diesen Betrieb der Pflichtenkatalog gilt (da er den Gestattungsvertrag unterzeichnet hat) und insoweit die Zuständigkeit der Schiedsstelle gegeben ist oder

(2) der Geschäftsstelle der Schiedsstelle mitzuteilen, dass der Betrieb
   - entweder nicht den Gestattungsvertrag unterzeichnet hat oder
   - er nicht ständig oder in nur unerheblichem Umfang mit Gebrauchtwagen handelt.

In diesem Fall ist die Schiedsstelle unzuständig und es ist gemäß § 4 Ziff. 1 MuGVfO zu verfahren.

b) Streitigkeiten aus Werkstattaufträgen

Die Schiedsstelle hat gemäß § 1 Ziffer 1 die Aufgabe, unter anderem Streitigkeiten zwischen Kunden und den der Innung angeschlossenen Werkstätten aus Werkstattaufträgen möglichst gütlich beizulegen oder zu entscheiden. Aus gegebenem Anlass ist darauf hinzuweisen, dass nicht nur Streitigkeiten über die Durchführung von Reparaturarbeiten an Kraftfahrzeugen, sondern alle Streitigkeiten aus Werkstattaufträgen zum Zuständigkeitsbereich der Schiedsstelle gehören. Ausgenommen sind lediglich Aufträge, die Nutzfahrzeuge mit einem zulässigen Gesamtgewicht von mehr als 3,5 t betreffen.

2.) Zu § 2 Ziffer 2 MuGVfO: Besetzung der Schiedskommission

Es ist dringend zu empfehlen, die Kommissionen stets im Sinne des § 2 Ziffer 2 a) oder § 2 Ziffer 2 b) zu besetzen. Vereinzelt sollen Schiedskommissionen gebildet worden sein, bei denen kein Jurist, kein Vertreter einer Überwachungsorganisation nach § 29 StVZO, der DAT und/oder des Automobilclubs vorhanden ist. Mit einer derartigen Besetzung wird jedoch die Schiedsstelle ihrer bedeutsamen Aufgabe nicht gerecht. Deshalb sieht § 2 Ziffer 2 folgende Besetzung der Schiedskommission vor:

Bei Streitigkeiten aus Kaufverträgen über gebrauchte Fahrzeuge zwischen Käufern und Kfz-Betrieben hat die Schiedskommission folgende Besetzung:

- ein zum Richteramt befähigter Vorsitzender;
- ein Vertreter des ADAC oder eines anderen Automobilclubs;
- ein öffentlich bestellter und vereidigter Kraftfahrzeug-Sachverständiger, der Ver tragspartner der Deutschen Automobil-Treuhand GmbH (DAT) ist;
- ein Vertreter des Kraftfahrzeuggewerbe-Verbandes.

Bei Streitigkeiten zwischen Kunden und Innungsbetrieben aus Werkstattaufträgen hat die Schiedsstelle folgende Besetzung:

- ein zum Richteramt befähigter Vorsitzender;
- ein Vertreter des ADAC oder eines anderen Automobilclubs;
- ein Kraftfahrzeug-Sachverständiger einer nach § 29 StVZO anerkannten Überwachungsorganisation;
- ein öffentlich bestellter und vereidigter Kfz-Sachverständiger, der Vertragspartner der Deutschen Automobil-Treuhand GmbH (DAT) ist;
- ein Vertreter der Kraftfahrzeuginnung.

In beiden Fällen muss der Vorsitzende der Schiedskommission ein Volljurist sein. Nach der Verfahrensordnung ist der Vorsitzende beschrieben als „zum Richteramt befähigt“. Das bedeutet jedoch nicht, dass der Vorsitzende nur ein Richter sein darf; qualifizierte Rechtsanwälte oder andere Assesoren können ebenfalls in Betracht kommen.

Neben materiellrechtlichen Fragestellungen des einzelnen Streitfalls sind auch immer verfahrensrechtliche Gesichtspunkte mit juristischem Hintergrund zu behandeln, insofern ist es zwingend notwendig, dass der Vorsitz der Schiedskommission durch einen Volljuristen übernommen wird!

3.) Zu § 2 Ziffer 4 MuGVfO: Benennung eines Stellvertreters

Es kann von Fall zu Fall vorkommen, dass ein Kommissionsmitglied aus dienstlichen oder gesundheitlichen Gründen an der Mitwirkung in der Schiedskommission verhindert ist. Dadurch können sich Schiedsverfahren unnötig in die Länge ziehen. Für jedes Mitglied der Schiedskommission sollte daher mindestens ein gleich qualifizierter Stellvertreter benannt werden. Nur so ist die ordnungsgemäße Durchführung eines Schiedsverfahrens bei Ausfall eines Kommissionsmitglieds möglich.

4.) Zu § 2 Ziffer 5 MuGVfO: Organisation der Schiedsstelie

a) Verfahren zur Ernennung des Vorsitzenden

Der Vorsitzende der Schiedskommission soll einvernehmlich von den entsendenden Organisationen bestimmt werden. Diese Organisationen, wie beispielsweise die Kraftfahrzeug-Innung, der ADAC oder ein anderer Automobilclub etc., müssen sich also über den Schiedskommissionsvorsitzenden einigen.

b) Neutralität des Vorsitzenden

Das Ansehen der Schiedsstelle hängt unter anderem auch wesentlich von der Neutralität der Schiedskommission ab. Es ist dafür Sorge zu tragen, dass jeder Anschein einer Parteilichkeit der Schiedskommission und insbesondere des Vorsitzenden vermieden wird. Gerade der Vorsitzende, der die gesamte Kommission nach außen hin vertritt, steht ganz besonders im „Rampenlicht". Es sollte daher jeder Eindruck vermieden werden, dass er im Lager einer Partei steht. Es ist daher ein zum Richteramt befähigter Vorsitzender zu empfehlen, der nicht in einem unmittelbaren Abhängigkeitsverhältnis zur Kfz-Innung steht.

5.) Zu § 3 MuGVfO: Anrufung der Schiedsstelle

hier: Einreichung der Anrufungsschrift und ihre Hemmungswirkung

Nach § 3 Ziffer 1 wird die Schiedsstelle erst dann tätig, wenn sie

- in den Fällen des § 1 Abs. 1 a) durch den Käufer, den Verkäufer, den Vermittler oder den reparierenden Kfz-Betrieb angerufen wird,
- in den Fällen des § 1 Abs. 1 b) durch den Auftraggeber (Kunden) oder mit dessen Einverständnis durch den Auftragnehmer (Werkstatt) angerufen wird.

Erst durch die Anrufung der Schiedsstelle wird die Verjährung von Ansprüchen für die Dauer des Verfahrens gehemmt (§ 3 Ziffer 3).

Für die Hemmung der Verjährung ist es wesentlich, dass die Anrufungsschrift rechtzeitig bei der Schiedsstelle eingereicht wird. Rechtzeitig bedeutet im Sinne des § 3 Ziffer 1 a) unverzüglich nach Kenntnis des Streitpunktes, soweit es sich um Garantieansprüche handelt, spätestens 8 Tage nach Ablauf der Garantiefrist, in allen anderen Fällen spätestens vor Ablauf von drei Monaten seit Übergabe des Kraftfahrzeuges und in den Fällen des § 1 Abs. 1 b) unverzüglich nach Kenntnis des Streitpunktes.

Unverzüglich heißt nach der Gesetzesdefinition des § 121 Abs. 1 Satz 1 Bürgerliches Gesetzbuch „ohne schuldhaftes Zögern." Nach allgemeiner Rechtsauffassung bedeutet unverzüglich aber nicht „sofort". Dem Anrufenden steht eine angemessene Überlegungsfrist zu, ob er ein Schiedsverfahren durchführen möchte. Soweit erforderlich darf er vor der Anrufung auch Rechtsauskünfte einholen. Darüber hinaus ist dem Anrufenden noch ein gewisser zeitlicher Spielraum bei der Anfertigung der Anrufungsschrift sowie deren Übersendung einzuräumen. Nach unserer Auffassung liegt eine noch akzeptable Obergrenze bei 4, äußerstenfalls jedoch bei 6 Wochen.

Für den Fristbeginn ist die Kenntnis des Streitpunktes von zentraler Bedeutung. Hiermit ist derjenige Zeitpunkt gemeint, in dem die Vertragsparteien über einen bestimmten Punkt des Vertragsverhältnisses uneinig sind und auch Streitgespräche über diese Frage zu keinem befriedigenden Ergebnis geführt haben.

Den Parteien sollte aber bereits im Vorfeld die Möglichkeit einer gütlichen Einigung gegeben werden. Dies dient der Entlastung der Schiedsstellen.

In diesem Zusammenhang ist es unschädlich, wenn die Anrufungsschrift statt bei der Schiedsstelle bei dem Automobilclub eingeht, der einen Vertreter in die Schiedsstelle entsandt hat. Wir empfehlen aus Gründen der Fristwahrung dann aber folgende Vorgehensweise:

Wird die Anrufungsschrift durch den Kunden bei einer Geschäftsstelle des ADAC oder eines anderen Automobilclubs übergeben, so liegt kein „schuldhaftes Zögern" (gleichbedeutend mit „unverzüglich") vor, wenn folgende Voraussetzungen seitens der ADAC-Geschäftsstelle oder der Geschäftsstelle eines anderen Automobilclubs eingehalten werden:

Nach Eingang der Unterlagen bei der Fremdgeschäftsstelle sind diese möglichst noch am selben Werktag ,spätestens jedoch innerhalb von drei Werktagen, der zuständigen Schiedsstelle zu übergeben oder mittels Telefax zu übermitteln. Um jeden Zweifelsfall auszuschließen, ist der Eingang der Anrufungsschrift gegenüber der Geschäftsstelle des Automobilclubs unter Angabe des Eingangsdatums schriftlich durch die Geschäftsstelle der Schiedsstelle zu bestätigen. Bleibt diese Bestätigung aus, so hat sich die Geschäftsstelle des Automobilclubs unverzüglich mit der Schiedsstelle persönlich oder telefonisch in Verbindung zu setzen.

Maßgebend für die Bewertung, ob die Einreichung der Anrufungsschrift noch rechtzeitig war, ist der Zeitpunkt des Eingangs der Anrufungsschrift bei der Schiedsstelle. Die ADAC-Geschäftsstellen oder die Geschäftsstellen der übrigen Automobilclubs haben organisatorische Vorkehrungen zu treffen, um Verzögerungen des Verfahrens oder gar den Ausschluss der Durchführung des Vorverfahrens wegen Fristversäumnis zu vermeiden.

6.) Zu § 3 MuGVfO: Anrufung der Schiedsstelle

hier: Streitwertbegrenzungen

Vereinzelt haben Schiedsstellen über die in der Muster-Geschäfts- und Verfahrensordnung vorgesehenen Zulässigkeitsschranken hinaus sogenannte Streitwertklauseln aufgenommen. Nach diesen Klauseln muss die Summe des vom Beschwerdeführer geltend gemachten Anspruchs einen bestimmten Euro-Betrag überschreiten. Ist dies nicht der Fall, so kann die Schiedsstelle nicht angerufen werden.

Eine Streitwertbegrenzung ist schon deshalb unzulässig, weil die Kfz-Reparaturbedingungen Stand Januar 2002, keine Streitwertbegrenzungen vorsehen. Wenn der Kunde den Werkstattauftrag unter Einbeziehung der Kfz-Reparaturbedingungen erteilt, so hat er unter Beachtung der in Kapitel XI genannten Voraussetzungen das Recht auf Durchführung eines Schiedsgutachterverfahrens vor der zuständigen Schiedsstelle, unabhängig von der Höhe des Streitwerts.

Eine Streitwertbegrenzung ist nicht in der Muster-Geschäfts- und Verfahrensordnung vorgesehen und war auch nie gewollt. Dem steht der Zweck der Schaffung eines kostenlosen und für alle Beteiligten einfach durchzuführenden Verfahrens im Wege. Das Schiedsverfahren soll ungeachtet einer gewissen Wertgrenze möglichst problemlos zur Schaffung von Rechtsfrieden beitragen. Dies ist nur dann möglich, wenn im Rahmen des Aufgabenbereichs der Schiedsstelle alle Verfahren vor der Schiedskommission behandelt werden können. Die Aufnahme einer Streitwertbegrenzung in die Geschäfts- und Verfahrensordnung ist daher zu unterlassen.

Hinzu kommt, dass inzwischen in vielen Bundesländern das obligatorische Schlichtungsverfahren eingeführt wurde. Dieses sieht vor, dass Streitigkeiten bis zu einem Streitwert von 1.200,00 bis 1.500,00 DM (je nach Bundesland) grundsätzlich zunächst vor der Schlichtungsstelle verhandelt werden müssen, bevor der ordentliche Rechtsweg eingeschlagen werden darf.

7.) Zu § 5 MuGVfO: Ab wann beginnt das Schiedskommissionsverfahren (Hauptverfahren)?

Gemäss § 4 Ziffer 1 hat die Geschäftsstelle nach Eingang der Anrufungsschrift die Zulässigkeit des Schiedsverfahrens zu prüfen. Ist die Anrufung zulässig, so hat die Geschäftsstelle eine Stellungnahme des Beschwerdegegners einzuholen.

Danach sind folgende Fälle zu unterscheiden:

a) Der Beschwerdegegner nimmt innerhalb der vierwöchigen Frist des § 4 Ziffer 2 Stellung. Er unterwirft sich dem Anliegen des Anrufenden: Damit ist das Vorverfahren beendet. Es kommt nicht mehr zu einem Schiedskommissionsverfahren gemäß § 5.
b) Die Parteien einigen sich in sonstiger Weise innerhalb der 4-Wochen-Frist über den Streitgegenstand: Auch hier kommt es nicht mehr zu einem Schiedskommissionsverfahren.
c) Der Beschwerdegegner nimmt innerhalb der 4 Wochen Stellung zur Anrufungsschrift. Eine Einigung der Parteien im Vorverfahren kommt nicht zustande: Hier hat die Geschäftsstelle den Vorgang mit sämtlichen Unterlagen dem Vorsitzenden der Schiedskommission vorzulegen. Mit der Vorlage der Unterlagen endet das Vorverfahren und beginnt das Hauptverfahren.
d) Äußert sich der Beschwerdegegner innerhalb der 4-Wochen-Frist nicht, so legt die Geschäftsstelle gleichwohl den Vorgang mit sämtlichen Unterlagen dem Vorsit-

zenden der Schiedskommission zur weiteren Behandlung vor. Auch hier endet mit der Vorlage das Vorverfahren.

8.) Zu § 5 Abs. 5 MuGVfO: Verfahrensdauer

Ein besonderer Vorzug der Schiedsstellen liegt in der Kürze und Problemlosigkeit des Schiedsverfahrens. Dies ist auch der Grund, weswegen § 5 Ziffer 5 vorsieht, dass spätestens nach drei Monaten seit Anrufung der Schiedsstelle das Verfahren abgeschlossen sein soll. Im Interesse aller Verfahrensbeteiligten ist die Erledigung des Verfahrens innerhalb dieser Frist die absolute Regel. Nur wenn der Sachverhalt besonders schwierig gelagert ist, oder wenn umfangreiche Ermittlungen anzustellen sind, ist ausnahmsweise eine längere Verfahrensdauer zulässig. Es sollte daher grundsätzlich von allen Schiedsstellen darauf hingewirkt werden, dass die Verfahren spätestens nach drei Monaten abgeschlossen sind.

9.) Zu § 8 MuGVfO: Nichterscheinen zur mündlichen Verhandlung

Aus Gründen der Verfahrenseffizienz sieht die Muster-Geschäfts- und Verfahrensordnung eine Entscheidung durch die Schiedskommission auch für den Fall vor, dass eine Partei ohne einen von ihr bevollmächtigten Vertreter trotz ordnungsgemäßer Ladung zur mündlichen Verhandlung nicht erscheint. In diesem Fall hat die Schiedskommission nach Aktenlage sowie nach dem Ergebnis einer etwaigen Beweiserhebung unter Berücksichtigung des Vorbringens der erschienenen und vertretenen Parteien zu entscheiden.

10.) Zu § 9 MuGVfO: Kosten des Verfahrens

Laut § 9 Ziffer 1 werden für die Inanspruchnahme der Schiedsstelle keine Kosten erhoben. Dies gilt auch für Gutachten, die von Kommissionsmitgliedern im Zuge des Verfahrens erstellt werden. Dies betrifft in der Regel Vertreter der DAT- oder einer Überwachungsorganisation nach § 29 StVZO. Aus diesem Grunde können Kosten für die Erstellung dieser Gutachten für die Schiedskommission weder gegenüber der Schiedsstelle noch gegenüber dem Anrufenden geltend gemacht werden.

11.) Bindung der Kfz-Betriebe an die Schiedssprüche der Kommission

Um dem Schiedsverfahren die Schlagkraft zu geben, die der Kunde erwartet, ist es zwingend erforderlich, dass sich die Kfz-Betriebe an den Inhalt des Schiedsspruches halten und im übrigen den Anordnungen der Schiedskommission Folge leisten. Die verfahrensmäßige Sicherstellung dieses Ziels kann auf zwei Wegen erreicht werden:

a) Gestattungsvertrag zur Nutzung des neuen Kfz-Meisterzeichens mit Zusatzzeichen

Der Verwendung des Kfz-Meisterzeichens mit Zusatzzeichen liegt ein Gestattungsvertrag zu Grunde. Nach diesem Gestattungsvertrag verpflichtet sich der betreffende Kfz-Betrieb, den Spruch der für ihn zuständigen Schiedsstelle anzuerkennen, wenn er Partei eines Schiedsverfahrens vor der Schiedsstelle ist.

b) Ergänzung der Innungssatzung

Um jedoch auch eine Bindung derjenigen Betriebe an das Schiedsverfahren zu erreichen, die entweder den Gestattungsvertrag nicht unterschreiben oder eine seitens des ZDK-Gebrauchtwagenausschusses empfohlene Mindesthandelsgrenze nicht erreichen, wird zusätzlich empfohlen, die Innungssatzung wie folgt zu ergänzen:

„Soweit eine Schiedsstelle zur Beilegung von Streitigkeiten zwischen Kunden und den der Innung angeschlossenen Betrieben besteht, ist das Mitglied der Innung verpflichtet,

- der Schiedsstelle die angeforderten Auskünfte zu erteilen und Unterlagen zur Verfügung zu stellen,
- Anordnungen der Schiedsstelle nachzukommen, insbesondere zu Verhandlungen zu erscheinen oder sich durch einen zum Vergleichsabschluss schriftlich bevollmächtigten Firmenangehörigen vertreten zu lassen und
- Beschlüsse und Empfehlungen der Schiedsstelle zu befolgen.“

Enthält die Innungssatzung noch nicht diesen Passus, wird dringend empfohlen, vorübergehend einen Innungsbeschluss mit entsprechendem Inhalt zu fassen. Jedem neu aufgenommenen Mitglied der Innung muss dieser Beschluss ausgehändigt werden. Dieser Innungsbeschluss sollte nur so lange gelten, bis die Satzung entsprechend geändert wurde.

Aus Gründen der Rechtssicherheit ist jedoch dringend zu empfehlen, die Innungssatzung im obigen Sinne entsprechend zu ändern.

Sollte sich dennoch ein Betrieb nicht dem Beschluss des Schiedsgerichtes unterwerfen, so hat die Innung folgende Sanktionsmöglichkeiten zur Verfügung:

- Ermahnung
- Abmahnung
- Ausschluss aus der Innung.

12.) Öffnung der Schiedsstelle für Motorradkunden und für alle Gebrauchtwagenhändler, die Innungsmitglieder sind

Streitigkeiten zwischen einem Motorradkunden und einem der Innung angeschlossenen KfzMeisterbetrieb aus Werkstattaufträgen können ebenfalls vor den Schiedsstellen verhandelt werden. Voraussetzung ist aber ,wie bereits oben unter Pkt 1.) dargestellt, dass sich der Betrieb dem Pflichtenkatalog unterworfen hat.

Anlage 3

Bedingungen für die Ausführung von Arbeiten an Krafttahrzeugen, Anhängern, Aggregaten und deren Teilen und für Kostenvoranschläge (Kfz-Reparaturbedingungen – empfohlen vom Zentralverband Deutsches Kraftfahrzeuggewerbe, Bonn) Stand *01/2002*

I. Auftragserteilung

1. Im Auftragsschein oder in einem Bestätigungsschreiben sind die zu erbringenden Leistungen zu bezeichnen und der voraussichtliche oder verbindliche Fertigstellungstermin anzugeben.
2. Der Auftraggeber erhält eine Durchschrift des Auftragsscheins.
3. Der Auftrag ermächtigt den Auftragnehmer, Unteraufträge zu erteilen und Probefahrten sowie Überführungsfahrten durchzuführen,

II. Preisangaben im Auftragsschein; Kostenvoranschlag

1. Auf Verlangen des Auftraggebers vermerkt der Auftragnehmer im Auftragsschein auch die Preise, die bei der Durchführung des Auftrags voraussichtlich zum Ansatz kommen. Preisangaben im Auftragsschein können auch durch Verweisung auf die in Frage kommenden Positionen der beim Auftragnehmer ausliegenden Preis- und Arbeitswertkataloge erfolgen.
2. Wünscht der Auftraggeber eine verbindliche Preisangabe, so bedarf es eines schriftlichen Kostenvoranschlages; in diesem sind die Arbeiten und Ersatzteile jeweils im einzelnen aufzuführen und mit dem jeweiligen Preis zu versehen. Der Auftragnehmer ist an diesen Kostenvoranschlag bis zum Ablauf von 3 Wochen nach seiner Abgabe gebunden. Die zur Abgabe eines Kostenvoranschlags erbrachten Leistungen können dem Auftraggeber berechnet werden, wenn dies im Einzelfall vereinbart ist. Wird aufgrund des Kostenvoranschlages ein Auftrag erteilt, so werden etwaige Kosten für den Kostenvoranschlag mit der Auftragsrechnung verrechnet und der Gesamtpreis darf bei der Berechnung des Auftrags nur mit Zustimmung des Auftraggebers überschritten werden.
3. Wenn im Auftragsschein Preisangaben enthalten sind, muss ebenso wie beim Kostenvoranschlag die Umsatzsteuer angegeben werden.

III. Fertigstellung

1. Der Auftragnehmer ist verpflichtet, einen schriftlich als verbindlich bezeichneten Fertigstellungstermin einzuhalten. Ändert oder erweitert sich der Arbeitsumfang gegenüber dem ursprünglichen Auftrag, und tritt dadurch eine Verzögerung ein, dann hat der Auftragnehmer unverzüglich unter Angabe der Gründe einen neuen Fertigstellungstermin zu nennen.
2. Hält der Auftragnehmer bei Aufträgen, welche die Instandsetzung eines Kraftfahrzeuges zum Gegenstand haben, einen schriftlich verbindlich zugesagten Fertigstellungstermin länger als 24 Stunden schuldhaft nicht ein, so hat der Auftragnehmer nach seiner Wahl dem Auftraggeber ein möglichst gleichwertiges Ersatzfahrzeug nach den jeweils hierfür gültigen Bedingungen des Auftragnehmers kostenlos zur Verfügung zu stellen oder 80 % der Kosten für eine tatsächliche Inanspruchnahme eines möglichst gleichwertigen Mietfahrzeuges zu erstatten. Der Auftraggeber hat das Ersatz- oder Mietfahrzeug nach Meldung der Fertigstellung des Auftragsgegenstandes unverzüglich zurückzugeben; weitergehender Verzugsschadenersatz ist ausgeschlossen, außer in Fällen von Vorsatz oder grober Fahrlässigkeit. Der Auftragnehmer ist auch für die während des Verzugs durch Zufall eintretende Unmöglichkeit der Leistung verantwortlich, es sei denn, dass der Schaden auch bei rechtzeitiger Leistung eingetreten sein würde.
3. Bei gewerblich genutzten Fahrzeugen kann der Auftragnehmer statt der Zurverfügungstellung eines Ersatzfahrzeugs oder der Übernahme von Mietwagenkosten den durch die verzögerte Fertigstellung entstandenen Verdienstausfall ersetzen.
4. Wenn der Auftragnehmer den Fertigstellungstermin infolge höherer Gewalt oder Betriebsstörungen ohne eigenes Verschulden nicht einhalten kann, besteht auf Grund hierdurch bedingter Verzögerungen keine Verpflichtung zum Schadenersatz, insbesondere auch nicht zur Stellung eines Ersatzfahrzeuges oder zur Erstattung von Kosten für die tatsächliche Inanspruchnahme eines Mietfahrzeuges. Der Auftragnehmer ist jedoch verpflichtet, den Auftraggeber über die Verzögerungen zu unterrichten, soweit dies möglich und zumutbar ist.

IV. Abnahme

1. Die Abnahme des Auftragsgegenstandes durch den Auftraggeber erfolgt im Betrieb des Auftragnehmers, soweit nichts anderes vereinbart ist.
2. Der Auftraggeber ist verpflichtet, den Reparaturgegenstand innerhalb von 1 Woche ab Zugang der Fertigstellungsanzeige und Aushändigung oder Übersendung der Rechnung abzuholen. Im Falle der Nichtabnahme kann der Auftragnehmer von seinen gesetzlichen Rechten Gebrauch machen. Bei Reparaturarbeiten, die innerhalb eines Arbeitstages ausgeführt werden, verkürzt sich die Frist auf 2 Arbeitstage.

3. Bei Abnahmeverzug kann der Auftragnehmer die ortsübliche Aufbewahrungsgebühr berechnen. Der Auftragsgegenstand kann nach Ermessen des Auftragnehmers auch anderweitig aufbewahrt werden. Kosten und Gefahren der Aufbewahrung gehen zu Lasten des Auftraggebers.

V. Berechnung des Auftrages

1. In der Rechnung sind Preise oder Preisfaktoren für jede technisch in sich abgeschlossene Arbeitsleistung sowie für verwendete Ersatzteile und Materialien jeweils gesondert auszuweisen. Wünscht der Auftraggeber Abholung oder Zustellung des Auftragsgegenstandes, erfolgen diese auf seine Rechnung und Gefahr. Die Haftung bei Verschulden bleibt unberührt.
2. Wird der Auftrag auf Grund eines verbindlichen Kostenvoranschlages ausgeführt, so genügt eine Bezugnahme auf den Kostenvoranschlag, wobei lediglich zusätzliche Arbeiten besonders aufzuführen sind.
3. Die Berechnung des Tauschpreises im Tauschverfahren setzt voraus, dass das ausgebaute Aggregat oder Teil dem Lieferumfang des Ersatzaggregats oder -teils entspricht und dass es keinen Schaden aufweist, der die Wiederaufbereitung unmöglich macht.
4. Die Umsatzsteuer geht zu Lasten des Auftraggebers.
5. Eine etwaige Berichtigung der Rechnung muss seitens des Auftragnehmers, ebenso wie eine Beanstandung seitens des Auftraggebers, spätestens 6 Wochen nach Zugang der Rechnung erfolgen.

VI. Zahlung

1. Der Rechnungsbetrag und Preise für Nebenleistungen sind bei Abnahme des Reparaturgegenstandes und Aushändigung oder Übersendung der Rechnung zur Zahlung in bar fällig, spätestens jedoch innerhalb 1 Woche nach Meldung der Fertigstellung und Aushändigung oder Übersendung der Rechnung.
2. Gegen Ansprüche des Auftragnehmers kann der Besteller nur dann aufrechnen, wenn die Gegenforderung des Bestellers unbestritten ist oder ein rechtskräftiger Titel vorliegt; ein Zurückbehaltungsrecht kann er nur geltend machen, soweit es auf Ansprüchen aus dem Reparaturauftrag beruht. Der Auftragnehmer ist berechtigt, bei Auftragserteilung eine angemessene Vorauszahlung zu verlangen.

VII. Erweitertes Pfandrecht

Dem Auftragnehmer steht wegen seiner Forderung aus dem Auftrag ein vertragliches Pfandrecht an den auf Grund des Auftrages in seinen Besitz gelangten Gegenständen zu.

Das vertragliche Pfandrecht kann auch wegen Forderungen aus früher durchgeführten Arbeiten, Ersatzteillieferungen und sonstigen Leistungen geltend gemacht werden, soweit sie mit dem Auftragsgegenstand in Zusammenhang stehen. Für sonstige Ansprüche aus der Geschäftsverbindung gilt das vertragliche Pfandrecht nur, soweit diese unbestritten sind oder ein rechtskräftiger Titel vorliegt und der Auftragsgegenstand dem Auftraggeber gehört.

VIII. Sachmangel

1. Ansprüche des Auftraggebers wegen Sachmängeln verjähren in einem Jahr ab Abnahme des Reparaturgegenstandes. Nimmt der Auftraggeber den Auftragsgegenstand trotz Kenntnis eines Mangels ab, stehen ihm Sachmängelansprüche in dem in den Ziffern 4 bis 5 beschriebenen Umfang nur zu, wenn er sich diese bei Abnahme vorbehält.
2. Ist Gegenstand des Auftrags die Lieferung herzustellender oder zu erzeugender beweglicher Sachen und ist der Auftraggeber eine juristische Person des öffentlichen Rechts, ein öffentlichrechtliches Sondervermögen oder ein Unternehmer, der bei Abschluss des Vertrages in Ausübung seiner gewerblichen oder selbständigen beruflichen Tätigkeit handelt, verjähren Ansprüche des Auftraggebers wegen Sachmängeln in einem Jahr ab Ablieferung. Für andere Auftraggeber (Verbraucher) gelten in diesem Fall die gesetzlichen Bestimmungen.
3. Bei arglistigem Verschweigen von Mängeln oder der Übernahme einer Garantie für die Beschaffenheit bleiben weitergehende Ansprüche unberührt.
4. Für die Abwicklung der Mängelbeseitigung gilt folgendes:
   a) Ansprüche auf Mängelbeseitigung hat der Auftraggeber beim Auftragnehmer geltend zu machen; bei mündlichen Anzeigen händigt der Auftragnehmer dem Auftraggeber eine schriftliche Bestätigung über den Eingang der Anzeige aus.
   b) Wird der Reparaturgegenstand wegen eines Sachmangels betriebsunfähig, kann sich der Auftraggeber mit Zustimmung des Auftragnehmers an den dem Ort des betriebsunfähigen Kaufgegenstandes nächstgelegenen dienstbereiten Kfz-Meisterbetrieb wenden, wenn sich der Ort des betriebsunfähigen Kaufgegenstandes mehr als 50 km vom Auftragnehmer entfernt befindet.
   c) Ersetzte Teile werden Eigentum des Auftragnehmers.
   d) Für die zur Mängelbeseitigung eingebauten Teile kann der Käufer bis zum Ablauf der Verjährungsfrist des Auftraggegenstandes Sachmängelansprüche auf Grund des Auftrags geltend machen.
5. Erfolgt in dem Ausnahmefall der Ziffer 4b) die Mängelbeseitigung in einer anderen (der Vertriebsorganisation des Auftragnehmers angehörenden) Fachwerkstatt, hat der Auftraggeber in den Auftragsschein aufnehmen zu lassen, dass es sich um die Durchführung einer Mängelbeseitigung des Auftragnehmers handelt und dass diesem aus-

gebaute Teile während einer angemessenen Frist zur Verfügung zu halten sind. Der Auftragnehmer ist zur Erstattung der dem Auftraggeber nachweislich entstandenen Reparaturkosten verpflichtet.

IX. Haftung

1. Hat der Auftragnehmer nach den gesetzlichen Bestimmungen nach Maßgabe dieser Bedingungen für einen Schaden aufzukommen, der leicht fahrlässig verursacht wurde, so haftet der Auftragnehmer, soweit nicht Leben, Körper und Gesundheit verletzt wurden, beschränkt. Die Haftung besteht nur bei Verletzung vertragswesentlicher Pflichten und ist auf den bei Vertragsabschluß vorhersehbaren typischen Schaden begrenzt. Soweit der Schaden durch eine vom Auftraggeber für den betreffenden Schadenfall abgeschlossene Versicherung (ausgenommen Summenversicherung) gedeckt ist, haftet der Auftragnehmer nur für etwaige damit verbundene Nachteile des Auftraggebers, z. B. höhere Versicherungsprämien oder Zinsnachteile bis zur Schadenregulierung durch die Versicherung. Die Haftung für den Verlust von Geld, Wertpapieren (einschl. Sparbüchern, Scheckheften, Scheck- und Kreditkarten), Kostbarkeiten und anderen Wertsachen, die nicht ausdrücklich in Verwahrung genommen sind sowie für durch einen Mangel des Auftraggegenstandes verursachte Schäden wird bei leichter Fahrlässigkeit nicht gehaftet.
2. Unabhängig von einem Verschulden des Auftragnehmers bleibt eine etwaige Haftung des Auftragnehmers bei arglistigem Verschweigen des Mangels, aus der Übernahme einer Garantie oder eines Beschaffungsrisikos und nach dem Produkthaftungsgesetz unberührt.
3. Ausgeschlossen ist die persönliche Haftung der gesetzlichen Vertreter, Erfüllungsgehilfen und Betriebsangehörigen des Auftragnehmers für von ihnen durch leichte Fahrlässigkeit verursachte Schäden.

X. Eigentumsvorbehalt

Soweit eingebaute Zubehör-, Ersatzteile und Aggregate nicht wesentliche Bestandteile des Auftragsgegenstandes geworden sind, behält sich der Auftragnehmer das Eigentum daran bis zur vollständigen unanfechtbaren Bezahlung vor.

XI. Schiedsstelle (Schiedsgutachterverfahren)

(Gilt nur für Fahrzeuge mit einem zulässigen Gesamtgewicht von nicht mehr als 3,5t)

1. Bei Streitigkeiten aus diesem Auftrag kann der Auftraggeber oder, mit dessen Einverständnis, der Auftragnehmer die für den Auftragnehmer zuständige Schiedsstelle des Kraftfahrzeughandwerks oder -gewerbes anrufen. Die Anrufung muss schriftlich unverzüglich nach Kenntnis des Streitpunktes erfolgen.
2. Durch die Entscheidung der Schiedsstelle wird der Rechtsweg nicht ausgeschlossen.
3. Durch die Anrufung der Schiedsstelle ist die Verjährung für die Dauer des Verfahrens gehemmt.
4. Das Verfahren vor der Schiedsstelle richtet sich nach deren Geschäfts- und Verfahrensordnung, die den Parteien auf Verlangen von der Schiedsstelle ausgehändigt wird.
5. Die Anrufung der Schiedsstelle ist ausgeschlossen, wenn bereits der Rechtsweg beschritten ist. Wird der Rechtsweg während eines Schiedsstellenverfahrens beschriften, stellt die Schiedsstelle ihre Tätigkeit ein.
6. Das Schiedsstellenverfahren ist für den Auftraggeber kostenlos.

XII. Gerichtsstand

Für sämtliche gegenwärtigen und zukünftigen Ansprüchen aus der Geschäftsverbindung mit Kaufleuten einschließlich Wechsel- und Scheckforderungen ist ausschließlicher Gerichtsstand der Sitz des Auftragnehmers. Der gleiche Gerichtsstand gilt, wenn der Auftraggeber keinen allgemeinen Gerichtsstand im Inland hat, nach Vertragsabschluss seinen Wohnsitz oder gewöhnlichen Aufenthaltsort aus dem Inland verlegt oder sein Wohnsitz oder gewöhnlicher Aufenthaltsort zum Zeitpunkt der Klageerhebung nicht bekannt ist.

Anlage 4

GESCHÄFTS- UND VERFAHRENSORDNUNG DER SCHIEDSSTELLE FÜR DAS KRAFTFAHRZEUG-HANDWERK FÜR NIEDERBAYERN

§ 1 Aufgaben, Tätigkeitsbereich

1) Die bei der Innung des Kraftfahrzeug-Handwerks für Niederbayern in Dingolfing ein gerichtete Schiedsstelle hat die Aufgabe,
   a) Streitigkeiten aus Kaufverträgen über gebrauchte Fahrzeuge mit einem zulässigen Gesamtgewicht von nicht mehr als 2,8 t – mit Ausnahme über den Kaufpreis – zwischen Käufern und den der Innung angeschlossenen Kfz-Betrieben gütlich beizulegen oder zu entscheiden.
   Der Aufgabenbereich der Schiedsstelle umfasst ebenfalls Streitigkeiten zwischen Innungsmitgliedern bezüglich Gewährleistungs-/Garantiereparaturen einschließlich deren Bezahlung.
   b) Streitigkeiten zwischen Kunden und den der Innung angeschlossenen Werkstätten aus Werkstattaufträgen, ausgenommen solche betreffend Nutzfahrzeuge mit einem Gesamtgewicht von mehr als 2,8 t, möglichst gütlich beizulegen oder zu entscheiden.
2) Die Schiedsstelle befasst sich nicht mit Streitigkeiten aus Neuwagengeschäften,
3) Die Schiedsstelle befasst sich ferner nicht mit Streitigkeiten, die bereits bei Gericht anhängig sind. Sie stellt ihre Tätigkeit ein, wenn während eines Schiedsverfahrens der Rechtsweg beschriften wird.

§ 2 Anrufung der Schiedsstelle

1) In den Fällen des:
   a) § 1 Abs. 1 a) wird die Schiedsstelle auf Anrufung durch den Käufer, den Verkäufer, den Vermittler
   oder den reparierenden Kfz-Betrieb tätig. Die Anrufung muss unverzüglich nach Kenntnis des Streitpunktes, soweit es sich um Garantieansprüche handelt, spätestens acht Tage seit Ablauf der Garantiefrist erfolgen. Ist keine Garantiezusage gegeben, so hat die Anrufung innerhalb der vereinbarten Gewährleistungsfrist von 12 Monaten zu erfolgen.
   b) § 1 Abs. 1 b) wird die Schiedsstelle auf Anrufung durch den Auftraggeber (Kunde) oder, mit dessen Einverständnis, durch den Auftragnehmer (Werkstatt) tätig.

Die Anrufung muss unverzüglich schriftlich nach Kenntnis des Streitpunktes und innerhalb folgender Fristen erfolgen:

1. bei einer Beschwerde über die Angemessenheit der Reparaturkosten innerhalb von 6 Wochen seit Zugang der Rechnung
2. bei Meinungsverschiedenheiten über die Notwendigkeit einer Reparatur innerhalb von 6 Wochen seit Abnahme
3. bei Streitigkeiten über die ordnungsgemäße Durchführung der Werkstattleistungen innerhalb von 12 Monaten seit Abnahme des Auftragsgegenstandes.
   Die Anrufung erfolgt durch Einreichung eines Schriftsatzes (Anrufungsschrift) bei der Schiedsstelle. Die Anrufungsschrift kann auch bei einer in der Schiedsstelle mitarbeitenden Organisation (vgl. § 4 Abs. 1) eingereicht werden. Die betreffende Organisation leitet die Anrufungsschrift unverzüglich an die Schiedsstelle weiter.

2) Die Anrufungsschrift soll folgende Angaben enthalten:
   a) Name und Anschrift des Auftraggebers, des Fahrzeughalters und des Auftragnehmers
   b) Hersteller, Typ, amtliches Kennzeichen, Tag der 1. Zulassung und Gesamtfahrleistung des Fahrzeuges
   c) kurze Schilderung der Beanstandung und des ihr zugrunde liegenden Sachverhalts
   d) Benennung eventueller Beweismittel
   e) einen bestimmten – bei Geldforderungen bezifferten – Betrag
   f) in den Fällen des § 1 Abs. 1 a) das Datum der Übergabe des Fahrzeuges.
3) Urkunden, die als Beweismittel in Betracht kommen, sind der Antragsschrift beizufügen, insbesondere Reparaturrechnungen, Gutachten, Kostenvoranschläge und schriftlich erteilte Aufträge.
4) Durch die Anrufung der Schiedsstelle wird die Verjährung von Ansprüchen für die Dauer des Verfahrens gehemmt.
5) Durch die Anrufung der Schiedsstelle wird der Rechtsweg nicht ausgeschlossen.

§ 3 Vorverfahren

1) Nach Eingang der Anrufungsschrift prüft die Schiedsstelle, ob die Anrufung nach den Bestimmungen der §§ 1 und 2 zulässig ist. Wenn die Anrufungsschrift unvollständig ist, soll sie den Antragsteller unter Fristsetzung auffordern, die Anrufungsschrift unverzüglich zu ergänzen. Kommt der Antragsteller dem nicht nach oder fehlt eine Zulässigkeitsvoraussetzung, so weist die Schiedsstelle die Anrufung unter Angabe des Grundes zurück.
2) Ist die Anrufung zulässig, so klärt die Schiedsstelle in Zusammenarbeit des Vertreters der Kraftfahrzeug-Innung mit dem Vertreter des ADAC durch Rücksprache mit den

Parteien, ob die Sache ohne Vorlage an die Schiedskommission im gegenseitigen Einvernehmen beigelegt werden kann.

3) Das Vorverfahren soll innerhalb eines Monats seit Anrufung der Schiedsstelle abgeschlossen sein.

4) Kann im Vorverfahren keine Einigung erzielt werden, fordert die Schiedsstelle die Parteien auf, sich für den Fall, dass auch die Schiedskommission keine Einigung herbeiführen kann, einer Entscheidung der Schiedskommission durch schriftliche Erklärung zu unterwerfen. Die Schiedsstelle holt bei der Werkstatt keine Unterwerfungserklärung ein, weil die Unterwerfung generell durch die Innungssatzung festgelegt ist.

5) Liegen die Unterwerfungserklärungen vor oder ist die Einholung solcher Erklärungen nach Abs. 4 nicht erforderlich, so wird die Sache der Schiedskommission zur Erledigung vorgelegt.
Wird eine erforderliche Unterwerfungserklärung verweigert, so teilt die Schiedsstelle den Parteien unter Hinweis auf den Grund die Beendigung des Verfahrens mit.

§ 4 Schiedskommission

1) Die Schiedskommission besteht aus 5 Mitgliedern, und zwar:
   a) einem zum Richteramt befähigten Vorsitzenden
   b) einem Vertreter des ADAC
   c) einem Kraftfahrzeug-Sachverständigen des Technischen Überwachungsvereins e.V.
   d) einem öffentlich bestellten und vereidigten Kfz-Sachverständigen, der Vertragspartner der Deutsche Automobil-Treuhand Gmbh (DAT) ist
   e) einem Vertreter der Kraftfahrzeug-Innung für Niederbayern (Kfz-Meister).

2) Die Mitglieder der Kommission versichern, dass sie ihre Entscheidung objektiv und ohne Ansehen der Person oder Firma treffen und die ihnen durch ihre Tätigkeit zur Kenntnis gelangenden persönlichen und wirtschaftlichen Verhältnisse der Parteien auch nach dem Ausscheiden aus der Kommission geheim halten werden.

3) Sollte ein Kommissionsmitglied durch eine der Kommission vorgelegte Sache in irgendeiner Form persönlich berührt sein, so ist es von einer Mitwirkung bei der Behandlung dieser Sache ausgeschlossen. Die Organisation, der das Kommissionsmitglied angehört, entsendet für diesen Fall einen anderen Vertreter.
Die Kommission fasst ihre Beschlüsse mit der Mehrheit der Stimmen ihrer Mitglieder. Jedes Mitglied hat eine Stimme.

§ 5 Schiedskommissionsverfahren

1) Die Schiedskommission befindet aufgrund von mündlichen Verhandlungen. Von einer mündlichen Verhandlung kann abgesehen werden:
   a) mit Zustimmung der Parteien,
   b) auf Antrag einer Partei, wenn ihr nach den Umständen und der Bedeutung der Sache das Erscheinen zu einer mündlichen Verhandlung nicht zugemutet werden kann und von einer mündlichen Verhandlung keine zusätzlichen, bedeutsamen Erkenntnisse zu erwarten sind, es sei denn, die andere Partei widerspricht.
2) Der Vorsitzende der Schiedskommission bestimmt Ort und Zeit der mündlichen Verhandlung und lädt die Parteien schriftlich unter Einhaltung einer Frist von 10 Tagen ein. Der Vorsitzende stellt den Parteien anheim, etwaige Auskunftspersonen mitzubringen. Die Formvorschriften gemäß Satz 1 brauchen bei Zustimmung der Parteien nicht eingehalten werden. Alle Kommissionsmitglieder sind rechtzeitig über den Stand des Vorverfahrens vollständig zu informieren.
3) Die Verhandlungen vor der Schiedskommission sind nicht öffentlich. Der Vorsitzende kann bei Vorliegen eines berechtigten Interesses Dritten die Anwesenheit gestatten.
4) Die mündliche Verhandlung soll durch Schriftsätze so vorbereitet werden, dass die Sache möglichst in einer Verhandlung erledigt werden kann. Die jeweils andere Partei erhält eine Schriftsatzkopie.
5) Für eine Beweiserhebung gelten die Vorschriften der Zivilprozessordnung entsprechend.
6) Das Verfahren soll nach längstens 3 Monaten seit Anrufung der Schiedsstelle abgeschlossen sein.

§ 6 Schiedsvergleich

1) Die Kommission unterbreitet den Parteien entsprechend dem Ergebnis der mündlichen Verhandlung und einer eventuellen Beweiserhebung einen bestimmten Vorschlag für eine vergleichsweise Erledigung der Sache.
2) Stimmen die Parteien einem Vergleich zu, so wird dieser protokolliert und von den Parteien unterzeichnet. Jede Partei erhält eine Ausfertigung.
3) Ein vor der Schiedskommission abgeschlossener Vergleich kann nicht widerrufen werden.

§ 7 Schiedsspruch

1) Die Schiedskommission entscheidet über den Streitfall aufgrund eigener Sachkunde. Die Schiedskommission ist beschlussfähig, wenn mindestens drei Mitglieder anwesend sind.
2) Der Schiedsspruch ist schriftlich abzufassen und zu begründen. Sämtliche Ausfertigungen sind von den Mitgliedern der Kommission zu unterzeichnen. Mit Zustimmung der übrigen Mitglieder genügt eine Unterzeichnung durch den Vorsitzenden. Jede Partei erhält eine Ausfertigung des Schiedsspruchs.
3) Durch einen Schiedsspruch wird der Rechtsweg nicht ausgeschlossen. Jedoch binden die Tatsachenfeststellungen die Parteien.
4) Ein weiteres Schiedsverfahren in derselben Sache ist ausgeschlossen.
5) Die Schiedskommission kann einen Schiedsspruch auf Antrag einer Partei abändern, wenn sich nachträglich ergibt, dass der dem Schiedsspruch zugrunde liegende Sachverhalt nachweislich in einem wesentlichen Punkt anders gelagert ist

§ 8 Nichterscheinen zur mündlichen Verhandlung

Erscheint eine Partei oder ein von ihr bevollmächtigter Vertreter trotz ordnungsgemäßer Ladung zur mündlichen Verhandlung nicht, so soll die Kommission nach Aktenlage sowie nach dem Ergebnis einer etwaigen Beweiserhebung unter Berücksichtigung des Vorbringens der erschienenen bzw. vertretenen Parteien entscheiden.

§ 9 Kosten

Für die Inanspruchnahme der Schiedsstelle werden den Parteien keine Kosten berechnet Die Parteien tragen ihre eigenen Kosten selbst.

Anlage 5

Innung des Kraftfahrzeughandwerks Augsburg- Schwaben
Körperschaft des öffentlichen Rechts

Geschäfts-und Verfahrensordnung der Schiedsstelle für das Kraftfahrzeughandwerk Augsburg-Schwaben

www.Kfz-Innung-Schwaben.de *Robert-Bosch-Straße 13*

86167 Augsburg

§ 1 Aufgaben, Tätigkeitsbereich

(1) Die bei der Innung des Kraftfahrzeughandwerks in Augsburg-Schwaben (beim ADAC-Gau Südbayern) eingerichtete Schiedsstelle für das Kfz-Handwerk hat die Aufgabe, Streitigkeiten zwischen Kunden und den der Innung angeschlossenen Kraftfahrzeug-Reparaturwerkstätten

über

a) die Notwendigkeit von Reparaturen,
b) die ordnungsgemäße Durchführung von Werkstattleistungen
c) die Angemessenheit und Wirtschaftlichkeit der Reparaturkosten
d) eine Auftragsüberschreitung

möglichst gütlich beizulegen oder zu entscheiden.

(2) Ferner behandelt die Schiedsstelle Streitigkeiten aus Verbrauchsgüterkaufverträgen (d.h. Kaufverträge zwischen der Innung angeschlossenen Kfz-Betrieben und Verbrauchern) über gebrauchte Fahrzeuge und bemüht sich um deren gütliche Beilegung – mit Ausnahme über den Kaufpreis. Ebenfalls umfasst sind die Streitigkeiten über Eigengarantievereinbarungen zwischen Händler und Käufer.

(3) Die Schiedsstelle befasst sich nicht mit Streitigkeiten über Nutzfahrzeuge oder Fahrzeuge mit einem zulässigen Gesamtgewicht von mehr als 2,8 t, mit Streitigkeiten aus Neuwagengeschäften, sowie mit Streitigkeiten aus dem Kraftrad- Sektor.
Sie befasst sich außerdem nicht mit Streitigkeiten, die bereits bei Gericht anhängig sind. Sie stellt ihre Tätigkeit ein, wenn während eines Schiedsverfahrens der Rechtsweg beschriften wird.

§ 2 Anrufung der Schiedsstelle

Die Schiedsstelle wird auf Anrufung durch den Antragsteller oder den Antragsgegner tätig.

(1) Die Anrufung erfolgt durch Einreichung eines Schriftsatzes (Anrufungsschrift) bei der Schiedsstelle.

(2) Die Anrufungsschrift soll folgende Angaben enthalten:

a) Name und Anschrift des Antragstellers, des Fahrzeughalters und des Antragsgegners,

b) Hersteller, Typ, amtliches Kennzeichen, Tag der Erstzulassung und Gesamtfahrleistung des Fahrzeuges,

c) kurze Schilderung der Beanstandung und des ihr zugrunde liegenden Sachverhaltes,

d) Benennung eventueller Beweismittel,

e) einen bestimmten bei Geldforderungen bezifferten Antrag.

(3) Die Anrufungsschrift ist einzureichen

a) bei einer Beschwerde über die Notwendigkeit der Reparaturen innerhalb von 6 Wochen seit Abnahme,

b) bei einer Beschwerde über die Angemessenheit der Reparaturkosten innerhalb von 6 Wochen seit Zugang der Rechnung,

c) bei einer Beschwerde über eine Auftragsüberschreitung innerhalb von 6 Wochen seit Abnahme,

d) bei Streitigkeiten über die ordnungsgemäße Durchführung der Werkstattleistung innerhalb von 1 Jahr seit Abnahme des Auftragsgegenstandes,

e) bei Gebrauchtwagenstreitigkeiten unverzüglich (d.h. ohne schuldhaftes Zögern) nach Kenntnis des Streitpunktes, soweit es sich um Garantieansprüche handelt spätestens bis zum Zeitpunkt des Ablaufs der Garantiefrist, in anderen Fällen spätestens vor Ablauf von 6 Monaten seit Übergabe des Kraftfahrzeugs.

Die Anrufungsfrist ist auch dann gewahrt, wenn die Anrufungsschrift bei einer in der Schiedsstelle mitarbeitenden Organisation (vergl. § 4 Abs. 1) innerhalb der Frist eingeht, Die dort eingereichten Anrufungsschriften sind unverzüglich an die zuständige Schiedsstelle weiterzuleiten.

(4) Durch die Anrufung der Schiedsstelle wird die Verjährung von Ansprüchen für die Dauer des Verfahrens gehemmt. Durch die Anrufung der Schiedsstelle wird der Rechtsweg nicht ausgeschlossen.

Die Anrufung der Schiedsstelle entbindet nicht von der Erfüllung schuldrechtlicher Verpflichtungen (Bezahlung der Rechnung). *Wir empfehlen Ihnen, den streitigen Betrag unter dem ausdrücklichen Vorbehalt der Rückforderung zu bezahlen*

§ 3 Vorverfahren

(1) Nach Eingang der Anrufungsschrift prüft die Schiedsstelle, ob die Anrufung nach den Bestimmungen der §§ 1 und *2* zulässig ist. Wenn die Anrufungsschrift unvollständig ist, fordert sie den Antragsteller auf, diese unverzüglich zu ergänzen, Kommt der An-

tragsteller dem nicht nach oder fehlt eine Zulässigkeitsvoraussetzung, so weist die Schiedsstelle die Anrufung unter Angabe des Grundes zurück.

(2) Ist die Anrufung zulässig, so klärt die Schiedsstelle in Zusammenarbeit des Vertreters der Kraftfahrzeug-Innung mit dem Vertreter des ADAC durch Rücksprache mit den Parteien, ob die Sache ohne Vorlage an die Schiedskommission im gegenseitigen Einvernehmen beigelegt werden kann.

(3) Kann im Vorverfahren keine Einigung erzielt werden,fordert die Schiedsstelle die Parteien auf, sich für den Fall, dass auch die Schiedskommission keine Einigung herbeiführen kann, einer Entscheidung der Schiedskommission durch schriftliche Erklärung zu unterwerfen. Die Schiedsstelle holt bei der Werkstatt keine Unterwerfungserklärung ein, wenn die Unterwerfung generell durch die Innungssatzung oder durch einen Innungsbeschluss festgelegt ist.

(4) Liegen die Unterwerfungserklärungen vor oder ist die Einholung solcher Erklärungen nach Abs. 4 nicht erforderlich, so wird die Sache der Schiedskommission zur Erledigung vorgelegt.
Wird eine erforderliche Unterwerfungserklärung verweigert, so teilt die Schiedsstelle dem Antragsteller unter Hinweis auf den Grund die Beendigung des Verfahrens mit.

§4 Schiedskommission

(1) Die Schiedskommission besteht aus 5 Mitgliedern und zwar:
   a) einem Volljuristen der Handwerkskammer als Vorsitzenden,
   b) einem Vertreter des ADAC,
   c) einem Kraftfahrzeug-Sachverständigen des Technischen Überwachungsvereins e.V. (TÜV)
   d) einem öffentlich bestellten und vereidigten Kfz-Sachverständigen, der Vertragspartner der Deutsche Automobil-Treuhand GmbH (DAT) ist,
   e) einem Vertreter der Kraftfahrzeug-Innung (KfzMeister).

(2) Die Mitglieder der Kommission versichern, dass sie ihre Entscheidung objektiv und ohne Ansehen der Person oder Firma treffen und die ihnen durch Ihre Tätigkeit zur Kenntnis gelangenden persönlichen und wirtschaftlichen Verhältnisse der Parteien auch nach dem Ausscheiden aus der Kommission geheim halten werden.

(3) Sollte ein Kommissionsmitglied durch eine der Kommission vorgelegte Sache in irgendeiner Form persönlich berührt sein, so ist es von einer Mitwirkung bei der Behandlung dieser Sache ausgeschlossen. Die Organisation, der das Kommissionsmitglied angehört, entsendet für diesen Fall einen anderen Vertreter.

(4) Die Kommission fasst ihre Beschlüsse mit der Mehrheit der Stimmen ihrer Mitglieder, Jedes Mitglied hat eine Stimme.

§ 5 Schiedskommissionsverfahren

(1) Die Schiedskommission befindet aufgrund von mündlichen Verhandlungen. Von einer mündlichen Verhandlung kann abgesehen werden
  a) mit Zustimmung der Parteien,
  b) auf Antrag einer Partei, wenn ihr nach den Umständen und der Bedeutung der Sache das Erscheinen zu einer mündlichen Verhandlung nicht zugemutet werden kann und von einer mündlichen Verhandlung keine zusätzlichen, bedeutsamen Erkenntnisse zu erwarten sind, es sei denn, die andere Partei widerspricht.
(2) Der Vorsitzende der Schiedskommission bestimmt Ort und Zeit der mündlichen Verhandlung und lädt die Parteien unter Einhaltung einer Frist von 10 Tagen. Der Vorsitzende stellt den Parteien anheim, etwaige Auskunftspersonen mitzubringen. Die Ladungsfrist braucht bei Zustimmung der Parteien nicht eingehalten werden. Alle Kommissionsmitglieder sind rechtzeitig über den Stand des Vorverfahrens vollständig zu informieren.
(3) Die Verhandlungen vor der Schiedskommission sind nicht öffentlich, Der Vorsitzende kann bei Vorliegen eines berechtigten Interesses Dritten die Anwesenheit gestatten.
(4) Die mündliche Verhandlung soll durch Schriftsätze so vorbereitet werden, dass die Sache möglichst in einer Verhandlung erledigt werden kann. Die jeweils andere Partei erhält eine Schriftsatzkopie, soweit neues sachdienliches Vorbringen enthalten ist.
(5) Für eine Beweiserhebung gelten die Vorschriften derZivilprozessordnung entsprechend.
(6) Das Verfahren soll nach längstens 3 Monaten seit Anrufung der Schiedsstelle abgeschlossen sein.

§ 6 Schiedsvergleich

(1) Die Kommission unterbreitet den Parteien entsprechend dem Ergebnis der mündlichen Verhandlung und einer eventuellen Beweiserhebung einen bestimmten Vorschlag für eine vergleichsweise Erledigung der Sache.
(2) Stimmen die Parteien einem Vergleich zu, so wird derVergleichstext in dreifacher Ausfertigung protokolliert und von den Parteien unterzeichnet. Jede Partei erhält eine Ausfertigung.
(3) Ein vor der Schiedskommission abgeschlossener Vergleich kann nicht widerrufen werden.

§ 7 Schiedsspruch

(1) Die Schiedskommission entscheidet über den Streitfall In der Regel aufgrund eigener Sachkunde.
(2) Der Schiedsspruch ist schriftlich abzufassen und schriftlich zu begründen sowie in drei Exemplaren anzufertigen. Sämtliche Ausfertigungen sind von den Mitgliedern der Kommission zu unterzeichnen. Mit Zustimmung der übrigen Mitglieder genügt eine Unterzeichnung durch den Vorsitzenden. Jede Partei erhält eine Ausfertigung des Schiedsspruches.
(3) Durch einen Schiedsspruch wird der Rechtsweg nicht ausgeschlossen. Jedoch binden die Tatsachenfeststellungen die Parteien.
(4) Ein weiteres Schiedsverfahren in derselbenSache ist ausgeschlossen.
(5) Die Schiedskommission kann einen Schiedsspruch auf Antrag einer Partei abändern, wenn sich nachträglich ergibt, dass der dem Schiedsspruch zugrunde liegende Sachverhalt nachweislich in einem wesentlichen Punkt anders gelagert ist.

§ 8 Nichterscheinen zur mündlichen Verhandlung

Erscheint eine Partei oder ein von ihr bevollmächtigter Vertreter trotz ordnungsgemäßer Ladung zur mündlichen Verhandlung nicht, so soll die Kommission nach Aktenlage sowie nach dem Ergebnis einer etwaigen Beweiserhebung unter Berücksichtigung des Vorbringens der erschienenen bzw. vertretenen Partei entscheiden.

§ 9 Kosten

Für die Inanspruchnahme der Schiedsstelle werden den Parteien keine Kosten berechnet, Die Parteien tragen ihre eigenen Kosten selbst.

Anlage 6

Ausgefüllt von .... am 14.03.2005

Petridam 2
18146 Rostock

LV: Mecklenburg-Vorp.

Formular Jahresbericht 2004 über die Schiedsstellentätigkeit

I. Anträge auf Durchführung des Schiedsstellenverfahrens
Handwerk: 387 Handel: 345

1. Im Vorverfahren beendet
Handwerk: 387 Handel: 345

2. Anzahl der Verfahren, die vor die Schiedskommission gelangt sind
a. durch Vergleich beendet
Handwerk: 0 Handel: 0

b. durch Spruch der Schiedskommission
- zu Gunsten Antragsteller
Handwerk: 0 Handel: 0

- zu Ungunsten Antragsteller
Handwerk: 0 Handel: 0

3. Im Berichtszeitraum nicht abgeschlossene Schiedsstellenverfahren
Handwerk: 0 Handel: 0

II.Eingetragene Beschwerden von Kunden, die nicht zur Antragstellung im Schiedsverfahren geführt haben.
Handwerk: 94 Handel: 116

a. wegen Unzuständigkeit
Handwerk: 43 Handel: 67

b. wegen fehlender Innungsmitgliedschaft
Handwerk: 51 Handel: 49

III. Beschwerdegründe (Mehrfachnennung möglich)

1. Handwerk
Nicht in Auftrag gegebene Arbeiten durchgeführt
nur Handwerk: 69

Unsachgemäß gearbeitet/ Fehler nicht behoben
nur Handwerk: 114

Rechnungshöhe/Rechnung nicht nachvollziehbar
nur Handwerk: 84

Sonstiges
nur Handwerk: 61
2. Handel
technische Mängel
nur Handel: 186

Unfallschaden
nur Handel: 23

Fehlerhaft angegebene Gesamtfahrleistung
nur Handel: 4

Fehlen/Erlöschen der Allgemeinen Betriebserlaubnis
nur Handel: 0

Sonstiges
nur Handel: 119

Anlage 7

Ausgefüllt von .... am 28.2.2005

Innung Hagen
Eugen-Richter-Str. 114
58135 Hagen
LV: Nordrhein-Westfalen

Formular Jahresbericht 2004 über die Schiedsstellentätigkeit

I. Anträge auf Durchführung des Schiedsstellenverfahrens
Handwerk: 7 Handel: 0

1. Im Vorverfahren beendet
Handwerk: 6 Handel: 0

2. Anzahl der Verfahren, die vor die Schiedskommission gelangt sind
a. durch Vergleich beendet
Handwerk: 0 Handel: 0

b. durch Spruch der Schiedskommission
- zu Gunsten Antragsteller
Handwerk: 0 Handel: 0

- zu Ungunsten Antragsteller
Handwerk: 0 Handel: 0

3. Im Berichtszeitraum nicht abgeschlossene Schiedsstellenverfahren
Handwerk: 1 Handel: 0

II.Eingetragene Beschwerden von Kunden, die nicht zur Antragstellung im Schiedsverfahren geführt haben.
Handwerk: 0 Handel: 0

a. wegen Unzuständigkeit
Handwerk: 0 Handel: 0

b. wegen fehlender Innungsmitgliedschaft
Handwerk: 0 Handel: 0

III. Beschwerdegründe (Mehrfachnennung möglich)

1. Handwerk
Nicht in Auftrag gegebene Arbeiten durchgeführt
nur Handwerk: 0

Unsachgemäß gearbeitet/ Fehler nicht behoben
nur Handwerk: 4

Rechnungshöhe/Rechnung nicht nachvollziehbar
nur Handwerk: 2

Sonstiges
nur Handwerk: 0

2. Handel
technische Mängel
nur Handel: 0

Unfallschaden
nur Handel: 0

Fehlerhaft angegebene Gesamtfahrleistung
nur Handel: 0

Fehlen/Erlöschen der Allgemeinen Betriebserlaubnis
nur Handel: 0

Sonstiges
nur Handel: 0

Anlage 8

Ausgefüllt von .... am 31.03.2005

Landesverband des Kfz-Gewerbes Hamburg e.V.,
Innung des Kfz-Handwerks Sitz Hamburg
Billstr. 41
20539 Hamburg
LV: Hamburg

Formular Jahresbericht 2004 über die Schiedsstellentätigkeit

I. Anträge auf Durchführung des Schiedsstellenverfahrens
Handwerk: 2965 Handel: 10

1. Im Vorverfahren beendet
Handwerk: 2955 Handel: 2

2. Anzahl der Verfahren, die vor die Schiedskommission gelangt sind
a. durch Vergleich beendet
Handwerk: 1 Handel: 6

b. durch Spruch der Schiedskommission
- zu Gunsten Antragsteller
Handwerk: 2 Handel: 1

- zu Ungunsten Antragsteller
Handwerk: 3 Handel: 1

3. Im Berichtszeitraum nicht abgeschlossene Schiedsstellenverfahren
Handwerk: 4 Handel: 0

II.Eingetragene Beschwerden von Kunden, die nicht zur Antragstellung im Schiedsverfahren geführt haben.
Handwerk: 428 Handel: 395

a. wegen Unzuständigkeit
Handwerk: 387 Handel: 322

b. wegen fehlender Innungsmitgliedschaft
Handwerk: 41 Handel: 73

III. Beschwerdegründe (Mehrfachnennung möglich)

1. Handwerk
Nicht in Auftrag gegebene Arbeiten durchgeführt
nur Handwerk: 455

Unsachgemäß gearbeitet/ Fehler nicht behoben
nur Handwerk: 370

Rechnungshöhe/Rechnung nicht nachvollziehbar
nur Handwerk: 1880

Sonstiges
nur Handwerk: 457

2. Handel
technische Mängel
nur Handel: 320

Unfallschaden
nur Handel: 25

Fehlerhaft angegebene Gesamtfahrleistung
nur Handel: 2

Fehlen/Erlöschen der Allgemeinen Betriebserlaubnis
nur Handel: 0

Sonstiges
nur Handel: 48

Anlage 9

Ausgefüllt von .... am 4.3.2005

Innung Baden-Baden-Bühl-Rastatt
Rheinstrasse 146
76532 Baden-Baden

LV: Baden-Württemberg

Formular Jahresbericht 2004 über die Schiedsstellentätigkeit

I. Anträge auf Durchführung des Schiedsstellenverfahrens
Handwerk: 66 Handel: 14

1. Im Vorverfahren beendet
Handwerk: 34 Handel: 7

2. Anzahl der Verfahren, die vor die Schiedskommission gelangt sind
a. durch Vergleich beendet
Handwerk: 32 Handel: 7

b. durch Spruch der Schiedskommission
- zu Gunsten Antragsteller
Handwerk: 0 Handel: 0

- zu Ungunsten Antragsteller
Handwerk: 0 Handel: 0

3. Im Berichtszeitraum nicht abgeschlossene Schiedsstellenverfahren
Handwerk: 0 Handel: 0

II.Eingetragene Beschwerden von Kunden, die nicht zur Antragstellung im Schiedsverfahren geführt haben.
Handwerk: 2 Handel: 0

a. wegen Unzuständigkeit
Handwerk: 1 Handel: 0

b. wegen fehlender Innungsmitgliedschaft
Handwerk: 1 Handel: 0

III. Beschwerdegründe (Mehrfachnennung möglich)

1. Handwerk
Nicht in Auftrag gegebene Arbeiten durchgeführt
nur Handwerk: 7

Unsachgemäß gearbeitet/ Fehler nicht behoben
nur Handwerk: 13

Rechnungshöhe/Rechnung nicht nachvollziehbar
nur Handwerk: 21

Sonstiges
nur Handwerk: 8

2. Handel
technische Mängel
nur Handel: 2

Unfallschaden
nur Handel: 0

Fehlerhaft angegebene Gesamtfahrleistung
nur Handel: 1

Fehlen/Erlöschen der Allgemeinen Betriebserlaubnis
nur Handel: 4

Sonstiges
nur Handel: 3

Anlage 10

Ausgefüllt von .... am 11.03.2005

Innung des Kraftfahrzeug-
Handwerks für Niederbayern
Mengkofener Straße 2
84130 Dingolfing

LV: Bayern

Formular Jahresbericht 2004 über die Schiedsstellentätigkeit

I. Anträge auf Durchführung des Schiedsstellenverfahrens
Handwerk: 36 Handel: 18

1. Im Vorverfahren beendet
Handwerk: 26 Handel: 13

2. Anzahl der Verfahren, die vor die Schiedskommission gelangt sind
a. durch Vergleich beendet
Handwerk: 9 Handel: 5

b. durch Spruch der Schiedskommission
- zu Gunsten Antragsteller
Handwerk: 1 Handel: --

- zu Ungunsten Antragsteller
Handwerk: -- Handel: --

3. Im Berichtszeitraum nicht abgeschlossene Schiedsstellenverfahren
Handwerk: -- Handel: --

II.Eingetragene Beschwerden von Kunden, die nicht zur Antragstellung im Schiedsverfahren geführt haben.
Handwerk: 9 Handel: 4

a. wegen Unzuständigkeit
Handwerk: 6 Handel: 3

b. wegen fehlender Innungsmitgliedschaft
Handwerk: 3 Handel: 1

III. Beschwerdegründe (Mehrfachnennung möglich)

1. Handwerk
Nicht in Auftrag gegebene Arbeiten durchgeführt
nur Handwerk: 11

Unsachgemäß gearbeitet/ Fehler nicht behoben
nur Handwerk: 21

Rechnungshöhe/Rechnung nicht nachvollziehbar
nur Handwerk: 19

Sonstiges
nur Handwerk: --

2. Handel
technische Mängel
nur Handel: 21

Unfallschaden
nur Handel: 1

Fehlerhaft angegebene Gesamtfahrleistung
nur Handel: --

Fehlen/Erlöschen der Allgemeinen Betriebserlaubnis
nur Handel: --

Sonstiges
nur Handel: --

Anlage 11

Ausgefüllt von .... am 19.4.2005

Innung Essen
Katzenbruchstr. 71
45141 Essen

LV: Nordrhein-Westfalen

Formular Jahresbericht 2004 über die Schiedsstellentätigkeit

I. Anträge auf Durchführung des Schiedsstellenverfahrens
Handwerk: 42 Handel: 10

1. Im Vorverfahren beendet
Handwerk: 26 Handel: 9

2. Anzahl der Verfahren, die vor die Schiedskommission gelangt sind
a. durch Vergleich beendet
Handwerk: 9 Handel: 0

b. durch Spruch der Schiedskommission
- zu Gunsten Antragsteller
Handwerk: 1 Handel: 0

- zu Ungunsten Antragsteller
Handwerk: 4 Handel: 1

3. Im Berichtszeitraum nicht abgeschlossene Schiedsstellenverfahren
Handwerk: 2 Handel: 0

II.Eingetragene Beschwerden von Kunden, die nicht zur Antragstellung im Schiedsverfahren geführt haben.
Handwerk: 28 Handel: 15

a. wegen Unzuständigkeit
Handwerk: 18 Handel: 10

b. wegen fehlender Innungsmitgliedschaft
Handwerk: 10 Handel: 5

III. Beschwerdegründe (Mehrfachnennung möglich)

1. Handwerk
Nicht in Auftrag gegebene Arbeiten durchgeführt
nur Handwerk: 32

Unsachgemäß gearbeitet/ Fehler nicht behoben
nur Handwerk: 19

Rechnungshöhe/Rechnung nicht nachvollziehbar
nur Handwerk: 28

Sonstiges
nur Handwerk: 7

2. Handel
technische Mängel
nur Handel: 8

Unfallschaden
nur Handel: 5

Fehlerhaft angegebene Gesamtfahrleistung
nur Handel: 2

Fehlen/Erlöschen der Allgemeinen Betriebserlaubnis
nur Handel: 2

Sonstiges
nur Handel: 8

Anlage 12

KFZ-Innung Oberfranken Birkigtweg 22 • 95030 Hof
INNUNG DES KRAFTFAHRZEUGHANDWERKS OBERFRANKEN

Birkigtweg 22
95030 Hof
Telefon 09281/7340-0
Telefax 09281/7340-30
e-mail: kfz-innung-oberfranken©khs.riof.de
Internet www.kfz-innung-oberfranken.de

in Ihrer Angelegenheit fand am 16.01.2002 im Verwaltungsgebäude der Innung des Kraftfahrzeughandwerks in Hof eine Schiedsstellenverhandlung statt. Die Schiedskommission war an diesem Tag wie folgt besetzt:

Vorsitzender:

Herr Thomas Wehrl, Rechtsdirektor, Handwerkskammer für Oberfranken

Beisitzer:

Herr Kfz-Meister Scholl, Vertreter der Kfz-Innung Oberfranken
Herr Kfz-Meister Glaser, Vertreter der Deutschen Automobil-Treuhand
Herr Götz, Vertreter des ADAC
Herr Kfz-Meister Rübensal, Vertreter des TÜV

Anwesend waren:
Antragsteller:....................
Antragsgegner:.................
Herr Rechtsanwalt Heu

Die Angelegenheit wurde unter Würdigung der Sach- und Rechtslage mit ihnen und Ihrem Prozessbevollmächtigten, Herrn Rechtsanwalt Heu und dem Antragsgegner eingehend besprochen.

Als Ergebnis ist folgendes festzuhalten:

1. Sie haben selbst eingeräumt, dass das rechte Radlager in Ordnung ist. Dies habe auch die durchgeführte Prüfung durch eine von Ihnen beauftragte Fiat-Werkstatt ergeben.

2. Der Antragsgegner erklärt, dass er über den Betrag von 150,00 DM pauschal für das Auswechseln des rechten Radlagers keine Forderungen mehr an Sie stellt.

Damit sind die Anträge erledigt.

Mit freundlichen Grüßen
Schiedsstelle für das
Kraftfahrzeughandwerk Oberfranken

Thomas Wehrl
Vorsitzender

Anlage 13

INNUNG DES
KRAFTFAHRZEUGHANDWERKS
OBERFRANKEN

Birkigtweg 22
95030 Hof
Telefon 0 92 81 / 73 40 – 0 Telefax 0 92 81 / 73 40 30
e-mail: kfz-innung-oberfranken@khs.hof.de
Internet: www.kfz-innung-oberfranken.de

Herrn

Ihre Zeichen	Ihre Nachricht vom	Unsere Zeichen	Datum
			17.01.2002

Antrag auf Durchführung eines Schiedsverfahrens

Sehr geehrter Herr.......,

in Ihrer Angelegenheit fand am 16.01.2002 im Verwaltungsgebäude der Innung des Kraftfahrzeughandwerks in Hof eine Schiedsstellenverhandlung statt. Die Schiedskommission war an diesem Tag wie folgt besetzt:

Vorsitzender: Herr Thomas Wehrl, Rechtsdirektor, Handwerkskammer für Oberfranken

Beisitzer: Herr Kfz-Meister Scholl, Vertreter der Kfz-Innung Oberfranken
Herr Kfz-Meister Glaser, Vertreter der Deutschen Automobil-Treuhand
Herr Götz, Vertreter des ADAC
Herr Kfz-Meister Rübensal, Vertreter des TÜV

Anwesend waren:.............
Antragsteller:....................
Antragsgegner:.................

Nach eingehender Erörterung der Sach- und Rechtslage unter Berücksichtigung des Vorbringens beider Parteien schlägt die Schiedskommission folgenden Vergleich vor:

Der Auftragsgegner erlässt aus der Rechnung vom 19.07.2001 einen Betrag von 384,00 DM (196,34 €) incl. Mehrwertsteuer ohne Anerkennung einer Rechtspflicht.

Damit ist die Angelegenheit erledigt. Ihre Ehefrau und der Vertreter des Antragsgegners waren mit dem vorgeschlagenen Vergleich einverstanden, dieser ist damit gültig.

Mit freundlichen Grüßen
Schiedsstelle für das
Kraftfahrzeughandwerk Oberfranken

Anlage 14

INNUNG DES
KRAFTFAHRZEUGHANDWERKS
OBERFRANKEN

Birkigtweg 22
95030 Hof
Telefon 09281/7340-0
Telefax 09281/7340-30
e-mail: kfz-innung-oberfranken@khs-hof.de

Internet:www.kfz-innung-oberfranken.de

Ihr Zeichen	**ihre Nachricht vom**	**Unsere Zeichen**	**Datum**
			07.02.2002

Schiedsverfahren

Sehr geehrter HerrIn der Angelegenheit fand am 06.02.2002 in Hof im

Verwaltungsgebäude der Innung des Kraftfahrzeughandwerks eine Schiedsstellenverhandlung statt.

Die Schiedskommission war an diesem Tag wie folgt besetzt

Herr Thomas Wehrl, Rechtsdirektor, Handwerkskammer für Oberfranken
Herr Kfz-Meister Degen,
Herr Kfz-Meister Glaser,
Herr Götz, Vertreter des ADAC
Herr Kfz-Meister Rübensal, Vertreter des TÜV

Die Schiedskommission hat sich mit Ihrer Angelegenheit eingehend befasst und den von ihnen vorgelegten Endschalldämpfer besichtigt.

Sowohl die Besichtigung durch die Schiedskommission als auch das Prüfergebnis der Firma Ernst haben ergeben, dass der Schalldämpfer offensichtlich im vorgelegten Zustand funktionstüchtig ist.

Die Schiedskommission ist deshalb der Auffassung, dass ein Verschulden des Antragsgegners nicht nachzuvollziehen ist.

Mit freundlichen Grüßen
Schiedsstelle für das Kraftfahrzeughandwerk Oberfranken
Thomas Wehrl
Vorsitzender

Anlage 15

INNUNG DES KRAFTFAHRZEUGHANDWERKS OBERFRANKEN
Telefax 0 92 81 / 73 40 30
e-mail: kfz-innung-oberfranken@khs.hof.de
Internet:www.kfz-innung-oberfranken .de

Ihr Zeichen	Ihre Nachricht vom	Unsere Zeichen	Datum
			07.02.2002

Sehr geehrter Herr

in Ihrer Angelegenheit fand am 06.02.2002 im Verwaltungsgebäude der Innung des Kraftfahrzeughandwerks in Hof eine Schiedsverhandlung statt.

Die Schiedskommission war diesem Tag wie folgt besetzt:

Vorsitzender: Herr Thomas Wehrl, Rechtsdirektor, Handwerkskammer für Oberfranken

Beisitzer: Herr Kfz-Meister Degen, Vertreter der Kfz-Innung Oberfranken
Herr Kfz-Meister Glaser, Vertreter der Deutschen Automobil-Treuhand
Herr Götz, Vertreter des ADAC
Herr Kfz-Meister Rübensal, Vertreter des TÜV

anwesend für die Parteien:

Herr Rechtsanwalt ....
und Herr ....

Die Schiedskommission hat Ihr Fahrzeug besichtigt und die Angelegenheit unter Würdigung der Sach- und Rechtslage behandelt.

Nach eingehender Erörterung schlug die Schiedskommission folgenden Vergleich vor:

Der Antragsgegner erlässt ohne Anerkennung einer Rechtspflicht aus der Rechnung vom 23.05.2001 einen Betrag in Höhe von 500,00 DM (incl. Mwst) (= *255,65 €*).

Die Schiedskommission hat dabei zugrunde gelegt, dass im Kostenvoranschlag Schweißarbeiten am

Rahmen aufgeführt sind, die sich aber als nicht notwendig erwiesen haben. Weiterhin hat die Schiedskommission bei der Besichtigung festgestellt, dass die Schweißnähte nicht versiegelt wurden, wodurch nunmehr Rostansatz vorliegt.

Der Antragsgegner war mit dem Vorschlag einverstanden unter der Voraussetzung, dass der restliche Rechnungsbetrag spätestens bis 08.02.2002 beglichen wird. Sie trugen vor, dass es Ihnen derzeit aus wirtschaftlicher Sicht nicht möglich sei, den Rechnungsbetrag zu bezahlen und boten Ratenzahlung an. Die Schiedskommission wies darauf hin, dass die Rechnung bereits seit 23.05.2001 fällig ist und Sie sich somit darauf vorbereiten hätten können, dass ein entsprechender Rechnungsbetrag fällig wird. Auch im Falle von Mängeln musste Ihnen eindeutig klar sein, dass ein entsprechender angemessener Betrag bezahlt werden muss.

Nachdem beide Parteien sich über die Frage der Zahlung nicht einigen konnten, fällt die Schiedskommission folgenden Spruch:

Der Antragsgegner erlässt aus der Rechnung vom 23.05.2001 einen Betrag von 500,00 DM (incl. Mwst.). Zur Begründung wird auf die obigen Ausführungen verwiesen.

Mit freundlichen Grüßen
Schiedsstelle für das
Kraftfahrzeughandwerk Oberfranken

Thomas Wehrl
Vorsitzender

Anlage 16

Schiedsstelle zur außergerichtlichen Erledigung von Streitigkeiten aus Gebrauchtwagenverkäufen

Hermannstraße 21
906 10 Nürnberg
Tel. 0911/65 50 40

Fax 0911/61 9442

Protokoll der Schiedskommissionssitzung

vom 16.1.1998

Die Schiedskommission der Schiedsstelle für Gebrauchtwagenkäufe tagte am 16.1.1998 in den Räumen des Verbandes des Kfz-Gewerbes Bayern e.V. in Nürnberg. Um 10 Uhr wurde der Fall Velther ./. Autohaus Thomas behandelt. Die Antragstellerin erschien mit Herrn..... Die Antragsgegnerin war durch den Geschäftsführer Herrn....., durch den Verkäufer Herrn....... und durch den Rechtsanwalt .... vertreten.

Zu Beginn der Sitzung faßte der Vorsitzende Herr ...... den Sachverhalt kurz zusammen. Streitig erschien dabei die Frage, ob bei den Verkaufsverhandlungen über das Vorliegen einer behobenen Unfallbeschädigung gesprochen wurde. Herr..... verneinte dies. Ihm sei eine frühere Beschädigung zu diesem Zeitpunkt nicht bekannt gewesen.

Der Zeuge ...... sei zunächst am Abend und an einem anderen Tag tagsüber mit einem Bekannten gekommen. Beim zweiten Mal habe er das Fahrzeug genau untersucht und sei damit ausgiebig probegefahren. Dies wurde von der Antragstellerin bestätigt. Es sei dabei ein Mängelkatalog erstellt worden. In diesem Zusammenhang sei auch die Passung des linken Klappscheinwerfers bemängelt worden. Ebenso wurde festgestellt, daß die Lackierung des Fahrzeuges schlecht war.

Von Herrn........wurde eingeworfen. er habe später beim Vorbesitzer nachgefragt, welche Vorschäden bekannt seien. Dieser habe angegeben. es seien Schottersteine von einem vorausfahrenden LKW gefallen, die Beschädigungen am Vorderteil des Fahrzeugs verursacht haben. Dazu liegen keine Reparaturrechnungen vor. Es wurde ein Foto herumgereicht, das Grundierungsflecken an Motorhaube und Frontblech zeigte. Anderweitige Beschädigungen seien vom Vorbesitzer nicht genannt worden.

Um sich ein besseres Bild von der Sache zu machen, schaute sich die Schiedskommission das streitgegenständliche Fahrzeug im Hof der Kfz- Innung an. Dabei wurde eine noch vorhandene Beschädigung an der Maske (vorn unter der Motorhaube) und eine schlechte Passung des linken vorderen Klappscheinwerfers festgestellt.

Des weiteren waren neben der Motorhaube und dem Frontteil auch die beiden vorderen Kotflügel nachlackiert.

Anschließend wurde der Fall weiter verhandelt. Herr Rechtsanwalt......... führte für die Antragsgegnerin aus, eine Anfechtung gemäß § 123 BGB lasse nur eine Wandlung zu. Aus Sicht seiner Mandantschaft liege aber schon keine arglistige Täuschung beim Verkauf vor.

Herr........fragte die Parteien dann, ob sie sich im Wege eines Vergleichs einigen könnten.

Von seiten der Antragstellerin wurde eine Minderung von DM 1.500.- vorgeschlagen. Sie habe bereits weitere 9.000 km seit Antragstellung mit dem Fahrzeug zurückgelegt. Die Abzüge für die Nutzungsmöglichkeit seien dann im Falle der Wandlung zu hoch.

Die Antragsgegnerin betonte dazu, sie sei zu weiteren finanziellen Zugeständnissen nicht mehr bereit. Es käme nur eine Nachbesserung in Betracht.

Schließlich einigten sich die Parteien auf folgenden Vergleich:

Die Parteien kommen darin überein, daß am linken Scheinwerfer die Passung korrigiert wird und das Maskenblech links im Bereich der Beschädigung nachgebessert und nachlackiert wird. Damit sind alle bestehenden oder weiteren gegenseitigen Ansprüche der Parteien abgegolten.

Die Sitzung wurde gegen 11.30 Uhr beendet.

Nürnberg, den 16.1.1998
gez. Helmling

Anlage 17

Frau
Renate ......
Am Barkhof 36 a
28203 Bremen
Geschäftsstelle
ADAC Weser-Ems e. V.

Schiedsstelle Bremen
Bennigsenstr. 2 — 6
28207 Bremen

24. November 1995

Tel. (0421)4994 - 119
Fax. (0421)4994 — 179

Ihr Schlichtungsstellenantrag gegen das Autohaus ....

Sehr geehrte Frau ......

Ihre Beanstandung soll am 30.11.1995 um 9.50 Uhr im Konferenzraum in der 2. Etage vor der Schiedskommission verhandelt werden.

Wir bitten um Ihre Teilnahme, da die Kommission gemäß § 8 der
Geschäfts- und Verfahrensordnung sonst auch nach Aktenlage unter Berücksichtigung des Vorbringens der erschienenen Partei entscheiden kann.

Die Tatsachenfeststellung der Schiedskommission ist für Gerichte und Parteien verbindlich, sofern ihre Unrichtigkeit nicht offensichtlich ist.

Mit freundlichen Grüßen

i.A.

Geschäftsstelle:
ADAC Weser-Ems e. V.
Bennigsenstr. 2 – 6
28207 Bremen
Tel. (0421)4994119
Fax. (0421)4994179

24. November 1995

Ihre Kundin
Sehr geehrter Herr........,
Die obige Beanstandung soll am 30.11.1995 um 9.50 Uhr im
Konferenzraum in der 2. Etage vor der Schiedskommission verhandelt werden.

Wenn möglich, bringen Sie bitte die Zeugen............., ...und ....mit.

Wir weisen in diesem Zusammenhang auf folgendes hin:

1. Gemäß Innungsbeschluß, der Ihnen zur Kenntnis gebracht worden ist, sind alle Innungsmitglieder verpflichtet, den Ladungen der Schiedsstelle Folge zu leisten, die Entscheidungen der Schiedskommission anzuerkennen und einer von ihr festgestellten vertraglichen Pflicht zu genügen.

Ein wiederholter, zuvor abgemahnter Verstoß gegen diesen Beschluß kann zum Entzug des Verbandszeichens und zum Innungsausschluß führen.

2. Gemäß § 8 unserer Geschäfts— und Verfahrensordnung kann die Kommission nach Aktenlage sowie dem Ergebnis einer etwaigen Beweiserhebung unter Berücksichtigung des Vorbringens der erschienenen bzw. vertretenen Partei auch dann entscheiden, wenn eine Partei oder ein von ihr bevollmächtigter Vertreter trotz ordnungsgemäßer Ladung nicht erscheint.
3. Die Tatsachenfeststellung der Schiedskommission ist für Gerichte und Parteien verbindlich, sofern ihre Unrichtigkeit nicht offensichtlich ist.
4. Wir bitten um Entsendung eines Vertreters Ihres Hauses, der Entscheidungsbefugnis besitzt und dies durch eine entsprechende Bescheinigung nachweisen kann.

Mit freundlichen Grüßen

Schlichtungsstelle Bremen

zur außergerichtlichen Erledigung von Streitigkeiten zwischen Kunden und Kraftfahrzeugwerkstätten über Werkstattleistungen

Schlichtungssache:

Sitzung der Schlichtungskommission am 30.11.1995 in Bremen von 10.50 Uhr bis 11.15 Uhr

Vorsitzender:
Beisitzer:
Protokollführung:

Antragsteller:

Antragsgegner:

SCHLICHTUNGSSPRUCH

Die Antragsgegnerin wird verpflichtet, der Antragsstellerin den Betrag der Rechnung vom 18.07.1995 in Höhe von DM 652,40 zu erstatten.

Begründung: Die Antragsstellerin erteilte der Antragsgegnerin schriftlich am 10.07.1995 den Auftrag „Wasser- und Ölverlust kontrollieren". Die anschließende Reparatur führte zu der Rechnung vom 12.07.1995. Der Betrag in Höhe von DM 545,61 wurde anerkannt.

Im Schiedsstellenverfahren wendet sich die Antragsstellerin gegen die Rechnung vom 18.07.1995. Sie trägt hierzu vor, daß sie ihr Fahrzeug bei der Antragsgegnerin lediglich zu einer Nachbesserung abgegeben habe. Tatsächlich wurde durch die Antragsgegnerin aber eine Reparatur durchgeführt. Der Kühlwasserbehälter und der Kühler wurden ausgetauscht. Die hierfür in Rechnung gestellten Kosten beliefen sich auf DM 652,40.

Die Antragsgegnerin führte im Verfahren durch Ihren Geschäftsführer aus, daß ein weiterer Reparaturauftrag erteilt worden sei. Nach Vertagung des Verfahrens legte er hierzu drei schriftliche Aussagen seiner Mitarbeiter vor. Aus diesen Aussagen ergibt sich übereinstimmend, daß die Kundin gesagt hätte, das Auto müßte schnellstens repariert werden. Damit hat die Antragsgegnerin aber nicht den Beweis erbracht, daß ein Auftrag zur Durchführung einer neuerlichen Reparatur erteilt wurde. Die Aussage der Antragsstellerin kann auch so gemeint gewesen sein, daß schnellstmöglich eine Nachbesserung durchgeführt werden sollte.

Damit hat die Antragsgegnerin nicht bewiesen, daß ein neuerlicher Reparaturauftrag erteilt wurde. Im übrigen kommt es hierauf auch nicht an, da der Kühler durch einen Fachbetrieb überprüft wurde. Dabei wurde festgestellt, daß der Kühler technisch in einem funktionsfähigen Zustand ist. Insbesondere konnte eine Undichtigkeit nicht festgestellt werden. Selbst wenn man die Aussage der Antragsstellerin, daß das Fahrzeug schnellst möglich repariert werden solle, so auslegen würde, daß es ein neuerlicher Reparaturauftrag gewesen sei, so wäre der Fachbetrieb dennoch nicht berechtigt gewesen, den Kühler hier auszutauschen, da selbstverständlich nur notwendige Reparaturen durchgeführt werden sollten.

Dem Antrag der Antragsstellerin war damit stattzugeben.

Für die Richtigkeit

....

— Vorsitzender —

Für das Protokoll

....

Schlichtungsstelle Bremen

zur außergerichtlichen Erledigung von Streitigkeiten zwischen Kunden und Kraftfahrzeugwerkstätten über Werkstattleistungen

Schlichtungssache

Der Antragsgegner, Herr (Autohaus ....), fehlte bei der Schiedskommissionssitzung entschuldigt.

Nach Vertagung des Verfahrens vom 19.10.1995 liegen der Kommission drei schriftliche Aussagen der Mitarbeiter vom Autohaus vor. Aus diesen Aussagen ergibt sich übereinstimmend, daß die Kundin gesagt hätte, das Auto müßte schnellstens repariert werden. Damit hat die Antragsgegnerin aber nicht den Beweis erbracht, daß ein Auftrag zur Durchführung einer neuerlichen Reparatur erteilt wurde. Die Aussage der Antragsstellerin kann auch so gemeint gewesen sein, daß schnellst möglich eine Nachbesserung durchgeführt werden sollte.

Weiterhin wurde nach der ersten Schiedskommissionssitzung vom 19.10.1995 der Kühler durch einen Fachbetrieb überprüft. Dabei wurde festgestellt, daß der Kühler technisch in einem funktionsfähigen Zustand ist. Insbesondere konnte eine Undichtigkeit nicht festgestellt werden.

Die Kommission kommt zu der Auffassung, daß das Autohaus
nicht berechtigt gewesen ist, den Kühler auszutauschen, da selbstverständlich nur notwendige Reparaturen durchgeführt werden sollten.

Für die Richtigkeit

....

- Vorsitzender -

Für das Protokoll

....

Verteiler: Kommissionsmitglieder

Anlage 18

Innung des Kraftfahrzeughandwerks Augsburg Schwaben

86167 Augsburg
Körperschaft des öffentlichen Rechts
Telefon:(0821) 74 94 650
Fax:(08 21)74 94666
intzidis@kfz-innung-schwaben.de

Kfz-Innung Augsburg.Schwaben
Postfach 41 01 47
86069 Augsburg

9.September2002

Schiedsverfahren Nr

Sehr geehrter Herr,
Ihre Werkstattbeschwerde wurde den Sachverständigen der Schiedskommission in ihrer letzten Sitzung zur Beurteilung vorgelegt, so daß wir Ihnen heute das Ergebnis des Vorverfahrens mitteilen können.

Bezüglich Ihrer Beanstandungen aus den Jahren 1999 und 2000 kann die Schiedskommission keine Stellungnahme mehr abgeben, da diese schon viel zu lange zurückliegen und nach unserer Geschäfts- und Verfahrensordnung nicht mehr relevant sind. Bezüglich dem Schaden im Mai 2002, der aus der Schraube resultierte, konnten die Sachverständigen Ihrer Argumentation, daß dies einen Mangel darstellt, der bei mehrmaligen Werkstattbesuch hätte auffallen müssen, technisch nicht nachvollziehen.

Wenn eine Schraube einmal lose wird, kann der Schaden in wenigen Minuten eintreten, und nicht in 3 Jahren. Insbesondere ist es technisch sehr unwahrscheinlich, daß Sie mit diesem Mangel 3 Jahre, beziehungsweise 50 000 Km fahren konnten.

Weshalb sich die Schraube gelöst hat, können die Sachverständigen im Nachhinein nicht mehr feststellen. Jedenfalls konnten Sie kein Verschulden der Werkstatt diesbezüglich nachweisen, insbesondere wenn berücksichtigt wird, daß Sie das Fahrzeug nie bei der Werkstatt gewartet haben.

Das Autohaus ist jedoch kulanterweise bereit, ohne Anerkennung einer Rechtspflicht Ihnen einen Nachlass von 10 % auf die Gesamtsumme zu gewähren. Die Schiedskommission ist der Ansicht, daß Sie dieses überaus großzügige Angebot annehmen sollten, Bitte teilen Sie uns bis zum 23.09.2002 mit, ob Sie dazu bereit sind, damit wir im Anschluß das Schiedsverfahren abschließen können.

Wir hoffen somit zur Klärung des streitigen Sachverhaltes beigetragen zu haben,

Mit freundlichen Grüßen
Schiedsstelle des Kraftfahrzeughandwerks

Anlage 19

Verkündet am 6.6.1984
Schmiedet, Justizsekretär

als Urkundsbeamter der Geschäftsstelle

10 C *552/83* AG Herford

LANDGERICHT BIELEFELD

IM NAMEN DES VOLKES

URTEIL

in dem Rechtsstreit
der Firma P.......... GmbH. & CoKG., vertreten durch die persönlich haftende .... GmbH, diese vertreten durch ihren Geschäftsführer .... , Waltgeristraße 71, 4900 Herford, Klägerin und Berufungsklägerin

Prozeßbevollmächtigte: Rechtsanwälte... in Herford

ge g e n

Herrn................. , 4902 Bad Salzuflen 1, Beklagten und Berufungsbeklagten,

Prozeßbevollmächtigte: Rechtsanwälte ....in Minden

hat die 2. Zivilkammer des Landgerichts Bielefeld auf die mündliche Verhandlung vom 6. Juni 1984 durch den Richter am Landgericht Wortmann, den Richter am Landgericht Gerhardt und den Richter Haarmeyer für Recht erkannt:

Auf die Berufung der Klägerin wird das am 8.11.1983 verkündete Urteil des Amtsgerichts Herford unter Zurückweisung des Rechtsmittels im übrigen abgeändert.

Der Beklagte wird verurteilt, an die Klägerin 4.143,67 DM (in Worten Viertausendeinhundertdreiundvierzig Deutsche Mark) nebst 10 % Zinsen seit dem 10. August 1982 zu zahlen

Im übrigen wird die Klage abgewiesen.

Die Widerklage wird abgewiesen.

Der Beklagte trägt die Kosten des Rechtsstreits.

Entscheidungsgründe

Die Berufung ist zulässig und bis auf den geltend gemachten Betrag von DM 12.- für die Gewerbeauskunft auch begründet.

Der Anspruch der Klägerin ergibt sich aus § 631 I BGB.

Nach der durchgeführten Beweisaufnahme sieht es die Kammer als erwiesen an, daß zwischen den Parteien am 3.5.1982 durch Erteilung des Reparaturauftrags ein Werkvertrag zustandegekommen ist. Dem Vorbringen des Beklagten ist zu entnehmen, daß seine Schwester bei allen Verhandlungen mit der Klägerin für ihn, den Beklagten, aufgetreten ist, so daß der Werkvertrag zwischen den Parteien dieses Rechtsstreits abgeschlossen worden ist.

Die Kammer folgt den glaubhaften Bekundungen des Zeugen ......, wonach bei den Gesprächen über den Reparaturauftrag nicht von eventuellen Gewährleistungsansprüchen des Beklagten die Rede gewesen ist. Im Gegenteil, der Reparaturauftrag wurde erst erteilt, nachdem der Zeuge .... auf dessen Anforderung dem Beklagten mitgeteilt hatte, wie hoch die Reparaturkosten sein würden. Hieraus ergibt sich, daß der Beklagte die Reparatur bezahlen wollte. Aus dieser Tatsache wiederum folgt, daß die Parteien einig waren, einen Werkvertrag abschließen zu wollen.

Daß der Zeuge im Betrieb der Klägerin tätig ist, vermag nach dem persönlichen Eindruck, den die Kammer bei seiner Vernehmung von ihm gewonnen hat, Zweifel an der Richtigkeit seiner Darlegungen nicht zu begründen.

Im übrigen wäre für die wirksame Geltendmachung eines Gewährleistungsanspruches durch den Beklagten, wobei hier ein Nachbesserungsanspruch gem. § 633 I BGB in Betracht käme, Voraussetzung, daß dem Beklagten ein solcher Nachbesserungsanspruch überhaupt zustand. Auch dies ist jedoch nach der Überzeugung der Kammer nicht der Fall.

Die gesetzliche Gewährleistungspflicht der Klägerin gem. § 633 I BGB ist, wie die Aussage des Zeugen .... ergibt, ausgeschlossen worden. Ein solcher, im Rahmen des § 637 BGB möglicher Gewährleistunngsausschluß (vgl. Palandt-Thomas, § 637 Anm. 1 a, 43. Aufl.) ist hier jedenfalls bezüglich des von der Klägerin im Januar 1982 eingebauten

Motors zwischen den Parteien bereits anläßlich des Einbaus des Motors im Januar 1982 vereinbart worden.

Es kann dahingestellt bleiben, ob sich dieser Gewährleistungsausschluß auch auf die übrigen, von der Klägerin eingesetzten Neuteile bezog, da die Gewährleistungsansprüche nur bezüglich des gebrauchten Motors geltend gemacht wurden. Diese Feststellung des Gewährleistungsausschlusses steht auch nicht im Widerspruch zu den Feststellungen der Schiedsstelle.

Die Schiedsstelle hat in ihrer Entscheidung ausgeführt: „Unstreitig hat die Antragsgegnerin dem Antragsteller die Zusage gegeben, für die von ihr an dem Motor durchgeführten Arbeiten und für die von ihr eingebauten Neuteile für die Dauer von 6 Monaten zu gewährleisten“. Damit hat die Schiedsstelle aber gerade nicht festgestellt, daß eine Gewährleistungspflicht bezüglich des gebrauchten Motors selbst besteht, sondern eben nur bezüglich der von der Klägerin an dem Motor durchgeführten Arbeiten und der eingesetzten Neuteile.

Im übrigen steht die Entscheidung der Schiedsstelle vom 6.1.1983 dieser gerichtlichen Entscheidung nicht entgegen, da der Entscheidung der Schiedsstelle, jedenfalls soweit sie nicht nur über die Ursachen des Motorschadens befunden hat, keine verbindliche Wirkung zukommt. Bei dem Spruch der Schiedsstelle handelt es sich um einen Schiedsgutachterspruch im Sinne der §§ 317 ff. BGB.

Soweit dies in der Verfahrensordnung der Schiedsstelle nicht ausdrücklich bestimmt ist, ergibt dies die Auslegung der Verfahrensordnung. Gem. § 10 Nr. 1 der Verfahrensordnung wird der Rechtsweg durch den Schiedsgutachterspruch nicht ausgeschlossen. Daraus ergibt sich, daß die Parteien nicht die Schiedsstelle anstelle des Gerichts endgültig entscheiden lassen wollten. In diesen Fällen ist deshalb von einem Schiedegutachtervertrag und nicht von einem Schiedsgerichtsvertrag auszugehen (vgl. Thomas-Putzo Vor § 1025 Anm. 2, 11. Aufl.).

Die Schiedsstelle wird nach § 3 Nr. 3 ihrer Verfahrensordnung aufgrund einer Einwilligung tätig. Die Klägerin hat als Mitglied der Innung des Kraftfahrzeughandwerks Herford diese Einwilligung für die Tätigkeit der Schiedsstelle gegeben, so daß grundsätzlich ein Schiedsgutachterspruch ergehen konnte.

Dieser Schiedsgutachterspruch ist grundsätzlich nur im Rahmen der analogen Anwendung des §319 I BGB auf „offenbare Unrichtigkeit“ durch das Gericht überprüfbar. Eine solche „offenbare Unrichtigkeit“ kann nur angenommen werden, wenn eine Unrichtigkeit vorliegt, 'die sich einem sachverständigen Beurteiler sofort aufdrängt, und zwar unter Zugrundelegung des Sach- und Streitstandes, wie er dem Schiedsgutachter unterbreitet worden ist (vgl. BGH NJW 1979, 1885). Hier kann jedoch dahinstehen ob eine solche „offenbare Unrichtigkeit" des Schiedsgutachtens gegeben ist. Die Unwirksamkeit und damit Unverbindlichkeit des Schiedsgutachtens ergibt sich hier bereits aus einem anderen Grund, und zwar aus der grundsätzlichen Aufgabenstellung eines Schiedsgutachters.

Schiedsgutachter haben lediglich die Aufgabe, Tatsachen festzustellen, von denen die Entscheidung einer Streitigkeit abhängt (Baumbach/Lauterbach, vor § 1025 Anm. 3A, 41. Aufl.; Thomas/Putzo, vor § 1025 Anm. 2). Im Rahmen dieser grundsätzlichen Aufgabenstellung hält sich auch die Verfahrensordnung der Schiedsstelle des Kraftfahrzeughandwerks Bielefeld — Gütersloh —Herford — Lübbecke — Minden, denn gern. § 1 Nr. 2 dieser Verfahrensordnung ist die Schiedsstelle zuständig für die Feststellung

a) der Notwendigkeit von Reparaturen
b) der ordnungsgemäße Durchführung von Werkstattleistungen und
c) der Angemessenheit von Reparaturkosten

In der Entscheidung vorn 6.1.1983 hat die Schiedsstelle diese Zuständigkeiten jedoch erheblich überschritten, in dem sie hauptsächlich rechtliche Schlußfolgerungen aus den von ihr gewonnen Tatsachenfeststellungen gezogen hat.

Zwar ist auch einem Schiedsgutachten die Prüfung von Rechtsfragen nicht gänzlich verschlossen. So kann einem Schiedsgutachter im Rahmen der Tatsachenfeststellung auch die Entscheidung von rechtlichen Vorfragen übertragen werden (vgl. BGH, NJW 1975,1556).

Im vorliegenden Rechtsstreit verhält es sich jedoch genau umgekehrt: Die Schiedsstelle hat gewisse Tatsachen festgestellt, wie z. B. die Ursache für den Motorschaden, und daran die rechtliche Überlegung angeschlossen, ob aufgrund dieser festgestellten Tatsachen ein Werklohnanspruch der Klägerin besteht oder nicht. Begründet hat die Schiedsstelle ihre Entscheidung letztlich mit der Überlegung, die Fa. .... sei als Erfüllungsgehilfin der Klägerin anzusehen.

Gerade bei dieser Entscheidungsgrundlage handelt es sich aber um eine reine Rechtsausführung. Die Entscheidung der Schiedsstelle basiert somit nicht auf festgestellten Tatsachen, sondern überwiegend auf Rechtserwägungen.

Eine solche Entscheidung, die nicht nur über Tatsachen entscheidet, sondern auch über rechtliche Ansprüche befindet und dadurch sowohl die gesetzlichen Grenzen der Zuständigkeit eines Schiedsgutachters als auch die durch die eigene Verfahrensordnung selbst gesetzte Zuständigkeit überschreitet, widerspricht dem Sinn und Zweck der §§ 317 ff. BGB. Das wiederum folgt daraus, daß jeder, der sich einem schiedsgutachterlichen Verfahren unterwirft, dies nur in dem Maße will, als der Schiedsgutachter für eine Entscheidung zuständig ist.

Überschreitet ein Schiedsgutachter seine Zuständigkeit, so kann die Entscheidung des Schiedsgutachters jedenfalls insoweit keine Wirkung entfalten, weder für die Parteien des Schiedsgutachtervertrages noch für ein Gericht.

Dieses Ergebnis wird unterstützt durch die Überlegung, daß die aufgrund der Verfahrensordnung gegebene Möglichkeit der Parteien, trotz der Entscheidung der Schiedsstelle ein ordentliches Gericht anzurufen, praktisch gegenstandslos wäre, wenn das Gericht an Feststellungen der Schiedsstelle, die überwiegend auf Rechtsausführungen beruhen und damit über die Aufgabe eines Schiedsgutachtens hinausgehen, gebunden wäre.

Der Zinsanspruch der Klägerin ergibt sich aus §§ 284, 286 8GB.

Die Klage war in Höhe von DM 12.- für eine Gewerbeauskunftsgebühr abzuweisen.

Als Anspruchsgrundlage käme hier lediglich § 286 BGB in Betracht. Voraussetzung für die Annahme eines ersetzungsfähigen Verzugsschadens wäre jedoch, daß es sich bei der Gewerbeauskunft um eine sachdienliche Maßnahme prozessualer Rechtsdurchsetzung gehandelt hat (vgl. Palandt-Heinrichs, § 286 Anm. 2 I c bb); hierfür ist von der Klägerin nichts vorgetragen worden.

Da der Werklohnanspruch der Klägerin in voller Höhe gegeben ist, war die Widerklage des Beklagten abzuweisen.

Die Kostenentscheidung folgt aus §§ 91, 92 II ZPO.

Anlage 20

Landgericht Verden

6 S 350/97

2 C 205/97 AG Verden

Verkündet am 24. April 1998

Finn, Justizamtsinspektorin
als Urkundsbeamtin der Geschäftsstelle

Urteil

Im Namen des Volkes

In dem Rechtsstreit

Beklagten und Berufungsklägers,
Prozeßbevollmächtigter: Rechtsanwalt .....

gegen

Kläger und Berufungsbeklagter,
Prozeßbevollmächtigter: Rechtsanwalt .....

hat die 6. Zivilkammer des Landgerichts Verden auf die mündliche Verhandlung vom 27. März 1998 durch den Präsidenten des Landgerichts
Arenhövel und die Richterinnen am Landgericht Heuken-Bethmann und Buschmann-Fricke für Recht erkannt:

Auf die Berufung des Beklagten wird das am 1. Oktober 1 997 verkündete Urteil des Amtsgerichts Verden – 2 C 205/97 abgeändert und zur Klarstellung unter Berücksichtigung der Klagerücknahme insgesamt wie folgt neu gefaßt:

Der Beklagte wird verurteilt, an den Kläger 3.160,02 DM nebst 4 % Zinsen auf 1.682,04 DM seit dem 13. Juli 1996 und auf weitere 1 .477,98 DM seit dem 17. Mai 1997 zu zahlen.

Im übrigen wird die Klage abgewiesen.
Die weitergehende Berufung wird zurückgewiesen.

Von den Kosten des Rechtsstreits tragen der Kläger 1/10 und der Beklagte 9/10.

Entscheidungsgründe:

Die zulässige Berufung des Beklagten ist nur zu einem geringen Teil (Zinsen auf die zurückgenommene Klageforderung) begründet.
Im übrigen ist sie unbegründet.

Die nach teilweiser Klagerücknahme noch geltend gemachten Forderungen stehen dem Kläger zu.

Der Kläger hat wegen des Kupplungsschadens und der Sachverständigenkosten gegen den Beklagten einen Anspruch auf Schadensersatz gemäß § 831 BGB.

Der Kläger hat durch Vorlage des Kfz-Briefes bewiesen, daß das im Hause des Beklagten reparierte Fahrzeug in seinem Eigentum stand. Nach dem Gutachten der DEKRA vom 14. November 1996 steht fest, daß der Schaden an der Kupplungsanlage durch den fehlerhaft eingebauten Kupplungszug verursacht worden ist (sogenannter „Weiterfresserschaden").

Diese fehlerhafte Reparatur ist von einem Verrichtungsgehilfen des Beklagten ausgeführt worden, bezüglich dessen Auswahl und Überwachung der Beklagte sich nicht exkulpiert hat, so daß die Voraussetzungen des § 831 BGB vorliegen.

Der Kläger kann daher die für den Austausch der Kupplung entstandenen Kosten ebenso ersetzt verlangen, wie die Kosten für das Gutachten der DEKRA. Das Gutachten diente der zweckentsprechenden Rechtsverfolgung.

Der vor der Schiedsstelle Bremen am 19. März 1996 zwischen den Parteien geschlossene Vergleich steht dem nicht entgegen. Dieser Vergleich ist gemäß § 779 BGB unwirksam. Auch für einen vor einem Schiedsgericht geschlossenen Vergleich ist wie für einen Prozeßvergleich § 779 BGB anwendbar (vgl. Stein-Jonas, ZPO, Rdnr. 34 § 1044a).

Die Voraussetzungen dieser Norm liegen auch vor.
Der von den Parteien bei Abschluß des Vergleichs als feststehend zugrunde gelegte Sachverhalt entsprach nicht der Wirklichkeit. Vergleichsgrundlage war seinerzeit im wesentlichen, daß der Kläger nach den Ausführungen der Schiedskommission davon ausgegangen ist, daß der Beklagte den Schaden an der Kupplung nicht verursacht hat. Nach dem oben

genannten überzeugenden Gutachten der DEKRA war diese Annahme jedoch falsch, so daß die beim Abschluß des Vergleichs vorausgesetzte Vergleichsgrundlage fehlte.

Soweit der Kläger seine Klageforderung nicht zurückgenommen hat, ist der Beklagte daher zur Zahlung verpflichtet: 1.972,09 DM abzüglich 290,05 DM = 1.682,04 DM zuzüglich 1.477,98 DM.

Zinsen auf den erstgenannten Betrag hat der Beklagte gemäß § § 284 f. BGB seit dem 13. Juli 1996 und auf den weiteren Betrag ab Rechtshängigkeit, 17. Mai 1997, gemäß § 291 BGB zu zahlen.

Die Kostenentscheidung beruht auf §§ 97 Abs. 1, 515 Abs. 3 ZPO.

Arenhövel Heuken – Bethmann Buschmann – Fricke

Druck:
CPI Druckdienstleistungen GmbH
im Auftrag der
Kolibri 360 GmbH
Ferdinand-Jühlke-Str. 7
99095 Erfurt

FSC
www.fsc.org
MIX
Papier | Fördert
gute Waldnutzung
FSC® C083411

Kolibri 360 GmbH
Ferdinand-Jühlke-Straße 7
99095 Erfurt, Deutschland
produktsicherheit@kolibri360.de